제14판

무역실무

박대위 · 구종순 공저

法 文 社

무역실무

초판 발 행	**1972**
	1972년 4월 21일 1쇄 발행
	1974년 11월 27일 6쇄 발행
개정판발행	**1975**
	1975년 5월 10일 1쇄 발행
	1977년 9월 30일 13쇄 발행
전정판발행	**1978**
	1978년 1월 18일 1쇄 발행
	1980년 9월 10일 19쇄 발행
제2전정판발행	**1981**
	1981년 2월 10일 1쇄 발행
	1984년 3월 10일 21쇄 발행
제3전정판발행	**1985**
	1985년 2월 15일 1쇄 발행
	1987년 7월 5일 15쇄 발행
제4전정판발행	**1988**
	1988년 2월 15일 1쇄 발행
	1990년 7월 5일 17쇄 발행
제5전정판발행	**1991**
	1991년 2월 15일 1쇄 발행
	1993년 6월 25일 21쇄 발행
제6전정판발행	**1994**
	1994년 2월 25일 1쇄 발행
	1997년 1월 20일 6쇄 발행
제7전정판발행	**1997**
	1997년 12월 10일 1쇄 발행
	2000년 6월 20일 6쇄 발행
제8전정판발행	**2001**
	2001년 2월 10일 1쇄 발행
	2006년 8월 30일 8쇄 발행
신정판발행	**2008**
	2008년 1월 10일 1쇄 발행
	2009년 2월 5일 3쇄 발행
제12판발행	**2012**
	2012년 1월 10일 1쇄 발행
	2013년 1월 20일 2쇄 발행
제13판발행	**2016**
	2016년 1월 10일 1쇄 발행
제14판발행	**2019**
	2019년 7월 10일 1쇄 발행

제14판 머리말

그동안 이 책을 애독해 주신 여러 독자들에게 감사의 인사를 드리고자 한다. 특히 이 책을 교재로 채택해 주신 일선의 교수님들, 국제통상직, 관세사 등 각종 고시 준비를 하고 취업에 대비해 왔던 독자들, 그리고 무역업을 창업하고 무역거래에서 지침서로 활용해 주신 일선 실무자들에게 무한한 감사를 드린다.

최근 우리나라의 경제가 암울하다는 징후는 곳곳에서 포착되고 있고, 최근 뉴스에서 2019년 1/4분기 우리나라 경제성장률은 마이너스이며 수출은 계속 감소 중인 것으로 보도되었다. 반도체 수출이 저조하다는 게 주요 원인이었다. 내수시장이 좁은 우리나라의 성장 동력은 대외무역이 아닐 수가 없다. 무역으로 나라를 세운다는 마음 자세를 다시 한번 되새길 필요가 있지 않을까 싶다.

이번 제14판에서는 전체적인 틀에는 변화를 두지 않고 다음과 같은 점에 주안점을 두고 개정하였다.

첫째, 전체적인 조화를 이루도록 노력하였다. 이 책은 초판이 근 반세기 전인 1972년도에 출간되고 그동안 계속 개정해 왔지만 군데군데 지금과는 어울리지 않는 표현, 예시, 사례 등을 최근의 것으로 대체하여 전체적인 일관성을 유지하였다.

둘째, 우리나라 대외무역법의 가장 최근까지의 개정 사항을 반영하였다. 무역은 국가 간의 상거래이기 때문에 일반적인 상거래와는 달리 국가적 차원의 관리가 필요하고 이에 따라 우리나라의 모든 무역은 대외무역법의 범위 내에서 이루어지고 있기 때문에 이 책 전반에 걸쳐 대외무역법과 관련된 내용을 업데이트하였다.

셋째, 제1부 제2장 전자무역 분야의 내용을 현실에 맞게 조정하였다. 전자무역과 관련된 법률을 새로 소개하였고, 전자무역 관련기관으로 전자무역기반사업자의 내용을 정리하고 여기서 제공하는 전자무역기반사업자의 서비스를 일목요연하게 그림으로 제시하였다.

넷째, 제2부 제8장의 해외시장조사를 현재의 것으로 수정하였고, 제10장 수출과 결제, 그리고 제11장 수입과 통관에서 모든 자료를 업데이트하였다. 특히 현행 관세법과의 불일치 조문을 정리하였다.

마지막으로 제2부 제13장 무역금융과 무역보험에서 무역금융과 관련하여 금융중개지원 대출관련 내용을 소개하였다. 이 내용은 그동안 간과되어 왔던 것인데 이번 개정에서 그 내용을 자세하게 정리하였다. 그리고 그동안 강의를 하면서 느꼈던 애매하거나 중복되는 분야를 확실히 정리하였다. 독자들이 질문했던 사항에 대해서도 알기 쉽게 정리하였다.

앞서 이야기한 바와 같이 이 책의 역사는 47년이다. 조만간 반세기가 될 것이며 대학교재로써 흔히 볼 수 없는 책이라는 자부심을 가지고 있다. 나름대로 많은 자료와 신념을 가지고 작업에 임했지만 부족한 점이 많은 줄 안다. 지금까지 해 왔던 것처럼 독자 여러분의 아낌없는 비판과 질타를 바라며 저자 또한 이런 비판과 질타를 통해 끊임없이 매진할 것을 약속드린다.

끝으로 이번 개정을 흔쾌히 허락해 주신 법문사 사장님께 감사드리며 또한 이번에 저자의 까다로운 편집 요구로 고생을 많이 하신 편집부 김제원 이사님께도 감사드린다.

2019년 6월

저자 씀

머 리 말

급변하는 국내외 정세에 보수적인 생각을 가진 사람이나 현상유지(status quo)를 원하는 사람들은 요즘 아침 신문을 보기가 두려울 것이다.

최근 세계 주요 통화의 재조정, 후진국에 대한 특혜관세 실시, 미국의 섬유협정 등 너무나 짧은 기간에 많은 사건들이 우리의 생명선인 수출과 관련해서 우리 주위에서 일어나고 있다. 이러한 소용돌이 속에서 우리는 우리의 주체의식을 잃지 말아야겠으며, 또 과거의 어떤 관념이나 가치관에 얽매이지 말고 변천하는 여건들에 수시로 대처 적응할 줄 아는 지혜와 용기가 필요하다. 단기적으로는 보수주의자들이 우세할지 모르지만 장기적으로 그들의 고집을 고수하기에는 퍽 어려울 것이다. 왜냐하면 우리들 인간의 역사란 시간의 흐름이요, 이 시간의 흐름에 역행하는 자들은 패배당하지 않을 수 없기 때문이다.

지금 우리나라에서는 경제나 무역 이론에 대한 강의와 Cocktail Party에서 두어 시간 정도 평범한 대화를 할 줄 아는 사람들은 많지만 실제로 무역실무를 다루고 상부 장관이나 사장님들이 파아티에서 외교를 하는 동안 이론에 따른 제반 서류를 정리해서 상대방측에게 "여기 있소" 하고 자신있게 내놓을 수 있는 실무자급의 양성이 퍽 아쉽게 느껴진다.

국민학교에서 대학원 과정까지를 상아탑 속에서만 연수한 교수님들은 무역이론에는 해박하지만 소요량증명이 실질적으로 어떻게 발급되는지를 모르고, 소공동에서 매일 뛰어다니는 실무자들은 Revaluation과 Devaluation의 차이를 모르는 경향이 많다. 정부에서 무역학과를 정책적으로 인가해 주고 또 몇 회의 졸업생들을 배출시켰지만 무역학도들이 연구할 수 있는 무역 전문분야의 책이 별로 없다.

본인은 지난 몇 학기 동안 실무 위주의 강의를 하면서 무역실무에 관한 책의 필요성을 너무나 절실히 느꼈기 때문에, 또 앞으로 강의하는 데 조금이라도 도움이 될까 해서 감히 집필할 용기를 갖게 된 것이다.

본인은 한글 세대에 태어나서 일본어도 한문도 잘 모른다. 그러므로 이 책에서도 특별히 그 뜻이 애매하거나 혼돈을 일으키기 쉬운 용어 외에는 한자(漢字)의 사용을 의식적으로 배제하였으며, 국제적으로 쓰여지는 용어에는 전부 영어로 표현하여 처음부터 원어에 익숙할 수 있도록 노력하였다. 또한 본인은 과거 미국과 유럽에서 쌓은 무역실무의 경험을 살려서 이론은 될 수 있으면 생략하고, 바로 매일매일 쓰이는 실무에서 시작하여 실무로 끝나려고 계획하였다.

이 책의 편제는 제1부와 제2부로 나누어져 있다. 그러나 이러한 현재의 순서나 구분은 어디까지나 본인이 강의해 본 경험으로 가장 이상적인 순위라고 생각하여 순서를 정한 것에 지나지 않는다. 그러므로 초보자에게 제1부가 너무 딱딱하면 편의에 따라 제2부를 먼저 읽고 1부를 후에 읽어도 무방하겠으며, 각 장마다 비교적 독립된 문제를 다루었으므로 강의하는 데 편리한 순서를 정하여도 전체적인 윤곽을 파악하는 데 별 지장이 없을 것이다.

무역의 경험이 많은 분들에게는 다소 유치한 표현이나 사례가 많을지 모르겠으나 처음 무역을 배우는 학생들에게 조금의 도움이라도 될 수 있다면 나의 이 노력이 결코 헛된 것이 아니었다고 확신한다.

끝으로 원고정리 과정에서 여러 가지로 도와 준 본교 무역학과 한경석 군과 이 책의 출판을 위해 지도편달해 주신 법문사 여러분께 감사의 뜻을 표한다.

1972년 4월

저 자

차 례

제 1 부 무역거래의 핵심

제1부

무역거래의 핵심

International Trade Practice

제 1 장

무역거래

무역은 국가와 국가 간에 물품을 사고파는 상거래를 말하는데 초창기의 무역은 국가 간에 서로의 산물을 사고파는 정도였으나 오늘날 무역은 단순한 상품의 교환만이 아니라 기술, 용역, 자본의 이동까지를 포함하고 있다. 특히 정보통신망을 이용하여 소프트웨어와 같은 전자적 무체물도 사고팔고 있다. 이 장에서는 무역에 대한 이해를 돕기 위해 먼저 무역거래의 특징과 무역관리에 대해 살펴보고, 그 다음으로 우리나라에서는 누가 어떤 물품으로 무역업을 할 수 있는지 그리고 무역거래는 어떠한 형태로 이루어지는가를 살펴보기로 한다.

제1절 무역거래의 개요

1. 무역의 의의

무역은 국가와 국가 간에 물품을 사고파는 상거래를 말한다. 무역은 곧 물품의 교환이나 매매를 의미하지만 동일한 국가 내에서 이루어지는 거래에 대해서는 대체로 무역이라는 표현을 쓰지 않는다. 일반적으로 말하는 무역은 다른 국가 간에 이루어지는 상거래, 즉 외국과의 교역을 의미한다.

초창기엔 무역이라고 하면 곧 국가 간에 서로의 산물을 사고파는 정도였으나 오늘날은 상품뿐만 아니라 기술, 서비스 등의 교환이나 매매도 무역으로 간주하고 있다. 최근에는 정보통신망을 이용하여 소프트웨어와 같은 전자적 무체물도 사고팔기 때문에 무역의 범위가 점차 확대되고 있다.

무역은 보는 관점에 따라서 국제무역, 세계무역, 외국무역 또는 대외무역 등으로 표현된다. 국제무역(international trade)은 일정한 지역 내의 여러 국가 사이의 무역거래를 객관적으로 볼 경우에 사용되는 표현이며, 세계무역(world trade)은 일정한 지역의 무역거래가 세계 전체로 확대될 때 사용하는 표현이다. 한편 외국무역(foreign trade) 또는 대외무역은 주관적인 관점에서 자국과 타국과의 무역, 즉 자국의 입장을 기준으로 다른 여러 나라와 이루어지는 무역을 의미한다. 예를 들어 거래상대방 국가와의 무역을 표시할 때에는 대일무역, 대미무역 등으로 표시한다.

무역이 지니고 있는 특성을 살펴보면 다음과 같다.

첫째, 대부분의 국가들은 대외무역을 관리 · 통제한다. 무역은 개인이나 기업에 국한되는 것이 아니라 일국의 경제 전체에 영향을 미치기 때문에, 모든 국가들은 수출을 많이 하고 수입은 가능한 한 억지하려고 한다. 특히 무역에 의존을 많이 하는 국가일수록 무역관리의 정도가 높은 편이다.

둘째, 무역거래에서는 관세 및 비관세 장벽이 따른다. 관세는 자국으로 수입되는 물품에 부과되는 세금인데 이 관세로 인해 수입이 억지될 수 있다. 관세 외에도 각국 정부는 수량제한, 국산품 구매조장 등을 동원하여 외국 물품이 자국시장에 침투하는 것을 막기도 한다.

셋째, 무역은 국내 상거래에 비해 위험도가 매우 높은 편이다. 장거리 대량운송으로 인해 상품의 도난, 파손 등과 같은 위험이 발생할 수 있으며, 또한 수출업자와 수입업자 간의 거래과정에서 수출대금의 회수가 어렵다든지 수입상품을 입수할 수 없는 위험이 따른다. 그리고 무역거래에는 환율변동에 따른 환위험이 수반되며 아울러 수입제한, 환거래제한 등 정책변동으로 인한 비상위험(political risk)이 발생할 수도 있다.

넷째, 무역은 운송, 보험, 금융 등 여러 보조수단을 필요로 한다. 무역은 해상운송과 더불어 발전해 왔지만 오늘날에는 육상운송, 항공운송, 복합운송 등 모든 운송수단이 이용되고 있다. 또한 운송에는 많은 위험이 따르기 때문에 해상보험을 통한 보호조치가 필요하며, 아울러 금융기관은 수출업자와 수입업자 간의 대금결제를 원활히 해 준다.

다섯째, 오늘날 정보통신기술의 발달과 컴퓨터의 보급으로 무역업무 중 많은 부분이 인터넷, 전자문서교환 등 전자적 수단에 의해 수행되고 있다. 인터넷을 이용하여 해외시장정보를 얻어 거래를 제의하고 계약을 체결하기도 하며, 종이서류를 사용하지 않고 전자문서교환방식으로 정보를 전달한다.

마지막으로 무역은 국제통일규칙에 의해서 상거래질서가 유지된다. 무역은 언어, 관습, 법률 등이 다른 국가 사이에 이루어지기 때문에 여러 가지 마찰과 분쟁이 발생할 소지가 있다. 이에 따라 UN, 국제상업회의소 등 여러 국제기구들은 그 동안 무역거래에서 보편화된 상관습을 수용하여 통일규칙을 제정하고 이를 당사자들의 합의에 의해 사용하도록 권고하고 있다.

2. 무역관리

(1) 무역관리의 목적

대외교역을 영위하고 있는 모든 국가들은 표현이나 정도의 차이는 있을지 모르나 어느 정도 수출입의 관리는 정부에서 맡고 있다. 이는 정부의 관리와 감독이 없이는 그 질서가 너무도 문란해질 수 있으며, 필연적으로 많은 외화와 노력의 낭비가 초래될 위험이 있기 때문이다.

특히 미국 등과 같이 규모가 큰 나라들에 비해 상대적으로 대외무역의존도가 높은 우리나라의 입장에서는 외국과의 교역이 국민경제 전반에 미치는 영향이 지대하므로, 무질서하고 무계획적인 자유방임보다는 잘 계획되고 질서정연한 대외교역을 통해 우리 모두의 삶을 윤택하게 하여야 할 것이다.

한 나라의 무역거래를 통제 및 관리하는 목적을 좀 더 구체적으로 밝힌다면, ① 수출입을 적절히 촉진 및 조정하여 국제수지의 균형 내지 개선을 도모하여 외화보유고를 적정선에서 유지한다. ② 국내의 유아(幼兒)산업을 보호하고, 성숙산업의 국제경쟁력을 강화한다. ③ 국내의 물자수급의 원활화 및 소비형태의 건전화를 기한다. ④ 환율의 안정과 재정수입의 확보를 꾀한다. ⑤ 각종 국제기구(IMF, WTO 등)[1]에의 참여와 함께 세계경제의 일원으로서 무역자유화의 국제적 조류에 영합한다. ⑥ 국민의 보건위생, 공공의 안녕질서 및 미풍양속의 보전을 기한다는 것 등이다.

(2) 무역관리의 방법

대외무역을 관리하는 데는 대개 다음과 같은 방법이 이용되는데 이를 위반할 경우에는 그에 따른 제재가 가해진다.

가) 무역업의 제한

일정한 요건을 갖춘 자에 한하여 수출입거래를 할 수 있도록 무역업의 허가, 등록, 신고제 등을 실시하는 제도이다. 후진국일수록 무역업에 대한 제한을 까다롭게 하는 편인데, 우리나라에선 무역업은 완전 자유화이다.

나) 수출입거래의 제한

개별 수출입거래에 대해서도 관계 당국으로부터 별도의 허가, 승인 등을 받도록 함으로써 무역을 관리한다. 우리나라의 경우도 특정거래형태의 수출입에 대해서는 승인을 받도록 하고 있다.

다) 수출입물품 · 지역의 한정

수출입거래 대상을 제한하거나 지역을 한정함으로써 특정 물품이나 특정 국가와의 거래를 관리한다. 우리나라에서는 원칙적으로 어떤 물품이든 자유롭게 세계 어느 지역과도 무역을 할 수 있지만 필요할 경우에는 품목이나 지역을 제한할 수 있다.

라) 관 세

관세는 수출입물품에 부과되는 조세의 일종이며 수입관세와 수출관세로

1) IMF(International Monetary Fund)는 국제통화협력을 증진시키고 세계무역 및 투자를 확대하기 위해 1944년에 창설된 국제통화기금을 말한다. 그리고 WTO(World Trade Organization)는 우루과이 라운드 협상에 따라 새로운 국제무역질서를 관할하기 위해 1995년 1월 창설된 무역기구이다. WTO는 우루과이 라운드 협상 결과를 각국이 잘 준수하는지 감독하고 분쟁이 생길 때 조정하거나 심판한다. WTO는 법적 강제력을 가지고 운영하기 위해 그 산하에 분쟁해결기구(Dispute Settlement Body; DSB)를 별도로 두고 있다.

구분된다. 수입관세는 국가의 재정 확보 혹은 국내 산업을 보호할 목적으로 수입물품에 부과되는데 수입을 억제하는 효과가 강하다. 수출관세는 국가의 재정 수입을 확보하거나 수출물량을 통제할 목적으로 자국의 수출물품에 부과하는 조세이다. 하지만 모든 국가들이 수출을 장려하는 입장에 있기 때문에 수출관세는 거의 부과되지 않는다.

마) 수량제한

수량제한(quota)은 수출입물품의 수량이나 금액을 국가별 또는 품목별로 일정 한도를 정하고 그 범위 내에서만 수출입을 허용하는 것을 말한다. 수량제한은 수출입을 억제하는 효과가 매우 강력하기 때문에 WTO에서 기피하는 제도이다.

바) 수입과징금 및 수입담보금

수입과징금은 수입물품에 부과되는 관세 이외의 조세를 말한다. 무한정 관세를 인상할 수 없으므로 수입과징금을 부과하여 수입을 억제한다. 수입담보금은 수입을 실행하기 전에 일정한 금액의 현금 또는 유가증권을 적립하도록 하여 수입업자에게 자금 부담을 과중하게 함으로써 수입을 억제한다.

사) 수출보조금 및 수출자율규제

수출보조금은 국가가 수출업자 혹은 수출물품 생산자에게 수출자금을 지원함으로써 수출물품의 가격을 인하시켜 수출을 증가시키는 제도를 말한다. 그리고 수출자율규제(voluntary export restraints; VERs)는 수출국가에서 자율적으로 수출을 규제하여 특정국가의 수입규제조치를 사전에 방지하는 제도이다. 통상적으로 수입국이 특정 물품에 대한 수입제한조치를 실시하기 위해서는 WTO 등 국제무역기구를 통한 교섭이 필요하기 때문에 수입국이 먼저 수출국에 수출자율규제를 요청하는 경우가 많다.

아) 수출입링크제

수출입링크제(export-import link system)는 지역별 또는 상품별로 수출과 수입을 연결시켜 수출입을 허용하는 제도인데 이를 통해 양국 간의 수출입균형을 이루기도 한다. 예를 들어 원료수입을 승인하고 일정 기간 내에 그 원료를 사용하여 만든 제품의 수출을 의무화시키거나, 특정 상품의 수출실적에 따라 수입할 수 있는 권리를 부여한다. 혹은 수출을 장려하기 위해 원자재 수입 시 납부한 관세를 되돌려주는 정책을 사용한다.

3. 무역 관계 법규

대부분의 국가들은 여러 가지 무역관계법을 제정하여 이 테두리 내에서 무역이 이루어지도록 하고 있는데 우리나라의 대외무역도 다음과 같은 법률적 근거에 의하고 있다.

첫째, 우리나라 무역은 대외무역법, 대외무역법시행령 및 대외무역관리규정 등에 그 근원을 두고 있다.

둘째, 대외무역법 이외에 무역과 직접 관련되는 법들로는 관세법, 외국환거래법, 수출품품질향상에 관한 법률, 무역보험법, 중재법, 무역자동화 촉진에 관한 법률, 자유무역지역의 지정 및 운영에 관한 법률 등이 있다.

셋째, 이들 외에 마약법, 식품위생법, 검역법 등 특별법에 근거한 무역거래관계법들이 있다.

이 중에서도 대외무역법, 관세법 및 외국환거래법은 이른바 무역의 3대 기본법이라고 하여 우리나라 무역관리제도의 근간을 이루고 있다.

(1) 대외무역법

대외무역법은 우리나라의 대외무역거래를 전반적으로 조정하기 위한 기준법으로서 1986년 12월 31일부터 시행되고 있다. 아울러 대외무역법에서 위임된 사항과 그 시행에 따른 필요 사항을 정하기 위해 대외무역법시행령 및 대외무역관리규정이 시행되고 있다. 따라서 우리나라의 대외무역법령은 대외무역법, 대외무역법시행령 및 대외무역관리규정으로 구성되어 있다.

대외무역법은 대외무역을 진흥하고 공정한 거래질서를 확립하여 국제수지의 균형과 통상의 확대를 도모함으로써 국민경제의 발전에 이바지함을 목적으로 한다(대외무역법 제1조). 현행 대외무역법이 지니는 특징을 살펴보면 다음과 같다.

첫째, 대외무역법은 대외무역에 관한 일반법이며 기준법으로서 헌법 제125조 "국가는 대외무역을 육성하며 이를 규제 · 조정할 수 있다"는 규정에 따라 제정되었다.

둘째, 대외무역법은 대외무역의 자유화를 원칙으로 한다. 통상의 확대를 통한 국민경제의 발전을 도모하기 위하여 모든 품목의 수출과 수입은 자유롭게 이루어지도록 한다. 다만, 수출은 수출자율규제나 국내수급의 조정이 필요한 경우, 수입은 1차 산품이나 불요불급의 사치품인 경우 규제한다.

셋째, 대외무역법은 자유롭고 공정한 무역을 원칙으로 한다. 정부는 헌법에 의하여 체결 · 공포된 무역에 관한 조약과 일반적으로 승인된 국제법규가 정하는 바에 따라 자유롭고 공정한 무역이 이루어지도록 한다.

넷째, 대외무역법은 국제성의 인정 및 제한의 최소한을 원칙으로 한다. 대외무역법은 국제상관습법이나 국제조약을 준수하며, 국제법규나 국제협정에 무역에 관한 제한 규정이 있을 경우에는 최소한의 범위 내에서 운영되도록 한다.

마지막으로, 대외무역법은 수출입질서와 대외신용의 유지 및 향상을 중요시한다. 수출입질서 유지를 위한 협약을 체결하고, 불공정 수출입행위를 금지시키는 등 수출입 질서와 대외신용의 유지 · 향상을 위해 적극적인 역할을 하고 있다.

(2) 기타 무역 관계 법규

가) 관세법

관세법은 관세의 부과와 징수, 수출입물품의 통관 등을 적정하게 하여 국민경제의 발전에 기여하고 관세수입을 확보하기 위한 법이다.

나) 외국환거래법

외국환거래법은 외국환거래와 그 밖의 대외거래의 자유를 보장하고 시장기능을 활성화하여 대외거래의 원활화 및 국제수지의 균형과 통화가치의 안정을 도모함으로써 국민경제의 건전한 발전에 이바지함을 목적으로 한다.

다) 수출용 원재료에 대한 관세 등 환급에 관한 특례법

이 법은 수출용 원재료에 대한 관세 등의 환급을 적정하게 함으로써 능률적인 수출 지원과 균형 있는 산업 발전에 이바지하기 위하여 관세법 등에 대한 특례를 규정함을 목적으로 한다. 약칭으로 관세환급특례법이라 한다.

라) 무역보험법

무역보험법은 무역이나 그 밖의 대외거래와 관련하여 발생하는 위험을 담보하기 위한 무역보험제도를 효율적으로 운영함으로써 무역과 해외투자를 촉진하여 국가경쟁력을 강화하고 국민경제의 발전에 이바지함을 목적으로 하는 법이다.

마) 중재법

중재법은 사법상의 분쟁을 법원의 판정에 의하지 아니하고 중재인의 판정에 의하여 신속하게 해결함을 목적으로 하는 법이다.

바) 무역자동화 촉진에 관한 법률

이 법은 무역업무의 자동화를 촉진하여 무역절차의 간소화와 무역정보의 신속한 유통을 실현하고, 무역업무의 처리시간과 비용을 절감하여 산업의 국제경쟁력을 높임으로써 국민경제의 발전에 이바지함을 목적으로 하고 있다.

사) 자유무역지역의 지정 및 운영에 관한 법률

이 법은 자유로운 제조, 물류, 유통 및 무역활동 등이 보장되는 자유무역지역을 지정 · 운영함으로써 외국인 투자의 유치, 무역의 진흥, 국제물류의 원활화 및 지역개발 등을 촉진하여 국민경제의 발전에 이바지함을 목적으로 한다.

아) 전자무역촉진에 관한 법률

이 법은 모든 무역절차에 있어 단절 없는 전자무역의 기반을 조성하고 그 활용을 촉진하여 무역절차의 간소화와 무역정보의 신속한 유통을 실현하고 무역업무의 처리시간과 비용을 절감하여 산업의 국제경쟁력을 높임으로써 국민경제의 발전에 이바지함을 목적으로 한다.

제 2 절 무역거래자

무역거래자는 수출 또는 수입을 하는 자, 외국의 수입업자 또는 수출업자의 위임을 받은 자 및 수출 · 수입을 위임하는 자 등 물품의 수출 · 수입 행위의 전부 또는 일부를 위임하거나 행하는 자를 말한다(대외무역법 제2조 제3항). 이와 같이 우리나라에서는 무역거래를 직접 수행하거나 위임하거나 상관없이 무역거래에 관여하는 자 모두를 통틀어 무역거래자로 지칭하지만, 편의상 무역거래자를 무역업자와 무역대리업자로 구분하여 살펴보기로 한다.

1. 무역업자

우리나라는 2000년 1월 1일부터 무역업이 완전 자유화되어 누구나 사업자 등록증만 있으면 무역거래를 할 수 있다. 다만 산업통상자원부에서는 전산관리체제의 개발과 운영을 위하여 무역거래자별 무역업 고유번호를 부여하고 있다.

이 제도는 의무사항은 아니지만 무역업 고유번호가 없으면 수출실적을 공인받을 수 없는 등 여러 불편이 따른다. 무역업 고유번호를 받고자 하는 자는 한국무역협회장에 신청하여야 하며 한국무역협회장은 신청서류를 접수하는 즉시 고유번호를 부여한다.

2. 전문무역상사

우리나라는 1975년부터 수출 진흥과 해외 시장 개척 등을 목적으로 대형 수출업체 중에서 일정 요건을 갖춘 업체를 종합무역상사로 지정 운영해 왔는데 이 제도가 폐지됨에 따라 새로운 수출 진흥 모델로서 전문무역상사제도를 운영하고 있다. 이에 따라 산업통상자원부장관은 신시장 개척, 신제품 발굴 및 중소기업 · 중견기업의 수출확대를 위하여 수출실적 및 중소기업 제품 수출비중 등을 고려하여 무역거래자 중에서 전문무역상사를 지정하고 지원할 수 있다(대외무역법 제8조의2).

전문무역상사는 비교적 수출노하우가 풍부한 업체로서 주로 수출초보기업의 수출확대를 선도하는 기업이라 할 수 있다. 현재 산업통상자원부장관은 ① 최근 3년간 평균 또는 직전년도 수출실적 100만 달러 이상, 그리고 ② 전체 수출실적 대비 타 중소 · 중견기업제품의 최근 3년간 평균 수출비중 또는 직전년도 수출비중이 20% 이상 두 가지 요건을 모두 갖춘 경우 전문무역상사로 지정하여 수출신용보증우대, 해외전시회 참가 우대 등을 지원하고 있다.

③ 산업통상자원부장관은 제1항에 따라 지정을 받은 전문무역상사가 제2항에 따른 지정기준에 적합하지 아니하게 된 때에는 그 지정을 취소할 수 있다. 다만, 거짓이나 그 밖에 부정한 방법으로 지정을 받은 경우에는 그 지정을 취소하여야 한다.

3. 무역대리업자

대리인(agent)의 법적 의미는 본인(principal)으로부터 일정한 권한을 위임 받아 제3자에 대해 특정 무역 업무를 수행하는 자를 말한다. 수출의 경우 수출업자가 대리인에게 부여하는 권한은 대개 다음의 두 가지 중의 하나가 된다. 즉, 최종거래에 대한 결정은 유보한 채 단지 자신의 지역에 있는 제3자인 수입업자를 수출업자에게 소개하거나, 제3자와 무역계약을 성사시키는 권한이다.

실무적으로 대부분의 경우 대리인은 수입업자와의 계약서 작성 시 대리인으로서 서명을 하거나 거래에 따르는 제반 문서에 자신의 입장을 'on behalf of our principals'와 같이 명시한다. 이는 실질적인 거래당사자의 이름을 구체적으로 적지 않더라도 당해 무역계약에 수반되는 제반 문제에 대해 아무런 법적 책임도 개인적으로 지지 않고 다만 수수료만 받고 활동하는 거래보조자임을 의미하게 된다.

무역거래에는 여러 가지 특수한 형태의 대리인들이 있는데 우리나라에서 주로 활동하는 무역대리업자들은 그 업무 영역에 따라 편의상 오퍼상 또는 구매대리업자로 지칭하기도 한다. 무역대리업도 2000년 1월 1일부터 무역업과 마찬가지로 완전자유화이다.

(1) 오퍼상

우리나라에서 오퍼상이라고 하면 외국의 수출업자를 대리하여 국내 수입업자들에게 물품매도확약서를 발행하고 부수적으로 수입 업무를 대행해 주는 무역대리업자를 말한다. 물품매도확약서는 무역대리업자가 매매당사자에게 상품명세, 가격조건 등을 주요 내용으로 하는 매입 또는 매도의사를 문서로 발행한 물품공급에 관한 확약서를 말한다. 물품매도확약서를 무역거래에서는 통상 오퍼(offer)라고 하기 때문에 이런 무역대리업자들을 오퍼상으로 부르고 있다.[2)]

오퍼상들은 해당 분야에 대한 전문지식과 정보를 가지고 국내 수입업자가 요구하는 물품에 대해 여러 해외 수출업자들로부터 거래조건을 받아 가장 유리한 조건으로 수입할 수 있는 경우를 선정하여 이를 수입업자에게 제시하고 일정한 수수료를 받는다. 그러나 오퍼상은 단순히 오퍼만 발행하지 않고 수

2) 오퍼에 대한 내용은 제2부 제9장에 자세히 설명되어 있다.

▶ **서식 1-1** 무역업고유번호신청서

무역업고유번호신청서
APPLICATION FOR TRADE BUSINESS CODE

처리기간(Handling Time)
즉 시(Immediately)

① 상 호 (Name of Company)				
② 주 소 (Address)				
③	전화번호 (Phone Number)		④ 이메일주소 (E-mail Address)	
	팩스번호 (Fax Number)		⑤ 사업자등록번호 (Business Registry Number)	
⑥ 대표자 성명 (Name of Rep.)				

「대외무역법 시행령」 제21조 제1항 및 대외무역관리규정 제24조에 따라 무역업고유번호를 위와 같이 신청합니다.
I hereby apply for the above-mentioned trade business code in accordance with Article 24 of the Foreign Trade Management Regulation.

신청일 : 년 월 일
Date of Application Year Month Day

신청인 : (서명)
Applicant Signature

사단법인 한국무역협회 회장
Chairman of Korea International Trade Association

유의사항 : 상호, 대표자, 주소, 전화번호 등 변동사항이 발생하는 경우 변동일로부터 20일 이내에 통보하거나 무역업 데이타 베이스에 수정 입력하여야 함.

입거래에 따른 여러 가지 부대업무도 처리해주기 때문에 일종의 수입대행업자로 간주될 수 있다. 전문적으로 무역 부서를 운영하고 있지 않은 경우나 무역에 대한 지식이나 정보가 부족할 경우 오퍼상을 통하여 대행 수입하는 경우가 유리하다.

(2) 구매대리업자

구매대리업자는 외국의 수입업자를 대리하여 국내에서 물품의 구매, 구매알선 또는 이에 부대되는 업무를 취급하는 외국 기업의 국내 대리점이거나 국내 지사를 말한다. 보통 외국 수입업자들은 국내 관련업계에 정통한 사람이나 업체를 구매대리점(buying agent)으로 지정하거나, 구매대리 업무만을 전문으로 수행하는 지사(buying office)를 운영한다.

이들은 외국 수입업자의 국내 대리인으로서 외국의 수입업자로부터 위임을 받아 우리나라 수출업자와 물품구매계약을 체결하고 구매물품을 외국으로 선적해 보낸다. 특히 외국의 수입업자들은 국내의 수출물품구매업자를 대리인으로 활용함으로써 다음과 같은 이점을 누릴 수 있다. 즉, ① 신속한 주문승낙을 얻을 수 있어 시간과 노력이 절약되고, ② 시장조사비용을 절감할 수 있으며, ③ 계약체결 시까지 소요되는 번거로운 의사소통에 따른 시간과 비용을 크게 줄일 수 있다.

(3) 기타 무역대리인

그 밖에 국가의 특성에 따라 다음과 같은 독특한 무역대리업자들이 활동하고 있다.

가) Commissionaire

독일, 프랑스 등 대륙법 계통의 국가에서는 'Commissionaire'라고 하여 특수한 형태의 대리인이 있다. 'Commissionaire'는 내부적으로는(principal과의 관계) 대리인의 구실을 하는 반면 외부적으로 제3자에 대해서는 자신의 명의로 거래하는 매도인 또는 매수인이 된다. 'Commissionaire'를 영국에서는 'Commission Agent' 또는 'Commission Merchant'라고 부르기도 한다.

나) 팩 터

팩터(factor; del credere agent)는 중세 이탈리아에서 발생하여 국제화된 제도로서 수출업자가 외국의 중개업자에게 상품의 판매를 맡기면, 팩터는 물품의 판매알선과 함께 구매자의 지급보증업무까지 수행하게 된다. 이러한 경우 팩터는 일정액의 판매수수료(sales commission) 외에 지급보증의 대가로서 지급보증수수료(del credere commission)까지 추가로 수취하게 된다.

다) Mercantile Agent(Agent Carrying Stock)

이는 외국의 'Principal'을 위하여 자신이 받은 주문을 'Principal'에게 전해주면, 'Principal'이 구매자에게 물건을 직접 송부하거나, 또는 재고나 부품 등을 보유하면서 자신의 상점에서 즉시 고객에게 물건을 내주게 된다. 예를 들어 자동차부품과 같이 신속한 인도를 요하는 경우에는 이러한 형태의 대리인을 활용하여 판매를 크게 개선시킬 수 있다.

라) Confirming House

이는 물품이 선적될 때 수출업자가 대금지급을 받을 수 있도록 이미 이루어진 해외 구매자의 주문을 확인해 주는 역할을 하는 대리인의 일종으로 영국에서 발달하였다. 최근에는 이를 'Export House'라고도 한다. 'Confirming House'는 해외의 구매자를 대신하여 직접 주문을 하거나 고객의 주문을 확인함으로써 당해 물품의 대금을 공급업자에게 지급해야 할 의무를 지닌다. 특히 주문을 확인한 이상 거래의 이행 전에 고객이 정당한 이유 없이 주문을 취소하는 경우에도 여전히 대금지급 의무를 지게 된다.[3)]

마) 연합수출간사회사

연합수출간사회사(combination export manager firm; CEM)는 회사 내에 수출업무를 전담할 수 있는 독립부서가 없을 경우 여러 제조업자들이 공동으로 활용할 수 있는 수출전담부서를 만들 수 있는데 이러한 업무를 수행하는 회사를 연합수출간사회사 또는 수출관리회사(export management company)라 한다. 연합수출간사회사는 제조업자의 수출부서 역할을 대행하는 것이므로 대외거래나 해외광고 등은 모두 제조업자의 명의로 한다. 주로 취급물품의 종류가 다르고 상호 비경쟁적인 입장에 있는 소규모 제조업자들이 이를 많이 이용한다.[4)]

---

3) Leo D'arcy *et al.*, *Schmitthoff Export Trade*, 10th ed., London: Sweet & Maxwell, 2000, pp. 601-602.

4) Sak Onkvisit & John Shaw, *International Marketing*, 4th ed., New Jersey: Prentice Hall, 2001, pp. 469-471.

제3절 수출입물품

대부분의 국가들은 정치 · 경제적 목적에 따라 수출입물품의 범위를 제한하고 있다. 우리나라의 경우 수출입공고, 통합공고 등을 통해 수출입물품의 품목, 수량, 금액, 대상지역 등을 한정하고 있다.

1. 수출입물품의 제한

모든 물품은 원칙적으로 아무런 제한 없이 자유롭게 수출입이 이루어지지만 대부분의 국가들은 경제적, 정치적, 사회적 목적에 따라 수출입물품의 범위를 제한하고 있다. 우리나라의 경우 산업통상자원부장관은 다음 각 호의 어느 하나에 해당하는 이행 등을 위하여 필요하다고 인정하여 지정 · 고시하는 물품 등의 수출 또는 수입을 제한하거나 금지할 수 있다(대외무역법 제11조 제1항). 이에 따라 수출 또는 수입이 제한되는 물품 등을 수출하거나 수입하려는 자는 산업통상자원부장관의 승인을 받아야 한다(대외무역법 제11조 제2항).

① 헌법에 따라 체결 공포된 조약과 일반적으로 승인된 국제법규에 따른 의무의 이행
② 생물자원의 보호
③ 교역상대국과의 경제협력 증진
④ 국방상 원활한 물자 수급
⑤ 과학기술의 발전
⑥ 그 밖에 통상 · 산업정책에 필요한 사항으로서 대통령령으로 정하는 사항

2. 수출입공고

그리고 산업통상자원부장관은 수출입의 제한, 금지, 승인, 신고, 한정 및 그 절차 등을 정했을 경우 이를 공고하여야 한다. 이와 같이 개별적인 수출 또는 수입물품에 대하여 수출 · 수입이 제한되는지의 여부와 이에 따른 추천 또는 확인사항 등을 산업통상자원부장관이 종합적으로 정리하여 공고하는 것을 수출입공고라 한다.

표 1-1 수출제한품목

HS	품 목	수출요령
2505	천연모래(착색된 것인지의 여부를 불문하며, 제26류의 금속을 함유하는 모래를 제외한다)	
10	규 사	다음의 것은 한국골재협회의 승인을 받아 수출할 수 있음. ① 규산분(SiO_2)이 90% 이하의 것
90	기 타	
2517	자갈 · 왕자갈 · 쇄석(콘크리트용 · 도로 포장용 · 철도용 또는 기타 밸러스트용에 일반적으로 사용되는 것에 한한다), 싱글과 플린트(열처리한 것인지의 여부를 불문한다), 슬랙 · 드로스 또는 이와 유사한 산업폐기물의 매카담(이호의 앞부분에 열거한 물품들과 혼합한 것인지의 여부를 불문한다), 타르매카담 및 제2515호 또는 제2516호의 암석을 입상 · 파편상 · 분상으로 한 것(열처리한 것인지의 여부를 불문한다.	
10	자갈 · 왕자갈 · 쇄석 · 싱글과 플린트	1. 다음의 것은 승인없이 수출할 수 있음. ① 구석, 싱글과 플린트 2. 기타의 것은 한국골재협회의 승인을 받아 수출할 수 있음.
41	대리석의 것	
7206	잉곳(ingot)이나 그 밖의 일차제품(primary form) 형태인 철과 비합금강(제7203호의 철은 제외한다)	
10	잉곳(ingot)	다음의 것은 한국철강협회의 승인을 받아 수출할 수 있음.
90	기 타	

수출입공고에는 수출제한품목 및 수입제한품목을 게기(揭記)한다. 따라서 수출입공고상의 수출제한품목과 수입제한품목으로 게기되지 않은 품목은 원칙적으로 수출입자유화 품목이다. 수출입제한품목을 수출입하려면 동 공고상의 품목별 수출입요령에 따라 수출입승인을 받아야 한다.

그리고 수출제한품목의 수출요령, 수입제한품목의 수입요령 및 수출입절차 간소화를 위한 수출입요령에서 정하는 승인기관의 장은 산업통상자원부장관의 합의(승인)를 얻어 동 승인요령을 공고하여야 한다. 다만, 단체의 경우에는 주무관서의 장을 경유하여야 한다.

수출입공고의 예를 살펴보면 〈표 1-1〉과 같다.

수출입공고의 품목표시방법은 'Positive List System' 혹은 'Negative List System' 두 가지가 있다. 'Positive List System'은 수출입공고에 수출 또는 수입이 허용되는 품목만을 표시하고, 여기에 표시되지 않은 기타의 품목은 원칙적

표 1-2 수출입 제한품목 현황(2018)

구 분	품목수	품목 현황	비 교
수출금지품목	13	고래고기, 자연석, 개의 모피	CITES 협정부속서 I 자연자원보호 통상정책상
수출제한 승인품목	22		
• 협정상 제한	18		
–정부간 협정	18	견연사, 견직물, 자동차, 사과, 배	한 · 일 생사류 협정 한 · 대만 자동차 협정 한 · 대만 구상무역
• 자율적 수출제한	4		
–자연보호	4	모래, 자갈	
수입제한 품목	116	항공기 및 동부분품	

자료 : 산업통상자원부

주 : 수출금지 및 수출제한 품목수는 HS 6단위 기준, 수입제한 품목수는 HS 10단위 기준임.

으로 수출 또는 수입이 제한 내지 금지되도록 하는 품목표시방법을 말한다.[5)]

'Negative List System'은 수출입공고에 수출 또는 수입의 제한품목만을 표시하고 여기에 표시되지 않은 나머지 품목은 수출 또는 수입이 허용되도록 하는 품목표시방법이다. 우리나라는 1967년 GATT에 가입한 이후 수출입공고 표시방법을 종전의 'Positive List System'에서 'Negative List System'으로 개편하였다.

3. 통합공고

우리나라의 경우 필요에 따라 대외무역법 이외의 다른 법령에서도 해당 물품의 수출입 요건, 절차 등을 정하고 있다. 예를 들어 향정신성의약품 품목은 보건복지부장관의 허가를 받아야 하고, 총포, 도검, 화약류 중에서 군용에 쓰는 물자는 국방부장관의 허가를 받아야 수출입할 수 있다.

이런 경우 산업통상자원부장관은 해당 법령에 의해서 규정된 물품의 수출 또는 수입요령을 통합하여 공고하도록 되어 있는데 이를 통합공고라 한다. 현재 약사법 등 60개 관련 법령 중 수출입과 관련된 부문이 통합 · 고시되고 있다.

5) 그러나 'Positive List System' 혹은 'Negative List System'이라는 표현은 수출입공고 표시방법에만 사용되는 것이 아니라 그 성격이 위의 내용과 유사한 경우에는 아무런 제한 없이 사용하는 일반적 표현이다.

통합공고에 대한 자료는 관계행정기관의 장이 산업통상자원부장관에게 제출해야 한다. 그리고 산업통상자원부장관은 제출된 소관물품의 수출입요령에 관한 자료에 대해서 수출입규제의 필요성, 대상물품의 타당성, 유사 물품과의 혼동, 무역관행 등을 검토·조정하여 수출입요령을 정한다. 만약 수출입통합공고에서 정한 요건 확인의 내용과 수출입공고의 제한 내용이 동시에 적용될 경우에는 모두 충족되어야만 수출 또는 수입이 가능하다.

4. 전략물자 수출입

(1) 전략물자의 의의

지금까지 국제사회는 각국이 자국으로부터의 전략물자 수출을 통제하는 방법으로 대량살상무기 확산을 방지해 왔다. 그러나 테러 등의 위험이 여전히 줄지 않자 그 한계를 인식하여, 최근엔 수출뿐 아니라 국내·외 유통 감시·통제 강화까지 요구하고 있다. 이에 따라 우리나라 대외무역법에서도 제도이행 대상을 현행 수출업자에서 제조업체, 수입업자, 중개업자로 대폭 확대하였다.[6]

전략물자는 무기만을 뜻하는 것으로 생각하기 쉽지만, 무기를 만들 수 있는 원료, 물품, 기술 등이 모두 포함되기 때문에 일상생활에 흔히 쓰이는 용품이라도 재질에 따라 전략물자로 분류될 수 있다. 사실상 동·식물, 농산물, 모피류 등을 제외한 거의 모든 물품 및 기술이 수출통제의 대상이 될 수 있다.

산업통상자원부는 국제평화와 안전을 위하여 다자간 국제수출통제체제의 원칙에 따라 수출허가 등 제한이 필요한 물품·기술을 전략물자로 간주하고 세부품목은 산업통상자원부 '전략물자·기술수출입통합고시'로 지정·고시하는데 이를 전략물자 수출입공고라 한다.

(2) 전략물자의 확인 및 신고

수출업자, 제조업자, 수입업자 및 중개업자는 자신들이 취급하는 물품이 전략물자에 해당되는지 여부를 반드시 확인해야 한다(대외무역법 제20조). 확인 여부는 전략물자관리시스템(www.YesTrade.go.kr)에서 확인할 수 있다.

그리고 확인방법은 자가 판정 및 사전 판정 두 가지 방법이 있는데, 자가

---

6) 이는 UN 안전보장이사회 결의 1540호와 국제사회의 대량살상무기(WMD) 비확산체제 강화 요구에 따른 것이다.

판정은 취급 품목의 HS 코드를 파악하여 전략물자관리시스템 판정메뉴를 이용하여 1차 확인 후 전략물자 · 기술수출입통합고시에 따라 최종 판정하는 것을 말한다. 그리고 사전 판정은 관련 서류를 첨부하여 전략물자관리원에 판정을 의뢰하는 것을 말하는데 신청 후 15일 이내 판정결과가 통보된다.

전략물자 제조업자 및 수입업자는 전략물자 확인 결과 이에 해당될 경우 행정청에 신고해야 한다. 신고기관은 전략물자 수출허가기관이며[7)] 신고내역은 해당 품목의 명칭, 규격, 용도, 제조자, 주요 판매처 등이다.

(3) 전략물자의 수출허가

전략물자를 수출할 경우 매 수출시마다 사전에 수출허가기관에 신청하여 허가를 받아야 하며 수출허가의 유효기간은 1년이다. 그러나 수입한 전략물자를 수리, 성능미달, 대체 등의 사유로 당초 수출업자에게 반송하는 경우 등은 수출허가가 면제된다.

한편 산업통상자원부는 전략물자 해당 여부의 판정능력, 수입업자 및 최종사용자에 대한 분석능력 등을 갖추고 거래내용을 자율적으로 심사하여 수출허가 등을 준수할 수 있는 체계를 갖춘 무역거래자에 대해서는 자율준수무역거래자로 지정하여 전략물자의 거래에 대한 편의를 도모하고 있다. 자율준수무역거래자로 지정되면 포괄수출허가 신청자격이 부여되고, 수출허가 신청 시 일부 서류의 사후 제출이 허용되는 등 혜택이 있다.

5. 플랜트 수출

플랜트 수출은 단순한 물품의 수출만이 아니라 물품인 기계, 설비, 장치 등과 이들을 설치해서 가동시킬 수 있는 설계, 시공, 기술 등이 결합된 복합적인 수출을 말한다. 따라서 플랜트 수출은 기술, 인력 등이 함께 묻어가는 수출이기 때문에 일반 수출과는 달리 산업통상자원부장관의 승인을 요하고 있다.

이에 따라 다음 각 호의 어느 하나에 해당하는 플랜트수출을 하려는 자는 산업통상자원부장관에게 수출승인을 받아야 하고 그 승인된 사항을 변경할 때에도 마찬가지이다(대외무역법 제32조).

7) 수출허가기관은 원자력전용품목은 과기부, 방산물자는 방산청, 그리고 기타 산업용품목은 산업통상자원부이다. 그러나 산업통상자원부 소관품목은 'YesTrade' 신고메뉴를 통해 신고 가능하다.

① 농업 · 임업 · 어업 · 광업 · 제조업, 전기 · 가스 · 수도사업, 운송 · 창고업 및 방송 · 통신업을 경영하기 위하여 설치하는 기재 · 장치 및 대통령령으로 정하는 설비 중 산업통상자원부장관이 정하는 일정 규모 이상의 산업설비의 수출

② 산업설비 · 기술용역 및 시공을 포괄적으로 행하는 수출(일괄수주방식에 의한 수출)

6. 품목분류기준

국제무역에서는 수만 가지의 상품이 거래되고 유사한 상품도 많기 때문에 거래품목에 대해서는 국제적으로 통일된 상품분류번호가 부여되고 있다. 그동안 국제무역에서 많이 사용되었던 품목분류기준은 SITC와 CCCN인데, 주로 국제무역통계에는 SITC, 그리고 관세부과 시에는 CCCN이 이용되었다. 그러나 SITC와 CCCN으로 이원화된 상품분류상의 불편을 해소하기 위해 1988년부터 HS가 사용되고 있다.

(1) 표준국제무역분류(SITC)

표준국제무역분류(Standard International Trade Classification; SITC) 방식은 1950년 UN경제사회이사회에서 선포되었고, 1960년에 전면 개정되었다. SITC는 경제분석 및 상품별 무역자료의 통계를 내는 데 편리하도록 되어 있다.

(2) 관세협력이사회 품목분류(CCCN)

관세협력이사회 품목분류(Customs Cooperation Council Nomenclature; CCCN)는 1955년 관세협력이사회에 의해서 제정되었는데 처음 명칭은 BTN(Brussels Tariff Nomenclature)이었다. 브뤼셀이라는 특정 도시의 이름을 계속 사용하는 것이 불합리하다고 하여 1977년부터 CCCN으로 개칭되었다.

이 CCCN은 관세를 부과하기 위한 방법으로 ① 재료를 중심으로 한 분류, ② 제조과정을 중심으로 한 분류, ③ 노동과정을 중심으로 한 분류, ④ 용도를 중심으로 한 분류 등을 종합적으로 고려하여 총 60,000여 개의 상품을 분류하고 있다.

표 1-3 HS 상품 분류체계: 부

1부	2부	3부	4부	5부
01류 산동물 02류 육과 식용설육 03류 어패류 04류 낙농품·조란 천연꿀 05류 기타동물성 생산품	06류 산수목·꽃 07류 채소 08류 과실·견과류 09류 커피·차·향신료 10류 곡물 11류 곡물의 분과조분 밀가루·전분 12류 채유용종자·인삼 13류 식물성엑스 14류 기타식물성 생산품	15류 동식물성유지	16류 육·어류조제품 17류 당류·설탕과자 18류 코코아·초코렛 19류 곡물, 곡분의 주제품과 빵류 20류 채소·과실의 조제품 21류 기타의조제 식료품 22류 음료, 주류, 식초 23류 조제사료 24류 담배	25류 토석류·소금 26류 광, 슬랙, 회 27류 광물성연료, 에너지
6부	**7부**	**8부**	**9부**	**10부**
28류 무기화합물 29류 유기화합물 30류 의료용품 31류 비료 32류 염료, 안료, 페인트잉크 33류 향료·화장품 34류 비누, 계면활성제·왁스 35류 카세인·알부민·변성전분·효소 36류 화약류·성냥 37류 필름인화지, 사진용 재료 38류 각종화학공업생산품	39류 플라스틱과 그 제품 40류 고무와 그 제품	41류 원피·가죽 42류 가죽제품 43류 모피, 모피제품	44류 목재·목탄 45류 코르크·짚 46류 조물재료의 제품	47류 펄프 48류 지와 판지 49류 서적·신문인쇄물

(3) 신국제통일상품분류(HS)

상품분류방식이 SITC와 CCCN으로 이원화되어 있는 관계로 국가 간의 무역통계를 비교하는 데 많은 어려움이 따랐고, 과학기술의 발달로 새로운 상품이 많이 개발되어 모든 분야에 공통으로 사용될 수 있는 상품분류방식이 필요하였다. 이에 따라 관세협력이사회에서는 기존의 품목분류기준들을 하나로 통합한 신국제통일상품분류(Harmonized Commodity Description and Coding System; HS) 방식을 제정하였다. 이 명칭을 줄여서 Harmonized System(조화제도)이라 하며 혹은 New CCCN이라고도 한다.

11부	12부	13부	14부	15부
50류 견·견사견직물 51류 양모·수모 52류 면·면사면직물 53류 마류의사와직물 54류 인조필라멘트섬유 55류 인조스테이플섬유 56류 워딩·부직포 57류 양탄자 58류 특수직물 59류 침투, 도포한직물 60류 편물 61류 의류(편물제) 62류 의류(편물제이외) 63류 기타섬유제품·넝마	64류 신발류 65류 모자류 66류 우산·지팡이 67류 조제우모·인조제품	68류 석, 시멘트, 석면제품 69류 도자제품 70류 유리	71류 귀석, 반귀석,귀금속	72류 철강 73류 철강제품 74류 동과 그제품 75류 니켈과 그제품 76류 알루미늄과 그제품 78류 연과 그제품 79류 아연과 그제품 80류 주석과 그제품 81류 기타의 비금속 82류 비금속제공구, 스푼·포크 83류 각종비금속제품
16부	**17부**	**18부**	**19부**	**20부**
84류 보일러·기계류 85류 전기기기·TV·VTR	86류 철도차량 87류 일반차량 88류 항공기 89류 선박	90류 광학·의료·측정·검사·정밀기기 91류 시계 92류 악기	93류 무기	94류 가구류·조명기구 95류 완구·운동용구 96류 잡품
21부				
97류 예술품·골동품				

HS는 여러 가지 기준을 통합하고 있지만 근본적으로는 CCCN체계를 따르고 있으며 21부(section), 97류(heading)의 기본분류를 중심으로 10단위까지 분류가 가능하여 거의 모든 상품을 분류할 수 있다.

우리나라의 HS품목분류에서는 세계 공통의 6단위 분류에다 국내의 제반 사정을 감안한 자체 분류 4단위를 합해 모두 10단위로 품목을 분류해 놓고 있다.

(4) 신국제통일상품분류(HS) 분류체계

HS 분류체계는 먼저 대분류 수준에서 21개의 부(section)를 수평으로 배열하고, 각 부는 중간 단계 차원에서 류(chapter)로 중분류하고, 각 류는 그 다음의 낮은 단계 차원에서 호(heading)로 소분류하고, 호는 다시 더 낮은 단계의 소호(sub-heading)로 세분류하는 순으로 하향 수직 배열되어 있다. 류 → 호 → 소호 순으로 각각 2단위의 코드번호가 부여되는데 총 6단위의 코드번호는 세계 공통이다.

가) 부

부는 대분류 수준에서 비슷하거나 관련된 상품을 분류한 것인데 〈표 1-3〉과 같이 제1부부터 제21부까지 총 21개의 부로 구성되어 있고 각 부에는 편의상 표제가 설정되어 있다. 제1부는 '산 동물 및 동물성 생산품', 제11부는 '방직용 섬유와 그 제품'과 같이 각 부별로 표제가 있지만 이는 참조로 설정된 것이고 법적 구속력은 없다. 그리고 부가 21개의 부로 나누어지지만 각 부에 대한 번호는 부여하지 않는다.

나) 류

류는 중간 단계 수준에서 특정 부에 속하는 품목을 재질, 가공형태, 용도 등에 따라 분류한 것인데 반드시 두 단위 수로 표시된다. 제1류부터 제97류까지 총 97개의 류가 있는데 제77류는 유보된 상태이므로 현재는 96개의 류를 사용하고 있다.

류는 앞의 부를 세분한 것인데 각 부는 그 성질에 따라 1개류가 있을 수도 있고 여러 개의 류가 있을 수도 있다. 예를 들어 제3부에는 동식물성유지(제15류)의 1개류만 있지만 제11부에는 견(제50류)을 비롯하여 기타 섬유제품(제63류) 등과 같이 14개의 류가 있다. 각 부별에 있는 류를 합하면 모두 97개이다.

다) 호

호는 류를 품목에 따라 4단위로 세분한 것으로서 2012년 현재 총 1,244개의 호가 있다. 앞의 2단위는 류를 의미하고 뒤의 2단위는 류 내에서의 품목번호를 나타낸다. 호의 용어는 4단위 코드번호와 연결하여 설정되어 있는 품목 명을 의미하며 이는 품목 분류에 있어서 법적 구속력이 있는 협약된 용어이다.

라) 소 호

소호는 호(4단위)를 5단위 또는 6단위로 세분한 것으로 총 5,225개의 소호가 있다. 소호의 용어는 코드번호(6단위)와 연결된 품목을 의미하며 법적 구속력이 있는 협약된 용어이다.

제 4 절 무역거래의 형태

1. 유형무역과 무형무역

우리나라 대외무역법(제2조)에 의하면 무역은 물품, 용역 및 전자적 형태의 무체물 중 어느 하나에 해당하는 것의 수출과 수입을 말한다.[8] 이 중 형태를 갖추어 눈으로 볼 수 있는 물품을 수출입하는 경우를 유형무역이라 한다. 우리가 알고 있는 일반적인 상품의 수출입이 여기에 해당된다. 반면 경영 상담을 한다든지, 법무관련 서비스를 제공한다든지 등 용역을 거래하거나 애니메이션 등 전자적 형태의 무체물을 전송하는 거래는 무형무역에 해당된다.

2. 제3국과 관련된 무역

(1) 중계무역

수입되는 상품에 하등의 경제적 가치를 부가시키지 않고 순전히 재수출할 것을 전제로 상품을 수입하는 것을 중계무역이라고 하는데, 이러한 경우 중계무역업자는 수입금액과 수출금액의 차이를 일종의 중계수수료 식으로 취득하게 된다. 옛날부터 해상운송이 편리한 중계무역항에서 창고, 금융 등 서비스를 최대한 활용하여 A국의 상품을 B국으로 중계해 주는 무역이 성행하였다. 중계무역항은 외환거래가 자유롭고 관세가 부과되지 않는 자유항(free port)을 말하며 대체로 싱가포르, 함부르크 등과 같이 지리적으로 물품이 집산될 수 있는 지역에 위치한다.

중계무역은 상품이 단순히 중간항구를 통과한다고 하여 통과무역(transit trade)이라고도 한다. 통과무역은 자국에 특별한 생산시설을 하지 않고도 외화획득을 할 수 있으며, 또 자국의 시설이 부족할 때는 외국상품을 수입해서 재수출함으로써 전통적인 수출시장을 상실하지 않게 할 수도 있으며, 그리고 수입국의 특정 상품에 대한 배타적인 규제를 피할 수 있는 장점들이 있다.

그러나 최종 수입업자는 필요 이상의 높은 가격으로 물품을 수입하기 때문에 가능한 한 중계무역업자를 배제하려고 한다. 또한 수입국의 무역정책상

8) 대통령령으로 정하는 용역 및 전자적 형태의 무체물 범위에 관한 자세한 것은 제2부 제10장에서 설명하기로 한다.

최초 수출국과의 무역거래를 억제하고 있는 상황에서, 중계무역업자가 최초 수출국의 상품을 중계하면 수입국은 중계국가와의 교역에 제동을 걸 수 있어 중계무역에는 어느 정도 한계가 따른다.

(2) 중개무역

중개무역(merchandising trade)은 제3국의 중개업자가 개입된 무역거래를 말한다. 중개업자들은 자신들이 가지고 있는 무역 정보망을 이용하여 수출업자와 수입업자 간의 거래를 알선하고 중개수수료를 받는데 이런 형태의 무역거래를 제3국의 입장에서 중개무역이라 한다.

중개업자들은 단순히 거래를 알선하고 수출업자와 수입업자로부터 각각 중개수수료를 받을 때도 있고 무역거래에 직접 개입하는 경우도 있다. 후자의 경우에는 중개업자가 무역거래의 주체가 되어, 수출업자에게는 매수인의 입장에 서고 동시에 수입업자에게는 매도인의 입장에 서서 매도가격과 매입가격의 차이를 갖는다. 따라서 수출업자는 계약물품을 수입업자에게 직접 보내지만 수출대금은 중개업자로부터 받는다. 그리고 중개업자는 수입업자로부터 대금을 지급받아 그 차익을 갖는 것이다.

(3) 스위치 무역

무역계약이나 상품운송은 수출입업자 간에 직접 이루어지나, 그 상품대금의 결제에는 제3국의 업자가 개입하는 거래를 스위치 무역(switch trade)이라 한다. 이와 같은 거래를 알선해 주는 전문업자를 스위처(switcher)라고 하며, 거래를 성사시키는 스위처는 스위치 커미션(switch commission)을 받는다. 스위치 무역은 무역수지 불균형에 따라 제3국의 계정을 사용 · 전환할 경우 이루어진다. 스위치 무역은 제3국의 입장에서 보면 중개무역이 된다.

3. 연계무역

연계무역은 외화가 부족한 나라에서 국제수지의 악화를 방지하기 위하여 사용했던 거래방식으로, 거래하는 두 나라의 무역업자가 서로 수출한 금액만큼 수입하는 계약을 체결하여 실질적인 외화의 흐름이 없이 상품의 교역이 이루어지는 교역방식이었다.

그러나 오늘날 연계무역이라 함은 수출과 수입이 연계된 무역거래를 총칭하는 광의의 개념으로 그 해석이 확대되고 있으며, 거래기간, 청산의 형태, 교역되는 상품들 간의 관계, 계약서의 수(數) 등을 기준으로 여러 가지 형태의 거래가 있다. 우리나라 대외무역관리규정(제2조 제10항)에서는 연계무역을 수출 · 수입이 연계된 무역거래로서 물물교환, 구상무역, 대응구매 및 제품환매의 형태에 의해 이루어지는 수출입으로 규정하고 있다.

(1) 물물교환

물물교환(barter trade)은 통화의 흐름이 수반되지 않는 순수한 물물교환, 즉 사과와 바나나, 비료와 야자열매 등 상품과 상품이 하나의 계약서에 의해 직접적으로 교환되는 교역방식을 말하며 외환사정이 어려운 개도국 간에 가끔 이용되고 있다.

(2) 구상무역

구상무역(compensation trade)은 수출입물품 대금의 전부 또는 일부를 그에 상응하는 수입 또는 수출로 상계하는 수출입을 말하며, 일반적으로 하나의 계약서에 의해 수출입거래가 이루어진다. 물물교환과는 달리 환거래가 발생하여 쌍방 간에 합의된 통화로 대금이 결제된다. 그리고 구상무역에서는 수입의무를 제3국으로 전가시킬 수 있는데 이 경우를 삼각구상무역이라 한다.[9]

(3) 대응구매

대응구매(counter purchase)는 수출액의 일정 비율만큼을 반드시 구매하겠다는 별도의 계약서를 체결하고 수출하는 거래방식이다. 구상무역은 하나의 계약서로 수출 및 수입거래가 이루어지지만 대응구매는 수출계약서 및 대응구매계약서 두 가지의 계약서에 의해 쌍방 간의 거래가 이루어진다.

9) 연계무역의 주요 특징을 비교해 보면 다음과 같다.

구분	물물교환	구상무역	대응구매	제품환매
계약서	하나의 계약서	하나의 계약서	수출 · 수입 별도의 계약서	수출 · 수입 별도의 계약서
상계방법	환거래 없음 상품에 의한 상계	환거래 발생 합의된 결제통화로 상계	환거래 발생 합의된 결제통화로 상계	환거래 발생 합의에 의한 결제
수입의무의 3국 전가여부	불가	가능	가능	가능

(4) 제품 환매

제품 환매(buy back)는 수출업자가 공급한 장비, 기술, 플랜트 등에서 생산되는 제품을 수출업자가 다시 사가는 거래를 의미한다. 이는 수입국의 저렴한 노동력을 활용할 경우 이용된다.[10)]

4. 가공무역

(1) 일반 가공무역

국제무역에서 가장 많이 이루어지고 있고, 물량 면에서 수출입의 주류를 이루고 있는 무역형태로서, 광의의 가공무역에는 산에 자연적으로 자란 나무를 잘라서 수출하는 것이나 땅속에 매장되어 있는 광물을 캐내어 수출하는 원시적인 가공으로부터, 아주 적은 경제적 가치밖에 없는 씨앗을 뿌려 채소를 재배하여 경제적인 가치를 많이 부가시켜 외국으로 수출하는 1차 산품 및 외국에서 원자재를 수입하여 일정한 공정을 거쳐서 경제적 가치를 부가시켜 다시 외국으로 수출하는 2차 상품까지 포함된다. 그런데 일반적으로 가공무역이라고 하면 후자인 2차 상품의 수출을 말한다. 이 협의의 가공무역에서는 대개 노임, 운임, 보험료, 창고료, 특허료 및 이윤 등을 가득시켜 재수출하여 그 가득액만큼이 결국 이들을 가공한 수출국에 돌아가는 것이다.[11)]

(2) 수탁가공무역

가공무역 중에서도 가득액을 얻기 위하여 대상 원 · 부자재의 전부 또는 일부를 거래 상대방의 위탁에 의하여 외국에서 수입하여 이를 가공 후 위탁자 또는 그가 지정하는 자에게 수출하는 형식을 수탁가공무역이라고 한다. 또 이와 같이 수입되는 원자재가 무환으로 수입되는 경우는 무환수탁가공이라고 하며, 원자재가 유환으로 수입되면 유환수탁가공이라고 한다.

10) 연계무역의 성격과 유사한 것으로 산업협력, 절충거래 등이 있다. 산업협력은 수입국의 산업을 발전시킬 목적으로 자본거래, 기술 등을 공여하는 것을 말하는데 주로 합작투자방식으로 이루어진다. 합작투자(joint venture)는 수출업자가 자본참여, 판매망 제공 등으로 수입업자와 합작하여 생산된 제품을 대응구매계약에 의해 수입해 가는 것을 의미한다. 제품환매거래도 산업협력의 일환에 해당된다. 절충교역거래(off-set deal)는 군수품거래 시 많이 이용되는 연계무역의 일종이다. 예를 들어 우리나라가 미국에서 전투기를 도입할 때 미국의 수출업자로 하여금 일부 부품을 우리나라에서 수입하도록 함으로써 전투기수입과 부품수출을 연계시킨다. 우리나라는 부품 생산을 시작으로 항공기 산업을 육성할 수 있는 기반을 마련할 수 있다.

11) 외화가득액은 수출금액에서 수출물품의 제조에 소비된 원자재 수입금액을 공제한 금액을 말한다.

무환인 경우에는 원자재가 아무런 대금의 지불 없이 수입되었다가 가득액에 해당되는 가공임만 받고 수출하는 거래이며, 유환인 경우는 대상 원자재를 수출업자가 대금을 지불하고 들여와서 가공한 후 가득액에 해당하는 금액을 지불받는 형식으로 원자재의 수출업자와 완제품의 수입업자가 동일인이라는 것을 제외하면 일반 가공무역과 같다.

(3) 위탁가공무역

이는 외국에서 가공할 원 · 부자재의 전부 또는 일부를 거래상대방에게 무환으로 수출하여 이를 가공 후 가공임을 지급하는 조건하에 무환으로 수입하는 거래를 말한다.

(4) 보세가공무역

보세가공무역(bonded process transaction)은 정부가 지정한 특정 보세지역에 가공설비를 설치하여 외국에서 들여온 원자재를 가공하여 다시 외국으로 수출하는 거래형태를 말한다. 원자재를 외국에서 들여올 때는 일반 가공무역에서와 같이 유환이나 무환으로 들여올 수 있는데 수탁가공과 구별되는 것은 단지 수입될 때 관세를 물지 않는다는 것과, 원자재를 수출하는 당사자와 완제품을 수입하는 당사자가 동일인이 아니라도 된다는 것이 수탁가공무역과 다르다. 우리나라는 '자유무역지역의 지정 및 운영에 관한 법률'에 의해 자유무역지역에서 보세가공무역이 이루어지고 있다.[12)]

5. 수·위탁판매무역

수 · 위탁판매무역(consignment trade)이란 물품을 무환으로 수출 또는 수입하여 당해 물품이 판매된 범위 안에서 수출대금을 회수하거나 수입대금을 지급하는 조건의 계약에 의한 수출입을 말하며, 이는 위탁판매수출과 수탁판매수입으로 구분한다.

---

12) 우리나라는 원자재 반입이 용이한 마산 · 익산 등을 수출자유지역(현재 자유무역지역)으로 선정하여 보세가공무역을 장려했지만 최근에 우리나라 인건비 상승 등으로 과거와 같은 무역거래가 이루어지지 않고 있다.

(1) 위탁판매수출

위탁판매수출은 물품을 무환으로 수출하여 당해 물품이 판매된 범위 내에서 대금을 결제하는 계약에 의한 수출방식으로 제조업자가 자가생산품을 자기의 위험과 부담 하에 수출하므로 물품의 소유권은 위탁자에게 있으며, 판매하고 남은 물품도 위탁자에게 반송되어진다. 위탁자가 최저가격을 지정할 경우에 수탁자는 지정가격 이하로는 판매할 수 없으나 지정가격 이상으로 판매할 때의 차액은 수탁자의 이윤이 된다.

이러한 판매방식은 새로운 상품이나 신시장을 개척할 때 많이 이용되는데 수입업자 측에서는 자금부담의 경감 및 클레임 제기의 필요성이 없으나 위탁판매자의 입장에서는 대금회수불능의 위험이 있어, 본 · 지사 간이나 오랜 거래처 간이 아니면 잘 이루어지지 않는다.

(2) 수탁판매수입

수탁판매수입거래는 물품을 무환으로 수입하여 당해 물품이 판매된 범위 내에서 대금을 결제하는 계약에 의한 수입을 뜻하므로 위탁판매수출을 수탁자의 입장에서 보는 거래이다. 수탁판매수입에서 자금부담의 위험(금리 및 판매에 따른 위험)은 물품의 소유권을 가진 위탁자가 부담하므로 수탁자는 판매대리인으로서 위탁자가 지정한 조건에 따라 상품을 매각하고 잔품은 위탁자에게 반환하며, 그 판매대금에서 제 경비 및 판매수수료 등을 공제한 잔액을 위탁자에게 송금하면 된다.

그러므로 수입업자는 판매에 대한 위험이 없는 것 외에도 수입에 따른 자기 자금이 전혀 소요되지 않는다는 장점을 누릴 수 있다. 이 때문에 정부의 무역정책에 반하여 무분별한 수입이 조장될 염려가 있어 국가에 따라 엄격한 규제를 가하기도 한다.

(3) 보세창고도거래

보세창고도거래(bonded warehouse transaction; BWT)는 수출업자가 자기의 위험과 비용으로 해당 지역에 자기의 지점, 출장소 또는 대리점을 설치하고 거래상대국 정부로부터 허가받은 보세창고에 상품을 무상으로 반출하여 현지에서 판매하는 거래방식이다.

이 거래는 반출한 물품을 수입지에서 수입통관하지 않고 특정 보세지역인

보세창고에 입고시키고 판매하는 거래이므로 수출업자의 입장에서는 가장 좋은 고객을 골라 판매할 수 있으며, 수입업자의 입장에서는 물품을 직접 보고 즉시 인수를 할 수 있다는 장점이 있다.

보세창고에 보관중인 물품은 관세 및 내국세가 부과되지 않으므로 보세상태에서 시황에 따라 수시로 판매 또는 반송되어질 수 있다. 이러한 보세창고도거래의 특징은 거래상대자, 즉 수입업자와의 사전계약이 체결되지 않고 수출되기 때문에 수출업자 측에서는, ① 만일 시황이 불리하여 상품이 반송되어야 할 경우 상품의 변질 및 해상운임 등의 손해를 감수하여야 하며, ② 수출상품이 거래상대국의 보세창고에 입고된 후에 매매계약이 이루어지고 결제되기 때문에 대금회수가 늦어지고, ③ 유행에 민감하거나 계절상품의 경우는 적기판매를 못하여 입는 손실 등의 위험을 져야 한다.

그러나 수입업자 측에서는, ① 매매계약 성립 시까지는 대금결제를 하지 않아도 되므로 자금 부담이 적고, ② 현지에서 현품을 확인하고 구입하기 때문에 엉뚱한 물품을 입수하게 될 위험이 없고, ③ 이미 도착한 상품을 구입하므로 수입절차에 따른 경비, 시간 및 노력이 절약되며, ④ 현품을 즉시 입수할 수 있기 때문에 시차에 따른 예상이익의 차질이 극소화된다.

우리나라는 보세창고도거래를 지원하기 위해 파나마의 콜롱(Colon)에 이러한 보세창고를 설치 · 운영하고 있다. 그리고 네덜란드의 로테르담(Rotterdam)에도 보세창고와 유사한 'Central Terminal Station'(CTS) 시설을 운영하고 있다. CTS는 수출업자가 해외에 현지 판매법인을 설립하여 그 법인 앞으로 물품을 위탁 · 수출하고, 판매된 범위 내에서 대금을 결제하는 거래를 말한다.

6. 임대차방식에 의한 수출입

임대차방식에 의한 수출입은 임대료를 받거나 임차료를 지급하는 임대차계약에 의한 수출과 수입을 말하는데, 여기에는 임대차기간의 만료 전 또는 만료 후 당해 물품의 소유권이 임차인에게 이전되는 조건부 임대차계약에 의한 수출입도 포함된다.

이 거래방식에서는 자본집약적이거나 고도의 기술을 요하는 상품을 생산해서 수출하는 경우에 상품의 생산비용 중에 시설기재가 차지하는 비율이 높은 경우에는 임시로 그러한 기자재나 기술을 빌려서 사용하고 그들에 대한 일정비용만 지급하게 된다.

임차인의 입장에서는 시설기재의 수입에 따른 자금 부담을 면할 수 있고, 시설기재의 사용을 위해 새로운 기술을 필요로 하는 경우 임대인의 기술 지도를 받으므로 새로운 기술을 습득할 수 있다. 또한 임차한 시설에 의해서 생산되는 제품의 시장 확보가 용이하며, 임대인을 통하여 생산에 필요한 원자재를 용이하게 확보할 수 있다는 장점이 있다.

그러나 임대인은 자기가 시설기재를 제공하고 자기가 생산 전량을 수입하는 조건으로 계약을 체결하기 때문에 가격은 언제나 임차인에게 불리하게 결정된다. 그리고 임대인이 생산수량을 제시하기 때문에 대량생산이나 시황에 따른 탄력적인 생산량 조정이 어렵다.

7. 외국인도수출과 외국인수수입

(1) 외국인도수출

외국인도수출은 국내에서 수출통관되지 않은 물품을 외국에서 외국으로 인도하여 수출하고 그 대금은 국내에서 영수하는 거래방식을 말하는데 외국에 있는 우리나라 물품을 외국으로 직접 수출할 때 이용된다. 예를 들어 해외건설현장에서 사용했던 중고시설 기자재를 국내로 반입하지 않고 이를 다시 외국으로 매각할 때나 항해중이거나 어로작업중인 선박을 현지에서 매각할 경우 이 방식의 수출거래가 이용된다.

(2) 외국인수수입

외국인수수입은 수입대금은 국내에서 지급되지만 수입물품은 외국에서 인수하는 수입을 말한다. 이는 산업설비수출, 해외건설 등 해외사업현장에서 소요되는 기자재를 곧바로 현장으로 인도함으로써 운송시간과 경비의 절감을 꾀하기 위한 거래형태이다.

8. 기타의 무역형태

(1) 각서무역

각서무역(memorandum trade)은 광의의 구상무역에 포함시킬 수 있으나 구태여 따로 구분하는 것은 그 거래방식이 독특하고 특정 국가 간에만 사용되어 왔기 때문이다. 일본과 중국 간에 국교가 정상화되기 전인 1962년 양국 간의 무역에 처음 사용되었던 무역형태이다. 양국이 일 · 중 총합무역(日中總合貿易)에 관한 각서를 교환함으로써 무역이 이루어져 이를 각서무역이라 하였다.

양국 간의 연간 교역금액이 각서로 확정되었기 때문에 일본의 수출업자가 중국으로 일정액을 수출하게 되면 일정 기간 후 동일 금액만큼을 중국에서 수입하겠다는 각서를 발행해야만 한다. 각서무역은 국교가 정상화되지 않은 두 국가 사이에 처음 시작하는 거래형태로 활용될 수 있다.

(2) OEM 방식 수출

OEM(original equipment manufacturing) 방식의 수출은 외국의 수입업자로부터 제품의 생산을 의뢰받아 생산된 제품에 주문자의 상표를 부착하여 인도하는 주문자상표부착방식의 수출을 말한다. OEM 방식의 수출은 수출확대와 기술축적의 계기는 될 수 있지만 자사(自社) 상표의 제품을 수출하는 경우보다 저가로 수출되어 수출채산성이 불리하다. 그리고 새 모델의 개발, 자사 상품에 대한 이미지의 제고, 독자적인 수출시장의 개척 등이 어렵다.

제2장

전자무역

전자무역(e-Trade)은 무역의 모든 과정 또는 일부를 인터넷, 전자문서교환(EDI) 등 각종 정보통신기술을 이용하여 전자적으로 처리함으로써, 시간과 공간의 제약 없이 무역 업무를 보다 편리하고 신속 정확하게, 그리고 경제적으로 수행하는 무역거래의 형태를 말한다. 오늘날 무역업체들은 인터넷이나 EDI를 이용하여 상호 정보를 주고받아 그 동안 해외시장조사, 거래제의 및 알선, 계약 등 전통적으로 많은 시간과 비용이 소요되었던 무역과정을 신속 정확하게 수행할 수 있게 되었다. 또한 수출입에 관련된 각종 상거래 서식이나 행정서식이 표준화되어 통관, 대금결제, 물류 등 주요 무역관련 시스템이 인터넷으로 연결되어 처리됨으로써 무역부대비용을 절감할 수 있게 되었다. 이 장에서는 전자무역과 EDI에 대해서 개략적으로 살펴보고자 한다.

제1절 EDI

1. EDI의 의의

EDI(Electronic Data Interchange)는 컴퓨터와 정보통신기술을 결합시켜 보다 효율적으로 정보를 전달하는 전자문서교환을 의미한다. 즉 EDI는 관련 당사자들이 종이서류를 작성하여 이를 인편, 우편, 팩스 등으로 전달함으로써 정보를 처리하는 대신 컴퓨터를 이용하여 상거래서식이나 공용서식을 표준화하고 이를 상호 합의된 통신표준에 따라 컴퓨터 간에 교환하여 즉시 업무에 활용하는 새로운 정보전달방식을 말한다.

기존에는 대부분 종이서류를 작성하여 이를 사람이 직접 전달하거나 우편, 팩스 등을 이용해서 정보를 처리하였다. 사람이 일일이 동일한 정보를 반복해서 입력해야 하고 관련 자료도 수작업으로 처리해야만 된다. 이런 과정에서 오류가 발생하고 자료도 정확하지 못하며 또한 종이서류 전달에도 상당한 시간이 소요되어 업무처리의 효율성이 많이 떨어졌다.

EDI를 이용하면 발신인은 보내고자 하는 정보를 표준전자문서로 변환시켜 데이터 통신망을 통해 수신인에게 전송하고 수신인은 표준전자문서를 통해 상대방의 의사를 이해하여 그에 따른 조치를 취하게 된다. 종이서류를 교환하지 않고도 거래상대방과의 업무를 신속 정확하게 처리할 수 있어 업무처리 시간을 단축하고 많은 인건비를 절감할 수 있게 된다.

EDI는 1960년대 국제운송회사들이 운송서류를 신속히 전달할 목적으로 전자문서를 표준화하여 사용한 것이 시초이다. 오늘날에는 정보전달의 효율성과 편리성으로 인해 많은 공공서식들이 EDI 방식으로 처리되기 시작하였으며, 상거래에서도 주문서, 운송지시서 등 관련 서식들이 이 방식으로 처리되고 있다. 특히 서류를 많이 활용하는 국제무역거래에서는 많은 부문에 걸쳐 EDI를 활용하고 있다. 우리나라의 경우 정부의 정책에 의해 수출입통관은 100% EDI로만 처리가 가능하다. EDI의 효과를 구체적으로 살펴보면 다음과 같다.

첫째, EDI의 직접적 효과는 정보처리의 신속성 및 효율성이다. 정보처리에 소요되는 비용을 절감하고 처리시간을 단축할 수 있으며, 업무처리과정에서 발생하는 오류를 절감할 수 있다.

표 2-1 EDI 방식과 기존 업무처리방식의 비교

구 분	현행 방식	EDI 방식
업무처리수단	문서(paper document)	전자문서(electronic document)
업무처리의 안정성	서명, 날인, 전자서명	자동전달방법
전달방식	인편, 우편	컴퓨터간 통신
전달매개체	무역거래당사자간 많은 전달관계 존재	거래당사자와 무역자동화사업자간 전달관계만 존재
전달장비	사람(교통수단), 우체국	컴퓨터, 통신회선

둘째, EDI는 정보처리에 필요한 인력을 절감시키고 최소한의 인력배치를 가능하게 하여 관리의 효율성을 증대시키는 간접적 효과를 가져온다. 이 밖에 EDI는 재고의 감소, 고객서비스의 강화, 효율적 자금관리 등 부수적인 효과를 제공한다.

마지막으로, EDI의 직접 · 간접효과로 인해 거래상대방과의 관계를 개선하고 타기업과의 경쟁에서 유리한 위치에 설 수 있으며, 또한 정보시스템을 구축하여 신규 사업을 창출하는 전략적 효과를 누릴 수 있다.

EDI 방식과 기존의 업무처리방식을 상호 비교해보면 〈표 2-1〉과 같다.

2. EDI의 표준

EDI를 통해 자료를 효율적으로 송 · 수신하기 위해서는 먼저 EDI 표준(standard)이 이루어져야 한다. EDI 표준은 사용자가 동의하고 따라야 하는 표준양식(format) 및 구문(syntax)을 정한 규칙이다. 이는 언어, 업무처리방식, 컴퓨터 시스템이 서로 다른 거래당사자들이 전자문서를 자유롭게 교환하는데 필요한 공통언어라 할 수 있다.

이러한 EDI 표준을 활용함으로써 사용자들은 상호간에 정해진 양식과 절차에 따라 업무 데이터를 교환할 수 있다. 재래식 시스템에서는 업무담당자가 다양한 양식을 직접 검토하여 자료의 내용을 인식하지만 EDI에서는 이것이 불가능하므로 모든 문서는 통일된 양식으로 작성되어야 한다. 따라서 EDI 표준은 서로 다른 거래상대방간 또는 이들의 내부업무 시스템 간에 전자문서 교환이 이루어지게 하는 가장 핵심적인 역할을 하게 된다.

EDI 표준은 그 성격에 따라 [그림 2-1]과 같이 구분된다.

그림 2-1 EDI 표준의 분류

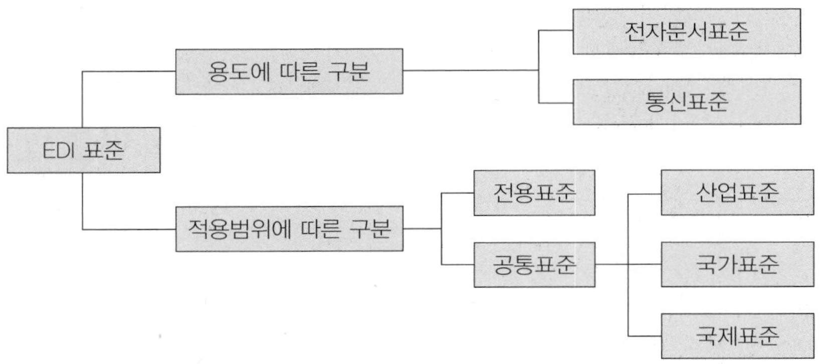

(1) 전자문서표준 및 통신표준

EDI 표준은 용도에 따라 전자문서표준 및 통신표준으로 구분되는데, 전자문서표준(formatting standard)은 전자적으로 전달될 수 있는 문서, 정보, 순서와 형태, 정보 각 부분의 의미 등에 대한 지침을 말한다.[1] 그리고 통신표준(communication standard)은 컴퓨터를 통한 전자문서의 송수신 규약으로 어떤 정보를 어떤 방식으로 전송할 것인가에 관한 사용자간의 합의를 뜻한다. 일반적으로 의미하는 EDI 표준은 전자문서표준을 의미한다.

(2) 전용표준 및 공통표준

한편 EDI 표준은 적용범위에 따라 전용표준 및 공통표준으로 구분된다. 전용표준은 특정 기업만이 활용할 수 있는 표준으로 사설표준이라고도 한다. 초창기의 EDI는 주로 개별기업 또는 그룹 차원에서 사설표준을 기반으로 컴퓨터를 연결시켜 정보를 교환하는 정도였다. 그러나 이런 정보교환에는 한계가 있기 때문에 여러 기업, 산업, 국가의 사용자들이 함께 사용할 수 있는 공통표준이 개발되었다. 공통표준은 개발단계에 따라 기업표준, 산업표준,[2] 국가표준 및 국제표준으로 세분화될 수 있다.

1) 전자문서표준은 메시지표준(message standard)이라고도 한다.
2) 산업표준의 예를 들면 자동차산업을 위한 ODETTE(Organization for Data Exchange by Tele Transmission in Europe)가 있고 국가표준으로는 북미(American National Standards Institute Accredited Standards Committee; ASCX12)와 유럽(Guidelines for Trade Data Interchange; GTDI)의 두 가지가 있다.

국가 간의 거래를 위해서는 전세계의 모든 산업에 공통되고 사용자들이 함께 사용할 수 있는 국제표준이 필요하다. 이에 따라 UN 산하의 유럽경제위원회에서는 EDI 국제표준으로 '행정, 무역 및 운송에 관한 EDI 국제표준'(Electronic Data Interchange for Administration, Commerce and Transport: UN/EDIFACT)을 개발하였다. UN/EDIFACT는 국제상업회의소, 각국의 EDI 관련 단체들로부터 호응을 받아 1987년 국제표준화기구에 의해 EDI 국제표준으로 승인되어 현재 각국에서 널리 사용되고 있다.[3)]

3. EDI 사용자 시스템

EDI가 가능하기 위해서는 사용자 시스템이 구비되어야 하는데 이는 거래 당사자간에 데이터 통신망을 통해 전자문서를 주고받기 위해 갖추어야 할 컴퓨터 하드웨어, 소프트웨어 및 통신장비를 말한다. EDI는 컴퓨터에 의한 정보전달방식이기 때문에 당사자 간에는 일차적으로 개인컴퓨터가 있어야 가능하다. 그리고 다양한 업종의 많은 참여자들이 활용하기 위해서는 여러 가지 형태의 사용자 서류들을 EDI 표준으로 전환시키는 변환 소프트웨어 및 모뎀 등과 같은 통신장비가 있어야 한다.

사용자 시스템 중에서도 변환 소프트웨어가 매우 중요하다. 개인, 기업, 국가마다 데이터베이스의 구조형태가 다르고 행정서식이나 상거래서식을 작성하는 방식도 조금씩 틀리기 때문에 이를 표준화하지 않으면 EDI의 한계가 있다. 따라서 EDI를 효과적으로 활용하기 위해서는 가장 먼저 다양한 형태의 정보를 EDI 표준으로 변환시키는 EDI 변환 소프트웨어가 절대적으로 필요하다.

EDI 변환 소프트웨어는 첫째, 기업 고유의 내부문서나 자료를 EDI 표준 포맷으로 만들어 상대방에게 전송하기 위해 통신시스템으로 이동시키거나, 둘째, 상대방으로부터 수신하여 통신시스템에 대기중인 EDI 표준자료를 기업고유의 내부 자료로 바꾸어 주는 역할을 한다.

---

3) 한편, e-비즈니스의 확산과 함께 EDIFACT는 현재 유럽경제위원회 산하의 UN/CEFACT(United Nations Centre for Trade Facilitation and Electronic Business)의 실무위원회의 하나로서 운영되고 있는데 UN/CEFACT는 무역 및 e-비즈니스의 촉진을 위한 다양한 권고안 및 표준 등을 지속적으로 발표하고 있는 국제기구의 하나이다.

4. EDI 네트워크

전자문서가 하나의 컴퓨터로부터 다른 컴퓨터로 전달되기 위해서는 전용 데이터회선이나 공중 데이터회선을 보유한 네트워크가 필요하다. 이러한 EDI 네트워크는 직접 네트워크, 제3자 네트워크 및 인터넷으로 구분된다.

(1) 직접 네트워크

직접 네트워크에서는 보통 모뎀을 통해 거래상대방의 컴퓨터와 직접적으로 연결된다. 그러나 거래상대방의 수가 증가할수록 거래상대방에 대한 통신회선 유지, 비밀유지 등 어려움이 증가하므로 제3자 네트워크를 통하여 거래상대방과 통신하는 경우가 많다. 이 방식은 EDI가 도입된 초기단계에 주로 사용되었다.

(2) 제3자 네트워크

제3자 네트워크는 부가가치통신망(value added network; VAN)이라고도 하는데, 이는 단지 데이터만을 전송하는 것이 아니고 정보의 축적, 가공, 변환처리 등을 통해 부가가치 서비스를 제공하는 정보통신망을 의미한다. EDI를 이용하는 당사자들 간에는 전자문서를 주고받는 통신방법, 시간, 속도 등이 다르므로 중간에서 이를 통합 · 관리하고 분쟁이 발생할 경우 해결할 수 있는 제3자가 필요한데 이를 VAN이라고 한다. 따라서 VAN은 중간에서 정보를 중계 · 전송하기 때문에 기존 방식에 있어서의 우체국과 유사한 기능을 수행하게 된다.

VAN을 이용하게 되면 다른 기종, 다른 시스템간의 접속이 보장되고, 사용자들은 장거리에 있는 수신인과 저렴한 비용으로 단 한번 접속을 통해 다양한 문서를 전송할 수 있다. 그리고 전자문서의 중계, 전송 및 송수신 기록이 보관되어 24시간 그 내역을 확인할 수도 있다. 우리나라의 무역업무자동화 시스템에서는 한국무역정보통신(KTNET)이 VAN 사업자로 지정되어 수출입거래 전반에 걸쳐 무역업체와 관련 기관을 연결해 주고 있다.

(3) 인터넷 네트워크

오늘날 인터넷이 대중화됨에 따라 저렴한 비용으로 전세계의 상대방들과 전자문서를 주고받을 수 있는 인터넷을 EDI의 네트워크로 활용하는 경우가 급속도로 늘어나고 있다. 인터넷을 활용하게 되면 VAN을 이용할 경우 소요되는 초기 가입비용과 통신비용의 부담이 필요 없게 된다.

인터넷 EDI가 지니고 있는 장점을 살펴보면 다음과 같다.

첫째, 비용이 절감된다. 인터넷은 비상업적인 네트워크이기 때문에 기존의 EDI를 이용할 경우 소요되는 전용선, 소프트웨어 설치비용, 송신료 등을 절약할 수 있다.

둘째, 접속이 용이하고 대상이 광범위하다. 기존의 EDI는 폐쇄형으로 가입자들 간에만 정보처리가 가능했지만 인터넷은 개방형이기 때문에 사용자와 장소에 아무런 제한이 없다. 인터넷을 이용하는 당사자들은 누구나 접속이 가능하게 된다.

마지막으로 통합성으로 인해 업무 간의 연계가 쉬운 편이다. 기존의 EDI로 거래되는 문서와 데이터는 직접적으로 타 업무에 재활용하기가 어렵고 수작업이나 추가적인 변환프로그램이 있어야만 했다. 그러나 인터넷 EDI는 사용자가 특정 문서의 구조를 정리하여 사용할 수 있기 때문에 타 업무 프로그램과 연계가 쉽다.

이런 연유로 현재 인터넷 EDI의 사용이 증가하고 있으며 우리나라의 경우도 정부의 정책에 의해 반드시 EDI로 처리되는 수출입통관 절차도 2004년부터 인터넷 EDI가 도입되어 기존의 방식과 병행되고 있다.[4]

5. 교환약정

EDI는 기업 내부의 업무처리를 단순히 전산화하는 것이 아니라 전혀 다른 업무처리 시스템을 가진 거래상대방과 자료를 교환하는 것이므로 EDI로 업무를 처리하기 위해서는 관련 당사자 간에 거래약정을 맺는 것이 매우 중요하다. 이러한 약정은 네트워크 약정과 거래약정으로 구분된다.

---

4) 정보통신기술의 발전으로 EDI보다 적용범위가 보다 더 확장된 새로운 정보전달방식인 광속거래(Commerce At Light Speed; CALS)가 등장하였다. 1985년 미국 국방부에서 국방예산의 절감을 위해 컴퓨터 통신을 이용하고자 했던 것이 CALS가 출현하게 된 계기가 된 것이다. 현재 CALS는 제품의 개발, 설계, 생산, 판매, 유지보수 및 폐기에 이르는 제품수명의 모든 주기를 관리하기 위해 기업 활동의 전반을 전자화하는 것이라고 정의할 수 있다.

(1) 네트워크 약정

네트워크 약정은 사용자와 VAN 사업자간의 EDI 서비스 이용에 따른 제반 사항을 약정하는 것이다. 무역업무자동화 시스템에서는 무역업체, 은행, 선박회사, 보험회사, 세관 등이 사업자와 서비스 이용 약정을 체결한다. 약정 사항은 보통 사용자에 관한 인적사항, 요금부담자, 비밀번호, 수신 · 발신인, 접속방법 등이다. KTNET와 네트워크 약정을 체결할 경우에는 'KTNET 종합 무역자동화서비스 표준약정서'가 이용되고 있다.

(2) 거래약정

거래약정(interchange agreement ; I/A)은 사용자와 사용자간의 EDI 거래에 따른 제반 사항을 약정하는 것을 말하는데 우리나라에서는 EDIFACT 위원회(KEC)가 고시한 표준안과 각 은행에서 공동으로 사용중인 거래약정이 있다. 거래약정의 주요 내용은 전자문서 및 표준에 대한 합의, 해당 업무별 사용자의 명시, 수신인 · 발신인 확정, EDI 서비스 제공업자 및 데이터통신망 합의 등이다. 무역업체가 은행과의 무역업무를 EDI로 처리할 때는 '무역업무자동화 이용신청서'를 작성하여 관련 은행에 제출해야 한다. 이 신청서 뒷면에는 무역업무자동화처리약관이 인쇄되어 있다.

제 2 절 무역자동화

1. 무역자동화의 의의

무역자동화는 종전처럼 사람이 서류를 직접 들고 은행, 수출입단체, 세관 등을 일일이 다니거나 우편 또는 팩스를 이용해서 무역 업무를 처리하는 대신에 EDI 방식에 의해 컴퓨터로 사무실에서 빠르고 간편하게 무역 업무를 처리하는 것을 말한다. 다시 말해 수출입에 관련된 각종 행정 및 상거래서류를 컴퓨터가 읽을 수 있는 표준화된 전자문서의 형태로 바꾸어 컴퓨터로 주고받음으로써 궁극적으로는 종이서류 없는 무역(paperless trade)을 실현하는 것을 의미한다.

무역규모가 확대됨에 따라 과거와 같이 수작업으로 무역서류를 작성하는 데는 한계가 있어 가급적 서류를 이용하지 않는 무역자동화의 필요성이 제기되었다. 무역자동화는 1970년대 스웨덴에서 처음 논의된 이래 미국, EC, 일본 등 선진국에서 폭넓게 이용되고 있으며 현재 미국, 우리나라 등 선진국에서는 세관신고를 EDI로 제출할 것을 요구하고 있다. 유엔에서도 무역자동화를 통해 세계무역을 확대하고자 행정, 무역 및 운송에 관한 EDI 국제표준(EDIFACT)을 제정하여 기존의 무역관계서류들을 보다 효율적이고 합리적으로 운영할 수 있도록 하였다. 우리나라에서도 1981년 '무역업무 자동화촉진에 관한 법률'이 제정됨에 따라 무역자동화가 도입되기 시작하였다.

지금까지의 전통적인 무역업무 처리체계는 [그림 2-2]와 같이 무역업체, 세관, 은행, 조합, 항만, 선사 등 무역유관기관이 마치 거미줄과 같이 복잡하게 얽혀 있어서 인력과 시간의 낭비가 많았다. 따라서 거래당사자들은 독자적인 전산망을 구축하거나 사람이 서류를 가지고 일일이 돌아다니면서 무역절차를 밟아야만 했다.

그러나 무역자동화시스템에 의하면 한국무역정보통신(KTNET)과 같은 무역자동화 지정사업자가 수출입절차 전반에 걸쳐 중앙에서 무역업체와 무역유관기관을 유기적으로 연결하여 무역관련 각종 전자문서와 무역정보를 24시간 중계, 전송하게 된다. 따라서 무역업체와 무역유관기관은 [그림 2-3]과 같이 지역이나 시간에 제약을 받지 않고 국내는 물론 외국과의 무역 업무를 컴퓨터에 의해 신속 정확하게 처리하는 것이 가능하게 된다.

그림 2-2 전통적인 무역업무 처리체계

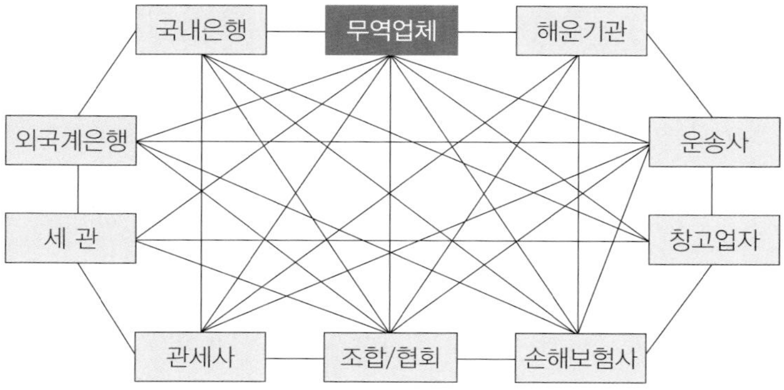

그림 2-3 EDI에 의한 무역자동화

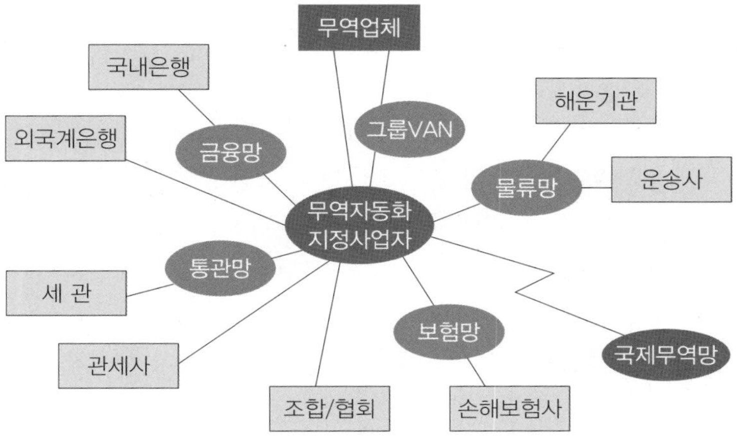

2. 무역자동화의 효과

(1) 무역부대비용의 절감

무역자동화가 완성되면 상역, 외환, 보험, 운송, 통관부문에 걸친 모든 무역절차가 컴퓨터로 처리됨에 따라 무역업무 처리시간이 단축되어 무역부대비용을 절감할 수 있다.

(2) 기업의 지방분산

무역 업무가 자동화되면 전국 어디에서나 시간과 공간의 제약 없이 컴퓨터로 무역 업무를 즉각적으로 처리하는 것이 가능해 진다. 따라서 무역업체의 지방 분산과 지방 중소기업의 소량다품종 수출이 활발해 진다.

(3) 정보산업의 수요창출

무역자동화시스템의 구축 및 확산과정에서 하드웨어, 소프트웨어 및 네트워크와 같은 정보산업 전 분야에 걸쳐 막대한 신규수요가 창출될 수 있다.

(4) 기업경쟁력의 확보

EDI를 이용하게 되면 실시간으로 이용 가능한 정확한 정보의 가용성이 높아지기 때문에 기업들은 고객의 욕구에 보다 신속하고 효과적으로 반응할 수 있게 된다. 즉, 주문이나 판매 정보를 신속하고 정확하게 공장이나 공급자에게 전송함으로써 시장환경 변화에 즉시 대응할 수 있으며 기업 경쟁력을 높이게 된다.

3. 무역자동화사업의 추진현황

무역자동화사업은 무역관련 각종 절차와 서식을 표준화하고 새로운 정보전달 수단인 EDI 기술을 이용하여 모든 무역업체와 무역유관기관을 컴퓨터 통신망으로 연결하는 무역자동화시스템을 구축하는 것을 말한다. 이를 토대로 무역업무 처리시간이 단축되고 관련 비용이 절감됨으로써 보다 효율적이고 자동화된 무역환경을 조성하고, 우리나라 산업의 국제경쟁력을 강화시켜 선진무역입국을 조기에 실현하고자 하는 것이 무역자동화사업의 기본 목표이다.

현재 우리나라에서 추진하고 있는 무역자동화사업은 기본적으로 상역, 외환, 통관, 운송, 보험 등 수출입절차 전반에 걸쳐 모든 무역업체와 무역유관기관이 컴퓨터로 업무를 처리할 수 있도록 신뢰성이 있고 보안 및 안전성이 보장된 사용자 중심의 시스템 구축에 역점을 두고 있다. 이를 위해 무역자동화는 단계별로 나누어 추진되고 있는데 현재 우리나라에서 무역자동화 추진현황을 부문별로 살펴보면 다음과 같다.

(1) 상역/외환 부문

현재 시행되고 있는 상역부분의 무역자동화 업무는 수출입승인 및 요건 확인, 수출입추천 관련 비자발급, 물품매도확약서 발행 등이 자동으로 처리되고 있다. 그리고 한국은행, 금융결제원 및 국내 외국환은행들 간의 금융망과 무역자동화망 간 접속에 관한 기본협정을 체결하여 신용장 업무 등을 비롯한 외국환 업무의 상당 부분이 자동화되어 있다. 특히 국내 외국환은행들은 국제은행간 정보통신망 시스템을 이용하여 외국의 거래은행과도 외국환업무를 컴퓨터로 처리하고 있다.

(2) 통관부문

수출입통관 자동화의 필요성에 따라 관세청은 통관자동화시스템을 구축하여 수출통관 및 수입통관을 모두 EDI 방식에 의하고 있다.

(3) 물류 및 보험부문

물류자동화시스템은 정부와 민간분야의 수출입화물의 선적 및 하역, 운송, 보관 등 물류와 관련된 업무를 하나로 연결하는 EDI 시스템이라고 말할 수 있다. 그 대상으로는 국적 외항선사, 선박대리점, 하역운송업체, 포워더, 내륙 컨테이너기지, 검수 · 검정회사, 컨테이너터미널, 항만운송 부대사업업체, 연안화물 여객선사 등이 모두 포함된다. 중앙에는 전체의 물류운송을 통제하기 위한 기구로서 KL-Net라는 중앙센터가 있고 중앙센터 아래에는 각 지역을 통제하는 지역 센터가 있는데, 이 양 기구는 상호 연결되어 필요한 정보를 주고받을 수 있도록 되어 있다.

적하보험 업무도 EDI 방식으로 처리하기 위한 시스템이 구축됨으로써 1995년 5월부터 무역업체와 손해보험사 간의 적하보험업무가 EDI 방식으로 처리되고 있다.

제 3 절 전자무역의 개요

1. 전자무역의 의의

근래에 들어 컴퓨터의 보급이 확산되고, 정보통신기술이 급속도로 발전함에 따라 무역거래에서도 점차 이를 활용한 새로운 변화가 일어났다. 대표적으로 무역거래서식 일부를 전자식 표준문서로 변환하여 이를 컴퓨터를 통해 주고받는 EDI 방식이 무역 업무에 활용되기 시작하였다. 기존에 사람이 일일이 작성하고 수작업으로 처리했던 업무들이 컴퓨터를 통해 효율적으로 처리할 수 있게 된 것이다.

보편화된 무역 업무는 자동화 시스템을 갖추어 EDI 방식에 의해 컴퓨터로 사무실에서 빠르고 간편하게 무역 업무를 처리할 수 있게 되었다. 따라서 종전처럼 사람이 서류를 들고 직접 은행, 세관 등을 일일이 다니거나 우편, 팩스 등을 통해 업무를 처리할 필요 없이 무역자동화시스템에 의해 무역업체와 무역유관기관이 유기적으로 연결되어 24시간 무역 업무를 효율적으로 처리할 수 있게 되었다.

특히 인터넷이 대중화됨에 따라 인터넷에 의한 상품이나 서비스의 국제간 거래가 가능하여 전통적인 무역거래의 일부분을 인터넷을 사용하는 방법으로 대체하게 되었다. 최근 개방형 네트워크인 웹을 통한 서비스가 가능해 짐에 따라 상당 부분의 무역 업무가 인터넷에 의해 처리되고 있다.

이와 같이 무역거래에서 인터넷을 포함한 정보통신기술을 활용하여 이루어지는 형태를 기존의 무역형태와 구분하여 전자무역(e-Trade)이라고 한다. 전자무역은 무역의 모든 과정 또는 일부를 인터넷, 전자문서교환 등 각종 정보통신기술을 이용하여 전자적으로 처리함으로써, 시간과 공간의 제약 없이 무역 업무를 보다 편리하고 신속 정확하게, 그리고 경제적으로 수행하는 무역거래의 형태를 말한다.

전자무역이 등장함에 따라 전통적인 무역에 대한 상대적인 개념으로서 새로운 용어가 필요하였는데 그 동안 인터넷무역, 사이버무역, 전자무역 등이 사용되었다. 그러나 우리나라에서는 용어를 통일하여 무역의 전부 또는 일부가 컴퓨터 등 정보처리능력을 가진 장치와 정보통신망을 이용하여 이루어지는 거래를 모두 전자무역으로 정의하고 있다.

오늘날 무역업체들은 인터넷이나 EDI를 이용하여 상호 정보를 주고받아 그 동안 해외시장조사, 거래제의 및 알선, 계약 등 전통적으로 많은 시간과 비용이 소요되었던 무역과정을 신속 정확하게 수행할 수 있게 되었다. 또한 수출입에 관련된 각종 상거래 서식이나 행정서식이 표준화되어 통관, 대금결제, 물류 등 주요 무역관련 시스템이 인터넷으로 연결되어 처리됨으로써 무역부대비용을 절감할 수 있게 되었다.

이러한 전자무역이 지니고 있는 효과를 기존의 무역거래와 비교해 살펴보면 다음과 같다.

첫째, 전자무역은 전세계를 시장으로 한다. 인터넷은 공간의 한계를 초월하기 때문에 그 동안 국가별로 구분되던 시장이 하나의 단일 시장으로 통합된다. 따라서 최소의 비용으로 시간과 공간의 제약 없이 전세계를 대상으로 광고 활동을 할 수 있고 전세계 어디의 누구와도 무역거래를 할 수 있다.

둘째, 전자무역에서는 시장에 관한 모든 정보를 쉽게 얻을 수 있다. 기존의 무역거래에서는 거래처를 물색하는 데 많은 시간과 비용이 들었고 정보가 부족하여 무역중개업자를 통하기도 하였다. 그러나 전자무역에서는 인터넷을 통해 특정 상품을 어떤 나라의 어떤 기업이 공급하고 있는가를 쉽게 찾아

볼 수 있게 된다. 또한 시장 정보를 실시간으로 얻을 수 있기 때문에 특정 상품을 필요로 하는 거래당사자들 간에는 철저한 시장원리가 적용되어 가장 합리적인 기준에 의해 거래가 이루어지게 된다.

셋째, 무역거래 비용이 절감된다. 전통적인 무역거래에서는 정보를 취득하거나 거래를 성사하기 위해서는 상담을 하거나 서류를 주고받아야 하므로 비용과 시간이 많이 필요했다. 그러나 전자무역에서는 인터넷을 통해 정보와 서류를 주고받기 때문에 통신비용이 절감된다. 또한 전자무역에 관련된 결제시스템이 개발되어 안전하고 확실한 대금결제가 보장되고 있어 금융 수수료를 절감할 수 있다.

넷째, 전자무역을 하게 되면 원천적으로 제품이나 서비스의 가격이 낮아진다. 전자무역은 인터넷과 컴퓨터를 통해 수출업자와 수입업자가 바로 연결되기 때문에 유통구조가 간단하여 유통비용이 하락한다. 생산과정에 대한 정보가 공개됨에 따라 가격구조가 평준화되어 제품이나 서비스의 가격이 전반적으로 하락하게 된다.

마지막으로 전자무역에서는 중소기업들의 활동영역이 넓어진다. 인터넷을 이용하여 일반 중소기업들도 네트워크를 구축하여 과거 대기업만이 독점했던 전세계를 대상으로 하는 광고나 시장개척활동을 할 수 있다.

2. 전자무역의 특징

전자무역은 무역거래의 일부나 전부를 컴퓨터나 정보통신 수단을 활용하는 것이기 때문에 무역업무 수행과정이 전통적 방식의 무역거래에 비해 많은 차이가 있다.

(1) 정보 수집

무역거래에서는 먼저 잠재적 거래처를 물색하고, 여러 가지 시장환경을 조사해야 하는 등 해외시장조사가 선행되어야 한다. 과거 전통적 무역거래에서는 이를 위해 현지를 직접 방문하거나, 무역유관기관의 전문가와 상담하거나 간행물을 통해 관련 정보를 입수했지만 오늘날에는 대부분 인터넷을 통해 해외시장정보를 검색하거나, 무역유관기관에서 운영하는 거래알선 사이트 등을 이용하고 있다.[5)]

5) 우리나라의 대표적인 무역유관기관으로서는 한국무역협회 및 대한무역투자진흥공사가 있다.

(2) 무역서류

무역거래는 서류의 흐름이라 할 정도로 많은 무역서류를 필요로 한다. 무역은 수출업자와 수입업자 두 당사자로만 수행되는 것이 아니라 운송기관, 보험사, 금융기관, 세관, 수출입승인기관 등의 행정기관, 기타 무역유관기관 등 많은 당사자들의 도움을 필요로 한다.

전통적 무역거래에서는 이러한 보조기관과의 업무를 모두 종이서류로 처리했기 때문에 서류 작성에 오류가 발생하고 서류 전달에 많은 시간과 비용이 들었다. 전자무역거래에서는 종이서류 대신 전자문서를 사용하고 EDI 방식으로 전달하고 있다. 대표적으로 우리나라 수출입통관 절차는 반드시 종이서류를 사용하지 않는 EDI 방식으로 이루어지고 있다.

(3) 거래지역 및 업무시간

전통적 방식의 무역거래에서는 정보 수집의 어려움으로 제한된 일부 지역과의 거래로 편중되었지만 전자무역에서는 인터넷을 통해 전세계 지역과의 무역거래가 가능하게 되었다. 우리나라도 그 동안 미국, 일본, 유럽 등과의 무역거래가 주류를 이루었지만 이제는 남미, 아프리카 등과도 많은 거래가 이루어지고 있다.

그리고 과거에는 제한된 영업시간 내 무역거래의 업무가 가능했지만 지금은 24시간 무역업무가 가능하다. 예를 들어 우리나라에서 수출통관을 위한 수출신고도 해당 세관이 업무를 하는 시간 내에서만 가능했지만 지금은 해당 세관의 컴퓨터에 수출신고를 하기 때문에 24시간 가능하다.

(4) 의사소통

그 동안 수출업자와 수입업자들은 국제전화, 팩스, 우편, 해외출장 등에 의해 상호간 의사소통을 했는데 지금은 전자우편, 인터넷, 팩스 등을 많이 이용하고 있다. 시간과 비용을 절약함으로써 무역원가를 낮출 수도 있을 뿐만 아니라 시급한 의사결정을 요하는 거래도 쉽게 성사되고 있다.

이러한 특징으로 전통적 방식의 무역거래 과정은 [그림 2-4]에서와 같이 점차 전자무역과정으로 변모하고 있는 실정이다.

이들 기관은 각각 무역관련 사이트를 운영하고 있는데 여기에 관한 자세한 내용은 제2부 제8장에 설명되어 있다.

그림 2-4 전통적 무역과 전자무역의 비교

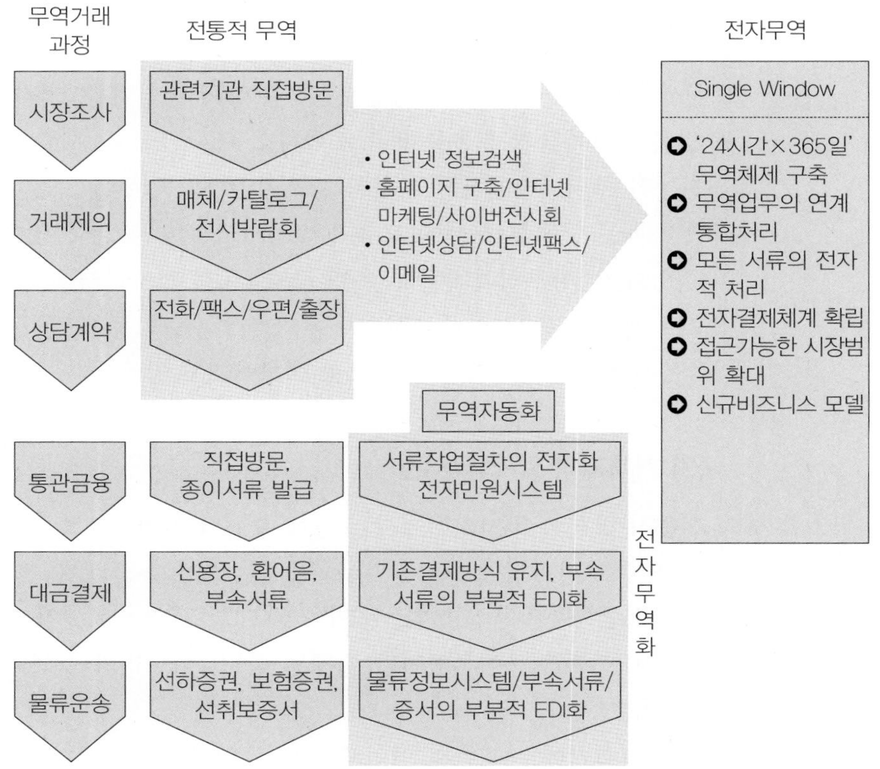

자료: 한국무역협회.

3. 전자무역 관련 법규

(1) 전자무역 관련 국내 법규

가) 전자문서 및 전자거래기본법

전자무역도 전자상거래의 한 분야라 할 수 있으므로 우리나라 전자상거래와 관련된 법규의 적용을 받는데 전자문서 및 전자거래기본법(법률 제5834호)은 전자상거래를 기존의 상거래와 마찬가지로 안전하게 거래할 수 있도록 제정된 우리나라 전자상거래를 규율하는 기본법이다. 이 법은 1999년 7월 1일부터 시행되고 있는 전자거래기본법을 개정한 것으로, 전자상거래에 대한 정부규제의 최소화, 민간주도에 의한 추진, 신뢰성의 확보 및 국제협력강화를 기본원칙으로 하고 있다.

이 법에서는 전자상거래에서 반드시 필요한 전자문서 및 전자서명에 대하여 그 법적 효력을 인정하고 있다. 따라서 다른 법률에서 특별히 별도로 규정하고 있는 경우를 제외하고는 문서가 단지 전자적 형태로 되어 있다는 이유만으로 문서로서의 효력이 부인되지 않는다. 마찬가지로 공인인증기관에서 인증한 전자서명도 다른 법률에서 특별히 그 효력을 부인하는 것을 규정하고 있는 경우를 제외하고는 서면상의 기명날인 또는 서명과 동일한 효력을 갖게 된다.

나) 전자서명법

전자서명법(법률 제5792호)은 전자서명에 대한 법적 효력을 부여한 법으로서 1999년 7월 1일부터 시행되고 있다. 이 법에 의해 공인인증기관에서 발급한 인증서에 포함된 전자서명인증 키에 합치하는 전자서명생성 키로 생성한 전자서명은 법령에서 인정하는 서명 또는 기명날인으로 간주된다.

이에 따라 전자서명도 일반 서류상의 서명과 마찬가지로 해당 전자문서 명의자의 서명 또는 기명날인으로 간주하고 해당 전자문서는 전자서명 후에는 그 내용이 변경되지 않은 것으로 추정하게 된다. 현재 전자서명법에 의해 우리나라 공인인증기관은 한국정보인증, 금융결제원, 코스콤, 한국전자인증, 한국무역정보통신(KTNET) 등이다.

다) 전자무역 촉진에 관한 법률

전자무역 촉진에 관한 법률(법률 제13155호)은 현재 우리나라 전자무역의 기반이 되는 법이다. 이 법은 1992년 7월 1일부터 시행되었던 「무역업무자동화촉진에 관한 법률」을 인터넷 기반의 전자무역 인프라를 구축하고 무역 프로세스의 근본적 혁신을 위해 개정한 것으로 2006년 6월 24일부터 시행되고 있다. 이 법에서는 전자무역 촉진 추진체계, 전자무역기반사업자와 전자무역기반시설 등과 관련된 사항을 규정하고 있다.

(2) 전자무역 관련 국제법규

국가 간에 이루어지는 전자무역과 관련된 활동을 규율하기 위해서는 국제적 통일규칙이 반드시 필요한데 현재 전자무역과 관련된 법규로서는 다음과 같은 것이 있다.

가) UNCITRAL 전자상거래모델법(Model Law on Electronic Commerce)

UNCITRAL(United Nations Commission on International Trade Law)은 주로 국제무역관계법을 통일하기 위해 활동하는 유엔 산하의 국제무역법위원회이다. 이 위원회의 전자상거래작업반에서 세계 각국이 전자상거래 관련법을 제정할 때 참고하도록 만든 것이 유엔의 전자상거래모델법이다. 이 법은 모델법의 형식을 취하고 있는데 정보가 데이터 메시지 형태라는 이유만으로 법적 효력, 유효성 및 집행력이 부인되어서는 안 된다는 것을 규정하고 있다.

나) UNCITRAL 표준전자서명법(Model Law on Electronic Signature)

국제전자상거래의 핵심 요소인 전자서명과 인증기관에 대한 문제를 규율하기 위해 유엔에서 2000년도에 제정한 국제적인 표준규범이다. 이 법은 전자서명, 인증기관 및 외국전자서명 등에 대한 규정을 두고 있어 전자무역의 법적 안정을 도모하고 있다.

다) 국제상업회의소의 가이드

국제상업회의소(International Chamber of Commerce; ICC)가 빠르게 성장하고 있는 인터넷 국제상거래를 표준화하기 위해 금융부분, 운송부분, 서비스 및 보험 등에서 사용되는 용어의 사용기준을 제시한 것이다.

4. 전자무역 관련 사업자

(1) 전자무역 기반사업자

전자무역은 비대면(非對面) 방식으로 관련 업무가 처리되기 때문에 그 성격상 신뢰성과 안정성이 무엇보다 중요하다. 전자무역을 활성화하기 위해서는 먼저 정부가 전자무역을 공식적으로 인정하고 이를 종합적으로 지원하는 기관이 필요하다. 이에 따라 정부는 전자무역을 효율적으로 지원하고 이를 신속히 확산시키기 위해 전자무역 기반사업자를 지정하고 있다.

전자무역 기반사업자는 전자무역을 활성화하기 위해 실제 전자무역을 하려는 기업에게 무역거래의 알선, 전자무역문서의 전달 등 전자무역에 필요한 모든 서비스를 한곳에서 제공하는 전자무역 종합지원기관을 가리킨다.

현재 전자무역 기반사업자로는 한국무역정보통신(KTNET)이 단독 지정되어 있으며 이의 역할은 다음과 같다(전자무역촉진에 관한 법률 제6조 제2항).

① 전자무역기반시설의 운영업무
② 전자무역기반시설과 외국의 전자무역망간의 연계업무
③ 무역 관련 업무의 전자무역기반시설을 통한 중계 · 보관 및 증명 등의 업무
④ 전자무역문서의 중계사업
⑤ 제2호의 규정에 의한 연계를 활용한 사업
⑥ 전자무역기반시설을 활용한 전자무역서비스 관련 사업
⑦ 전자무역문서의 표준화에 관한 연구사업
⑧ 전자무역문서 및 무역화물유통정보 등 무역관련정보를 체계적으로 처리 · 보관하여 검색 등에 활용할 수 있는 집합체(데이터베이스)의 제작 · 보급과 이를 활용한 사업
⑨ 무역업자 및 무역관계기관에 대한 전자무역문서 중계 등에 관련된 기술의 보급 및 보급한 기술에 대한 사후관리사업
⑩ 그 밖에 전자무역의 촉진을 위한 교육 · 홍보 등 대통령령으로 정하는 사업

(2) uTradeHub (Ubiquitous Trade Hub)

전자무역 기반사업자로 지정된 한국무역정보통신이 운영하고 있는 전자무역기반시설을 uTradeHub라고 한다. 전자무역 기반시설이란 정보통신망을 통하여 무역업자와 무역관계기관을 체계적으로 연계하여 전자무역문서의 중계, 보관 및 증명 등의 업무를 수행하는 정보시스템을 말하며(전자무역촉진에 관한 법률 제2조 제5항), 한국무역정보통신은 uTradeHub를 통해 무역업체 및 화주가 모든 무역업무 프로세스를 단절 없이 처리할 수 있는 단일창구(single window)를 제공하고 있다.

uTradeHub에서는 사용자에게 통합로그인(single sign on) 서비스를 제공하여 하나의 아이디로 모든 서비스를 이용할 수 있어 인터넷을 통한 한 번의 접속으로 모든 무역업무 프로세스를 신속하고 편리하게 원스탑으로 처리할 수 있다.

그림 2-5 전자무역기반시설(uTradeHub) 서비스

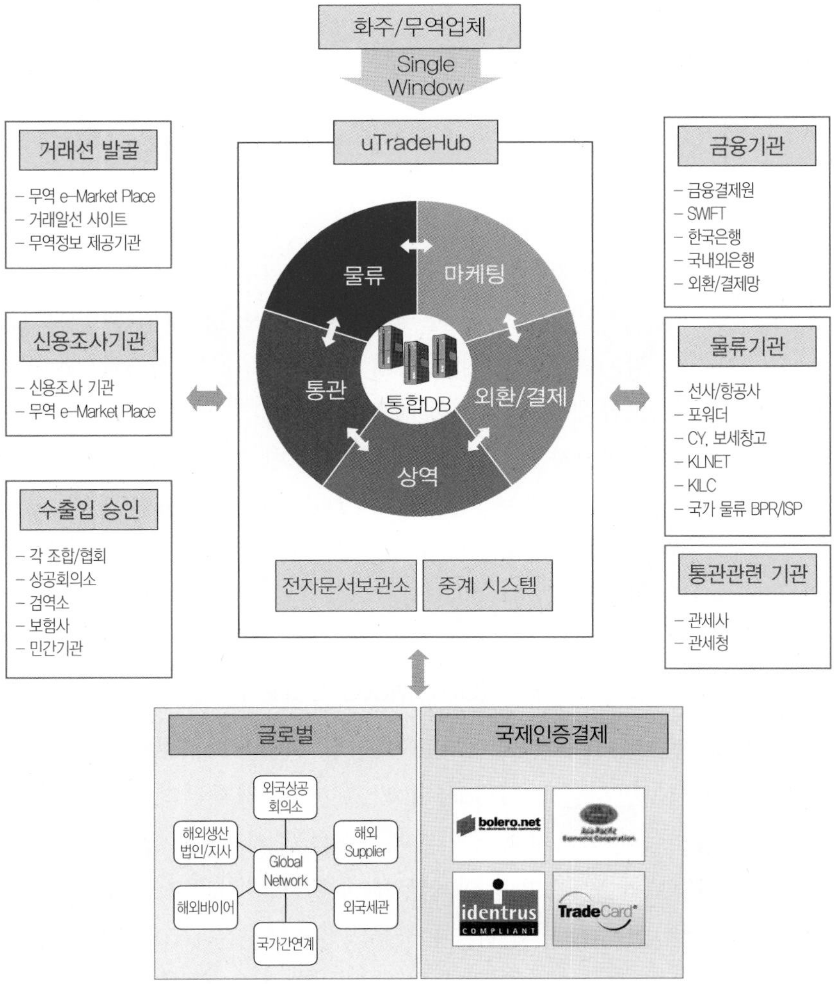

자료: KTNET

제3장

무역거래조건

무역거래에서는 매매당사자들이 상품의 가격을 약정할 때 그 가격에 어떠한 수출입 부대비용을 포함시킬 것인가, 그리고 당사자들의 책임은 어느 지점에서 이전되는가를 동시에 결정해야 한다. 그렇다고 하여 계약을 체결할 때마다 비용과 책임한계를 정하는 것이 불가능하기 때문에 오래 전부터 FOB, CIF 등과 같은 정형화된 거래조건이 사용되기 시작하였다. 그러나 이에 대한 통일된 해석규칙이 없어 많은 분쟁이 초래되어 Incoterms가 제정되었다. 오늘날의 무역거래에서는 대부분 Incoterms 상의 거래조건을 사용하고 있는데 이 장에서는 무역거래조건의 의미와 Incoterms 2010의 거래조건에 대해 살펴보기로 한다.

제 1 절 무역거래조건의 개요

1. 무역거래조건의 의의

국내거래에서의 상품 가격은 대개가 생산비용에다 매도인의 적정한 이윤을 합한 것이다. 그러나 무역거래에서는 수출국내에서의 운송비, 수출통관비용, 목적지까지의 운송비 및 보험료, 수입통관비용 및 수입관세, 수입국내에서의 운송비 등 부차적으로 고려해야 할 가격요소가 많다. 따라서 이러한 수출입비용 중 어느 정도를 가격에 포함시켜야 하는가를 결정해야 한다.

막연하게 일정 금액으로만 상품 가격을 표시하게 되면 양 당사자들은 자기들한테 유리한 방향으로 해석하기가 쉽다. 예를 들어 컴퓨터를 대당 1,000달러로만 제시하게 되면 수출업자는 생산비와 수출국 내에서 소요되는 운송비 정도만 포함된 가격으로 보고 나머지 부대비용은 모두 매수인이 부담하는 것으로 생각할 수 있다. 그러나 수입업자는 이 가격에 모든 수입비용이 다 포함된 것으로 생각하여 선뜻 가격결정에 동의할 수 있는데 이 양자 간에는 엄청난 가격 차이가 있을 수 있다.

그리고 국가 간의 거래는 매매당사자가 멀리 떨어져 있고 나라마다 상관습이 다르기 때문에 매도인과 매수인의 책임한계를 특정 지점으로 미리 합의를 해야 한다.

이와 같이 무역거래에서는 매매당사자들이 상품 가격을 약정할 때 그 가격에 어떠한 수출입부대비용을 포함시킬 것인가, 그리고 당사자들의 책임은 어느 지점에서 이전되는가를 동시에 결정해야 한다. 그렇다고 하여 계약을 체결할 때마다 당사자들이 모여 각자가 부담해야 할 비용과 책임한계를 정하도록 하는 것은 현실적으로 불가능하다. 이에 따라 무역거래에서는 오래 전부터 매매당사자들의 비용부담 및 책임한계가 관습적으로 어느 정도 표준화된 FOB, CIF 등과 같은 용어들이 사용되어 왔는데 이를 무역거래조건이라 한다.

2. Incoterms

(1) Incoterms의 제정

무역거래에서는 오래 전부터 FOB, CIF 등 가격조건과 관련된 용어들이 사용되어 왔지만 이에 대한 통일된 규칙이 없어 각국에 따라 해석상의 차이가 많았다. 더욱이 매매당사자들은 국가 간의 상이한 상관습을 알지 못해 많은 오해와 분쟁이 초래되어 왔다.

이에 따라 무역거래상의 분쟁요소를 없애고 국제무역의 확대를 도모하기 위해서 1936년 국제상업회의소는 '무역거래조건의 해석에 관한 국제규칙'(International Rules for the Interpretation of Trade Terms) 즉 Incoterms 1936을 제정하였다.[1] 그 후 Incoterms는 무역관습의 변화에 따라 1953년, 1967년, 1976년, 1980년, 1990년, 2000년 및 2010년에 각각 개정되었으며 현재 사용되고 있는 것은 2010년에 개정된 Incoterms 2010이다.

(2) Incoterms 2010의 구성

Incoterms 2010에는 11가지 거래조건이 규정되어 있으며 이들 조건은 〈표 3-1〉에서처럼 운송수단에 상관없이 모든 운송에 사용가능한 거래조건과 해상 혹은 내수로 운송에서만 사용할 수 있는 거래조건으로 분류되어 있다.

모든 운송에서 사용가능한 거래조건은 해상, 항공, 육상 등 운송수단에 상관없이 그리고 하나의 운송수단을 활용하든 두 가지 이상의 운송수단을 사용하든 상관없이 사용할 수 있는 거래조건을 의미한다.[2] 여기에는 작업장인도조건(EXW), 운송인인도조건(FCA), 운송비지불인도조건(CPT), 운송비보험료지불인도조건(CIP), 터미널인도조건(DAT), 목적지인도조건(DAP) 및 관세지급인도조건(DDP) 7가지가 있다.

그리고 해상운송이나 강, 운하 등을 이용하는 내수로 운송에서만 사용할 수 있는 거래조건은 선측인도조건(FAS), 본선인도조건(FOB), 운임포함인도조건(CFR) 및 운임보험료포함인도조건(CIF) 4가지이다.

---

1) Incoterms는 'International Commercial Terms'의 약칭에서 따온 말이다.

2) 그 동안 Incoterms에서는 각각의 조건을 거래조건(trade terms)로 표현해 왔는데 Incoterms 2010에서는 각각의 규칙(rule)으로 표현하고 있다. 하지만 오랜 관습으로 아직까지는 거래조건이라는 표현이 익숙하기 때문에 특별한 경우를 제외하고는 관습적으로 표현하고자 한다.

표 3-1 Incoterms 11가지 거래조건

구 분	거래조건	전신약호
모든 운송에 사용하는 거래조건	작업장인도(Ex Works) 운송인인도(Free Carrier) 운송비지불인도(Carriage Paid To) 운송비 · 보험료지불인도 (Carriage and Insurance Paid To) 터미널인도조건(Delivered At Terminal) 목적지인도조건(Delivered At Place) 관세지급인도(Delivered Duty Paid)	EXW FCA CPT CIP DAT DAP DDP
해상운송, 내수로운송에 사용하는 거래조건	선측인도(Free Alongside Ship) 본선인도(Free On Board) 운임포함인도(Cost and Freight) 운임 · 보험료포함인도 (Cost, Insurance and Freight)	FAS FOB CFR CIF

(3) Incoterms 2010의 특징

현행 Incoterms 2010의 가장 두드러진 특징 중 하나는 국내거래에서도 Incoterms를 적용할 수 있음을 공식화 한 것이다. 그 동안 Incoterms는 물품이 국경을 통과하는 국제무역거래에서만 사용되어 왔는데 최근 유럽연합 등과 같은 블록이 형성되어 국경통과절차의 중요성이 약해지면서 Incoterms를 국내거래에서도 사용할 수 있도록 한 것이다. 이에 따라 Incoterms의 부 제목도 국내 및 국제거래조건의 사용에 관한 ICC 규칙(ICC rules for the use of domestic and international trade terms)으로 명명하고 있다.

그리고 Incoterms 2010은 거래조건별로 매도인과 매수인의 의무가 〈표 3-2〉에서처럼 10가지씩 대칭 배열되어 있다. 즉 모든 조건에서 매도인의 첫째 의무에는 매매계약과 일치하는 물품, 증명서류 등을 제공해야 하는 매도인으

표 3-2 매도인 및 매수인 의무 배열표

매도인의 의무	매수인의 의무
① 매도인의 일반적 의무 ② 허가, 승인, 안전 확인 및 기타 절차 ③ 운송계약과 보험계약 ④ 인도 ⑤ 위험이전 ⑥ 비용배분 ⑦ 매수인에 대한 통지 ⑧ 인도서류 ⑨ 점검, 포장, 확인 ⑩ 정보에 의한 협조와 관련비용	① 매수인의 일반적 의무 ② 허가, 승인, 안전 확인 및 기타 절차 ③ 운송계약과 보험계약 ④ 인수 ⑤ 위험이전 ⑥ 비용배분 ⑦ 매도인에 대한 통지 ⑧ 인도증거 ⑨ 물품검사 ⑩ 정보에 의한 협조와 관련비용

로서의 일반적 의무가 규정되어 있고, 매수인의 첫째 의무에는 매매계약에서 정해진 대금을 지급하는 등의 매수인으로서의 일반적 의무가 규정되어 있다.

또한 당사자들이 합의하거나 관습적인 경우, 전자기록이나 절차 등 전자통신수단도 서면통신과 동일한 효력이 있도록 규정하고 있다. 다라서 매도인은 일반 서류 대신 전자적 형태의 운송서류를 제시해도 자신의 의무를 충분히 수행한 것으로 간주될 수 있다.

(4) Incoterms의 한계점

Incoterms의 목적은 그 서문에도 명시되어 있듯이 무역거래에서 가장 일반적으로 사용되고 있는 가격조건들을 해석하기 위한 국제규칙을 제공하는데 있다. 이로 인해 국가마다 가격조건들을 달리 해석하는데 따른 불확실성이 어느 정도 감소되었고 여러 가지 거래상의 마찰과 오해도 제거되었다.

그렇지만 Incoterms는 국제상업회의소에서 제정한 통일규칙이므로 구속력을 지니지 못하며, 또한 모든 상관습을 수용할 수 없는 한계점을 지니고 있다. 즉 Incoterms는 국제조약이 아니고 민간단체인 국제상업회의소가 제정한 국제규칙으로서 어떠한 구속력도 가지지 못하며 단지 매매당사자들의 합의에 의해서만 이용될 수 있다.[3)]

그리고 Incoterms는 가능한 한 모든 국가에서 공동으로 사용할 수 있도록 매매당사자의 기본적인 최소 의무만을 규정하고 있다. 따라서 Incoterms는 특정 지역에서 통용되는 상관습은 개별당사자간의 합의에 의해 특별조항으로 매매계약에 삽입하도록 명시하고 있다. 만약 개별계약상의 특별규정이 Incoterms상의 일반규정과 상이할 때는 특별규정이 우선하여 적용된다.

3. 개정미국무역 정의

미국에서는 그 지리적 특수성 때문에 남북으로 육상무역과 동서로 대서양 및 태평양을 끼고 여러 형태의 무역이 이루어져 왔다. 미국은 영국과 같이 조그마한 섬나라로서 대외 선적항이 한두 군데로 지정된 나라와는 달리, 많은 지점에서 여러 가지의 운송수단에 의해 수많은 목적지를 향해 상품들이 적출되어 왔다.

---

3) 우리나라의 경우 무역거래에서는 Incoterms상의 거래조건을 사용하도록 대한상공회의소가 단체로 협약하였다.

이 여러 형태의 가격조건에 대한 해석의 통일을 기하기 위해서 1919년 12월에 뉴욕의 '인디아 하우스'(India House)에서 미국무역평의회(National Foreign Trade Council)가 주동이 되어 각 실업단체 및 무역단체가 참석한 무역총회를 개최하여 무역용어에 대한 심의를 하였다. 그 결과, 소위 'FOB에 대한 인디아 하우스 규칙'(India House Rules for FOB)을 결정하였으며 1920년에 개최된 뉴욕 상업신용장회의(The New York Banker's Commercial Credit Conference)에서 상업신용장에 이 정의를 적용할 것을 결정하였다.

그 후 20년이 지난 1940년에 와서는 여러 가지 세계 정세의 변화와 아울러 명실 공히 미국이 세계 무역의 지도적 입장에 서게 되자 이 정의의 개정이 필요하게 되어, 1940년에 개최된 전 미국 무역회의에서 논의되어 다음 해인 1941년에 '개정 미국무역정의'(Revised American Foreign Trade Definitions, 1941)가 정식 제정되어 사용되어 오다가 그 동안 주변 여건이 너무 많이 변하여 1990년에 다시 개정하였다. 아직까지도 많은 미국업자들은 Incoterms보다 개정 미국무역정의의 내용을 선호하고 있다.[4)]

제 2 절 무역거래조건의 해설

1. 모든 운송에서 사용가능한 조건

이 그룹에 속하는 조건은 7가지이며 운송방법에 상관없이 모든 운송에서 사용할 수 있다.

(1) 작업장 인도조건(Ex Works; EXW)

작업장 인도조건은 매도인의 입장에서는 가장 편리하고 유리한 조건이며, 또 구태여 무역거래에 포함시킬 필요도 없는 조건이라 할 수 있다. 우선 국제무역에서 가장 큰 문제가 되는 계약물품의 운송과 또 운송중의 위험부담에 대해서 매도인은 전혀 책임질 필요가 없다. 그리고 매수인이 매도인의 작업

4) 이 밖에 무역거래조건에 관련된 국제규칙으로서는 CIF 계약에 관한 와르소-옥스포드 규칙(Warsaw-Oxford Rules for CIF Contracts)이 있다. 이 규칙은 CIF에 대한 통일된 해석기준을 마련하기 위해 1932년 국제법협회(International Law Association; ILA)에 의해서 제정되었고 1970년에 개정되어 지금에 이르고 있다.

장까지 와서 계약물품을 인수해 가기 때문에 국내거래와 다를 바가 전혀 없으며, 구태여 이 조건이 무역거래에 포함되는 이유는 결국은 계약상품이 국경을 넘어 외국으로 가기 때문이다.

유럽에서는 이 조건은 'Ex Loco' 또는 'Spot'라고 표현하여 계약물품이 있는 현장에서 물품을 인도하는 경우에 사용하고 있다. 'Loco'는 라틴어의 'Locus'라는 장소를 의미하는 말로서 영어의 'Spot'의 의미와 같으며, 무역거래에서는 물품이 현존하는 장소에서 계약물품을 현상 그대로 매수인에게 인도하는 조건이며, 인수에 필요한 일체의 비용과 위험을 매수인이 부담하게 된다.

'Loco'라는 용어는 현장의 총칭이며, 내용이 확실히 표현되어 있지 않으므로 실제거래에 있어서는 물품의 인도장소를 구체적으로 표시하여 매도인과 매수인의 책임한계점인 장소를 명확히 정하여 사용하게 된다. 만약 물품이 있는 장소가 공장이면 'Ex Factory', 공장 중에서도 제철, 제분, 제지공장이면 'Ex Mill', 농장이면 'Ex Plantation', 창고이면 'Ex Warehouse', 광산이면 'Ex Mine'이 된다.

한편, 미국에서는 'Ex Point of Origin' 또는 'FOB Origin'이란 표현으로 이 거래조건을 많이 이용하고 있다. 실제로 사용되는 예를 보면, 계약체결 당시에 매매목적물이 있는 공장에서 지정 운송기관에 적재 · 인도하는 것을 내용으로 하는 'FOB Factory'와 발송 역에서 철도 화차에 적재 · 인도하는 것을 내용으로 하는 'FOB Cars'가 있다. 개정 미국무역정의에서는 매수인이 계약물품을 현장에서 인수해 갈 때까지의 모든 비용과 위험을 매도인이 부담하며, 또한 수출에 따른 각종 서류를 매수인의 요청과 비용으로 발급받을 수 있도록 협조할 것을 규정하고 있다.

이 조건은 수출국 법령에 따라 매수인이 직접 또는 간접으로 수출허가를 취득할 수 없을 때는 사용할 수 없다. 이러한 경우에는 운송인 인도조건(FCA)을 사용하여야 한다.

작업장 인도조건에서 매도인과 매수인의 주요 의무를 요약하면 다음과 같다.

가) 매도인의 의무

① 계약과 일치하는 물품의 제공 : 작업장 판매라고 하지만 매도인과 매수인의 입회하에서 물건이 인도 · 인수되는 일은 드물고, 대개는 서로 멀리 떨어져 있는 사람들 간의 거래이므로 실제로 계약된 내용과 꼭 같은 물건을 실어주는 것이 매도인의 가장 중요한 의무의 하나이다. 매도인은 자기가 판매

하는 물건을 매수인이 의뢰한 운송기관에 적재될 수 있도록, 그러나 적재하지 않은 상태로 인도함으로써 형식적인 의무를 완수하게 된다.

그러나 운송기관의 인수인은 매수인과 같이 물품에 대한 전문지식을 갖고 있지 않기 때문에 이런 점을 악용하여 실제계약과 상이한 품질, 저급품, 혼합품 등을 실어주어 후에 여러 가지 말썽이 많아질 수 있으므로 이 점을 분명히 하기 위해서 '계약과 똑같은 물건'을 공급해 주어야 하며, 이것을 증명할 수 있는 관계 서류를 제공해 주어야 한다.

② 수출통관 서류의 조달: 매도인은 선적지에서 발행되는 수출에 필요한 모든 서류를 매수인의 비용부담으로 취득하는 데 노력과 협조를 아끼지 않아야 한다. 이는 매수인이 필요한 서류가 수출국에서 발행될 경우 그 서류를 취득하도록 도와주어야 한다는 것이다. 비록 자기 공장에서 인도해 주었다고 해도 그 물품이 최종적으로는 국경선을 넘어 다른 나라에 가게 되는 물품이므로 수출입에 관계되는 여러 가지 서류가 필요하며, 이들 서류 중 수출국에서 발행되는 서류는 매도인이 얻어 주게 되어 있으나 그 비용은 어디까지나 매수인의 필요와 요청에 의한 것이므로 매수인의 부담이 된다.

단 Incoterms 2010에서는 통관절차와 관련된 의무사항에 'where applicable'이란 단서를 추가하여 관세가 면제되고 수출입의 제한이 없는 국가나 지역에서는 이러한 의무가 없음을 분명히 하고 있다.

③ 물품의 인도(시기 및 장소): ①에서 언급한 바와 같이 매도인은 매매된 물품을 매수인이 준비한 운송수단에 적재할 수 있도록 그러나 적재되지 않은 상태에서 인도함으로써 매도인의 의무가 끝남과 동시에 물품 소유권의 이전도 이루어진다. 그러므로 매도인은 계약상에 명시된 장소와 시간에 준비된 물품을 매수인이 준비한 운송기관에 넘겨주도록, 즉 매수인의 자유처분에 맡길 수 있도록 해주어야 한다. 예를 들면, 공간이 넓은 큰 공장이면 몇 호 창고라든지, 선박 · 기차 및 화물자동차가 함께 들어갈 수 있는 큰 공장이면 명확히 어느 지점이라고 명시해 주어야 한다.

그리고 Incoterms 2010에서는 매매당사자간에 구체적인 지점이 합의되지 아니하였거나 이용할 수 있는 지점이 여러 곳에 있을 경우에는 매도인이 자기 목적에 가장 적합한 지점을 선택할 수 있도록 하였다.

④ 위험의 이전과 비용부담: 매도인은 계약물품이 전항의 규정에 따라 매수인의 임의처분에 맡겨지게 될 때까지의 모든 비용과 당해 물품의 손실이나 멸실에 대한 위험부담을 진다.

⑤ 물품인도 통고: 언제쯤 물품이 인도될 수 있는가 하는 것은 그 물품을 생산 혹은 제작하는 매도인이 가장 잘 알기 때문에 그 인도예상시기를 사전에 매수인에게 통지함으로써 매수인으로 하여금 적기에 운송기관에 연락하여 인수할 준비를 하게 하여야 한다. 이것은 어디까지나 당사자들 간에 비용절감과 원만한 거래를 위한 협력규정이라 볼 수 있다.

⑥ 물품의 검수, 포장 및 표시: 매도인은 계약에 합치되는 물품을 매수인에게 인도할 의무를 지고 있으므로 인도 준비된 물품이 계약내용과 일치되는가와 그 품질, 무게, 수량 등을 검수하는 데 드는 일체의 비용을 매도인이 부담하여야 한다.

또한 물품의 포장은 매도인의 부담으로 된다. 그러나 특수한 내항성 포장(seaworthy packing)으로 비용이 많이 들 경우에는 계약 시에 명확히 해두어야 하며, 철강재같이 통상 포장을 하지 않는 물품(bulk cargo)에 대해서는 매도인의 포장의무는 없다. 어떤 포장이 상례의 포장인가는 각 물품의 종류와 특수거래의 관습에 따라 다르며, 쌀이나 밀 같은 곡물은 포장한 혹은 포장하지 않은 상태로 운송할 수 있어 이런 경우에 포장문제는 역시 계약 시에 명확히 해두어야 한다. 그리고 매도인은 포장에 하인(shipping marks)을 적절하게 표기하여야 한다.

⑦ 기타 의무: 매도인은 매수인의 요청과 비용 및 위험부담으로 수출입통관 또는 제3국을 통과하는 데 필요한 원산지국에서 발급되는 서류와 이에 상응하는 전자통신수단으로 전달되는 서류의 발급을 매수인이 취득할 수 있도록 모든 협조를 하여야 한다. 또한 매수인의 요청이 있으면 보험에 대한 정보도 제공하여야 한다.

나) 매수인의 의무

① 물품인수 및 대금 지불: 매수인은 계약에 의한 시간과 장소에서 매도인이 준비해 놓은 물품을 인수함과 동시에 그 대금지불을 해야 한다. 그러나 여기서 대금지불이라는 것은 매수인이 현금을 가지고 가서 물품과 맞바꾼다는 것이 아니라, 어떤 형태로든지 물품의 대금을 매도인에게 지불하면 되는 것을 의미한다.

② 위험과 비용의 부담: 매수인은 계약내용대로 충당된(appropriated) 물품이 자기의 임의처분에 맡겨진 이후에 그 물품에 대하여 발생하는 모든 위험과 비용을 부담하여야 한다. 또한 매수인은 계약상 특약사항으로 인수시기와 장소선택의 권리를 유보하고 있다가 인수하기로 정해진 시기에 인수하지 못

하여 발생하는 추가위험과 비용도 부담하여야 한다.

또한 매수인은 수출입관세 및 제3국을 경유할 경우 부과되는 통과세 등 수출입에 따른 모든 비용, 세금 및 관세를 부담하여야 한다. 별로 큰 비용이 아닌 것은 매도인이 부담해 주는 경우도 있으나 수출관세, 즉 브라질에서 커피, 쿠바에서 설탕, 필리핀에서 원목, 인도와 파키스탄에서 황마(jute) 등에 부과되는 수출세는 그들 국가의 수입에 지대한 영향을 미치며 이들 비용은 매수인의 부담이 된다.

③ 매도인에 대한 통지 : 특약사항으로 계약물품의 인수시기와 장소의 지정권한을 매수인이 갖는 경우, 매수인은 충분한 시간 내에 매도인에게 통지하여야 한다.

④ 인수의 통지 : 매수인은 계약물품의 인수를 매도인에게 통지하여야 한다.

⑤ 물품의 검사 : 별도의 합의가 없으면 매수인은 수출국 정부가 요구하는 검사를 포함한 모든 선적 전 검사 비용을 부담하여야 한다.

⑥ 조달서류의 비용부담 : 매수인은 상대편 수출국에서 발행하는 모든 무역관계 부대서류의 취득에 소요되는 일체의 비용을 부담하여야 한다.

(2) 운송인 인도조건〔Free Carrier ; FCA)〕

FCA조건은 매도인이 지정된 장소에서 매수인이 지명 · 통보한 운송인의 관리 하에 수출통관된 물품을 인도함으로써 자신의 의무가 끝나는 조건이다. 따라서 이 조건에서는 지정된 장소에서 운송인에게 계약물품이 인도되는 시점이 바로 매매당사자간의 비용부담과 책임의 분기점이 된다.

이 조건에서 매도인은 계약물품의 수출에 필요한 모든 법적 절차를 취한 후 지정된 운송인에게 물품을 인도해야 한다. 지정 운송인은 매수인이 운송계약을 체결하여 매도인에게 그 명의를 통보한 운송인이며 여기에는 운송수단은 실제 보유하지 않고 단지 운송의 책임을 지는 계약운송인도 포함된다. 따라서 매수인은 운송인이 아닌 운송주선인(freight forwarder)에게 물품을 인도하라는 지시를 할 수 있다.

FCA 조건에서 만약 매수인이 항공운송인을 지정하여 통보하면 예를 들어 FCA Kimpo Airport, 그리고 육상운송인을 지정하면 FCA Seoul Station 또는 FCA Yongsan Cargo Terminal 등과 같이 표기된다. FCA 뒤에 나오는 구체적 장소는 수출국내에서 매도인과 매수인의 비용 및 책임분기점이 된다.

가) 매도인의 의무

① 물품의 인도: 매도인은 합의된 인도기일이나 기간 내에 명시적으로 합의된 장소 또는 관례적으로 인도되는 장소에서 매수인에 의해 지정된 운송인의 관리 하에 계약물품을 인도해야 한다. FCA 조건 하에서는 운송인에게 인도가 완성되는 분기점은 구체적으로 그 운송방식이 철도 · 도로 · 내수로 · 해상 · 항공 또는 복합운송 중에 어느 것인가에 따라 다를 수 있다. 따라서 매매계약을 체결할 때 운송인에게 물품을 인도할 정확한 인도지점과 인도방법을 합의해 두어야 한다.

만약 인도지점이 합의되지 않고 여러 개 지점이 이용 가능할 경우에는 매도인은 자신의 목적에 가장 적합한 인도장소를 선택할 수 있다. 그리고 매수인이 정확한 지시를 하지 못하는 경우에는 매도인은 운송방식과 물품의 성질 또는 특성상 요구되는 방법으로 운송인에게 물품을 운송할 수 있다.

이 조건하에서 물품의 인도는 다음과 같은 때에 완료된다.

첫째, 지정된 장소가 매도인의 영업장구내인 경우에는, 물품이 매수인에 의하여 지정된 운송인 또는 운송인을 대리하는 기타의 자에 의하여 제공된 운송수단상에 적재된 때 적법한 인도가 이루어진 것으로 본다.

둘째, 첫 번째 이외의 장소가 지정된 경우에는, 물품이 매도인의 운송수단에서 양하되지 않은 채 매수인에 의하여 지정되거나 또는 매도인에 의하여 선택된 운송인의 임의 처분 하에 적치된 때에 인도가 완료된다.

② 위험과 비용의 부담: 매도인은 계약물품이 ①에서 언급된 운송수단에 인도 완료될 때까지의 모든 위험과 비용을 부담한다. 또한 수출에 따른 모든 세금과 비용 및 수출관세를 부담해야 한다.

③ 매수인에게 통지: 매도인은 계약물품을 운송인에게 인도한 후 충분한 시간 내에 매수인에게 통지를 하여야 하며 만일 운송인이 지정된 기간 내에 계약화물을 인수하지 못하게 되면 그러한 사실도 매수인에게 통지해 주어야 한다.

④ 운송서류의 인도 또는 전자통신문의 전달: 매도인은 운송인으로부터 물품수령을 증명하는 운송서류를 교부받아 매수인에게 제공해야 한다. 그러나 매도인이 교부받은 서류가 통상의 운송서류가 아닌 경우, 예를 들어 단순한 부두수령증(dock receipt)과 같은 경우에는 매도인은 매수인의 위험과 비용부담으로 당해 계약의 운송서류(선하증권, 항공운송증권, 내수로 운송증권 등)를 취득하는 데 필요한 모든 서류를 매수인에게 제공하여야 한다.[5] 또한 매매

5) 운송서류 등에 관한 내용은 제2부 제10장에 자세히 설명되어 있다.

당사자 간에 서로 합의한 경우에는 인도의 증거서류에 상응하는 전자통신문으로 대체될 수 있다.

⑤ 검수 및 포장: 매도인은 계약물품의 검수비용(품질, 용적, 중량 및 수량의 검수)과 목적지까지 운송하는 데 필요한 물품의 포장비용을 부담한다.

나) 매수인의 의무

① 수입허가서 취득: 매수인은 자기의 위험과 비용부담으로 수입허가서를 취득하여야 하며 제3국을 통과하는 경우를 포함한 수입에 따른 모든 수속절차를 이행하여야 한다.

② 운송계약 및 통지: 매수인은 자기 비용으로 계약물품을 지정장소로부터 목적지까지의 운송계약을 체결하고 매도인에게 운송인의 이름과 운송형태 그리고 물품의 인도시기 및 장소에 대하여 적절한 통지를 하여야 한다.

③ 위험 및 비용부담: 매수인은 계약물품이 자기에게 인도된 이후의 모든 위험과 비용을 부담하며, 만일 계약에서 정한 기일 내에 운송인을 지정하지 못하거나 또 지정된 운송인이 계약물품을 계약에 지정된 기일 내에 인수하지 못하게 되면 그로부터 발생하는 모든 위험과 비용을 부담하여야 한다.

(3) 운송비 지불 인도조건(Carriage Paid To; CPT)

운송비 지불 인도조건(CPT)은 매도인이 자신과 목적지까지 운송계약을 체결한 운송인에게 수출통관된 물품을 인도함으로써 매도인의 책임이 끝나는 것으로 하는 조건이다. 따라서 이 조건에서 매도인은 먼저 자신의 위험과 비용으로 수출에 필요한 모든 통관절차를 이행해야 한다. 그리고 합의된 목적지까지 적합한 운송계약을 체결하고 운송비를 지급해야 하며 계약물품을 운송인에게 인도 완료해야 한다.

이 조건에서 매도인이 목적지까지 운송계약을 체결하고 운송비를 지급한다고 해서 자신의 책임이 목적지까지 연장되는 것은 아니며 매도인의 책임은 자신과 운송계약을 체결한 운송인에게 물품을 인도하는 시점에서 끝이 난다. 즉 매도인과 매수인의 책임분기점은 매도인이 체결한 운송인에게 물품을 인도하는 시점이 된다.

앞의 FCA 조건은 매수인이 물품을 실어가기 위해 매수인 자신이 운송계약을 체결하고 운송비를 지급하는 것이지만 CPT 조건은 반대로 매도인이 물품을 목적지까지 실어주고 운송비를 지급하는 조건이다. 매도인이 지급한 운송비는 물품의 가격에 포함되어 있다.

가) 매도인의 의무

앞의 운송인 인도조건(FCA)에 비해 매도인은 목적지까지 운송계약을 체결하고 운송비를 지급해야 할 의무가 있다.

① 수출허가 및 수출통관: 매도인은 자신의 위험과 비용 부담으로 수출허가 혹은 모든 공적인 승인을 취득해야 하며 또한 물품의 수출에 필요한 통관절차를 모두 이행해야 한다.

② 위험 이전 및 비용 부담: 매도인은 물품을 자신과 운송계약을 체결한 운송인에게 인도할 때까지의 모든 위험과 비용을 부담해야 한다.

③ 운송계약 체결: 매도인은 목적지까지 적합한 운송계약을 체결하고 운송비를 지급해야 한다. 운송계약은 해상, 육상, 항공운송 등 상관없으며 목적지까지 여러 운송을 사용하는 복합운송계약을 체결해도 무방하다.

나) 매수인의 의무

① 물품의 인수: 매수인은 합의된 목적지에서 계약물품을 운송인으로부터 인수해야 한다.

② 위험 이전: 물품이 운송인에게 인도 완료되는 시점 이후부터 발생하는 위험을 부담해야 한다.

(4) 운송비 · 보험료 지불 인도조건〔Carriage and Insurance Paid To; CIP〕

운송비 · 보험료 지불 인도조건(CIP)은 매도인이 계약물품에 대한 수출통관을 필하고 목적지까지 보험계약을 체결한 후 이를 자신과 운송계약을 체결한 운송인에게 인도하는 조건이다. 따라서 이 조건에서 매도인은 자신의 위험과 비용으로 수출에 필요한 모든 통관절차를 이행해야 한다. 그리고 합의된 목적지까지 운송계약과 보험계약을 체결하여 운송비 및 보험료를 지불하고 계약물품을 운송인에게 인도해야 한다.

이 조건은 앞의 운송비 지불 인도조건(CPT)과 동일한데 단지 매도인이 목적지까지 적합한 보험계약을 체결하고 보험료를 지불해야 한다. 그러나 매도인이 목적지까지 운송보험계약을 체결한다고 해서 매도인의 책임이 목적지까지 연장되는 것은 아니며 자신의 책임은 어디까지나 운송인에게 물품을 인도하는 시점에서 끝이 난다. 따라서 운송 도중의 물품에 대해서 매도인은 책임질 필요가 없다.

가) 매도인의 의무

이 조건에서 매도인의 의무는 앞의 운송비 지불 인도조건(CPT)에서의 매도인의 의무에다 목적지까지 운송보험계약을 체결하고 보험료를 지불해야 하는 의무가 추가된다. 이 조건은 모든 운송에서 사용될 수 있는 조건이기 때문에 매도인은 매수인과 합의하여 보험조건을 선정하고 보험가입금액은 CIP 가격의 110%로 한다.

나) 매수인의 의무

매수인은 물품이 운송인에게 인도 완료되는 시점 이후부터 발생하는 위험을 부담해야 한다. 이 조건에서 비록 매도인이 목적지까지 보험계약을 체결하지만 운송 도중 물품의 위험에 대해서는 매수인이 책임져야 한다. 만약 운송 도중 물품에 대한 사고가 발생하면 매수인이 보험자에게 클레임을 제기해야 한다.

(5) 터미널 인도조건〔Delivered At Terminal; DAT〕

터미널 인도조건은 매도인이 계약에서 합의된 지정 목적항, 혹은 지정 목적지의 터미널에서 운송수단으로부터 물품을 하역하여 수입통관을 필하지 않고 이를 매수인의 임의처분상태로 인도하는 조건을 말한다. 이 조건에서 의미하는 터미널은 덮개의 유무를 불문하며, 부두, 창고, 컨테이너 야드(container yard), 도로 · 철도 또는 항공화물 터미널을 포함한다.

이 조건의 경우 매매당사자간의 비용 및 위험부담의 분기점은 지정 터미널이 된다. 따라서 이 조건을 사용할 경우 터미널 혹은 터미널 내에서의 특정 지점을 명확히 해 두어야 한다. 만약 특정 터미널이 합의되지 않았거나 관습에 의해 결정되고 있지 않은 경우, 매도인은 합의된 목적항 또는 목적지에서 자기의 목적에 가장 적합한 터미널을 선택할 수 있다.

DAT 조건은 Incoterms 2010에서 처음 소개된 조건인데 이 조건에서 매도인은 자기의 비용으로 합의된 목적항 또는 목적지까지 물품을 운송하기 위한 운송계약을 체결하고, 터미널까지 운송하여 하역하는데 따른 모든 위험을 부담해야 한다. 한편 매수인은 물품이 지정 터미널에서 인도된 이후의 모든 위험과 비용을 부담한다.

가) 매도인의 의무

매도인은 수출통관된 물품을 계약에서 합의된 목적항구 혹은 목적지의 터미널까지 운송해야 할 의무가 있다.

① 운송계약의 체결: 매도인은 자신의 위험과 비용 부담으로 목적항구 혹은 목적지의 지정 터미널까지 운송계약을 체결하고 운임을 지급해야 한다.

② 물품의 인도: 매도인은 약정된 일자 또는 기간 내에 수입통관을 필하지 않은 상태로 지정 터미널에서 물품을 매수인에게 인도해야 한다. 그러나 매도인은 지정 터미널에 도착한 운송수단으로부터 물품을 하역하여 인도해야 한다.

나) 매수인의 의무

매수인은 지정 터미널에 도착한 운송수단으로부터 하역된 물품을 인수해야 한다.

① 수입허가 및 수입통관: 매수인은 자신의 위험과 비용으로 수입허가 또는 기타 공적 인증을 취득해야 하며 그리고 물품의 수입에 필요한 모든 통관절차도 이행해야 한다.

② 비용 부담: 매수인은 매도인으로부터 하역된 물품을 인도받은 시점 이후부터 발생하는 비용을 부담해야 한다.

(6) 목적지 인도조건〔Delivered At Place; DAP〕

목적지 인도조건(DAP)도 Incoterms 2010에 처음 소개된 것으로 이 조건에서 매도인은 지정 목적지에서 수입통관을 필하지 않은 계약물품을 도착된 운송수단으로부터 양하하지 않은 상태로 매수인의 임의처분상태로 인도해야 한다. 이 조건을 사용할 경우 DAP 뒤에 지정 목적지를 표시한다.

이 조건에서 매도인은 자기의 비용으로 지정목적지 또는 경우에 따라 지정목적지의 합의된 지점까지 물품을 운송하기 위한 운송계약을 체결하여야 하고, 지정지까지 물품을 운송하는데 따른 모든 위험을 부담한다.

만약 특정 지점이 합의되지 않았거나 관습에 의해 결정되고 있지 않은 경우, 매도인은 지정 목적지에서 자기의 목적에 가장 적합한 지점을 선택할 수 있다. 그리고 매도인은 지정 목적지에 도착한 운송수단으로부터 물품을 하역해줄 의무는 없다.

한편 매수인은 지정 목적지에서 자기가 임의로 처분할 수 있는 상태가 된 이후의 모든 위험과 비용을 부담한다. 이 조건에서 물품의 수입통관은 매수인이 하여야 하는데 만약 당사자들이 수입통관절차를 매도인이 밟기를 희망하는 경우에는 DDP조건을 사용하여야 한다.

가) 매도인의 의무

앞의 터미널 인도조건(DAT)에서는 매도인이 물품을 터미널까지 운송하면 되지만 이 조건에서는 터미널을 벗어나 지정 목적지까지 물품을 운송해야 할 의무가 매도인에게 있다.

나) 매수인의 의무

앞의 터미널 인도조건(DAT)과 마찬가지로 매수인은 수입통관을 필하고 지정 목적지에서 계약물품을 인수해야 한다. 그리고 매수인은 지정 목적지에 도착한 운송수단으로부터 물품을 하역하는 데 드는 비용을 부담해야 한다.

(7) 관세지급인도조건(Delivered Duty Paid; DDP)

관세지급인도조건은 매도인이 계약물품을 매수인이 지정한 수입국의 장소까지 운송하여 인도하는 매도인의 의무가 가장 많은 조건이다. 따라서 매도인은 자신의 위험과 비용으로 첫째, 수출국에서 수출통관을 필하고 둘째, 수입항까지의 운송계약과 보험계약을 체결하고 셋째, 수입국에서 수입허가를 취득하고, 관세 · 조세 등을 지급하여 수입통관을 필한 후 마지막으로 수입국의 지정 목적지까지 계약물품을 운송하고, 물품의 인수에 필요한 관례적인 운송서류를 매수인에게 인도해야 한다.

따라서 관세지급인도조건은 매도인이 직 · 간접으로 수입허가를 취득하지 못할 경우에는 사용될 수 없다. 만약 매수인이 수입통관을 필하고 관세나 조세 등을 지급하길 원한다면 앞에서 언급된 DDU조건이 사용될 수 있다. 그리고 당사자간의 합의에 의해 매도인이 부가가치세를 부담하지 않기로 합의한다면 "Delivered duty paid, VAT unpaid"처럼 명확히 표시해야 한다.

가) 매도인의 의무

① 위험 이전 및 비용부담: 이 조건에서 당사자 간의 위험과 비용부담의 분기점은 수입국내의 지정된 장소이므로 매도인은 이 지점까지의 모든 비용과 위험을 부담해야 한다. 그러나 매도인은 계약물품을 지정된 목적지에 도착하는 운송수단으로부터 양하하지 아니한 상태로 매수인에게 인도할 수 있다.

② 매수인에 대한 통지: 매도인은 계약물품의 운송에 관해 매수인에게 충

분히 통지를 해야 하며, 뿐만 아니라 매수인이 물품을 정상적으로 인수하는 데 필요한 조치에 대해서도 통지를 해야 한다.

나) 매수인의 의무

① 허가, 승인 및 통관절차에 대한 협조: 이 조건에서는 매도인이 수출허가를 비롯한 수입허가 또는 공적인 승인을 취득해야 한다. 따라서 매수인은 매도인이 요청할 경우 매도인의 위험과 비용부담으로 수입허가 또는 수입에 필요한 기타 공적인 승인을 취득하는데 필요한 협조를 제공해야 한다.

② 비용부담: 매도인은 지정된 목적지에서 계약물품을 운송수단으로부터 양하하는데 필요한 비용을 부담해야 한다.

2. 해상 혹은 내수로 운송에서만 사용가능한 조건

현행 Incoterms의 11가지 조건 중에서 FAS, FOB, CFR 및 CIF 4가지는 해상운송 혹은 내수로 운송에서만 사용가능한 조건(rules for sea and inland waterway transport)이다. 이들 조건은 전통적으로 국제무역에서 많이 사용되어 왔던 조건인데 최근 운송방식이 여러 운송수단을 동시에 활용하는 방식으로 바뀜에 따라 Incoterms 2010에서는 후순위에 규정되어 있다.

(1) 선측 인도조건(Free Alongside Ship; FAS)

이 계약조건은 매도인이 운송비를 부담하지 않는 조건으로 일반 화물의 매매에는 별로 사용하지 않으나 주로 본선에 선적하는 데 비용이 많이 드는 부피가 큰 물품, 즉 원목 · 원면 · 원맥 등의 매매에 많이 이용되고 있다. 특히 제2차 세계대전 이후에는 미국 서부의 많은 부두들이 대규모의 인공부두를 E형으로 만들어 그 중간에 창고와 하역에 편리하도록 된 광장이 있어 해상운송과 육상운송의 연결을 부두에서 직접 하도록 되어 있으므로 FAS 조건은 수출항의 선적부두 인도의 의미로 사용케 되었다.

대개의 경우 선측에서 본선에의 적재비용은 운임에 포함시켜 선박회사 측에서 부담하므로 실제 비용부담은 본선 인도조건과 거의 동일하나, 단지 계약 이행장소가 약정물품을 적재할 본선의 밖인가 안인가 하는 것과 위험부담에서의 차이가 있을 뿐이다.

본선 선측이란 본선이 지정된 선적항에 정박하고 있는 본선 상용의 양하기 및 그 밖의 선적용구가 도달할 수 있는 장소를 의미한다. 이런 의미의 선측이 이 조건에서 물품인도의 이행장소이고 매도인과 매수인의 책임분기점인 것이다. 따라서 본선이 정박중인 부두에 물품을 반입하였더라도 본선의 선적용구가 도달하지 못하는 지점에 물품을 두어서는 매도인이 책임을 다한 것이 되지 못한다.

특히 이 조건에서 계약물품의 수출허가 및 수출통관에 관련된 비용은 매도인이 부담하게 된다. 물품이 선적될 때까지는 내국화물로 취급되기 때문에 매수인이 선측에 적치된 계약물품을 선적하기 위해서는 먼저 수출허가를 취득하고 수출통관절차를 거쳐야 한다. 무역거래에서 외항선에 반입 · 인도되는물품은 관세법상 외국물품으로 간주된다. 따라서 물품을 본선에 반입하려면 수출국의 관계법규에 따라 수출승인과 그 밖에 인증을 받은 후 수출통관을 필해야 한다. 그러나 수출허가나 수출통관 등의 업무는 매도인인 수출업자가 이행하는 것이 편리하기 때문에 이를 매도인이 이행하도록 의무화하였다.

가) 매도인의 의무

① 계약물품의 제공 및 통고: 계약에 일치하는 물품을 계약과 일치함을 증명하는 상업송장 또는 이에 상응하는 전자통신문과 함께 계약에서 합의된 기일 내에, 출항하는 항구의 관습에 따라 본선 선측까지 인도하고 이 사실을 매수인에게 통지하여야 한다.

② 위험 및 비용의 부담: 약정된 물품을 본선 선측에 인도할 때까지의 모든 위험과 일체의 비용을 부담하여야 한다. 또 본선 선측까지 물품을 운송하는 데 필요한 모든 서류와 그 비용도 매도인의 부담이 된다.

③ 운송서류의 인도: 매도인은 약정물품을 본선 선측까지 사고 없이 인도하였음을 증명하는 인도의 통상적 증거를 매수인에게 제공하여야 한다.

나) 매수인의 의무

① 운송계약 및 통지: 매수인은 충분한 여유를 두고 본선을 수배하여 그 선박과 목적지까지의 운송계약을 체결하고 그 선박 명칭과 출항 부두와 시간을 매도인에게 통지해야 한다.

② 위험과 비용의 부담: 지정항구의 지정 본선 선측에서 약정물품을 인수한 후 모든 위험과 비용부담을 해야 하며, 매도인의 무사고 인도서류 제시에 대해 매수인은 약정된 대금을 지불하여야 한다.

만일 매수인이 물품 인도에 알맞게 선박 지정을 못하거나, 지정한 선박이 지정한 시간에 도착하지 못하거나, 또는 지정한 기간 전에 인수 마감하여 계약물품을 인수하지 못하면 계약에 의하여 인도하였어야 할 때부터 그 물품에 대한 추가위험과 비용부담을 매수인이 져야 한다.

③ 수출입통관 절차: 앞에서 이미 언급했듯이 FAS 조건에서 수출통관은 매도인이 부담하게 되고 제3국 통과와 수입통관절차는 물론 매수인이 져야 한다.

이 점은 나라마다 관습이 다른데 프랑스에서는 선측인도조건(le long du navire)에서도 수출세 및 기타 수출에 관계되는 비용을 매도인이 부담하는 것이 관습으로 되어 있으며, 영국에서는 'Port of London'세를 비롯하여 항만사용료, 부선사용료 등을 매도인이 부담하였으며,[6] 미국에서도 원면 선적은 거의 전부가 FAS 조건인데 실제로는 FOB와 조금도 다름없이 매도인이 수출에 관한 수속에서부터 본선에 인도할 때까지의 모든 위험과 비용부담을 해 주고 있었다. 그리고 이탈리아에서는 매도인이 본선 선적 의무는 없으나, 물품이 선상에 놓일 때까지의 모든 손상에 대해 책임을 지도록 법률과 관습이 규정하고 있고, 북구의 스웨덴에서는 선측에서 매도인의 의무가 이행되었더라도 그 물품이 선적될 때까지의 위험은 매도인에게 귀속된다고 법에 규정하고 있다.

이 조건에서 흔히 야기되는 문제로서 만일 본선이 항구 밖에 어떤 지점에 정박하고 있고 부선이 물품을 적재하여 본선 선측까지 인도하여 놓은 후 본선의 양하기로 물품을 본선에 이양하던 중 사고가 나면 누가 이 위험을 부담하느냐가 문제된다. 나라의 법률이나 그 항구의 관습이나 불문율로서 분명히 매도인이나 매수인으로 규정되어 있으면 별 문제가 되지 않으나, 그렇지 않은 경우에는 매수인이 이치상 위험부담을 해야 하며, 이를 대비해 매수인이 보험계약을 체결할 때 미리 부선에서부터 보험에 드는 경우가 많다.[7]

(2) 본선 인도조건(Free On Board; FOB)

무역거래에서 많이 이용되고 있는 FOB 조건은 계약물품이 지정된 선적항에서 매수인이 지명 통보한 선박에 적재될 때 매도인의 인도의무가 완료되는

6) 그러나 free to docks, delivery to docks 등의 문구가 있으면 이런 제 비용은 매수인의 부담이 된다. A.V. Pound & Co. Ltd. v. M.W. Hardy & Co., Inc.; 박대위, 『무역사례 I』, 법문사, 1990, pp. 184-185.

7) 선측인도조건에서 매수인과 매도인의 책임의 인수 및 인계의 시점이 애매할 수 있어 이러한 무보험 상태를 예방하기 위해 특별히 보험자의 책임개시시기를 매수인의 위험부담시기와 일치시키는 'FAS Attachment Clause'라는 특약제도가 있다.

조건을 말한다. 따라서 매매당사자간의 비용부담 및 책임부담의 분기시점은 계약물품이 본선 상에 적재되는 시점이 된다.

여기에서 말하는 ' free'라는 뜻은 원래 'free from all charges and responsibility once on board the vessel'이란 뜻이다. 즉 매도인이 계약상품을 본선에 선적할 때까지의 모든 위험과 비용의 책임을 지고 그 이후에는 하등의 책임이 없다는 뜻이다. 다시 말하면, 모든 짐을 벗어나서 후련하다는 내용이 'free'라는 뜻에 내포되어 있다.

FOB 조건에서 매도인은 합의된 선적기간 내에 매수인이 지정한 운송선박에 계약물품을 선적하게 되면 자신의 책임이 끝나며, 선적 이후의 모든 책임과 비용은 매수인이 부담하게 된다. 이 조건에서 매수인은 계약물품을 수입지까지 운송할 선박과 운송계약을 체결하고 선박명, 정박지, 선적기일 등을 매도인에게 충분히 통지해야 한다.

원래 이 조건은 영국에서 발생하여 해양무역에 사용되어 왔으나 대륙국인 미국은 대륙적인 특수한 사정으로 FOB가 여러 형태로 구분되어 있으며, 통상 우리가 말하는 본선인도조건은 'FOB Vessel'이라고 명시해야 미국에서는 통한다.

1990년에 개정된 미국무역정의에서 FOB를 6종의 형태로 분류하였는데 그 조건들을 요약하면 다음과 같다.

a) 지정 출하지에서 지정 운송기관에의 인도조건〔FOB(Named Inland Carrier at Named Inland Point of Departure)〕

이 조건은 매도인이 지정된 국내 발송지의 출하지점에서 기차, 화물자동차, 부선, 전마선, 항공기 및 기타의 운송기관에 계약물품을 적재할 의무를 부담하는 것을 의미한다. 매도인은 운송사업자로부터 도착지 지불조건의 무사고 화물상환증 또는 기타 운송화물 수취증을 입수할 때까지의 일체의 위험과 비용을 부담해야 한다.

b) 지정 출하지에서 지정 운송기관에의 인도조건, 단 지정 수출지까지의 운임 선불〔FOB(Named Inland Carrier at Named Inland Point of Departure) Freight Prepaid to(Named Point of Exportation)〕

이 조건은 본질적으로 a)의 FOB와 같으나 단지 국내 출하지에서 수출이 이행되는 지점까지의 수송비를 매도인이 부담하는 특약이 체결된 조건이다. 그러므로 매도인은 내륙 출하지에서 운송업자에게 수출지, 즉 해상운송의 출발지점까지의 운임을 선불하고 송장에 선불운임을 가산하여 대금을 받게 되므로 결과적으로 매수인이 이 운송비를 부담하는 결과가 된다.

c) 지정 출하지에서 지정 운송기관에의 인도조건, 단 지정 수출지까지의 운임 후불〔FOB(Named Inland Carrier at Named Inland Point of Departure) Freight Allowed to(Named Point of Exportation)〕

이 조건은 b)의 FOB 조건과 같이 지정 수출지까지의 운송비를 가격에 포함시키는 것은 같으나 매도인이 운송비를 선불하지 않고 도착지에서 지불하는 것이 다르다. 즉 이 조건에서는 지정 수출지까지의 운임을 사전에 계산해서 물품 매매계약을 하지만 착지불조건의 인도로 매수인이 운임을 지불하게 된다. 이렇게 되면 매수인은 이중으로 운임부담을 지게 되므로 지불한 운임만큼은 송장가격에서 공제받기로 특약이 되는 매매조건이다. 따라서 이 조건은 본질적으로 a)의 FOB 조건과 똑같이 출하지의 운송기관에 화물을 적재하고 화물상환증 또는 화물수취증은 매도인이 입수하나 운임은 착지불로 매수인이 실질적으로 부담하게 되며, 다만 가격 계산 면에서는 b)의 FOB 조건과 같이 지정 수출지까지의 운송비를 일단 매도인이 부담하는 형식이 되는 것이다.

d) 지정 수출지에서 지정 운송업자에의 인도조건〔FOB(Named Inland Carrier at Named Point of Exportation)〕

a), b), c)의 FOB 조건에서는 출하지에서 계약물품을 지정 운송기관에 인도함으로써 매도인의 의무가 끝나게 되나, d)의 FOB 조건에서는 매도인이 국내의 출하지에서 수출지까지 물품의 운송에 따른 위험과 비용부담을 져야 하는 것이다. 이 조건은 계약물품에 대한 위험과 책임부담의 한계를 수출지의 역에 화물이 도착한 때를 분기점으로 한 것이다. 그러므로 매도인은 계약물품을 자기의 위험과 비용으로 수출지의 역까지 화차로 운반하여 매수인에게 화차에 적재된 그대로 인도함으로써 모든 책임으로부터 해방되며, 매수인은 화차 적재상태의 물품을 인수하여 자기의 위험과 비용으로 수출항 본선까지 운반하여 선적하여야 한다.

e) 지정 선적항 본선인도조건〔FOB Vessel(Named Point of Shipment)〕

이 조건은 Incoterms에서 말하는 본선인도조건(FOB)과 같다. 매도인이 계약물품을 본선 선상까지 자기 위험과 비용으로 인도하는 조건이다.

f) 수입국 지정 지점에서의 인도조건〔FOB(Named Inland Point in Country of Importation)〕

이 조건은 보통 무역에서 말하는 FOB와 정반대의 뜻을 가져 FOB라고 표기하기가 퍽 어색하다. 예컨대 미국 내륙지방에 있는 매도인이 캐나다 내륙

지방의 매수인과 물품 매매계약을 할 때 매수인이 있는 지역까지 계약물품을 매도인이 자기의 위험과 비용으로 운반해서 인도해 주는 조건이다. 즉 매도인은 수입지까지의 운임 · 보험료 및 수출입관계서류의 입수 및 통관 등 일체의 위험과 비용을 부담하는 대신 매수인은 도착지의 화차로부터 물품을 인수만 하면 되는 것이다. 이 거래조건은 매도인의 입장에서는 상당히 불리한 입장이나 이렇게라도 서비스를 해주지 않으면 매수인이 물품을 구입하려 하지 않기 때문이다. 즉 시황이 'buyer s market'인 경우에 가끔 이 거래조건이 이루어진다.

이상 6가지〔a)~f)〕의 FOB는 개정 미국무역용어 정의에 의한 해석이고, Incoterms 2000에서의 FOB 즉 개정 미국무역용어의 'FOB Vessel'에 해당하는 본선인도조건에서의 매매 당사자들 간의 의무는 다음과 같다.

가) 매도인의 의무

① 물품의 인도 및 통지: 매도인은 약정된 시일 또는 기간 내에 지정된 선적항에서 그 항구의 관습적 방법에 따라 매수인이 지정한 선박에 물품을 선적하고 물품이 본선에 선적된 사실을 충분한 시간 내에 매수인에게 통지해야 한다.

② 위험과 비용의 부담: 계약물품이 본선 난간을 통과할 때까지의 모든 위험과 비용부담을 져야 하고 수출통관 비용과 수출에 관련된 제 세금 및 관세를 물어야 한다.

③ 운송서류의 인도: 매도인은 본선에 선적이 끝나면 선박회사로부터 통상적인 인도증거서류를 입수하여 매수인에게 제공하여야 한다. 만일 매수인이 요구하면 매수인의 위험과 비용부담으로 운송서류를 취득하는 모든 편의를 제공하여야 한다. 또한 매매당사자 간에 전자통신수단으로 할 것을 합의한 경우에는 이러한 수단으로 대체될 수 있다.

④ 수출입 통관서류의 제공: 매도인은 원산지증명 등 제3국 통과 시 및 수입통관 시 필요로 하는 수출지에서 발행하는 모든 서류를 매수인의 요청 및 비용으로 입수할 수 있도록 모든 노력과 편의를 제공하여야 한다.

나) 매수인의 의무

① 운송계약의 체결: 매수인은 지정 선적기일 또는 기간 내에 계약 물품을 선적할 선박을 수배하여 매도인에게 이 선박의 이름, 출항 예정일 및 출항 부두 등을 알려주어야 한다. 만일 매수인에 의해 지정된 선박이 지정 기간 내에

선적항에 도착하지 못한다든가, 도착한 경우라도 이미 만선이 되어 선적을 할 수 없게 되었을 때 매수인이 대선(代船)을 수배하지 못하는 경우에는 계약 위반이 된다.[8)]

② 위험과 비용의 부담: 매수인이 지정 기일 내에 선박을 지정하지 못하거나 물품 인수일자나 선적항의 선택 권리를 유보하고 있다가 기일 내에 충분한 지시를 하지 못하면, 이로 인해 야기되는 모든 추가위험과 비용부담을 져야 한다.

이상과 같은 매매 당사자들 간의 의무를 살펴보면 매도인의 입장에서 FOB의 편리한 점은, 첫째 선적 완료와 동시에 계약물품에 대한 위험으로부터 완전히 면제되고, 둘째 선복 수배 및 부보의 의무가 면제된다는 것이다. 이런 점들은 개발도상국과 같이 해운수단을 많이 보유하지 못하고 해상보험이 발달되어 있지 않은 나라의 수출업자들에게는 편리한 조건이다.

한편 매수인의 입장에서는, 첫째 많은 해상운송수단을 보유하고 있는 나라의 수입상의 경우는 본선 수배의 수고는 해야 하지만 운임 면에서 유리하게 계약할 수 있고, 특히 부피가 큰 물품에 대해서는 저렴한 운임으로 수송할 수 있을 뿐만 아니라 자국선박에 화물을 적재하는 경우에는 운임 상당액의 외화를 절약할 수 있고, 둘째 매수인은 부보의 범위에 대해서 매도인과 사전 타협 없이 자기 임의로 부보할 수 있을 뿐만 아니라 자기 나라의 보험회사와 유리하게 보험료를 결정할 수 있고, 경우에 따라서는 보험조건을 합리적으로 선정하여 보험료 상당액의 외화를 절약할 수 있다.[9)]

(3) 운임포함 인도조건(Cost and Freight; CFR)

이 조건에서는 FOB 조건과 마찬가지로 매도인이 선박의 본선에 계약화물을 선적하여야 하며 일단 화물이 본선에 선적되면 그 후로는 매수인의 위험과 비용 부담이 된다.

가) 매도인의 의무

① 운송계약의 체결: 매도인은 자기 부담으로 계약과 일치하는 물품을 통

8) Colley v. Overseas Exporters 사건에서 매수인이 처음에 지명한 선박은 선주 측 사정으로 선적되지 못하였고, 다시 지명한 대선에도 부득이한 사정으로 인해 선적할 수 없게 되자 매도인에게 손해배상청구권이 인정되었다(1921), 3K.B.302; 박대위, 『무역사례 II』, 법문사, 1987, p. 210.

9) 대체로 매수인보다 매도인이 계약물품의 성질 · 부피 · 무게 등을 정확하게 알기 때문에 매도인이 운송계약을 체결하는 것이 편리하다. 경우에 따라 FOB계약에서도 매도인이 운송계약을 체결하도록 매매계약에 삽입하는 경우가 많은데 이런 조건의 계약을 'Mixed Contract'라 한다.

상 운송하는 데 적합한 선박을 수배하여 지정된 목적항구까지 통상 사용되는 항로에 따라 운송하는 운송계약을 선박회사와 체결하여 그 선임을 지불하여야 한다.

② 선적의 통고: 자기 비용으로 출항지 지정항구에서 물품을 본선에 약정 기일 내에 선적하고 이 사실을 매수인에게 지체없이 통고하여야 한다.

③ 운송서류의 제공: 매도인은 약정 기일 내에 발행된 통상적인 운송서류를 지체없이 매수인에게 제공하여야 한다. 이러한 운송서류는 계약화물을 목적지까지 운송하는 것을 나타내는 것이어야 하며 목적항구에서 매수인이 그 화물에 대한 청구를 할 수 있는 것이어야 한다.

또한 특별히 달리 합의한 경우가 아니면 운송중 매수인은 운송서류를 다른 매수인에게 양도할 수 있도록 되어야 한다. 그리고 이러한 운송서류가 여러 통으로 발급되는 경우에는 운송기관이 발급한 전통(full set)이 매수인에게 제공되어야 한다.

④ 기타 서류의 제공: 수출에 필요한 제반서류 및 제 비용은 매도인의 위험과 부담으로 하고 목적지에서 수입에 필요한 수출국에서 발급되는 제반서류는 매도인이 취득해 주되 그 위험과 비용부담은 매수인이 진다. 그리고 매수인의 요청이 있으면 보험계약을 체결하는 데 필요한 정보를 제공해 주어야 한다.

나) 매수인의 의무

① 계약물품 인수 및 대금지급: 목적지에 계약물품이 도착하면 이를 인수하고 대금을 지불하여야 한다.

② 위험 및 비용의 부담: 출항지에서 본선에 물품이 선적된 이후 모든 위험과 비용, 그리고 도착지에서의 양륙비용 등도 매수인의 부담이 된다.

만일 매수인이 목적항의 선택권과 선적기일의 지정권한을 유보하고 있으면서 기간 내에 적절한 지시를 하지 못할 경우에는 이로 인해 야기되는 모든 추후경비 및 위험부담을 져야 한다.[10)]

---

10) CFR 뒤에는 목적항을 기재하는데 이는 매도인이 어느 항구까지의 운임을 부담하는가를 나타내기 위한 것이다. FOB Busan과 CFR Busan을 비교해 보면 전자의 경우는 부산이 매도인과 매수인의 책임분기점을 나타내는 선적항 즉 수출항이다. 그러나 수출업자가 부산까지의 해상운임을 부담해야 하는 것을 나타내는 의미로 CFR Busan에서는 수입항이 된다.

(4) 운임 · 보험료 포함조건(Cost, Insurance and Freight; CIF)

이 조건은 CFR 조건에 보험만 추가한 조건으로 다른 모든 것은 CFR과 꼭 같다. 그리고 계약서에 보험조건에 관한 언급이 없을 경우 보험은 최소한의 보험만 부보하면 된다. 좀 더 일반적으로 설명하면 CIF 조건은 물품의 원가(cost) · 보험료(insurance) 및 목적지까지의 운임(freight) 등 세 가지 요소가 하나의 거래계약조건에 통합된 합리적인 매매 형태이다.

이제까지 한 번도 거래해 본 적이 없는 나라에서 물품을 구입할 때 매도인이 FOB 조건으로 가격을 제시하면 매수인이 선박회사와 보험회사에다가 각각 전화를 해서 선임과 보험료를 알아보고 다시 관세, 물품세 등을 가산해서 소비지까지 물품을 인도하는 데 드는 실제의 비용을 계산하려면 복잡하고 또 정확하지 못하다.

매도인이라야 화물의 정확한 무게와 부피를 알 수 있어 선임이 정확하게 산출되며 매수인은 사전에 정확한 비용을 산출해 낼 수가 없다. 또 사는 사람의 입장에서는 같은 물품에 대해서 여러 나라에서 가격제시를 받을 수 있는데, 이들을 비교할 때는 서로 거리가 다른 출발지에서 FOB 가격으로 받는 것은 무의미하다. 모든 수출상으로부터 수입지 항구까지 도착하는 가격을 비교하면 어느 가격이 가장 유리한지 즉시 알 수 있게 된다.

이 CIF 조건은 도착지 매매계약에서 매도인의 지나친 부담과 출발지 매매계약에서 매수인의 과중한 부담 등을 잘 조화시켜 매도인과 매수인의 부담을 적절히 안배한 매매조건이라고 볼 수 있다. 이 조건은 매도인이 계약물품을 선적하고 운송 중의 위험에 대하여 부보를 한 후 선적서류를 구비하여 매수인에게 제공하여야 하며, 매수인은 선적 이후의 위험을 부담하고 매도인으로부터 제공받은 선적서류와 상환으로 계약물품의 대금을 지불하여야 하는 서류인도계약조건이다. 그러므로 진정한 CIF 계약에서는 선적 후 화물이 멸실되어도 매도인은 선적서류만 갖고서 대금결제를 요구할 수 있다.

그러나 유사한 경우로 매수인이 사전에 대금을 지불하고 매도인이 화물을 목적지에서 인도해 준다는 계약 하에서 당해 화물이 멸실되었다면 매수인은 매도인으로부터 상품대금의 변제를 요구할 수 있다. 그렇지만 일반적인 뜻의 CIF 계약은 상품이 목적지에 도착하는 조건으로 상품대금을 지급하는 계약이 아니다. 따라서 이 조건은 계약물품이 목적항구에 도착할 것을 계약조건으로 하는 것이 아니라, 계약물품의 선적을 계약내용의 핵심으로 하여 선적지에서의 선적을 매매당사자 간의 책임한계의 기점으로 하는 출발지 매매형태이다.

가) 매도인의 의무

매도인은 자기의 비용으로 계약화물에 대한 약정된 보험계약을 체결하여야 하며 이 보험은 매수인이나 피보험이익을 갖는 어떤 자라도 보험회사에 직접 보험금을 청구할 수 있는 형태이어야 한다.[11]

또한 보험계약은 평판 있는 보험회사와 체결하여야 하며 당사자 간에 특별한 합의가 없으면 협회적하약관의 최소한의 조건으로 부보해야 한다. 매수인의 요청이 있으면 매도인은 가능하다면 매수인의 비용으로 전쟁위험이나 파업, 내란 및 소요 등의 위험에 대해서 부보해 줄 수 있으며, 최소한의 보험금액은 계약금액의 110%까지이며 계약서의 통화로 부보되어져야 한다.

나) 매수인의 의무

CFR 조건에서의 매수인의 의무와 동일하다. 단 CFR 조건에서 언급하였듯이 중간 기항지나 목적항구에 도착하여 화물을 양하하는 데 드는 비용이 운임에 포함되어 있지 않는 경우에는 이들 비용을 매수인이 부담하여야 한다.

이상과 같은 특색을 갖고 있는 CIF 계약은 매매당사자의 입장에서 보면 다음과 같은 장 · 단점 있다.

첫째로, 매도인의 입장에서의 CIF 계약의 장점은 ① 선적완료와 동시에 계약물품의 위험으로부터 해방되므로 선적 후 불안을 느낄 필요가 없다. ② 선적서류의 상환으로 물품대금을 받을 수 있으므로 현금화가 빠르다. ③ 선박회사 및 보험회사가 많으면 운임과 보험료를 가장 유리하게 정할 수 있는 점 등이다.

둘째로, 매수인의 입장에서의 CIF 계약의 장점은 ① 선박수배와 보험체결의 수고를 할 필요가 없어 편리하다. ② 각국의 동일품의 가격을 자국의 도착항 가격으로 오퍼를 요구해 가격을 비교할 수 있으므로 유리하다. ③ 선적서류에 배서하여 전매할 수 있으므로 실물의 도착 전이라도 수수료 및 기타 이익을 빨리 취득할 수 있으며, 부보되어 있기 때문에 피보험자로서 손실을 보상받을 수 있는 점 등이다.

셋째로, CIF 계약이 매도인에게 불리한 점은 ① 환시세변동에 따른 환차손 부담과 ② 선복수배와 부보의 복잡한 수속을 밟아야 하는 점이다.

11) CIF 조건에서는 매도인이 매수인을 위하여 해상보험계약을 체결하기 때문에 반드시 보험조건과 보험금액(insured amount)에 관한 명시적 규정이 필요하게 된다. 매도인은 보험료를 적게 부담하기 위해서 보험요율이 낮은 보험조건을 선호할 것이고, 반면 매수인은 광범위하게 보상을 받기 위해서 보험요율이 가장 높은 보험조건을 선호하게 된다. 이에 따라 Incoterms, 2010에서는 최저의 보험조건(C조건)으로 계약을 체결하도록 규정하고 있다.

넷째로, 매수인에게 불리한 점은 ① 수출항으로부터 수입항까지의 위험을 부담하는 것이며, 보험계약이 체결되어 있다고 해도 이것은 보통 해상보험이므로 모든 위험을 담보하는 것은 아니며, 보험사고가 발생하면 타인이 계약한 보험에 대한 손해배상을 요구하는 데 수수료와 비용을 부담해야 한다. ② CIF 계약은 서류상환 대금지불 조건이므로 실물을 인수한 후에 내용을 검사하게 되므로 내용에 흠이나 파손이 발견되면 그것이 선적 이전의 것임을 증명해야 하는 번거로움이 따르게 되며, ③ 더구나 가격 면에서도 매도인은 운임과 보험료를 여유 있게 계산하므로 만일 계산보다 운임과 보험료가 낮게 산정되어도 이때 발생하는 이득은 매도인에게 돌아간다.

이런 이유에서 기업의 규모나 업무능력이 어느 정도인가 그리고 선박 이용이나 부보를 위한 해운시장, 보험시장의 서비스 환경이 어느 정도인가 등에 따라 가격조건의 선택이 달라진다. 통계적으로 보면 우리나라에서 무역 선진국으로 수출될 경우에는 FOB가 CIF 조건보다 많으며 우리보다 무역이 덜 발달한 국가로 수출될 때에는 CIF 조건이 많다. 또한 선진국에서의 수입은 CIF, 후진국에서의 수입은 FOB 조건이 되는 경우가 많으며, 중소기업일수록 FOB 조건을 선호하는 경향이 있다.

다) 변형 조건

Incoterms에서 규정하고 있지는 않지만 무역거래에서는 CFR 조건 또는 CIF 조건에 수수료, 양륙비 등을 포함시켜 사용하거나 매수인이 해상보험계약을 체결하는 경우 등도 있다.

① CIF&C(운임 · 보험료 및 수수료 포함): 이 조건은 수입업자가 직접 수입하는 것이 아니라 무역중개업자를 통해서 수입할 경우 이런 중개업자에게 줄 수수료를 CIF 조건에 포함시킨 것이다. CIF&C 3%, 또는 CFR&C 5% 등에서 마지막 C는 중개인에게 돌려 줄 수수료(commission)를 의미하고 C 다음 3%, 5% 등의 백분율은 수수료율을 표시한다.

② CIF landed(운임 · 보험료 · 양륙비 포함): 선적항에서의 선적비용은 당연히 매도인이 부담하는 것으로 쉽게 생략되지만 목적항에서 소요되는 하역비에 대해서 매도인이 어느 정도 책임이 있는가가 종종 문제가 된다. 특히 매도인이 운송계약을 체결해야 하는 CFR 또는 CIF 조건에서는 이 문제를 명확히 해 두는 것이 분쟁을 미연에 방지할 수 있다. CFR 또는 CIF 조건 뒤에 양륙필(landed)을 추가하여 매도인이 하역비용을 부담하는 것으로 명확하게 한다.

③ Cost and Insurance(보험료 포함): 매도인이 보험계약을 체결하고 보험

료를 부담하는 조건이다. 만약 수출업자인 매도인이 보험회사를 직영하고 수입업자인 매수인이 보다 유리한 조건으로 운송계약을 체결할 수 있다면 매도인이 보험계약을 체결하고 매수인이 운송계약을 체결하는 이 조건이 권장될 만하다.

반대로 매도인이 운송계약을 유리하게 체결할 수 있고 매수인이 보험계약을 유리한 조건으로 활용할 수 있으면 CFR 조건이 적합하다. 이 조건 뒤에도 CFR 조건이나 CIF 조건과 마찬가지로 수입항구명이 기재된다. 보험료도 운송구간에 따라 차이가 나기 때문에 수입항구명을 기재하여 매도인이 부담해야 할 보험료를 표시해 준다.

제4장

국제운송

무역거래는 국가 간의 상거래이기 때문에 필연적으로 운송이 따라야 한다. 국제운송은 운송수단에 따라 해상운송, 육상운송, 항공운송 그리고 복합운송으로 구분되는데 이 중에서 해상운송이 통상적으로 가장 많이 이용되고 있다. 특히 대형 컨테이너선의 등장, 대형 항구의 개발 등으로 해상운송이 비약적으로 발전하고 있다. 근래에는 항공기의 발달로 항공운송도 증가일로에 있으며 육상운송도 내륙국가 간의 무역에 이용되고 있다. 최근에는 컨테이너를 이용하여 여러 운송수단을 동시에 사용하는 복합운송도 이용되고 있는 편이다. 이 장에서는 국제운송과 관련된 주요 내용을 해상운송, 항공운송 및 복합운송으로 나누어 살펴보기로 한다.

제1절 해상운송

1. 해상운송의 역사적 배경

먼 옛날 몇몇 부족이 이 땅에 살고 있을 때에는 구태여 배를 타고 먼 곳으로 갈 필요가 없었으나, 점점 부족사회가 도시사회 그리고 국가의 형성 등으로 확대되어 가면서부터 협소한 한 나라의 테두리에서의 활동이 제한되어, 그들의 활동범위를 넓히기 위한 노력이 시작되었다. 일찍이 독일은 'Lebensraum'을 부르짖었고, 러시아는 연중 개항될 수 있는 부동항(ice-free port)을 얻기에 혈안이 되었었다. 이와 같은 새로운 영역에 대한 꿈이 콜럼부스와 마젤란을 낳게 하였고 결국은 신대륙의 발견과 이로 인한 인류의 온갖 영욕을 수반하게 되었다.

일찍이 영국의 아담 스미스(Adam Smith)는 '국부론'(Wealth of Nations)에서 "한 사회 한 나라의 경제발전은 그 시장의 크기에 제한을 받는다"고 하였다. 즉, 시장이 너무 협소하면 그 경제는 그 이상 발전할 수가 없다는 것이다. 이리하여 우리 인류의 문화는 내륙교통수단의 한계에 얽매여 침체한 사회보다는 내수로나 해운에 의해 좀 더 넓은 시장을 가질 수 있었던 그룹에 의해 주도되어 왔었다.

나일(Nile)강 유역을 중심으로 한 고대 이집트문화, 티그리스(Tigris)와 유프라테스(Euphrates)강을 중심으로 한 메소포타미아문화, 인더스(Indus)와 갠지스(Ganges)강을 중심으로 한 인도문화, 그리고 황하(黃河) 유역의 중국문화가 다 큰 강을 중심으로 이루어졌다.

그 후 다른 문화권은 그 이상 바다를 이용하여 더 멀고 더 넓은 시장개척을 하지 않았으나 유독 서양문화권은 지중해를 이용한 활발한 국가 간의 교역이 계속 이루어졌다. 기록에 의하면 이미 기원전 1천년경에 이집트와 레바논 간에는 곡물, 파피루스(papyrus) 및 목재 등의 무역이 해상을 통하여 이루어졌으며, 그 다음은 에게 해(Aegean Sea)의 로도스(Rhodes)섬을 중심으로 한 페니키아인(Phoenician)들에 의한 해상무역이 역시 지중해를 중심으로 활발히 이루어졌다(B.C. 1000~800).

동양에서도 해상운송을 통한 국가 간의 무역이 전혀 없었던 것은 아니다. 우리나라에서는 통일신라 당시 당나라나 왜국과 조공무역을 폈으며 이때에 상당히 큰 배와 그 배를 몰고 간 뱃사람들이 있었고, 그 후 신라 42대 흥덕왕 때에 장보고가 신라 해안에 자주 침범하는 중국해적들을 소탕하고 청해진(지금의 완도)에 해상진영을 세운 기록이 자세하게 남아 있다(A.D. 828).

장보고는 청해진을 근거로 많은 상선들을 건조하는 동시에 부하들에게 항해술을 익히게 하여 중국과 일본을 왕래하며 대규모 무역을 하여 동방무역의 제왕 노릇을 하였다. 고려 때도 송 · 원나라와의 해상무역은 계속되었고 조선 때에 와서도 명 · 청나라와 교역하였다.

그러나 동양에서는 교역 상대국이 서양에 비해서 비교적 제한되어 있었으며, 또 유교사상의 영향으로 조선시대부터는 해상운송에 종사하는 자나 어부들은 천민으로 취급받아 상류층이나 다른 생계의 수단을 가진 자들은 이 분야에 진출하지 않았으며, 인도에서는 오늘날에도 해운관계 종사자들은 천민(Sudra)으로 괄시를 받고 있다.

한편 서양에서는 그들의 좁은 영토에서 벗어나기 위하여 과학의 발달을 이용한 꾸준한 노력이 계속되었으며, 그 결과 1492년에 콜럼부스가 아메리카 신대륙을 발견하기에 이르렀고, 1498년에는 바스코 다 가마(Vasco da Gama)가 아프리카의 희망봉(Cape of Good Hope)을 회항했으며, 1522년에는 마젤란(Magellan)이 태평양에 진출, 사상 최초로 지구를 일주하는 데 성공하였다.

결국 이들은 신대륙의 발견과 함께 많은 식량과 기타 자원을 서유럽으로 가져가 자기들의 경제와 국력을 강화시켜 세계를 그들의 손아귀에 휘어잡는 데 일익을 담당하게 되었다. 특히 이들 서유럽제국 중에서도 영국의 넬슨 제독이 1805년 트라팔가르 해전에서 스페인과 프랑스 함대를 격침시킨 후에는 영국이 세계의 해상권을 거의 독점하다시피 하였다.

참고로 1850년대의 해상세력을 살펴보면, 당시 세계 총 범선은 약 690만 톤이었는데, 이 가운데 영국이 그 절반인 340만 톤, 미국이 150만 톤, 그리고 프랑스가 70만 톤으로 이들 3개국이 세계 총 범선의 80% 이상을 차지하고 있었으며, 기선의 경우는 세계 전체 기선 25만 톤 가운데 영국이 그 60%인 16만 톤을 차지하고 있었다. 이와 같이 한 나라의 국력과 해상운송수단은 거의 정비례하고 있음을 알 수 있다.

한편 알프레드 마샬(Alfred Marshall)은 경제발전이란 어떤 특정 분야의 생산성의 향상보다는 이들 생산품을 운송해 주는 교통 혁신에 있다고 했다. 왜냐하면 운송의 기능은 생산품이 현존하고 있는 곳에서 그들이 마땅히 있어야 할 곳으로 운송해 주는 것이며,[1] 경제학 용어를 빌면 운송의 기능은 상품의 효용이 낮은 곳에서 높은 곳으로 옮기는 데 있으므로,[2] 같은 생산비용이 든 상품이라도 운송수단에 의하여 다른 곳으로 옮겨짐으로 인해 그 상품의 경제가치가 월등히 향상되는 효과를 가져온다. 따라서 이러한 결과를 가져오게 해주는 운송수단은 생산수단만큼이나 중요한 것이다.

또한, 리스트(Friedrich List)는 교통수단의 개량은 화폐의 유통속도를 증가시켜 자본의 증가와 꼭 같은 역할을 한다고 하였는데, 실제로 교통의 발달은 중간상인을 배제하여 상품의 가격을 저렴하게 해 준다.

2. 해상운송의 의의

해상운송, 즉 해운이란 해상에서 선박을 수단으로 하여 상업적 목적 하에 화물 및 여객을 운송하는 것을 말하는데, 이러한 해상운송의 의의를 살펴보면 다음과 같다.

첫째로, 해운은 타 운송, 즉 육상운송이나 항공운송에 비해 한꺼번에 많은 물량을 수송할 수 있고 원거리 수송 시 운임이 가장 저렴하다.

둘째로, 외국에 있는 원료를 확보하기 위해서도 해운수단은 필수적이다. 우리 경제생활에 필수품인 중동의 원유, 인도네시아 · 말레이시아의 원목, 오스트레일리아 · 뉴질랜드의 쇠고기, 미국에서의 양곡 도입 등을 위해서는 해운이 꼭 필요하다.

셋째로, 해운이 있으므로 각종 해운종사자가 생기며 이들이 벌어들이는 외화도 상당하다. 또 이와 같이 벌어들이는 외화는 상품수출과는 달리 외화가득률이 1백%이다. 이들 외에도 각종 포워더(forwarder), 검수원(tallyman), 검정원(surveyor) 및 부두하역업자들이 매일같이 부가시키는 경제가치도 GNP에 대한 기여율이 상당히 높다.

넷째로, 해운을 위한 조선업의 발달과 이에 관련된 사업의 중요성도 무시하지 못한다. 우리나라에는 지금 현대중공업, 삼성중공업, 대우조선해양 등 굵직한 조선소들이 많으며, 이들의 고용이나 GNP의 기여율도 상당히 높은 바, 특히 대형조선소들이 외국해운업자의 수주(受注)를 받아 벌어들이는 것은

---

1) Carl E. McDowell and Helen M. Gibbs, "Function of ocean transportation is to move things from where they are to where they ought to be," *Ocean Transportation*, New York: McGraw-Hill, 1954, p.34.

2) Alan E. Branch, "Carriage of goods from places where their utility is low to places where it is higher," *Elements of Shipping*, 5th ed., London: Chapman & Hall Ltd., 1981, p.1.

곧 귀중한 외화가 된다.

다섯째로, 해상운송이 있기 때문에 해상보험이 생겨났다. 그리고 이 해상보험에 관련된 각종 종사자도 그 수가 대단하며 이들이 우리 경제에 부가시키는 가치도 일반적으로 생각하는 것보다는 훨씬 높다.

여섯째로, 해운은 전시에 보조군함으로서 직접 군무에 종사하거나, 군인 및 군수물자를 수송하는 등 국방목적에 중요하다. 일반적으로 평화 시에는 한 나라의 상선 보유척수에 별로 신경을 쓰지 않으나, 전쟁이 발발하면 상선대의 역할은 지대해진다. 2차 대전 중 이들의 역할이 얼마나 컸던지 미국의 아이젠하워 장군은 상선대를 'fourth arms of defense'라고 칭하기도 하였다. 이는 제2차 세계대전 중 독일의 U-boat들이 대서양을 무대로 맹활약을 하여 많은 연합군 선박들에 피해를 입혔으나, 이들도 목적지까지 보급품을 목표량보다 3배수로 수송한 그 많은 미국의 상선대를 다 침몰시키지는 못한 데서 연유한 것이다. 또한 선박의 건조는 하루아침에 이루어지지 않으며 막대한 자금이 필요하다. 그러므로 경제적 측면으로 보면 다소 비경제적이 될지 모르나, 국방 면에서 보면 언제나 충분한 상선대를 보유하고 있어야 한다.

일곱째로, 해운은 국가발전을 상징하는 것으로서 외교 · 정치상의 국력을 나타내며 국가의 공업력과 기술수준을 반영한다. 또한 선원의 해외진출은 자국의 문물을 해외에 소개함으로써 국위를 선양한다.

3. 선박의 운항형태

해상운송은 선박의 운항형태에 따라 정기선 운항, 부정기선 운항 및 특수전용선 운항 등으로 구별되는데, 이들 운항에 투입된 선박을 각각 정기선, 부정기선 및 특수전용선이라고 한다.

(1) 정기선

정기선(liner)의 특징은 ① 엄격한 운송계획 하에 특정한 항로 · 항만을 규칙적으로 왕복 운항하며, ② 여객 · 우편물 · 공업제품의 수송을 주요 대상으로 하며, ③ 운임률표에 따라 사전 고시된 운임이 책정된다.

따라서 정기선에서는 고정된 항로, 운임표, 운항계획 등에 의하여 화물의 만선(滿船)에 관계없이 지정 항로를 항해하므로 많은 고정비용이 들게 되어

자연히 운임도 부정기선에 비해서 높다.[3)]

(2) 부정기선

부정기선(tramp)은 정기선에 비해서 ① 고정된 항로가 없으며, ② 곡물 · 광석을 비롯한 일반 원료공급을 주요 대상으로 하고 있고, ③ 운임이 그 당시의 수요와 공급에 의하여 결정되므로 수시로 변동한다. 그러나 치열한 경쟁을 통하여 운임이 결정되므로 정기선보다는 언제나 그 운임이 낮다.

(3) 특수전용선

특수전용선은 광의로 말하면 부정기 선박의 일종이라 하겠으나, 선박의 구조상 일반 선박과는 다르기 때문에 특별히 구별하는 것이다. 특수선은 운송할 대상화물의 성질상 선박에 특수시설이 갖추어져 있는데 여기에는 수산물과 청과를 운송하는 냉동선(refrigerated ship), 유류만 수송하는 유조선(oil tanker), 곡물이나 광석의 수송에 쓰이는 광석 전용선, 목재 전용선(log carrier, lumber carrier), 자동차 수송 전용선(car carrier) 등이 있으며, 앞으로 이들 전용선의 비중은 점점 증대될 것이다.

참고로 정기선 운송과 부정기선 운송을 비교해 보면 〈표 4-1〉과 같다.

4. 정기선 운송

(1) 정기선 운송계약

정기선은 재래식 화물을 운송하는 선박과 컨테이너 화물을 운송하는 컨테이너 선박으로 구분되지만 오늘날 정기선을 이용하는 화물은 대부분 컨테이너 화물이기 때문에 컨테이너 전용선이 정기선 운송에 사용된다. 정기선을

3) 정기선 항로에는 선박회사 간의 경쟁을 배제하고 안정적으로 운임 수입을 확보하기 위해 1875년부터 해운(운임)동맹(shipping conference; freight conference)이 결성되어 주요 선박회사들이 항로를 독점적으로 운영해왔다. 그러나 해운동맹은 가맹선사간의 공동합의를 전제로 운영되기 때문에 해운시장의 민감한 환경변화에 탄력적으로 대응할 수 없어 대형 선박회사들이 점차 해운동맹을 탈퇴하기 시작하였다. 더구나 미국에서 독점을 강력히 규제하는 신해운법(Shipping Act, 1984) 및 외항해운개혁법(Ocean Shipping Reform Act, 1998)이 연달아 제정됨에 따라 해운동맹의 기능이 매우 약화되었다. 그리고 유럽연합(EU)에서도 2008년 이후부터 유럽지역을 운항하는 선사는 해운동맹, 컨소시엄, 전략적 제휴 등 그 명칭에 관계없이 어떠한 형태로든 운임 또는 할증료에 대한 협의, 가이드라인 설정, 담합, 선복조정, 감축 등 경쟁제한행위를 할 수 없게 되어 해운동맹은 사실상 그 기능을 상실하였다.

표 4-1 정기선 운송과 부정기선 운송의 비교

구 분	정기선 운송	부정기선 운송
선박	정기선	부정기선
운항형태	고정항로, 운항일정에 의한 규칙적 운항	지역별, 시기별 불규칙적 운항
화물	다수 하주의 컨테이너 화물, 포장화물 (2차 상품)	단일 하주의 원유, 철광석, 석탄, 곡물, 시멘트(산적화물)
운임	공시운임	수요와 공급에 따른 변동운임
운송계약	개품운송계약(선하증권)	용선(용선계약서)

이용할 경우에는 선주와 하주 간에는 개품운송계약이 체결된다.[4)]

개품운송계약에서 하주는 가격조건에 따라서 수출업자 또는 수입업자로 결정된다. 가령 FOB 조건에서는 수입업자가 운송계약을 체결해야 하지만, CFR 조건 및 CIF 조건에서는 수출업자가 운송계약을 체결해야 하고 운임을 지불해야 한다. 그리고 개품운송계약은 법률적으로 불요식계약이기 때문에 계약 성립에 당사자 간의 합의 외에는 특별한 방식이 필요 없다. 대개 하주가 선박회사 또는 그 대리점 등에 운송계약을 신청하고 선주가 이를 승낙하면 운송계약은 법적으로 성립된다.[5)]

하주가 운송계약을 신청하려면 각 선박회사가 고시하는 항해일정표에서 항로별 선박명, 입항예정일(expected time of arrival; ETA), 출항예정일(expected time of departure; ETD) 등을 비교해 보고 적합한 선박을 선택한 다음 선박회사에 비치된 선적신청서(shipping request)의 양식에 화물의 명세 등 해당 사항을 기재하여 제출하면 된다.

오늘날에는 물류자동화시스템인 'KL-Net'가 구축되어 있어 하주와 선주 간의 운송계약절차가 간소화되었고, EDI 시스템 등을 이용하여 시간과 비용도 많이 절약할 수 있다.[6)] 주요 정기 선박회사들은 중 · 단기 운항계획을 자사(自社)의 홈페이지에 고시하거나 하주들에게 정기적으로 제공하기 때문에, 하주는 선박의 운항계획을 쉽게 알 수 있고 표준화된 선적신청서를 사용하여

4) 정기선은 다수 하주의 화물을 운송하기 때문에 각각의 하주들과 별도의 운송계약을 체결한다고 하여 정기선과의 운송계약을 개품(個品)운송계약이라 하지만 보통 해상운송계약이라고도 한다.

5) 선주(船主)와 대립되는 운송화물의 주인은 하주(荷主) 혹은 화주(貨主)라고 하는데 어느 표현을 사용해도 상관없지만 이 책에서는 통일을 기하기 위해 하주로 표기하기로 한다. 이와 유사한 경우로서 송하인 혹은 송화인, 수하인 혹은 수화인, 적하 혹은 적화, 양하 혹은 양화 등이 있는데 모두 하(荷)로서 표기하기로 한다.

6) KL-Net는 수출입 전반에 걸친 화물유통과 정보흐름의 원활화를 위하여 EDI 시스템을 이용하여 운송, 하역, 보관, 입출항 분야의 물류자동화를 구현하는 종합물류정보망이다.

적합한 선박을 인터넷으로 자동 예약할 수 있다.

(2) 재래정기선 운임

컨테이너 화물이 아닌 재래식 화물의 운임은 일반적으로 용적 또는 중량을 채택하고 있는데, 용적을 기준으로 하는 화물을 용적화물(measurement cargo)이라 하고, 중량을 기준할 때 중량화물(weight cargo)이라 한다. 용적과 중량의 구별은 40 cubic feet, 즉 한 용적 톤의 화물이 중량 2,240 lbs를 초과하면 중량화물로 취급된다. 재래정기선 운임은 용적 톤과 중량 톤 중 높은 운임에 해당하는 운임 톤(revenue ton)을 적용한다.

고가품일 경우에는 하주의 신고에 의해 가격에 따라 운임이 달라지는 종가운임(ad valorem freight)을 적용한다. 그리고 관례상 화물의 포장이 일정하고 내용물의 용적 또는 중량이 일정한 화물, 석유제품 또는 자동차 등은 그 개수 즉 단위를 기준하여 운임을 정한다.

(3) 컨테이너 단위 운임

오늘날의 정기선은 주로 컨테이너 화물을 취급하기 때문에 정기선운임은 컨테이너 단위를 기준으로 운임을 산정한다.

가) 품목별 운임(Commodity Rate)

컨테이너 내용물의 가치에 따라 운임을 정하는 방식이다. 고가품일 경우에는 높은 운임을 적용하고, 저가품에 대해서는 상대적으로 낮은 운임을 적용하는 종가 운임제이다. 운임률표에서 해당 품목의 운임을 찾아 계산해야 하는 번거로움이 있다. 현재 대부분의 정기선은 품목별 운임을 적용하고 있다.

나) 무차별 운임(Freight All Kinds Rate)

컨테이너에 적재된 화물의 종류에 관계없이 컨테이너 1단위당 동일한 운임을 적용하는 방식이다. 운임을 계산하는 것이 손쉬운 장점이 있다.

다) 품목별 박스 운임(Commodity Box Rate)

이 방식은 품목별 운임과 무차별 운임을 절충하여 물품을 몇 가지 등급으로 분류해서 운임을 차등 적용하는 방식이다. 품목별 운임방식에 비해 해당 품목의 운임을 찾는 것이 간결하다.

(4) 할증운임의 적용

일정한 항로 구간에 취항하는 정기선은 정기적으로 기항하는 항구 간에 대해서는 일정한 기본운임이 적용되나, 화물의 종류에 따라서 다음과 같은 할증운임(surcharge)이 추가로 가산된다.

가) 중량할증운임

화물 한 개(package or unit)가 일정한 중량을 초과할 때에는 기본요금의 몇 % 또는 금액 얼마로 표시된 할증료를 지불하여야 한다.

나) 용적 및 장척할증운임

화물 한 개가 일정한 용적을 초과할 때 부과되는 할증료를 용적할증운임이라고 하며, 한 개의 길이가 일정 길이를 초과할 때 부과되는 할증료를 장척할증운임이라고 한다.

다) 양륙항 선택 할증료

본선 출항 시까지 화물의 최종 양륙 장소를 지정하지 못하거나 양륙항으로 수 개 항을 선택하였을 때는 그 항구 수의 증가에 비례하여 양륙할증료(optional charge)를 추가한다.

라) 반송운임

목적지에서 수하인(consignee)이 화물 인수를 거절하는 경우, 선주는 화물을 원래의 송하인에게 반환할 수 있는데 이때 송하인에게 청구하는 운임을 반송운임(back freight)이라 한다.

마) 통화할증료

통화할증료(currency charge)는 해상운임의 지불수단인 달러의 환차손을 보전하기 위해 부과되는 할증료이다. 통상 달러가 강세이면 마이너스, 약세이면 플러스 할증료가 적용된다.

바) 유가할증료

유가할증료(bunker charge)는 연료비 변동에 따른 손실을 보전하기 위한 것이다.

5. 부정기선 운송

(1) 용선계약

부정기선과의 운송계약을 용선계약(charter)이라 하는데 이는 하주가 선박회사로부터 선복(船腹)의 전부 또는 일부를 빌려 화물을 운송하는 경우에 이용된다.[7)]

용선에는 전체용선(whole charter)과 일부용선(partial charter)이 있으며, 전체용선은 다시 기간용선, 항해용선, 나용선 등으로 구분된다. 이러한 용선계약 시에는 용선계약서(charter party)가 작성된다.

가) 기간용선(Time Charter)

기간용선 혹은 정기용선은 내항성을 갖고 선박에 필요한 모든 용구와 선원까지 승선시킨 선박을 일정기간 동안 용선하여 그 기간을 기준하여 대가를 지불하는 계약이다. 따라서 선주(용선주)는 선박의 감가상각비 · 보험료 · 금리 등의 간접비와 선원비 · 수리비 · 선용품비 등의 직접비를 부담해야 하며, 용선자는 용선료 외에 연료비 · 항구세 등 운항비용을 부담한다.

자기 화물을 운송하기 위하여 기간용선하는 경우도 있으나, 대개는 그 선박을 운항하여 다른 사람들의 화물을 운송하여 운임과 용선비의 차액을 노리는 전문해운업자들에 의하여 용선된다.

나) 항해용선(Voyage Charter, Trip Charter)

어느 항구(1개 항 또는 수개의 항구)에서 어느 항구(1개 항 또는 수개의 항구)까지 화물의 운송을 의뢰하는 하주(용선자)와 선박회사 간에 체결하는 운송계약을 항해용선계약이라고 한다.

다) 나용선(Bareboat Charter)

나용선은 선주가 아무런 장비를 갖추지 않은 선체(bareboat)만 빌려 주고 선박의 운항에 필요한 선원, 장비, 소모품 등은 용선자가 갖추는 용선계약을 말한다. 선원, 장비 등을 유리한 조건으로 구비할 수 있으면 나용선으로 하는 경우가 용선료를 절감할 수 있다.

나용선한 선박에 선원, 장비 등을 갖추어 다른 하주에게 다시 용선해 주는 경우도 있는데 이를 재용선(sub-charter)이라 한다. 특히 선박회사가 소유하고

---

7) 선복(船腹 ; bottoms)이란 말은 선박이라는 뜻의 해운용어이다.

있던 선박을 일단 외국에 판매하였다가 그 외국적 선박을 재용선하는 경우가 있는데 이를 'Charter Back'이라 한다. 그리고 나용선의 경우에는 용선기간이 끝나는 시점에 선박의 소유권이 선주에게서 용선자로 이전되는 경우가 많은데 이를 'Demise Charter'라 하기도 한다. 용선료는 상대적으로 비싸지만 용선자는 향후 자체 선박을 보유할 수 있는 장점이 있다.

(2) 항해용선의 운임

정기용선의 경우 일정 기간 선박을 용선하는 것이기 때문에 화물 적재 시마다 운임을 산정할 필요가 없지만 항해용선의 경우 화물의 양에 따라 운임을 산정해야 한다. 항해용선 운임에 적용되는 단위는 중량 혹은 용적인데 철강, 시멘트, 철광석, 곡물, 석탄 등의 중량화물은 중량(1톤)을 기준으로 운임이 결정되며 원면, 양모, 목재 등의 용적화물은 용적($1m^3$)을 기준으로 한다.[8) 그리고 운임 산정에는 주로 다음과 같은 방법을 사용한다.

가) 선복운임

선복운임(lumpsum freight)은 화물의 양에 상관없이 "일 항해에 얼마"라고 포괄적으로 운임을 정하는 것을 말한다.

선복운임은 선박의 적재톤수(중량 또는 용적)에 일정한 운임률을 곱하여 산출된다. 용선자는 폭발물을 제외한 여러 화물을 적재할 수 있고 만약 선박의 실제 적재능력이 계약보다 떨어지면 선주에게 부족분에 대한 운임의 감액을 선주에게 요구할 수 있다.

나) 장기계약운임

통상적으로 운임은 1항차를 기준으로 결정되는데 장기계약운임은 선주와 용선자가 항차에 상관없이 일정 기간 운송계약을 체결할 경우 적용하는 운임을 말한다. 장기계약운임은 대체로 계약기간 변동하지 않은 것을 원칙으로 하지만 경우에 따라서는 계약기간 시황에 따라 그때그때 결정되기도 한다.

(3) 하역비용의 부담

화물의 종류와 선박회사에 따라서 선적비용과 양륙비용의 부담이 달라진다. 일반적으로 선적 시에는 하주 측이 선측까지의 제 하역비를 부담하고, 양

---

8) 중량화물의 운임단위는 1 Kilo(Metric) Ton=2,204lbs=1,000kg이고 용적화물의 운임단위는 1 cubic meter=35,3147ft^3이다.

륙 시에는 선박회사가 양륙 비용을 부담함이 원칙이나, 곡물 · 광석 · 시멘트 같은 화물은 그 부피도 부피려니와 하주측이 전문적으로 이용하는 숙련된 하역업자가 있어 하주가 하역에 대한 책임을 진다.[9)]

가) Free In and Out(FIO)

항해용선계약에서는 대부분 하주가 선적비와 양륙비를 부담하는 FIO 조건이 이용된다.[10)]

FIO의 의미는 선적항구(in) 및 양륙항구(out) 모두에서 선주가 책임이 없다는 뜻이다. 이와 반대로 정기선운송의 경우는 하주가 지급한 운임 속에 하역비용이 모두 포함되어 있기 때문에 실제 선적항과 양륙항에서 드는 비용을 선주가 부담한다. 이 조건을 정기선운송에서 사용한다고 하여 'liner(berth) term'이라 한다.

나) Free In(FI)

FI는 선주가 선적항에서만 책임이 없다는 표시이다. 따라서 선적항에서 소요되는 선적비와 위험은 하주의 부담이며, 반면 양륙항구에서의 하역비용은 선주가 부담한다.

다) Free Out(FO)

FI와 반대로 선주는 선적비용을 부담하고 하주는 양륙비용을 부담한다.

(4) 정박기간의 표시

정박기간(laydays, laytime)이라는 것은 용선계약에서 하주가 계약화물의 전량을 완전히 선적 또는 양륙하기 위하여 본선을 선적항 또는 양륙항에 정박시킬 수 있는 기간으로, 만일 이 기간 중에 하역이 끝나지 않아 선박이 초과 정박하면 그 초과기간에 대하여는 체선료(demurrage)를 지불하여야 한다.

정박기간은 화물의 종류, 양륙지의 상황 및 관습 등을 고려하여 약정되는데 대체로 다음과 같은 방법들이 일반적으로 통용된다.

---

9) 하역비용은 운송화물을 본선에 선적하거나 양륙하는데 소요되는 비용을 말한다. 정기선운송의 경우는 이런 하역비용을 포함하여 운임이 결정되기 때문에 하역비용에 대한 약정이 필요 없다. 그러나 용선은 주로 하역비용이 많이 드는 대량 화물을 대상으로 하기 때문에 선적비와 양륙비를 누가 부담할 것인가를 약정해야 한다.

10) FIOST(free in and out, stowed, trimmed)는 선적비와 양륙비 외에 본선내의 적부비용(stowage) 및 선창내 화물정리비용(trimming charge)까지를 화주가 부담하는 조건을 말한다.

가) 관습적 조속하역(Customary Quick Dispatch; CQD)

항구의 관습적 하역방법 및 하역능력에 따라 가능한 한 조속히 하역하는 것을 약정하는 것인데, 일정한 기간을 정하지 않는다. 불가항력에 의한 하역 불능일은 정박기간에서 공제되나 일요일과 공휴일을 하역일로 계산하느냐, 또는 야간작업 등 특약이 없는 한 그 항구의 관습에 따르느냐, 또 1일 하역능력의 기준수량 등에 대하여 분쟁을 초래하는 경우가 종종 있으니 유의하여야 한다.

나) Running Laydays

하역기간 개시일로부터 끝날 때까지의 계속된 경과일수로서 그 기간을 정하는 방법인데, 우천 · 파업 및 기타 불가항력 등에도 불구하고 모두 정박기간에 계산되며 일요일과 공휴일도 특약이 없는 한 정박기간에 계산된다. 이 Running Laydays의 계산은 1일의 하역량으로 총 적재량을 나눈 일수로 표시되며, 1일 하역량은 대개 석탄 1일 몇 톤, 목재 1일 몇 B/M 등 1일의 표준 하역량이 표시된다.

다) Weather Working Days(WWD)

이것은 하역이 가능한 기후 하에서만의 작업일로 정박기간을 정하는 방법으로 현재 가장 많이 사용되고 있다. 눈이나 비바람이 부는 날은 물론 계산되지 않으나, 화물에 따라서 어떤 기후 하에서 하역이 가능할 수도 불가능할 수도 있는 애매한 경우에는 선장과 하주의 협의로서 어떤 기후가 'Workable Weather'인가를 결정한다.

원래 일요일과 공휴일은 작업일이 아니므로 정박기간에서 제외되며, 특히 'Sundays and Holidays Excepted(even if used)'라고 부기되는 경우에는 일요일과 공휴일에 작업을 하였어도 정박기간에 계산이 안 된다. 그러나 'Sundays and Holidays Excepted Unless Used'라고 부기되는 경우에는 일요일과 공휴일에 하역한 것은 정박기간에 계산된다.

또한 'unless used'에 대해서 작업시간 수만 계산하느냐 아니면 작업시간에 불구하고 1일로 계산하느냐가 문제될 수 있으므로 'unless used, but only time actually used to count' 등으로 기재하기도 한다.

6. 컨테이너 운송

1960년대 이후 세계적으로 급속히 증가한 무역량에 따라 기하급수적으로 늘어나는 물량의 운송을 재래식 운송수단으로는 다 감당할 수 없어 '저렴 · 신속 · 안전' 그리고 'Door to Door Service'의 구호를 내걸고 새로운 형태의 운송수단인 컨테이너(container)가 등장하게 되어 운송수단의 총아로 각광을 받게 되었다.

(1) 컨테이너화의 개념

우리나라에서 컨테이너의 사용이 현저히 증가하게 된 것은 1970년대에 접어들면서부터라고 할 수 있다. 그러나 컨테이너의 사용은 거슬러 올라가면 1928년에 유럽에서 이미 그 효시를 찾을 수 있으며,[11] 미군이 2차 대전 중 'Connex'라는 해상 컨테이너수송의 실용화를 기했고, 전후에 컨테이너 전용선을 개발하여 대량 고속 수송의 길을 트게 하였다. 민간업계에서 컨테이너 수송을 본격적으로 개시하게 된 것은 1955년경인데, 미국에서 국고보조에 의해 전국이 고속화됨에 따라 자동차 수송에 의해 급속히 침식당하게 된 철도회사가 그들의 잃은 영역을 다시 찾으려고 적극적으로 노력한 결과의 산물이다.

컨테이너 운송은 원래 컨테이너를 철도의 'Flat Car'에 적재하여 일정 역에서 특정 역까지 운송하고는 역에서 그대로 트레일러를 이용하여 최종목적지까지 운송하는 편리하고 융통성 있는 획기적인 운송방법이다. 이와 같이 처음에는 철도와 자동차의 연결이었으나, 지금은 육 · 해 · 공(land/sea/air)의 상호 이용으로 화물운송에 있어서의 3대 원칙인 ① 경제성, ② 신속성, ③ 안전성을 최대한으로 충족시키고 화물운송구간 중 화물의 이적 없이 일관수송을 실현케 하여 명실 공히 협동일관수송(intermodal through transportation)으로 명명되어 급격한 발전을 보게 된 것이다.[12]

컨테이너에 대해서 우리나라 관세청은 다음과 같이 고시하여 정의하고 있다(관세청 고시 제50호, 1974.12.6.).

---

11) 윤상송 감수, 『국제복합운송실무』, 한국해사문제연구소, 1981, p. 15.

12) 컨테이너를 철도화차에 적재하는 것을 피기백(piggy back), 선박에 적재하는 것을 피시백(fishy back), 항공기에 적재한 것을 버디백(birdy back) 수송이라고 한다.

컨테이너란 리프트 밴(lift van), 가반(可搬) 탱크 및 이와 유사한 구조의 운송용기로서 컨테이너의 성격과 구조에 관해 ISO(International Standardization Organization)에서 정한 다음과 같은 컨테이너의 구비요건을 충족해야 하고, 함께 수입되는 컨테이너의 통상 부속품 및 비품은 이에 포함되지만, 차량 및 일반 포장용기는 포함되지 않는다.

ISO에서 정한 컨테이너의 구비요건은 다음과 같다.

① 일정기간에 재사용이 가능한 충분한 내구력을 가질 것
② 운송도중 운송경로(수단)가 변경되는 경우에 화물의 이적없이 일괄 운송을 할 수 있도록 설계될 것
③ 운송경로를 변경할 때 조작이 용이할 것
④ 화물의 적재와 양륙이 편리하게 설계될 것
⑤ 내부용적이 1m^3 (35.35 ft^3) 이상일 것

(2) 컨테이너 운송의 장 · 단점

가) 장 점

① 정박기간의 단축: 재래식 운송에서는 항만작업의 비능률 때문에 대체로 항해시간 중의 30~50%를 항구에서 소비하며 하역비는 총 운송수입의 40~50%를 차지하였다. 그러나 컨테이너를 이용하면 이 시간을 거의 절반 이상으로 줄일 수 있는데 그 이유는, 컨테이너가 규격화되어 있어 규격화된 장비의 사용으로 시간이 단축되고, 컨테이너는 독립적으로 움직이는 유개화(有蓋化)된 기구이므로 악천후에도 작업을 강행할 수 있기 때문이다.

② 창고료 절감: 컨테이너는 하나하나가 별개의 독립된 창고역할을 하므로 부두의 유료창고에 보관할 필요가 없다.

③ 인건비 절감: 재래선에 의하면 부두에서 화물을 선적 · 양하하는 데 많은 인부의 동원이 필요하지만 컨테이너의 경우는 거의 기계화되어 몇 사람의 힘으로 충분하다.

④ 화물의 안전성 제고: 모든 화물이 완전히 견고하고 밀폐된 기구에 의해 운반되므로 파손과 도난의 위험이 적어진다.

⑤ 신속한 수송: 컨테이너선은 대개가 최근에 건조된 것들이고, 고속엔진으로 운항하기 때문에 항해기간이 단축된다.

⑥ 운임 절감: 'Through Rate'에 의한 할인운임, 빠른 회전율 등에 의한 저

율의 운임이 적용된다.[13)]

나) 단 점

① 컨테이너 수송에 필요한 여러 가지 관계기구를 구비하기 위하여 막대한 고정자본이 필요하다.

② 컨테이너에 의해 운송하지 못할 화물들이 있다.

(3) 컨테이너의 종류

컨테이너 자체도 여러 형태 및 특성을 가진 화물들을 가장 효율적으로 운송하기 위하여 다음과 같은 여러 가지 종류가 개발 이용되고 있다.

가) 드라이 컨테이너(Dry Container)

온도 조절을 요하지 않는 일반잡화를 수송하기 위한 표준 컨테이너이다.

나) 냉동 컨테이너(Reefer Container)

육류, 생선, 과일, 채소 등 냉동화물을 수송하기 위한 냉동기가 달린 컨테이너로서 −28°에서 +26°까지의 온도를 임의로 조절할 수 있게 되어 있다.

다) 오픈 톱 컨테이너(Open Top Container)

파이프류 등 장척화물과 중량품 · 기계류 등을 수송하기 위한 지붕 없는 개방식의 컨테이너로서 크레인에 의해 컨테이너 위쪽으로부터 하역을 할 수 있는 것이 특징이나, 방수포(tarpaulin) 등으로 덮었을 경우 드라이 컨테이너처럼 문으로의 하역도 가능하다.

라) 플랫 랙 컨테이너(Flat Rack Container)

승용차, 기계류 등의 중량 화물을 위한 컨테이너로서 천정과 벽이 없어 측면으로부터 하역할 수 있는 것이 특징이다.

마) 펜 컨테이너(Pen Container)

'Live Stock Container'라고도 하며, 소나 말과 같은 동물을 운반하기 위하여 만들어진 컨테이너로서 통풍과 먹이를 주기에 편리하게 만들어졌다.

---

13) 'Through rate'는 복수의 운송수단에 의해 운송되는 화물의 전 구간에 적용되는 단일운임을 말하며, 운송수단이 바뀌는 구간마다 개별적인 운임을 지급할 때보다 일반적으로 저렴하다.

바) 탱크 컨테이너(Tank Container)

유류, 약품 및 식료 등의 액체화물을 수송하기 위하여 만든 특수 컨테이너이다.

사) 플랫폼 컨테이너(Platform Container)

이것은 중량물이나 부피가 큰 화물의 수송을 위한 것으로 길이 6.75m, 너비 4.10m, 높이 4.50m, 중량 40톤까지의 화물을 적재할 수 있다.

(4) 컨테이너 선박의 종류

컨테이너 하역방식에 따라 다음과 같이 구분된다.

가) 리프트 온/오프(Lift On/Off)방식

본선 또는 육상의 갠트리 크레인(gantry crane)을 사용하여 컨테이너를 본선에 수직으로 적재하는 방식이다.

나) 롤 온/오프(Roll On/Off)방식

선측, 선수 또는 선미의 램프(ramp)로부터 컨테이너 또는 트레일러를 수평으로 적재하는 방식을 말한다.

다) 플로트 온/오프(Float On/Off)방식

부선(barge)에 컨테이너를 적재하고 여기에 설치되어 있는 크레인이나 엘리베이터에 의해서 적재하는 방식을 말한다.

(5) 컨테이너 화물의 유통기지

컨테이너 운송을 위해 컨테이너 화물이 집결되거나 컨테이너에 화물을 혼재하는 유통기지는 다음과 같다.

가) 컨테이너 터미널(Container Terminal; CT)

컨테이너 터미널은 컨테이너 전용부두에 설치되어 있는 컨테이너 전용대합실을 말한다. CT에는 컨테이너 선박이 자유로이 입출항할 수 있도록 충분한 수심과 안벽시설이 갖추어져 있고 컨테이너 하역에 관련된 여러 가지 기기 및 시설이 설치되어 있다.

CT는 철도나 도로운송이 쉽게 연결되는 편리한 위치에 있어 모든 컨테이너화물은 내륙지역으로부터 항계(港界) 내에 위치한 CT로 집결된 후 컨테이너 전용선의 출항시간에 맞춰 반출되어 선적된다. 목적항구에 도착한 컨테이너 화물은 일단 컨테이너 터미널에 장치된 후 다른 운송수단에 의해 최종목적지까지 운송된다.

나) 내륙 컨테이너 기지(Inland Container Depot; ICD)

내륙 컨테이너 기지는 컨테이너 화물을 효율적으로 운송하기 위해 내륙지점에 설치된 컨테이너 화물의 집결지를 말한다. 만약 내륙지점에 이 기지가 설치되어 있으면 송하인은 컨테이너 화물을 CT로 직접 반입하지 않고 내륙 컨테이너 기지로 보낸다. 이 기지에 집결된 컨테이너 화물은 선박회사나 운송인이 전세 계약한 컨테이너 전용열차(container unit train)를 이용하여 CT로 입고된다.

다) Container Yard(CY)

컨테이너 1개 이상을 완전히 채울 수 있는 화물(full container load cargo; FCL)인 경우에는 송하인이 자신의 공장이나 창고 등에서 선박회사가 보낸 준 컨테이너에 화물을 직접 적입한 후 이 컨테이너를 CT내에 설치되어 있는 선박회사가 지정한 화물인수장소로 인도하는데 이러한 컨테이너 야적장을 'Container Yard'라 한다.

라) Container Freight Station(CFS)

1개의 컨테이너를 채울 수 없는 소량의 화물(less than container load cargo; LCL)을 여러 하주로부터 인수하여 목적지별로 선별하여 컨테이너에 적입(vanning)하거나 또는 각 하주에게 인도하기 위해 한 컨테이너로부터 해체(devanning)하는 컨테이너 화물 조작 장소를 CFS라 한다. CFS는 컨테이너 터미널에 설치되어 있으며, 내륙 컨테이너 기지에도 CFS가 설치된 경우가 있다.

(6) 컨테이너 화물의 유통경로

컨테이너 화물의 유통경로를 보면 [그림 4-1]에서처럼 우선 FCL 화물인 경우에는 하주의 공장이나 창고 또는 영업소에서 컨테이너에 실어 내륙 데포로 운반되며, LCL 화물은 내륙 데포에 모은 다음 목적지나 혼적의 적부를 고려하여 다른 화물과 혼재되어 컨테이너 전용 열차로 컨테이너 터미널로 수송된다. 컨테이너 터미널은 내륙 데포의 기능도 겸하고 있어 FCL 화물은 이곳에서 직접 받아들이기도 하고, 컨테이너 터미널에 부설되어 있는 CFS에서는

그림 4-1 컨테이너 화물의 유통경로

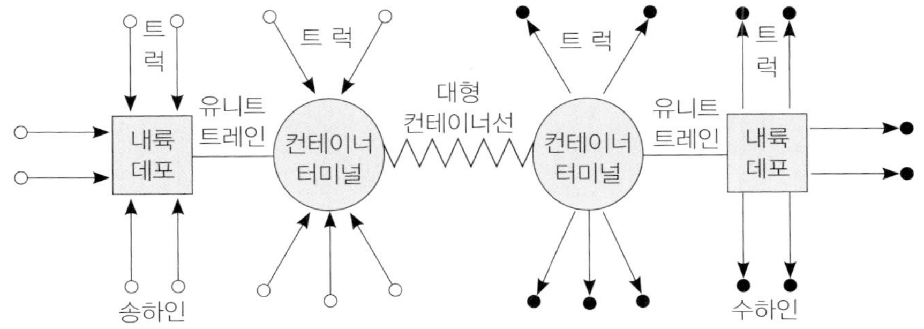

LCL 화물의 혼재업무도 맡고 있다.

이와 같이 컨테이너 터미널에 집결된 화물은 컨테이너선에 의하여 목적항까지 운송되며, 그곳에서 다시 트럭, 열차 또는 항공기에 의해서 최종 목적지까지 운반된다. 만약 대형 컨테이너 선박을 충족시킬 만한 화물이 없거나 이들의 출입이 불가능한 경우는 소형 컨테이너선에 의한 피이더 서비스(feeder service: 지선운송)를 이용하여 인접한 큰 터미널까지 운송할 수도 있다.

제 2 절 선하증권

1. 역사적 배경

선주와 운송계약을 체결하면 선주는 하주에게 화물을 안전하게 목적지까지 운송해 줄 것을 약속하며 선하증권(Bill of Lading)을 발급해주는데 이 선하증권이 언제부터 사용되었는지 확실히 알 수 없지만 해상교역의 발전과 더불어 선하증권도 점차적으로 오늘날과 같은 형태로 발전된 것으로 보인다. 우리에게 알려져 내려온 해사관계문헌에 따르면 11~12세기경에 프랑스 서해안 비스케이(Biscay)만에 있는 오레앙(Oleron)섬을 중심으로, 13~14세기경에는 스페인의 바르셀로나를 중심으로, 14~15세기경에는 발틱 해의 비스비와 독일의 함부르크를 중심으로 상당한 해상교역이 이루어졌던 것으로 전해지고 있다.

그러나 중세기의 이들 해상교역에서 상인들은 대개가 그들의 화물과 함께 배에 승선하여 배와 함께 생사를 같이하였으므로, 선하증권과 같은 화물 위탁의 영수증을 받을 필요가 없었다. 또한 하주가 화물과 같이 목적지에 도착하여 그곳에서 물건을 처분하였으므로 선하증권과 같은 유통증권의 필요도 생기지 않았다.

선주와 하주 간의 해상운송계약이란 양쪽이 다 같이 항해를 하나의 모험으로 생각하고, 화물운송에 필요한 비용과 물건판매로 생기는 이익을 양쪽이 서로 공동분담 및 분배의 형식을 취하였으니 현대식으로 말하자면 선주와 하주는 일종의 합작투자를 한 셈이다.

이것이 한자 동맹(Hanseatic League)시대에 와서는 대리인 제도로 발전하였고 또한 은행이 화물운송에 필요한 자금을 뒷받침해 주는 제도가 생기면서 유럽대륙의 해상법에 선하증권의 형식이 갖추어지기 시작하였다.

제일 처음에는 화물이 선장에게 위탁되고 선하증권은 하주의 이익을 대신하는 수단으로 사용되었다. 다시 말하면, 초창기에 사용된 선하증권은 화물을 위탁받은 선장이 화물을 목적지까지 일정한 대가를 받고 운송해 주겠다는 약속을 하는 영수증에 불과하였다.

이와 같은 위탁의 성격을 띤 선하증권의 규정은 여러 가지의 해상법에서 찾아 볼 수 있는데, 그 중 가장 오래된 것으로 1681년에 루이 14세에 의해 공포된 프랑스 해사조례이며, 그 뒤 1823년에 영국의 'Factors Act'와 1855년의 선하증권법이 제정되었으며, 미국에서는 1916년에 선하증권법이 제정되었다.

2. 하터법(Harter Act)의 제정

하주가 화물과 동승하지 않고 자기 화물을 위탁하게 되면서 선하증권은 점차 운송계약의 성격을 띠게 되었고, 유럽의 해상법들은 불가항력 또는 화물자체의 하자가 아닌 경우에는 화물의 파손에 대해서는 운송의 책임을 맡은 선박 측에 책임이 있도록 규정 또는 판시되었다.

그러나 19세기에 접어들면서 증기기관의 등장과 안전하고 신속한 해상운송에 힘입어 선주들은 해상운송계약에 있어서 자유계약, 즉 언제 어디서나 어떤 내용으로든지 그들이 원하는 대로 계약할 수 있다는 사상과 관습이 지배적이 되었다. 이렇게 되니 자본이 많은 선주들은 그들 마음대로 선하증권

발행조건, 즉 운송계약조건을 제시하게 되었으며, 거액의 자본이 필요한 선박을 소유할 수 없는 하주들은 울며 겨자 먹기로 그들의 제시조건을 받아들이지 않을 수 없었다.

국가와 선박회사에 따라서 운송계약 조건에 다소의 차이는 있으나 선박 소유자들은 그들에게 유리한 일방적인 면책조항들을 삽입하여 해상사고에서 발생하는 선박 측의 책임을 회피하게 되었으며, 이들의 횡포는 대개의 대서양 항해에 영국 선박들에 의존하여야 했던 미국 하주들의 반발을 사게 되었다.

이리하여 선박 측의 책임회피, 즉 흔히 말하는 면책약관에 한계를 두어야겠다는 여론이 고조되어 결국 1893년에 미국 회의에서 하터법이 제정되게 되었다.

이 하터법의 제1조와 제2조에서는 선박 소유자의 잘못으로 야기되는 손해배상의 범위를 제한하지 못하게 하였다. 즉, 선박 측의 일방적인 면책사항들을 금지하였으며, 제3조에서는 선박 소유자들이 법으로 정당하게 면책될 수 있는 사항들을 규정하였는데 그것도 특별한 조건하에, 즉 정당한 노력을 가해서 모든 면에서 감항성을 갖춘 선박의 경우에만 국한시켰다. 법적으로 면책되는 경우에도 선박측은 감항능력주의의무를 모든 면에서 충실히 이행해야 하며, 어떤 해손이 발생하고 사후에라도 그 사고가 감항능력의 불충분으로 발생한 것으로 판명되면 그 특정의 파손이 감항능력의 직접적인 결과로 발생하였건 아니건 간에 선박이 책임을 지도록 선박 측에게 불리하게 규정짓고 있다.

이와 같이 반 선박(anti-carrier)주의의 하터법이 발효되면서부터 유럽 측과 미국 측의 이익이 서로 상충되어 한쪽에서는 선주 측에 유리한, 또 다른 쪽에서는 하주 측에 유리한 판결들이 속출하여 해상운송에 상당한 혼란을 불러왔다.

3. 헤이그 규칙(Hague Rules)과 함부르크 규칙(Hamburg Rules)

대개의 해상사고의 경우 영국 재판부는 선주측이 주장하는 면책사항들이 정당하다고 인정하고 미국 법정에서는 하아트 법에 의거 이들 면책사항들은 공공의 이익에 위배된다는 판결이 나와 선주와 하주들의 이해관계가 정면으로 충돌하게 되는 빈도가 잦아지게 되자 이것을 해결하고 해상운송에 관해 국제적인 통일을 기하기 위해서 국제법협회, 국제해사위원회 등이 주동이 되어 국제통일법의 제정을 촉구할 것을 결의했다.

이러한 가운데 1921년 런던에서 개최된 국제상업회의소 회의에서 영국의 해사법위원회가 독자적인 초안을 제출하여 좋은 호응을 얻게 되자 국제상업회의소는 이를 수정 · 보완하여 1921년 당시 네덜란드의 수도 헤이그에서 만장일치로 통과시켜 각국이 자발적으로 이 초안 내용을 선하증권에 삽입하도록 권하게 되었고, 이 초안 내용이 그 후로는 헤이그 규칙으로 명명되었다.

이것이 이번에는 선박 측의 심한 공격을 받게 되자 다시 국제해사단체인 국제해양법협회에 의해서 수정되어 헤이그 규칙이 통과된 지 만 3년 후인 1924년 8월 25일 벨기에의 수도 브뤼셀에서 제5차 해상법에 관한 국제회의에서 각국 대표에 의해서 '선하증권에 관한 통일조약'(International Convention for the Unification of Certain Rules of Law relating to Bills of Lading)이 채택되었다.

이 조약은 각 참가국들 정부의 동의를 얻어 비준을 벨기에 정부에 통고하기로 되었는데, 그 당시 벨기에, 영국, 헝가리, 스페인 등 4개국만이 비준서를 보내어 1931년 6월 2일부터 이들 국가 간에는 이 통일조약이 유효하게 되었다.

그 뒤에 각국은 이 통일조약의 원문대로 비준을 얻지 못한 경우에는 약간씩의 수정을 가하여, 그들 나라의 사정에 맞추어 헤이그 규칙 정신에 입각하여 선하증권에 관한 법을 제정하게 되었다. 제정 시기를 나라별로 보면 미국과 프랑스가 1936년에, 이탈리아는 1938년에, 독일은 1939년에 각각 해상운송법이 제정되었다.

한편 헤이그 규칙이 제정된 후 40여년이 지나는 동안 해상운송의 여건이 너무나 많이 변하여서 새로운 규정의 제정이 절실히 요구되어 오던 중, 1963년 스톡홀름에서 개최된 국제해사법회의에서 1924년에 제정되었던 선하증권 통일조약의 개정안이 토의되었다. 그 후 1968년 2월 23일에 이 개정내용이 드디어 브뤼셀에서 채택되어 선하증권통일조약 개정의정서인 소위 헤이그-비스비 규칙(Hague-Visby Rules)이 되었다.

그러나 이 헤이그-비스비 규칙이 아직 발효되기도 전에 그 동안 국제무대에서 발언권이 강해진 많은 개발도상국들이 종래의 통일조약은 너무 선주 위주로 되어 있어 하주들의 권익이 제대로 반영되어 있지 않다는 주장을 UN무역개발회의(UNCTAD)에서 주장하여 1969년에 국제해운 입법작업부회가 설치되어 새로운 선하증권조약안을 작성 1976년 4월 뉴욕에서 개최된 UN국제무역법위원회(UNCITRAL) 제9회기에서 이 안이 심의되어 1976년 UN총회에 상정되었다. 그 후 1978년 3월 독일의 함부르크에서 개정조약안 채택을 위한 전권회의가 개최되어 결국 이 개정조약안이 채택되어 UN해상화물운송조약(UN Convention on the Carriage of Goods by Sea), 즉 함부르크 규칙이 되었다. 그리고 이 함부르크 규칙은 1992년 11월을 기해 발효됨으로써[14] 해상운송과 관련된 세 가지의 국제조약이 공존하는 상황이 되었다.

4. 통일조약과 각국의 해상법

각국이 제정한 법은 통일조약과 그 내용이 대동소이하지만 상호 모순이나 해석상의 차이가 생길 수 있다. 예를 들어, 미국의 경우는 1893년에 제정된 하아트 법, 1924년의 통일조약 및 1936년에 제정된 해상화물운송법 등이 있다.

이런 경우 미국 국적의 선박회사에서 발행하는 선하증권상에는 대개 다음과 같은 문언을 삽입하여 상호 모순이 없는 유권적 해석을 하도록 하고 있다. "이 선하증권은 1936년 4월 6일에 발효된 미국의 해상화물운송법에 준하며 … 만일 이 선하증권이 1924년 8월 25일 브뤼셀에서 제정된 선하증권 통일조약과 유사한 내용의 해상화물운송법, 조례 또는 규칙이 유효한 지역에서 발행된다면 이 선하증권은 발행지의 법, 조례 및 규칙 등의 내용에 따른다"라고 되어 있어 발행지에서 유효한 법에 준하도록 규정짓고 있다.

그 외에 우리나라에서 발행되는 제3국의 선하증권은 거의 다 1924년의 통일조약에 준하도록 되어 있다.

한편 우리나라 국적의 한진해운주식회사에서 발행하는 선하증권 이면약관에 보면, "이 선하증권은 1924년 8월 25일 브뤼셀에서 제정된 선하증권 통일조약의 내용을 골자로 한 선적지의 해상법 및 규칙 또는 단순히 선적지의 규칙과 법에 의해 유권 해석된다"라고 하여 선하증권에 관한 통일조약을 채택하고 있으며, 준거법에 관하여는 "그리고 이 선하증권상에 특별히 명시되지 않는 한 이 선하증권에 의한 계약은 한국 법에 의해 해석되고 처리된다. 만일 이 선하증권에 의한 계약에 어떤 분쟁이 발생되면 타국 법에 의하지 아니하고 한국 법에 의하여 결정된다"라고 되어 해상운송계약상의 쟁의가 발생하면 반드시 한국에서 한국 법에 의하여 판결을 받으며 다른 어떤 국가의 법의 적용도 배제한다고 되어 있다.

---

14) 함부르크 규칙의 비준국가는 케냐, 레바논, 모로코, 세네갈, 탄자니아, 튀니지, 우간다, 잠비아 등 주로 아프리카 국가들이고 선진국들은 비준을 하지 않아 그 실효성은 의문시되고 있다.

5. 선하증권의 특성

선하증권이란 하주와 선박회사간의 해상운송계약에 의해 선박회사가 발행하는 유가증권이다. 즉, 선하증권은 선박회사가 하주로부터 위탁받은 화물을 선적 또는 선적을 목적으로 수탁한 사실과 화물을 양륙항까지 운송하여 이 증권의 소지자에게 증권과 상환으로 운송화물을 인도할 것을 약속한 화물의 수취증권이다.

따라서 선하증권은 선적화물을 대표하는 증서로서 이 증권을 소지하고 있다는 것은 선적화물 그 자체를 소유하고 있는 것과 동일하다. 이 증권의 법적 특성을 구체적으로 살펴보면 다음과 같다.

첫째, 선하증권은 요인증권이다. 선하증권은 운송계약에 의해 화물의 선적을 전제로 하여 발행되는 것이므로 법률상 요인증권이다.

둘째, 선하증권은 상법에 규정된 법정 기재사항의 기재를 요하는 요식(要式)증권이다.

셋째, 선하증권은 운송화물을 대표하는 대표증권이며, 또한 선하증권의 소지인은 선박회사에 화물의 인도를 청구할 수 있기 때문에 채권효력을 갖는 채권증권이며, 운송화물의 처분에는 반드시 선하증권을 사용하여야 하기 때문에 처분증권의 성질도 갖게 된다.

넷째, 선하증권은 문언증권이다. 해상운송 계약에 따른 선주와 하주의 의무는 이 증권상에 기재된 문언에 따라 이행되는 것이므로 기재사항 외의 것을 상대방에게 요구할 수는 없다.

다섯째, 선하증권은 화물을 대표하는 유가증권으로서 배서 또는 인도에 의해 소유권이 이전되는 유통증권이다.

마지막으로 선하증권은 선하증권 발행인이 배서금지의 뜻을 기재하지 않는 한 배서에 의해 양도할 수 있으므로 법률상 지시증권의 성질도 갖는다.

6. 선하증권의 종류

(1) 선적선하증권과 수취선하증권 (Shipped or On Board B/L vs Received for B/L)

선하증권은 원래 본선상에 화물이 선적된 후에 발행되며, 증권면에 'shipped', 'shipped on board'와 같이 실질적으로 화물의 선적완료를 표시한 것이 선적선하증권이며, 지정선박이 아직 부두에 정박하지 않았거나 입항조차 하지 않았을 경우 우선 화물은 선박회사의 부두창고에 입고되는데 이 경우에는 수취선하증권이 발행된다. 복합운송이 보편화된 오늘날에는 'shipped on board' 개념보다는 'taking in charge'의 개념이 더욱 중요하기 때문에 수취선하증권을 인정하지 않을 수 없다. 그러나 수취선하증권은 발행 후 선적이 실제로 이루어지는 날을 기입하여 선박회사 또는 그의 대리인이 서명하면 선적선하증권과 똑같은 효력을 발휘한다.

(2) 무사고선하증권과 사고부선하증권 (Clean B/L vs Foul or Dirty B/L)

본선상에 계약화물을 선적할 때 그 화물의 상태가 양호하고 수량이 맞아 비고란에 아무 것도 기재되지 않고, 증권면에 'shipped on board in apparent good order and condition'이라고 표시된 선하증권을 무사고 또는 완전선하증권이라고 한다. 다시 말해서 증권상에 어떤 조건을 붙이는 단서조항이 없는 완전한 선하증권을 의미한다. 한편 비고란에 단서조항이 기재된 선하증권을 사고부선하증권이라 한다.[15)]

한편 선박회사에 운송을 의뢰한 수출업자로 보면 선적 당시에 포장상태가 나쁘다고 지적되면 곧 재포장을 하든지 좋은 것으로 대치시켜야 하는데, 시간적 여유가 없을 때는 별수 없이 사고부선하증권을 감수해야 하는데 사고부선하증권은 은행에서 수리를 해주지 않는다. 이런 경우 수출업자는 선박회사에 파손화물보상장(letter of indemnity)을 제공하고 무사고선하증권을 교부받을 수 있다. 파손화물보상장은 수출업자(하주)가 파손된 화물에 대해서 일체의 책임을 진다는 보상장인데 선박회사는 이 보상장만 있으면 후에 파손화물에 대해 면책되며, 보험회사도 해당 파손물에 대해서는 책임을 지지 않으며, 결국 최종보상은 수출업자의 책임이 된다.

---

15) 화물을 재래식 방식으로 운송할 경우 '5 bags torn', '5 packages short in dispute', '3 cases loose strap' 등과 같은 하자사항이 증권상에 기재되지만 오늘날 화물은 대부분 컨테이너에 적재 운송되기 때문에 사고부선하증권이 발급되는 경우는 드문 편이다.

▶ **서식 4-1** 선하증권

stx Pan Ocean BILL OF LADING

Shipper
JINDAL STAINLESS LIMITED,
JINDAL CENTRE,
12 BHIKAIJI CAMA PLACE,
NEW DELHI-110066, INDIA

B/L No. POBUTKD070800007

Consignee
KOREA MINTING AND SECURITY PRINTING CORPORATION,
35 GAJEONG -DONG, YUSEON-GU,
DAEJEON,
SOUTH KOREA 121-130

Notify Party
KOREA MINTING AND SECURITY PRINTING CORPORATION,
35 GAJEONG -DONG, YUSEON-GU,
DAEJEON,
SOUTH KOREA 121-130

RECIEVED by the Carrier from the shipper in apparent good order and condition unless otherwise indicated herein, the Goods, or the container(s) or package(s) said to contain the cargo herein mentioned, to be carried subject to all the terms and conditions proved for on the face and back of this Bill or Lading by the vessel named herein or any substitute at the Carrier's option and/or other means of transport, from the place of receipt or the port of loading to the port of discharge or the place of delivery shown herein and there to be delivered unto order or assigns.

If required by the Carrier, this Bill of Lading duly endorsed must be surrendered in exchange for the Goods or delivery order.

In accepting this Bill of Lading, the Merchant agrees to be bound by all the stipulations, exceptions, terms and conditions on the face and back hereof, whether written, typed, stamped or printed, as fully as if signed by the Merchant, any to all custom or privilege to the contrary notwithstanding, and agrees that all agreements or freight engagements for and in connection with the carriage of the Goods are superseded by this Bill of Lading.

In witness whereof, the undersigned, on behalf of STX Pan Ocean Co., Ltd. the Master and the owner of the Vessel, has signed the number of Bill(s) of Lading stated under, all of this tenor and date, one of which being accomplished, the others to stand void.

Declared Cargo Value $ If Merchant enters a value, Carrier's Limitation of Liability per Package or Unit shall not apply and the Ad Valorem rate will be charged. Excess Value Declaration as per Clause 17, 26 & 29

(Terms continued on the back hereof)

Pre-carriage by	Place of Receipt		
Rail	ICD TKD NEW DELHI		
Ocean Vessel	**Voyage No**	**Flag**	**Final Destination**
HANSA MARBURG	V/216		BUSAN SEAPORT, SOUTH KOREA
Port of Loading	**Port of Discharge**	**Place of Delivery**	
JNPT PORT IN INDIA	BUSAN SEAPORT, SOUTH KOREA	BUSAN SEAPORT, SOUTH KOREA	

PARTICULARS FURNISHED BY SHIPPER

Container No. Seal No.	Marks & Nos.	No. of Containers or Pkgs	Description of Goods	Gross Weight	Measurement
Container No. Seal No Custom Seal No STXU-202741-4 004555 177750	1 TO 2	2 DRUMS	CONTAINER SAID TO CONTAIN 1 X 20' FCL CONTAINER SAID TO CONTAIN TWO NOS. OF DRUMS OF STAINLESS STEEL BLANKS IN 1 X 20'FCL STAINLESS STEEL COIN BLANKS GRADE 430 DIAMETER 24.7 MM COMMERCIAL INVOICE NO. 1176/2007-2008 (CR) DATED 13/08/2007 S.B. NO. 1754795 DATED 14/08/2007 "FREIGHT PREPAID" SHIPPED ON BOARD DATE 23/08/2007 VESSEL & VOYAGE NO. HANSA MARBURG V/216 PORT OF LOADING JNPT PORT IN INDIA AGENT ADDRESS AT DESTINATION POS INTERNATIONAL CO LTD., (BUSAN) 6F, JEONG SEOK BLDG,89-14, 4TH STREET JUNGNG-DONG,CHUNG-KU,BUSAN-6007 23, KOREA PHONE : 82 51 465 4853-60	GROSS WEIGHT 1.370 MT NET WEIGHT 1.275 MT	CY/CY

ORIGINAL

Total Number of Containers or Packages (in words): 1 X 20DV (TWO DRUMS ONLY)

SHIPPER'S LOAD AND COUNT LINE NOT RESPONSIBLE

Freight & Charge	Revenue Tons	Rate	Per	Prepaid	Collect
ALL DESTINATION CHARGES INCLUDING T.H.C.CONTAINER DETENTION/DEMURRAGE ARE FOR A/C OF RECEIVER FREIGHT PREPAID I/HAULAGE PREPAID					

韓國造幣公社
대전광역시 유성구 가정동 35
社長 李 海 ○

Freight Prepaid at	Freight Payable at	Place of Issue
NEW DELHI		NEW DELHI
Total Prepaid in	**No. of Original B/L**	**Date of Issue**
	3 (THREE)	23/08/2007

Laden on Board the Vessel

Date :

By:

Stx Pan Ocean Ltd. As Carrier
Logistic Services Pvt. Ltd.,

By: As Agents For The Carrier
for Master

STX FORM No. BL-4000 0405590

(3) 기명식선하증권과 지시식선하증권(Straight B/L vs Order B/L)

기명식선하증권은 화물의 수취인으로서 수입자명이 기재된 선하증권이다. 즉 'Mr. John Doe, 555 Fifth Avenue, New York'과 같이 되어 있어 Mr. John Doe가 양도하지 않은 이상 다른 사람에게는 하등의 가치가 없는 증권이다. 따라서 기명식 선하증권은 기명된 수하인이 배서를 해야만 유통될 수 있기 때문에 무역거래에서도 많이 사용되지 않는다.

반면, 지시식선하증권은 수하인은 기재하지 않고 단순히 'Order', 'Order of A', 'Order of Bank'라고 되어 있어 수출업자는 이런 지시식선하증권 이면에 백지배서만 하면 이 증권의 소지자가 그 화물에 대한 소유권을 갖게 되는 것이다.

(4) 해양선하증권과 내국선하증권(Ocean B/L vs Local B/L)

해양선하증권은 부산과 뉴욕과 같이 국외 해상운송의 경우에 발행되는 선하증권이다. 한편 내국선하증권은 부산과 인천, 혹은 묵호와 목포 사이와 같이 국내해상운송에서 발행되는 선하증권이다.

(5) 유통가능선하증권과 유통불능선하증권 (Negotiable B/L vs Non-Negotiable B/L)

선박회사는 선하증권을 발급할 때 주로 3통이 한 세트가 되는 선하증권 원본을 발행하는데, 이들 원본이라야 그러한 선하증권이 대표하는 화물과 상환이 되며, 또 은행에서는 신용장에서 요구하는 정당한 선하증권으로 인정하여 대금결제가 이루어진다.

한편, 선박회사가 발급하는 원본 이외의 모든 선하증권에는 발급될 때 이미 'Non-Negotiable'이라는 도장이 찍혀 발급되기 때문에 이들 사본은 은행에서 인정하지 않는다. 이와 같이 분명한 구분을 하는 것은 부도덕한 상인들의 사기 행위를 미연에 방지하기 위함이다.

(6) Port B/L vs Custody B/L

Port B/L은 선적될 화물이 부두의 운송인의 보관 하에 있으며 지정된 선박이 입항은 되어 있으나, 다만 화물이 본선에 적재되지 않은 경우 발행되는 수취선하증권의 일종이다.

한편, Port B/L과 같이 화물이 운송인에게 인도는 되었으나 지정된 선박이 아직 지정항구, 즉 화물이 준비되어 있는 항구에 도착되지 않았을 때 발행되는 수취선하증권의 일종이 Custody B/L이다.

(7) 통과선하증권(Through B/L)

운송화물을 목적지까지 운송하는 데 선주가 다른 선박회사의 선박을 이용하거나 해상운송과 육상운송을 교대로 이용하여 운송될 경우 최초의 운송업자가 전구간의 운송에 대하여 발행하여 모든 책임을 지는 운송증권을 통과선하증권이라고 한다. 미국에서는 육상과 해상운송을 겸한 선하증권을 Overland B/L(또는 overland common point B/L)이라고 하여 많이 이용되고 있다.[16] 그러나 이러한 통과선하증권도 환적항에서 너무 지체하여 계약상에 명시된 선적기간을 경과하여 발급되면 무효가 될 수 있다는 판례도 있으므로 각별한 주의를 하여야 한다.[17]

(8) 환적선하증권(Transshipment B/L)

환적선하증권은 화물을 목적지까지 운송 도중 중간 항에서 다른 선박에 환적하여 최종목적지까지 운송할 때 발행하는 선하증권이다. 최초의 운송계약을 체결한 선박회사가 자기의 책임 하에 환적을 전제로 전 운송구간을 커버하는 선하증권을 발행하고 환적항 이후 구간을 운송할 선사를 수배하며, 환적항에서의 통관 및 하역, 그리고 컨테이너 장비사용료 등을 해결한다.

(9) 약식선하증권(Short Form B/L)

이 약식 혹은 간이선하증권은 원래의 선하증권, 즉 정규선하증권(Long Form B/L)이 너무 크고 길어서 타자를 치는 데나 기록하는 데 퍽 번거로워 발행수속을 간소화하기 위해서 생긴 것이다. 보통 약식선하증권에는 다음과 같은 문언이 기재되어 있어 만일 분쟁이 생기면 정규 선하증권상의 선주와 하주의 권리와 의무에 따르도록 하였다.

16) Overland Common Point(OCP)는 북미대륙 내에서 공통운임이 부과되는 록키산맥의 동쪽 지역을 말한다. 태평양연안의 항구에 도착한 화물 중에서 하주가 OCP 목적지까지의 운송을 의뢰하면 OCP 화물은 철도나 트럭에 의해 내륙지역의 목적지까지 일괄 운송된다.

17) Hansson v. Hamel & Horley(1922), 2. A.C.; 박대위,『무역사례 I』, 법문사, 1978, pp. 162-163.

"All the terms of the carrier's regular long form of Bill of Lading are incorporated herein with like force and effect as if they were written at length herein. A copy of such Bill of Lading may be obtained from the carrier, its agent, or the master."

(10) 용선계약선하증권(Charter Party B/L)

용선계약조건의 선하증권은 선박을 실제 소유하고 있지 않은 자가 선박회사로부터 선박을 빌려 자기 책임 하에 운송을 담당하면서 화물을 운송 · 위탁한 송화인에게 발급하는 선하증권을 말한다. 그런데 이 선하증권을 발급한 용선계약자가 용선료를 선박회사에 지급하지 못하게 되면 선박회사는 본선에 적재된 화물을 몰수할 수 있기 때문에[18] 송화인의 경우 자기도 모르게 운송물품을 몰수당할 수 있다. 따라서 특별히 허용된 경우가 아니면 용선계약조건의 선하증권은 은행에서 인정하지 않는다.

(11) 부서부 선하증권(Countersign B/L)

해상화물이 도착지 지불 운임이나 다른 채무가 부수되어 있는 경우 물품을 인수하는 자는 채무에 대한 대금을 선박회사에 지불하고 화물을 수취하게 되는데 이때 선박회사는 결제를 끝낸 것을 증명하기 위해 선하증권에 서명한다. 이러한 서명이 되어 있는 선하증권을 부서부 선하증권이라 한다.

(12) 집단선하증권(Groupage B/L)

운송해 보낼 화물이 한 컨테이너분이 안 될 정도로 적은 분량(LCL 화물)이면 운송주선업자가 같은 목적지로 가는 화물을 같이 모아서 하나의 FCL 화물로 만들어 선적해 보낼 때, 선박회사가 발급하는 선하증권을 집단선하증권이라고 한다.

이와 같은 경우, 중간에서 이들 화물의 운송을 주선한 운송회사(forwarding agent)는 선박회사로부터는 정상적인 Groupage B/L을 발급받고 개개 하주에게는 'House B/L'이라는 일종의 선적증명서(certificate of shipping)를 발급해 준다.

---

18) 용선계약 선하증권 상에는 'as per charter party' 또는 'all other conditions and exceptions as per charter party' 라는 내용이 기재되어 모든 것이 용선계약 조건에 따르게 된다.

(13) Stale B/L

이 용어는 선하증권의 어떤 형태를 말하는 것이 아니고 선하증권의 제시시기가 발급일자로부터 21일 이상으로 지연되었을 때 그러한 지연된 선하증권을 말하는 것이다. 보통 수출화물이 선적되어 선하증권이 발행되면 그 날 혹은 바로 그 다음날에 다른 구비서류와 함께 은행에 제시하여 선적화물의 대금을 받는다. 그러나 그러지 못하고 선하증권이 발행된 후 한 달쯤 있다가 은행에 제시하면 은행은 일단 무엇이 잘못되었다고 의심하여 이런 서류의 수리를 거절할 수 있다.

(14) 해상화물운송장(Sea Waybill; SWB)

해상화물운송장은 선박회사가 화물을 수취했음을 나타내는 화물수취증이며, 수하인의 성명과 주소가 명기되어 있고 유통금지문언이 부기되어 있다. 주로 본지사간의 거래, 이사화물 등에 이용된다.[19]

선하증권은 배서에 의해서 자유롭게 양도가 되는 유통 유가증권이지만, 이 운송장은 단지 송하인이 수하인에게 화물을 탁송했다는 비유통 증거서류이다. Incoterms 2010에서는 해상운송을 전제로 한 CFR 및 CIF 조건에서는 매도인이 화물인도증거로서 비유통성 해상화물운송장을 제공할 수 있도록 허용하고 있다.

(15) CMI 규칙에 의거한 전자식 선하증권

이 선하증권은 1990년 국제해사법회(CMI)에서 채택한 '전자식 선하증권에 관한 CMI규칙'(CMI Rules for Electronic Bill of Landing)에 언급된 선하증권이다. 이 규칙에서는 선하증권상의 권리를 개인 키(private key)를 이용하여 이전할 수 있도록 규정하고 있다.

전통적인 선하증권을 이용할 경우에는 선하증권의 소지인이 선하증권 자체를 서명하여 양도함으로써 화물의 유통이 가능했다. 그러나 전자식 선하증권에서는 선박회사가 양도인, 양수인 등에게 개인 키를 부여하고 양도의사를 전자적 지시를 통해 전달함으로써 선하증권 상의 권리를 양도하게 된다. 그 동안 화물에 대한 통제권은 선하증권의 소지인이 갖고 있었지만 전자식 선하

---

19) 해상화물운송장은 화물과 함께 목적항으로 운송되기 때문에 한 · 중간 혹은 한 · 일간 같이 짧은 항로에서 화물이 선하증권보다 먼저 도착할 때 이용되면 편리하다.

증권에서는 전자적 지시를 할 권한을 가진 선박회사가 갖게 된다.[20)]

전자식 선하증권에서 화물에 대한 권리가 이전되는 과정은 대략 다음과 같다.

① 송하인과 운송인 간에 운송계약이 체결되면 그 내용이 운송인의 컴퓨터에 입력된다.

② 운송인은 송하인으로부터 물품을 수취한 후 그 사실을 전송한다. 이 때 송하인이 사용할 개인 키 등의 내용이 포함된다. 개인 키는 소지인마다 갖는 숫자 또는 문자의 조합에 의한 암호이고 양도는 불가능하다.

③ 송하인은 운송인의 전송 내용을 확인하고 이제부터 송하인은 전자식 선하증권의 소지인이 된다. 소지인은 전자식 선하증권의 개인 키를 갖고 있기 때문에 운송인에 대해 물품인도청구권 등과 같은 선하증권 상의 권리를 가지며 또한 물품의 처분권 및 양도권을 갖는다.

④ 만약 소지인이 물품을 타인에게 양도할 경우에는 이런 의사표시를 운송인에게 전송한다. 운송인은 현 소지인의 의사를 확인함과 동시에 개인 키를 제외하고, 송하인에게 수령 통지했던 정보를 새로운 소지인에게 전송한다.

⑤ 새로운 소지인은 이의 수락을 운송인에게 전송하고 운송인은 현재의 개인 키를 폐기하고, 새로운 소지인에게 별도의 개인 키를 부여한다.

이러한 절차를 반복함으로써 운송 중인 화물이 전매되더라도 전통적인 선하증권과 마찬가지로 물품에 대한 권리를 순차적으로 이전할 수 있다.

CMI 규칙에서는 수하인을 최종 소지인으로 하여 개인 키를 부여하고, 개인 키로 입증된 수하인에게만 화물을 인도한다. 즉 화물이 목적지에 도착하면 운송인은 전자식 선하증권의 소지인에게 물품인도 예정 장소 및 일자를 전송한다. 이를 수취한 소지인은 개인 키를 사용하여 수하인을 지명하고, 운송인에게 인도에 관한 지시를 한다. 만약 소지인이 수하인을 지명하지 않으면 소지인 자신이 수하인으로 간주된다. 운송인은 인도지시에 따라 지정된 수하인 또는 소지인에게 물품을 인도하며 개인 키는 자동적으로 폐기된다.

(16) Bolero 시스템의 전자식 선하증권

Bolero(Bill of Lading Electronic Registry Organization)는 선하증권을 비롯한 선적서류를 전자화하여 이를 상업적으로 운영하는 시스템이다. 이 시스템은

---

20) 임석민, 『선하증권론』, 두남, 2000, pp. 371-386.

1994년에 미국, 영국, 스웨덴 등의 선박회사, 은행 등이 참여하여 컨소시움 형태로 시작되었는데, 무역거래에 필요한 종이서류를 전자메시지로 전환하여 안전하게 교환할 수 있는 기반을 제공하는 것을 목표로 하고 있다.

볼레로 시스템은 선하증권만 전자식으로 처리하려는 것이 아니고 무역서류 전반을 전자화하여 무역거래의 효율성을 높이고 있다. 그리고 정보의 안전성을 보장하기 위해 현재까지 가장 안전한 방법으로 알려져 있는 방식의 디지털 서명을 메시지 전송에 채택하고 있다. 그리고 사용자는 반드시 공개키와 개인 키 한 쌍을 작성하여 공개 키를 등록기관에 보내어 사용자등록을 하도록 하고, 등록기관은 상호 키를 대조하여 사용자의 자격 여부를 확인함으로써 안전성과 신뢰성을 높이고 있다.

볼레로 시스템에서 전자식 선하증권은 당사자 간의 약정에 의해 유통되기 때문에 송하인과 운송인은 먼저 운송계약을 체결하고 이 계약에는 운송인은 오로지 송하인의 지시에 따른다는 조항을 포함시킨다. 만약 송하인이 화물에 대한 권리를 수하인에게 이전하고 싶으면 송하인은 운송인에게 차후로는 수하인의 지시를 받도록 지시하면 된다. 그러면 운송인은 이를 확인한 후 수하인에게 물품을 점유하고 있음과 이제부터 오직 수하인의 인도 지시만 받겠다고 통지한다.

만약 수하인이 그러한 권리를 타인에게 이전할 의사가 있으면 똑같이 반복하면 된다. 권리이전과정에서는 단순히 물품의 청구권뿐만 아니라 운송계약상의 권리 및 의무가 모두 이전되어 송하인과 운송인과의 계약조항이 수하인과 운송인 사이에도 동일하게 적용된다.

7. 선하증권의 발행과 기재사항

(1) 선하증권의 발행

선하증권은 그 자체가 권리증권이며 유가증권이기 때문에 누구를 수하인으로 하느냐 하는 것이 제일 중요한 문제인데 대개 그 표시방법은 기명식과 지시식으로 구분된다.

가) 기명식

수하인 란에 특정인의 서명을 기입하여 발행하는 방식이다.

표 4-2 선하증권의 법정기재사항

선박의 명칭 · 국적 · 톤수	운송물의 종류 · 중량/용적, 포장명세
운송물의 외관상태	용선자 또는 송하인 성명 또는 상호
수하인 또는 통지선의 성명 또는 상호	선적항
양륙항	운임
발행지와 발행연월일	발행통수
운송인의 성명 또는 상호	운송인의 주된 영업소 소재지

나) 지시식

수하인의 표시를 이름 대신에 단순히 'Order'로 표시하는 방법이다. 소지인의 서명으로 유통이 된다.

(2) 선하증권의 기재사항

선하증권면의 앞면에는 운송계약을 구체적으로 증명할 수 있는 사항들을 기재하도록 되어 있고, 뒷면에는 운송약관이 인쇄되어 있다.

선하증권은 법률적으로 요식증권이기 때문에 상법에 규정된 법정 기재사항이 반드시 기재되어야 한다. 우리나라 상법(제853조)에서 규정하고 있는 선하증권의 필수기재사항은 〈표 4-2〉와 같다. 그러나 선하증권의 요식성은 엄격한 것이 아니므로 법정기재사항의 일부가 기재되지 않거나, 반대로 법정기재사항 이외의 다른 사항이 기재되더라도 증권이 무효가 되는 것은 아니다.[21)]

(3) 운송약관

정규 양식의 선하증권은 그 뒷면에 운송약관이 인쇄되어 있다. 운송약관은 주로 준거법에 관한 규정, 운송인의 면책사항, 하주의 의무 등을 약정한 것인데 대부분 선주의 책임면제에 관한 것이라 하여 면책약관(negligence clause)이라고 한다. 이 면책약관은 선주가 자기 책임을 한정하여 후일 하주로부터의 손해배상청구를 면하기 위한 약관이다.

운송약관의 기본정신은 헤이그-비스비 규칙에 입각해야 한다. 우리나라 선박회사들이 사용하는 영문 선하증권의 운송약관은 그 내용이 거의 비슷한데 운송약관의 구성항목은 〈표 4-3〉과 같다.

21) 손주찬, 『상법(하)』(제11정증보판), 박영사, 2005, pp. 838-839. 선하증권의 본질 또는 강행규정에 반하지 않는 한 임의적 사항을 기재할 수 있다.

표 4-3 운송약관의 구성항목

정의(definition) 지상약관(paramount clause) 소송과 클레임(litigation and claim) 책임(responsibility) 공시운임(tariff) 하청계약(sub-contract) 자유(liberty) 컨테이너(container) 운임(freight) 하주의 책임(merchant's responsibility) 유치권(lien)	위험물(dangerous goods) 인도(delivery) 손해의 통지 및 제소기간 (notice of claim and time for suit) 손상(damage) 파손의 제한(limitation of damages) 공동해손 및 특별비용(general average and special charges) 이로(deviation), 기타

〈표 4-3〉의 지상약관(paramount clause)은 선하증권과 관련하여 분쟁이 발생할 경우 적용할 준거법을 명시한 약관이다. 통상적으로 헤이그-비스비 규칙, 선적국 혹은 양륙국의 해상화물운송법 등이 적용된다.

그리고 자유(liberty)약관은 운송인의 재량권을 열거한 약관이다. 이 약관에 의해 운송인은 운송도중 필요에 따라 임의로 컨테이너를 개봉할 수 있고 중간항에서 화물을 처분할 수도 있다. 그리고 운송도중 일방적으로 운송계약을 취소하거나 종료시킬 수도 있다.

제 3 절 항공운송

1. 항공운송의 의의

(1) 항공운송의 특성

항공운송은 해상운송의 역사에 비해 매우 일천하다. 본격적인 항공화물의 수송이 시작된 것은 1970년대 점보제트기 등 대형여객기 및 화물전용기의 출현과 때를 같이한다. 특히 1980년대 들어서면서는 단순한 항공운송뿐 아니라 다른 운송수단과 연계한 'Sea/Air/Land' 또는 'Air/Land' 등의 일관운송까지도 가능하게 되었다.

항공운송의 특성은 야행성, 편도성, 비계절성, 신속성 등으로 요약된다.

야행성이란 당일의 화물을 저녁 때까지 집하, 기적한 후 다음날 아침까지 수하인에게 배달하는 가장 이상적인 시스템을 말한다. 편도성은 여객의 경우 언젠가는 출발지로 다시 돌아오게 되지만 화물의 경우에는 일단 목적지까지 수송되면 그곳에서 소비되어 돌아오지 않음을 의미한다. 단 반제품이나 수리를 위한 화물 등은 예외이다. 비계절성이라는 것은 항공화물은 여객에 비해 계절적인 변동을 적게 받는다는 것을 가리킨다. 물론 생선, 식료품, 꽃, 패션제품, 연말연시 및 성탄절 등의 시즌상품은 예외이다.

항공운송이 육상운송이나 해상운송 등 다른 운송수단에 비해 신속하다는 것은 두말할 필요도 없다. 따라서 항공운송의 경우에는 정시 서비스가 대단히 중요하다. 실제로 미국까지 선박이 20일 정도 소요되는 데 반해 항공운송은 2일이면 충분하다.

(2) 항공운송의 장점

무역업체들이 항공운송을 활용하게 되는 것은 다음과 같은 장점이 있기 때문이다.

첫째로, 수송기간이 짧다는 점이다. 이는 수송중 물품에 대한 투자기간을 단축시킴을 의미한다. 이러한 측면에서 항공운송이 요구되는 상품은 긴급화물로서 시간에 민감하여 기회비용이 중요시되는 상품들이다. 즉, 수요의 발생이 긴급한 품목으로 ① 기계설비 및 선박의 부품 등과 같이 긴급히 운반하지 않으면 지대한 손실을 가져오게 되는 품목, ② 납기가 촉박한 상품, ③ 계절상품이나 투기상품 등이다. 이러한 긴급물품은 계획된 수송이 아니므로 수요를 예측하기 어려우며, 따라서 수송비의 고저가 수요의 변화에 영향을 미칠 수 없다.

둘째로, 재고비용의 절감이다. 이는 재고로 묶여 있는 동안에 발생할 수 있는 손실, 분실, 훼손의 위험이 감소됨을 의미한다. 이에 해당되는 상품으로는 ① 생선이나 식료품, ② 생화, ③ 살아있는 동물, ④ 방사성 물질과 같이 시간이 지나면 가치가 없어지는 화물 내지는 부패성 화물과 ① 신문 · 잡지, ② 뉴스필름, ③ 원고, ④ 상업서류 등의 시한적인 지적 송고 등을 들 수 있다.

셋째로, 수송조건이 좋다는 점이다. 이는 운반상태가 양호하고 안전함으로써 파손, 분실, 훼손의 위험이 감소됨을 의미한다. 이 때문에 부가가치가 높아 중량에 비하여 운임 부담력이 있는 상품과 파손 및 도난의 위험이 높은 모피, 미술품, 귀금속, 시계, 약품, 고급의류, 전자기기, 통신기기, 광학기기

및 관련 제품 등의 경우에는 주로 항공운송을 이용하게 된다.[22]

이러한 수송상의 장점에 따라 실제로 고객이 항공화물을 이용함으로써 얻게 되는 기업경영상의 이점을 살펴보면 다음과 같다.

첫째, 고객에 대한 서비스 향상에 도움을 주어 매출을 증대시킬 수 있다. 특히 신속한 수송으로 예기치 못한 수요의 급격한 증가에도 즉각 대처할 수가 있다.

둘째, 수송중의 상품에 대한 자본비용을 절감할 수 있으며, 납기가 늦어짐으로써 발생할 수도 있는 위약금이나 계약해제에 따른 손해를 막을 수 있다.

셋째, 재고비용이나 보관비용을 절감할 수 있다. 이는 재고센터(stock center)로부터 신속 · 빈번하게 수송되면 각지에 다량의 재고품을 묶어둘 필요가 없기 때문이다.

넷째, 변질되기 쉬운 상품 또는 판매수명이 짧은 상품도 원거리시장에서까지 경쟁력을 유지할 수 있어 시장 확대가 가능하다.

다섯째, 포장비를 절감할 수 있다. 특히 내항성 내지는 방수성을 필수요건으로 하는 해상운송의 경우와는 달리 포장이 가볍게 되어 종량세(무게, 부피 등에 따라 관세를 부과하는 제도)를 적용하는 경우 그만큼 세액(稅額)이 줄어들게 되며, 운임도 그만큼 절약할 수 있다.

여섯째, 도난 · 훼손의 위험이 적다. 이는 수송기간이 짧을수록 위험에 노출되는 시간이 짧아지기 때문에 그 만큼 도난, 파손 등의 위험이 줄어든다. 따라서 보험료도 적게 든다.

마지막으로 수송중인 상품의 소재파악이 용이하다. 즉 항공사만이 누리는 광범위한 정보시스템에 의해 상품의 소재를 언제 어디서나 쉽게 알아볼 수 있으므로 생산 및 판매계획을 세우는 데 유리하다.

2. 항공운송대리점 및 항공운송주선업자

일반적으로 항공운송에 있어서는 하주인 무역업체가 항공회사와 직접 거래하지 않고 항공운송대리점이나 항공운송주선업자와 화물운송계약을 체결하는 것이 관행화되어 있다.

22) 임석민, 『국제운송론』(제2판), 삼영사, 1999, pp. 409-410.

표 4-4 항공운송대리점과 항공운송주선업자의 비교

구 분	항공운송대리점	항공운송주선업자
업무영역	모든 화물취급(LCL 화물은 운송주선업자에게 혼재의뢰)	국내외 LCL화물취급
운임률	항공사의 운임률표 사용	자체의 운임률표 사용
하주에 대한 책임	항공사 책임	운송주선업자 책임
운송약관	항공사의 약관사용	자체의 약관 사용
항공화물운송장	항공사의 Master Air Waybill 발행	자체의 House Air Waybill 발행
수수료	IATA의 5% 수수료 및 취급 수수료 받음	수취운임과 지급운임과의 차액 또는 IATA의 5% 수수료를 받음

(1) 항공운송대리점(Air Cargo Agent)

항공사 또는 총대리점을 위하여 유상으로 항공기에 의한 화물운송계약 체결을 대리하는 사업을 영위하는 업체를 항공운송대리점이라고 한다. 즉 항공사를 대리하여 항공사의 운송약관, 규칙, 운임률표 및 운행시간표에 의거하여 항공화물운송을 유치하고 항공화물운송장(air waybill)을 발행하며 이에 부수되는 제 업무를 수행하고, 그 대가로 대리점계약에 의거한 소정의 수수료를 받는다. 모든 항공하물을 취급하지만 한 컨테이너에도 미달되는 소량 화물은 이런 화물을 전문적으로 취급하는 항공운송주선업자에게 의뢰한다.

(2) 항공운송주선업자(Air Freight Forwarder)

항공운송주선업자는 타인의 수요에 응하여 유상으로 자기의 명의로써 항공사의 항공기를 이용하여 화물을 여러 송하인으로부터 인수하여 운송하는 것을 업으로 하는 자를 말한다. 항공운송주선업자는 자체운송약관과 운임률표를 가지고 혼재업자용 화물운송장(house air waybill)을 이용하여 송하인과 운송계약을 체결한다. 항공운송주선업자는 현실적으로 항공기를 갖고 있지 않으므로 집하한 화물을 운송하기 위해서는 항공사와 새로운 운송계약을 체결하여 항공사발행 화물운송장(master air waybill)을 발급받는다.

3. 항공화물운송장

(1) 항공화물운송장(Air Waybill)의 의의

항공화물운송장은 화물의 유통을 보장하는 가장 기본적인 운송서류로서 해상운송에 있어서 선하증권과 비교될 수 있다. 즉, 항공화물운송장은 송하인과 운송인 간에 화물의 운송계약이 체결되었다는 것을 나타내는 증거서류이며, 동시에 송하인으로부터 화물을 운송하기 위하여 수령하였다는 증거서류이기도 하다. 이와 같이 항공화물운송장이 갖는 기능은 다양한데, 이를 다음의 몇 가지로 정리할 수 있다.

① 운송계약 체결의 증거서류
② 운송물품의 수령증
③ 운임 · 요금의 청구서, 즉 요금계산서(freight bill)
④ 보험증명서(항공사의 하주보험이 체결된 경우)
⑤ 세관신고서류
⑥ 항공회사에 대한 운송품의 취급, 중계, 인도 등에 관한 지침서

항공화물운송장은 국제항공사협회(IATA)[23]에서 양식과 발행방식을 세부적으로 통일하고 표준화하여 전 세계 항공사가 동일한 양식의 운송장을 사용토록 의무화하고 있다. 이것은 승계운송이 불가피한 여건이므로 양식을 표준화하지 않으면 많은 문제점이 야기될 수 있기 때문이다.

또한 항공사간의 운임정산, 운송조건, 취급방식, 사고처리에 대한 표준화와 통일을 기하기 위하여 1통의 운송장으로 언어, 법률, 노선, 국적을 불문하고 출발지에서 도착지까지의 원활한 운송을 보장하고 있다.

항공화물운송장에 반드시 기재되어야 할 필수사항은 출발지 및 도착지, 예정기항지 그리고 적용조약 및 항공사의 책임제한에 관한 고지(告知)이다. 특히 항공사가 자신의 책임제한에 관한 사항을 고지하지 않으면 운송인은 국제항공운송조약을 수용할 수 없게 된다. 그리고 항공화물운송장 원본의 뒷면에는 국제화물운송약관의 주요 내용인 계약조항이 기재되어 있다. 이 계약조항은 일부 하주보험을 제외하고는 IATA 항공사에서 공통으로 사용된다.

운송장은 원본 3장과 부본(dummy air waybill) 6장으로 구성되는 것을 원칙

23) IATA는 국제항공사협회(International Air Transport Association)로 1945년 4월 설립된 순수민간단체로 본부는 몬트리올에 있다. IATA는 항공권의 약관, 운임협정, 서비스 내용, 기술분야의 협력, 통신약호의 통일, 출입국절차의 간소화 등을 위해 협력하고 있다.

▶ 서식 4-2 항공화물운송장

057 | GVA | 8294 5085　　　　　　　　　　　　　　057-8294 5085

Shipper's Name and Address	Shipper's Account Number	Not Negotiable **Air Waybill** Issued by
SICPA S.A. AVENUE FLORISSANT 41, CH-1008 PRILLY SWITZERLAND		AIR FRANCE R. DE PARIS 45 95747 ROISSY CDG CEDEX MEMBER OF IATA
		Copies 1, 2 and 3 of this Air Waybill are originals and have the same validity
Consignee's Name and Address	**Consignee's Account Number**	It is agreed that the goods described herein are accepted in apparent good order and condition (except as noted) for carriage and SUBJECT TO THE CONDITIONS OF CONTRACT ON THE REVERSE HEREOF. ALL GOODS MAY BE CARRIED BY ANY OTHER MEANS INCLUDING ROAD OR ANY OTHER CARRIER UNLESS SPECIFIC CONTRARY INSTRUCTIONS ARE GIVEN HEREON BY THE SHIPPER, AND SHIPPER AGREES THAT THE SHIPMENT MAY BE CARRIED VIA INTERMEDIATE STOPPING PLACES WHICH THE CARRIER DEEMS APPROPRIATE. THE SHIPPER'S ATTENTION IS DRAWN TO THE NOTICE CONCERNING CARRIER'S LIMITATION OF LIABILITY. Shipper may increase such limitation of liability by declaring a higher value for carriage and paying a supplemental charge if required.
CONSIGNED TO : KOREA EXCHANGE BANK		
Issuing Carrier's Agent Name and City 350.40.2488/00 RITSCHARD LTD CH-1211 GENEVE 5 AIRPORT TEL +4122 798 77 00		Accounting Information Regulated Agent CH-0075 SPX NOTIFY: KOREA MINTING AND SECURITY PRINTING CORPORATION 35, GAJEONG-DONG YUSEONG-GU, DAEJEON, KOREA
Agent's IATA Code 81-4-7159/1202	Account No.	
Airport of Departure (Addr. of First Carrier) and Requested Routing GENEVA		Reference Number / Optional Shipping Information

To	By First Carrier (Routing and Destination)	to	by	to	by	Currency	CHGS Code	WT/VAL PPD	WT/VAL COLL	Other PPD	Other COLL	Declared Value for Carriage	Declared Value for Customs
CDG	AIR FRANCE	ICN	AF			CHF		X		X		NVD	NCV

Airport of Destination	Requested Flight/Date		Amount of Insurance	INSURANCE – If carrier offers insurance, and such insurance is requested in accordance with the conditions thereof, indicate amount to be insured in figures in box marked "Amount of Insurance".
SEOUL INCHON INTE	AF491D/12	AF 264/14	XXX	

Handling Information

MARKS:CONSIGNEE: KOREA MINTING AND SECURITY PRINTING CORPORATION CONTRACT NUMBER : KOMSCO-PP-07050 AIRPORT OF DISCHARGE : INCHEON AIRPORT, KOREA ENCL.: 1 ENV. ATT.C.DOCS.

No of Pieces RCP	Gross Weight	kg/lb	Rate Class / Commodity Item No.	Chargeable Weight	Rate / Charge	Total	Nature and Quantity of Goods (incl. Dimensions or Volume)
2	400,0	K	Q	400,0	AS AGREED	AS AGREED	DESCRIPTION OF GOODS AND/OR SERVICES: +ORIGIN: SWITZERLAND +2,100KGS OF WATER UV CSI (GOLD/GREEN) DIMENSIONS : 2= 120X80X70 CM
2	400,0						VOL. 1,344 M3 UNDER - FREIGHT PREPAID -

IRREVOCABLE DOCUMENTARY CREDIT
M06BZ706NS00274 DATE OF ISSUE 070622

UNIT PRICE/KG: CHF 1,500.00
TOTAL FCA EUROPEAN AIRPORTS CHF 3,150,000.00
7TH SHIPMENT (300KG): WITHIN SEPTEMBER.15.2007
+HS.NO. 3215.1900.000
+ALL DETAILS AS PER CONTRACT NO. KOMSCO-PP-07050.
+PRICE TERM: FCA EUROPEAN AIRPORTS

Prepaid	Weight Charge	Collect	Other Charges
AS AGREED			
Valuation Charge			
Tax			
Total Other Charges Due Agent			Shipper certifies that the particulars on the face hereof are correct and that **insofar as any part of the consignment contains dangerous goods, such part is properly described by name and is in proper condition for carriage by air according to the applicable Dangerous Goods Regulations.**
Total Other Charges Due Carrier			RITSCHARD SA ANDRE STAUBLE FOR SICPA SA CH-1008 PRILLY Signature of Shipper or his Agent
Total Prepaid AS AGREED	Total Collect		RITSCHARD SA AS AGENT FOR THE CARRIER AIR FRANCE 11SEP2007 GENEVE
Currency Conversion Rates	CC Charges in Dest. Currency		Executed on (date) at (place) Signature of Issuing Carrier or its Agent
For Carrier's Use only at Destination	Charges at Destination		Total Collect Charges

057-8294 5085

ORIGINAL 3 (FOR SHIPPER)

SPEDLOGSWISS Printed in Switzerland 7.2005 BL MK 803 139 «IATA Reso. 600a / 600b»

으로 하고 항공사에 따라 부본을 5장까지 추가할 수 있다. 대한항공이 발행하는 항공화물송장은 원본 3장과 부본 9장, 합계 12장으로 구성되어 있다.

(2) 항공화물운송장과 선하증권의 차이점

항공운송장은 때때로 선하증권에 비유되기도 하지만 양자의 법률적 성격은 몇 가지 중요한 점에 차이가 있다. 항공운송장의 법적 성격을 선하증권의 그것과 비교하여 보면 다음과 같다.

첫째로, 항공운송장이나 선하증권은 다 같이 운송인과 송하인과의 사이에 운송계약이 성립되고 있음을 증빙하는 서류라고 하는 점에서는 동일하다. 또한 운송인이 화물을 수취했음을 증명하는 역할에 있어서도 같다. 그러나 항공운송장은 양도성이나 유통성을 갖고 있지 않음이 선하증권과 크게 다르다. 항공운송장에는 선명히 'Non Negotiable'이라고 표시되어 있으며 유통이 금지된 비유통증권으로서만 발행된다. 즉, 운송장의 수하인용 원본은 목적지에서 화물과 함께 수하인에게 교부되는 것으로서 유통을 목적으로 하는 것이 아니며, 운송계약의 권리행사에 필요한 것이 아니므로 유가증권이 아니다.

이처럼 항공운송장에 유가증권으로서의 자격을 부여하지 않은 이유는 항공화물이 신속하게 운송되어 수하인에게 전달되기 때문이며 해상화물은 수송에 장시간이 소요되기 때문에 상품의 매매거래를 신속하게 하기 위하여 증권 자체를 매매의 대상으로 인정해 준 것이다. 또한 선박의 역사에 비해 항공운송의 역사가 일천하여 아직 충분한 신용을 쌓지 못한 것도 그 이유가 된다.

둘째로, 선하증권은 선적식인데 반해 항공운송장은 수취식이라 할 수 있다. 즉, 선하증권은 선적을 증명하는 증권이므로 선적이 완료된 후에 발행되는 것이 보통이다. 그러나 항공운송에 있어서는 발착편이 많고 화물을 운송위탁해서 기적할 때까지 많은 시일을 요하지 않으므로 항공사 창고에 화물이 도착하면 바로 운송장을 발행해 주고 있다.

셋째로, 선하증권은 지시식으로 되어 있어 정당한 배서에 의해 누구에게나 양도되는 권리증권인 것에 비해 항공운송장은 기명식으로 되어 있어 항공운송장에 기재되어 있는 수하인이 아니면 당해 화물을 인수할 수 없다.

마지막으로, 법률적으로 항공운송장은 송하인이 작성해서 항공사에 교부하는 형식을 취하고 있는데 반해, 선하증권은 반대로 선박회사가 작성해서 송하인에게 교부하도록 되어 있다.

표 4-5 항공화물운송장과 선하증권의 비교

항공화물운송장	선하증권
양도성이 없는 비유가증권(non-negotiable)	양도성이 있는 유가증권(negotiable)
창고 반입후 발행(수취식)	선적후 발행(선적식)
수하인: 기명식	수하인: 지시식, 무기명식
송하인이 작성함이 원칙	선박회사가 작성

4. 항공운임요율

항공운임은 IATA 요율을 전 세계적으로 사용하고 있으며, 우리나라도 동 요율체계를 정부의 승인을 받아 사용하고 있다. 주요한 요율구분은 다음과 같다.

(1) 일반화물요율(General Cargo Rate)

일반화물요율은 다음에 설명하게 될 특정품목 할인요율 또는 품목분류요율이 적용되지 않는 모든 화물에 적용되는 가장 기본되는 요율이다.

일반화물요율에는 최저운임(minimum charge), 45kg 미만 요율, 45kg 이상 요율, 100kg 이상 요율, 300kg 요율 등으로 설정되어 있으며, 대체로 중량이 많으면 많을수록 kg당 더 싼 요율이 적용되도록 규정되어 있어 해상화물을 항공운송으로 유도하고 있다.

(2) 특정품목할인요율(Specific Commodity Rate)

이 요율은 특정구간에서 동일품목이 계속적으로 반복하여 운송되는 품목에 대해 일반품목보다 요율을 낮춤으로써 항공운송 이용을 촉진 · 확대하는 데 목적이 있다. 또한 선박이나 해상으로 운송되는 품목 중에서도 항공운송편의 이점이 많은 품목에 대해 이 특정품목할인요율을 설정함으로써 항공이용으로 유도할 수 있다. 이 요율은 해당 요율마다 설정된 최저중량의 제한을 받도록 되어 있으며 이는 대량의 상품운송에 적용하고자 하는 데 목적이 있다.

(3) 품목분류요율(Commodity Classification Rate)

품목분류요율은 몇 가지 특정품목에만 적용되며, 또한 특정지역 간에만 적용되기도 한다. 이 요율이 적용되는 특정품목은 ① 신문, 잡지, 정기간행물 등 서적, ② 사체, ③ 비동반 수하물, ④ 귀중화물, ⑤ 생동물 등이다. 그리고 품목분류요율은 별도로 설정된 것이 아니고 기존운임률표에 운송구간에 따라 할인해 주거나 할증하여 적용되는 것이 특색이다.

5. 항공운송절차

수출업자는 항공화물운송대리점이나 혼재업자에게 계약화물의 운송을 의뢰하기 위하여 다음과 같은 절차를 밟는다.

(1) 화물운송 예약

먼저 수출업체는 운송대리점이나 혼재업자를 통하여 해당 항공사에 화물운송을 의뢰하게 되는데, 통상 지정된 양식의 S/R(shipping request)에 출발지/도착지, 전체포장개수, 중량, 각 포장상자의 부피, 상품명 등을 기재하여 지정항공편의 예약을 하게 된다. 이때 수출승인서 등의 관계서류를 첨부하여야 한다.

(2) 화물인수

운송대리점은 해당화물을 송하인으로부터 인수하여 기적지(機積地: air cargo terminal)로 수송하여 일단 보세창고로 반입한다.

(3) 검사 · 통관 및 검량 · 검수

미통관물품은 해당 세관의 검사를 필한 후 수출신고필증을 받게 되기까지 통관절차를 거치게 되며, 지정된 검량 · 검수업체로부터 검사를 받고 항공기에 적재될 때까지 보세구역에 장치된다.

(4) 항공화물운송장 발급

항공운송대리점은 화물을 인수한 후 송하인에게 항공화물운송장을 발행한다. 운임선불 조건일 경우에는 운송장의 발급 전에 송하인이 운임 및 제 수수료를 지불해야 하며, 후불조건인 경우에는 목적지에서 수하인이 화물인수 전에 지불한다.

(5) 화물 운송 및 인도

화물과 수하인용 운송서류는 동시에 수송되어 이를 목적지에 있는 대리점에서 인수하고 수하인에게 화물도착통지서(cargo arrival notice)를 보낸다. 수하인은 도착된 운송서류로서 수입통관절차를 밟는다.

6. 항공운송에 관한 국제조약

(1) 바르샤바 조약(Warsaw Convention)

항공운송에 관한 국제조약으로서는 바르샤바 조약이 1929년 10월 처음 제정되었다. 이 조약의 정식 명칭은 '국제항공운송에 관한 규칙의 통일을 위한 조약'(Convention for the Unification of Certain Rules relating to International Carriage by Air)인데, 항공사고에 대한 항공운송인의 손해배상책임한도를 설정하는 등 주로 항공운송인의 책임을 규정하고 있다.

(2) 헤이그 의정서(Hague Protocol)

항공기술의 발달로 바르샤바 조약을 개정한 헤이그 의정서가 1963년 8월부터 발효되고 있다. 이 의정서는 바르샤바 조약에서 설정한 항공운송인의 책임한도를 현실에 맞게 개정한 것으로 특히 여객에 대한 책임한도액을 인상하였다. 우리나라의 경우 1967년 10월부터 효력이 발생하고 있다.

(3) 몬트리올 협정(Montreal Agreement)

그 동안 미국은 헤이그 의정서에서 규정한 여객에 대한 항공운송인의 책임한도가 너무 낮아 이 의정서에 비준을 하지 않았다. 이에 따라 여객에 대한 책임한도와 책임원칙을 규정한 몬트리올 협정이 1966년 체결되었고 현재 미국을 비롯한 주요 국가의 항공사들이 여기에 가입되어 있다. 그러나 이 협정은 여객운송만을 규정하고 있기 때문에 화물운송의 경우 바르샤바 조약이 적용된다.

제 4 절 복합운송

1. 복합운송의 개념

복합운송(multimodal transport, intermodal transport, or combined transport)이라는 용어는 1929년 항공운송에 관한 바르샤바 조약 제4장 '복합운송에 관한 규정'에서 처음 사용되었다. 복합운송이란 출발지에서 최종 목적지까지 복합운송인이 전체 운송구간에 대하여 책임을 지고 두 가지 이상의 운송형태를 결합하여 운송하는 방식을 말한다. 이러한 일관운송(through transportation)의 전체적인 책임을 지는 주체가 바로 복합운송인(combined transport operator)이며, 복합운송인이 발행하는 복합운송계약의 증거서류를 복합운송증권이라고 한다.

복합운송은 이와 같이 상이한 운송형태의 결합이므로 운송을 위한 용기가 무엇인가 하는 것은 전혀 문제가 되지 않는다. 그러나 잡다한 물품을 한꺼번에 넣을 수 있는 용기를 사용하면 수송의 효율성을 더욱 높일 수 있고, 그러한 용기의 대표적인 것이 컨테이너와 팔레트이다. 이러한 연유로 실무적으로 복합운송은 컨테이너 운송을 의미하는 것으로 사용되기도 하고, 또한 컨테이너 복합운송이라는 표현을 쓰기도 한다.

2. 복합운송의 주요 경로

복합운송의 형태로는 일반적으로 해륙 복합운송과 해공 복합운송이 있으며, 해륙 복합운송에는 대륙과 해상을 잇는 교량역할을 하는 랜드 브리지 서비스(land bridge service)방식이 이용되고 있다. 랜드 브리지 서비스는 운송경비의 절감과 운송시간의 단축을 위한 것으로 대륙횡단의 육상운송을 이용하여 바다와 바다를 연결하는 운송서비스라고 할 수 있다.

(1) 시베리아 랜드 브리지(Siberia Land Bridge; SLB)

시베리아 철도를 이용한 대륙횡단수송은 1926년에 개발되어 TSR(Trans Siberia Railroad)로 시작되었으며, 2차 대전으로 중단되었다가 최근 들어 급속도로 발전하였다. 시베리아 랜드 브리지는 일본으로부터 대륙운송의 접점인 러시아의 나호트카(Nakhodka)나 보스토치니(Vostochny)까지 컨테이너선으로

그림 4-2 아메리카 랜드 브리지의 경로

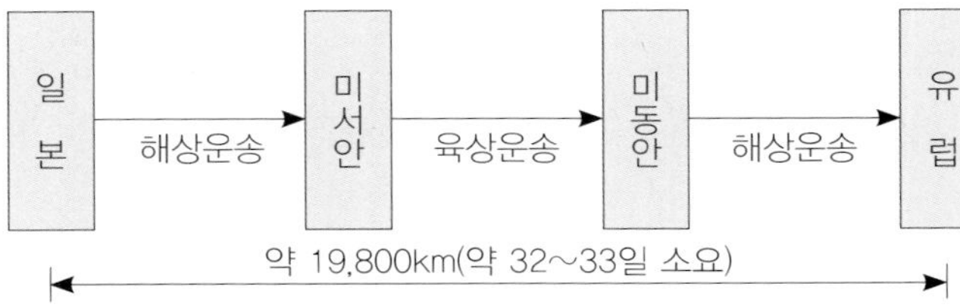

해상운송하고, 그 곳에서 시베리아철도에 의해 육상 운송한 후 유럽 또는 중동의 운송기관과 연결하여 목적지까지 운송하는 극동 · 유럽 · 중동간의 국제복합 일괄운송경로이다.

(2) 아메리카 랜드 브리지(America Land Bridge; ALB)

아메리카 랜드 브리지는 1860년대에 미 대륙을 횡단하던 'Rail Bridge'의 개념에서 출발하였으며, 극동-유럽 간 수송과 구별하기 위해서 아메리카 랜드 브리지라고 부르게 되었다. 아메리카 랜드 브리지는 극동과 유럽 간의 화물운송에서 미국대륙의 횡단철도로 중계하여, 극동-유럽 간의 화물을 컨테이너를 이용하여 일관 운송하고 있다.

(3) 미니 랜드 브리지(Mini Land Bridge; MLB)

미니 랜드 브리지는 극동과 미국 대서양연안이나 걸프 연안, 혹은 유럽과 미국 태평양연안의 항로에 있어서 태평양연안과 대서양연안 간에 대륙철도를 이용하는 운송경로이다. 미니 랜드 브리지 운송체제를 이용하면 운송거리가 단축되는 이점이 있는 반면에 해상운임은 대서양연안까지 직접 운송하는

그림 4-3 미니 랜드 브리지의 경로

그림 4-4 미국 경유 해공복합운송 방식의 경로

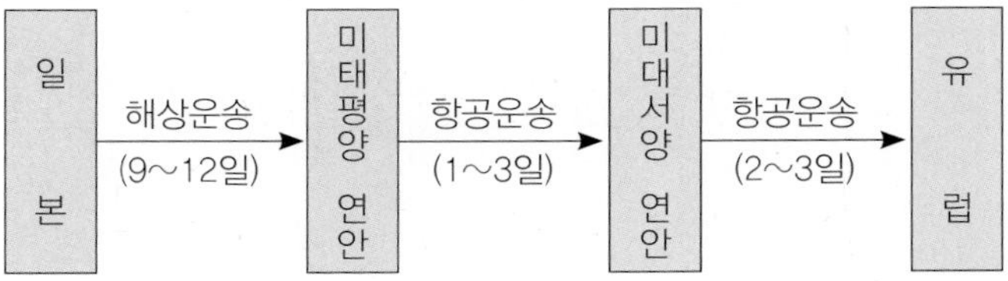

것과 동일한 수준이다.

(4) 해공복합운송의 경로

이 운송방식의 이점은 항공운송에서의 고운임률과 해상운송에서의 운송기간의 장기성을 극복할 수 있는 해공복합운송방식이라는 점에서 경제적이라고 할 수 있다. 즉 수송거리가 길수록 해상운송에 비하여 수송일수의 단축률이 높아지고, 또한 항공수송에 비하여 수송비도 낮은 편이다.

가장 일반적으로 행해지고 있는 해공복합운송경로로서는 세계 해상운송 중에서 가장 선편이 많은 일본–북미서해연안의 태평양항로에서는 해상운송을 이용하고, 미국내륙 및 대서양상에서는 항공운송을 이용하여 미국 중동부 및 유럽 각지로 수송하는 것이다.

3. 복합운송에 관한 국제조약

복합운송에 관한 국제조약으로서는 1971년 TCM 조약안이라고 하는 국제물품운송조약안이 유럽경제위원회의 정부간 해사자문기구의 합동위원회에서 제정되었다. 그러나 이 조약안은 하주의 이익이 충분히 보장되어 있지 않았다는 이유로 개발도상국 그룹이 반대하여 폐기되었다.[24)]

그 후 1973년 UNCTAD내에 국제복합운송조약초안 작성을 위한 정부간 준비위원회가 설치되어 하주의 이익 보호에 중점을 둔 국제복합운송조약(UN Convention on International Multi-modal Transport of Goods)이 채택되었다. 이 조약의 특징은 종래의 선주 중심의 법체계가 하주 중심의 법체계로 바뀐 것

24) TCM은 Project de Convention sur le Transport International Combine de Marchandises의 약어로 사용된 것이다.

이다. 그러나 이 조약은 아직도 선진국의 반발로 발효되지 못하고 있다.

한편 국제상업회의소에서는 1973년 '복합운송증권을 위한 통일규칙'(Uniform Rules for a Combined Transport Document)을 제정했는데 이 규칙은 1991년 말까지 적용되어 오다가 UNCTAD/ICC 규칙으로 대체되었다. UNCTAD/ICC 규칙은 1988년 두 기구의 합동작업반에서 헤이그 규칙, 헤이그-비스비 규칙, 복합운송증권을 위한 통일규칙 등을 기초로 제정한 복합운송증권에 관한 국제규칙을 말하는데 지금까지 사용되고 있다.

4. 복합운송증권

(1) 복합운송증권의 개념

컨테이너에 의한 복합운송이 급격히 발달하면서 항구에서 항구간의 종래의 운송구간이 확장되어 문전에서 문전까지의 일관된 운송이 보편화되고 이에 발맞추어 전 운송구간을 커버할 수 있는 새로운 운송증권이 필요하게 되었다. 종래의 선하증권은 해상운송구간의 특유한 수요에 응한 것이기 때문에 육 · 해 · 공이 복합된 운송에는 부적합한 것이 되었고 따라서 실무계의 필요에 의하여 복합운송증권이 등장하게 되었다. 복합운송증권은 복합운송에 의하여 물품이 인수된 것과 계약상의 조항에 따라 물품을 인도할 것을 약속한 복합운송계약을 증명하는 증권이다.

(2) 복합운송증권의 형태

가) 선하증권 형태의 복합운송증권

이는 기존의 선하증권에 복합운송을 의미하는 명칭을 붙인 'Multimodal Transport B/L', 'Combined Transport B/L', 'Intermodal Transport B/L', 'Through B/L' 등과 같은 형태의 복합운송증권을 말하는데 이 중 통운송(through transport)에서 사용된 통과선하증권이 제일 먼저 이용되었다.

통운송의 관행은 증기선의 발달로 정기무역항로가 형성되기 시작한 19세기 말경부터 이미 존재했었다고 한다. 통운송이란 선적지로부터 도착지까지의 하나의 운송계약에 여러 운송인이 관여하여 서로 연접하여 운송을 완료하는 운송형태를 말하며, 이러한 통운송 계약에 한하여 발행하는 것이 통과선하증권이다.

통과선하증권은 앞서 설명한 바와 같이 최초의 운송업자가 모든 구간의 운송에 대하여 책임을 지기 때문에 책임원칙의 규명에 있어서는 간단하다. 그러나 통과선하증권은 해양선하증권의 일종이기 때문에 반드시 선박회사나 그 대리인에 의해서 발행되어야 한다. 따라서 최초의 운송구간이 해상운송일 경우에만 통과선하증권이 사용될 수 있게 되어 모든 복합운송을 수용할 수 없는 한계점이 있다.

나) Combined Transport Document(CTD)

CTD는 국제상업회의소에서 1975년에 제정한 '복합운송증권에 관한 통일규칙'에서 사용되는 복합운송증권이다. CTD는 모든 복합운송구간을 포괄하기 때문에 각 운송구간에 대한 별도의 운송서류가 필요 없으며, 유통 가능한 형태와 유통 불가능한 형태로도 발행된다.

다) Multimodal Transport Document(MTD)

이는 앞서 설명한 국제복합운송조약에서 창안된 복합운송증권인데 그 조약이 아직까지 발효되지 못하고 있기 때문에 실제 사용되는 경우는 없지만 복합운송증권을 복합운송인에 의하여 물품이 인수된 것과 계약상의 조항에 따라 물품을 인도할 것을 약속한 복합운송계약을 증명하는 증권으로 규정하고 있다(제1조 4항). 조약의 법체계가 하주중심이기 때문에 MTD는 복합운송인에 대하여 엄격한 책임원칙을 정하고 있는 것이 특징이라 할 수 있다.

(3) 복합운송증권의 특징

복합운송증권의 특징을 살펴보면 다음과 같다.

첫째로, 도로, 철도, 내수로, 해상 또는 항공운송이 결합된 복합운송이 상이한 운송인에 의하여 이루어지더라도 복합운송증권은 처음부터 끝까지 전 운송구간을 커버하는 서류이다.

둘째로, 복합운송증권은 하주에게 통운송의 전체적인 책임을 지고, 어느 구간에서 발생하였든 화물의 멸실이나 손상에 대해 책임을 지는 것을 명시하고 있는 서류이다.

셋째로, 복합운송증권은 본선 적재 전에 복합운송인이 수탁 또는 수취한 상태에서 발행되는 서류이다.

마지막으로 복합운송증권은 선하증권과는 달리 운송인뿐만 아니라 운송주선인에 의해서도 발행된다.

제5장

해상보험

국제무역에서 해상보험이라는 제도가 언제부터 사용되었는지는 정확히 알 수 없으나, 대개 14세기 후반경부터 현대 보험에서 말하는 해상보험이 이탈리아 지중해를 중심으로 발달한 것으로 보고 있다. 해상보험은 해상운송 도중에 일어나는 사고에 대해서 보험자가 손해를 보상하여 줄 것을 약속하고 피보험자는 그 대가로서 보험료를 지불할 것을 약속하는 손해보험의 일종이다. 그러나 해상보험은 비단 해상운송에서 발생하는 손해만 대상으로 하지 않고 육상운송에서 발생하는 손해까지 보상하고 있어 오늘날의 해상보험은 국제무역에서 없어서는 안 될 중요한 기능을 수행하고 있다. 이 장에서는 해상보험의 주요 원리와 협회적하약관 그리고 해상보험계약체결에서 보험금 청구까지의 내용을 살펴보기로 한다.

제 1 절 해상보험의 개요

1. 해상보험의 유래

국제무역에서 해상보험이라는 제도가 언제부터 사용되었는지는 정확히 알 수 없으나, 대개 14세기 후반경부터 현대 보험에서 말하는 해상보험이 이탈리아 지중해를 중심으로 발달한 것으로 본다. 세계 최초의 해상보험법인 바르셀로나 법령(Barcelona law)이 1435년에 제정되었고, 1523년에 공포된 보험과 해손에 관한 프로렌스시 조례(ordinances of the city of Florence) 부칙이 현재 사용되고 있는 로이즈 보험증권과 그 양식이 가장 유사하다 하여, 프로렌스시 조례 부칙을 현대 해상보험의 시초로 보는 견해가 지배적이다.

그러나 현재 보험업계에서는 비단 해상보험뿐만 아니라 모든 보험에서 이제 영국의 로이즈(Lloyd's)를 연상하게끔 보험의 대명사가 된 이 로이즈는 '에드워드 로이드'(Edward Lloyd: 1618~1712)가 1688년에 영국 템즈 강변의 '타워스트리트'(Tower Street)에 개점한 커피숍으로 거슬러 올라간다. 이 로이즈 커피숍은 부두에 가까워서 모든 해운업자들의 집합 장소가 되어 해운에 관계하는 자들 간에 어떤 배가 출항해서 언제까지 무사히 귀항할 수 있나 없나를 내기(wager)한 데서부터 해상보험의 유래가 시작된다.

이와는 달리 오늘날의 회사조직을 갖춘 보험회사는 17세기말 영 · 불전쟁의 영향을 받아, 1720년 영국에서 'London Assurance Corporation'과 'Royal Exchange Corporation'의 두 개의 회사가 설립되면서 발전되기 시작하였다. 그 후 1824년 두 회사에 의한 해상보험 독점에 관한 법률이 폐지됨을 계기로 많은 보험회사가 설립되면서, 로이즈와 더불어 해상보험의 중심이 되었다.

2. 해상보험의 의의

해상보험이란 해상운송 도중에 일어나는 사고에 대해서 보험자가 손해를 보상하여 줄 것을 약속하고 피보험자는 그 대가로서 보험료를 지불할 것을 약속하는 손해보험의 일종이다.

영국해상보험법(Marine Insurance Acts; MIA, 1906) 제1조[1]에는 "해상보험계

1) 해상보험은 영국을 중심으로 발전되어 왔기 때문에 전통적으로 해상보험에 관해서는 영국의 법

약은 보험자가 피보험자에 대하여 그 계약에 의해 합의된 방법과 범위 내에서 해상손해, 즉 해상사업(marine adventure)에 수반하여 발생하는 손해를 보상할 것을 약속하는 계약이다"라고 되어 있어, 해상보험계약은 손해보상을 전제조건으로 하는 일종의 손해보상계약(a contract of indemnity)이다.

해상위험(maritime perils)이란, 항해중 발생하는 우연한 사고를 말하며, 우연이란 그 발생이 가능하지만 불확실한 것을 말한다. 또한 해상사업은 해상에서 영리를 목적으로 행하는 상업적 행위를 말하며, 해상보험의 주요 대상물은 선박과 화물이다.

원래 해상보험은 화물이 운송수단에 선적되어지는 시점부터 양륙항에서 양하될 때까지를 보호하였다. 그러나 영국해상보험법 제2조에서는 "해상보험계약은 그 명시된 특약 또는 상관습에 의해 그 담보의 범위를 확장해서 해상 항해에 수반하는 내수로(inland waters) 또는 육상 위험의 손해에 대하여서도 피보험자를 보호할 수 있다"라고 규정하여 사고가 발생하는 지점이 반드시 해상이 아니라도 됨을 시사하고 있다. 따라서 해상운송과 연속하여 육상운송이 개시되더라도 별도로 육상운송보험계약을 체결할 필요 없이 해상보험계약만으로도 전 구간에 대한 보험계약의 체결이 가능하다.[2)]

3. 해상보험계약의 당사자

해상보험계약의 당사자는 이해관계에 따라 다음과 같이 구분된다.

(1) 보험자(Insurer, Assurer)

보험자는 보험료를 받아 해상위험을 부담하는 자를 말하며, 우리나라에서는 전부 법인체인 보험회사(insurance company)로 되어 있으나, 영국에서는 로이즈와 같은 개인보험업자(underwriter)도 있다.

률과 관습이 적용되고 있다. 해상보험에 관한 대표적인 영국법은 영국해상보험법이며 이 법은 1906년까지 사용해 오던 해상보험에 관한 관습이나 보편적인 원리를 거의 수용하고 있어 아직까지도 영국해상보험의 체계를 이루고 있다. 그리고 대부분의 국가들도 이 법을 원용하여 자국 해상보험법률의 모체로 삼고 있다.

2) 따라서 해상보험은 육상위험까지 확장 담보하도록 되어 있어 해상 및 육상 혼합보험의 성격을 띠고 있다.

(2) 보험계약자(Policy Holder)

이는 보험자와 보험계약을 체결하고 보험료를 지불하는 자를 말한다.

(3) 피보험자(Insured, Assured)

보험목적물에 대하여 경제적 이해관계를 가짐으로써 이 재산에 손해가 발생하면 보험자로부터 보상을 받는 자이다. 여기서 보험계약자와 피보험자는 매매계약 조건에 따라서 동일인이 될 수도 있고 다른 사람이 될 수도 있다.

CIF 계약에서는 수출업자가 보험계약자가 되고 수입업자는 피보험자가 되므로 보험계약자와 피보험자가 다르다. 그러나 실제로는 수출업자가 자기를 피보험자로 하여 보험계약을 체결하여 보험자로부터 보험증권을 입수한 후 배서하여 수입업자에게 양도하는 형식을 취한다. 한편, FOB 계약인 경우에는 처음부터 수입업자가 자기를 피보험자로 하여 보험자와 보험계약을 한다. 그러므로 수입업자가 보험계약자인 동시에 피보험자가 된다.

4. 피보험이익

(1) 피보험이익(Insurable Interest)의 의의

영국해상보험법 제4조에 도박이나 사행(射倖)을 위해 보험의 목적물과 하등의 이해관계 없이 이루어지는 보험계약은 무효라고 규정하고 있는 것처럼 보험계약이 성립되기 위해서는 반드시 피보험자가 보험의 목적물과 재산상의 이해관계가 있어야 한다. 이런 재산상의 이해관계로 인하여 보험목적물에 대해서 특정인이 보험계약을 체결할 수 있고(insurable), 이로 인하여 불확실한 미래의 사고로부터 재산상의 손실을 보상받을 수 있는 이익을 피보험이익이라고 한다.

다시 말하면 보험이 보호하는 대상은 선박이나 화물과 같은 어떤 물체 그 자체가 아니라 이와 같은 보험의 목적물에 대하여 특정인이 갖는 이해관계이며, 이 이해관계가 보험계약의 목적이며 또한 피보험이익이 되는 것이다. 해상보험은 화물과 같이 형체를 갖는 유형물체만 부보하는 것이 아니고, 책임 · 비용 · 이윤과 같은 무형의 재산도 부보될 수 있다.[3]

3) 부보(付保)는 보험에 붙인다는 즉 보험계약을 체결하다는 의미이다.

(2) 피보험이익의 당사자

해상보험에서 피보험이익을 가질 수 있는 대표적인 이해관계자는 대략 다음과 같다.[4]

가) 선 주

선주(shipowner)는 자신이 소유하고 있는 선박에 대해서 각종의 피보험이익을 누릴 수 있다. 선주는 선박의 소유이익의 주체로서 피보험이익을 가질 수 있고, 항해를 준비하고 수행하는 과정에서 지불하는 연료 · 식량 · 기타 소모품의 구입비나 세관 제비용 등 선박비용(disbursement)에 대해서도 피보험이익을 가질 수 있다.

여기서 선박이란 단순히 선체(hull)만을 의미하는 것이 아니라 배의 한 부분이나 부속물인 보일러, 엔진, 연료 등과 선박을 운행하는 선원들의 일용품까지도 포함하는 것으로 간주한다.[5]

나) 하 주

해상보험에서 하주(cargo−owner)는 대표적인 피보험이익의 당사자이다. 수출업자나 수입업자는 선하증권 또는 용선계약에 따라 선박에 의하여 운송되는 모든 종류의 적하를 화물(goods)이라는 통괄적인 명칭으로 적하보험계약을 체결할 수 있다. 이 경우 대개 화물 가액의 10%를 희망이익(expected profit)으로 간주하여 함께 보험에 붙인다. 화물의 예상이익이란 그 항해가 무사히 끝나 도착지에서 화물을 판매 또는 전매함으로써 얻어질 수 있는, 즉 기대되는 이익을 의미한다.

다) 운임취득자

운임(freight)은 운송행위의 완성에 대하여 지불하는 보수이다. 따라서 해상사고가 발생하여 운송이 중단되면 운임을 받지 못하게 되므로[6] 운임취득자도 운임에 대한 피보험이익을 누릴 수 있다.

만약 선주가 최종 목적항에 화물을 도착시켜 인도하여야 운임을 취득하는

---

4) 보험계약의 효력이 발생하기 위한 피보험이익의 요건은 ① 법률이나 금지규정 및 공서양속에 위반되지 않는 합법성, ② 객관적인 재산의 가치를 가지며 금전적으로 계산 · 평가할 수 있는 경제성, ③ 피보험목적물과 피보험자의 이해관계가 보험계약의 한 요소로서 확정되거나 확정될 수 있는 확실성 등을 갖추어야 한다.

5) 영국해상보험법 제1부칙 보험증권해석에 관한 규칙(Rules for Construction of Policy) 15항.

6) 선박회사는 불가항력의 사유로 계약물품을 목적지까지 운송해 주지 못하였을 경우에도 '*pro rata itineris peracti*'라는 제도에 의해 운송해 준 부분만큼의 운임을 받을 수 있다.

운임도착지불(freight collect)조건이면 선주가 운임에 대한 피보험이익을 갖는다. 반면 운임선불(freight prepaid)일 경우에는 비록 운송행위가 완성되지 못하더라도 선불한 운임은 반환되지 않으므로 이 경우에는 하주가 운임에 대한 피보험이익을 갖게 된다.

라) 보험자

보험자가 다시 피보험자의 입장에서 다른 보험자와 재보험(reinsurance)계약을 체결할 경우 보험자는 자기가 인수한 금액만큼 피보험이익을 가지게 된다. 영국의 해상보험법 제9조에서는 해상보험계약을 체결한 보험자는 자기가 인수한 금액만큼 피보험이익을 가지며, 그에 대해서 재보험계약을 체결할 수 있음을 규정하고 있다.

(3) 피보험이익의 평가

피보험자가 보험목적물에 대해 경제적 이해관계가 있어 보험계약을 체결할 수 있다 하더라도 무한정 체결할 수 있는 것이 아니라 경제적 이해관계만큼 체결해야 하므로 피보험이익에 대한 평가가 따라야 한다.

가) 보험가액

보험가액(insurable value)은 보험계약이 체결될 수 있는 금액을 말하는데 이는 선박이나 화물 등 보험목적물의 실제 가치를 뜻한다고 볼 수 있다. 따라서 이 금액은 피보험자가 보험에 가입할 수 있는 최고의 한도액을 뜻한다. 보험가액을 정확하게 평가하는 것은 기술적으로 어렵기 때문에 보험계약을 체결할 때 보험자와 보험계약자 간에 보험가액을 협정하기도 한다.[7] 당사자 간에 합의된 협정보험가액은 보험가액불변의 원칙에 따라 보험기간 동안 일정액으로 고정되며 실제 보험목적물의 시가(時價)가 급등하더라도 협정보험가액에는 영향을 미치지 않는다.

나) 보험금액

보험금액(insured amount)은 피보험자가 실제로 보험에 가입한 금액을 뜻하는데, 이것은 보험자가 보상해 주는 최고의 보상액이 된다. 보험금액은 보험자가 보상해 주기로 약속한 최고의 금액이기 때문에 보험사고가 발생할 경우 보험자는 보험금액의 범위 내에서 보상한다. 이와 같이 보험금액은 보험자의

7) 이 가액을 협정보험가액(agreed value)이라 하며 보험목적물의 협정보험가액이 기재된 보험증권을 기평가보험증권(valued policy)이라 한다(영국해상보험법 제27조 2항).

보상액과 직결되기 때문에 보험료 산정의 기준이 된다. 따라서 보험가액이 높게 평가되더라도 보험료의 부담을 피하기 위하여 보험금액을 낮게 산정하면 그만큼 보상액도 낮아진다.

다) 보험가액과 보험금액의 관계

① 전부보험(full insurance): 전부보험은 보험가액과 보험금액이 일치하는 경우를 말한다. 보험목적물의 실제 가치 모두를 보험에 붙인 경우인데, 당사자 간에 보험가액이 협정되고 협정보험가액을 보험금액으로 하여 보험계약을 체결하면 전부보험이 된다. 전부보험에서는 보험자가 발생한 손해액을 보험가액의 범위 내에서 전액 보상하기 때문에 이상적인 보험의 형태이다. 해상적하보험은 대부분 전부보험에 해당된다.[8)]

② 일부보험(under insurance): 일부보험은 보험목적물의 가액 일부만을 보험에 붙인 경우이다. 따라서 보험가액이 보험금액보다 크게 된다. 일부보험을 이용하는 이유는 보험료를 절감하여 비용지출을 줄이기 위해서지만 완전한 보상이 안 된다.

③ 초과보험(over insurance): 초과보험은 보험금액이 보험가액을 초과하는 경우이므로 보험목적물의 실제 가치 이상으로 보험계약을 체결하는 것이다. 초과보험은 선의의 경우를 제외하고 모두 무효가 된다.

5. 해상보험의 주요 원리

해상보험의 원리는 일반 보험의 원리와 유사하지만, 해상보험에서 특히 강조되는 몇 가지 특성을 살펴보면 다음과 같다.

(1) 피보험자의 고지의무

해상보험은 다른 일반보험과는 달리 보험계약체결의 대상이 되는 적하나 선박에 대한 보험자의 실사가 병행되지 않기 때문에 피보험자가 제공하는 상황만을 토대로 보험료가 산정되어 계약이 체결된다.

따라서 피보험자는 계약체결 시에 자기가 알고 있는 모든 중요한 사항(material circumstances)을 보험자에게 최대선의(utmost good faith)의 원칙에 입각하여 고지하여야 한다. 만약 피보험자가 이러한 고지(disclosure) 의무를 소

8) CIF 조건과 CIP 조건에서는 Incoterms의 규정에 따라 CIF 금액 및 CIP 금액의 110%를 보험금액으로 하고 있다.

홀히 하게 되면, 그 사항이 중요한 사항일 경우 보험자는 재량에 따라 보험계약을 취소할 수 있다(영국해상보험법 제17조).

특히 보험료의 산정이나 보험계약의 성립 여부에 영향을 미칠 수 있는 사실은 소위 중요한 사항에 속하기 때문에 피보험자는 이를 반드시 고지하여야 한다.[9] 그러나 위험을 감소시키는 요인이나 보험자가 사실상 알고 있는 것으로 간주되는 사항 또는 보험자가 별도로 고지의무를 면제한 사항 등은 고지할 필요가 없다(영국해상보험법 제18조).[10]

(2) 담보준수의무

해상보험에서 담보(warranties)는 피보험자가 지켜야 할 약속을 의미한다. 영국해상보험법 제33조에 의하면, 담보는 약속적인(promissory) 조건을 의미하는 것으로, 즉 피보험자가 특정한 사실을 행하거나, 행하지 않을 것을 약속하거나 특정한 조건이 충족될 것을 약속하거나, 또는 특정한 상황의 존재를 긍정하거나 부정하는 약속을 뜻한다. 이와 같이 담보는 피보험자의 약속이기 때문에 담보내용의 중요성에 상관없이 반드시 지켜져야 하며, 만약 피보험자가 담보조건을 위반하였을 경우에는 그 시점부터 보험계약은 자동적으로 무효가 된다.[11]

가) 명시담보

명시담보(express warranties)는 'Warranted surveyed before shipment'와 같이 보험증권상에 담보의 내용이 문언으로서 기재되어 있거나, 또는 담보의 내용이 별도로 인쇄된 서류가 보험증권상에 첨부되어 있을 경우를 말한다.

해상적하보험에서는 주로 피보험목적물의 안전에 관한 담보를 많이 하는데 만약 특정한 기간 동안 피보험목적물이 안전한 상태(good safety) 하에 있을 것을 조건(담보)으로 보험계약이 체결될 경우 그 기간 동안 안전하면 담보는 충족된 것으로 간주한다.

---

9) 적하보험에서는 운송선박명, 화물의 종류, 포장상태, 적부방법, 항로 환적 여부 등이 중요한 사항에 속한다.

10) 최종목적지에서의 하역방법, 통상적으로 인정되는 갑판적 운송화물(on deck cargo) 등은 보험자가 이미 알고 있는 사항으로서 간주되는 선례가 있다.

11) 담보의 위반은 그 내용에 상관없이 보험계약이 취소될 수 있지만, 고지의무의 위반은 반드시 위반사항이 중요한 사항에 해당되어야만 계약이 취소될 수 있다. 따라서 미고지 사실이 있다고 하더라도, 이 사실이 중요사실임을 보험자가 입증하지 못하면 보험금은 지급된다.

나) 묵시담보

묵시담보(implied warranties)는 비록 보험증권에 명시되어 있지는 않으나, 피보험자가 묵시적으로 제약을 받지 않으면 안 될 담보조건을 의미한다. 묵시담보의 대표적인 것으로는 내항성담보(warranty of seaworthiness) 및 적법담보(warranty of legality)의 두 가지가 있다. 보험목적물이 선박인 경우 전자는 특정 항해를 감당할 능력을 갖춘 상태를 말하며, 후자는 해상사업이 합법적이어야 하며, 불법적이어서는 안 된다는 것을 의미한다.

(3) 근인주의

해상보험은 손해보상을 전제조건으로 하지만, 보험자가 보상해 주는 손해는 반드시 보험증권상 담보된 위험이거나 담보되는 위험에 근인(近因)하여 발생하여야 한다. 즉, 근인(proximate cause)은 고려하고 원인(遠因; remote cause)은 고려하지 않는다는 절대원칙[12]에 따라 보험자는 담보위험(insured perils)에 근인하여 발생한 손해에 대해서만 보상할 책임이 있다는 원칙을 근인주의라 한다(영국해상보험법 제55조).

오늘날 근인은 반드시 시간적으로 사고 발생 시각에 가까운 원인만을 뜻하는 것은 아니며, 특정 사고를 야기시킨 가장 직접적이고 지배적인 원인을 뜻한다. 따라서 실질적으로 사고를 유발시킨 가장 중요한 원인이 담보위험에 속하면 보험자는 보상할 책임이 있다.

(4) 소급보상의 원칙

소급보상은 일반 보험에서는 찾기 힘든 해상보험의 독특한 특징으로서 보험계약이 체결되기 전에 발생한 손해일지라도 계약당사자들이 계약체결 시 그 발생 여부에 대해서 알지 못하였다면 유효한 것으로 해석되어 보험자가 그 위험을 부담하는 것을 의미한다.

해상보험의 소급약관(lost or not lost clause)은 손해 발생의 사실 또는 항해 무사고 종료의 사실을 알지 못하였음을 전제로 하는 보험계약의 신의 · 성실주의에 입각한 것으로 보험계약의 효력을 계약 성립 이전까지 소급시키는 것을 말한다.

영국해상보험법 제6조 (1)에 의하면 "보험 목적물의 멸실 여부를 불문한다

12) 이러한 원칙을 '*causa proxima non remota spectatur*'이라 한다.

(lost or not lost)는 조건으로 부보될 경우 피보험자는 손해가 발생할 때까지 피보험이익을 취득하지 않더라도 그 손해에 대한 보상을 보험자로부터 받을 수 있다. 그러나 보험계약 당시에 피보험자가 손해가 발생한 사실을 알고 있으나 보험자는 모르고 있을 경우 손해에 대한 보상을 받지 못한다"라고 규정하고 있다.

6. 해상보험증권

(1) 해상보험증권의 양식

해상보험증권은 1779년 로이즈 보험자(Lloyd's underwriters) 총회에서 그때까지 사용되어 오던 여러 가지 양식의 보험증권을 통일한 'Ship and Goods Form'의 보험증권이 영국해상보험법 부록에 표준해상보험증권으로 채택됨으로써 공식적으로 사용되었으며, 이 보험증권에 포함된 내용은 오늘날까지도 해상보험의 골격을 이루고 있다.

그 동안 영국의 로이즈 보험에서는 표준 S.G. 형태 보험증권(Standard S.G. Policy Form), 그리고 회사형태의 보험회사들은 주로 ILU 회사용보험증권(The Institute of London Underwriters, Companies' Combined Policy)을 사용하여 왔는데, 1981년 UNCTAD에서는 기존의 해상보험증권은 그 약관의 문장이나 단어가 고어체와 낙후된 부분이 많아 이용자들에게 많은 불편을 주는 관계로 내용이 간단 명료하고 세계 각국에서 공통적으로 사용할 수 있는 해상보험증권의 개정안을 발표하였다. 이에 대응하여 영국의 보험업자들은 신양식, 즉 'New Lloyd's Marine Policy Form' 및 'New ILU Marine Policy Form'을 제정하였다.

(2) 해상보험증권의 기재사항

우리나라의 보험회사가 사용하고 있는 신양식의 해상보험증권은 그 상단에 보험증권상에 기재되어야 할 사항이 열거되어 있다. 영국의 해상보험법 제22조에 의하면 보험계약의 내용은 성문화되어 해상보험증권에 구현되지 않으면 증거로서 인정되지 않는다고 규정하고 있는데, 보험증권상에 구현되어야 할 주요 내용은 다음과 같다.

▶ **서식 5-1** 해상보험증권

SsangYong Fire & Marine Insurance Co., Ltd.

HEAD OFFICE : 60, DORYUM-DONG, CHONGRO-KU, SEOUL, KOREA

K. P. O. Box 295
TELEPHONE:(02)724-9000
FACSIMILE:(02)735-4218

MARINE CARGO INSURANCE POLICY

Assured(s). etc

Policy No.

Ref. No

Claim, if any, payable at:

Amount Insured

Survey should be approved by:

Conditions : Subject to the following Clauses as per back hereof

Ship or Vessel

Sailing on or about

at and from / transhipped at

arrived at / thence to

Subject-matter Insured

ORIGINAL
DUPLICATE UNPAID

INSTITUTE CLASSIFICATON CLAUSE.
INSTITUTE RADIOACTIVE CONTAMINATION EXCLUSION CLAUSE.
ON-DECK CLAUSE. (APPLYING TO ON-DECK CARGOES)
SPECIAL REPLACEMENT CLAUSE (APPLYING TO MACHINERY)
SPECIAL REPLACEMENT CLAUSE FOR SECONDHAND MACHINERY (APPLYING TO USED MACHINERY)
LABEL CLAUSE (APPLYING TO LABELLED GOODS)
Co-insurance Clause (applicable in case of Co-insurance)

대한민국정부
인 지 세
1 0 0 원
광화문 세 무 서
인쇄승인 제98-003호

TRANSIT TERMINATION CLAUSE(30 DAYS) [(A)/(B)]
applicable only for cargoes imported to Korea
It is specially understood and agreed that the words "60 days" in [(C)/8] of the paragraph of the transit Clause of the Institute Cargo Clauses are substituted by the words "30 days"

Place and Date signed in

Numbers of Policies issued

For the use only with the Marine Policy Form

Notwithstanding anything contained herein or attached hereto to the contrary, this insurance is understood and agreed to be subject to English law and practice only as to be liability for and settlement of any and all claims.

This insurance does not cover any loss or damage to the property which at the time of the happening of such loss or damage is insured by or would but for the existence of this Policy be insured by any fire or other insurance policy or policies except in respect of any excess beyond the amount which would have been payable under the insurance not been effected.

We, **SSANGYONG FIRE & MARINE INSURANCE CO.,LTD.** hereby agree, in consideration of the payment to us by or on behalf of the Assured of the premium as arranged, to insure against loss damage liability or expense to the extent and in the manner herein provided.

In Witness whereof, I the Undersigned of **SSANGYONG FIRE & MARINE INSURANCE CO.,LTD.** on behalf of the said Company have subscribed My Name in the place specified as above to the policies, the issued numbers thereof being specifed as above, of the same tenor and date, one of which being accomplished, the others to be void, as of the date specified above.

For the use only with the Old Marine Policy Form

1. Warranted free of capture, seizure, arrest restraint or detainment, and the consequences thereof or of any attempt thereat ; also from the consequences of hostilities or warlike operations, whether there be a declaration of war or not ; but this warranty shall not exclude collision, contact with any fixed or floating object (other than a mine or torpedo), stranding, heavy weather or fire unless caused directly (and independently of the nature of the voyage or service which the vessel concerned or, in the case of a collision, any other vessel involved therein, is performing) by a hostile act by or against a belligerent power ; and for the purpose of this warranty "power" includes any authority maintaining naval, military or air forces in association with a power.
Further warranted free from the consequences of civil war, revolution, rebellion, insurrection, or civil strife arising therefrom, or piracy.

2. Warranted free of loss or damage

(a) Caused by strikers, locked-out workmen, or persons taking part in labour disturbances, riots or civil commotions;

(b) resulting from strikes, lock-outs, labour disturbances, riots or civil commotions.

3. Should the risks excluded by Clause 1 (F.C. & S. Clause) be reinstated in this Policy by deletion of the said Clause, or should the risks or any of them mentioned in that clause or the risks of mines, torpedoes, bombs or other engines of war be insured under this Policy, Clause (b) below shall become operative and anything contained in this contract which is inconsistent with Clause(b) or which affords more extensive protection against the aforesaid risks than that afforded by the Institute War Clauses relevant to the particular form of transit covered by this insurance is null and void.

(b) This policy is warranted free of any claim based upon loss of, or frustration of, the insured voyage or adventure caused by arrests restraints or detainments of Kings Princes Peoples Usurpers or persons attempting to usurp power.

The descriptions to be inserted in the following clauses are shown as above *Be it known that* as well in his or their own Name, as for and in the Name and Names of all and every other Person or Persons to whom the same doth, may, or shall appertain, in part or in all, doth make Assurance, and cause himself or themselves and them and every of them, to be Assured, lost or not lost, at and from upon any kind of Goods and Merchandises, in the good Ship or Vessel called the whereof is Master, for this present Voyage, or whosoever else shall go for Master in the said Ship, or by whatsoever other Name or Names the said Ship, or the Master thereof, is or shall be named or called, beginning the Adventure upon the said Goods and Merchandises from the loading thereof aboard the said Ship as above, and shall so continue and endure during her abode there, upon the said Ship, &c.; and further, until the said Ship, with all her Goods and Merchandises whatsoever, shall be arrived at and upon the Goods and Merchandises until the same be there discharged and safely landed: and it shall be lawful for the said Ship, &c., in this Voyage to proceed and said to and touch and stay at any Ports or Places whatsoever without Prejudice to the Assurance. The said Goods and Merchandises, &c., for so much as concerns the Assured by Agreement between the Assured and Assurers in this Policy are and shall be valued at TOUCHING the Adventures and Perils which the said Company are contented to bear and do take upon themselves in this Voyage, they are, of the Seas Men-of-War, Fire, Enemies, Pirates, Rovers, Thieves, Jettisons, Letters of Mart and Countermart, Surprisals, Takings at Sea, Arrests, Restraints and Detainments of all Kings, Princes and People, of what Nation, Condition or Quality soever, Barratry of the Master and Mariners, and of all other Perils, Losses and Misfortunes that have or shall come to the Hurt Detriment or Damage of the said Goods and Merchandises, or any part thereof ; and in case of any Loss or Misfortune, it shall be lawful to the Assured, his or their Factors, Servants and Assigns, to sue, labour and travel for, in and about the Defence, Safeguard and Recovery of the said Goods and Merchandises, or any part thereof, without Prejudice to this Assurance ; to the Charges whereof the said Company will contribute. And it is especially declared and agreed that no acts of the Assurer or assured in recovering saving, or preserving the preoperty assured, shall be considered as a waiver or acceptance of abandonment. And it is agreed that this writing or Policy of Assurance shall be of as much Force and Effect as the surest Writing or Policy of Assurance made in London. And so the said Company are contented, and do hereby promise and bind themselves to the Assured, his or their Executors, Administrator, or Assigns, for the true Performance of the Premises ; confessing themselves paid the Consideration due unto them for this Assurance, at and after the rate of as arranged Per cent

N.B.-Corn, Fish, Salt, Fruit, Flour and seed are warranted free from Average, unless general, or the Ship be stranded: Sugar, Tobacco, Hemp, Flax, Hides and Skins are warranted free from Average, under Five Pounds per cent. ; and all other Goods, also the Ship and Freight, are warranted free from Average, under Three Pounds per cent., unless general, or the Ship be stranded, sunk or burnt. All questions of liability arising under this policy are to be governed by the laws and customs of England.
IN WITNESS whereof, I the Undersigned of The **SSANGYONG FIRE & MARINE INSURANCE CO.,LTD.** on behalf of the said company have subscribed my name in to Policies of the same tenor and date, one of Which being accomplished, the other to be void as of the date specified as above.

☞ In the event of loss or damage arising under this Policy, no claims will be admitted unless a survey has been held with the approval of this Company's Office or Agents specified in this Policy.

For **SsangYong Fire & Marine Insurance Co., Ltd.**

In case of loss or damage, please follow the "IMPORTANT" clause printed on the back hereof.

AUTHORIZED SIGNATORY

SFI-RJO-002

가) 피보험자의 성명

보험증권의 제일 첫 란에는 피보험자 또는 피보험자의 대리인의 성명을 기재하게 되는데, 여기서 대개가 수출업자가 수입업자를 위해 보험을 수배해 주는 관계상, 수출업자가 피보험자의 대리인으로 기재된다. 이와 같이 수출업자가 피보험자를 위해서 보험을 체결하고 자신이 배서함으로써 피보험이익이 수입업자에게 양도되는 것이므로 피보험자 성명 대신에 피보험자를 대신하여 보험을 부보한 수출업자의 성명이 기재되어도 좋다.

나) 선적항과 도착항

보험증권상에는 'at and from'으로 되어 있어 'from' 다음에 출발항(선적항)을, 그리고 그 다음의 'arrived at'란에 도착항을 기재하여 두 항구간의 운송을 보험에 붙인다는 뜻이 된다. 만일 이 기재란에 'at' 없이 'from'만 기재되는 경우에는 위험은 선박이 피보험 항해를 위하여 선적항을 출발할 때까지는 효력을 발생하지 않는다. 그러나 '특정 장소에 있어서 및 특정 장소로부터'(at and from)라는 조건으로 부보될 경우에는 선박이 계약체결 시 그 장소에 안전하게 있을 때에는 위험은 즉시 개시하며, 선박이 계약체결 시 그 장소에 없는 경우 위험은 선박이 그 장소에 안전하게 도착하는 즉시 개시한다.

다) 선박명

'Ship or Vessel'란에는 항해를 할 선박명을 기재하게 되며, 선박의 명칭과 상태는 해상위험에 직접 관계가 있는 것이므로 내항성을 가지고 있는 것이어야 하며, 선명의 기재에 있어서도 기선의 경우에는 선명 앞에 'SS'(steam ship), 동력선의 경우에는 'MS'(motor ship)라 기재하여야 하며, 해상운송화물이 도중에서 환적되는 경우에는 제1선과 제2선을 병기하여야 한다.

라) 출항예정일

'sailing on or about'란에 운송선박의 출항예정일을 기재한다. 화물을 정기선으로 운송할 경우에는 선박의 출항지와 도착일자가 사전에 고시되기 때문에 이 날짜를 기재하면 된다. 그러나 부정기선을 이용할 경우에는 선주와 하주 간에 출항일자를 조정하여 날짜를 기재한다.

마) 보험금액

보험증권의 'Amount Insured Hereunder'란에는 보험자와 보험계약자가 합의한 피보험목적물의 보험평가액을 보험금액으로 정하여 이를 기재하여야 한다. 보험금액의 최저액은 해당 물품의 CIF 또는 CIP 가격에 10%를 가산한 가격이어야 한다. 만일 피보험자가 보험평가액을 실제 CIF 가격에 비하여 지나치게 과대 책정한 경우에는 영국해상보험법 제17조의 보험의 상호 신의원칙에 위배되므로 이런 보험계약은 무효가 된다.

라) 보험목적물

해상보험에 있어서 보험목적물(subject-matter insured)은 주로 적하, 선박 및 운임 등이다. 적하보험의 경우에는 해당 선하증권상에 기재된 화물을 표시하여야 한다.

제 2 절 해상손해

1. 해상손해의 유형

해상손해(maritime loss)는 손해의 정도와 성격 및 손해부담자의 범위에 따라 [그림 5-1]과 같이 물적 손해와 비용손해로 구분된다.

물적 손해는 선박 · 화물 등과 같은 피보험목적물 자체의 직접 손실을 의미하며, 손해의 정도에 따라 전손과 분손으로 구분된다. 그리고 전손은 현실전손과 해상보험에만 국한되는 추정전손으로 구분되며 분손은 부담자의 성격에 따라 단독해손과 공동해손으로 구분된다.

비용손해는 피보험목적물의 손해와 관련하여 부수적으로 발생하는 비용으로서 여기에는 손해방지비용, 구조비용, 특별비용, 충돌손해배상금[13] 등이 있다.

2. 전 손

전손(total loss)이란 선박, 화물 등과 같이 피보험목적물 전부가 담보위험에 의해서 멸실되거나 손상정도가 심해서 구조나 수리비용이 부보된 금액보다 많은 경우다. 전손은 다시 현실전손과 추정전손으로 구분된다.

13) 충돌손해배상금과 공동해손의 분담책임은 비용손해의 성격보다는 제3자에 대한 배상책임손해(third party liability)로 분류되지만, 광의의 의미로는 모두 간접손해에 포함될 수 있다.

그림 5-1 해상손해의 관계

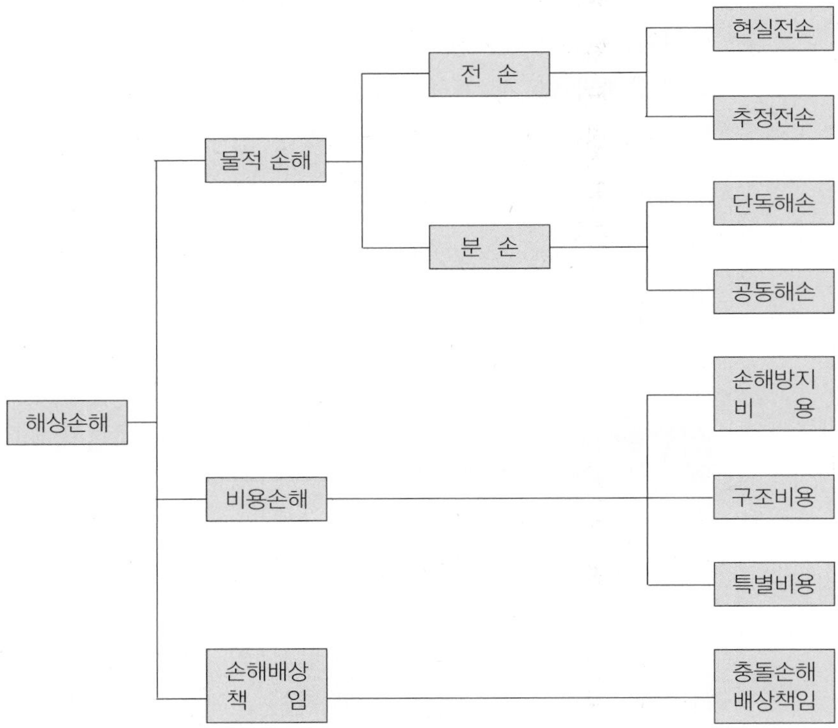

(1) 현실전손

현실전손(actual total loss)은 보험목적물이 파괴되어 상품가치[14)]가 완전히 없어질 정도로 손해를 입었을 때 또는 피보험자가 보험목적물의 점유권이 박탈되어 이를 회복할 수 없을 때 또는 위험에 당면한 선박이 행방불명이 되었을 때 또는 상당한 기간이 경과되어도 그 소식을 알 수 없을 때 성립되는 전손이다. 현실전손은 절대전손(absolute total loss)이라고도 한다.

(2) 추정전손

추정전손(constructive total loss)은 해상보험에서만 독특하게 인정되는 손해로서 위부행위가 성립될 경우 추정전손이 인정된다. 영국해상보험법 제60조

14) 예를 들어 침수로 인하여 적재화물인 시멘트가 완전히 고체화가 된다든지, 양곡에 바닷물이 스며들어 식용으로 사용되지 못하고 공업용으로만 이용될 경우를 말한다.

1항에 의하면 "추정전손은 피보험목적물의 현실전손이 불가피하다고 간주되거나 또는 현실전손을 면하기 위하여 비용이 발생할 경우에는 그 소요비용이 보험목적물의 가액을 초과할 것으로 예상되어 합리적으로 위부할 경우 성립된다"라고 규정되어 있다.

다시 말해서 추정전손은 보험의 목적물이 현실적으로는 전멸하지 않았으나 그 손해 정도가 심하여 종래 그 목적물이 가진 용도에 사용할 수 없게 되었을 때와 그 수선 및 수리비가 수선 후 그 목적물이 갖는 시가보다 클 때를 말한다.

(3) 위 부

추정전손이 인정될 수 있는 사유가 발생하였을 때 피보험자는 그 피보험목적물에 대해서 갖는 일체의 권리를 보험자에게 이전하고 대신 전손에 해당되는 보험금을 청구할 수 있는데 이것을 위부(委付 ; abandonment)라고 한다.

위부행위는 원래 유럽에서 16세기 후반에 처음 시행되어 그 후 세계 각국에서 널리 이용되어 오는 해상보험의 특유한 제도이다. 위부란 보험의 목적물이 전부 멸실될 것이 거의 확실하지만 이를 입증하기 곤란하거나 선박의 수선비가 수선한 후 시가보다 비싸게 견적이 나오거나, 선박 또는 적하가 나포되거나, 관의 처분에 의하여 6개월 이상 압수당하거나 선박이 행방불명과 같이 전부 멸실한 것과 동등시되는 경우에 피보험자가 부보 물품에 대하여 소유하는 일체의 권리를 보험자에게 이전하는 대신 보험금의 전부를 취득하게 되는 것이다. 다시 말하면 피보험자가 보험 손해를 추정전손으로 처리하기 위하여 피보험이익의 일체를 보험자에게 포기하는 행위가 곧 위부행위이다.

보험자는 추정전손의 부담을 결정할 때 피보험자로부터 위부 여부를 다짐하여야 하며, 피보험자는 위부의 뜻을 서면으로 표시하여야 한다. 이것을 위부서 또는 위부의 통지(notice of abandonment)라고 하며 만일 보험자가 위부를 승인하지 않을 때는 피보험자는 위부의 원인 및 불가피성을 증명할 의무를 지며, 그리고 위부가 보험자에 의해서 수락되지 않으면, 그 손해는 분손으로 처리된다.

(4) 대위권

보험자가 보험금을 지불한 경우 보험자는 피보험자를 대신해서 피보험이익에 대한 권리 및 제3자에 대한 피보험자의 권리를 취득하게 되는데 이렇게 취득한 권리를 대위권(right of subrogation)이라고 하며, 피보험자가 발행한 대위권 양도서에 의하여 보험금을 지급함으로써 그 효력이 발생하는데, 보험자가 취득한 대위권은 보험자가 지불한 보상액 한도 내에서만 유효하다.

3. 분 손

분손은 피보험목적물의 일부만이 손상을 입는 경우를 말하며, 전손이 아닌 손해는 모두 분손으로 간주된다. 또한 분손은 손해를 단독으로 부담하는가 이해관계자가 공동으로 부담하는가에 따라 단독해손과 공동해손으로 구분된다.

(1) 단독해손

영국해상보험법 제64조에 의하면 공동해손이 아닌 모든 분손(partial loss: average)은 단독해손(particular average)으로 처리되는데, 피보험목적물의 일부의 멸실이나 손상으로서 피보험목적물에 대하여 재산상의 이해관계를 갖는 자가 단독으로 부담하는 손해를 단독해손이라 한다. 이러한 단독해손은 해손정산인 협회에서 정해진 실무규칙에 따라 해손정산인들에 의해 그 손해액이 사정된다.

(2) 공동해손

공동해손(general average)은 여러 피보험목적물이 공동의 안전을 위하여 희생되었을 때 관련되는 이해관계자가 공동으로 그 손해액을 분담하는 손해를 말한다. 이러한 공동해손은 다른 손해의 성격하고는 본질적으로 차이가 나기 때문에 별도로 구분하여 다음에서 좀 더 상세히 살펴보기로 한다.

4. 비용손해

(1) 손해방지비용

손해방지비용(sue and labor charge)은 피보험자가 자신의 적하 등에 대한 손해방지의무를 이행하다가 피보험자가 입은 비용손해이다. 피보험자나 그의 대리인 또는 사용인은 손해방지나 경감조치를 취할 의무가 있으며, 이 의

무수행 과정에서 발생한 제 비용을 보험자는 부담해야 한다. 이 약관은 보험금액과는 별개의 보충 협정이므로 만일 손해방지행위가 실패로 돌아가 화물의 손해와 손해방지비용의 합계가 보험금액을 초과한 경우에도 보험자는 이를 보상하여야 한다.

(2) 구조비

구조비(salvage charge)라는 것은 구조계약에 의거하지 않고 구조자가 해상법상 회수할 수 있는 비용을 말하며, 이 비용은 보험자가 피보험자를 대신하여 구조자에게 지불하게 된다. 그러나 피보험자, 그 대리인 또는 보수를 받고 고용된 자의 구조 활동에 따른 비용은 보상되지 않는다. 앞의 손해방지행위의 주체는 피보험자 또는 그 대리인이지만 구조행위의 주체는 어디까지나 보험당사자(보험자와 피보험자)를 제외한 제3자이어야 한다.

(3) 특별비용

특별비용(particular charge)은 피보험목적물의 안전과 보전을 위하여 피보험자 혹은 그를 위하여 발생한 비용 중에서 공동해손과 구조비 이외의 비용을 말한다(영국해상보험법 제64조 2항).

특별비용은 손해방지비용과 거의 비슷한 성격을 띠고 있는데 실무적으로는 특별비용을 손해방지약관에 의해 보상되는 클레임이라고 표현하고 있어 사실상 동등한 것으로 간주하고 있다. 구태여 손해방지비용과 구분하는 것은 특별비용 중에는 양륙항에서 손해를 사정하기 위해 발생하는 검사비용(survey fee)이나 화물판매비용[15] 등과 같이 손해방지비용에 포함될 수 없는 순수한 특별비용이 포함되기 때문이다.

5. 공동해손

(1) 공동해손의 개념

공동해손(general average)이란 선박이나 화물이 해난에 직면하게 될 경우 선박 및 적하의 위험을 구조하기 위하여 선장의 책임으로 선박이나 적하의 일부를 희생하는 것을 말한다. 이런 경우 선박이나 적하에 발생한 손해와 비

15) R. H. Brown, *Marine Insurance(volume 1) Principles and Basic Practice*, London: Witherby & Co., 1998, p. 240.

용은 선박 및 적하의 모든 이해 당사자가 공동으로 분담하게 된다.

이 모든 경우에 있어서 공동해손의 청구수속은 하주가 하여야 하는 것이었지만 오늘날에는 보험회사의 보상범위가 확대되어 공동해손에 의한 손해까지도 보험회사에서 담보하고 있으므로 공동해손이 발생하면 모든 수속을 보험회사에 일임하고 있다. 선박과 적하의 공동안전을 위하여 부득이 취해지는 이러한 공동해손 행위는 그 취급이 복잡할 뿐 아니라 각국의 법규도 상이하기 때문에 여러 가지 복잡한 문제가 많이 발생하였다. 그리하여 공동해손의 취급과 해석의 통일을 기하기 위한 운동이 일어나 1877년에 요크(York)에서 개최된 국제공동회의에서 11조로 된 규칙을 채택하였고, 그 후 1890년에 앤트워프(Antwerp)에서 '요크-앤트워프 공동해손규칙'(York-Antwerp Rules of General Average; YAR)을 제정하게 되었다. 현재 사용되고 있는 요크 앤트워프 규칙은 2004년도에 개정된 것이며 세계 각국이 공동해손의 정산 및 해결에는 이를 적용하도록 선하증권과 보험증권에 규정하고 있다.

요크 앤트워프 규칙에서는 공동해손을 "해상사업을 같이 하는 재화를 위험에서 보존하기 위한 의도로 공동의 안전을 위하여 고의로 또는 합리적으로 비상희생을 하거나 또는 비용을 지급한 경우에 한하여 공동해손행위가 성립한다"라고 규정하고 있으며, 공동해손행위의 직접적인 결과로서의 손실 및 비용만이 공동해손으로 인정된다. 따라서 항해중이거나 항해 종료 후를 불문하고 체선료와 같이 지연으로 인하여 선박 또는 적하에 발생한 손실이나 일체의 간접적인 손실은 공동해손으로 인정되지 않는다.

위의 내용을 다시 간단히 정리하면 공동해손이 성립되기 위해서는 ① 위험이 현실적으로 절박해야 한다. ② 공동해손행위는 합리적이고 고의적으로 취해지는 행위여야 한다. 그러므로 우연이나 우발적 손해나 불가항력의 손해는 공동해손의 대상이 되지 않는다. ③ 위험은 해상위험의 전부, 즉 선박 · 적하 및 운임을 모두 위협하는 것이어야 한다. ④ 손해는 공동해손행위의 직접결과이어야 한다.

(2) 공동해손의 인정범위

요크 앤트워프 규칙에서 공동해손으로 인정하고 있는 희생손해와 비용손해 몇 가지를 살펴보면 다음과 같다.

가) 적하의 투하 및 공동안전을 위한 희생으로 생긴 손해

공동의 안전을 위한 투하 및 투하를 목적으로 열었던 창구 또는 기타의 열린 문으로부터 침투한 물에 의하여 그리고 공동의 안전을 위하여 실행한 희생으로 인해 선박과 적하가 입은 손해는 공동해손으로 보상된다.

나) 선박 화재의 소화에 의한 손해

선박화재의 소화 과정에서 물 또는 다른 것에 의하여 선박과 적하가 입은 손해는 불타는 선박을 해안에 끌어 올리거나 이에 구멍을 뚫음으로써 생기는 손해와 더불어 공동해손으로 보상된다. 다만 직접 인화되었던 선박 및 적하의 부분 또는 개별포장의 적하에 입힌 손해에 대하여는 보상되지 않는다.

다) 운임의 손실

적하의 손해 또는 손실에 의하여 생긴 운임의 손실은 공동해손 행위에 기인하는 경우나 적하의 손해, 또는 손실이 공동해손으로 보상되는 경우에 공동해손으로 보상된다. 다만 총 운임 손실액에서 선주가 그 운임을 취득하기 위하여 당연히 지출하였을 비용과 희생의 결과 그 지출을 하지 않게 된 비용들은 보상금에서 공제한다.

라) 자금조달비용 및 공동해손손해의 이자

선장과 선원의 급료와 부양비 및 항해중에 보급되지 아니한 연료와 저장품 이외의 공동해손비용에 대해서 2%의 수수료가 공동해손으로 인정된다. 또한 공동해손행위로 인하여 발생한 희생 및 비용에 대해서 공동해손 정산서를 발행한 날로부터 3개월까지 연 7%의 비율의 이자도 공동해손으로 인정된다.

(3) 공동해손의 분담 및 정산

위에 열거한 여러 가지 공동해손 손해 중에서 어떤 손해가 발생하면 공동해손 손해에 의하여 이익을 얻는 이익 관계자가 그 손해액을 공평하게 분담하는 것을 공동해손의 분담이라고 한다.

영국해상보험법 제66조에서는 공동해손의 분담에 관하여 "공동해손이 발생한 경우에 이것을 분담한 당사자는 해운법에 의하여 규정된 제 조건에 따라 다른 이해관계자로부터 일정 비율의 분담액을 취득할 수 있으며 이 분담액을 공동해손 분담액(general average contribution)이라 한다"라고 규정하고 있다.

한편, 요크 앤트워프 규칙에서는 공동해손 손해의 분담에 관하여 "공동해손이 되는 희생 및 비용은 각종 분담 이익에 의해 분담되며, 공동해손은 손실 및 분담액에 관하여 항해가 끝날 때와 장소에 있어서의 가격에 따라 정산된다"라고 규정하고 있다. 그러므로 공동해손의 일종인 투하로 인해 공동해손 손해가 발생한 경우에는 피보험자는 소정의 절차를 밟아 보험자에게 배상청구권을 양도하여 손해액을 보상받으면 되는 것이다.

우선 공동해손이 발생하면 공동해손정산인(general average adjuster)에 의해 별도의 규정이 없는 한 양륙항에서 정산이 실시되어 공동해손정산서가 작성되며, 이 정산서에 의해서 모든 것이 결정된다. 그러나 이 정산서가 작성될 때까지는 상당한 시일이 걸리므로 우선 피보험자는 보험자에게 손해보상을 받고, 보험자는 피보험자의 공동해손 단체에 대한 배상청구권을 양수함으로써 피보험자에게 편리를 제공하는 것이다.

제 3 절 협회적하약관

현재 사용되고 있는 보험증권에는 앞면에 본문약관, 뒷면에는 협회적하약관이 인쇄되어 있다.

1. 본문약관(Body Clause)

과거 Lloyd's에서 사용했던 해상보험증권은 그 전면에 인쇄되어 있는 본문약관에 해상보험의 기본원리가 거의 구현되어 있어 본문약관의 비중이 상당히 높았다. 그러나 신양식은 협회약관을 중심으로 해상보험계약이 체결되도록 제정되었기 때문에 본문에는 보험계약 성립에 필요한 몇 가지 약관만 인쇄되어 있다.

(1) 준거법 약관

보험증권의 기재사항 아래 인쇄되어 있는 본문의 첫 머리에는 "Notwithstanding anything contained herein or attached hereto to the contrary, this insurance is understood and agreed to be subject to English law and practice only as to liability for and settlement of any and all claims"의 준거법 약관이 규정되어 있는데, 이 약관은 모든 해상보험의 클레임에 대한 보험자의 책임유무와 클레임의 정산에 관한 사항은 영국의 법률과 관습에 따르도록 규정한 것이다. 그러나 클레임뿐 아니라 해상보험에 관계되는 모든 사항은 사실상 일반적으로 영국의 법률과 관습에 따르도록 되어 있다.

(2) 타보험 약관

타보험 약관(Other Insurance Clause)은 본 해상보험증권 하의 보험계약이 다른 해상보험이나 화재보험과 중복관계에 있을 경우, 본 보험증권에서는 그 손해를 전액 보상하지 않고 다만 다른 보험증권에 의하여 보상될 금액을 공제한 나머지 손해부분에 대해서만 보상한다는 내용이다. 따라서 피보험자가 내륙의 창고에 보관중인 동일한 보험목적물에 대해서 해상보험계약과 동시에 화재보험계약을 체결하게 되면 우선 화재보험계약을 통하여 손해를 보상받게 된다.

(3) 약인 약관

약인 약관(Consideration Clause)은 피보험자가 보험료를 지급하여야만 보험금을 지급받을 수 있음을 규정한 것이다. 여기서 말하는 '약인'(約因; consideration)은 보험료의 영수를 의미하는 것으로 보험자의 손해배상 약속에 따라 피보험자가 그 대가로서 보험료를 지불하였음을 뜻한다. 그러나 실제로는 보험증권과 교환으로 보험료를 지불하는 일은 거의 없으며 보통 보험료는 일괄하여 후일에 지불하게 되는데, 이러한 경우에도 보험의 효력이 소멸되지는 않는다.

(4) 선서 약관

선서 약관(Attestation Clause)은 보험증권 제일 끝에 보험자, 즉 해상보험회사의 이름, 보험증권의 발행 연월일 및 작성지 등이 기재되어 있는데 이는 해상보험계약을 체결한 증거로서 보험회사의 책임자가 보험증권에 서명하였음을 나타내는 것이다. 보험증권의 발행일자는 최소한 선적일자와 같든지 아니면 선적일자 이전에 부보 발행되어야 한다.

(5) 중요 약관

해상보험증권의 본문약관 옆에는 클레임 발생 시에 피보험자가 취해야 할 각종 조치 및 절차 등을 일괄 규정하고 있는 중요 약관(Important Clause)이 있다. 이 약관은 다른 약관과 구분하기 위하여 적색으로 인쇄되어 있는데, 영국에서는 이를 'Red Line Clause'라고 한다.

2. 협회적하약관의 의의

협회약관 중에서 협회적하약관(Institute Cargo Clauses; ICC)이 가장 중요하며 2009년도에 개정된 협회적하약관은 ① Insititute Cargo Clauses(A); A Clause, ② Institute Cargo Clauses(B); B Clause, ③ Institute Cargo Clauses(C); C Clause의 세 가지 기본약관과 협회전쟁약관(Institute War Clauses), 협회동맹파업약관(Institute Strikes Clauses) 등으로 구분된다.

협회적하약관의 세 가지 기본은 〈표 5-1〉과 같이 그 내용이 모두 19개 조로 구성되어 있는데 제1조의 위험, 제4조의 일반면책 및 제6조의 전쟁면책만 서로 약간 다르고 나머지는 동일하다.

3. 협회적하약관 A

(1) 담보위험

가) 위험(Risks)

제1조는 ICC A 약관에서 보험자가 보상해 주는 책임범위를 구체적으로 규정하고 있는 약관이다. 이 약관에서는 다음의 제4조, 5조, 6조 및 7조에서 규정하고 있는 보험자의 면책위험을 제외한 일체의 피보험목적물의 멸실 또는 손상의 위험을 보험자는 담보한다고 규정하고 있어 보험자의 포괄책임주의를 명백히 나타내고 있다. 따라서 보험사고가 발생할 경우, 그 손해의 원인이 무엇인가를 증명할 책임은 보험자에게 있게 된다.

이 약관은 과거의 전위험담보약관(All Risks Clause)과 비슷하지만,[16] 피보험자의 혼동을 방지하기 위하여 불합리한 명칭을 피하고 보험자가 보상해 주는 범위를 명확하게 명시하고 있다. 만약 보험계약자가 A조건으로 보험계약을

16) 구약관의 전위험담보약관(A/R)은 글자의미 그대로 해석하면 모든 위험을 담보하는 것으로 보이지만 실제 전쟁이나 동맹파업 위험 등은 담보하지 않기 때문에 혼동이 일어날 수 있다.

표 5-1 협회적하약관의 성질별 분류

구 분	약관명
담보위험 (Risk Covered)	1. 위험(Risks) 2. 공동해손(General Average) 3. 쌍방과실충돌(Both to Blame Collision)
면책조항 (Exclusions)	4. 5. 6. 7.
보험기간 (Duration)	8. 운송약관(Transit Clause) 9. 운송계약종료(Termination of Contract of Carriage) 10. 항해변경(Change of Voyage)
보험금청구 (Claims)	11. 피보험이익(Insurable Interest) 12. 계반비용(Forwarding Charges) 13. 추정전손(Constructive Total Loss) 14. 증액(Increased Value)
보험이익 (Benefit of Insurance)	15.
손해경감 (Minimizing Losses)	16. 피보험자의무약관(Duty of Assured) 17. 포기약관(Waiver)
지연의 방지 (Avoidance of Delay)	18.
법률 및 관례 (Law and Practice)	19.

주: 1982년 약관에는 각 조별로 약관 이름이 있었지만 2009년 약관에서는 약관 명칭이 혼란을 초래할 수 있다는 이유로 그 이름을 삭제한 조문이 많고, 특히 면책조항과 관련된 약관에서는 모두 이름을 삭제하였다.

체결하면 보험자의 일반면책위험, 선박의 불내항성, 전쟁 및 동맹파업위험의 경우를 제외하고는 모든 보험사고에 대해 보상받을 수 있다.

나) 공동해손(General Average)

이 약관의 내용은 제4조, 5조, 6조 및 7조에서 또는 이 보험의 기타 조항에서 제외한 원인 이외의 원인에 의한 손실을 피하기 위하여 또는 그것과 관련하여 발생한 공동해손 및 구조비를 보험자가 담보한다는 것이다.

다) 쌍방과실충돌(Both to Blame Collision)

이 약관은 보험자의 손해보상범위를 확장하여 해상화물 운송계약상 쌍방과실충돌약관에 의하여 피보험자가 부담해야 할 금액 중 보험증권에서 보상받을 수 있는 손해에 관한 부분을 보험자가 지급해 줄 것을 규정하고 있다.

따라서 피보험자가 만약 선주로부터 청구를 받았을 경우에는 피보험자는 그 취지를 보험자에게 통지하고, 이에 따라 보험자는 자기의 비용으로 피보험자를 선주의 청구로부터 보호하여야 한다.

(2) 면 책[17)]

가) 일반 면책

이 약관은 보험자의 면책사항을 7가지로 구분하여 구체적으로 명시한 약관이다. 어떠한 경우라도 보험자는 다음의 손해를 보상하지 않는다.

① 보험계약자의 고의적인 비행에 의한 멸실, 손상 및 비용
② 통상적인 누출손해, 중량 및 수량상의 자연 감량, 통상적인 소모
③ 피보험목적물의 포장, 혹은 운송 준비의 불충분한 상태로 인하여 발생하는 멸실, 손상 및 비용(이 경우 '포장'이라 함은 '컨테이너' 또는 '리프트 밴'(lift van)에 적부하는 것을 포함하는 것으로 간주한다. 단, 그와 같은 적부는 이 보험의 개시 전에 행하여지거나 또는 피보험자 또는 그 사용인에 의하여 행하여진 경우에 한함)
④ 피보험목적물 고유의 성질과 하자로 인한 멸실, 손상 및 비용
⑤ 피보험위험으로 인하여 발생된 지연일지라도 지연을 근인으로 하여 발생한 멸실, 손상 또는 비용(상기 제2조에서 지급할 비용은 제외함)
⑥ 본선의 소유자, 관리자, 용선자 또는 운항자의 지불불능 또는 재정상의 채무불이행으로부터 생긴 멸실, 손상 또는 비용
⑦ 원자력 또는 핵의 분열 및 또는 융합, 기타 이와 유사한 반응 또는 방사능이나 방사성 물질을 응용한 무기의 사용으로 인하여 발생한 멸실, 손상 또는 비용

나) 불내항성 및 부적합성면책

선박 또는 부선(craft)의 불내항성 및 피보험목적물의 안전운송을 위한 선박, 부선, 운송용구(conveyance), 컨테이너 또는 리프트 밴의 부적합성으로 인하여 발생한 멸실, 손상 또는 비용은 보험자가 담보하지 않는다.

17) 2009년 개정약관에서는 보험자의 면책에 관한 4가지 사항에 대해 각각의 명칭은 없지만, 여기에서는 편의상 명칭을 붙이고자 한다.

다) 전쟁면책

전쟁위험에 대한 보험자의 면책을 규정한 약관으로서 전쟁, 내란, 혁명 등 사유로 발생한 손해에 대해서 보험자는 일체 책임을 지지 않는다.

라) 동맹파업 면책

종래의 동맹파업, 폭동 및 소요부담보약관(Free from Strikes, Riots, and Civil Commotions ; SRCC)과 동일한 내용으로서 동맹파업 등으로 발생하는 손해는 보험자가 담보하지 않는다.

(3) 운송기간

가) 운송약관(Transit Clause)

원래 로이즈 보험증권에는 보험자의 책임이 화물이 본선의 갑판상에 실제로 적재되는 시점에서 시작된다고 되어 있으나 이 약관으로 선적항의 창고를 출고하는 순간부터 효력을 발생하도록 확대한 것이다. 즉 보험기간을 화물이 보험증권상에 기재된 선적항의 창고 또는 보관장소를 출고한 때부터 최종 양륙항의 창고에 인도될 때까지로 규정한 보험기간에 관한 특약이다.

나) 운송계약종료(Termination of Contract of Carriage)

이 약관은 피보험자의 영향력이 미치지 못하는 부득이한 사정에 의하여 목적지에 도착하기 전에 항해가 종료되는 경우에 계속 담보하기 위한 약관이다. 즉, 운송계약의 목적지에 도착하기 전에 피보험자로서는 불가항력의 사정으로 항해가 중단되는 경우에 피보험자는 그러한 사태에 관한 정보를 입수한 즉시 보험회사에 통지하고 필요한 경우 추가보험료를 지급할 것을 조건부로 이 보험은 유효하게 존속된다.

다) 항해변경(Change of Voyage)

이 약관은 보험의 개시 후 목적지가 피보험자에 의하여 임의로 변경된 경우에는 보험자에게 지체없이 통지할 것을 조건으로 추후에 협정되어야 할 보험료 및 보험조건에 의하여 담보가 계속됨을 규정한 특별약관이다. 원래는 영국해상보험법 제45조 2항에 의하면 항해변경이 결정된 때로부터 보험자의 책임이 소멸된다고 되어 있다.

(4) 보험금 청구

가) 피보험이익(Insurable Interest)

보험을 도박이나 사행과 구별하기 위해 피보험자는 손해 발생 시에 피보험목적물에 대한 피보험이익을 갖고 있어야 함을 규정한 약관이다. 영국의 해상보험법 제6조에서도 보험계약을 체결할 당시에는 반드시 피보험이익을 가질 필요는 없지만 보험사고가 발생한 시점에는 반드시 이해관계를 갖지 않으면 안 된다고 규정하고 있다. 그러나 보험손해가 보험계약체결 이전에 발생하였을지라도 피보험자가 그 손해의 발생사실을 알고 보험자가 몰랐을 경우를 제외하고는 피보험자는 보험의 담보기간 중에 생긴 보험손해에 대하여 보상받을 권리가 있다.

나) 계속운반비용(Forwarding Charges)

이 약관은 중간 항구에서 화물의 하역비용, 창고보관료, 계속운반에 따르는 추가경비 등을 보험자가 보상할 것을 확약하는 약관이다. 즉 당해 보험으로 담보되는 위험이 발생한 결과로 피보험운송이 당해 보험에서 담보되는 피보험목적물의 목적지 이외의 항구, 또는 지역에서 종료될 경우에 보험자는 피보험목적물을 양하하고, 보관하고, 보험증권에 기재된 목적지로 계속 운반함으로 인하여 적절하고 합리적으로 발생한 추가비용(extra charges)을 피보험자에게 보상한다.

다) 추정전손(Constructive Total Loss)

이 약관에서 밝히고 있는 바와 같이 추정전손에 대한 보험청구는 화물의 현실전손의 발생이 불가피하다고 인정되거나 또는 화물의 원상회복, 수리 또는 수송하는 비용이 도착지 가격을 초과하리라는 예측 하에 정당하게 위부된 경우에 한하여 가능하다.

라) 증액(Increased Value)

보험계약을 체결한 후 피보험목적물의 가격이 앙등하여 피보험자가 다시 동일한 피보험목적물에 대하여 증액보험을 체결할 경우 피보험목적물의 보험평가액은 증액된 보험금만큼 증가하는 것으로 간주하며, 손해보상도 원보험자와 증액보험자가 각각의 보험금액만큼 비례하여 보상해 준다.[18]

---

18) 가령 수출업자가 수출물품에 대하여 $100,000의 보험계약을 체결하였는데 수입업자가 별도로 $50,000의 증액보험을 체결하였을 경우 만약 담보위험에 의해 $30,000의 손해가 발생하면 원보험자 및 증액보험자로부터 각각 $30,000 보상받는 것이 아니라 원보험자는 $20,000(30,000

(5) 보험이익

운송인이나 기타 해상사업에 관련이 있는 수탁자에게 보험계약이 체결되어 있다는 이유로서 어떤 이익이나 혜택을 주어서는 안 된다는 사실을 주지시킨 약관이다.

(6) 손해경감

가) 피보험자 의무(Duty of Assured)

이 약관은 담보위험이 발생한 경우 피보험자의 손해방지활동과 운송인, 수탁자 또는 기타의 제3자에 대한 손해배상청구권을 확보할 것을 피보험자의 의무로서 규정한 약관이다. 즉 피보험자, 그 사용인 및 대리인은 피보험목적물의 손해를 방지하거나 또는 경감시키기 위하여 합리적인 조치를 강구하여야 하며, 운송인, 수탁자 또는 제3자에 대한 일체의 권리가 적절히 보존되고 행사되도록 확보하여야 한다.

나) 포기(Waiver)

피보험목적물을 구조, 보호 또는 복구하기 위한 피보험자 또는 보험자의 조치는 위부의 포기 또는 승낙으로 간주되지 아니하며, 또한 각 당사자의 권리를 침해하지 아니함을 규정한 약관이다.

추정전손이 발생하여 피보험자가 위부통지를 하고 동시에 손해방지활동을 할 경우 보험자는 이를 피보험자의 위부의 포기(waiver)로 생각할 수도 있고, 또한 보험자가 위부의 통지를 받고서 손해방지활동을 하면 피보험자는 이러한 보험자의 행동을 보고 위부의 승낙(acceptance)으로 간주하여 자칫하면 피보험자나 보험자는 손해방지행위를 서로 미룰 수 있다. 포기약관은 이를 방지하기 위해 쌍방이 서로 미루지 말고 손해방지행위를 성실히 수행할 것을 규정한 것이다.

(7) 지연의 방지

이 약관에서 피보험자는 자기가 지배할 수 있는 모든 상황 아래에서 상당히 신속한 처리를 하도록 규정하고 있다. 피보험자는 손해방지의 의무수행행위도 신속히 해야 하며 항해도 상당한 속도로 수행할 의무가 있는 것이다.

×100,000/150,000=20,000), 증액보험자는 $10,000(30,000×50,000/150,000=10,000) 보상하게 된다.

영국해상보험법 제48조에서도 부보한 보험은 전 항로를 상당한 속도로 수행하여야 한다고 규정하고 있다. 따라서 정당한 이유 없이 항해의 수행을 지연시키면 보험자는 지연이 발생한 때로부터 책임이 면제된다.

(8) 법률 및 관례

이 약관은 해상보험으로 제기되는 모든 문제는 영국의 법률과 관례에 따르도록 규정한 것이다.

※ 주의사항(Note) : 마지막으로 기술된 주의사항에서는 부보화물의 위험이 계속 담보된 사유를 안 즉시 피보험자는 이를 보험자에게 통보해야 한다는 피보험자의 의무를 규정하고 있는데 이는 협회적하약관 모두에 공통된 것이다.

4. 협회적하약관 B

이 약관은 과거 분손담보약관(With Average Clauses)을 정비한 것인데 ICC(A)와 마찬가지로 19개 조항으로 구성되어 있으며 제1조의 위험약관만 서로 내용이 다르고 제2조로부터 19조까지는 거의 유사하다.[19] 따라서 여기서는 제1조만 검토하기로 한다.

(1) 위험(Risks)

이 약관에서는 B 약관상에서 보험자가 보상해 주는 담보범위를 구체적으로 명시하고 있다. 즉 제4조, 5조, 6조 및 7조에서 규정하고 있는 보험자의 면책사유를 제외하고, 다음과 같은 원인에 정당하게 기인한 보험목적물의 멸실 또는 손상은 보험자가 보상해 준다.

① 화재 또는 폭발
② 선박 또는 부선의 좌초, 교사,[20] 침몰 또는 전복
③ 육상운송용구의 전복 또는 탈선

19) 제4조 일반면책에서 A 약관에는 7가지 면책사항이 있지만 B 약관 및 C 약관에서는 악의적 손상 행위에 대한 면책이 추가되어 모두 8가지 면책사항이 규정되어 있다. 그리고 6조 전쟁면책에서는 A 약관에서는 해적위험이 전쟁위험에서 제외되는 것으로 명확히 규정되어 있지만 B 약관 및 C 약관에서는 해적위험 제외라는 문구가 없는 점에서 차이가 있다.

20) 교사(grounding)는 선박이 모래밭같이 견고하지 못한 물체에 올라앉게 되어 단시간 내에 재항해가 불가능하게 된 상태를 말한다.

④ 선박, 부선 또는 운송용구와 물 이외의 타물체와의 충돌 또는 접촉
⑤ 피난항에서 적하의 양하
⑥ 지진, 분화 또는 낙뢰, 이 밖에 다음의 위험으로 인해 발생하는 피보험 목적물의 멸실 또는 손상도 보상한다.
⑦ 공동해손희생손해
⑧ 투하 또는 파도에 의한 갑판상의 유실
⑨ 선박, 부선, 선창, 운송용구, 컨테이너, 리프트 밴 또는 보관소에 해수, 호수 또는 하천수의 유입
⑩ 선박 또는 부선에 선적 또는 양하 작업중 바다나 갑판에 추락하여 발생된 포장단위당 전손

5. 협회적하약관 C

이 약관은 과거의 분손부담보약관(Free from Particular Average Clauses)을 정비한 것으로 ICC(A)처럼 19조로 구성되며 제1조를 제외하고는 거의 같다.

표 5-2 담보위험의 비교

담보위험(1조)	각 약관에서의 담보 여부		
	(A)	(B)	(C)
화재 · 폭발	○	○	○
본선 · 부선의 좌초 · 교사 · 침몰 · 전복	○	○	○
육상운송용구의 전복 · 탈선	○	○	○
본선 · 부선 · 그 밖의 운송용구의 물 이외 타물체와의 충돌 · 접촉	○	○	○
피난항에서의 화물의 하역	○	○	○
지진 · 화산의 분화 · 낙뢰	○	○	×
공동해손희생손해	○	○	○
투하	○	○	○
갑판유실	○	○	×
본선 · 부선 · 선창 · 운송용구 · 컨테이너 · 리프트 밴 · 보관장소에의 해수 · 호수 · 하천수의 침입	○	○	×
본선 · 부선 · 선적 · 하역 작업중 바다에 떨어지거나 갑판에 추락한 매 포장 단위당 전손	○	○	×
그 밖의 모든 위험에 의한 멸실 · 손상	○	×	×

(1) 위험(Risks)

C 약관은 보험자의 보상범위가 가장 좁은 조건이며 여기서 보상되는 범위는 다음과 같다.

즉, 제4조, 5조, 6조 및 7조의 면책조항에 규정된 손해는 제외하고 다음의 위험에 정당하게 기인된 보험목적물의 멸실 또는 손상은 보상된다.

① 화재 또는 폭발
② 선박 또는 부선의 좌초, 교사, 침몰 또는 전복[21)]
③ 육상운송용구의 전복 또는 탈선
④ 선박, 부선 또는 운송용구와 물 이외의 타물체와의 충돌 또는 접촉
⑤ 피난항에서 적하의 양하 작업중 발생하는 손실
⑥ 공동해손희생손해
⑦ 투하의 위험으로 인한 보험목적물의 멸실 또는 손상

6. 협회전쟁약관(적하)(Institute War Clauses; Cargo)

이 약관은 협회적하약관 제6조(전쟁면책약관)에서 보험자의 면책위험으로 규정한 전쟁위험을 보험자가 담보한다는 특약이다.

구체적으로 다음의 위험으로 인한 피보험목적물의 멸실 또는 손상을 보험자는 담보한다.

① 전쟁, 내란, 혁명, 모반(rebellion), 반란 또는 이로 인하여 발생한 국내투쟁 또는 교전국에 의하여 또는 교전국에 대하여 행해진 적대행위
② 상기 ①에서 담보되는 위험으로 인한 포획(capture), 나포(seizure), 강류, 억지 또는 억류 및 그러한 행위의 결과 또는 그러한 행위의 기도
③ 유기된 기뢰(derelict mines), 어뢰(torpedoes), 폭탄 또는 기타의 유기된 전쟁무기

7. 협회동맹파업약관(적하)
(Institute Strikes Clauses; Cargo)

이 약관 역시 협회적하약관 제7조(동맹파업면책약관)에서 보험자의 면책위

21) 선박의 주요 사고로 발생하는 좌초(stranding), 침몰(sinking), 화재(burning) 및 충돌(collision)을 보통 'SSBC' 사고라 한다

험으로 규정한 동맹파업의 위험에 기인하여 발생한 손해를 보험자가 보상한다는 특약이다.

즉, ① 동맹파업, 직장폐쇄(lock-out)를 당한 노동자 또는 노동분쟁, 소요, 폭동에 가담한 자, ② 테러리스트 또는 정치적 동기에 의하여 행동하는 자들로 인하여 발생한 피보험목적물의 멸실 또는 손상은 보험자가 담보한다.

그러나 협회동맹파업약관에서도 협회전쟁약관과 마찬가지로 보험자의 일반면책약관과 불내항성 및 부적합성약관이 적용되고 있다.

8. 특정 상품에 관한 협회약관

이상에서 설명한 협회약관 이외에도 특정 화물에 적용하기 위한 여러 가지의 협회약관이 있는데 대표적으로 곡물분손부담보약관, 고무약관, 황마약관, 원당약관 등이다.

제 4 절 해상보험계약의 체결 및 보험금 청구

1. 적하보험계약의 체결

(1) 적하보험청약서

해상적하보험을 청약하고자 할 때는 보험회사 소정의 보험청약서 양식에 해당 사항을 기재하고 소요되는 보험료를 지불하여야 한다.

보험청약서에 기재할 사항은 다음과 같다.

① 피보험자명(수출입상사명)
② 소요되는 보험증권의 부수
③ 선박명 및 출항예정일자
④ 출발항명 및 도착항명
⑤ 환적이 있을 경우에는 환적항명
⑥ 피보험화물의 수량, 품명 및 그 명세
⑦ 포장상태
⑧ 송장금액 및 보험금액

⑨ 보험조건
⑩ 참조번호(상업송장, 신용장 등의 번호)
⑪ 특별지시사항

상기 조항 중 ③, ④, ⑤, ⑥, ⑨의 사항들은 보험료 산출의 중요 기준이 되는 것으로 특히 정확하게 기재하여야 하며, 오기 또는 누락으로 말미암아 불의의 불이익을 초래하는 수가 있으니 유의해야 한다.

(2) 확정보험과 예정보험

청약서 상의 기재사항을 다 알고 있으면 확정보험(definite insurance)이 되나, 대개의 경우 모든 사항을 보험계약체결 시 알 수 없으므로 사후에 기재사항이 확정되는 대로 지체없이 보험자에게 통고할 것을 조건으로 하는 예정보험(open cover)의 형식을 취한다.

예정보험에는 개별계약(provisional contract)과 포괄계약(open contract)이 있으며, 전자의 경우 기재사항 중 선박명이 확정되지 못하면 선명미상보험(floating policy)이라 하며, 보험금액이 확정이 안 되었으면 금액미상보험(unvalued policy)이라 한다.

한편, 하루에도 여러 차례 화물이 선적될 경우에는 매 선적시마다 해상보험 계약을 체결하는 번거로움을 덜기 위해 포괄계약을 체결한다. 포괄계약(open contract)이란 매 건마다 개별적인 보험계약을 체결하지 않고 일정 화물에 대해서 포괄적으로 보험계약을 체결하는 것을 말하는데, 이렇게 되면 계약회사에서 취급하는 모든 화물이 자동적으로 부보되며 보험료도 싸다. 이 계약 하에서 발행되는 보험증권을 포괄보험증권(open policy)이라고 하며, 이 포괄증권의 원본에 의해서 개개의 상품이 부보되어 있음을 증명하는 약식서류를 보험증명서(insurance certificate)라고 한다.

(3) 적하보험조건의 선정

보험조건은 보험자가 보험계약상 보상해 줄 수 있는 부보의 범위를 말하는데, 적하보험에서는 협회적하약관의 규정에 따라 Institute Cargo Clauses (A), (B), (C) 세 가지 기본조건이 있다. 그러나 이 세 가지 기본조건만으로는 충분한 보상을 기대할 수 없기 때문에 특정위험을 담보받고자 할 경우 할증보험료를 지불하고 다음과 같은 부대조건을 이용할 수 있다.

가) 전쟁위험

보험자의 보상범위가 가장 넓은 A 약관에서도 전쟁위험과 동맹파업위험은 보상되지 않기 때문에 할증료를 부담하고 특약에 의해서만 담보된다.

해상보험의 초기에는 모든 전쟁위험을 보험자가 담보했지만, 전쟁위험이 많아지고 또 그 손해 정도가 클 뿐 아니라 손해 정도 자체도 측정하기 어려운 때가 많아 전쟁위험을 일반 해상위험과 구별하여 1912년부터 전쟁위험이나 이와 유사한 위험은 특약에 의해서만 담보되고 있다.

나) 동맹파업위험

동맹파업위험은 동맹파업이나 폭동 및 노동쟁의에 참가하고 있는 자가 피보험목적물에 방화한다든지 강탈함으로써 발생하는 위험을 의미한다. 이것은 1910년대에 유럽에서 파업이 너무 빈번히 일어나 적하에 막대한 손해를 입힌 데서 기인하며, 이러한 위험으로 인한 적하의 멸실이나 손상에 대해서는 특별한 약관으로 높은 할증료를 물게 하고 있다.

다) 갑판적 화물에 대한 위험

일반 화물은 보통 본선의 선창(hold) 내에 적재하는 것이지만 목재 · 유류 · 동물류 · 차량 및 기타 위험물 등은 갑판상에 적재하게 되며 갑판상의 화물은 풍랑 등에 의해 유실될 가능성이 많으므로 특약에 의해서만 담보된다.

라) 도난 · 발하 · 불착의 위험(Theft, Pilferage, and Non-Delivery; TPND)

'Theft'는 포장된 단위로 훔쳐가는 것이고, 'Pilferage'란 포장된 물품 중의 일부만 훔쳐가는 것을 의미한다. 불착은 화물의 일부가 목적지에 도착하지 않은 경우를 말하며, 대개는 다른 화물과 섞여 양륙되거나 다른 목적지에서 양륙되는 수가 종종 일어나기 때문에 이런 위험에 대해서 담보되는 약관이다.

마) 파손의 위험

도자기 · 유리 · 기와 · 스레트 등 부서지기 쉬운 화물은 그 위험이 너무 커서 보통 약관에서는 담보되지 않으므로 높은 할증료를 지불하여 특약이 체결되어야 담보된다. 이 특약은 비단 물리적 변화에만 국한되지 않고 필름을 포장한 상자가 다른 물체에 충돌하여 그 상자가 파괴되어 태양광선을 보게 됨으로써 일어나는 화학적 변화에 대해서도 담보한다.

바) 굴곡의 위험

화물이 외부의 작용에 의해 굴곡됨으로써 상품가치가 떨어지는 것을 담보한다.

사) 누손의 위험

석유 · 알콜 · 주류 · 약품 · 곡류와 같이 액체나 고체를 막론하고 용기로부터 흘러나오는 것에 대한 담보로 용기의 견고도와 종류에 따라 그 위험도가 좌우되므로 용기 종류에 따라 할증료가 달라진다.

아) 증발의 위험

대개 화물 자체에 있던 수분이 항해중의 온도 상승으로 증발되어 화물에 손상을 주는 수가 있다. 예를 들면 소금이나 인모 같은 것은 수분이 줄면 무게에 상당한 감량이 생기고, 양지(paper)는 일정한 수분이 없으면 너무 팽팽해져서 찢어지는 수가 있으므로 이들의 위험은 특약으로써 담보된다.

자) 기름의 위험(Contact with Oil and/or Other Cargo; COOC)

연료 기름이나 기계의 기름이 다른 화물에 접촉되어 기름을 묻게 하면 그 상품은 상품으로서의 가치를 상실하게 될 수 있으므로 이러한 위험을 담보하는 약관이다.

차) 빗물 및 담수의 위험(Rain and/or Fresh Water Damage; RFWD)

바닷물 이외의 물에 젖는 위험을 말하며 대개는 비오는 날에 하역을 함으로써 발생하는 위험인데, 이것은 운송인의 책임이므로 보험회사는 운송인에 대한 손해구상권을 대위받아 피보험자의 손해를 보상해 준다.

카) 땀과 열의 위험

선창내의 열이 너무 올라가서 생기는 위험과 또 열이 올랐다가 갑자기 내림으로써 생기는 수증기의 응결로 일어나는 위험인데, 특히 피혁제품과 어분 같은 화물이 이런 위험에 약하다. 이런 현상은 동서로 항해하는 선박보다 남북, 즉 온대지방과 열대지방을 항해하는 선박에서 많이 일어나는 현상이다.

2. 적하보험요율의 체계

보험료(insurance premium)는 원칙상 보험계약 체결과 동시에 지불하여야 하며, 우리나라 민법에도 동시이행항변의 원칙에 의해 보험료 징수 전에 발생한 손해에 대해서는 보험자가 보상의무의 이행을 거부할 수 있도록 되어 있다. 그러나 실제로는 보험료의 후납이 인정되어 증권을 발급하고 보험료 징수 이전에 발생한 손해에 대해서도 보험금을 지급하고 있다.

보험료의 산출 근거가 되는 보험요율(premium rate)은 ① 선박의 상태(선형 · 선령 · 톤수 · 국적), ② 항로(거리 · 항만 · 시설 · 지역적인 도덕적 위험도), ③ 화물의 종류(특히 포장상태), ④ 보험조건 등을 근거로 하여 산정한다.

현재 우리나라에서 사용하고 있는 적하보험요율은 대한손해보험협회에서 산정한 협정요율이다. 대한손해보험협회는 적하보험요율을 수록한 해상보험 요율서를 작성하고 모든 보험회사는 이 요율서에 정해진 바에 따라 보험료를 징수하도록 하고 있다. 그러나 악의행위 손해위험 등 몇 가지 특수한 위험에 대해서는 재보험자와 협의한 요율을 적용할 수 있도록 허용함으로써 부분적으로 자유경쟁요율을 채택하고 있다.

적하보험요율은 화물의 종류에 따른 기본적인 보험요율 외에 보다 합리적인 보험요율의 산정이 가능하도록 지역구분 · 공통적용사항 및 요율 · 부가조건 및 부가위험요율 등으로 구분되어 있다.

(1) 지역구분

지역을 항해구간에 따라 〈표 5-3〉과 같이 구분하고 있다.

(2) 복합요율의 적용

A조건을 제외한 기본조건에 하나 이상의 부가조건이 결부된 복합조건에 대한 적용요율은 당해 화물의 A조건에 대한 기본요율을 초과할 수 없다.[22] 다만 부가위험(ITE · ISE · T/S 등)을 추가로 담보할 경우에는 당해 추가보험료를 별도로 적용한다.

(3) 운송선박 및 방법

운송선박 및 방법에 관해서는 다음의 사항이 공통으로 적용된다.

22) 예를 들어 ICC A에 적용되는 요율은 'ICC B including TPND'에 적용되는 요율보다 높아야 한다. 'ICC B including TPND'의 요율이 더 높으면 차라리 ICC A로 보험계약을 체결하는 것이 유리하다. 왜냐하면 ICC A는 포괄책임원칙이기 때문에 아무리 부가조건을 많이 열거하더라도 ICC A의 담보범위가 넓다.

표 5-3 적하보험요율의 지역구분

구 분	범 위
① 보세 – 외항	보세지역외항본선인도
② 국내연안	국내연안 및 도서
③ 일본	일본(오키나와 및 북위 45°이남 러시아 극동지역 포함)
④ 대만 · 홍콩	대만 · 홍콩 및 사할린(대만 · 홍콩 동북지역과 북위 45°–60° 사이의 러시아 극동지역 포함)
⑤ 동남아	동경 90° 이동의 남동아시아(대만 및 홍콩 제외)
⑥ 중동아	동경 90° 이서부터 포트 세이드까지의 아시아 및 케이프 타운 이동의 아프리카 지역(포트 세이드 · 케이프 타운 · 방글라데시 · 마우리티어스 포함)
⑦ 호주지역	호주 및 뉴질랜드(피지 · 사모아 · 타이티 및 뉴기니아 포함)
⑧ 구라파	유럽 및 케이프 타운 이서의 아프리카 지역과 지중해 연안(라스팔마스 포함)
⑨ 북미(동)	북미동(파나마 및 그레나다 포함)
⑩ 북미(서)	북미서(하와이 · 괌 및 파나마 포함)
⑪ 남미(동)	남미동(아루바 포함)
⑫ 남미(서)	남미서

가) 갑판상 적재화물 제한

보험계약체결 당시 갑판적재화물 여부를 알지 못한 경우 갑판상 적재화물은 C조건 또는 C조건에 WOB를 추가하여 인수함을 원칙으로 한다.[23] 그러나 C조건에 WOB를 추가한 조건보다 높은 요율로 인수한 계약이 갑판적으로 판명되었을 경우에는 갑판적약관을 적용한다. 그리고 보험계약체결 당시 갑판적화물인 것을 알고 갑판적화물에 대하여 C조건보다 넓은 조건으로 인수하고자 할 경우에는 선창내적재 화물요율의 50%를 가산 적용한다.

나) 부선화물

부선으로 운송하는 화물은 'TLO by TLV'조건으로 인수(유류 제외)함을 원칙으로 하고[24] 이 부선이 예인될 경우에는 공인된 검정인의 예인계획서에 대한 사전 승인을 받아야 한다. 유류부선이 예인될 경우에는 동일 항구 내인 경우에 한하여 공인검정인의 예인계획서에 대한 사전 승인을 면제한다. 그러나 보세지역에서 외항본선인도 또는 외항본선에서 보세지역까지의 운송화물에 대하여는 보험조건을 제한하지 않는다.

다) 컨테이너 화물

컨테이너 화물에 대해서는 컨테이너 화물이 아닌 통상 화물의 요율과 동일하게 적용한다.

---

23) WOB는 'washing over board'의 약어이다.

24) 'TLO by TLV'조건은 Total Loss Only caused by Total Loss Vessel의 약어이다.

(4) 할증 및 할인요율

선박 · 보험금액 · 지역 등에 따라 할증요율이 적용된다. 그리고 정부가 직접 도입하거나 정부가 대행업자로 하여금 실수요자인 정부의 물자를 도입하는 경우의 보험계약에는 일반요율에서 20%를 인하하여 적용한다.

(5) 최저보험료

보험계약건당 최저보험료는 US$ 10.00로 한다. 다만 원화로는 계약당일 한국외환은행의 대고객 전신환매도율에 의한 해당 원화로 한다.

(6) 부가조건 및 부가위험 요율

가) 부가조건의 요율

해상보험요율서에 따라 적하보험의 부가조건에 적용되는 요율은 〈표 5-4〉와 같다.

나) 부가위험의 요율

해상보험요율서에 따라 적하보험의 부가위험에 적용되는 요율은 〈표 5-5〉와 같다.

(7) CIF 계약의 보험료 산정

CIF 계약에서 수출업자는 수입업자를 위해 수출물품의 CIF 가액에 희망이익 10%를 합하여 보험계약을 체결한다. 즉 보험금액은 '(원가+보험료+운임)

표 5-4 부가조건요율

Theft, Pilferage & Non-Delivery(TPND)	0.16%	Contamination(Excl. Contamination Caused by Improper Tank Cleaning)	0.08%
Rain and/or Fresh Water Damage(RFWD)	0.034%(Case) 0.08%(Bag) 0.1%(Bulk)	Hook & Hole	0.034%
Breakage	0.19%	Sweat & Heating(S&H)	0.08%
Leakage/Shortage	0.19%	Denting & Bending	0.11%
Washing Overboard(WOB)	ICC(C) rate	Contact with Oil and/or Other Cargo(COOC)	0.034%

표 5-5 부가위험의 요율

Transhipment(T/S)	ICC(B), ICC(C), ICC(Air) With Additional Conditions, ICC(A) Container Feeder(조건불구)	매회마다 0.04% 매회마다 0.06%
Inland Transit Extension(ITE)	TLO ICC(B), ICC(C), W.O.B. With Additional Conditions, ICC(A), ICC(Air) 단, '보세-외항'구간과 관련한 ITE담보위험의 경우 선적항 부두내의 보세구역 이외의 창고(보험증권에 기재된 선적항 동일 행정구역에 소재)로부터 담보 시는 상기 해당요율의 50%를 적용한다.	0.053% 0.08% 0.15%
Inland Storage Extension(ISE)	기간 30일 · 60일 · 90일 · 90일초과 요율 0.08 0.15 0.23 1일에 0.0025씩 가산적용함	

×110(%)'이다. 이 보험금액에 소요되는 보험료를 산정할 때는 보험료지수를 이용한다. 보험료지수는 다음의 수식에 의해 산정되며 실무적으로는 보험료율에 적합하게 미리 산정된 표를 이용한다.

보험금액=S, 보험료율=R, 보험료=X, 원가=C, 운임=F

$$X=(C+X+F)\times 1.1\times R$$
$$X=1.1RC+1.1RX+1.1RF$$
$$X-1.1RX=1.1RC+1.1RF$$
$$X(1-1.1R)=1.1R(C+F)$$
$$X=\frac{1.1R}{(1-1.1R)}(C+F)$$

여기서 $\frac{1.1R}{(1-1.1R)}$을 보험료지수라 한다.

3. 보험금의 청구

보험계약자가 보험료를 물어가면서 해상보험을 드는 궁극적인 목적은 모든 보험에서와 마찬가지로 만의 하나라도 사고가 나면 그것을 보상받으려는 데 있다. 보험을 드는 사람은 사고가 날 것이라고 생각하고 그 손해를 방지하기 위하여 보험료를 지불하는 것이고 보험자는 사고가 나지 않을 것이라고 일종의 내기를 하는 것이다. 보험계약자의 우려와 같이 피보험이익이 손해를 입으면 보험증권에 계약된 내용으로 보험자에게 구상(claim)을 한다. 보험구상의 청구자는 항상 보험증권의 정당한 소지자가 되며, 대개 매수인, 즉 수입업자가 이 배상청구를 하게 된다.

보험증권의 정당한 소지인으로 담보화물에 손해가 발생하였다는 사실을 알게 되면 서면 또는 구두로 보험회사나 그의 대리점에 이 뜻을 우선 통지하고[25] 추후에 손해에 따라 보험자가 요구하는 청구서류를 구비하여 정식의 구상절차를 밟아야 한다. 이 때 이들 서류는 수입일 경우에는 본사 또는 지점에, 수출일 경우에는 해외지점에 제출하도록 되어 있다.

대체로 화물의 전손은 선박의 대화재 · 침몰 · 좌초 등에 기인하거나 또는 화물의 행방불명 · 불착 등으로 인하여 발생하며 전손이 명백하면 검정서는 필요치 않다. 그러나 추정전손인 경우에는 전손을 증명할 수 있는 증빙서류가 필요하며 이런 경우에는 위부통지서를 보험회사에 제출하여야 하며 보험회사는 이에 대한 승인여부를 검토한다.

화물이 피보험위험에 근인하여 손상되었음이 분명할 때는 보험회사와 협의하여 손해검정인을 선정하고 검정서를 작성케 하여야 한다. 검정서에는 손해의 원인 · 정도 · 손상품 및 처리추천(recommendation) 등이 상세히 기재되며, 이 서류가 보험금 지불 여부에 중요한 역할을 하므로 검정을 실시할 때는 보험회사의 대리인과 하주가 함께 입회하는 것이 상례가 되어 있다.

25) 이러한 행위를 실무에서는 예비적 이재통지(preliminary loss advise)라고 한다.

제6장

외국환과 환어음

제1절 》 외국환

제2절 》 환어음

제3절 》 환 율

일반적인 상거래에서는 매도인과 매수인이 한 장소에 만나 매도인은 물품을 인도하고 매수인은 대금을 지급한다. 그러나 매도인과 매수인이 멀리 떨어져 있는 무역거래의 경우에는 이러한 현금결제방식이 불가능하기 때문에 환거래를 이용해서 채권 · 채무관계를 해결한다. 환은 격지자간의 채권과 채무를 현금의 이동 없이 결제하는 수표, 어음 등과 같은 수단을 말하는데 주로 은행의 중개에 의해서 환거래가 이루어지며 국가 간의 결제에 사용되는 환을 외국환이라 한다. 외국환거래는 이종 통화간의 환율문제, 환율변동에 따른 환위험 등이 발생할 수 있는데 이 장에서는 무역거래의 대금결제를 위한 기초단계로서 먼저 외국환, 환어음 및 환율에 대해서 살펴보기로 한다.

제1절 외 국 환

1. 환거래의 개념

일반적인 상거래에서는 매도인과 매수인이 한 장소에서 만나 매도인은 물품을 인도하고 매수인은 대금을 지급한다. 그러나 매도인과 매수인이 멀리 떨어져 있는 경우에는 이러한 현금결제가 불가능하기 때문에 환을 이용해서 채권 · 채무관계를 해결한다. 환(exchange)은 채권과 채무를 현금의 이동 없이 결제하는 수표, 어음 등과 같은 수단을 말하는데 주로 은행의 중개에 의해서 환거래가 이루어진다.

환거래의 구체적 예를 살펴보면, [그림 6–1]에서처럼 서울의 채무자 A가 대전의 채권자 B에게 100만원을 지불해야 하고, 서울의 채권자 C가 대전의 채무자 D로부터 100만원의 돈을 받아야 한다고 하자. 이 경우 채무자 A가 채권자 B에게, 그리고 채무자 D가 채권자 C에게 각각 현금을 보내면 모든 채권 · 채무 관계는 해결된다.

그러나 현금을 보내게 되면 도중 분실, 도난 등의 위험이 따르고 시일도 많이 소요되기 때문에 [그림 6–2]와 같이 서울에 있는 채무자 A가 대전의 B에게 지급하는 대신 같은 지역에 있는 C에게 지급하고, 대전의 채무자 D는 서울의 채권자 C에게 지급하는 대신 같은 지역의 B에게 지급하면 현금의 이동 없이 대차관계가 해결된다.

그런데 [그림 6–2]와 같은 거래가 가능하기 위해서는 서울의 채무자 A와 대전의 채권자 B, 그리고 서울의 채권자 C와 대전의 채무자 D의 채권 · 채무

그림 6–1 채권 · 채무의 예 1

그림 6-2 채권 · 채무의 예 2

금액이 서로 동일하고 지급기일도 일치해야 하는데 현실적으로 이런 경우를 찾기가 어렵다. 뿐만 아니라 채무자 A와 D가 모두 신용이 높아야 하는데 어느 한 사람이라도 신용을 지키지 않고 지급을 이행하지 않으면 결제에 혼란이 생긴다. 설령 신용이 높은 채무자라 하더라도 이러한 대차관계를 가지고 있는 상대방을 찾는 것은 쉬운 일이 아니다.

이런 이유로 환거래에서는 은행의 중개로 수표, 어음 등과 같은 신용수단을 이용하여 결제를 하게 된다. 은행은 국내 각지에 지점을 운영하거나 혹은 다른 은행과의 거래관계를 가지고 있기 때문에 어느 지역과의 결제에도 응할 수가 있고, 자금이 풍부하기 때문에 고액의 결제도 가능하다. 그리고 은행은 신용이 높기 때문에 거래의 안전성을 보장할 수 있다.

위의 예에서 은행이 중개하는 경우의 환거래를 살펴보면 [그림 6-3]과 같이 이루어진다. 서울의 채무자 A가 채무액 100만원을 글로벌은행 서울지점에 지급하고 대전의 채권자 B를 지급인으로 하는 송금수표를 받아서 이를 대전의 B에게 우송한다. 채권자 B는 이를 글로벌은행 대전지점에 제시하고 현금 100만원을 찾음으로써 서울 · 대전 간의 채권 · 채무관계가 해결된다.

마찬가지로 대전의 채무자 D는 채무를 갚기 위해 글로벌은행 대전지점에 현금 100만원을 지급하고 서울의 채권자 C를 지급인으로 하는 송금수표를 교부받아 이를 서울 채권자 C에게 우송한다. C는 이를 글로벌은행 서울지점에 제시하고 현금 100만원을 찾음으로써 서울 및 대전의 대차관계가 현금 이동 없이 해결된다.

이와 같이 오늘날의 상거래에서는 대부분 현금을 보내지 않고 은행 등 금융기관의 중개를 통해 채권 및 채무 관계를 해결하고 있다. 이런 환거래는 국

그림 6-3 환거래의 예

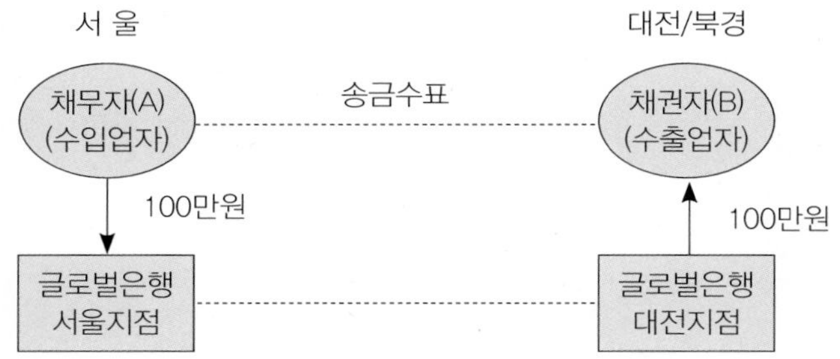

내거래뿐만 아니라 국가 간의 거래에서도 가능하다.

2. 내국환과 외국환

현금의 이동 없이 국내의 대차관계를 결제하는 데 이용되는 환을 내국환(domestic exchange)이라 하고 국가 간의 결제에 사용되는 환을 외국환(foreign exchange) 혹은 외환이라 한다. [그림 6-3]은 국내의 채권 · 채무를 해결하는 내국환의 예이다. 이 그림에서 대전 지역을 중국 북경으로 가정하게 되면 이때의 대차관계를 해결하는 환은 외국환에 해당된다.[1]

예를 들어 매도인이 물품을 매수인에게 판매하고 매수인이 그 대금을 신용카드로 결제했을 경우에는 이 신용카드는 내국환에 해당된다. 그런데 우리나라의 수출업자가 물품을 중국에 수출하고 수입업자가 이 대금을 지급하기 위해 외화표시수표를 보내주면 그것은 외국환에 해당되는 것이다.

이와 같이 외국환은 서로 다른 나라에 있는 사람들 간의 경제적 거래에서 발생하는 대차관계를 현금의 이동 없이 결제해 주는 수단을 말한다. 따라서 무역거래에서는 수출업자(채권자)와 수입업자(채무자) 간에 항상 채권 · 채무관계가 발생하므로 외국환거래가 따르게 된다.

외국환은 내국환에 비해 다음과 같은 특징을 지니고 있다.

첫째, 수출업자와 수입업자가 서로 다른 나라에 떨어져 있고 다른 화폐단

---

1) 우리나라 외국환거래법(제3조)에서는 외국환을 대외지급수단, 외화증권 및 외화채권으로 정의하고 있는데 대외지급수단은 외국통화, 외국통화로 표시된 지급수단, 기타 표시통화에 상관없이 외국에서 사용할 수 있는 지급수단을 말하고 외화증권은 외국통화로 표시된 증권 또는 외국에서 지급을 받을 수 있는 증권을 말하며, 외화 채권은 외국통화로 표시된 채권 또는 외국에서 지급을 받을 수 있는 채권을 말한다.

위를 사용하기 때문에 이종통화간의 교환비율문제가 발생한다. 우리나라와 중국 간의 거래에서 결제통화는 대부분 미국 달러화이기 때문에 우리나라 수출업자나 중국의 수입업자는 무역거래를 할 때마다 결제통화를 원화나 중국 위안화로 교환해야 한다.

둘째, 환율변동에 따른 환위험이 발생할 수 있다. 우리나라의 수출업자가 5만 달러어치의 물품을 중국에 수출하고 5만 달러로 표시된 외화수표를 받을 경우 우리나라 수출업자는 이를 원화로 교환해야 하는데 교환시점에서의 환율에 따라 이익이 생길 수도 있고 손해를 볼 수도 있다.

셋째, 외국환거래에서는 이자 문제가 따르기도 한다. 중국의 수입업자가 5만 달러 표시의 외화수표를 북경은행으로부터 교부받아 이를 우리나라 수출업자에게 송부할 경우, 수출업자는 우송된 수표를 받아야 은행으로부터 수출대금을 찾을 수 있다. 따라서 수출업자와 수입업자 간의 대차결제가 우송기간만큼 차이가 나기 때문에 이에 대한 이자문제가 발생하게 된다. 이 우편일수 만큼의 이자는 큰 것은 아니지만 이를 누가 부담할 것인가는 사전에 약정해 둘 필요가 있다.

마지막으로 외국환거래에서는 외국환을 사고파는 중개 역할을 하는 외국환은행이 필요하게 된다. 외국환거래에서는 항상 이종통화 간의 교환, 환율의 변동에 따른 환위험, 우편일수의 이자 등 문제가 따르기 때문에 반드시 외국환은행의 중개가 필요하다. 이런 이유로 무역거래의 대금결제는 모두 외국환은행을 통하여 이루어지고 있다.

3. 외국환의 종류

(1) 송금환과 추심환

외국환은 자금의 이동방향에 따라 송금환과 추심환으로 구분된다.

가) 송금과 송금환

송금(remittance)은 채무자가 채권자에게 채무액을 지급하기 위해 외국환은행에 원화 또는 외화를 지급하고 이를 채권자에게 송금해 줄 것을 위탁하는 경우를 말하며, 이 때 사용되는 환을 송금환이라 한다. 송금환은 채무자가 채권자에게 채무액을 보낸다고 하여 순환이라고도 한다. 무역거래에서는 수입업자가 수입대금을 수출업자에게 외국환은행을 통해서 송금해 주는 경우이다.

나) 추심과 추심환

추심(collection)은 채권자가 채무자 앞으로 채무의 변제를 요청하는 증서(환어음 등)를 발행하여 채권을 회수하는 경우를 말하며 이때 사용되는 환을 추심환이라 한다. 추심환은 송금환의 순환에 대비시켜 역환이라고도 한다. 무역거래에서 수출업자가 수출대금을 받기 위해 결제요청서를 보내는 경우이다.

(2) 당발환과 타발환

이 용어들은 외국환은행에서 사용하는 명칭으로 당발환(當發換)은 외국환은행의 입장에서 송금환을 직접 취결하거나 추심하는 경우를 말하며, 타발환(他發換)이란 송금환이나 추심을 다른 외국환은행으로부터 받는 것을 말한다. 따라서 송금환과 추심환은 당발송금환과 타발송금환, 당발추심환과 타발추심환으로 구분될 수 있다.

송금과 송금환

채무자(수입업자) ——채무액(수입금액)의 송금——→ 채권자(수출업자)

추심과 추심환

채권자(수출업자) ——채권액(수출금액)의 추심——→ 채무자(수입업자)

가) 당발송금환과 타발송금환

당발송금환(outward remittance)은 외국환은행이 송금환을 발행하여 상대 외국환은행에게 송금할 경우를 말한다. 그리고 외국에서 송부되어 온 송금환을 결제해 주는 은행의 입장에서 보면 타발송금환(inward remittance)이 된다.

나) 당발추심환과 타발추심환

당발추심환(outward collection)은 외국환은행이 추심환을 발행하여 상대 외국환은행에게 추심을 의뢰할 경우이다. 의뢰를 받은 상대 외국환은행의 입장에서 보면 이 추심환은 타발추심환(inward collection)이 된다.

(3) 매도환과 매입환

외국환은행이 고객에게 원화를 받고 외국환을 매각할 경우를 매도환(selling exchange)이라 하고 반면, 고객이 가지고 있는 외국환을 원화를 주고 매입할 경우를 매입환(buying exchange)이라 한다.

가) 당발송금매도환과 타발송금매입환

당발송금환은 외국환은행이 고객(채무자, 수입업자 등)에게 원화를 대가로 매각한 외국환이 된다. 타발송금환은 다른 외국환은행에서 이미 취결된 송금환을 고객(채권자, 수출업자 등)으로부터 매입한 외국환이다.

예를 들어 우리나라 수입업자가 중국의 수출업자에게 5만 달러를 송금하기 위해 우리나라 외국환은행에 5만 달러에 상응하는 원화를 지급하고 송금수표를 교부받아 이를 중국의 수출업자에게 직접 우송했다고 하자. 이때 송금수표는 우리나라 외국환은행의 입장에서 보면 당발송금환이면서 매도환이 된다. 왜냐하면 우리나라 외국환은행이 고객인 수입업자로부터 원화를 받고 5만 달러 표시의 당발송금환을 판매했기 때문이다.

그리고 중국의 수출업자가 이 송금수표를 받아 자기가 거래하는 북경은행에 제시하고 위안화로 교환해서 찾아갔다고 하자. 북경은행에 제시된 송금수표는 한국에서 송부되어 온 타발송금환이고 이것을 고객으로부터 매입한 것이기 때문에 타발송금매입환에 해당된다.

나) 당발추심매입환과 타발추심매도환

당발추심환은 외국환은행이 고객(채권자, 수출업자 등)의 부탁으로 추심을 의뢰받은 것이기 때문에 이 경우는 외국환은행이 당발추심환을 매입한 것에 해당되므로 당발추심매입환이 된다. 타발추심환은 해외로부터 추심을 의뢰받아 지급인에게 추심환을 제시하고 대금을 받기 때문에 은행의 입장에서 외국환을 매각한 결과가 된다.

예를 들어 우리나라 수출업자가 중국의 수입업자에게 수출대금을 받기 위해 추심환을 발행하여 우리나라 외국환은행에게 대금회수를 의뢰할 경우 이 추심환은 우리나라 외국환은행의 입장에서 보면 당발추심환에 해당된다. 그런데 우리나라 외국환은행이 당발추심환을 대가로 미리 수출대금을 지급하게 되면 이는 은행이 외화표시 추심환을 매입한 결과가 되므로 당발추심환은 매입환이 된다.

우리나라 외국환은행이 이를 북경은행으로 보내어 수입업자로부터 대금을 받아줄 것을 요청할 경우 북경은행에 도착한 이 추심환은 타발추심환이 된다. 만약 북경은행이 수입업자로부터 수입대금을 받고 이 타발추심환을 수입업자에게 건네주면 외국환을 매도한 것이므로 이는 매도환이 되는 것이다.

그림 6-4 외국환의 종류

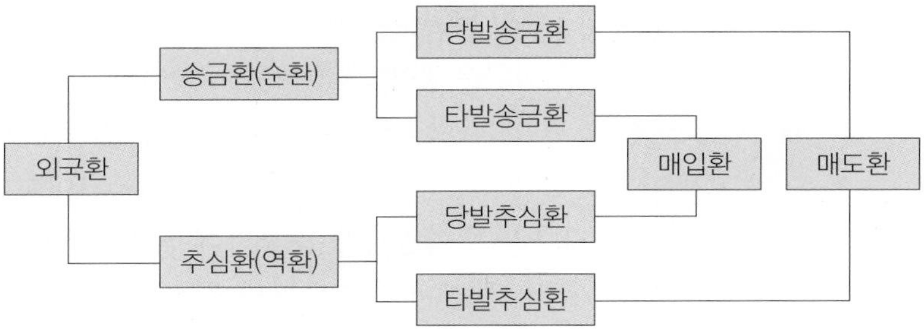

(4) 보통환과 전신환

우편을 이용하여 외국환을 채권자에게 보낼 경우를 보통환이라 하고 전신수단을 이용할 경우를 전신환이라 한다. 전신환을 이용할 경우에는 채권 및 채무가 당일에 결제되므로 이자문제가 개입되지 않는다. 그러나 우편환을 이용하게 되면 결제가 당일에 이루어지지 않으므로 이 기간 동안의 자금비용 즉 이자의 문제가 생긴다. 이를 환가료(mailday interest)라고 하는데 외국환은행 입장에서는 수출대금을 먼저 지급한 후, 해당 외국환이 상대은행에 도착해야 비로소 상환이 이루어지게 되므로 그 기간에 해당하는 만큼의 이자를 고객으로부터 징수한다.

(5) 현물환과 선물환

외국환의 거래가 매매계약과 동시에 결정되는 것을 직물환 또는 현물환(spot exchange)이라고 하며, 일정 기간 후에 일정 환율로 환거래를 할 것을 미리 예약하고 실제의 거래는 그 일정 기간이 지나서야 이루어지는 것을 예약환 또는 선물환(forward or futures exchange)이라고 한다.

외환매매 계약 후 2영업일 이내에 외환의 인수 및 인도가 이루어지는 현물환거래는 모든 외환거래의 기본이며 가장 큰 비중을 차지한다. 선물환거래는 수출입거래 등에 따른 환위험을 피하기 위해 이루어지기도 하지만 순전히 투기로도 이용된다.

4. 외환시장

(1) 외환시장의 의의

국제간에 자금이동을 필요로 하는 당사자들 간의 요청에 응해서 외환매매의 중개역할을 해주는 곳이 외국환은행이고 이들 외국환은행들 간의 거래가 이루어지는 곳을 외환시장이라고 볼 수 있다. 그러나 광의로 해석하면 비단 은행에만 국한될 것이 아니라 외환거래가 이루어지는 모든 장소를 통칭하여 외환시장이라고 할 수도 있다.[2)]

흔히 경제학에서 말하기를 곡물의 매매는 매도자와 매입자의 수가 서로 너무 많아 어느 한 사람에 의해 가격조작이 되지 않는다고 해서 완전경쟁시장이라고 한다. 이런 의미에서 외환시장은 곡물시장보다 더 완전한 경쟁시장이어서 거래 당사자 간의 어느 누구도 현존하는 시세의 100만분의 1도 마음대로 조작할 수 없을 정도로 많은 사람들이 관련되어 있다.

외환시장의 구조는 크게 대고객 외환시장과 은행간 외환시장으로 구분된다.

대고객 외환시장(customer market)은 외국환은행과 무역업체, 정부기관, 개인 등의 고객 간에 이루어지는 외환시장을 말한다. 예를 들어 무역업체에서 수출입대금으로 필요하거나 수취한 외환을 외국환은행으로부터 매입 또는 매각하는 경우나, 정부가 공공차관의 원리금 상환을 한다거나 해외여행자가 외화를 현찰로 매매하기 위해 원화를 대가로 외화거래를 하는 경우 등을 들 수 있다.

은행간 외환시장(interbank market)은 협의의 외환시장으로 외국환은행, 한국은행, 금융결제원 간에 형성되고 있는 시장을 말한다.

(2) 외환시장 참여자

가) 외국환은행

외환을 직접 사고팔고 하기 때문에 외환시장에서는 'dealer'라고 한다. 외국환은행은 환거래에서 매일같이 외환채권을 취득하고 또 채무를 부담하고 이것을 결제하여야 하기 때문에 세계 주요도시에 외환별로 외환계정을 갖게 된다.

이때 한 은행이 외국은행에 가지고 있는 계정을 'nostro', 즉 'ours'라고 하

2) 세계적인 주요 외환시장으로 뉴욕 외환시장, 런던 외환시장, 프랑크푸르트 외환시장, 동경 외환시장 등을 들 수 있다.

며, 외국의 한 은행이 우리 은행에 가지고 있는 계정은 'vostro', 즉 'yours'라 하며, 다른 은행으로 송금되는 것이 제3은행의 계정에서 이루어지는 것을 'loro', 즉 'theirs'라고 한다.

나) 고 객

외환을 매각하거나 매입하는 자로서 외국환은행의 입장에서 보면 개인, 기업, 정부 등이 있다.

다) 환 중개인(Exchange Broker)

외국환은행 간의 외환거래의 중개를 업으로 하는 자로 우리나라는 금융결제원(자금중개실)이 이 기능을 맡고 있다.

라) 중앙은행

환율의 안정을 위하여 외환시장에 개입하는 정부은행을 말한다.

제 2 절 환 어 음

1. 환어음의 의의

환어음(draft; bill of exchange)은 채권자가 채무자에게 일정한 시일 및 장소에서 채권금액을 지명인 또는 소지인에게 무조건적으로 지급할 것을 위탁하는 요식 · 유가 증권을 말한다. 환어음은 중세부터 사용되어 왔다고 하는데 오늘날 무역거래에서도 수출업자들은 대부분 대금회수를 위해 환어음을 발행하고 있다. 즉 무역계약에 따라 계약물품을 선적한 수출업자는 관계 서류를 첨부하여 수입업자 혹은 특정 은행 앞으로 환어음을 발행하여 수출대금의 지급을 요청한다. 따라서 환어음의 발행인은 수출대금의 채권자인 수출업자이고 환어음상의 지급인은 채무자인 수입업자 혹은 수입업자가 지정한 특정 은행이 된다.

환어음은 요식증권이기 때문에 법에서 요구하는 기재사항이 있어야 효력이 발생하며 그 요건 중 어느 하나라도 기재되지 않으면 어음으로서 성립할 수 없고 무효이다. 그리고 환어음을 교부하기 전에는 발행인이 자유롭게 정정할 수 있지만 교부 후에는 효력이 발생하므로 발행인도 함부로 어음의 내용을 정정할 수 없다. 실무적으로 환어음은 보통 2통을 1조(set)로 발행되어 하나가 결제되면 나머지는 자동적으로 무효가 된다.

환어음은 국가 간의 거래에서 사용되기 때문에 환어음과 관련하여 어떤 문제가 발생할 경우 이를 해결할 수 있는 법적 근거가 반드시 필요한데 현재 환어음의 효력에 대한 준거법은 원칙적으로 행위지의 법에 따른다. 예를 들어 환어음이 우리나라에서 발행되고 미국에서 지급되었다면 발행에 관하여는 우리나라의 어음법이 적용되고, 지급과 관련된 모든 행위는 미국의 어음법에 따른다.

현재 환어음에 관련된 국제 관행은 영국의 '환어음법'(Bill of Exchange Acts, 1882), 국제상업회의소에서 제정된 '추심에 관한 통일규칙'(Uniform Rules for Collection, ICC Publication No. 522, 1996) 및 '국제환어음 및 약속어음에 관한 유엔협약'(United Nations Convention on International Bills of Exchange and International Promissory Notes, 1988)에 의하고 있다. 그러나 우리나라 수출업자가 발행한 환어음이 국내에서 문제가 될 경우에는 우리나라 상법이 적용된다.

2. 환어음의 당사자

(1) 발행인

환어음의 발행인(drawer)은 환어음을 발행하고 서명하는 자로서 채권자를 말한다. 무역거래에서는 수출업자가 수입업자 혹은 은행으로부터 수출대금을 추심하기 위해 형식적 요건으로서 환어음을 발행하기 때문에 수출업자가 환어음의 발행인이 된다. 환어음은 반드시 발행인의 기명날인이 있어야 그 효력이 발생한다.

(2) 지급인

환어음의 지급인(payer)은 환어음상의 금액을 일정한 시기에 지급할 것을 위탁받은 채무자를 말하는데 무역거래에서는 수입업자 혹은 수입업자 거래은행이 된다. 지급인의 명칭은 성명 또는 상호로 표현하고, 법인 혹은 조합인 경우에는 법인명 또는 조합명을 기재하면 되는데 반드시 그 대표자의 성명을 표시할 필요는 없다.

(3) 수취인

수취인(payee)은 환어음 금액을 지급받을 자로서 발행인이 될 수도 있고 발행인이 지정하는 제3자가 될 수도 있다. 발행인이 환어음을 지급인에게 직접 제시하면 수취인이 관여하지 않지만 발행인이 환어음을 발행하여 이를 제3자로 하여금 지급받도록 할 경우에는 제3자가 수취인이 된다. 수취인은 환어음의 선의의 소지인(bona-fide holder)이다.

무역거래에서 수출업자(발행인)가 외국에 있는 수입업자(지급인)에게 수출대금을 받기 위해 직접 외국까지 가서 환어음을 제시하고 수출대금을 받을 경우에는 수취인을 필요로 하지 않는다. 그러나 이런 경우는 현실적으로 극히 드물기 때문에 보통 수출업자는 자기가 거래하는 은행에게 외국의 수입업자로부터 수출대금을 추심해 줄 것을 의뢰하고, 은행은 결제 시스템을 이용하여 수입업자로부터 대금을 회수하게 된다. 이 경우 수출업자의 거래은행은 수출업자를 대신하여 수출대금을 지급받는 수취인이 된다.

3. 환어음의 종류

(1) 무담보어음과 화환어음

환어음만으로 결제가 될 수 있는 어음을 무담보어음(clean bill of exchange)이라 하며 주로 운임, 보험료, 수수료 등의 지급에 이용되지만 오늘날에는 거의 사용되지 않고 있다.

반면 선하증권을 비롯한 운송서류가 첨부된 어음을 화환어음(documentary bill of exchange)이라 하며 상품대금을 결제하기 위해 사용된다. 환어음에 첨부될 운송서류는 매매계약서나 관계 서류에 명시되어 있다.

(2) 일람불환어음과 기한부환어음

환어음은 지급만기일에 따라 일람불환어음과 기한부환어음으로 구분된다. 일람불환어음(sight bill)은 글자 그대로 지급인이 환어음을 보자마자 지급을 해야 하는 것이기 때문에 환어음이 지급인에게 제시되면 즉시 대금결제가 이루어지는 어음을 말하고, 기한부환어음(usance bill)은 일정 기간 후 지급이 이루어지는 어음을 말한다.

기한부환어음의 만기일은 일람 후(after sight), 일부 후(after date) 및 확정일

(on a fixed date) 등 세 가지로 구분된다.

일람 후 정기출급의 경우는 환어음이 지급인에게 제시된 날로부터 일정 기간이 지난 후 지급이 이루어진다. 예를 들어 'after sight 30 days'이면 지급인에게 어음이 제시되고 다시 30일이 지난 후에 결제가 된다. 일람 후 정기출급에서는 지급인이 환어음을 일람했다는 증거로 환어음을 인수하는데, 인수(acceptance)는 인수인이 만기일에 지급할 것을 약속하는 서명행위를 말한다. 따라서 인수인은 만기일에 지급인이 된다.

일부 후 정기출급은 어음이 발행된 날로부터 일정 기간이 지난 후 결제가 이루어지는 것을 말한다. 따라서 일부 후 정기출급은 환어음이 발행될 때 지급일이 확정된다. 예를 들어 환어음이 5월 30일 발행되면서 만기일이 '30 days after date'로 표시되면 이 어음의 지급일은 자동으로 6월 30일이 된다.

일부 후 정기출금은 일람 후 정기출급보다 우편일수만큼 빨리 결제된다. 만약 5월 30일 우리나라 수출업자가 미국의 수입업자를 지급인으로 하는 '30 days after date'의 일부 후 정기출급의 환어음과 '30 days after sight'의 일람 후 정기출급의 환어음을 발행했다고 한다면, 전자의 경우가 후자보다 빨리 결제된다. 왜냐하면 일람 후 정기출급은 환어음이 지급인에게 제시되고 그 날로부터 만기일이 계산되기 때문에 환어음이 우송되는 기간만큼 결제가 늦어지기 때문이다.

확정일 출급은 환어음상에 지급일이 구체적으로 명시되어 있는 경우이다.

(3) 은행어음과 개인어음

환어음의 지급인이 은행인 경우를 은행어음(bank bill), 개인이나 기업인 경우를 개인어음(private bill)이라 한다. 무역거래에서 두 어음 모두 사용되고 있지만 보통 은행이 개인보다 신용이 높기 때문에 은행어음을 선호하는 경우가 많다. 그러나 개인의 신용이 높거나 발행인이 지급인의 신용을 확신할 경우에는 개인어음을 사용할 수 있는데 최근 들어 이의 사용빈도가 늘어나고 있는 실정이다.

4. 환어음의 기재사항

환어음은 요식증권이기 때문에 기재사항을 준수해야 한다. 기재사항은 필수기재사항과 임의기재사항으로 구분되는데 필수기재사항의 어느 하나가 누락되어도 환어음으로서의 법적 효력이나 구속력을 갖지 못하게 된다.

(1) 필수기재사항

가) 환어음의 표시

환어음을 뜻하는 증권에는 반드시 환어음을 표시하는 문자가 있어야 한다. 보통 환어음을 뜻하는 영문 표현인 'Bill of Exchange', 혹은 환어음이 보통 두 통이 발행되기 때문에 'The First Bill of Exchange', 'The Second Bill of Exchange'와 같은 문구를 말한다. 이렇게 함으로써 어음의 변조를 막고 어음 당사자들에게 어음 행위를 한다는 자각을 줄 수 있다.

나) 무조건의 지급위탁문언

환어음은 법률적으로 일정 금액을 무조건 지급할 것을 위탁하는 증권이기 때문에 이에 관한 문언이 있어야 한다. 반드시 금액을 지급해야지 금전 이외의 물건을 지급하도록 하는 것은 무효이다. 그리고 금액은 환어음의 어느 부분에라도 기재할 수 있지만 보통 금액을 표현하는 'pay to … the sum of …'에 기재한다.

다) 지급인

환어음상의 지급인을 표시하는 것인데 보통 환어음의 끝 부분인 'To' 이하에 기재한다. 지급인은 어음지급을 위탁받은 자로서 채무자인 수입업자 혹은 특정 은행이 되는데 이는 결제방식에 따라 달라진다.

라) 지급기일의 표시

환어음 대금이 실제 지급되는 만기일(tenor)을 표시하는 것이다. 환어음의 'at … sight of'라고 표시된 표현에서 공란에 기재한다. 만약 즉시 대금을 지급하기로 했으면 'at xxx sight of'로 표시하고, 60일 후 지급하는 기한부 조건일 경우에는 'at 60 days sight of'로 기재된다. 그러나 확정일 조건이면 확정된 날짜를 구체적으로 표시한다.

여기서 일람후 즉시 지급할 경우의 만기일 영문 표시는 'at sight'가 정확하고, 기한부일 경우에는 만기일 영문 표시가 'after 60 days sight of' 등과 같이 표현되어야 한다. 그런데 환어음의 용지에는 '… at sight', '… after sight' 구분하지 않고 'at … sight of'로 편의상 인쇄되어 있다.

마) 지급지

지급지는 환어음 금액이 지급되는 일정 지역을 의미하는데 보통 실제로 존재하는 도시명 정도로 표기된다. 지급지는 단일이어야 하며 선택적으로 혹은 여러 곳으로 중첩해서 기재되어서는 안 된다. 환어음은 행위가 발생한 지역의 법률에 의해 처리되므로 지급지는 반드시 기재되어야 한다. 만약 지급지의 표시가 없으면 지급인의 명칭에 부기된 지명이나 지급인이 거주하는 지역으로 갈음할 수 있다.

바) 수취인

환어음의 금액을 지급받을 자 혹은 지급을 받을 자를 지시한 자를 말하며 이의 기재방법에는 기명식, 지시식, 소지인식 및 선택소지인식이 있다.

사) 발행일 및 발행지

환어음의 발행일은 어음이 발행된 날로서 어음상에 기재된 날짜이다. 발행일은 기한부어음의 제시기간을 정하기 위하여 반드시 필요한데 만약 발행일이 여러 군데 서로 달리 표시되어 있으면 무효로 간주된다. 발행지는 어음이 발행된 장소로 어음상에 기재된 지역을 말하며 실제 발행된 지역을 뜻하는 것은 아니다. 발행지역은 도시 이름까지만 표기해도 무방하지만 발행국가는 어음법의 적용근거가 되므로 반드시 기재되어야 한다.

아) 발행인의 기명날인

환어음은 발행인의 기명날인이 있어야만 그 효력이 발생한다. 무역거래에서는 수출업자가 환어음을 발행하기 때문에 수출업자의 기명날인이 있어야 한다. 우리나라의 경우는 수출업자가 거래 외국환은행에 제출한 서명감과 일치해야 한다.

(2) 임의기재사항

임의기재사항은 어음 자체의 효력에는 아무런 영향을 미치지 않으나 환어음번호, 신용장번호, 어음발행매수의 표시 등을 기재하여 어음의 성격이나 내용을 명확히 한다.

가) 환어음 번호

발행인의 참고사항이며 기재하지 않을 경우도 있다.

나) 환어음 발행 근거

만약 신용장방식에 의해 결제가 이루어지면 환어음의 발행근거가 되는 신용장번호, 개설은행, 개설일자 등을 기재한다. 예를 들어 'Drawn under Letter of Credit No. 123 issued by Chase Manhattan Bank of New York dated 2020, May, 14th.'와 같은 표현이 환어음상에 기재된다.

그리고 신용장 방식 외에 화환추심어음방식으로 결제할 경우에는 인수도조건 혹은 지급도조건을 분명히 명시해야 한다. 이 표시는 환어음의 효력에는 전혀 영향을 미치지 않지만 운송서류의 인도조건이 달라지기 때문에 수출업자에게는 대단히 중요한 문제가 될 수 있다. 만약 인수도 혹은 지급도의 표시가 없으면 지급도로 간주된다.[3)]

다) 환어음의 발행매수

환어음이 한 세트로 발행될 경우 이중 사용을 방지하기 위해 발행된 매수를 'First Bill', 'Second Bill'과 같이 표기한다.

라) 대가 문구

대가 문구(valuation clause)는 발행인이 증여, 상속 등의 목적이 아니라 정당한 상거래의 대가로 환어음을 발행하고 있음을 표시하는 문구로 보통 문자로 표시된 금액 다음에 'value received'로 표시되어 있다.

마) 이자 문구

기한부거래에서는 일정 기간의 외상거래에 따른 이자 문제가 대두되는데 통상 일람출급 혹은 일람 후 정기출급에만 이자 약정의 기재를 인정하고 있다. 확정일 출급 또는 일부 후 정기출급에는 사전에 이자를 계산해서 어음 금액을 정할 수 있기 때문에 이자 문언을 기재할 필요가 없다. 이자율은 반드시 어음상에 표시되어야 하고 그 표시가 없으면 이자에 대한 약정은 없는 것으로 본다. 그리고 이자의 기산일은 발행일 혹은 발행인이 임의로 기재할 수 있지만 만일 기재가 없으면 발행일을 기산일로 한다.

3) 인수도 조건 및 지급도 조건에 관한 자세한 내용은 제1부 제7장에서 언급하기로 한다.

▶ **서식 6-1** 환어음

BILL OF EXCHANGE

NO. ______________ BILL OF EXCHANGE, ______________

FOR

AT __________ SIGHT OF THIS **FIRST** BILL OF EXCHANGE(SECOND OF THE SAME TENOR AND DATE BEING UNPAID) PAY TO __________ OR ORDER THE SUM OF

____

VALUE RECEIVED AND CHARGE THE SAME TO ACCOUNT OF ______________

____

DRAWN UNDER ______________________________

L/C NO. ______________ DATED ______________

TO ______________________

____

____

____

780603-626 13(X)B-16B

BILL OF EXCHANGE

NO. ______________ BILL OF EXCHANGE, ______________

FOR

AT __________ SIGHT OF THIS **SECOND** BILL OF EXCHANGE(SECOND OF THE SAME TENOR AND DATE BEING UNPAID) PAY TO __________ OR ORDER THE SUM OF

VALUE RECEIVED AND CHARGE THE SAME TO ACCOUNT OF ______________

____

DRAWN UNDER ______________________________

L/C NO. ______________ DATED ______________

TO ______________________

____

____

____

780603-626 13(X)B-16B

제3절 환 율

1. 환율의 의의

환율(exchange rate)은 외국통화에 대한 자국통화 또는 다른 외국통화 표시의 교환가치를 말한다. 따라서 환율은 곧 외환의 시장가격이기도 하며, 한 나라 통화의 대외가치를 측정하는 척도가 되기도 한다.

또한 환율은 자국통화의 외국상품 및 용역에 대한 구매력(purchasing power)을 표시한다. 자국통화의 대외구매력은 자국통화를 가지고 외화를 매입하고, 매입한 외화를 가지고 다시 외국 상품과 용역을 구매할 수 있는 능력을 말한다.

2. 환율표시방법

환율을 표시하는 방법은 자국통화 한 단위에 대한 외국통화의 비율을 나타내는 방법과 상대 외국통화 한 단위에 대한 자국통화의 비율을 표시하는 방법 등이 있다.

(1) 직접표시방법

직접표시방법(direct quotation)은 외국환 1단위 또는 100단위에 대하여 자국통화의 교환 대가를 표시하는 자국통화표시환율이다. 우리나라에서 환율을 U$1=₩934.10식으로 표시하는 것은 직접표시방법에 해당된다. 직접표시방법은 지급계정시세(pence rate, giving quotation)라고도 하는데, 우리나라를 비롯한 대부분의 국가에서는 이 방식으로 환율을 표시하고 있다.

(2) 간접표시방법

간접표시방법(indirect quotation)은 직접표시방법과는 정반대로 자국통화 1단위 또는 100단위에 대하여 외국통화의 교환 대가를 표시하는 외국통화 표시환율로서 수취계정시세(currency rate, receiving quotation)라고도 한다. 이 방식은 현재 영국, 호주 등지에서 채택되고 있는데 영국은 전통적으로 환율을

표 6-1 외환시장에서의 주요 통화 고시환율(2015년 10월 1일 기준)

통화명	매매기준율[1)]	크로스환율[2)]	통화명	매매기준율[1)]	크로스환율[2)]
미국 달러화	1190.40	–	스웨덴 크로네화	142.14	8.37455
일본 엔화(100엔)	992.58	119.93000	호주 달러화	833.58	0.70025
유로화	1329.86	1.11715	태국 바트화	32.74	36.36000
영국 파운드화	1800.42	1.51245	중국 위안화	187.26	6.35710
스위스 프랑화	1221.93	0.97420	홍콩 달러화	153.60	7.75005
캐나다 달러화	893.29	1.33260	싱가포르 달러화	836.22	1.42355

1) 우리나라의 외환시장에서 환율을 표시하는 직접표시법에 따라 해당 외화 1단위에 대한 원화금액을 의미하며, 미국 달러화는 매매기준율이며, 다른 통화는 재정된 매매기준율임.
2) 우리나라 입장에서는 국제기축통화인 미국 달러화와 기타 통화간의 환율을 의미함. 국제외환시장에서의 환율표시관행에 따라 유로화(EUR), 영국 파운드화(GBP), 호주 달러(AUD), 뉴질랜드 달러(NZD) 등은 해당통화 1단위에 대한 미 달러화의 금액으로 환율이 표시되고 다른 통화들은 미 달러화 1단위에 대한 해당통화의 금액으로 표시됨.
자료: 서울외국환중개(주) 고시환율 편집.

반드시 파운드화를 중심으로 하여 Stg. £1=US$1.4848식으로 표시하는 간접표시방법을 채택하고 있다.

(3) 미 달러 표시방법

이 방식은 미화 1달러에 대하여 각국 통화의 교환 대가를 나타내는 환율표시방법이다. 미 달러가 국제기준통화의 성격을 지니고 있기 때문에 국제금융시장에서는 관례적으로 미 달러를 기준으로 환율을 표시하고 있다.

3. 환율의 종류

(1) 매도율과 매입률

외환시장에서는 외화를 팔고자 하는 매도환율(offered rate)과 외화를 사고자 하는 매입환율(bid rate)을 동시에 고시하고 있다. 이와 같이 동시에 두 개의 환율을 고시하는 방법을 'two way quotation'이라 하며 이 매도율과 매입률의 차이는 외환거래수익의 원천으로 이를 스프레드(spread)라 한다.

예를 들어, 서울외환시장에서 어떤 딜러가 다른 은행으로부터 미 달러화에 대한 원화의 환율제시를 요청받아 U$/₩=920.10~920.30의 환율을 제시하였다면, 이는 920.10원을 지불하고 1달러를 사겠으며 920.30원 받고 1달러를 팔겠다는 것을 의미한다. 그러므로 여기에서 U$/₩=920.10이 매입환율이 되며 U$/₩=920.30이 매도환율이 된다. 그런데 매도율과 매입률은 이를 제시하는 은행을 기준으로 한 것이기 때문에 상대방의 입장에서 보면 제시은행의 매도율이 매입률이 되고 제시은행의 매입률은 상대방이 매도할 수 있는 환율을 의미한다.

(2) 현물환율과 선물환율

외환거래는 외환매매계약에 따른 대가의 수급이 이루어지는 시기에 따라 현물환거래와 선물환거래로 구분되고 각각의 거래환율을 현물환율과 선물환율이라 한다.

현물환율이란 외환매매계약일 후 2영업일(익익영업일)째에 통화의 교환이 이루어지는 현물환거래에 적용되는 환율이다. 넓은 의미의 현물환거래에는 외환매매계약 후 당일 결제되는 당일물, 익일 결제되는 익일물까지 포함된다.

외환매매계약이 성립된 후 실제 결제가 이루어지기까지에는 거래내용의 확인, 자금의 조달, 자금의 이체 등에 일정시간이 필요하므로 국제외환시장 관행상 이틀을 잡고 있는 것이다. 반면에 선물환율은 외환의 매매계약 후 2영업일을 경과한 어느 특정 시점에서 그 대상 외환을 인도하는 선물환거래에 적용되는 환율을 말한다.

표 6-2 현물환율과 선물환율 고시표

만 기		기준일	매입률	매도율
현물환율		2014/01/08	1,066.0	1,067.0
선물환율	1주일	2014/01/15	1,066.4	1,067.6
	2주일	2014/01/22	1,066.7	1,068.2
	1개월	2014/02/08	1,067.7	1,069.2
	2개월	2014/03/08	1,069.5	1,071.5
	3개월	2014/04/09	1,071.0	1,073.5
	6개월	2014/07/09	1,074.5	1,078.5
	9개월	2014/10/09	1,077.25	1,082.25
	1년	2015/01/09	1,080.0	1,086.0

1) 2014년 1월 6일자 외환은행 고시환율을 편집하였음.
2) 기준일은 현물이 인도 결제되는 날로 선물환의 경우 매매일로부터 2영업일과 만기기간을 더한 날짜가 되며 매입률과 매도율은 은행기준임.

(3) 크로스환율

크로스환율(cross rate)이란 한 나라의 외환시장에서 기축통화에 대한 자국통화의 환율이 아닌 기축통화와 다른 외국통화 간의 환율을 말한다. 교차환율 또는 이종통화 간 환율이라고도 한다.[4] 예를 들어, 우리나라는 미 달러화가 기축통화이므로 원화와 미 달러화 간의 환율이 아닌 미 달러화에 대한 중국 위안화의 환율 또는 미 달러화에 대한 일본 엔화의 환율 등이 크로스환율이 된다.

(4) 재정환율

재정환율(arbitrated rate)은 미 달러화 이외의 통화 대(對) 원화의 환율을 말한다. 원화를 대가로 한 미 달러화 이외의 통화와의 거래는 유동성 부족으로 시장이 제대로 형성되지 못하므로, 대신에 국내시장에서 형성된 원/달러 환율과 주요 국제금융시장에서 형성된 미화와 미화 이외 통화 간의 매매중간율(매입환율과 매도환율의 중간 값)에 대한 크로스환율 간을 재정하여 산출하여 적용하는데 이를 재정환율이라 한다.

(5) 외국환은행간 매매율

외국환은행간 매매율(interbank rate)이란 외환시장의 중심이 되는 은행 간 시장에서 외국환은행 간의 외환거래에만 적용되는 환율을 말한다. 일반 고객들과의 거래에서는 적용되지 않는다.

외국환은행은 기업이나 고객들과의 대고객거래에 응하여 외환을 사주기도 하고 팔아주기도 하는데 이런 과정에서 매도와 매입을 항상 균형(square)있게 할 수는 없어 과매입(過買入; overbought) 또는 과매도(過賣渡; oversold) 상태의 외환 차액이 발생하는데, 이를 환 포지션(position)이라 한다. 은행은 이러한 환 포지션을 갖게 됨으로써 발생하는 환 리스크와 외화자금의 과부족을 충당하기 위해 외국환은행 간의 거래를 통해 포지션을 균형화 시킨다.

(6) 매매기준율

미 달러화와 원화의 대고객거래 및 기업 등의 회계처리에 참고하도록 재

4) 기축통화는 국제간의 결제나 금융거래의 기본이 되는 화폐를 말한다. 영국의 파운드가 오랫동안 기축통화의 역할을 하였으나 현재는 미국 달러가 그 역할을 하고 있다.

정경제부가 외국환중개회사를 지정하여 매일 매매기준율을 고시하도록 하고 있다. 매매기준율은 외국환중개회사를 통해 거래된 미 달러화의 현물환 거래량을 가중 평균하여 산출하는 시장평균 환율(market average rate; MAR)이 되는데, 당일 외국환은행의 대고객거래에 있어 기준이 되는 매매기준율의 역할을 한다.[5)]

(7) 외국환은행 대고객매매율

대고객매매율(customer rate)은 외국환은행이 고객과 외환거래를 하는데 적용하는 환율을 말한다. 보통 매 영업일에 영업장에 게시하며 현찰 매매율, 전신환 매매율, 일람출급환어음, 기한부어음, 여행자수표 등의 매매율로 나뉜다. 대고객매매율은 외국환은행 간 매매율을 감안하여 외국환은행장이 자율적으로 정하고 있으며 외환시장의 수급상황에 따라 계속 변동해야 하지만 고객의 편의를 위해 하루 중 일정 간격으로 변동이 없다.

표 6-3 은행의 대고객환율 고시 예

은행기준	고객기준	미화환율[1)]	비 고[2)]
현찰매도율	현찰 살 때	1,086.58	매매기준율에서 1.75% 정도 가산
여행자수표(T/C) · 어음매도율	수표 살 때	1,080.71	매매기준율에서 1.20% 정도 가산
전신환매도율	송금 보낼 때	1,078.30	매매기준율에서 1.00% 정도 가산
매매기준율		1,067.90	영업개시 이후에도 은행 간 시장 상황을 반영하여 일중에 수차 변경함.
전신환 매입률	송금 받을 때	1,057.50	매매기준율에서 1.00% 정도 차감
수표 · 어음 매입률	수표 팔 때	1,056.91	매매기준율에서 1.20% 정도 차감
현찰 매입률	현찰 팔 때	1,049.22	매매기준율에서 1.75% 정도 차감

1) 2014년 1월 8일 기준임.
2) 가감률은 은행별로 자율적으로 결정함.

5) 시장평균환율은 지정된 외국환중개회사가 매 영업일 15시 30분에 로이터(Reuter) 화면 등을 통하여 고시한다.

제 7 장

무역대금결제

무역거래에서 물품인도와 대금결제는 가장 중요한 업무이지만 이 두 가지 무역 업무는 항상 상반된 성격을 지니고 있다. 즉 수출업자는 대금확보가 전제되지 않는 한 물품을 인도하지 않으려 하지만, 수입업자는 물품이 확보되지 않으면 대금을 결제하지 않으려고 한다. 만약 매매당사자들이 서로 상반된 주장만 하게 되면 거래는 성사될 수 없으며, 나아가 오늘날과 같은 국제무역은 불가능하게 될 것이다. 이에 따라 무역거래에서는 보다 공신력 있는 은행이 개입하여 두 당사자 간의 대금결제를 원활히 해 주고 있다. 이 장에서는 무역거래에서 이용되고 있는 결제방식을 신용장 방식과 무신용장 방식으로 구분하여 살펴보기로 한다.

제1절 신용장의 개요

1. 신용장의 기본 원리

무역거래에서 당사자들은 여러 가지 위험에 직면하는데 대표적으로 수출업자에게는 대금회수불능의 위험이고, 수입업자에게는 상품입수불능의 위험이라 할 수 있다. 이런 위험에서 벗어나려고 수출업자는 먼저 대금을 확보한 후 물품을 인도하려고 할 것이고, 수입업자는 그와 반대로 물품을 입수한 후 대금을 지급하려고 한다. 만약 당사자들이 자기의 입장만 주장하게 되면 거래는 성사될 수 없으며, 오늘날과 같은 국제무역은 불가능하게 된다.

이에 따라 거래당사자들 사이에 공신력이 높은 은행이 관여하여 대금결제를 원활히 하고자 하는 것이 신용장이다. 즉 은행이 수출업자에게 수입업자를 대신해서 수출대금을 확실히 지급할 것을 약속하면, 수출업자는 이런 은행의 약속을 믿고 물품을 선적해 보내게 된다. 이와 같이 은행이 수출대금의 지급을 확약하는 편지를 수출업자에게 보내는데 이를 은행의 신용이 담긴 편지라는 의미에서 신용장(letter of credit; L/C)이라 한다.

신용장의 기본원리는 [그림 7-1]에 잘 나타나 있는데 이 그림에서 보듯이 수출업자는 수입업자의 신용을 근거로 하는 것이 아니라 은행의 신용, 다시 말해서 은행의 대금지급확약을 토대로 계약물품을 선적하게 된다. 이와 같이 신용장은 매매당사자들의 신용을 공신력이 보다 높은 은행의 신용으로 전환시켜 수출업자에게는 대금지급을 보장하고, 수입업자에게는 상품입수를 원활히 해주는 수단을 말한다.

그림 7-1 신용장의 기본 원리

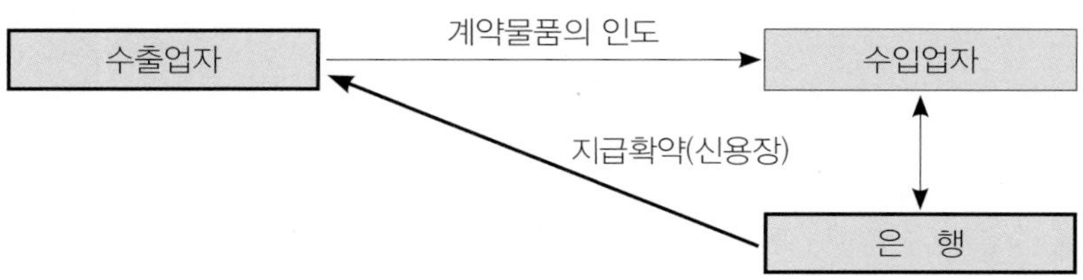

무역거래에서 언제부터 신용장이 사용되었는지는 확실하지 않지만 널리 이용되기 시작한 것은 제1차 세계대전 이후부터이다. 전후(戰後)의 경제체제가 혼란스러워서 전쟁 전에 이루어졌던 많은 계약이 전쟁과 함께 파기되고 거래이행도 불확실해지는 경우가 많았었다. 이런 혼란스러운 거래환경에서 물품을 판매하는 상인은 좀 더 확실한 대금지급을 보장받고 싶어 했고 그런 환경에서 신용장의 이용이 급속하게 확대되었다.

2. 신용장의 정의

신용장은 무역거래에서 대금결제를 원활히 하기 위해 은행이 수출업자에게 발행하는 대금결제 확약증서이다. 현행 신용장통일규칙(제2조)에서는 신용장의 정의에 대해서 다음과 같이 정의하고 있는데 그 의미를 보다 구체적으로 살펴보면 다음과 같다.

> Article 2 Definitions
>
> For the purpose of these rules, Credit means any arrangement, however named or described, that is irrevocable and thereby constitutes a definite undertaking of the issuing bank to honour a complying presentation.
>
> 제2조 정의
>
> 본 규칙에서 의미하는 신용장은 그 명칭이나 표현에 상관없이 취소불능적인 약정으로서 신용장의 조건과 일치하는 제시에 대해서 결제하겠다는 개설은행의 확정적인 약속을 의미한다.

첫째, 무역거래에서 이용되는 신용장은 그 용도에 따라 여러 가지로 구분되고 사용되는 명칭도 다양하지만, 신용장이라고 함은 그 명칭이나 표현에 상관하지 않는다는 것이다.

둘째, 신용장상의 은행의 지급 약속은 취소불능이라는 점이다. 은행이 신용장을 개설한 후 임의로 내용을 변경한다든지 취소할 수 있게 되면 이런 신용장을 받아보는 수출업자는 불안하기 때문에 은행의 지급약속을 취소불능한 것으로 규정하고 있다.

셋째, 수출업자의 모든 행위는 신용장의 조건과 일치해야 한다는 점이다.

은행이 지급 확약을 하지만 이런 지급 확약은 신용장상에 규정되어 있는 모든 조건과 일치할 경우에만 은행은 그 약속에 대해서 책임을 진다는 것이다.

따라서 신용장은 명칭이나 표현에 상관없이 신용장상에 규정되어 있는 조건과 일치하는 제시(presentation)에 대해서는 확실히 지급할 것을 약속하는 은행의 취소불능 약정이라고 정의할 수 있다.

3. 신용장 방식에 의한 결제과정

신용장 방식에 의한 대금결제는 보통 [그림 7-2]의 절차에 따라 이루어진다.

① 매매계약에서 신용장 방식 결제약정: 수출업자와 수입업자가 매매계약을 체결하면서 대금결제를 신용장 방식에 의하기로 합의한다.

② 신용장의 개설 신청: 수입업자는 매매계약의 약정에 따라 통상 자기가 거래해 오던 외국환은행(신용장 개설은행)으로 하여금 수출업자 앞으로 신용장을 개설해 줄 것을 의뢰한다. 이 때 수입업자는 신용장 개설의뢰서에 매매계약에서 합의한 내용대로 신용장의 내용을 기재하여 개설담보금과 함께 개설은행에 제출한다.

③ 신용장의 개설과 통지: 신용장 개설은행은 자기 고객의 요청과 지시에 따라 신용장을 개설하고 통상 수출업자가 소재하는 지역에 있는 자기의 본·지점이나 환거래은행(correspondent bank)으로 하여금 신용장을 통지해 주도

그림 7-2 신용장에 의한 결제과정

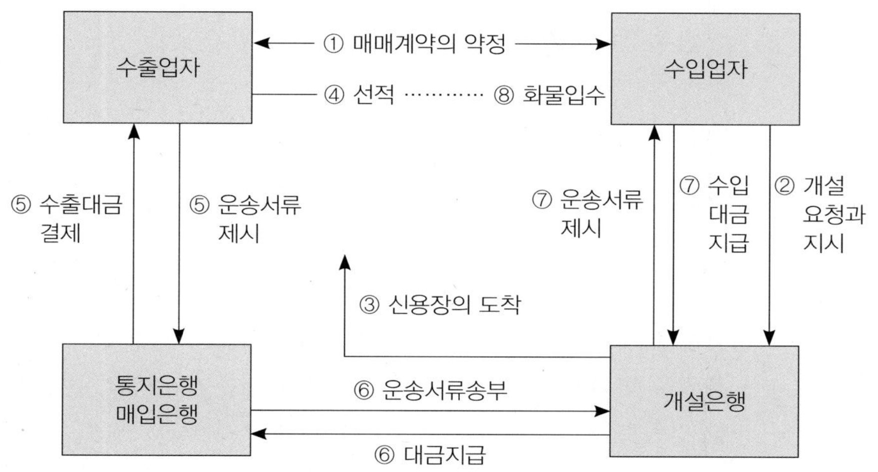

록 요청하는데 최근에는 신용장이 스위프트(SWIFT) 방식으로 거의 개설 · 통지되고 있다.[1)]

④ 계약물품의 선적과 운송서류의 입수: 통지은행으로부터 신용장을 접수한 수출업자는 신용장에 명시된 조건에 따라 계약물품을 선적한 후 선박회사로부터 선하증권을 입수한다. 만약 항공운송을 이용하게 되면 항공사로부터 항공화물운송장을 발급받고, 복합운송의 경우에는 운송인으로부터 복합운송증권 등을 발급받는다.

⑤ 수출대금의 회수: 수출업자는 선하증권을 비롯한 운송서류를 신용장의 조건에 따라 구비하고, 경우에 따라서는 환어음을 발행하여 자기가 거래하는 은행에 가서 수출대금을 회수한다. 수출업자에게 수출대금을 결제하는 은행을 신용장의 종류에 따라 지급, 연지급, 인수 또는 매입은행이라 하는데 통상적으로 매입은행인 경우가 많다.

⑥ 개설은행의 지급: 자기 자금으로 수출업자의 운송서류에 대해 지급, 연지급, 인수 또는 매입한 은행은 이를 개설은행 앞으로 송부하여, 개설은행으로부터 자금을 돌려받는다.

⑦ 개설은행의 서류제시: 개설은행은 송부되어 온 운송서류를 수입업자에게 제시하고, 수입업자는 이에 대해 수입대금을 지급한다. 만약 신용장 개설 시 담보가 예치되어 있으면 그 차액만 지급한다.

⑧ 계약물품의 입수: 은행을 통해서 서류가 전달되어 오는 동안, 수출항을 출발한 선박은 수입항에 도착하게 된다. 수입업자는 개설은행에서 찾은 서류 중 선하증권을 선박회사에 제시하고 계약물품을 입수한다.

4. 신용장거래의 당사자

신용장거래에 관계되는 주요 당사자를 [그림 7-2]를 중심으로 살펴보면 다음과 같다.

(1) 수익자: 수출업자

수익자(beneficiary)는 신용장이 발행되는 상대방 즉 수출업자를 말한다. 수

1) 이 방식은 국제은행간 정보통신망(Society for Worldwide Interbank Financial Telecommunication)을 이용하여 컴퓨터로 처리하는 것을 말한다. 이 시스템에 가입한 은행들은 암호로 신용장의 내용을 주고받기 때문에 신용장의 위조, 분실 등을 방지할 수 있다. 스위프트 신용장의 내용은 제4절에 자세히 설명되어 있다.

출업자는 매매계약에 약정된 물품을 수입업자에게 공급해야 할 의무가 있는 당사자이며 신용장조건에 의해서 환어음을 발행하거나 지급을 청구할 수 있는 자를 말한다. 수출업자는 신용장거래에서 혜택을 받는 자라고 하여 수익자로 표현한다. 이 외에도 수익자는 수출대금을 찾기 위해 환어음을 발행한다고 하여 발행인, 신용장을 받아 보는 당사자(addressee), 신용장을 사용하는 자(user) 등으로 불린다. 신용장거래에서는 통상 수익자로 통용되고 있다.

(2) 개설의뢰인: 수입업자

개설의뢰인(applicant)은 거래은행에 신용장의 개설을 요청하고, 그 내용을 지시하는 수입업자를 말한다. 수입업자는 매매계약에 따라서 수출업자 앞으로 신용장을 개설하고 최종적으로 수입대금을 지급해야 할 의무가 있는 당사자이다. 또한 대부분의 경우 물품을 받아보는 수하인이 된다.

(3) 개설은행

자기 고객인 개설의뢰인의 요청과 지시에 따라 혹은 자신을 위해 수출업자 앞으로 신용장을 발행하는 은행을 개설은행(issuing bank)이라 한다. 개설은행은 신용장의 지시에 따라 발행된 환어음을 지급, 연지급, 인수 또는 매입할 것을 수익자나 그 밖의 당사자에게 약정한다. 신용장거래는 개설은행의 신용을 토대로 모든 거래가 이루어지기 때문에 개설은행의 역할이 아주 중요하다.

개설은행을 나타내는 표현으로는 'issuing bank', 'opening bank', 'credit writing bank', 'grantor', 'opener' 등이 있지만 신용장통일규칙에서는 'issuing bank'를 사용하고 있다.

(4) 통지은행

통지은행(advising bank)은 개설은행이 발행한 신용장을 수출업자에게 전

그림 7-3 수익자와 개설의뢰인

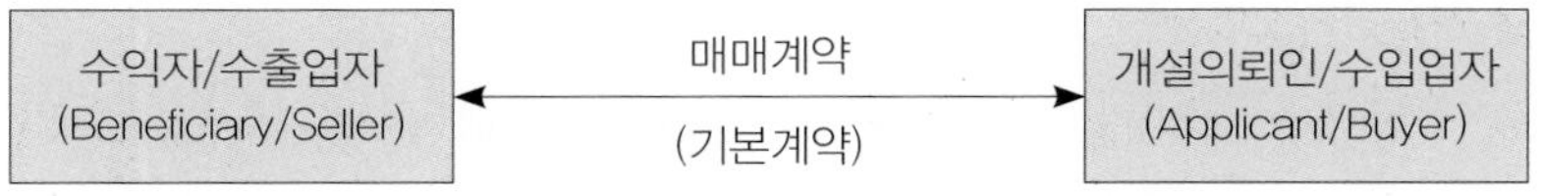

달해 주는 은행이다. 개설은행은 관례적으로 수출업자가 소재하는 곳에 있는 은행을 통지은행으로 선정하여 이를 통하여 수출업자에게 신용장을 전달해 준다. 통지은행의 지정에 대한 특별한 요청이나 지시가 없으면 개설은행은 본 · 지점이나 환거래관계를 맺고 있는 은행을 선택한다.

통지은행은 'notifying bank', 'transmitting bank'로도 불리며, 단순히 신용장을 수익자에게 전달해 주는 중간은행의 입장에 있어 신용장거래 당사자 중 가장 가벼운 책임을 지고 있다. 그러나 통지은행은 통지하고자 하는 신용장이 외관상으로 진짜인지 가짜인지를 상당한 주의를 기울여 확인해야 한다. 만일 이러한 외관상의 진정성을 확인할 수 없으면 통지은행은 이 사실을 개설은행에게 알려야 한다.

(5) 확인은행

확인은행(confirming bank)은 개설은행의 확약과는 별도로 신용장에 의해 발행된 환어음의 지급, 연지급, 인수 또는 매입을 추가로 확약한다. 확인은행이 필요할 경우 통상 개설은행이 공신력이 높은 일류은행(prime bank)이나 수출업자가 소재하는 지역의 은행에 확인을 요청하는데 보통 통지은행을 확인은행으로 한다. 따라서 신용장을 통지할 때 통지은행의 확인을 추가하여 수익자에게 통지해 주도록 요청한다. 이런 요청을 받은 확인은행은 일정한 확인수수료(confirming fee)를 받고 확인 · 통지해 주거나 또는 확인 요청을 거절한다. 만약 통지은행이 신용장을 확인해 줄 의사가 없을 때는 이러한 사실을 즉시 개설은행에게 통지해 주어야 한다.

그리고 확인수수료를 부담하는 당사자는 상황에 따라 달라진다. 만약 시장상황이 수출업자에게 유리한 'seller's market'인 경우에는 수입업자가 확인수수료를 부담한다. 왜냐하면 호경기일 경우 수출업자들은 개설은행의 공신력이 낮거나, 수입국가 내에서 정변 · 전쟁 등 비상위험이 발생할 위험이 높다고 판단되면 이들 국가에 물품을 수출하려고 하지 않기 때문이다. 반면 시장상황이 수입업자에게 유리한 'buyer's market'인 경우에는 수출업자가 확인수수료를 부담한다. 그러나 확인수수료를 누가 부담할 것인지는 매매계약을 체결할 때 약정해 두는 것이 후일의 분쟁을 피할 수 있는 방법이다.

(6) 매입은행

수익자는 수출대금을 찾기 위해서 환어음을 발행하여 거래은행에게 환어음의 매입을 의뢰하는데 이 때 환어음을 자기 자금으로 매입해 주는 은행을 매입은행(negotiating bank)이라 한다. 매입은행은 환어음과 관련 서류를 개설은행으로 송부하여 대금을 다시 돌려받는다.

신용장거래에서 매입은행은 환어음을 표면상 완전하고 정상적인 것으로 간주하고 선의로 취득하여 소지하게 되는 선의의 소지자로서 개설은행으로부터 수익자와 더불어 지급보증을 확약받고 있다. 이러한 신용장을 매입신용장(negotiation credit)이라 하며 무역거래에서는 대부분 매입신용장이 사용되고 있다.

(7) 지급은행

지급은행(paying bank)은 개설은행을 대신해서 수출업자에게 대금을 지급해 주는 은행을 말하는데 이런 경우 사용되는 신용장을 지급신용장(straight credit)이라 한다. 이 신용장을 이용할 경우에는 개설은행이 수출국의 특정 은행을 지급은행으로 지정해 준다.

지급은행과 개설은행은 서로 예치환거래은행인 경우가 많다. 예치환거래은행은 자금이체, 신용장의 통지나 대금지급 등 환거래계약을 맺고 서로 상대방의 예금계정을 갖고 있는 은행을 말한다. 따라서 개설은행은 지급은행에 있는 자기의 예금계정에 신용장대금을 미리 예치해 둔다. 그러면 지급은행은 신용장 조건에 따라서 제시된 서류와 상환하여 대금을 지급해 주고 해당 금액을 개설은행의 예금계정에서 차감한다.

(8) 인수은행

기한부조건으로 매매계약이 체결되면 기한부신용장(usance credit)이 개설되고 수익자도 일정 기간 후 수출대금을 찾을 수 있는 기한부환어음(usance draft)을 발행한다. 기한부환어음의 경우 지급에 앞서 지급인이 만기일에 결제할 것을 약속하는 서명행위 즉 인수(acceptance)가 필요한데, 이와 같이 신용장거래에서 기한부환어음을 인수하는 은행을 인수은행(accepting bank)이라 한다. 인수은행은 기한부환어음을 지급보증하고 만기일에 지급인이 된다.

(9) 연지급은행

기한부조건의 거래에서 수출업자가 어음을 발행하지 않는 연지급신용장

(deferred payment credit)이 사용되는 경우가 있다. 이러한 신용장이 사용될 경우 수출업자는 신용장조건에 일치하는 서류를 은행에 제시하면 은행은 서류심사 후 수출업자에게 연지급 확약서(deferred payment undertaking)를 교부해 주고, 연지급 만료일에 수출대금을 수출업자에게 지급하는데 이런 역할을 하는 은행을 연지급은행(deferred paying bank)이라 한다.

(10) 상환은행

대부분의 신용장거래에서는 매입은행이 수익자로부터 환어음과 운송서류를 매입하면 이를 개설은행으로 송부하고 대금의 상환을 요청한다. 개설은행은 송부되어 온 서류가 신용장조건과 일치하면 결제자금을 매입은행 앞으로 상환해 준다. 그러나 매입은행이 운송서류는 개설은행 앞으로 송부하지만 환어음은 제3의 은행으로 보내 상환받는 경우가 있는데, 이와 같이 매입은행에게 자금을 상환해 주는 제3의 은행을 상환은행(reimbursing bank) 또는 결제은행이라 한다.

5. 신용장의 독립성과 추상성

신용장거래는 매매 당사자들 간의 대금회수와 상품입수를 원활히 하기 위하여 은행이 개입된 거래이기 때문에, 신용장에는 독립성과 추상성이라는 고유한 특성이 있다. 신용장의 독립성과 추상성이 보장되지 않으면 신용장은 그 기능을 발휘할 수 없게 된다.

(1) 신용장의 독립성

신용장의 독립성이란 매매계약과 신용장거래와는 아무런 상관이 없다는 것이다. 신용장은 대금결제의 수단으로서 매도인과 매수인이 매매계약을 체결할 때 결제방법을 신용장으로 할 것을 약정함으로써 생성된다. 그러나 일단 신용장이 개설되면 이 신용장은 그 근거가 되는 매매계약과는 완전히 독립적이며, 매매계약의 내용이 신용장에 하등의 영향을 주지 못하고, 신용장은 어디까지나 독자적인 법률적 성질을 갖게 되는 것이 신용장의 독립성이다.

이러한 독립성이 신용장거래에서 보장되어야 하는 이유는 매매계약은 수출업자와 수입업자 사이에 체결되는 것이지만, 신용장은 매매계약의 당사자와 별도인 은행 간에 체결되는 계약이기 때문이다. 이에 따라 신용장통일규칙 제4조에서도 신용장은 비록 그것이 매매계약이나 다른 계약에 근거를 두고 있다 하더라도 성질상 이러한 계약과는 별개의 거래이며, 또한 이러한 계약에 대한 참조사항이 신용장에 포함되어 있다고 하더라도 그러한 계약과는 하등의 관계도 없으며 또한 구속당하지 않는다고 규정하여 신용장의 독립성을 명백히 인정하고 있다.

신용장의 독립성으로 인하여 가장 혜택을 많이 누리는 당사자는 수출업자인 수익자이다. 수출업자의 입장에서 매매계약이 체결되었다고 해서 곧 수출이행까지 보장된 것이라고는 볼 수 없다. 수입업자가 일방적으로 계약을 파기하거나, 계약이행을 지연시킬 수 있기 때문이다. 그러나 신용장이 개설되면 독립성으로 인하여 매매계약이 설령 파기가 되더라도, 개설된 신용장은 유효하기 때문에 수출업자는 확실하게 수출을 이행할 수 있게 된다. 이런 이유로 선불방식조건 다음으로 수출업자가 가장 선호하는 대금결제방법이 신용장인 것이다.

(2) 신용장의 추상성

신용장의 추상성은 신용장의 당사자들은 서류로 거래를 한다는 의미이다. 수출업자와 수입업자는 구체적인 상품을 거래하는 것이지만 은행은 상품을 대표하는 서류만 가지고서 모든 판단을 한다는 것이 신용장의 추상성이다. 은행은 상인들 간에 거래되는 상품에 대해서는 전문적인 지식이 없을 뿐만 아니라, 또한 은행이 직접 상품을 확인하고 계약의 이행 여부를 판단하려면 많은 시간과 비용이 들기 때문 신용장에는 추상성이라는 독특한 성질을 인정해 주고 있다(신용장통일규칙 제5조).

따라서 신용장 거래은행은 어디까지나 제시된 서류가 신용장의 요건을 충족시켰는가를 서류상으로만 확인하고 수출대금을 결제해야 한다. 그리고 수입업자도 신용장의 추상성에 따라 서류만 확인하고 수입대금을 개설은행에 지급해야 한다. 만약 거래물품을 직접 확인한 후 서류를 인수하겠다고 주장하게 되면, 이것은 명백히 신용장의 추상성에 위배되기 때문에 이러한 주장은 성립되지 못한다.

6. 신용장의 효용

신용장은 무역거래에서 가장 많이 이용되고 있는 결제수단인데 이는 다음과 같은 효용이 있기 때문이다.

(1) 수출업자에게 유리한 점

가) 수출대금 회수불능 위험의 제거

신용장은 신용장에서 요구하는 대로 서류가 제시되는 경우 그와 상환으로 대금을 지급한다는 내용으로 이루어진 은행의 지급확약서이기 때문에, 수출업자가 신용장을 받는다는 것은 곧 개설은행으로부터 수출대금의 지급을 보장받는 것이나 마찬가지이다. 더구나 이런 은행의 지급확약은 수입업자의 재정능력에 상관없이 이행되는 것이므로 수출업자는 개설은행이 파산하거나, 불가항력의 경우를 제외하고는 반드시 수출대금을 회수할 수 있다.

나) 매매계약 불이행 위험의 제거

신용장은 당사자 간의 매매계약에 의해서 생성되지만 일단 신용장이 개설되면 신용장은 매매계약하고는 전혀 상관없는 독립성을 갖게 된다. 매매계약이 체결된 후 경기변동이나 재정상태의 악화로 수입업자가 일방적으로 매매계약을 취소하더라도 신용장은 법적으로 아무런 변동이 없다. 매매계약이 체결되었다고 해서 반드시 계약이 이행되리라고는 장담할 수 없지만, 신용장이 개설되면 수입업자가 일방적으로 계약을 파기하지 못하고 매매계약은 반드시 이행될 수 있다.

다) 수출대금의 원활한 회수

수출업자는 신용장상의 요구사항만 갖추게 되면 선적이 끝나는 즉시 수출대금을 회수할 수 있으며, 또한 신용장상에 대금의 일부를 유보한다는 문언이 없는 한 100% 수출대금을 찾을 수 있어 선적시기를 예상한 자금의 유통계획을 세울 수 있다. 그리고 신용장 하에서 발행되는 기한부 환어음은 국제금융시장에서 유리한 이자율로 할인될 수 있어, 설령 기한부 조건으로 수출하더라도 수출대금은 일람불 조건과 마찬가지로 즉시 회수될 수 있다.

라) 무역금융의 활용

신용장을 입수하면 신용장을 담보로 은행으로부터 무역금융을 수혜할 수 있다. 선적을 이행하기 위해선 상당한 자금이 소요되는데, 수출업자는 이 금융으로 수출물품을 제조 · 가공하는 데 필요한 원자재를 조달할 수 있어 자기자금이 없더라도 수출이 가능하게 된다.

(2) 수입업자에게 유리한 점

가) 상품입수불능 위험의 제거

무역거래에서 수입업자가 갖는 가장 큰 불안은 과연 물품을 제때에 입수할 수 있는가의 여부이다. 신용장을 이용하게 되면 물품의 선적을 증명하는 선하증권과 상환으로 수입대금을 지급하기 때문에 수출업자가 선하증권을 위조하는 사기를 치지 않는 한 수입업자는 수입물품을 찾을 수 있어 상품입수불능의 위험이 제거된다.

나) 상품입수시기의 예측

신용장상에는 유효기일과 최종선적일이 명시되어 있어 수입업자는 물품을 찾을 수 있는 시기를 예측할 수 있고 이에 따른 판매계획을 세울 수 있다. 신용장의 유효기일과 최종선적일은 개설은행의 동의 없이는 연장될 수 없으며 또한 유효기일이나 최종선적일이 지나게 되면 은행에서 결제되지 않기 때문에 수출업자는 명시된 기일 내에 반드시 선적하게 된다.

다) 신용의 강화

수입업자는 신용장을 이용하여 자신의 신용을 강화할 수 있다. 신용장이 개설되면 수입업자의 신용은 곧 개설은행의 신용으로 승격되어 수입업자는 물품의 가격, 선적시기 등 매매계약상의 여러 조건들을 자기에게 유리하도록 체결할 수 있다.

라) 금융의 수혜

수입업자는 은행의 신용을 이용하여 자기 자금 없이도 수입이 가능하다. 기한부 조건으로 물품을 수입하면 환어음에 대한 인수와 함께 선적서류를 찾을 수 있어 해당 수입상품을 판매한 후 만기일에 수입대금을 갚는다. 이렇게 기한부 조건으로 수입하더라도 신용장이 따르게 되면 수출업자가 일방적으로 불리한 거래조건을 제시할 수 없다.

제 2 절 신용장의 종류

1. 취소가능신용장과 취소불능신용장 (Revocable Credit vs Irrevocable Credit)

모든 신용장은 우선 취소 가능한 것과 취소 불능한 것으로 구별되는데, 취소가능신용장이란 신용장 개설은행이 수익자에게 사전 통지 없이 언제나 일방적으로 변경이나 취소할 수 있는 신용장을 말한다. 그리고 취소불능신용장은 개설은행이 일단 신용장을 개설하여 수익자에게 통지한 이상 그 유효기간 내에는 수익자, 개설은행 혹은 확인은행이 합의하지 않는 한 개설은행의 일방적인 변경이나 취소가 불가능한 신용장을 말하는데, 오늘날 사용되는 신용장은 모두 취소불능신용장이다.

2. 확인신용장과 미확인신용장 (Confirmed Credit vs Unconfirmed Credit)

확인신용장은 개설은행 이외의 제3의 은행이 수익자가 발행하는 어음의 지급 · 연지급 · 인수 또는 매입을 확인한 신용장을 말하며, 미확인신용장이란 이런 확약이 없는 신용장을 말한다.

이와 같은 확인을 하는 은행은 대개가 수출국에 있는 개설은행의 환거래은행으로서 개설은행이 신용장을 통지하면서 통지은행에게 확인할 것을 요구하게 된다. 이러한 요청을 받은 통지은행이 일단 확인을 하면 수익자 및 어음의 선의의 소지인에 대하여 개설은행과 똑같은 책임을 지게 된다.

3. 상환청구가능신용장과 상환청구불능신용장 (With Recourse Credit vs Without Recourse Credit)

화환신용장 거래에서 화환어음이 신용장 조건에 합치되어 발행된 이상 개설은행이 그 어음의 지급 · 연지급 · 인수 또는 매입을 약정하고 있으므로 어음이 개설의뢰인 앞으로 발행되든지 개설은행 앞으로 발행되든지 간에 개설은행은 그 어음을 지급해야 하므로 신용장조건대로 발행된 화환어음의 발행인인 수익자는 상환청구를 받지 않는다.

그러나 만일 그 어음이 신용장조건과 불일치하게 발행되었을 때는 어음지불인은 지불을 거절할 수 있게 되는데, 이때 선의의 어음소지자가 어음발행인에게 상환청구를 할 수 있느냐 없느냐에 따라서 상환청구가능신용장과 상환청구불능신용장으로 구분된다. 그러나 엄밀히 따지면 이것은 신용장상의 문제라기보다는 어음법상의 문제이다. 신용장상에 'With Recourse'라고 기재되어 있어도 발행되는 어음상에 'With Recourse'라고 기재되지 않으면 그 효력을 발휘하지 못한다.

그리고 각 나라마다 어음법이 다르며, 우리나라 어음법에는 상환청구불능을 인정하고 있지 않기 때문에 상환청구불능신용장을 받는다고 해도 하등의 효력이 없으므로 우리나라에서는 구태여 상환청구가능 · 불능신용장을 구분할 필요가 없다.

4. 매입신용장과 지급신용장 (Negotiation Credit vs Straight Credit)

신용장에 의해서 발행되는 환어음이 매입될 것을 예상하고 이를 허용하고 있는 신용장을 매입신용장이라고 한다. 이 신용장에서는 개설은행이 어음의 발행인(drawer), 배서인(endorser) 및 선의의 소지자(bona-fide holder)에게 공히 지급을 확약하고 있다.

지급신용장은 개설은행이 해외의 본 · 지점 또는 예치환거래은행에 대해서 일정한 운송서류와 상환으로 지급해 줄 것을 위탁하는 경우인데 어음도 지급은행 앞으로 발행하도록 되어 있고 지급통화도 지급지, 즉 수익자의 자국통화로 된다.

5. 보통신용장과 특정신용장 (General or Open Credit vs Special or Restricted Credit)

신용장 개설은행이 그 신용장에 의해서 발행되는 어음의 매입을 특정은행에 제한시키는 것을 제한 또는 특정 신용장이라고 하며, 일정한 은행에 한정하지 않고 아무 은행에서나 매입할 수 있도록 한 것을 보통신용장이라고 한다.

특정한 은행에만 그 어음의 매입을 제한시키는 특정신용장 또는 제한신용장은, 예를 들어 우리나라 외환은행의 해외지점에서 우리나라로 개설되는 신용장은 반드시 서울의 본점에 그 매입을 제한시키는데 이와 같이 수출지에 신용장 발행은행의 본 · 지점이 있다든지, 개설의뢰인의 특별관계에 있는 은행(즉, 금융을 해주었든지 개설의뢰인 회사의 방계은행 등)이 있는 경우에 취해지는 형식이며, 일반적으로 개설의뢰인의 지시 없이 개설은행이 일방적으로 매입은행을 한정 또는 지정시킬 수는 없다.

6. 화환신용장과 무담보신용장 (Documentary Credit vs Documentary Clean Credit)

신용장 개설은행이 수익자가 발행한 환어음을 선적화물의 제 서류의 첨부를 조건으로 지급 · 연지급 · 인수 또는 매입하는 것을 확약하는 일반 취소불능신용장을 화환신용장이라고 하며, 이에 비해서 거래 당사자들이 이미 오랜 기간 동안 거래를 하여 서로 믿을 수 있는 사이거나 수출업자가 수입업자의 지점이나 대리인인 경우에는 담보 없이, 즉 관계 운송서류의 첨부 없이 수익자가 발행한 단순한 어음 하나만으로 그것을 지급 · 연지급 · 인수 또는 매입하는 것을 약정하는 신용장을 무담보신용장이라고 한다.[2)]

물론 무담보신용장을 발행하는 은행은 개설의뢰인을 상당히 높이 평가하거나 상당한 담보물이나 현금 담보를 걸게 하고 개설하게 되며, 유효 기간은 상당히 짧게 잡는 것이 보통이다. 무담보신용장 하에서 수익자는 운송서류를 수입업자에게 직송하고 편리한 대로 어음만 발행하여 지급을 받는다.

7. 일람불신용장과 기한부신용장 (Sight Credit vs Usance Credit)

신용장에 의하여 발행되는 어음이 일람불어음(sight draft)인 경우를 일람불신용장이라고 하며, 기한부어음(time draft, term draft)인 경우를 기한부신용장(usance credit) 또는 인수신용장(acceptance credit)이라고 한다.

2) 무담보신용장은 정확히 구분하면 Documentary Clean Credit와 Clean Credit의 둘로 나눌 수 있다. 즉, 화환이라는 표현이 붙게 되면 선적서류가 있기는 있으나 이의 첨부를 요하지 않는 경우이고 Clean Credit는 무역외 결제, 즉 운임, 보험료, 수수료 등과 같이 선적서류가 아예 발급될 수 없는 경우에 사용된다.

신용장 개설의뢰인이 자기의 신용으로 개설은행에 신용장 개설을 의뢰는 하였으나 유동성이 부족하여 화물의 도착과 동시에 대금지불을 못하게 될 것을 사전에 예견할 수 있으면, 수출업자의 양해를 구하여 일람 후 30일 · 60일과 같은 기한부신용장을 발행하도록 한다. 수익자로서는 수출대금을 30일이나 60일 늦게 지불받을 수도 있고 미리 선이자를 공제해서, 즉 할인해서 어음 제시일자에 받을 수 있으므로 대금지급을 못 받을 위험은 없고, 단지 수입업자에게 기한부 기간 동안의 이자만큼 할인을 해주는 셈이 된다.

그러나 수입업자로 보면 기한부신용장을 발행해 줌으로써 화물이 도착하면 유예기간 동안에 수입품을 매각하여 어음의 만기가 도래하면 상환을 할 수 있다는 편리한 점이 있어 실질적으로 많이 이용되고 있다.

이 기한부신용장 하에 발행되는 기한부어음을 할인하려면 그 인수인을 런던이나 뉴욕에 있는 일급은행으로 보통 하게 되는데 런던을 지급지로 인수되는 어음을 'London Acceptance', 뉴욕을 지급지로 인수되는 어음을 'New York Acceptance'라고 하며, 이런 조건의 신용장을 런던인수신용장(London Acceptance Credit) 또는 뉴욕인수신용장(New York Acceptance Credit)이라고 부른다.[3)]

8. 양도가능신용장과 양도불능신용장 (Transferable Credit vs Non-Transferable Credit)

양도가능신용장이란 신용장상에 'transferable'이란 표시가 되어 있는 신용장으로서 수익자가 신용장 금액의 전부 또는 일부를 제2의 수익자에게 양도할 수 있는 권한을 부여한 신용장을 말하며, 이런 표시가 없는 신용장은 다 양도불능신용장이 되는 것이다.

양도가능신용장에 의한 양도는 1회에 한하여 할 수 있으며, 별도로 분할선적 금지조항이 없으면 여러 개의 분할양도도 가능한데, 이런 경우 각 분할양도의 총액이 원신용장의 금액을 초과할 수 없다.

제2의 수익자 앞으로 양도될 때에는 원신용장에 명시된 조건 하에서만 양도되나 신용장의 금액 · 단가 · 선적기일 및 유효기일에 대하여는 그 중의 어

---

3) 연지급신용장은 수출업자가 개설은행 혹은 동 은행이 지정한 은행(연지급은행)에 신용장상에 명시된 운송서류를 제시하면 개설은행이 일정 기간 후 수출대금을 지급할 것을 약속하는 신용장을 말한다. 이 신용장은 기한부조건의 외상거래에서 사용되는 점은 기한부신용장과 유사하지만 환어음이 사용되지 않는 점에서 차이가 있다.

느 것이든지 또는 전부에 대하여 감액 또는 단축이 가능하다. 이와 같이 신용장 금액이나 단가를 감액하여 양도하였을 경우 최초의 수익자는 신용장에 명시된 원금액이나 원단가를 초과하지 않는 금액이나 단가로서 작성한 자기의 송장을 제2의 수익자가 작성한 송장과 대체할 수 있으며, 송장대체에 따르는 차액에 대하여는 최초의 수익자는 어음을 발행하여 청구할 권한을 갖는다.

또한 신용장통일규칙 제38조에 의하면 제2의 수익자에게 양도되는 신용장 하에서 최초의 수익자는 신용장 개설의뢰인(수입업자)을 대체할 수 있다. 이는 최초의 수익자를 보호하기 위한 것인데 만약 원신용장이 반드시 신용장 개설의뢰인의 성명을 밝혀야 한다고 명시되었으면 송장 이외의 서류에는 그렇게 해야 된다고 되어 있다.

이와 같이 모든 조항이 제1의 수익자를 보호하려는 것은 만약 제2의 수익자가 원신용장 개설의뢰인의 이름과 주소를 알게 되면 애써 거래를 성사시킨 제1의 수익자를 제쳐 놓고 직접 거래를 시작할 가능성이 많기 때문이다.

원래 최초의 수익자가 신용장을 양도하게 되는 데는 다음과 같은 이유들이 있다. 즉 ① 제1의 수익자는 순수한 무역업자로서 생산시설이 없이 순전히 해외 수입업자 알선을 주목적으로 하는 것이므로 좋은 조건으로 거래는 성사시켰으나 직접 공급할 능력이 없어 국내 생산업자에게 신용장 금액보다 싸게 구입계약을 하여 양도하는 경우, 즉 일종의 커미션을 목적으로 하는 경우, ② 최초의 수익자가 생산시설을 갖춘 무역업자이지만 자기가 생산하는 것보다 유리하게 하청을 줄 수 있을 때, 또는 원료 공급업자에게 원료대금의 담보형식으로 양도되는 경우, ③ 최초의 수익자가 생산이나 무역을 모두 겸하고 있지만 적당한 수수료를 받고 명의만을 제2의 수익자에게 대여해 주는 경우, ④ 특정품목의 수출창구가 일원화되어 있어 최초의 수익자 명의로는 수출이 불가능할 경우 제2의 수익자의 명의를 빌려 대행 식으로 행하는 경우 등이다.

이유를 불문하고 일단 최초의 수익자가 제2의 수익자를 결정하면 통지은행에 가서 양도조건을 제시하고 양도를 해주면 통지은행은 제2의 수익자 이름과 주소를 개설은행에게 통지해 준다. 신용장에 별도의 금지조항이 없으면 최초의 수익자는 다른 나라에 있는 제2의 수익자에게로 양도되어질 수 있다.

9. 회전신용장(Revolving Credit)

동일 거래선 간에 동일 물품을 계속적으로 거래를 할 경우 매거래시마다 신용장을 개설하려면 개설의뢰인 측의 많은 시간과 노력과 비용이 들게 되며, 또 거래예상액 전액을 한꺼번에 개설한다면 너무 과중한 자금 부담이 생기므로 이런 경우 일정한 기간 동안 일정한 금액의 범위 내에서 자동적으로 갱신되도록 되어 있는 신용장을 회전신용장이라고 한다.

그런데 이 신용장이 자동적으로 소생되는 데는 다음 세 가지 방법이 있다. 즉 ① 이 신용장에 의하여 발행된 어음의 지급통지가 있으면 그 금액만큼 자동적으로 소생되는 방법, ② 이 신용장에 의하여 발행된 어음이 매입되어 개설은행으로 송부된 후 지급통지를 기다리지 않고 어음이 결제될 일정한 일수를 고려하여 그 기간 내에 지급거절의 통지가 없으면 자동적으로 소생되는 방법, ③ 일정한 기간마다 그 금액이 갱신되는 방법 등이다.

실제로 갱신되는 데에는 누적식 방법(cumulative method)과 비누적식 방법(non-cumulative method)이 있는데, 전자는 갱신될 때 미사용 잔액이 있으면 그 잔액이 그대로 다음 번 거래에 누적되는 방식이고, 후자는 그 잔액이 누적되지 않는 방식이다.

10. 전대신용장(Red Clause or Packing Credit)

수출업자의 원료구입비나 물품수집비용으로 신용장 개설의뢰인이 통지은행에게 일정한 조건 하에서 수익자에게 수출대금의 전불(前拂)을 허용하는 신용장을 전대신용장이라고 하는데, 이 전불을 허용하는 약관이 보통 붉은색으로 표시가 되기 때문에 'Red Clause Credit'라고도 한다. 그리고 수출업자가 미리 받은 자금으로 여러 공급업자로부터 수출물품을 구입하여 이들을 한군데 모아 포장하여 수출한다고 해서 이 신용장을 'Packing Credit'라고 하며 우리나라 대외무역법에서는 수출대금을 미리 받을 수 있는 신용장이라 하여 수출선수금 신용장이라고도 한다.

이런 전대신용장은 해외에 파견 나가 있는 수입업자의 구매 대리인이나 100% 믿을 수 있는 수출상이 아니면 개설해 주지 않으며, 전불시 필요서류는 단순한 영수증과 선적이 끝나면 모든 운송서류를 매입은행에 제시하겠다는 진술서이다.

11. 내국신용장(Secondary Credit, Local Credit)

원신용장(original credit)의 수익자인 수출업자가 수출상품 생산에 필요한 원료를 조달하기 위해 원료공급업자 앞으로 자기가 받은 신용장을 견질로 하여 자기 거래은행으로 하여금 제2의 신용장을 개설해 주게 하는데 이와 같은 방법으로 개설된 신용장을 내국신용장이라고 한다. 이는 주로 국내에서 원자재를 구매할 때 사용되는데 만약 수출용원자재를 내국신용장에 의해 조달하면 부가가치세가 영세율이 적용되는 등 금융 · 세제 면에서 원신용장과 똑같은 혜택을 받을 수 있다.

12. Back to Back Credit

원래의 뜻은 원신용장을 견질(backed)로 하여 제2의 신용장을 개설한다는 것으로, 물품이 귀할 때인 2차 대전 중 미국에서 제조업자가 수출업자에게 요구하게 된 내국신용장을 의미했으나 오늘날에는 무역협정이나 지급협정이 체결되지 않은 국가 간에 수출입의 균형을 유지하기 위한 구상무역을 위하여 쓰여지는 결제수단이다. 즉, 한 나라에서 일정액의 수입신용장을 개설할 경우 그 신용장은 수출국에서 동액의 수출신용장을 개설하여 오는 경우에만 유효하다는 조건이 붙는 것이 이 신용장의 특징이다.

13. 기탁신용장(Escrow Credit)

원래 'Escrow'라는 뜻은 특정물을 제3자에게 기탁하고 일정 조건이 충족된 경우에 상대방에게 교부할 것을 의뢰하는 일종의 신탁행위를 말한다.

기탁신용장은 구상무역 하에서 'Back to Back Credit'와 유사한 것으로 수입업자가 수입신용장 개설 시에 신용장의 한 조건으로 그 신용장에 의해 발행되는 어음의 매입대금은 수익자에게 지급되지 않고 수익자 명의의 기탁계정에 기탁하여 두었다가, 그 수익자가 원신용장 개설국가로부터 수입하는 상품의 대금결제에만 사용하도록 규정한 신용장을 말한다. 이 수익자 명의의 이 계정은 약정에 의하여 매입은행, 개설은행 또는 제3국에 있는 환거래은행 중 어느 곳이나 설치하여 운용할 수 있다.

14. 토마스 신용장(TOMAS Credit)

이것은 광의의 'Back to Back Credit'의 일종으로서 교역방식은 유환구상무역의 형식을 취한다. 즉 수출입 양측이 서로 동액의 신용장을 개설하는데, 한쪽은 먼저 신용장을 개설하고 상대방 측은 동액만큼의 신용장을 일정기간 후에 개설하겠다는 보증서를 발행하는 것을, 상대방에서 내도된 신용장의 유효조건으로 하는 것이다.

원래 일본과 중국 간의 무역에 사용되었던 것으로, 예를 들어 일본에서 중국으로 수출할 상품은 확정되었는데 중국에서 일본으로 수출될 상품이 아직 미정일 경우에 중국 측은 일본 상품에 대해 신용장을 개설하고 이에 대해 일본 측은 일정기간 내에 신용장을 개설하겠다는 보증서를 발행하면 일본 상품의 수출대금이 결제되도록 하는 제도이며, 'TOMAS'란 용어는 최초로 이 방식을 사용하여 중국과 거래를 성사시킨 일본 무역회사의 전신약호에서 유래한다.

15. Standby Credit

이것은 상품대금의 결제를 목적으로 하는 화환신용장이 아니고 금융이나 보증을 위해서 발행되는 특수한 무담보 신용장이다.

예를 들어, 뉴욕에 있는 한국 회사의 지점이 한국 물품을 수입하기 위해서 신용장을 개설한다든지, 또는 어떤 금융의 편의를 받고자 해도 은행에 제공할 만한 담보가 부족한 경우 서울 본사에서 거래은행에 의뢰하여 미국지점이 거래하는 은행 앞으로 그 은행을 수익자로 하는 Standby Credit를 개설하게 하는 것이다. 그러면 이 Standby Credit를 받은 은행은 그것을 곧 이용하는 것이 아니고 그것을 담보로 하여 뉴욕 주재 한국 회사 요청에 의하여 신용장을 개설해 준다든지 금융의 혜택을 줄 수 있다.

만일 이 지점이 지정된 기간 내에 채무를 갚지 않거나 부도를 내면 융자를 해준 은행은 Standby Credit 개설은행 앞으로 어음과 사유서, 즉 채무자의 주소 · 성명 및 미청산금액 등을 기록한 서류정도로서 지급받을 수 있다. 특히 최근에는 대규모 해외건설공사의 입찰보증(bid bond), 이행보증(performance bond)용으로도 많이 이용되고 있다.

제3절 신용장의 내용

1. 신용장통일규칙

신용장거래에서는 필연적으로 수출업자와 수입업자인 매매당사자와 개설은행, 통지은행, 매입은행 등이 개입되기 때문에, 상호 간의 권리와 의무를 규정해 둘 필요가 있다. 특히 국가 간의 거래에서 문제가 발생할 경우 각 당사자는 자국의 법을 중심으로 이를 유리하게 해결하려는 경향이 있기 때문에 신용장거래에는 반드시 준거법이 있어야 한다. 이에 따라 1933년 국제상업회의소에서 처음으로 신용장통일규칙을 제정하였는데, 그 후 상관습의 변화에 따라 몇 차례의 개정작업을 거쳐 현재는 ICC Publication No. 600인 제6차 신용장통일규칙(Uniform Customs and Practice for Documentary Credits; UCP 600)이 적용되고 있다.

신용장통일규칙은 신용장거래의 준거법으로서 신용장의 기본원리와 각 당사자들 간의 권리와 의무를 규정하고 있다. 그러나 신용장통일규칙은 강행법규가 아니고 임의법규이기 때문에 관계당사자의 합의에 의해서 사용되고 만약 다른 특약이 있게 되면 그 특약에 따라야 한다.

그러나 오늘날 사용되는 대부분의 신용장에는 국제상업회의소가 제정한 신용장통일규칙이 신용장의 준거법임을 명백히 표시하고 있다. 따라서 달리 명시적인 규정이 없으면, 신용장거래의 모든 당사자들은 이 신용장통일규칙의 구속을 받게 된다.

현행 제6차 신용장통일규칙은 총 39조항으로 구성되어 있다.

제1조부터 5조까지는 신용장통일규칙의 적용범위 및 매매계약과 신용장과의 관계 등을 규정하고 있다.

제6조에서 11조까지는 신용장의 이용형태, 유효기일 및 장소, 개설은행과 확인은행의 약정, 신용장의 통지와 조건변경 등에 대하여 규정하고 있다.

제12조에서 16조까지는 주로 신용장거래에서 가장 핵심적인 내용인 은행의 서류검토와 관련한 내용을 다루고 있다. 매입은행, 개설은행 등 서류를 검토하고 대금을 지불, 상환하게 될 은행들이 서류와 신용장조건과의 일치여부를 검토할 때 적용해야 하는 원칙과 해석기준 등이 규정되어 있다.

제17조에서부터 28조까지는 수출업자가 은행에 제시해야 하는 서류에 대

하여 규정하고 있다. 특히 단일 해상운송에서 복합운송에 이르기까지 다양한 운송형태에 따라 발급되는 운송서류의 수리요건을 상세히 규정하고 있다.

제29조에서 37조까지는 과부족(過不足) 허용문제, 서류의 유효성, 피지시 은행의 행위 등에 대한 은행의 면책, 신용장 만기일 및 서류제시기일과 관련하여 실무적으로 혼란이 있을 수 있는 기일과 관련된 용어의 해석기준 등을 규정하고 있다.

제38조와 39조는 양도가능신용장의 취급 형태 및 신용장 대금의 양도에 대하여 규정하고 있다.

2. 전자신용장통일규칙(eUCP)

정보통신 기술의 발달로 신용장의 개설, 통지, 매입 등 관련 주요 업무가 점차 전자적으로 처리되고, 전자신용장 시스템을 갖추려는 여러 가지 방법이 시도되고 있다. 그러나 현행 화환신용장통일규칙은 주로 종이문서에 기반을 둔 전통적인 신용장을 위한 규정이기 때문에 이런 기술적 변화를 수용하는 데는 한계가 있다고 볼 수 있다.

이에 따라 화환신용장통일규칙을 보완하고 전자신용장에 관한 통일규칙을 마련하기 위해 국제상업회의소의 은행위원회에서는 전자적 제시를 위한 UCP의 보칙(Supplement to UCP 500 for Electronic Presentation－Version 1.0)으로 소위 'eUCP'를 제정하여 2002년 4월 1일부터 적용하고 있다. 이 추록은 종이문서 위주의 신용장에 갈음하는 전자신용장의 처리에 관한 내용을 주로 규정하고 있으며 화환신용장통일규칙을 보완하고 있다.

신용장통일규칙은 강행법규가 아니고 당사자 간의 합의에 의해 사용되는 임의 규칙이기 때문에 법적 구속력을 갖기 위해서는 신용장 본문에 준거문언을 삽입해야 한다. 따라서 전자신용장통일규칙이 적용되기 위해서는 본 신용장은 전자신용장통일규칙에 따른다는 명시가 있어야 하고 이 경우에만 화환신용장통일규칙의 보칙으로 적용한다.

그리고 전자신용장통일규칙을 적용한다는 준거문언에는 반드시 적용 버전이 표시되어야 한다. 현행 전자신용장통일규칙은 2007년도에 개정된 버전 1.1이기 때문에 'eUCP Version 1.1'과 같은 명시가 있어야 한다. 그리고 신용장이 버전을 명시하지 않을 경우에는 신용장이 개설된 일자에 시행되는 버전에 따르며, 만약 수익자가 승낙한 조건변경이 전자신용장통일규칙에 따르도록 되어 있을 경우에는 조건변경일자에 시행되는 버전에 따른다.

전자신용장통일규칙은 화환신용장통일규칙을 보완하는 것이기 때문에 전자신용장에 전자신용장통일규칙에 따른다는 준거문언만 있고 화환신용장통일규칙의 적용 여부에 대해 아무런 언급이 없어도 자동으로 적용된다. 만약 전자신용장통일규칙과 화환신용장통일규칙이 적용과정에서 상충될 경우에는 전자신용장통일규칙을 우선 적용한다.

3. 표준양식 신용장의 내용

신용장은 국제상업회의소가 권고한 화환신용장 발행을 위한 표준양식(Standard Forms for Issuing of Documentary Credit)에 기본을 두어 각 은행의 실정에 알맞은 형식으로 발행되고 있다. 무역거래에서 많이 사용되고 있는 취소불능 화환신용장을 중심으로 신용장의 주요 내용을 살펴보면 다음과 같다.[4)]

(1) 신용장 당사자에 관한 사항

가) 개설은행

대부분의 신용장은 다음과 같은 문언으로 시작되는데 여기서 'we'는 신용장 개설은행을 말한다.

We hereby open …
We hereby issue …
We hereby establish …

그리고 환어음 발행을 위주로 한 신용장은 개설은행이 수익자에게 어음발행의 권한을 부여하는 다음과 같은 표현을 쓰는데 'you'는 신용장을 받아보는 상대방 즉 수출업자를 말한다.

4) 오늘날은 거의 스위프트 신용장이 사용되고 있어 이런 표준양식은 보기 드물지만 신용장의 내용을 분석하기 위해 인용하고자 한다.

> We hereby authorize you to value on ×××.
> You are hereby authorized to draw on ×××.

나) 수익자

통상 신용장은 수익자(beneficiary) 앞으로 신용장이 발행되므로 신용장 좌측 윗부분의 「To: ×××」 다음에 수익자의 성명(상호)과 주소가 명기되며 그 다음에 「We open our irrevocable L/C in your favor」로 표시되든지, 처음부터 「We open our irrevocable credit in favor of ×××」로 하든지, 어떤 경우는 수익자 란을 별도로 두어 수익자명만 적어 넣게 된 양식도 있다.

여기서 수익자란 물론 수출을 이행하고 그 대금을 받기 위하여 어음을 발행하는 어음 발행자를 말한다. 양도가능신용장에서는 최초의 수익자가 제2수익자에게 양도하면 어음 발행도 제2수익자가 발행하게 된다. 단 전액이 양도되지 않고 원신용장 금액보다 적은 금액이 양도되었으면 최초의 수익자는 자기의 송장과 어음으로 제2수익자의 송장과 어음을 대체해서 차액을 지급받을 수 있다(신용장통일규칙 제38조).

다) 개설의뢰인

신용장 개설의뢰인의 표시는 다음과 같다.

> … in your favor for account of ××× Co.
> We hereby authorize you to value on ××× bank for account of ××× Co.
> By order of ××× Co.

라) 통지은행의 표시

대개의 신용장에는 통지은행의 란이 지정되어 그 란에 통지은행명을 기입만 하게 되어 있다.

> This credit being advised by air mail through ××× Bank.
> Via air mail through ××× Bank.

(2) 신용장 금액

신용장 금액은 다음과 같이 표시된다. 이 금액은 당해 신용장에 의해 발행되는 어음의 최대한도를 뜻하는 금액이다. 여기에서 'aggregate amount', 'sum or sums'라고 한 것은 분할선적의 경우 어음이 여러 개로 나누어져서 발행될 때를 대비한 것으로 당해 신용장에 의하여 발행되는 모든 어음금액의 총액이 일정액을 초과할 수 없다는 뜻이다.

> For an amount of ×××
> Up to an aggregate amount of ×××
> For a sum or sums not exceeding a total of ×××

(3) 환어음에 관한 사항

가) 지급인

대개는 'on' 다음에 개설은행을 기입하거나 그냥 'on us'라고 표시할 때도 있다.

나) 어음 만기일

어음 만기일 및 어음발행 비율은 다음과 같이 표시된다.

「at sight」, 「×× days sight」, 「for _% of invoice cost(value)」.

어음발행 비율은 선적된 화물대금의 선결제 비율(송장금액을 100으로 한 비율)을 뜻한다. 잔액은 대개 수입업자가 물품을 영수하여 검량 · 검수 · 검정을 한 후 만족하면 결제하게 된다. 즉 잔액결제를 위해서는 수입업자의 별도 동의서 같은 것이 필요하게 된다.

(4) 일자에 관한 사항

가) 선적기일

선적기일은 수출업자가 계약물품을 운송수단에 적재할 수 있는 마지막 일자를 의미하는데 이는 곧 선하증권의 발급일자 혹은 본선적재일자이다. 선적해야 하는 최종일이 공휴일이라도 선적기일은 연장되지 않는다. 만약 선적기일의 표시가 없으면 신용장의 유효기일을 선적되어질 수 있는 최종일로 간주한다.

Shipment must be effected on or before ×××   Shipment must be effected not later than ××× at the latest

나) 유효기일(Validity)

모든 신용장(취소가능 및 취소불능)에는 지급 · 연지급 · 인수 또는 매입을 위하여 서류를 제시하여야 할 최종기일과 장소(자유매입신용장은 예외)가 명시되어야 한다.

만일 'to', 'until', 'till' 또는 'from'과 같은 표현이 선적기일이나 신용장 유효기일을 지정할 때 사용되면 그 지정된 날까지도 포함하는 것으로 간주한다(신용장통일규칙 제3조).

신용장상의 유효기일 표시는 다음과 같이 여러 가지 형태가 있다.

Drafts must be presented for payment/negotiation on or before ×××.   Drafts must be presented for negotiation not later than ×××.   This credit expires on ×××.   Drafts drawn under this credit must be negotiated by a bank not later than ×××.   This credit expires on ××× for negotiation in ×××.   This credit is valid until ××× with ×××.

상기 각 예에서 표시된 일자는 어음매입이나 지급을 위하여 서류를 은행에 제시할 수 있는 최종기일을 뜻하는 것이지 은행에서 어음매입이나 지급을 완료하여야 하는 최종 일자를 뜻하는 것은 아니다.

(5) 분할선적 및 환적

Partial shipments are (not) allowed.   Transhipment is (not) allowed.

분할선적과 환적조건은 'Yes' 아니면 'No'로 되어 있으며, 아무런 표시가 없으면 허용하는 것으로 본다.

동일한 항로를 따라 동일한 운송수단에 의해 이루어진 운송서류는 동일한 목적지를 명시하고 있으면, 그 운송서류가 비록 각각 다른 일자나 선적지를 표시하고 있더라도 분할선적으로 간주되지 않는다(신용장통일규칙 제31조).

선박의 경우 같은 두 지점을 정기적으로 항해하는데 원항구를 출항해서 목적지항에 가는 것이 1항해이고, 같은 항로지만 돌아오는 것은 또 다른 1항해로 취급되어 항해번호가 달라진다. 그러므로 인천을 떠나 부산을 거쳐 뉴욕으로 가는 배에 인천서 화물을 반 선적하여 선하증권을 발급받고 나머지는 다른 날에 부산에서 같은 선박에 선적하여 또 다른 선하증권을 발급받았다고 하여도 같은 항해, 같은 선박에 실렸으면 분할선적으로 간주하지 않는다는 것이다.

또한 일정 기간의 할부선적이 규정된 신용장인 경우 그 중 어느 한 선적분이 허용된 기간 내에 선적되지 않았을 경우에는 신용장에 별도의 명시가 없는 한 당해 할부 선적분은 물론 그 이후의 모든 선적분에 대해서도 신용장은 무효가 된다(신용장통일규칙 제32조).

(6) 운송서류에 관한 사항

신용장거래에서 상업송장과 선하증권은 반드시 필요한 서류이지만 그 밖에 보험서류, 포장명세서, 원산지증명서 등도 많이 이용된다.

가) 상업송장

상업송장(commercial invoice)은 수출업자가 수입업자에게 수출대금을 청구하기 위해 보내는 거래 명세서이다.[5] 신용장상에 통상 다음과 같이 표현된다.

> Commercial Invoices are in 3 copies.

나) 선하증권에 관한 신용장 조건

보통 신용장에서 요구하는 선하증권은 다음과 같이 표시되어 있다.

> Full set of clean on board ocean bill of lading made out to the order of (issuing bank) marked freight … and notify accountee.

5) 송장에 관한 자세한 내용은 제2부 제10장 수출과 결제에 설명되어 있다.

① Full Set : 모든 선하증권은 한 세트(set)로 발행되며 발행 통수는 선하증권 제일 끝에 'Master or agent of the ship has signed … bills of lading'이라고 해서 기입되는데 일반적으로 3통을 1조로 하여 발행한다. 선박회사가 화물의 인도시 요구하는 것은 발행된 선하증권 중 1통만 요구하며 각 선하증권은 독립적으로 효력을 갖는 것이므로, 신용장 취급은행에서는 선박회사가 발행한 3통의 선하증권 모두를 제시받지 않으면 담보권이 확보되었다고 볼 수 없으므로 신용장조건으로 Full Set를 요구하고 있는 것이다.

따라서 일반적으로 Original, Duplicate, Triplicate의 3통으로 발행되는 선하증권 중 취급은행이 Original 1통만 수하인에게 인도하면 나머지는 자연히 무효가 된다.

② Clean B/L : 무사고선하증권, 즉 선적화물에 아무런 부가사항(clause)이나 비고(remarks)가 없는 완전한 증권이어야 함을 강조하고 있다.

③ On Board B/L : 이 신용장에서 요구하는 선하증권은 선적선하증권이라야 된다.

④ Ocean B/L : 국내 항구 간에 발행되는 선하증권이 아닌 대양을 항해하는 선박이 발행한 선하증권을 말한다.

⑤ Consignee : 'Made out to the order of'와 같은 지시선하증권에서는, order 다음에 수하인의 이름이 기재되어 그가 곧 선적화물을 받아 보는 사람 혹은 은행이 된다.

⑥ Notify Party : 서류상의 수하인이 실수입업자인 경우에는 수입업자 혹은 수입업자가 지정하는 그의 대리인인 항구의 수입업자의 통관사가 통지처가 된다. 수입업자가 은행의 융자로 신용장을 개설하였으면 은행이 수하인이 되고 수입업자는 통지처가 된다.

만일 수하인과 통지처가 다 같이 수입업자로 되어 있는 항공화물운송장인 경우 신용장 개설은행은 전혀 개입되지 않고 화물이 수입업자에게 인도될 가능성이 많다. 사후에 은행이 선적서류를 받아 보았자 이미 화물은 수입업자에 의해서 처분되어 버리면 채권 확보에 차질이 생길 수도 있다.

⑦ Freight : 계약조건이 CFR이나 CIF인 경우에는 선하증권상에 'Freight Paid?혹은 'Freight Prepaid'로 표시되고, FOB인 경우에는 'Freight Collect'로 표시된다.

다) 보험서류

가격조건이 CIF 혹은 CIP일 경우에는 수출업자가 보험서류(insurance

documents)를 준비해야 하는데 주로 다음과 같이 표현된다.

> Insurance policy or certificate in duplicate, endorsed in blank for 110% of the invoice value expressly stipulating that claims are payable in ×××.

① Insurance policy or certificate : 보험증권 및 보험증명서 모두 보험서류로 인정된다는 것이다. 개별 보험계약 시에는 보험증권이 발행되지만 포괄보험계약이 체결된 경우에는 보험증명서가 발급된다.

② endorsed in blank : CIF 혹은 CIP 계약에서는 수출업자가 보험계약자가 되고 수입업자가 피보험자가 된다. 그러나 보통 수출업자가 자신을 피보험자로 하여 보험계약을 체결한 후 이를 수입업자에게 양도하기 때문에 이런 표현을 한 것이다.

③ 110% of the invoice value : 보험가입금액을 송장 금액의 110%로 해 달라는 뜻이다. 10% 정도의 희망이익을 인정한다.

④ claims are payable in ××× : 보험사고가 발생할 경우 수입업자가 자신의 지역에서 보상받을 수 있도록 지역을 표시하는 것이다.

(7) 매입은행에 대한 지시

신용장에 의하여 어음을 매입하였을 때는 사무착오의 방지와 선의의 제3자를 보호하기 위하여 그 사실을 신용장면에 기재하도록 매입은행 또는 지급은행에 다음과 같은 지시사항이 명시된다.

> The amount and date of negotiation of each draft(s) must be endorsed on the reverse hereof by the negotiating bank.
> All draft(s) under this credit should be endorsed on the back hereof.

(8) 개설은행의 지급확약 문언

취소불능신용장은 신용장상에 보증확약문언을 구체적으로 기입하지 않아도 신용장통일규칙에 준하는 이상 신용장 조건에 일치하는 어음에 대해서 개설은행은 지급 · 연지급 · 인수 또는 매입을 하여야 한다는 원칙이 서 있는 만

▶ **서식 7-1** 표준 양식의 신용장

KOREA EXCHANGE BANK
(Head Office: 181, 2-ka, Ulchi-ro, Chung-ku, Seoul 100, Korea) Place and date of advice

IRREVOCABLE DOCUMENTARY CREDIT

Credit number	**Place and date of issue**

Advice No. (Please quote this No. in communications with us)

Date and place of expiry

Applicant

Beneficiary

Issuing bank

Amount

Partial shipments	Transshipment
☐allowed	☐allowed
☐not allowed	☐not allowed

Loding on board/dispatch/taking in charge from/at
not later than
for transportation to

Credit available with
by ☐ sight payment by
☐ deferred payment at by
☐ acceptance by
☐ negotiation
against presentation of the documents listed below, marked "X"
☐ and of beneficiary's draft(s) in duplicate at drawn on

☐ Signed commercial invoice in fold
☐ Full set of clean on board ocean bills of lading made out to the order of KOREA EXCHANGE BANK marked 'Freight ' and 'Notify '
☐ Airway bill consigned to KOREA EXCHANGE BANK marked 'Freight ' and 'Notify '
☐ Insurance policy or certificate in duplicate, endorsed in blank for 110% of the invoice value, expressly stipulating that claims are payable in and it must include:
☐ Packing list in fold
Covering:
Special conditions and other required documents(if any):

Unless otherwise expressly stated, all banking commissions and charges outside issuing country are for account of . Documents to be presented within days after the date of issuance of the transport documents but within the validity of the credit. All documents must be forwarded to issuing bank in two lot(s) by registered airmail.

We are requested by the issuing bank to advise you that they have issued their documentary credit by the cable as detailed above. It is subject to the Uniform Customs and Practice for Documentary Credits(2007 Revision, International Chamber of Commerce, Paris, France, Publication No.600) and engages them in accordance with the terms thereof, and especially in accordance with the terms of Article 9 thereof. The number and the date of the credit and name of the issuing bank must be quoted on all drafts required. If the credit is available by negotiation, each presentation must be noted on the reverse of this advice by the bank where the credit is available.

This letter is solely an advice of credit issued by the above mentioned bank and conveys no engagement by us. We reserve the right to make such corrections to this advice as may be necessary upon receipt of cable confirmation and assume no responsibility for any errors and/or omissions in the transmission and/or translation of the cable. This document consists of signed page(s).

Authorized Signature

N.B., in case or difficulties, please consult us before communicating with your customers.

큼, 보증문언을 새삼 기재한다는 것은 중복이 될지 모르나 모든 취소불능신용장은 매입신용장과 지급신용장 간의 다소의 문구상의 차이는 있다 하더라도 다음과 같은 형식의 지급확약 문언을 기재하고 있다.

> We engage with you that draft(s) drawn in conformity with the conditions of this credit will be duly honored by us.
>
> We hereby agree with the drawers, endorsers, and bona-fide holders of draft(s) drawn under and in compliance with the terms of this credit that the same shall be duly honored on due presentation.
>
> We hereby agree with the drawers, endorsers, and bona-fide holders that all draft(s) drawn under and in compliance with the terms of this credit that the same shall be duly honored on due presentation and on delivery of documents as specified if drawn and presented for negotiation on or before ×××.

4. 스위프트 신용장의 내용 분석

(1) M/T 700에 의한 화환신용장 발행

우리나라의 주요 은행들은 모두 스위프트에 가입되어 있어 후진국과의 거래 등 극히 일부를 제외하고 신용장거래는 스위프트 시스템을 이용하고 있다. 스위프트 신용장은 기존의 신용장과 전혀 다른 것이 아니라 신용장의 내용을 단지 컴퓨터 통신망을 통해 전달하는 것이기 때문에 메시지가 포맷으로 되어 있을 뿐이다. 화환신용장의 발행 메시지 포맷은 'M/T 700/701'이며 'M/T 700'에 의한 화환신용장의 구조는 〈표 7-1〉과 같다.

(2) M/T 700에 의한 화환신용장의 내용 분석

M/T 700에 의한 화환신용장 메시지 포맷은 필수사항과 선택사항으로 나누어져 있는데 〈서식 7-2〉를 토대로 이를 설명하면 다음과 같다.

가) 필수사항

① 27 Sequence of Total : 1/1

개설된 신용장의 순서를 말하는데 1/1은 한 건의 거래에 한 건의 신용장이

표 7-1 M/T 700에 의한 화환신용장 발행

M/O	Tag	Field Name	분야명
M	27	Sequence of Total	총량
M	40A	Form of Documentary Credit	화환신용장 형태
M	20	Documentary Credit Number	화환신용장 번호
O	23	Reference to Pre-Advice	예비통지
O	31C	Date of Issue	개설일자
M/O	Tag	Field Name	분야명
M	31D	Date and Place of Expiry	유효기일 및 장소
O	51a	Applicant Bank	개설은행
M	50	Applicant	개설의뢰인
M	59	Beneficiary	수익자
M	32B	Current Code, Amount	통화 코드, 금액
O	39A	Percentage Credit Amount Tolerance	신용장금액 허용한도
O	39B	Maximum Credit Amount	신용장 최대금액
O	39C	Additional Amounts Covered	추가금액
M	41a	Available With...By...	활용방법
O	42C	Drafts at...	환어음 발행지
O	42a	Drawee	환어음 지급인
O	42M	Mixed Payment Details	혼합지급 내역
O	42P	Deferred Payment Details	연지급 내역
O	43P	Partial Shipments	분할 선적
O	43T	Transshipment	환적
O	44B	For Transportation to...	운송구간
O	44C	Latest Date of Shipment	최종선적일
O	44D	Shipment Period	선적기간
O	45A	Description of Goods and/or Service	상품 및 /혹은 용역 명세
O	46A	Documents Required	구비서류
O	47A	Additional Conditions	추가조건
O	71B	Charges	수수료
O	48	Period for Presentation	제시기간
M	49	Confirmation Instruction	확인지시사항
O	53a	Reimbursing Bank	상환은행
O	78	Instructions to the Paying/Acceptance/Negotiating Bank	지급/인수/매입은행에 대한 지시사항
O	57a	Advise Through Bank	통지은행
O	72	Sender to Receiver Information	수취인 정보 송부자

M: 필수사항, O: 선택사항

▶ **서식 7-2** 스위프트 신용장

KOREA EXCHANGE BANK ORIGINAL

Head Office : 181, 2-ka Ulchi-ro, Chung-ku, Seoul, 100-793, Korea TEL : (02) 729-8525
CPO BOX 2924, CABLE : KOEXBANK TLX NO : 23141-51 SWIFT : KOEXKRSE

※ Advice Br : 둔산지점
Advice Of
Issue of Documentary Credit

※ Advice Date : 2019.12.29 (FAX/5402858)
※ Advice No : A-0668-612-26291
※ Credit No : 001/900/5804/DPU

※ Beneficiary : TEL. 042-870-1475
KOREA MINTING AND SECURITY
PRINTING CO 35 GAJEONG-DONG,
YUSEONG-GU, DAEJEON 305-713,
REPUBLIC OF KOREA
※ Amount : USD 6,046,712.80
※ Expire Date : 2020. 10. 31
※ Receipt No : 20061229-7-0000023-00
※ Sender's Bank : INDOIDJA

※ Applicant :
PT. SELOGIRI SAMPURNA
JL. TENTARA PEI.AJAR NO. 21
PATAL SENAYAN JAKARTA

※ Issuing Bank : INDOIDJA
BANK INDONESIA, JAKARTA
MENARA SJAFRUDDIN PRAWIRANEGARA
FL. 7, JL. M. H. THAMRIN NO. 2
JAKARTA, INDONESIA

Gentlemen :
At the request of the issuing bank, and without any engagement or responsibility on our part, we are pleased to inform you that we have received the following AUTHENTICATED teletransmission dated 2016. 12. 28.

: : 700 ISSUE OF A DOCUMENTARY CREDIT

: 27 Sequence of Total	: 1/1
: 40A Form of Documentary Credit	: IRREVOCABLE
: 20 Documentary Credit Number	: 001/900/5804/DPU
: 23 Reference to Pre-Advice	: NONE
: 31C Date of Issue	: 161228
: 40E Applicable Rules	: UCP LATEST VERSION
: 31D Date and Place of Expiry	: 201115 IN SOUTH KOREA
: 50 Applicant	: PT. SELOGIRI SAMPURNA JL. TENTARA PELAJAR NO. 21 PATAL SENAYAN JAKARTA
: 58 Beneficiary	: KOREA MINTING AND SECURITY PRINTING CORPORATION 35 GALEONG-DONG YUSEONG-GU, DAELON 305-713, KOREA
: 32B Currency Code, Amount	: USD8046712, 80
: 41A Available With...By...	: KOEXKRSE BY NEGOTIATION
: 43P Partial Shipment	: ALLOWED
: 43T Transshipment	: ALLOWED
: 44E Port of Loading/Airport of Departure	: SOUTH KOREA SEAPORT AND/OR AIRPORT

: 44F Port of Discharge/Airport of Destination :
TANJUNG PRIOK SEAPORT AND/OR SOEKARNO HATTA JAKARTA, AIRPORT
: 44C Latest Date of Shipment : 070915
: 45A Description of Goods and/or Services : 71, 820 REAMS HIGH QUALITY BANKNOTE PAPER FOR S'00 DENOMINATION, WITH "CUT NYAK MEUTIA" WATERMARK, UNIT PRICE USD 112, 04 PER REAM

※※※※ This is a constituent and integral part of advice No : A066861226291 (OP)

ALL IN BRAND NEW AND GOOD QUALITY AND PACKED IN SEAWORTHY/AIRWORTHY EXPORT CONDITION
IMPORT REFERENCE NUMBER : 001/900/5804
COUNTRY OF ORIGIN : SOUTH KOREA

:46A	Documents Required 100PCT (ONE HUNDRED PERCENTS) OF THE CFR VALUE IS PAYABLE ON SHIPMENT AGAINTS PRESENTATION OF THE FOLLOWING DOCUMENTS: 1. SIGNED COMMERCIAL INVOICE IN 8 (EIGHT) FOLDS 2. 2/3 OF "CLEAN ON BOARD" OCEAN BILL OF LADING PLUS 5(FIVE) COPIES MADE "TO ORDER" BLANK ENDORSED, DATED NOT LATER THAN SEPTEMBER 15, 2007 FREIGHT PREPAID OR AIRWAY BILL 1(ONE) ORIGINAL PLUS 5(FIVE) COPIES CONSIGNED TO : "BANK INDONESIA JL. M. H. THAMRIN NO. 2 JAKARTA-INDONESIA" DATED NOT LATER THAN SEPTEMBER 15, 2017 FREIGHT PREPAID. NOTIFY ADDRESS : BANK INDONESIA JL. M. H. THAMRIN NO. 2 JAKARTA INDONESIA SHIPPING MARKS : PT. SELOGIRI SAMPURNA O/B BANK INDONESIA JAKARTA L/C NO. 001/900/5804/DPU IR NO. 001/900/5804 ORDER NO. 8/128/DPU/CONFIDENTIAL AND 8/132/DPU/CONFIDENTIAL DENOMINATION CODE "S-2000" INVOICE NO. CASE NO. KOREA MINING AND SECURITY PRINTING CORPORATION, SOUTH KOREA. 3. PACKING LIST IN 8(EIGHT) FOLDS 4. CERTIFICATE OF ORIGIN IN 1(ONE) ORIGINAL PLUS 5(FIVE) COPIES. 5. BENEFICIARY'S STATEMENT WHERE CONFIRMATION THAT 1(ONE) SET OF NON NEGOTIABLE COPY OF SHIPPING DOCUMENTS AND 1(ONE) ORIGINAL OF BILL OF LADING/AIRWAY BILL(PLEASE CHOOSE) WERE SENT TO THE BUYER BY THE COURIER, IN 1(ONE) ORIGINAL PLUS 2(TWO) COPIES.	
:47A	Additional Conditions 1. 1(ONE) SET OF NON NEGOTIABLE COPY OF SHIPPING DOCUMENTS AND 1(ONE) ORIGINAL BILL OF LADING OR AIRWAY BILL TO BE SENT TO BUYER 2. INSURANCE IS COVERED BY BUYER 3. ALL DRAFTS AND DOCUMENTS MUST BE MARKED AS DRAWN UNDER THIS CREDIT AND MUST BEAR THE L/C NUMBER AND DATE.	
:71B	Charges	: ALL BANKING CHARGES OUTSIDE INDONESIA ARE COVERED BY THE BENEFICIARY'S ACCOUNT
※※※※ This is a constituent and integral part of advice No		: A066861226291(OP)
:49	Confirmation Instructions	: WITHOUT
:78	Inst to the Pay/Accept/Negotiate Bank : FOR YOUR PAYMENT TO BE MADE UNDER THIS CREDIT, PRIOR SENDING DOCUMENTS TO US, PLEASE INFORM US BY AUTHENTICATED TELEX/SWIFT THE CONDITION OF THE DOCUMENTS WHETHER IT IS FULLY COMPLY WITH CREDIT TERMS OR DISCREPANCIES IF ANY. IF THE DOCUMENT FULLY COMPLY WITH CREDIT TERMS, OR THE DISCREPANCIES ALREADY APPROVED, WE SHALL REIMBURSE YOU BY CREDITING TO YOUR ACCOUNT.	
:72	Sender to Receiver Information	: PLEASE ADVICE BENEFICIARY FOR THE OPENING OF THIS LETTER OF THIS CREDIT BEST REGARDS FOREIGN DEBT SETTLEMENT DIVISION.

Please note that we reserve the right to make such corrections to this advice as may be necessary upon receipt of the cable confirmation and assume no responsibility for any errors and/or omissions in the transmission and/or translation of the teletransmission, and for any forgery an/or alteration on the credit.
If the credit is available by negotiation, each presentation must be noted on the reverse of this advice by the bank where the credit is available.
THIS ADVICE IS SUBJECT TO THE UNIFORM CUSTOMS AND PRACTICE FOR DOCUMENTARY CREDITS (2007 REVISION, ICC PUBLICATION NO. 600).

NEGOTIATION UNDER THIS CREDIT IS RESTRICTED TO KOREA EXCHANGE BANK	Yours very truly, Authorized Signature

발행되었음을 의미한다.

② 40A Form of Documentary Credit : IRREVOCABLE

화환신용장의 형식은 취소불능임을 의미한다.

③ 20 Documentary Credit Number : 001/900/5670/DPU

화환신용장의 개설번호를 말한다.

④ 31D Date and Place of Expiry : 201115/KOREA

신용장 유효기일 및 장소를 말한다. 신용장 유효기일은 수출업자가 서류를 은행에 제출하는 최종 일자를 말하는데 국가 간 시차를 고려하여 제출 지역을 명기하도록 하고 있다. 여기서는 한국에서 2020년 11월 15일까지가 유효기일임을 나타내고 있다.

⑤ 50 Applicant : AS ABOVE

신용장개설의뢰인 즉 수입업자의 표현인데 서두에 표시되어 있음을 나타내고 있다.

⑥ 58 Beneficiary : AS ABOVE

수익자 즉 수출업자의 표시이다. 서두에 수익자 상호 및 주소가 나와 있다.

⑦ 32B Currency Code, Amount : USD4033454,00

통화 및 신용장 금액의 표시이다.

⑧ 41A Available With... By... : KOEXKRSE BY PAYMENT

결제유형이 지급임을 나타내는 것이다.

⑨ 49 Confirmations Instructions : WITHOUT

확인에 관한 지시사항인데 이번 경우는 없음을 나타낸다.

나) 임의사항

임의사항은 거래 성질에 따라 필요할 경우 활용하도록 준비한 항목들인데, 사전통지 참고번호, 발급일자, 개설은행, 신용장금액의 과부족 허용 한도액, 기타 추가금액, 환어음에 관한 사항, 분할선적, 환적 등에 관한 것이다. 이의 내용은 표준양식의 신용장 내용과 동일하고 다만 컴퓨터로 개설하기 때문에 각각 코드번호가 부여되어 있다.

제 4 절 무신용장방식에 의한 결제

1. 추심방식

(1) 추심방식의 의의

무역거래에서 신용장과 더불어 널리 사용되고 있는 결제방식으로 추심에 의한 결제방식이 있다. 송금방식은 채무자가 채권자에게 채무대금을 송금하는 경우를 말하고 추심은 그와 반대로 채권자가 채무자를 찾아가서 지급을 요청하는 것을 말한다. 즉 송금의 경우는 채무자에서부터 결제 행위가 시작되고 추심의 경우는 채권자에서부터 결제와 관련된 행위가 시작된다.

신용장에 의한 결제방식도 수출업자인 채권자가 채무자 앞으로 환어음을 발행하기 때문에 채권 · 채무의 청산과정을 보면 추심에 해당된다. 그러나 무역거래에서 일반적으로 의미하는 추심방식에 의한 결제는 은행의 지급확약 없이 당사자들 간의 매매계약(선수출계약서)에 의해서 수출업자가 화환추심어음(bill of documentary collection)을 발행하여 수입업자로부터 수출대금을 회수하는 경우를 말한다.

(2) 추심방식의 유형

추심방식에 의한 결제는 운송서류의 인도조건에 따라 인수도조건과 지급도조건으로 구분된다.

가) 인수도조건(Documents against Acceptance; D/A)

인수도조건은 수입업자가 환어음에 대한 인수(acceptance)만으로 운송서류를 찾아갈 수 있는 어음인수 서류인도조건이다. 이 조건에서는 수출업자가 매매계약에 따라 계약물품을 선적한 후 기한부환어음을 발행하여 제반 운송서류를 수입업자에게 송부하면 수입업자는 기한부환어음에 대한 지급의 약속으로 'accepted'라고 쓰고 서명날인만 함으로써 운송서류를 인도받는다. 수입업자는 기한부환어음의 만기일에 수입대금을 수출업자에게 은행을 통해 송부한다.

따라서 인수도조건은 외상거래에 해당되는데 수입업자는 인도받은 운송서류로 화물을 찾아 판매한 후 그 대금으로 어음 만기일 내에 결제하면 된다.

수입업자는 자신의 신용을 이용해서 기한부조건으로 물품을 수입하여 이를 판매한 후 수입대금을 지급하기 때문에 자기자금 없이 수입할 수 있다. 반면 수출업자는 만기일 후 수출대금을 지급받는데 만약 수입업자가 부도, 파산 등으로 결제를 하지 않게 되면 수출대금은 받지 못하게 된다.

나) 지급도조건(Documents against Payment; D/P)

지급도조건은 수출대금의 지급과 상환하여 운송서류를 수입업자에게 인도하는 어음지급 서류인도조건이다. 지급도조건은 수출업자가 매매계약에 따라서 선적을 완료한 후 일람불 어음을 발행하여 운송서류와 함께 수입업자의 거래은행(추심은행)으로 하여금 수출대금의 추심을 의뢰하면 추심은행은 수입업자에게 어음을 제시하여 어음금액의 일람지급을 받고 운송서류를 인도하는 방식을 말한다. 즉 수입업자가 운송서류를 찾기 위해서는 반드시 어음에 대한 지급행위를 해야만 한다.

인수도조건은 기한부 거래이지만 지급도조건은 일람불 거래에 해당된다. 따라서 수입업자는 반드시 대금지급을 완료해야만 운송서류를 찾을 수 있고 화물을 인도받을 수 있으며 대금은 관련은행을 거쳐 수출업자에게 전달된다. 만약 수입업자가 어음에 대한 지급을 거절하면 운송서류는 수출업자에게로 반송된다. 지급도조건에서는 수출업자가 수출대금을 받지 못하는 경우는 없지만 이미 화물은 수출항을 떠나 수입항에 있기 때문에 그로 인한 여러 가지 비용 손실이 발생하게 된다.

(3) 추심방식의 결제과정

D/A 또는 D/P에 의한 결제과정을 살펴보면 [그림 7-4]와 같다.

① 무역계약의 체결 : 수출업자와 수입업자는 무역계약을 체결하면서 대금결제방법은 D/A 또는 D/P 조건으로 하기로 한다. 한편 수입업자는 환어음에 첨부되는 운송서류를 수출업자에게 지시하는데 서류에는 반드시 계약물품을 대표하는 선하증권 등이 포함된다.

② 선적지시 : 수입업자는 수출업자에게 선적을 지시한다.

③ 계약물품의 선적과 선하증권의 입수 : 수출업자는 수입업자의 선적지시에 따라 계약물품을 선적하고 선박회사로부터 선하증권을 교부받는다(이는 계약물품을 해상운송할 경우를 말한다).

④ 화환어음의 추심의뢰 : 수출업자는 계약에서 약정된 운송서류와 환어음을 발행하여 거래은행(추심의뢰은행)으로 하여금 수입업자로부터 수출대금을

그림 7-4 D/A 및 D/P 방식에 의한 결제과정

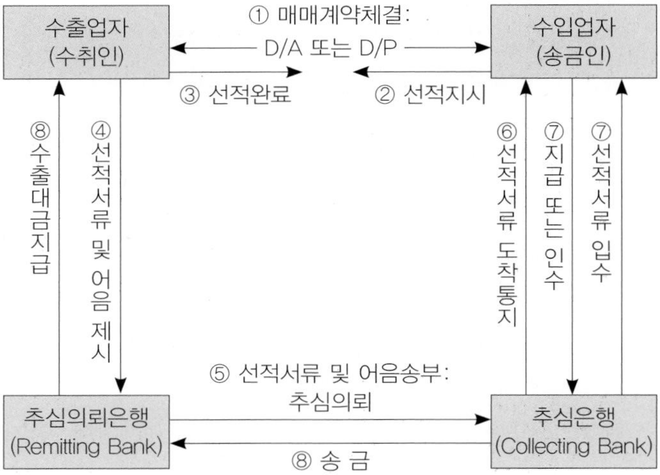

추심해 줄 것을 요청한다.

⑤ 추심의뢰은행의 서류송부 : 추심의뢰은행은 아무 책임없이 수입업자가 소재하는 곳에 있는 은행(추심은행) 앞으로 운송서류와 환어음을 송부하면서 추심을 의뢰한다.

⑥ 추심통지 : 추심은행은 수입업자에게 운송서류와 환어음이 도착한 사실을 통지한다.

⑦ 추심완료 및 수출대금의 상환 : 지급인인 수입업자는 매매계약서에서 만약 수입대금을 즉시 지급할 것으로 약정하였다면 이를 지급하고 운송서류를 입수한다. 그러나 수입대금을 일정 기간 후에 지급할 것으로 약정하였다면, 일정 기간(만기일) 후 대금을 지급할 것을 약속하는 서명행위(인수)와 상환으로 운송서류를 입수해 간다. 전자의 경우가 D/P(지급도)이며 후자의 경우는 D/A(인수도) 조건이다.

(4) 추심방식의 주요 당사자

추심방식에 관여하는 주요 당사자는 [그림 7-4]와 같이 추심의뢰인, 추심의뢰은행, 추심은행, 지급인 등으로 구분된다.

가) 추심의뢰인

추심의뢰인(principal)은 자기가 거래하는 은행에 수출대금의 추심을 의뢰하는 수출업자를 말한다. 수출업자는 추심을 의뢰하면서 화환어음을 발행하기 때문에 발행인(drawer)이며 또한 수입업자에 대해서 채권을 주장할 수 있는 채권자(creditor)이기도 하다.

나) 추심의뢰은행

추심의뢰은행(remitting bank)은 수출업자로부터 추심을 의뢰받은 수출국의 은행을 말한다. 이 은행은 수출업자가 제시한 화환어음과 운송서류를 수입업자가 소재하는 추심은행 앞으로 송부하면서 수출대금의 추심을 의뢰한다.

다) 추심은행

추심은행(collecting bank)은 추심의뢰은행으로부터 송부되어 온 운송서류와 추심지시서를 수입업자에게 제시하여 수입대금을 징수하는 은행을 말한다. 특히 수입업자에게 직접 운송서류를 제시하는 추심은행을 제시은행(presenting bank)이라고 한다.

라) 지급인

지급인(drawee)은 수입업자를 말한다. 수입업자는 추심지시서에 따라 어음이 자기에게 제시되면 채무자로서 수출업자가 발행한 환어음에 대해서 지급할 의무가 있다.

(5) 추심방식의 특성

D/A · D/P 거래는 당사자 간의 매매계약에 의해서만 거래가 이루어지기 때문에 선수출계약서에 의한 거래라고도 하는데 신용장방식의 거래에 비해서 다음과 같은 특성을 지니고 있다.

첫째, 신용장거래에서는 수입업자를 대신하여 개설은행이 지급을 확약하지만 D/A · D/P 거래에서 추심의뢰은행 및 추심은행은 단지 수출대금을 추심할 뿐 지급상의 책임은 지지 않는다. 따라서 D/A · D/P 거래는 수입업자의 신용을 바탕으로 모든 거래가 이루어진다고 볼 수 있다.

둘째, 신용장거래에서는 신용장의 독립 · 추상성의 원칙에 따라 수입업자는 개설은행이 제시한 관계 운송서류의 인수를 거절할 수 없지만 D/A · D/P 거래의 수입업자는 추심은행이 제시한 환어음과 운송서류의 인수를 얼마든

▶ 서식 7-3 선수출계약서

The American Trading Co., Ltd.

75 Liberty St., New York
N. Y. 10005 U.S.A.

Dongbang Trading Co., Ltd.
KWPO Box 2573
Seoul, Korea

P/O No. : p/v 9630501
Date : Oct. 31. 2020

Gentlemen:

Please deliver us the following goods under the terms and conditions as belows:

1. Commodities: Dongbang Computer Model No.2
2. Quantity: 1,000 sets
3. Unit Price: US$ 1,000 per set CIF New York
4. Total Amount: US$ 1,000,000 CIF New York
5. Origin: Republic of Korea
6. Shipping Port: Korean port(s)
7. Destination: New York, U.S.A.
8. Latest Shipment Date: Dec. 30, 2020
9. Partial Shipment & Transshipment: not allowed
10. Payment: Document Against Payment by Collection at sight Bill of Exchange
11. Insurance: to be covered here
12. Packing: Export standard packing

Documents required are:

1. Signed Commercial Invoice in quadruplicate
2. Packing List in quadruplicate
3. Full set of clean on board ocean bills of lading made out to order of The American Trading Co., Ltd. marked "reight prepaid"

Sincerely Yours,
The American Trading Co., Ltd.

President

지 거절할 수 있다.

이런 점에서 D/A · D/P 거래는 수출업자에게 다소 불리한 결제방식이다. 지급도조건에서 만약 수입업자가 대금지급을 거절하면 운송서류는 수출업자에게 반송되고 경우에 따라서는 수입항에 도착한 화물을 반송 처리해야 하는 경우도 발생한다. 더구나 인수도조건에서는 수입업자가 어음상의 인수만으로 운송서류와 화물을 찾을 수 있어 수출대금회수불능의 위험이 매우 높은 편이다.

셋째, 신용장거래에서 발행되는 화환어음은 개설은행이 지급인이지만 D/A · D/P 거래의 화환추심어음은 수입업자가 지급인이 된다. 즉 신용장 하에서 발행된 화환어음은 개설은행을 지급인으로 하는 은행어음으로서 개설은행이 지급을 보증하지만 D/A · D/P 거래의 화환추심어음은 개인어음으로서 지급상의 모든 책임은 수입업자에게 있다.

넷째, 신용장거래에서는 개설은행의 지급확약에 의해 매입은행이 수출업자로부터 운송서류를 매입할 때 수출대금의 지급이 이루어진다. 그러나 D/A · D/P 거래에서는 수입업자가 운송서류의 인수를 거절할 수 있기 때문에 추심이 완료되어야만 대금이 수출업자의 계정에 입금된다.[6)]

이러한 특성으로 인해 D/A · D/P 거래는 수출업자의 입장에서 보면 대금회수불능의 위험이 높아 신용장방식에 비해 불리한 방식이다. 반면 수입업자의 측면에서는 신용장의 개설에 따른 담보를 제시할 필요가 없기 때문에 신용장방식보다 이 방식이 유리할 수도 있다.

이에 따라 이 방식의 수출거래는 본 · 지사 간의 거래나 상호 신용상태를 확실히 믿을 수 있는 단골 거래선 간에 많이 이루어진다. 또한 수출업자가 새로운 수출시장을 개척하기 위하여 보다 유리한 조건을 제시할 필요가 있을 때에도 이 방식이 사용된다.

신용장 방식과 D/A · D/P 방식의 성질을 비교하면 〈표 7-2〉와 같다.

(6) 추심에 관한 통일규칙의 적용

현재 추심 방식의 거래는 당사자 간에 달리 합의된 사항이 없으면 국제상

---

6) 우리나라는 수출업자의 자금 부담을 덜어주고 D/A · D/P에 의한 수출을 장려하기 위해서 추심 전 매입을 허용하고 있기 때문에 수출업자는 관계 운송서류를 추심의뢰은행에 제시할 때 수출대금을 찾을 수 있게 된다. 그리고 수출보험에서 수출업자가 제시한 환어음을 추심 전에 매입한 외국환은행이 입을 수 있는 손실을 보상해 주고 있기 때문에 외국환은행도 D/A · D/P 하에서 발행된 환어음에 대해서 적극적으로 매입을 해 주고 있다.

표 7-2 신용장과 D/A · D/P의 비교

신용장	D/A · D/P
• 은행의 신용	• 수입업자의 신용
• 개설은행의 지급확약	• 은행의 지급확약 없음
• 신용장 개설 담보금(수입업자)	• 필요없음
• 은행어음(지급인 : 개설은행)	• 개인어음(지급인 : 수입업자)
• 추심 전 매입	• 추심 후 지급
• 수출업자에게 유리	• 수입업자에게 유리
• 신용장통일규칙(UCP) 적용	• 추심에 관한 통일규칙(URC) 적용

업회의소가 제정한 추심에 관한 통일규칙(Uniform Rules for Collections; ICC Publication No. 522)의 적용을 받는다. 국제상업회의소는 1956년 처음으로 추심거래에 공통으로 적용될 수 있는 규칙을 제정했는데 이 규칙이 1967년, 1978년 및 1995년에 개정되어 오늘에 이르고 있다.

추심에 관한 통일규칙은 모두 7장 26조로 구성되어 있는데 어음의 제시, 지급, 인수, 거절증서 작성, 추심경과의 통지, 수수료 등에 대한 은행의 의무 및 책임 범위 등을 규정하고 있다. 이 규칙은 국제 추심거래에서 발생할 수 있는 해석상의 차이, 분쟁 등을 방지하는 준거법의 역할을 하고 있다.

2. 송금방식에 의한 결제

(1) 송금의 의의

송금(remittance)은 채무자가 채무금액을 채권자에게 송부함으로써 채권 · 채무의 관계를 청산하는 것을 의미한다. 신용장방식의 거래에서는 개설은행의 지급확약 등 여러 가지 은행 업무를 이용하는 데 따라 수수료가 많이 들고 매매당사자와 은행 간의 복잡한 법률관계가 등장하게 된다. 그리고 D/A · D/P 방식의 거래에서도 비록 은행의 지급확약은 없지만 추심의뢰은행이 추심서류를 송부하는 등 일정한 추심절차가 따르며 또한 상당한 추심수수료가 소요된다.

반면 송금방식의 거래에서는 수출업자가 화물을 찾을 수 있는 운송서류를 수입업자에게 직접 송부하고, 수입업자도 수입대금을 수출업자에게 직접 송금하기 때문에 은행의 지급확약이 필요 없을 뿐더러 은행의 서류송부절차 등도 생략된다. 그리고 송금 과정에 관여하는 은행도 송금은행 및 지급은행 뿐이다. 따라서 송금방식은 다른 결제방식에 비해 금융비용이 적게 들며 결제과정이 매우 간단하다.

그러나 송금방식의 거래에서는 은행의 지급확약이 따르지 않기 때문에 대금회수불능의 위험이나 상품입수불능의 위험이 발생할 수 있다. 이는 송금시기에 따라 달라질 수 있는데 만약 사전에 송금하기로 약정되었다면 수입업자는 계약물품을 정확히 받아볼 수 있을지 궁금하고, 사후에 송금을 하기로 한다면 수출업자가 대금을 받을 수 있을지 궁금하게 된다.

이런 연유로 송금방식은 두 당사자가 서로 믿을만한 관계이거나 본 · 지사 간의 거래인 경우에 많이 활용된다. 특히 본 · 지사 간의 거래는 일정 기간 상호 약정에 따라 장부상으로 결제하고 만기일에 그 차액만을 송금함으로써 매번 결제하는데 따른 금융수수료를 절약하고 있다. 최근 우리나라 수출 패턴이 본사와 해외 지사 간의 거래 형태로 바뀜에 따라 송금방식에 의한 결제가 증가하고 있는 실정이다.

(2) 송금환의 의의

송금거래에서 사용되는 채무자가 채권자에게 보내는 외국환을 송금환이라 하는데 이에는 송금수표, 우편송금환 및 전신송금환이 있다.

가) 송금수표

송금수표(demand draft)는 보통 송금환이라고 하는데 수입업자가 거래은행에 수입대금을 송금수표로 교환해 줄 것을 요구하면 수입업자 거래은행의 해외 본 · 지점 혹은 환거래은행을 지급은행으로 하는 송금수표를 교부해 준다. 수입업자는 송금수표를 수출업자에게 우송함으로써 수입대금을 결제하게 된다. 수출업자는 이 송금수표를 지급은행에 제시하여 수출대금을 회수해 간다. 송금수표로는 은행이 발행하는 은행수표(banker's check)가 보편적으로 이용된다.

나) 우편송금환

수입업자가 수출업자에게 수입대금을 결제하기 위해 일정 금액을 은행에 위탁할 경우 사용되는 환을 말한다. 수입업자가 거래은행에 수입대금을 위탁하면서 수출업자에게 지급해 주도록 요청한다. 수입업자 거래은행은 수출업자가 소재하는 외국환은행 앞으로 수출업자에게 일정 금액을 지급해 주도록 지급지시서(payment order)를 우편으로 보낸다. 지급지시서를 받은 은행은 수출업자의 신분을 확인한 후 수출대금을 지급하고 이 대금은 지급지시를 한 수입국 은행의 예금계정에서 인출한다.

우편송금환(mail transfer)은 수입국 은행이 지급지시서를 우편으로 수출국 은행 앞으로 보내기 때문에 분실, 이자 부담 등이 따르게 된다. 즉 수입업자가 거래은행에 수입대금 지급을 위탁하는 시점과 수출업자가 수출대금을 찾아가는 시점 사이에는 우편일수만큼 차이가 나기 때문에 이 기간 동안 이자를 누가 부담해야 하는가를 사전에 약정해야 한다. 따라서 우편송금환은 소액의 송금 거래 시 주로 이용되고 있다.

다) 전신송금환

우편송금환과 원리는 동일하지만 단지 지급지시를 전신으로 한다는 점에 차이가 있다. 수입업자가 수입대금을 수출업자에게 지급해 주도록 일정금액을 거래은행에 위탁하면, 거래은행은 이를 전신으로 수출지 외국환은행 앞으로 통지를 하고 수출업자는 즉시 수출대금을 회수할 수 있다.

전신송금환(telegraphic transfer)을 이용할 경우에는 전신 그 자체가 지급지시서 역할을 하기 때문에 이를 취급할 때는 기재사항 등을 면밀히 검토해야 한다. 전신송금환은 당일 또는 그 다음 날 결제되기 때문에 이자 문제가 발생하지 않으므로 무역거래에서는 거액의 송금 시 혹은 시급한 경우에 많이 사용된다. 전신송금환은 신속히 결제되고 유리한 환율이 적용되기 때문에 수출업자들은 전신송금환을 선호하지만 수입업자의 경우에는 전신료 부담이 따르게 된다.

(3) 전신송금환에 의한 결제과정

위에서 언급한 송금방식 중에서도 무역거래에서 채무자가 현금을 직접 송금하지 않고 송금수표, 우편송금환, 전신송금환 등 여러 가지 환을 이용하는데 무역거래에서 가장 많이 사용하는 것은 전신송금환이다. 전신송금환을 이용해서 결제하는 경우를 실무상 'T/T base'라 하는데 대금결제과정이 단순하기 때문에 최근 우리나라 수출거래에서 많이 활용되고 있다. 전신송금환에 의한 결제과정을 살펴보면 [그림 7-5]와 같다

① 수출업자와 수입업자가 매매계약을 체결하면서 대금은 전신송금환으로 결제하기로 한다.

그림 7-5 **전신송금환에 의한 결제과정**

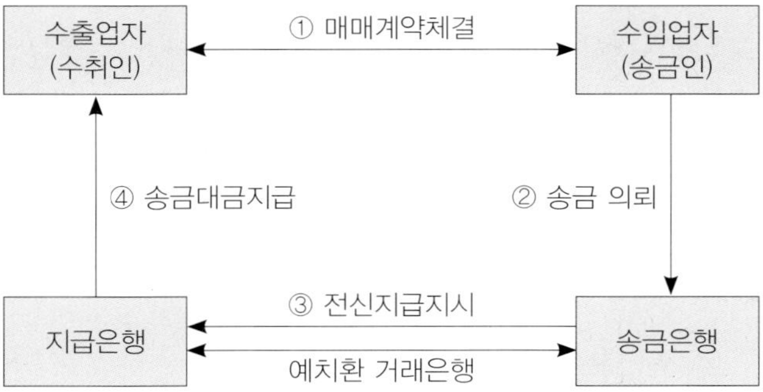

② 수입업자가 수입대금을 결제하기 위해 일정 금액을 수출업자에게 송금해 줄 것을 거래은행(송금은행)에 의뢰한다.

③ 송금은행은 수출업자가 소재하는 지역의 환거래은행을 지급은행으로 지정하여 수출업자에게 일정 금액을 지급할 것을 전신으로 지시한다.

④ 지급은행이 수출업자에게 송금도착통지를 하면 수출업자는 이 통지를 받는 즉시 수출대금을 회수할 수 있다.

(4) 송금시기

송금방식의 결제는 송금시기에 따라 사전송금방식과 사후송금방식으로 구분된다. 사전송금방식은 수입업자가 선적 전에 수입대금 전액을 수출업자에게 송금하는 전불방식이다. 그리고 사후송금방식은 수입업자가 수입물품의 인수와 동시에 또는 일정 기간이 지난 뒤에 수입대금을 송금하는 방식이며 우리나라에서는 이를 대금교환도조건이라 한다.

가) 사전송금

사전송금(cash with order; CWO)은 수입업자가 물품을 받아보기 전에(cash in advance) 미리 대금을 수출업자에게 송금해 주기 때문에 수출업자는 선적 전에 수출대금을 받을 수 있다. 지불수단은 은행어음이나 개인수표, 혹은 수출업자가 지정하는 계정에 대한 전신송금으로 이루어진다. 수표를 받았을 경우에는 선적하기 전에 이 수표를 추심하여 결제된 것을 확인한 다음 선적하는 것이 안전하다.

나) 사후송금(대금교환도조건)

수출물품의 인도와 동시에 또는 인도 후 일정 기간 이내에 수출대금 전액을 외국환은행을 통하여 송금받는 거래이다. 대금결제기간은 수출업자가 자율적으로 결정하며 본 · 지사 간의 거래에서는 1년 이내이어야 한다. 사후송금방식은 러시아, 베트남 등과 같이 신용장개설 및 환 결제에 어려움이 많은 지역과 과다한 인지세로 인하여 대금결제 시 환어음의 발행을 꺼리는 일부 유럽지역(이탈리아 등)으로 수출할 때 종종 이용되고 있다.

다) 현물상환방식

현물상환방식(cash on delivery; COD)은 물품과 현금을 직접 서로 바꾸는 결제방식을 말한다. 통상적으로 수출업자가 물품을 선적한 후 수입업자 소재지에 있는 자신의 지사나 대리점 앞으로 선적서류를 보낸다. 그러면 대리인은 이 선적서류를 받아 상품을 수입통관하고, 수입업자는 현지에서 물품의 품질을 확인한 후 대금을 지급하고 물품을 찾아간다. 수출업자의 대리인은 이 대금을 본국의 수출업자에게 송금하게 된다.

따라서 현물상환방식은 수입국에 수출업자의 대리인이 있는 경우에만 가능하며 주로 귀금속 등 고가품과 같이 직접 물품을 검사하기 전에는 품질을 정확히 파악하기 어려운 경우에 활용된다. 이 방식에서는 특별히 대금회수에 따르는 위험은 없지만 만일 매수인이 물품검사 후 인수를 거절하면 다른 판매처를 찾아 물품을 처분해야 하는 어려움이 있다.

라) 서류상환방식

서류상환방식(cash against documents; CAD)은 물품 대신 물품을 찾을 수 있는 서류와 상환하여 대금을 지급하는 방식을 말한다. 수출업자가 물품을 선적하고 수입업자 또는 수출국에 소재하는 수입업자의 대리인이나 지사에게 선하증권 등 운송서류를 제시하면 서류와 상환하여 대금을 결제한다. 이 방식의 거래에서는 수입업자의 지사나 대리인이 수출국 내에서 물품의 제조과정을 점검하고 수출물품에 대해서 선적 전 검사를 실시한다. 이 방식의 경우 수출업자의 입장에서는 이미 선적을 마쳤는데 수입업자의 대리인이 서류인수를 거절하면 반송문제 등으로 어려움을 겪을 수 있다.[7)]

7) 서류상환방식의 거래에서 수출업자가 운송서류를 외국환은행을 통하여 수입업자에게로 송부하면 형식적으로 지급도조건(D/P)과 유사하다. 그러나 D/P 방식에서는 수출업자가 환어음을 발행하지만 서류상환방식에서는 환어음 없이 운송서류와 수입대금이 서로 상환된다. 유럽에서는 환어음을 주로 사용하지 않기 때문에 서류상환방식을 흔히 '유럽식 D/P 방식'이라고도 한다. 수

(5) 상호계산

상호계산(open account)은 상품을 선적할 때마다 대금을 결제하지 않고 장부에 기입해 두었다가 일정 기간 예를 들어 6개월 또는 1년 단위로 서로 상쇄하고 그 차액만을 상호 결제하는 것이다. 'Open Account'라는 표현은 계정이 일정 기간 열려 있는 상태로 계속된다는 의미인데, 이는 거래 당사자들이 상호 장부상 결제가 가능한 것을 의미한다.

본 · 지사 간의 거래에서 서로 거래를 할 때마다 매번 결제를 하게 되면 금융비용이 많이 들기 때문에 일정 기간 장부상 결제만 하고 약정된 기간 말에 그 차액만을 결제함으로써 금융비용을 절약할 수 있다. 차액을 결제할 때도 비용이 가장 적게 드는 송금방식을 대부분 이용한다.

3. 국제팩토링 방식에 의한 결제

(1) 국제팩토링의 의의

팩터(factor)는 중세 이탈리아에서 발생하여 국제화된 일종의 무역중개업자를 말한다. 팩터가 일반 중개업자와 다른 점은 수출업자에게 대금지급을 확약한다는 점이다. 즉 수출업자가 팩터에게 물품의 수출판매를 의뢰하면 팩터는 단순히 판매만 알선하는 것이 아니라 수출대금의 지급까지 보증하게 된다. 따라서 판매알선수수료도 'Del Credere Commission'(지급보증수수료)이라 하여 일반 수수료보다 높게 책정된다.

오늘날의 팩토링(factoring)은 제조업자가 구매자에게 상품을 외상으로 판매하면 팩터는 외상매출채권을 매입 · 관리하여 제조업자에게 상품대금의 지급을 보증하는 금융서비스를 말한다. 이러한 기본적 업무 외에도 팩터는 제조업자를 대신하여 구매자에 대한 신용을 조사하고, 상품대금이 회수되는 기간 동안 제조업자에게 금융을 제공하거나 회계업무 등을 대행하고 있다.

국제팩토링은 팩토링의 금융서비스를 이용하여 수출대금을 결제하는 무신용장방식의 새로운 무역거래 형태이다. 수출업자와 수입업자 사이에 팩터가 개입하여 수출업자에게는 수출대금의 지급을 보증하고 수입업자에게는 신용을 공여하여 무역거래가 이루어지도록 한다.

이 방식을 이용하게 되면 수출업자는 팩터로부터 수출대금의 지급을 보증

입업자의 대리인은 대금과 상환으로 서류를 받는 즉시 수입업자에게 이를 발송하여 수입통관을 하도록 한다.

받을 뿐만 아니라 미리 팩터로부터 자금을 융자받을 수 있어 자금 부담을 덜 수 있다. 그리고 수입업자도 팩터의 신용을 활용하여 기한부조건으로 수입할 수 있으므로 자기자금이 없거나 신용이 낮은 경우에도 수입이 가능하다. 이러한 연유로 중소규모의 무역거래에서는 팩토링에 의한 결제방식이 종종 사용되고 있으며 특히 담보력이나 자금력이 부족한 중소기업들은 팩터의 금융서비스를 활용하고 있다.

(2) 국제팩토링에 의한 대금결제과정

보통 팩토링에서는 계약에 따라 수출업자가 관여하는 팩터를 수출팩터, 수입업자가 관여하는 팩터를 수입팩터로 부른다. 이들에 의한 대금결제과정은 [그림 7-6]과 같이 이루어진다.

① 매매당사자는 팩토링방식으로 결제하는 조건으로 계약을 체결한다.
② 수출업자는 팩터의 소정 양식인 신용승인신청서를 이용하여 수입업자에 대한 신용조사를 수출팩터에 의뢰한다.
③ 수출팩터는 수입팩터에게 수입업자에 대한 신용조사 및 수입팩터가 지급확약할 수 있는 신용한도를 요청한다.
④ 수입팩터는 수입업자의 신용상태를 조사하여 신용한도액을 산정한다.

그림 7-6 국제팩토링에 의한 대금결제과정

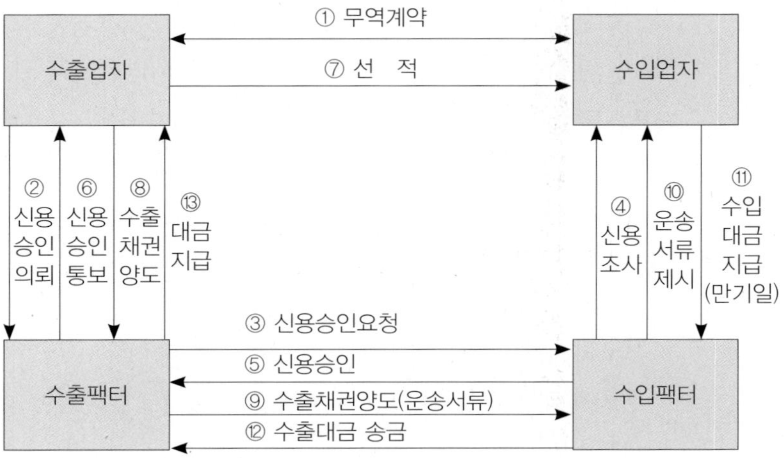

⑤ 수입팩터는 수입업자에게 제공할 수 있는 신용한도액 및 신용상태에 관한 자료를 수출팩터에게 통지한다.
⑥ 수출팩터는 수입팩터의 통지에 따라 수출업자에게 신용승인을 통보한다.
⑦ 수출업자는 무역계약에서 약정된 물품을 수입업자에게 선적한다.
⑧ 수출업자는 수출물품에 관련된 선하증권을 비롯한 운송서류를 수출팩터에게 양도한다.
⑨ 수출팩터는 관련 운송서류를 수입팩터에게 송부함으로써 수출물품에 대한 채권을 수입팩터에게 양도한다.
⑩ 수입팩터는 운송서류를 수입업자에게 인도하여 수입업자로 하여금 화물을 찾을 수 있게 한다.
⑪ 수입업자는 만기일에 수입팩터에게 수입대금을 지급한다.
⑫ 수입팩터는 수입업자로부터 연차적으로 회수한 수입대금을 수출팩터에게 송금 · 완료한다.
⑬ 수출팩터는 수출업자에게 수출대금을 지급하고 만약 미리 지급한 융자금이 있을 경우 이 대금을 상계한다.

(3) 국제팩토링의 당사자

가) 수출업자

물품을 수출하는 자로서 팩터와 팩토링 거래약정을 체결하여 매출채권을 양도한다. 수출업자는 팩터의 주된 서비스 대상이기 때문에 국제팩토링에서는 수출업자를 판매자(client)라 하며 상품 또는 용역의 공급자(supplier), 매도인 등으로 불리운다.

나) 수입업자

수입업자는 물품을 수입하는 구매자(customer)나 매수인을 말한다. 수입업자는 궁극적으로 채무를 부담하는 당사자(debtor)이다.

다) 수출팩터

국제팩토링에 관여하는 수출국의 팩토링 회사를 수출팩터라 하는데 수출채권을 관리하며 수출업자에게 수출대금의 지급을 보증한다. 그 밖에 수출팩터는 수출상품의 생산 확보에 필요한 금융을 제공하기도 하며 수출업무와 관련된 경영서비스를 제공한다. 수출팩터는 신용장 매입은행과 비슷한 역할이

지만 대금회수를 책임지고 수출업자에게 각종 서비스를 제공하기 때문에 훨씬 더 적극적이고 중요하다고 볼 수 있다.

라) 수입팩터

국제팩토링에 관여하는 수입국의 팩토링회사를 수입팩터라 한다. 수입팩터는 수입업자에 대한 신용조사 및 신용승인을 하고 수출채권을 양수받아 대금을 회수하여 송금하는 업무 등을 주로 한다. 수입팩터의 신용조사결과에 따라 수출팩터는 수출업자에 대한 거래한도를 결정하므로 수입팩터의 신용조사기능은 중요하다. 만약 수출팩터가 해외에 지점망을 가진 경우에는 수입국에 주재하는 지점 또는 지사가 수입팩터의 역할을 담당하게 된다.

(4) 국제팩토링의 효용

가) 수출업자에게 편리한 점

① 신속한 대금회수: 수출대금의 회수를 수출팩터가 보증하므로 기한부조건으로 수출하더라도 대금회수불능의 위험이 거의 없다.

② 수입업자에 대한 신용조사: 수출팩터를 통해서 수입업자의 신용상태를 사전에 파악할 수 있다.

③ 적극적인 신규거래 시도: 수출팩터의 지급보증과 수입업자에 대한 신용파악으로 과감하게 신규거래를 시도할 수 있다.

④ 간단한 거래절차: 신용장이나 D/A · D/P 방식에 비해 실무상의 절차가 간단하다.

⑤ 운영자금 조달용이: 수출대금의 범위 내에서 수출팩터로부터 전도 금융을 이용할 수 있어 기한부 수출에 따른 자금 부담을 덜 수 있다.

⑥ 부대 경영 서비스: 수출팩터와 지속적으로 거래관계를 유지해 다양한 경영 서비스와 정확한 해외시장정보를 얻을 수 있다.

나) 수입업자에게 편리한 점

① 신용거래이용: 수입팩터가 설정한 신용한도 내에서 계속적으로 신용구매가 가능하여 장기적인 수입계획을 수립할 수 있다.

② 수입금융: 수입결제자금이 부족할 경우 수입팩터로부터 금융수혜를 받을 수 있으며 또한 수입팩터의 지급보증으로 유리한 수입조건을 제시할 수 있다.

③ 부대 경영 서비스: 수입팩터로부터 채무만기일 관리 등의 회계 서비스를 제공받을 수 있어 수입관리업무의 효율성을 높일 수 있다.

④ 간편한 절차로 비용 절감: 신용장이나 D/A · D/P 방식에 비해 실무상의 절차가 간단하고, 자금 부담이나 수수료 등의 비용부담을 덜 수 있다.

4. 포피팅 결제

(1) 포피팅의 개념

포피팅(forfaiting)은 현금을 대가로 채권을 포기 또는 양도한다는 뜻으로 무역거래에서는 수출업자가 발행한 기한부어음을 포페이터(forfaiter)가 할인 · 매입해 주는 금융기법을 말한다. 따라서 포피팅은 신용장, D/A 및 D/P 등과 같은 대금결제방식이라기보다 주로 신용장 하에서 발행된 기한부환어음을 포페이터가 할인 · 매입하는 중장기금융이라 할 수 있다.

포피팅에는 수출업자 및 수입업자 외에 신용장 매입은행과 유사한 성격의 포페이터와 신용장 개설은행에 해당하는 보증은행(Avalising; Guaranteeing Bank)이 개입한다. 포페이터는 수출업자가 발행한 연불어음을 할인 · 매입하는 은행이고, 보증은행은 수입업자를 위해 환어음의 지급을 보증하거나 지급보증서를 발급하는 은행을 말한다.

보증은행이 환어음을 보증할 때 어음상에 'Aval'이라는 표현을 추가하는 데 이는 보증은행이 환어음상의 채무를 보증한다는 것을 의미한다. 보증은행의 보증은 취소불능의 무조건 보증이다. 보증형식이 간단하고 양도될 수 있어 널리 사용되고 있다.

수입업자가 주로 가액이 큰 물품을 중장기 연불조건으로 수입하고자 할 경우 거래은행으로 하여금 수출업자가 발행한 환어음의 지급을 보증해 줄 것을 요청한다. 보증은행이 환어음의 지급을 보증하면 이 어음을 포페이터가 외상기간에 해당하는 이자를 고정금리로 할인하여 수출업자에게 지급하고, 포페이터는 만기일에 보증은행을 통해서 어음대금을 지급받는다.

포피팅을 이용하면 수입업자는 보증은행의 지급보증으로 거래 규모가 큰 물품을 연불조건으로 수입할 수 있는 반면 수출업자는 연불조건의 외상수출이라 하더라도 포페이터로부터 수출대금을 일람조건의 수출과 같이 즉시 받을 수 있다. 수출업자 입장에서는 신용장 매입은행의 여신한도가 부족하여 환어음의 매입이 거절될 경우 포피팅을 통한 매입방법을 활용할 수 있다.

(2) 포피팅의 특징

무역거래에서 일어나고 있는 포피팅의 특징을 살펴보면 다음과 같다.

첫째, 포피팅은 주로 수출업자의 환어음과 같은 채권을 대상으로 한다. 환어음은 무역거래에서 오랫동안 사용되어 왔기 때문에 단순외상매출채권, 본드(bond) 등에 비해서 분쟁이 발생할 가능성이 적기 때문이다.

둘째, 포피팅은 규모가 크고 중장기 연불조건의 거래에 활용된다. 포피팅과 유사한 환어음할인금융이나 국제팩토링은 주로 180일 이내의 소액거래에서 많이 이용되지만 포피팅은 대체로 3년에서 5년 정도의 중장기 금융수단으로 이용된다.

셋째, 포페이터는 수출업자에게 환어음에 대한 상환을 청구할 수 없다. 즉 수출업자의 환어음을 할인 · 매입한 후 만기일에 실제 수입업자로부터 지급이 이루어지지 않더라도 수출업자에게 매입대금을 돌려 줄 것을 요청할 수 없다. 신용장거래에서 매입은행은 환어음의 지급이 이루어지지 않으면 수출업자에게 얼마든지 상환청구를 할 수 있지만 포피팅의 경우에는 불가능하다.

마지막으로 포페이터는 주로 고정금리부로 환어음을 매입한다. 수출업자는 환어음의 할인 금리를 사전에 알 수 있어 자신이 부담하게 될 금융비용을 원가에 반영할 수 있다.

(3) 포피팅의 절차

포피팅은 [그림 7-7]과 같은 절차를 통해 이루어진다.

① 수출업자와 수입업자는 무역계약을 체결하면서 결제방법에 포피팅을 추가할 것을 약정한다.
② 수출업자는 포페이터와 포피팅 계약을 체결한다.
③ 수출업자는 계약의 내용대로 선적기일 내에 물품을 선적한다.
④ 수입업자는 지급보증은행에 환어음을 제출하면 지급보증은행은 별도의 지급 보증서를 발급하거나 환어음에 'Aval'을 추가하여 환어음을 보증한다.
⑤ 지급보증은행은 보증이 첨부된 환어음을 수출업자에게 보낸다.
⑥ 수출업자는 사전에 약정된 포피팅 계약 따라 지급보증은행이 보증한 환어음을 포페이터에게 제시하여 어음대금을 할인해 줄 것을 요청한다.
⑦ 포페이터는 어음의 만기일에 보증은행에 환어음을 제시하여 지급을 요

그림 7-7 포피팅 절차

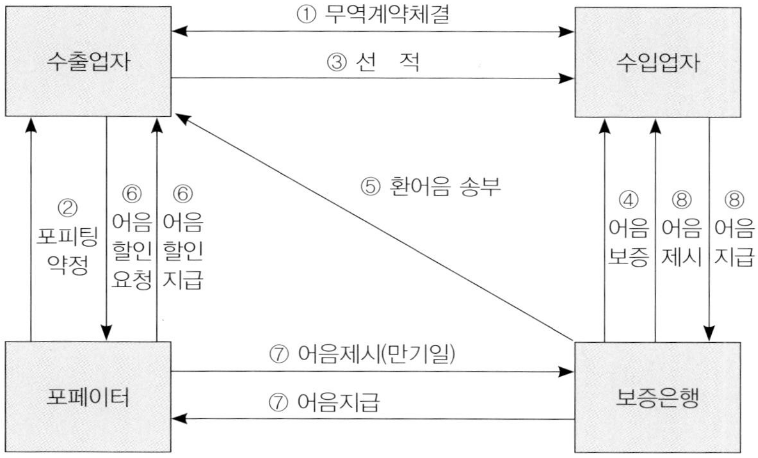

청하고, 지급보증은행은 지급보증에 따라 대금을 지급한다.

⑧ 보증은행은 포페이터가 제사한 어음을 수입업자에게 제시하고 수입업자로부터 대금을 회수한다.

제 2 부

무역거래의 이행과 제도

International Trade Practice

제8장

해외시장조사

우리나라 법에 의해서 무역업을 할 수 있는 자격을 갖추고, 또 외국에 판매할 수 있는 물건을 가진 자라도 그 물건을 구입하려고 하는 상대를 알아야 판매할 수 있는 것이다. 그러므로 무역에서 가장 중요한 것은 수출업자나 수입업자 모두 외국에 있는 상대방을 잘 알아야 한다. 해외시장조사를 통해서 첫째, 어느 곳에 잠재구매력을 가진 고객이 있는가를 발견하고, 둘째, 외국고객들은 어떤 상품을 원하고 있는가, 즉 그들의 기호에 맞는 상품을 창조 · 개발한다. 이 장에서는 무역거래에서 처음 직면하는 해외시장의 개념, 내용, 방법 등에 대해서 알아본 후 실제 상품을 해외시장에 소개하는 방법과 신용조사에 대해서 살펴보기로 한다.

제 1 절 해외시장조사의 개요

1. 해외시장조사의 의의

우리나라 법에 의해서 무역업을 할 수 있는 요건을 갖추고, 또 외국에 판매할 수 있는 물건을 가진 자라도 그 물건을 구입하려고 하는 상대를 알아야 판매할 수 있는 것이다. 그러므로 무역에서 가장 중요한 것은 외국에 있는 상대방(수출업자 및 수입업자)을 잘 알아야 한다.

외국에 한 번도 가보지 못한 사람이 어떻게 해외에 있는 수입업자나 수출업자를 알 수 있는가? 해외시장을 조사해서 국내에서 생산된 물건을 판매한다는 것은 미도파나 신세계같이 좋은 위치에 자리잡고 앉아서 고객이 자기 발로 걸어 들어와서 물건을 사가는 것과는 달리, 물건을 능동적으로 나가서 팔아야 하는 어려움이 있다.

무역거래에서 말하는 시장조사는, 첫째로 어느 곳에 잠재구매력을 가진 고객이 있는가를 발견하는 것이고, 둘째로 외국고객들은 어떤 상품을 원하고 있는가, 즉 그들의 기호에 맞는 상품을 창조 · 개발하는 것이다.

다시 말하면, 자기가 생산하는 물건을 어떻게 하면 ① 가장 많이 팔 수 있으며, ② 가장 값 비싸게 팔 수 있으며, ③ 유통분배비용(distribution cost)을 가장 적게 할 수 있으며, ④ 어느 때 팔 것이며, ⑤ 어디에다가 팔 것이냐 하는 것 등을 조사 · 연구 · 분석하는 것이 주 임무이다.

미국 마케팅협회의 정의에 따르면, 시장조사를 하는 것은 "재화와 용역이 생산자로부터 소비자에게 판매되고 이양되는 데 관계되는 모든 문제의 요인들을 수집하고 기록하고 분석하는 것이다"라고 되어 있다.

시장조사의 방법도 역사적 방법(historical method), 귀납적 방법(inductive method), 연역적 방법(deductive method), 분석적 방법(analytical method), 표본실사방법(survey method), 관찰적 방법(observational method), 실험적 방법 등 마케팅 책의 저자 수만큼 그 방법도 다양하다. 이 책에서는 그 많은 이론들의 방법론을 분석하는 것이 아니고, 다만 구체적으로 우리 상품들의 수출대상이 될 수 있는 나라들에 대한 필수정보수집에만 국한하겠다.

2. 해외시장조사의 내용

해외시장조사에서는 어느 국가의 어느 고객에게 어떠한 상품을 판매할 것인가 또는 어느 국가의 어떤 공급선으로부터 필요한 상품을 구매할 것인가를 분석해야 한다. 따라서 해외시장조사의 대상은 진출하고자 하는 국가, 취급하고자 하는 상품, 거래상대방 등에 따라 달라진다. 예를 들어 미국의 IBM 회사와 반도체를 거래할 땐 시장조사가 필요 없지만, 아프리카의 케냐에 정수기를 수출할 땐 여러 환경을 사전에 조사해 볼 필요가 있다고 하겠다. 주로 다음과 사항이 해외시장조사의 내용이 될 수 있다.

(1) 지리적 조건

제일 먼저 조사대상의 나라가 어떤 대륙의 어디에 위치해 있으며, 우리나라와 거리가 얼마며, 면적은 얼마며, 기후는 어떤가 하는 등의 외형적 · 지리적 조건을 알아야 한다. 예로써 핀란드나 아이슬란드에다 'Hawaiian Shirts'를 판매하려는 것은 넌센스이며, 베트남이나 나이지리아에 스키용 잠바를 판다는 것도 웃음거리밖에 안 된다.

(2) 사회적 조건

가) 인구 및 인구증가율

인구 몇 만밖에 되지 않는 리히텐슈타인(Liechtenstein), 바레인이나 아라비아 만의 수많은 토호국(Sheikdom; Trucial States)과 같이 인구도 얼마 안 되고 구매력이 약한 나라는 다음으로 미루는 것이 시간과 노력의 효율적 운영에 도움이 될 것이다. 미국과 중국의 해빙 이후 세계 모든 나라들이 중국의 시장을 탐내어 서로 아양을 떠는 것도 모두가 그 방대한 인구의 구매력을 탐내는 것이다. 쉽게 얘기해서 14억 인구에 아스피린 한 알씩 팔아도 14억 개의 아스피린이 소비된다.

나) 종교 및 인종

세계를 두루 다녀보면 이 조그마한 지구 위에 사는 사람들이 왜 그다지도 각양각색인가 하는 것을 느낄 수 있다. 서울에서 비행기로 서쪽을 향해 가면 피부색깔은 점점 검게 되나 눈은 소위 동양 눈(almond eye)에서 점점 둥글고 커진다. 이것도 인도 · 파키스탄에서 끝나며, 더 서쪽으로 가면 피부색깔이

다시 희어지기 시작하여 중동에 가면 코만 조금 넓어지고 더 서쪽으로 가면 코가 뾰족해지며 피부는 흰색이 되어 버린다.

북구 스웨덴의 금발이 남쪽으로 갈수록 검게 되어 스페인이나 이탈리아 남부에 가면 거의 검어지며 다소 곱슬머리가 된다. 지중해를 건너면 피부가 더 검게 되며 사하라 사막을 건너면 완전히 니그로(negro)가 되어 버린다. 이와 같이 인종마다의 다양한 모양이나 지리적 환경에 따라서 그곳에서 생활해 가는 사람들의 생활양식과 기호도 천태만별이다.

흑인이 사는 아프리카에 포마드를 팔 생각은 말아야 하며, 백인들이 바르는 선탠로션도 판로가 다소 의심스럽다. 가톨릭신자들이 절대 우세한 나라인 스페인, 이탈리아 등에 산아제한 용구를 판다는 것도 재고의 여지가 있으며, 인도와 같이 힌두교를 믿는 사람이 절대다수인 국가에 쇠고기를 못 판다는 것이나, 금주법이 정해진 나라에 술을 못 판다는 것쯤은 상식으로 알아야 한다.

다) 언어 및 교육정도

오늘날 대개의 무역은 영어로 이루어지고 있어 영어만 알면 얼마든지 여행할 수 있고 장사도 할 수 있다. 그러나 남아연방의 상인들이 'Afrikaans'(공용 네덜란드어)밖에 모르고 우리가 한국어밖에 모른다면 무역은 여기서 정지하고 만다. 아프리카의 많은 나라들과 프랑스에서 오는 상업서신들을 보면 불어로 되어 있는 경우가 퍽 많다. 이런 경우 우리가 불어를 모르면 회답이 안 된다. 불어를 아는 사람의 협조를 얻어 다음부터는 영어로 써 달라고 해도 또 불어로 서신이 온다. 이런 경우 유럽에 물건을 팔려면 파는 사람이 불어를 배워야 한다.

교육정도도 마찬가지이다. 아프리카의 레소토(Lesotho)나 스와질란드(Swaziland)와 같은 조그만 왕국에서 오는 편지가 옥스퍼드식 고급 영어로 될 경우는 퍽 드물다. 피진 영어(Pidgin English : 엉터리 영어)일망정 내용만 통할 수 있으면 장사는 성립될 수 있는 것이다.

교육수준이 낮은 나라에 물건을 팔 때 깨알 같은 작은 글씨로 많이 쓴 라벨 같은 것보다는 어떤 독특한 그림을 그려 깊은 인상(image)을 살리는 것이 효과적이라 하겠다. 아직도 많은 나라가 선거를 할 때 이름을 쓰지 않고 동물의 그림으로 어느 정당이나 출마자를 표시한다는 사실을 알면 어느 정도 실감이 날 것이다.

라) 국민총생산 및 1인당 소득

아무리 인구가 많고 나라가 크다고 해도 그 나라 국민소득이 1인당 1,000 달러도 못된다면 상품을 팔기가 참 곤란하다. 그러나 국민 개개인의 소득은 적다하더라도 국가전체 총소득이 크면 사회간접자본을 위한 큰 시설물을 팔 수 있다. 즉 댐이나 도로공사 같은 것, 또는 이런 것을 시설하는 데 드는 자재를 수출할 수 있게 된다. 그런 반면 쿠웨이트같이 인구는 적지만 1인당 소득이 높은 나라에는 한 가지를 많이는 못 팔아도 조금씩 여러 가지 물품을 팔 수도 있다.

(3) 생산구조 및 유통질서

그 나라에서는 어떤 종류의 물건들이 어떻게 생산되며 어떤 경로를 통해서 소비자에게 전달되는가, 외국자본과 합자회사가 있는가, 우리 상품과 경쟁대상이 되는 상품이 국내에서 생산되고 있는가, 혹은 전량 수입에 의존하는가 하는 것들은 사전에 충분히 조사해 두어야 한다.

(4) 통신 및 교통시설

상대국의 통신시설이 어느 정도 잘 되어 있느냐 하는 것도 퍽 중요하다. 국제전화가 가능한지, 혹은 인터넷이나 팩스 시설을 이용할 수 있는지, 국내 교통시설이 어떻게 되어 있는지, 자가용차를 가지고 가면 전국을 여행할 수 있는지, 혹은 도로가 나빠서 랜드 로버(Land Rover)와 같은 4륜 구동형 차를 가지고 가야 하는지, 그 외에 기차 및 항공편들이 있는지, 내륙지방 같으면 항구에서 화물수송수단이 어떻게 되어 있는지 등등을 알면 상품을 포장하는 데 상당히 참고가 될 수 있다.

남미 콜롬비아의 수도 보고타(Bogota)는 내륙도시여서 외국에서 수입된 화물이 이곳까지 도착하려면 우선 외항선이 오리노코(Orinoco)강에 위치한 푸에르토(Puerto)에서 짐을 내려놓으면 약 17마일을 기차로 리버 독(River Dock)이 있는 곳까지 운반하여 부정기적으로 다니는 배편을 기다렸다가 앨 도라도 래피즈(El Dorado Rapids)까지 험악한 강줄기를 따라간다. 그 다음 기차로 바꾸어 타고 래피즈(Rapids: 경사가 급하고 빠른 속도로 흐르는 강물)를 지나서 다시 소형 보트에 실려 기라르도(Girardot)까지 간다. 그런 다음 기차로 보고타까지 가는데 그 중간쯤 가서는 철도의 폭이 바뀌게 되니까 한 번 더 짐을 내리고 싣고 해야 한다. 이렇게 수십 번 짐을 내리고 싣고 해야 하는 곳도 있으니 포장할 때 각별히 유의해야 물건이 파손되지 않는다.

(5) 운송수단

대개의 화물수송은 배편으로 이루어지고 있다. 그러면 상대국과 우리나라 사이에 정기항로가 개설되어 있는지, 혹은 직접 가는 배편이 없으면 어디에서 환적이 되는지, 환적하면 기일이 얼마나 지연되며 운임은 얼마나 추가되는지를 알아야 한다. 만일 우리가 뉴기니의 파푸아, 대서양의 카나리아(Canary) 및 앤틸리스(Antilles) 제도 등에 수출을 해야 된다면 어떤 수단으로 운송을 해야 하는가를 사전에 충분히 연구 · 검토하여야 할 것이다. 내륙국인 스위스, 아프가니스탄, 네팔 등과 같은 나라에는 어떻게 수송을 해야 하는가? 공로로 하지 못할 경우 그 나라와 바다를 접하고 있는 나라와의 관계, 또 우리나라와 그 통과국과의 국교관계도 사전에 조사하여야 한다.

(6) 무역량

장단기에 걸친 해당국의 수출입통계 및 국제수지통계와 해당국의 국별 · 상품별 수입통계를 조사하여 어떤 상품이 어느 나라와 경쟁이 되는가를 알아야 한다.

(7) 관세 및 정부 관여도

국제기준에 따른 품목분류상 같은 상품이라도 나라마다 관세가 다르고, 같은 나라라도 어느 상품이냐에 따라서 특혜관세, 최혜국관세 등 여러 가지로 다 그 적용률이 다르다. 수입관세는 수출업자보다 수입업자가 더 신경을 써야 되지만 수출업자도 상품의 분류가 정확히 되어 있지 않은 물건은 될 수 있으면 관세율이 낮은 쪽의 상품으로 표기하는 것이 유리하다는 것은 상식이다.

나라에 따라서는 관세뿐만 아니라 수입쿼터, 제한품목 같은 것도 정부의 유력한 관계자만 잘 설득하여 납득을 시키면 수입될 수 있는 경우가 많다. 그러므로 나의 상대국에서는 정부의 누가 수출입 관계에 유력한 사람인가를 알아서 사전교섭을 하는 것도, 특히 동남아 개발도상국가에서는 상당히 필요하다. 일본상인들이 인도네시아나 필리핀에서 어떻게, 누구의 세력 옹호 하에서 장사를 잘 하고 있다는 사실을 우리는 직접 · 간접으로 들어서 잘 안다.

(8) 금융기관 및 결제방법

현대 국가 중에 아마 금융기관이 없는 나라는 없을 것이다. 그러나 그 발달된 정도는 나라마다 상당히 다르다. 우리가 아프리카의 조그만 은행에서 발행한 신용장을 항공등기우편으로 받았다고 해도 국제적으로 권위와 신용 있는 은행이 확인을 해주지 않으면 우리나라의 어느 외국환은행도 이것을 인수 또는 매입하지 않을 것이다.[1)]

이런 경우 애써서 결정을 본 무역거래가 금융기관의 상호 코레스(correspondent) 관계의 미비로 허사로 끝날 수 있다.[2)] 어떤 나라들은 외환사정이 어려워 일람불 베이스(base)로 수입을 못하게 하고 있는데, 이런 경우 대금지급이 확실한 신용장 베이스로 하되 일람불이 아닌 90일이나 180일 기한부(usance)로 결제해 줄 수 있다.

(9) 일반 상도덕 및 습관

서구 상인들이 우리나라에 와서 항상 하는 불평이 한국 상인들은 시간을 안 지키고 'Yes'와 'No'라는 대답을 분명히 안 해 준다고 한다. 동양 사람들은 옛날부터 체면에 대한 생각이 강해서 상대방의 얼굴 앞에서 'No'를 못하는 경우가 많다. 그러나 장사를 하다가 보면 만사가 'Yes'고 'Okay'일 수가 없다. 안 되는 것은 안 된다고 잘라 말하는 것이 상호간에 오해가 없고 모든 업무를 신속히 처리할 수 있다.

미국 상인들이 대만이나 홍콩의 중국 상인들과 거래를 하면서 그들이 선적기일을 못 지켜 항의를 하면 중국 상인들은 흔히 'My mother died, My uncle sick …'식으로 해서 어물어물한다는 것이다. 서양인에게는 동양인 간에 통하는 친척의 불상사가 핑계가 될 수 없는 대신에, 오히려 부두노동자의 파업이나 공장노무자의 태업 등은 정당한 구실이 될 수 있는 것이다.

중동의 아랍 상인들은 흥정하기를 좋아하며, 중개상인을 통해서만 장사를 하며, 정오에서 하오 4시 사이와 금요일에는 절대 거래를 하지 않지만 일요일에는 거래를 정상적으로 한다.

인도 사람들은 너무 미신이 강해서 아침 10시에 약속을 해 놓고도 그날 아

---

1) 신용장의 확인이나 매입, 인수 등에 관한 내용은 제1부 제7장 무역대금결제에 자세히 설명되어 있다.

2) 코레스 관계는 외국환은행간의 환거래취결관계를 말하는데 이런 관계를 맺고 있어야만 신용장 통지 등을 비롯한 외국과의 은행업무가 가능한데, 여기에 대한 자세한 내용은 제1부 제7장에 설명되어 있다.

침 약속장소에 가는 도중 기름 장사나 어부와 같은 천민(Sudra)을 만났다든지 또는 어떤 기분 나쁜 것을 보았다든지 하면 약속을 예사로 지키지 않는다. 그 다음에 만나서 추궁을 하면 그들에게서 약속을 안 지킨 것에 대한 죄책감 같은 것을 찾아볼 수 없다. 그것은 그들의 오랜 전통이며 관습이다.

이러한 관습에 대해서는 상대방이 이해를 해야 되는 것이다. 이와 더불어 유태인의 명절이 많이 있는 9월이나 10월에는 미국에 장사하러 안 가는 것이 상책이다. 우리와 무역거래를 하는 상대 중에는 유태계통의 사람이 많으며 그 상술에 대해서는 너무나 잘 알려져 있기 때문에 더 언급할 필요가 없으나 그들의 명절인 새해(Rosh Hashana) 등 대개의 명절이 9월이나 10월에 있어, 이 기간에 뉴욕에 가서 비싼 호텔 값만 물고 기다린다는 것은 일종의 낭비에 불과하다. 하루 일하고 이틀 놀고 또 주말이 되어 버리고 이렇게 되면 보기 싫은 연속영화를 대낮부터 보게 되는 수가 많다. 12월도 서양에서는 마찬가지다. 12월 10일이 지나면 각종 크리스마스 파티가 있어 일은 하나도 되지 않는다. 한편, 이란에서는 3월 12, 21, 22 및 31일은 종교휴일이며 3월 23~25일은 신년연휴이므로 대개의 상사들은 3월 한 달은 휴무한다. 마찬가지로 유럽 사람들의 여름휴가철인 8월에 서구를 방문하면 미국이나 일본 관광객만 만나고 돌아오게 된다. 이런 관습 · 습관은 사전에 철저히 조사해야 한다.

(10) 기 타

그 밖에도 다음과 같은 사항을 조사함으로써 보다 효율적으로 장사를 할 수 있다.

① 해당품 국내공업의 발전정도 및 우리 제품과의 가격비교
② 경쟁품목을 수출하는 나라 및 경쟁품목을 수출하는 한국업자의 판매정책 및 그 가격
③ 해당국에서 정책적으로 보호를 받고 있는 상품 및 그 수입정책
④ 상품의 선전 · 광고의 정도 및 그 시행과정
⑤ 해당상품의 소비층의 소비구조와 잠재수요의 유무[3)]

---

3) 미국의 화장품회사가 멕시코에 합자회사를 설립하여 화장품을 생산해서 판매를 하는데 마케팅 담당자가 멕시코에서는 스페인어를 사용하기 때문에 스페인어로 라벨을 인쇄하여 판매하였더니 저급품은 저소득층에게 그런대로 판매되나 고급품은 상위층, 고소득층에게 전혀 소비가 안 되었다는 것이다. 그래서 라벨을 영어로 바꾸었더니 날개 돋친 듯이 잘 팔렸다고 한다. 물건 자체야 스페인어로 된 것과 꼭 같더라도 영어로 된 제품을 신뢰하고 소비하더라는 것이다. 이는 제품에 대한 인식, 특히 미국제품에 대한 인기를 나타낸 것이며 신뢰 외에도 어떤 'status symbol', 즉 남에게 자랑할 수 있는 물건이 되기 때문이다.

⑥ 해당국 국민의 한국에 대한 인상 및 한국 상품 일반에 대한 인식도
⑦ 해당국의 해당소비층의 품질위주 선택문제
⑧ 해당국 국민들의 일반적인 색상 선호문제[4)]
⑨ 적절한 라벨 및 상표 부착문제

제 2 절 해외시장조사의 방법

앞에서 언급한 내용들을 조사하기 위해서 실무적으로는 다음과 같은 방법들이 활용될 수 있다.

1. 인터넷에 의한 조사

과거에는 무역유관기관이 발행한 간행물을 통하거나, 이들 기관을 직접 방문하여 담당자와의 상담을 통해 해외시장에 관한 정보를 입수했지만 오늘날에는 대부분 인터넷을 활용하고 있다. 인터넷을 이용하면 해외시장에 관한 일반적인 정보는 물론 무역이나 시장상황에 관한 정보를 손쉽게 얻을 수 있다. 해외시장조사와 관련하여 주로 다음과 같은 사이트들이 활용되고 있다.

(1) 유관기관의 무역전문 사이트

우리나라의 주요 무역유관기관인 한국무역협회(Korea International Trade Association; KITA), 대한무역투자진흥공사(Korea Trade-Investment Promotion Agency; KOTRA) 등에서는 무역전문 사이트를 운영하고 있기 때문에 먼저 이들 사이트를 방문하여 해외시장에 관한 정보를 얻는 것이 효율적이다.

한국무역협회에서 운영하는 사이트는 거래알선, 무역속보, 수출입통계, 무역실무, 상품 및 업체정보, 거래중개 등 종합적인 무역정보를 제공하는 무역전문 사이트이다. 그리고 대한무역투자진흥공사에서는 글로벌전시포털, buyKOREA 등 무역관련 사이트를 운영하고 있다. 글로벌전시포털은 국내외

4) 회교도가 많은 파키스탄에서 황색은 금물이다. 성직자 옷의 색깔로서 경원되기 때문이다. 그러나 같은 노랑색이라 하더라도 베네수엘라에서는 인기 있는 색깔이 될 수 있으며, 중국에서는 노랑과 빨강은 행운과 결부되는 색깔로 환영받는다. 동남아제국에서 흰색은 상복의 색깔로, 청색은 슬픔의 색깔로 인기가 없다.

전시회 정보를 제공하고 관심기업들이 참가신청 및 참가지원신청을 할 수 있도록 관련 서비스를 제공하는 사이트이며, buyKOREA는 기업 간 거래를 중개하는 글로벌 e-marketplace로 해외홍보, 해외 구매정보 중개 등의 서비스를 제공하는 사이트이다.

(2) 각종 무역통계 사이트

해외시장조사 및 품목 선정에서 가장 기본이 되는 것은 각종 무역통계를 조사하는 것이다. 무역통계자료는 특정 시장의 구매 잠재력을 측정하고 수익성이 높은 상품을 물색하는 데 많은 도움이 된다. 특히 처음 제조 · 수출하거나 구매 · 수출할 경우에는 무역통계자료를 이용해서 우리나라의 수출주력상품, 흑자상품 등을 분석해서 수익성이 높은 상품을 찾아야 한다.

우리나라의 주요 무역통계 사이트로는 관세청, 한국무역정보통신, 한국무역협회 등에서 운영하는 것이 있는데 이를 통할 경우 우리나라의 전체 수출실적, 상품별 수출입 동향, 국가별 · 지역별 수출입 동향 등 기본적인 해외시장 정보를 알 수 있다.

특히 한국무역통계진흥원은 관세법 제322조에 규정된 무역통계 및 교부업무를 대행하는 기관으로 TRASS(www.trass.or.kr)를 통해 각종 무역관련 통계자료를 고객의 목적과 수요에 맞게 실시간으로 제공하고 있다. 이 밖에도 무역경기 확산지수, 수출입 단가지수 및 교역조건 지수 등 수출입 흐름의 변화방향에 대한 각종 무역통계 관련 지수정보도 제공한다. 그리고 동종업계의 동향 및 관련 통계분석자료를 제공하며 빅데이터(Big Data) 분석을 통해 정형 · 비정형 통계정보를 연계분석하여 제공하기도 한다.

그 밖에 '통계바다', '세계통계정보', '미국통계청 데이터베이스' 등 사이트를 통해서도 다양한 분야의 통계정보를 얻을 수 있다. 통계바다는 우리나라 모든 통계정보를 한눈에 검색할 수 있도록 만든 사이트이다. 해당 부처의 웹사이트에 일일이 접속할 필요 없이 한 곳에서 검색할 수 있다.

(3) BIGKINDS(http://bigkinds.or.kr)

이는 한국언론진흥재단이 제공하는 언론 전문 종합 데이터베이스로 1990년도부터 축적된 뉴스콘텐츠를 빅데이터 분석기술을 통해 재분석하여 관련 뉴스를 입체적으로 제공하고 있다. 주요 검색어를 입력하면 이와 관련된 뉴스를 찾아볼 수 있는데, 예를 들어 중고 자동차를 수출하고자 할 경우 자동차, 수출, 중고차 등을 입력하면 이와 관련된 신문기사나 뉴스 등이 추출되고 관계도 분석, 시각화 분석, 정보추출 등을 통해 정보를 재가공하여 볼 수 있다.

2. 위탁조사

수출상품별로 보다 상세한 정보를 얻고자 할 경우에는 다소 경비가 소요되더라도 대한무역투자진흥공사를 통한 위탁조사가 바람직하다. 방대한 해외조직망을 갖고 있는 대한무역투자진흥공사의 해외시장조사는 특히 대상지역 현지에서 직접 조사를 하는 것이므로 신빙성이 높다.

현재 대한무역투자진흥공사에서 실시하고 있는 조사대행 서비스의 주요 항목들은 〈표 8-1〉과 같으며 항목에 따라 수수료, 조사기간 등이 다르다. 수출업자는 인터넷으로 해당 지방 무역관에 신청하고 담당자와 협의하여 수수료를 확정한 후 일정 기간 내에 해당 정보를 얻을 수 있다.

3. 자체 현지조사

기본적인 통계자료나 간행물에 의해 유망한 수출대상지역으로 예상되는 곳을 직접 방문하는 방법이 최선의 조사방법이다. 물론 경비문제가 따르겠으나 일단 해당국의 수입규제조치가 없는 한 최소한의 주문도 받을 수 있다.

현지를 방문하면 일단 우리나라 대사관이나 영사관 또는 대한무역투자진흥공사의 현지무역관을 방문하여 일반적인 시장현황 청취 및 최대한의 협조를 구한다. 또한 해당시장의 상공회의소 등을 방문하여 자료를 입수할 수도 있다. 이 외에도 해당시장의 유력한 수입업자 또는 도매상을 방문할 때에는 해당품목을 판매하겠다는 의사를 되도록 삼가하고, 다만 해당품목의 시황, 유통구조, 소비자패턴, 가격 등을 문의하면 된다.

표 8-1 대한무역투자진흥공사의 조사대행 항목

- 관심 바이어 조사 : 시장성, 바이어 명단, 수입관심도
- 관심 바이어 상담 : 시장성, 바이어 명단, 수입관심도, 기초상담결과
- 시장동향 : 수요, 수출입, 생산, 경쟁, 가격동향, 유통구조
- 바이어 정보 단순 확인조사
- 해외현장확인정보, 기타

제 3 절 상품소개의 방법

시장조사를 통해 수출대상국에 대한 일반적인 상식과 정보를 알고 난 후 자신의 상품을 당해시장의 상대방에게 구체적으로 소개하는 데는 다음과 같은 방법이 이용된다. 즉, ① 인터넷을 이용하는 방법, ② 서신을 통한 소개, ③ 해외광고, ④ 제3자를 통한 소개, ⑤ 직접 견본을 가지고 해외출장, ⑥ 국제박람회 등을 이용하는 방법 등을 들 수 있다.

1. 인터넷을 이용하는 방법

수출업자는 인터넷을 이용하여 자기 회사 및 상품을 전세계 바이어에게 홍보하고 무역 사이트에 등록된 정보를 검색하여 자신의 상품을 소개할 수 있다. 인터넷을 이용하여 거래처를 물색하고 상품을 소개하기 때문에 간행물, 우편, 팩스 등을 이용한 전통적 방식에 비해 시간과 비용을 절감할 수 있고 실시간으로 정보를 얻을 수 있다. 오늘날의 무역거래에서는 인터넷에 의해 상품소개를 많이 하는데 여기에는 다음과 같은 방법이 활용된다.

(1) 무역거래알선 사이트의 활용

주요 무역유관기관에서는 운영하고 있는 무역전문 사이트를 이용하여 거래처를 발굴하고 자신의 상품을 소개한다. 한국무역협회는 세계적인 거래알선 전문 사이트와 협약을 맺고 다양한 상품소개 등 거래알선 서비스를 제공하고 있다. 대한무역투자진흥공사에서 운영하는 KOBO도 상품을 소개할 수 있는 무역거래알선 사이트이다. 이 밖에 한국무역정보통신(KTNET)의 'ECKorea'를 이용해도 상품소개 서비스를 받을 수 있다.

(2) 전자매체의 활용

우리나라는 정보통신강국으로 세계적으로 널리 알려져 있어 인터넷을 통해 우리나라 기업과 상품을 검색하는 외국 기업들이 많기 때문에 정보통신망을 이용하여 자기 회사와 수출상품을 홍보하는 것도 좋은 효과를 얻을 수 있다. 예를 들어 IEBBS(Import–Export Bulletin Board System) 등과 같은 무역관련 사이트의 게시판에 수출정보를 등록하면 수많은 인터넷 이용자들이 이를 열람한다.

2. 서신이용

국제간에 가장 많이 이용되는 것이 바로 이 방법이다. 이는 무엇보다도 우선 비용이 적게 들고 별다른 노력이 필요치 않기 때문이다. 그러나 서신을 돌리기 위해서는 우선 유망한 거래처를 물색하여 해외 유력 바이어들의 리스트를 작성해야 하는 바, 이를 위해서는 다음과 같은 방법들이 이용될 수 있다. 즉, ① 세계적인 상공인명록(trade directory)의 이용, ② 국내외의 무역 관계정기간행물의 광고란 또는 국내외 경제단체의 회보(bulletin), ③ 대한무역투자진흥공사, 무역협회, 상공회의소 및 해외공관 또는 영사관 등에 거래업자의 알선을 의뢰하는 것 등이 대표적인 방법이다.

위와 같은 여러 가지 방법으로 일단 유력한 수입업자의 이름과 주소를 알게 되면 우선 자기 회사와 수출상품의 소개를 구체적으로 해야 한다. 이러한 거래제의(business proposal)서한을 일반적으로 거래권유장(circular letter)이라고도 한다.

특히 구체적인 거래관계로까지 이끌어 나가기 위해 거래권유장은 상대방을 알게 된 경위부터 시작해서 서신을 쓰고 있는 사람이 누구이며, 어떠한 상품을 생산하고 있으며, 어느 나라 누구에게 판매경험이 있으며, 또 앞으로 어느 지역에 판매하고 싶다는 내용 등을 소상하게 밝혀 주는 것이 좋다. 처음 서신은 일종의 자기소개장의 성격을 띠게 된다. 따라서 생면부지의 상대방에 보내는 거래권유장의 내용에는 구체적으로 다음과 같은 내용이 반드시 포함되어야 한다.

첫째로, 어떤 경로를 통해서 상대방의 이름과 주소를 알게 되었다는 것을 설명해 주어야 한다. 동서고금을 막론하고 전혀 모르는 사람에게서 편지를 받는다는 것은 별로 구미가 당기는 것은 못되기 때문에 어떠한 경로를 통해서 귀사(貴社)를 알게 되었다는 것을 말해 주면 한결 모든 것이 부드럽게 될 수 있다.

둘째로, 우리는 누구이며, 우리의 생산품은 무엇이며, 월간 혹은 연간 생산량은 얼마며, 거래은행 및 거래 상사들은 누구인가를 말해 주는 것이 좋다. 특히 상대방이 우리의 영업 및 신용상태를 쉽게 조사할 수 있게 신용조회처

(credit reference)를 명시한다면 더욱 호감을 얻을 수 있다.

셋째로, 우리 상품 및 우리 회사의 특징 및 장점을 요령 있게 설명해 주어야 한다. 즉 다른 물건보다 값이 싸다든지 품질이 좋다든지, 다른 상사에 비해서 선적이 정확하고 신속하다는 점들을 이야기해 주어야 한다. 따라서 가급적이면 카탈로그나 가격표(price list)를 첨부하여 발송하는 것이 좋다.

넷째로, 흥미가 있어 회답해 주면 견본 및 오퍼를 보내주겠다는 내용도 잊지 말아야 한다.

이런 식의 소개장, 즉 거래 권유장을 여러 곳에 보내면 흥미를 가진 몇 곳에서 회신이 오게 된다. 회신이 대개는 영어로 오지만 어떤 경우에는 불어, 일본어, 스페인어, 독일어 심지어는 아프리카의 토속 언어, 중동의 아랍어로 오는 경우도 있다. 이런 경우에 그 언어에 자신이 없으면 앞으로 모든 서신은 영어로 하자고 못을 박아 두는 것이 상책이다. 일차적으로 견본과 그 가격표를 보내주면 진정 흥미 있는 수입업자는 값을 깎거나 자기네 견본과 같이 다시 만들어 달라느니 해서 흥정을 걸어온다. 이렇게 몇 번 서신교환이 되다가 거래가 성립이 되는데, 이런 경우는 매매당사자간에 서로 한 번 만나지도 않고 단지 서신만으로 계약이 체결될 수 있다.

3. 해외광고 및 홍보

서신과는 달리 불특정 거래처를 대상으로 자사의 상품을 소개하는 방법으로는 국내외의 유상의 광고매체를 활용하는 방법과 무료 또는 약간의 실비부담으로 무역협회 등의 홍보매체를 이용하는 방법이 있다.

먼저 국내에서 발간되는 해외배포용 매체는 〈표 8-2〉와 같이 'Korea Export', 'Korea Trade Directory' 등을 비롯한 기타 수출유관기관이 발간하는 유료 · 무료 홍보지가 있다. 이들 국내발간 해외홍보매체는 거의 수출유관기관에서 제작, 배포되어 해외발간매체보다 광고료가 매우 저렴하므로 중소수출기업의 광고대상으로 적정하다 하겠다. 그리고 매체의 성격, 배포부수, 배포지역, 구독층을 신중히 분석하여 적정 매체를 선정하는 것이 효과적이며 광고안 제작에도 신중을 기하여야 한다.

한편, 해외의 광고매체는 수만 가지인 바, 이 중 어떠한 것을 선택하여, 어떠한 방법으로 광고를 하느냐에 따라 광고효과가 크게 달라질 수 있다. 특히 해외광고에 자신이 없는 경우에는 어느 정도의 경비가 소요되는 것을 감수하

표 8-2 수출유관기관 발행의 해외홍보매체 중 광고접수 매체

발행기관명	자료명	언어	간별
한국무역협회	Korea Export		연 2회
한국무역협회	Korea Trading Post		격주간
한국무역협회	한국상품 가이드		〃
한국무역협회	한국상품종합 카탈로그		연간
한국무역협회	Korea Trade Directory		격년
한국종합전시장	Korea Exhibition		계간
대한무역투자진흥공사	Korea Trade & Business		월간
대한무역투자진흥공사	Korea Trade		연 8회
바이어스가이드사	Korea Buyers Guide		월간

더라도 국내외의 종합광고대행사의 자문을 받거나 광고대행을 의뢰하는 것이 광고효과 면에서는 바람직하다.

4. 제3자의 소개

이것은 주로 양국에 있는 'Commission House', 'Indent Firm' 등 수출업자와 수입업자를 전문적으로 중개해서 커미션을 취득하는 업자들의 소개로 이루어진다. 수입국에 주재하거나 혹은 싱가포르나 홍콩과 같은 국제도시에 위치한 중개업자들은 그 나라의 수입업자를 잘 알고 있기 때문에 수출을 원하는 수출상사에게 자기네가 먼저 서신연락을 해서 거래를 맺어 주고는 그에 대응하는 소정의 수수료를 받는다.

이 외에 세계적으로 조직망을 가진 대규모 무역회사들의 소개로써 거래가 이루어질 때도 많다. 일본계의 미츠이(Mitsui), 미츠비시(Mitsubishi), 마루베니-이다(Marubeni-Iida), 씨-이토(C-Itoh)라든가, 유태인 계통의 아이젠버그(Eisenberg), 미국계의 아메리칸 트레이딩(American Trading) 등은 그들의 방대한 조직망을 갖고서 각 나라의 가장 유리한 수출품을 가장 유리한 시장에 중개해서 팔아주고 있다. 예를 들어 런던의 미츠이 지점에서 우리나라의 가눈썹을 남아연방의 수입업자에게 소개도 해 주고, 뒤셀도르프의 미츠이 지점이 한국 쉐타를 오스트리아 비인에 수출알선을 해 줄 수도 있다. 소개하는 회사는 양쪽에서 다 커미션을 받을 수도 있으나 대개는 수출업자 쪽에서만 받는 것이 통례로 되어 있다. 또 커미션을 안 받는 대신에 자기네 물건을 수입해 가는 조건이 붙는 경우도 있다.

여기서 제일 주의하여야 하는 것은, 만일 커미션을 줄 때 첫 번째 거래에만 적용되는 것인지 그 후에 이루어지는 모든 거래에 대해서도 커미션이 적용되는 것인지 명백히 해 둘 필요가 있다. 수출업자는 으레 첫 번 경우만 주는 것으로 알고 소개업자는 그 품목에 대해서는 언제까지나 몇 퍼센트씩 커미션을 받는 것으로 알고 있으면 서로 소송문제가 되기 쉽다. 그러나 장기적으로 계속해서 수출될 가능성이 있는 품목이면 수출업자는 처음 커미션은 다소 많이 지불하더라도 한 번으로 끝나게 하는 것이 상책이다. 이 커미션도 거래단위가 큰 원면이나 소맥 같은 경우는 송장가격의 3% 미만이지만 기계류나 화공약품 계통은 20~30%까지 되는 수가 있다.

대개의 소개(중개)회사의 책임한계는 상품을 소개해 주는 그 행위 자체로서 책임이 끝나나, 어떤 경우에는 수출업자가 선적한 것이 수입업자에게 도착해서 아무런 클레임을 당함이 없이 무사히 끝날 때까지 보증을 서 주는 역할까지도 한다.

수입업자는 수출국이나 수출업자에 대해서 잘 모르니 극히 불안하다. 이런 경우에 보증을 서 줌으로써 거래를 성사시키는 데 영향을 줄 수 있다. 중개업자는 대개 수출국에도 자기 회사 지점이 있게 마련이니까 그 지점을 통하여 수출업자로부터 보증이나 담보를 받아 놓을 수도 있는 것이다.

무엇보다도 이 소개업자는 수출업자나 수입업자보다 세계시장을 더 잘 알고 있기 때문에 이런 중개를 해 줄 수 있는 것이다. 여기서 한 가지 주의해야 하는 것은 간혹 악질소개업자를 만나면 그가 수출업자나 수입업자 어느 한쪽과 짜고 사기행위를 하는 수가 있다. 즉 수입업자와 짜고 고의적으로 클레임을 제기시키는 경우가 종종 있으니 각별히 유의하여야 한다.

5. 해외출장

다소 경비가 들고 고생스럽지마는 직접 가방 하나에 견본을 넣고 수입가능성이 있는 나라를 탐방하는 것이 가장 효과적인 방법이다. 미국에서는 출장판매원(travelling salesman)이라고 해서 수출뿐만 아니라 국내에서도 많이 이용하고 있다. 국내일급호텔에 투숙하고 있는 외국인의 대다수가 이 종류에 속하는 사람들일 것이다. 해외출장여행은 효과적인 반면 아무나 할 수 있는 것이 아니다. 해외출장에 있어서 우선 필요한 몇 가지만 적어 보면 다음과 같다.

(1) 언 어

영어는 필수적이고, 그 외에 여행하는 나라의 언어를 알고 가는 것이 좋다. 만일 그 나라 말이 안 통하면 다소 경비가 들더라도 비서를 하루씩 고용해서 통역을 맡기는 것이 효과적이고 시간의 절약이 된다. 일단 국외로 나가면 매시간 경비가 든다. 그러므로 돈을 절약할 수 있는 방법은 곧 시간을 단축하는 것이다. 독어, 불어 및 영어를 하는 통역은 일당 100~200달러씩만 주면 유럽에서는 구할 수 있다. 언어가 통하지 않으면 아무리 좋은 물건을 가져가도 무용지물이 된다. 지금 상거래에 가장 많이 쓰이는 언어는 영어, 불어, 스페인어 순이라고 할 수 있다. 그러나 최근 우리나라의 제1무역대상국으로 중국이 부상하기 때문에 중국어도 필수적이라 할 수 있다.

(2) 면담 예약

현지로 출발하기 전에 충분히 방문예정표를 작성하고 방문예정 회사의 주소와 전화번호를 알고 가야 하며, 될 수 있으면 떠나기 전에 서면으로 먼저 약속을 하여 두는 것이 좋다. 사전에 전화번호를 모르면 그 도시에 도착 즉시 전화번호부나 'Yellow Page'를 보고 확인한 후 전화연락을 하고 나서 방문할 것이며, 절대로 약속 없이 일방적으로 방문해서는 안 된다.

(3) 방문국가에 대한 일반 상식

앞에서도 언급했지만 방문할 나라의 지리, 풍토, 생활양식 등은 물론이요, 정기휴일, 종교 · 관습상의 명절, 일반회사와 은행의 업무시간 등도 사전에 상세히 알고 가야 하며, 면세로 가지고 들어갈 수 있는 술 · 담배 등의 양 및 견본의 면세통관유무도 알아 두는 것이 좋다. 더운 지역에서는 낮 시간(12~3시)에는 모든 기관이나 상점이 문을 닫는다는 것도 우리에게는 생소하기만 하다.

(4) 호텔 및 비행기 선택

호텔 및 비행기 예약은 사전에 확실히 해 두어야 한다. 같은 거리를 여행해도 어떤 비행기는 직행으로 가고 어떤 비행기는 2~3군데를 경유해서 가는 경우가 있다. 해외여행을 하면 몸을 아껴야 하는데 쓸데없이 비행기 내에서 에너지 소모 및 시간낭비를 할 필요는 없다. 사전에 여행사를 통해서 가장 빠르고 직행하는 코스를 택하는 것이 좋다. 육식을 못하는 사람은 Air India를 타면 순 채식의 메뉴가 나온다. 또 같은 값이면 바로 다음에 입국해야 할 나라 국적의 비행기를 이용하면 모든 면에서 상당히 편리하므로 이 점도 유의해 두는 것이 좋겠다.

호텔도 마찬가지다. 나라마다 다르고 또 같은 도시에서도 여러 계층이 있다. 일단 자기가 외국에 물건을 판매하러 갔으면 그 도시에서 제일가는 호텔에 투숙해야 한다. 우선 상대방과 거래를 하는 데 자신의 재정능력을 과시할 수 있고 유명한 호텔에 있어야 그 도시의 누구나 즉시 알고 찾아오기에 용이하며, 또 시설이 좋아 국제전화 및 전보를 치기에 편리하다. 또 무엇보다도 여행 중에 피로를 풀어야 하는데 시끄러운 2류나 3류 호텔에 들면 잠도 한잠 자지 못하게 되어 다음 날 일하는 데 상당한 지장을 초래하게 된다.

또 일류 호텔이라야 통역 등을 손쉽게 구할 수 있다. 여하간 호텔경비를 더 절약할 생각을 하다간 더 큰 손해를 볼 수 있다. 미국에서는 힐튼, 세라톤 및 헐리데이 인 등의 굵직한 호텔들이 웬만한 도시에는 다 있다. 유럽과 동남아에서는 인터콘티넨탈 계통의 호텔이 제일 좋다. 그러나 이런 일류호텔들은 상당히 오래 전에 예약이 되므로 반드시 우리나라를 떠나기 전에 확인을 해 보고 떠나는 것이 좋다. 로마의 힐튼 호텔은 여름철은 약 2년 전에 다 예약이 된다고 한다.

특히 유럽에서는 일류호텔이 아니면 목욕탕도 제대로 설치되어 있지 않고 공동변소를 쓰는 등 그 질이 갑자기 떨어지고 프랑스에서는 일류 아니고서는 영어가 통하지 않는다. 여하튼 해외여행 중에는 잘 먹고 잘 자는 것이 상당히 중요하므로 편히 쉬고 잘 수 있는 호텔예약은 절대적이다.

(5) 운송수단

그 나라와 그 도시의 주된 운송수단의 이용법을 알아야 한다. 미 대륙에서 도시 간 여행은 거의가 비행기 아니면 자가용 혹은 렌트 카를 이용하고 버스나 기차의 이용도는 매우 적다. 반면 유럽에서는 대개가 기차를 이용한다. 웬만한 도시 사이는 기차가 몇 십분, 심지어는 몇 분마다 계속해서 있다. 뉴욕이나 런던 같이 큰 도시에서는 택시들이 수시로 다니기 때문에 다니다가 손들어 부르면 되나, 중소도시에서는 콜택시를 불러야 한다.

또 대개의 도시는 택시 정류장이 중요한 모퉁이에 있어 택시들이 줄지어 서 있다. 요금도 여러 형태가 있다. 워싱턴 D.C. 같은 데는 구역별로 되어 있어 그 구역 내는 전부 같은 기본요금이나 그 구역만 넘으면 요금이 배가 된다. 다른 곳에서는 대개 미터에 따라 요금이 지불되지만 그 외에 또 10~15% 정도의 팁을 기대한다. 파리에서는 일단 주행거리가 미터에 기록되고 그 거리에 따라 별도 환산표에서 요금을 계산해 낸다. 독일에서는 가방을 실으면 별도로 요금을 더 받는다. 여하간 가는 나라와 도시에 대해서는 월요일 일을 시작하기 전에 사전답사를 해서 기본상식을 익혀 두는 것이 좋다.

(6) 화폐와 팁 제도

어느 나라 공항이건 처음 발을 디디면 법무성, 후생성 그리고 세관을 거쳐 나오게 되는데, 우선 짐을 날라주는 짐꾼에게 팁을 주려면 그 나라 화폐를 환전상에서 바꾸어 가져야 한다. 포터(porter)에게 어느 정도 팁을 주느냐 하는 것은 나라마다 또 짐의 크기에 따라 다르다. 호텔에 들고 나갈 때, 음식을 먹고 마실 때마다 서비스에 대한 팁을 주어야 하기 때문에 적은 동전은 늘 포켓에 준비해 두어야 하며 버릇이 안 된 우리에게는 상당히 신경이 쓰인다.

미국에서는 음식을 먹고 계산서가 나오면 그 금액의 10~15%를 팁으로 생각하면 되나, 유럽에서는 계산서에 서비스요금까지 포함해서 나오기 때문에 음식점에서는 별도로 팁을 줄 필요는 없다.

(7) 한국 공관의 확인

입국하는 나라에 주재하고 있는 우리나라 공관, 은행의 지점, 무역진흥공사사무소 등 우리와 관계있는 곳의 전화번호는 꼭 지니고 다니는 것이 좋다. 낯선 외국에서 교통사고를 당하거나 병이 나는 등 불의의 위급한 경우를 맞을 때를 대비해서 언제나 도움을 청할 수 있도록 준비하고 다녀야 한다.

(8) 구매책임자의 파악

조그마한 개인기업체와 상대할 때는 별 문제가 아니지만 대량의 물품을 구입하는 백화점 등에 물건을 팔려고 할 때에는 그 물건을 직접 취급하는 구매책임자가 누구인가를 정확히 판단해야 한다. 이런 방대한 조직에서는 품목별로 구매책임자가 있고, 이들의 검사와 추천 없이는 판매가 불가능하다. 그러므로 사전에 소개장 같은 것을 얻을 수 있으면 더욱 좋고, 여하간 구매책임자와 담판을 하는 것이 가장 빠른 지름길이 된다.

(9) 첫 계약

첫 거래는 다소 손해가 나더라도 성사시키는 것이 좋다. 일단 자기 상품을 구매하기 시작하면 품질이나 색상의 연속성을 감안하면 마음대로 구입처를 바꿀 수 없게 된다. 장사를 하는 데 어떤 거래처를 처음으로 연다는 것이 얼마나 중요한가 하는 것은 경험을 가져본 사람들은 절실히 느끼는 것이다.

(10) Follow Up

마지막으로 거래가 되었건 안 되었건 일단 여행에서 돌아오면 여행 중에 바쁜 시간을 할애해 주어서 감사하다는 편지와 또 다음에 새로운 물건이 나오든지 가격이 변동된다든지 하면 수시로 알려줄 수 있는 'Follow Up'이 대단히 중요하다. 거래처의 명단을 늘 준비하여 두었다가 새로운 상품을 소개할 때 손쉽게 모든 거래처에 뉴스를 알려 주는 것이 중요하다.

6. 기타의 방법

위에서 언급한 것 외에 자신의 상품을 소개하기 위한 방법으로서 무역 관련 기관에서 주선하여 파견하는 각종 민간무역사절단, 경제협력사절단, 국제박람회 및 전시회 등을 이용할 수도 있다. 이러한 방법을 활용할 경우에는 수출지원의 차원에서 각종 혜택이 부여되고 있는데, 특히 무역협회에서 총괄하여 파견하는 민간무역사절단과 대한무역투자진흥공사에서 총괄하여 참여하는 해외박람회 및 전시회는 각종 경비의 지원뿐만 아니라 현지무역회관에서 사전홍보를 통해서 거래처와의 상담기회를 주선해 주기도 한다.

뿐만 아니라 국제박람회에 참가한다는 것은 어떤 그룹, 즉 집단적인 접촉이며 국제적으로 이름 있는 박람회에 참가하면 흥미를 가진 많은 수입업자들이 집중적으로 모여 노력에 비해서 짧은 시일 내에 많은 고객에게 물건을 선보일 수 있다는 장점이 있다. 반면에 박람회에 참가한 한 구성원으로서 행동을 자유롭게 못해서 좀 더 중요한 고객에게 특별우대를 해줄 수 없는 단점도 있다. 여하간 국제적으로 권위 있는 박람회에 참가할 수 있다는 점이 벌써 고객들에게 어느 정도의 좋은 인상, 즉 최저의 품질보증을 의미하는 것이 될 수 있다.

한편, 이상의 여러 가지 방법으로 해외시장을 조사해서 광범위한 시장을 확보해 놓으면 다음과 같은 유리한 점들을 생각할 수 있다.

첫째로, 각국의 특수한 경기변동에 대한 위험을 분산시킬 수 있다. 즉 너무 한 지역 혹은 한 나라 시장에만 의존하고 있다가 그 시장이 불황을 맞으면 자연히 그 여파가 자기에게도 온다. 물론 세계적으로 불황이 한꺼번에 닥치는 수가 있지만, 그렇지 않은 경우엔 여러 나라에 시장이 있으면 한 나라의 불황은 다른 시장에서 커버(cover)할 수 있다.

둘째로, 여러 시장을 확보해 놓으면 같은 물건을 갖고도 더 높은 가격을 받을 수 있다. 시장 및 시황을 잘 모르는 업자는 아는 범위의 좁은 시장에서만 그 시장 범위 내에서의 가격밖에 받지 못하나 더 넓은 시장을 알면 그만큼 가격의 폭도 넓어지며 가장 유리한 시장에 팔 수 있다.

셋째로, 일단 한 지역에서는 유행이 지나 도저히 못 파는 물건도 시장을 많이 확보해 놓으면 다른 시장에서 제값을 받고 팔 수 있다. A국에서는 미니스커트의 유행이 벌써 끝났는데, 미니스커트의 재고를 많이 가지고 있으면 그냥 그것을 썩히든가 아니면 싼 값에 덤핑하는 수밖에 없다. 그러나 여러 시장을 알면 지금 막 미니스커트의 유행이 시작하는 B국에 좋은 값 혹은 원래의 값을 받고 처분할 수가 있다. 이와 마찬가지로 폐품이나 손상된 제품도 세계시장이 워낙 다양하니 좀 저급을 취급하는 시장에다 처분할 수 있다. 이런 시장이 있는 줄 모르는 업자는 그냥 재고를 안고 이자만 물면서 손해를 보아야 한다.

이와 같이 많고 다양화된 시장을 가진다는 것은 좋은 제품을 생산해 내는 것 못지않게 국제무역에 중요한 일면이 되는 것이다.

제 4 절 신용조사

수출입거래에서는 통신수단의 발달과 함께 서로 다른 나라에 멀리 떨어져 있는 수출상과 수입상이 얼굴 한 번 보지 못한 채 편지 한 장으로 거래관계를 트게 되는 경우가 허다하다. 이와 같이 국제거래는 매매당사자의 신용을 바탕으로 이루어지고 있는 만큼, 거래상대방에 대한 신용조사의 중요성은 국내거래와는 비할 바가 아니다.

1. 신용조사의 요건

신용조사에서 반드시 포함되어야 할 내용으로서, 실무업계에서는 흔히 '3C's'라고 하여 다음과 같은 것들을 그 필수요건으로 꼽고 있다.

(1) 성 격

성격(character)은 상대방의 성실성, 영업태도, 계약이행에 대한 열의, 업계의 평판 등 거래에 임하는 상대방의 자세가 과연 믿을 만한가의 여부를 뜻한다.

(2) 능 력

능력(capacity)은 상대방 업체의 영업형태(개인회사, 주식회사, 기업공개 여부 등), 연간 매출액, 연혁 내지 경력을 비롯한 거래능력을 말하는 것이다.

(3) 자 본

자본(capital)은 해당업체의 재무상태, 즉 자기자본과 타인자본의 비율, 기타의 자산상태 등을 의미하며 채무이행능력의 척도가 된다.

이 밖에도 신용조사에는 여러 가지 내용들이 포함되어야 하겠으나, 국제무역거래에서 상대방의 신용도를 나타내는 지표로서 가장 중요시되고 있는 것은 역시 성격이라고 할 수 있다.

특히 'Claim Hunter'와 같은 악질적인 상인에게 걸려들지 않기 위해서도 거래상대방의 성실성, 영업능력, 자산상태 등에 대한 신용조사는 불의의 피해를 미연에 방지하는 첩경이 된다.

성격, 능력 및 자본을 합하여 3C's라 하지만 여기에 국가(country) 및 통화(currency)를 합하여 5C's라고도 한다. 왜냐하면 거래상대방 국가에 따라 정치적 위험이 발생할 수도 있으며 또한 통화에 따라 환율변동위험이 발생할 수도 있기 때문이다.

2. 신용조사의 방법

일단 선정된 거래처에 대해서는 본격적인 거래에 들어가기에 앞서 신용조사를 하게 되는데, 대개 다음과 같은 방법들이 이용가능하다.

(1) 은행조회 또는 동업자조회

일반적으로 신용조사는 상대방 또는 자신이 거래하고 있는 은행을 통하게 되는 경우가 많으며 이를 은행조회(bank reference)라고 한다. 이와는 달리 상대방과 거래한 경험이 있는 국내업자, 현지의 단골거래처 또는 상공회의소 등을 통해서 하는 수도 있는데, 이를 동업자조회(trade reference)라고 한다.

(2) 상업흥신소를 통한 방법

외국의 무역업자들은 신규 거래처의 신용조사를 위하여 상업흥신소(commercial agency)를 많이 이용하고 있다. 상업흥신소란 신용조사전문회사로서, 특히 'Dun & Bradstreet(http://www.dnb.com)'같이 국제적으로 널리 알려진 회사는 전 세계 5,000만개 이상의 기업 데이터베이스와 120여개 국가의 리포터를 보유하고 있으며 우리나라에는 1995년부터 지사를 운영하고 있다. 여기서 이용할 수 있는 정보로는 해외 상장사기업의 재무정보, 국가별 주요 통계자료, 국가별 신용등급,[5] 주요 국가의 리포터 등이다.

(3) 국내 관련 기관의 이용

현재 우리나라의 무역업자들은 대한무역투자진흥공사, 한국무역보험공사 등을 통해서 해외신용조사를 많이 하고 있다.

대한무역투자진흥공사(신용조사부)는 해외무역관을 활용하여 신용조사 및 수출보험사고 조사업무를 실비로 수행하여 주고 있다. 수출입은행의 수출신용정보센터에서도 수출입업자, 금융기관, 수출유관단체 등을 대상으로 신용정보자료를 무료로 제공하고 있다.

특히 한국무역보험공사는 전 세계 70여개의 신용조사기관과 협약을 체결하여 연간 4만 건 이상의 국외기업 신용조사 서비스를 제공하고 있다. 국외기업 신용조사 시 보통 2~3주 이내 국외기업의 기본정보, 재무현황, 경영성과 등을 확인할 수 있는 신용조사보고서를 제공한다.

---

5) 세계적인 신용평가기관인 'Moody's Investors Service'는 이 회사의 자회사이다.

제9장

무역계약

수출업자의 거래제의에 대해서 수입업자가 관심을 가지고 구체적인 거래조건을 문의해 오면 수출업자는 대부분 오퍼를 발행한다. 오퍼는 수출업자가 수입업자에게 특정 물품을 일정한 조건으로 판매하겠다는 의사를 표시하는 것이다. 수출업자가 보낸 오퍼에 대해서 수입업자가 흥미가 있으면 반대오퍼를 보내면서 흥정을 시작하여 최종적으로 조건을 승낙하면 계약이 성립된다. 무역계약은 국가간에 이루어지는 물품매매계약으로 매도인이 대금을 받고 매수인에게 물품의 소유권을 이전하거나 또는 이전하기로 약정하는 계약을 말한다. 이 장에서는 무역계약이 체결되는 과정과 무역계약에서 약정되는 주요 조건에 대해서 살펴보기로 한다.

제1절 오 퍼

1. 조 회

해외시장조사에서 설명한 방법으로, 목적하는 상품의 수입국, 수입업자 등을 물색하면 지체없이 목적상품의 상세한 소개와 자기 회사의 신용도, 취급상품, 영업경력, 거래은행 등을 소개하는 권유장 등을 보내면서 거래를 권유한다.

해외의 수입업자가 그 상품에 대해서 흥미를 갖게 되면 가격, 공급능력, 선적시기, 대금결제방법 등에 대해 구체적으로 문의를 하고 오퍼를 내줄 것을 요청하게 된다. 이러한 오퍼 요청 과정을 조회라고 하는데 이는 상품에 대한 수입업자의 최초의 의사반영이라 할 수 있다. 대개는 수출업자가 먼저 권유장 등을 통해서 수입업자를 권유하게 되나 인기품목일 때는 수입업자가 먼저 오퍼 요구를 일방적으로 하는 경우도 있다. 여하튼 수입의사의 첫 표현이 곧 조회라고 할 수 있다.

조회(inquiry)는 우편, 팩스, e-mail 등으로 할 수 있는데 가격변동이 심한 물품이나 계절상품 등은 가급적 빠른 통신수단을 이용한다. 그리고 조회를 할 때에는 가격표, 오퍼, 견본 등을 동시에 요청하는 경우가 많다. 조회를 보내는 상대방은 앞으로 거래관계를 맺을 수 있는 거래처이기 때문에 성의를 갖고 신속하게 최선을 다해야 한다. 그리고 조회에서 요청한 가격표, 오퍼 등은 반드시 회신에 동봉하고, 견본은 별도로 송부한다.

2. 오퍼의 발행과 승낙

(1) 오퍼의 발행

수출업자의 거래제의에 대해서 수입업자가 관심을 가지고 구체적인 거래조건을 문의해 오면 수출업자는 대부분 오퍼를 발행한다. 오퍼(offer)는 원래 제의 · 신청 또는 제공한다는 뜻으로 자기가 가진 것을 상대방에게 일정한 대가를 받고 제공한다는 것이다. 즉 오퍼는 청약자(offerer)가 피청약자(offeree)와 일정한 조건으로 계약을 체결하고 싶다는 의사표시를 말한다.

따라서 무역거래에서 오퍼는 수출업자가 수입업자에게 특정 물품을 일정한 조건으로 판매하겠다는 의사표시 또는 반대로 수입업자가 수출업자에게 일정한 조건으로 물품을 구매하고 싶다고 의사 표시하는 것을 의미한다.

(2) 반대 오퍼의 발행

오퍼를 받은 당사자는 상대방이 발행한 오퍼의 내용에 자기 나름대로의 조건을 첨가하여 보내기도 한다. 이 반대오퍼(counter offer)는 원래의 오퍼에 대하여 그 조건의 변경을 요구하는 식으로 자기의 수정의사를 표시하는 것이다. 일단 반대오퍼가 제시되면 이전의 오퍼는 무효가 된다.

수출업자가 보낸 오퍼에 대해서 수입업자가 흥미가 있으면 반응을 보이기 마련인데 대개는 한번 흥정하여 가격을 깎으려고 한다. 즉, 오퍼된 물품에는 흥미가 있으나 가격이 비싸다든지, 같은 값에 수량을 조금 더 늘려 달라는 등 상대방에서 가격의 절충이 오가고 하다가 합의가 되면 서로가 합의된 조건을 승낙하게 된다. 이 때 상대방에서 원래의 오퍼에 대하여 그 조건의 변경을 요구하는 식으로 자기의 수정의사를 표시하는 것을 반대오퍼라고 하며, 최종적인 조건의 수락을 승낙이라고 한다.

반대오퍼에는 상대방이 꼭 원하는 견본을 보내면서 그것에 준한 오퍼를 제시할 것을 요구할 때도 있다. 실제로 무역거래에서는 가격이나 규격 등을 조정하기 위하여 반대오퍼가 몇 번이나 왔다 갔다 하게 된다. 그런데 한 가지 명심해야 할 점은 일단 반대오퍼가 제시되면 이전의 오퍼는 무효가 되며, 반대오퍼가 법적 효력을 지니는 새로운 오퍼가 된다는 사실이다.

(3) 오퍼의 승낙

오퍼의 승낙(acceptance)은 상대방의 오퍼에 대한 수락의 의사표시를 말한다. 승낙은 원칙적으로 오퍼의 모든 사항에 대하여 무조건으로 동의하는 것이어야 하며, 새로운 사항을 추가하거나 오퍼의 내용을 제한 · 변경하는 것은 승낙으로 간주되지 않는다. 무역거래는 어느 한쪽에서 판매조건이나 구매조건을 제시하는 오퍼에 대하여 상대방이 승낙하면 법적인 구속력을 지닌 계약이 성립하게 된다.[1)]

---

1) 청약과정에서 간혹 사용되는 청약의 유인(invitation to treat)은 계약체결을 위한 사전예비교섭으로 타인으로 하여금 자기에게 오퍼를 하도록 권유하는 행위이다. 일반적으로 당사자의 오퍼에 대하여 상대방이 승낙하면 계약이 성립되지만 오퍼의 유인은 상대방이 승낙하여도 청약자의 확인이 없으면 계약은 성립되지 않는다. 조건부오퍼는 그 내용상 미확정오퍼에 속하지만 엄밀

표 9-1 승낙효력의 발생 시기

준거법 통신수단			한국법	일본법	영미법	독일법	비엔나 협약
의사표시에 관한 일반원칙			도달주의	도달주의	도달주의	도달주의	도달주의
승낙의 의사표시	대화자간	대화	도달주의	도달주의	도달주의	도달주의	도달주의
		전화	도달주의	도달주의	도달주의	도달주의	도달주의
		텔렉스	도달주의	도달주의	도달주의	도달주의	도달주의
	격지자간	우편	발신주의	발신주의	발신주의	도달주의	도달주의
		전보	발신주의	발신주의	발신주의	도달주의	도달주의

그리고 승낙은 오퍼의 유효기간 이내에 이루어져야 하고 만약 오퍼장에 승낙방법이 별도로 명시되어 있으면 그 방법에 따라야 한다. 승낙의 효력이 발생하는 시기에 대해서는 크게 발신주의와 도달주의 두 가지 입장이 있다. 발신주의는 피청약자가 승낙의 의사표시를 발신한 시점에서 계약이 성립한다는 것이고, 도달주의는 피청약자의 승낙의사표시가 청약자에 도달한 시점에서 계약이 성립한다는 것이다.

우리나라, 일본, 영미법 계통에서는 대화자간(대화, 전화, 텔렉스)의 경우 승낙의사표시의 효력은 도달주의 입장이고, 격지자간(우편, 전보)의 경우는 수락통지를 발신한 때부터 효력이 발생하는 발신주의 원칙을 채택하고 있다. 독일법 계통 및 비엔나 협약에서는 대화자간 및 격지자간 구분 없이 모두 도달주의 원칙을 채택하고 있다(〈표 9-1〉 참조).

비엔나 협약을 무역계약의 준거법으로 사용하도록 비준을 한 국가 간의 거래에서는 당연히 도달주의 원칙이 적용되므로 별 문제가 되지 않는다. 그렇지 못할 경우에는 국가나 지역에 따라 승낙통지의 효력발생 시기가 다를 수 있으므로 오퍼장에 승낙의 방법과 효력발생 시기를 분명히 해두는 것이 좋다.

(4) 비엔나 협약

무역계약의 당사자들은 서로 법률이 다른 국가에 속하므로 계약의 성립, 이행 및 해석을 위한 준거법(governing law)을 결정해야 한다. 현재 무역계약의 준거법으로 활용될 수 있는 국제조약으로 1980년 비엔나 회의에서 확정된 '국제물품매매계약에 관한 유엔 협약'(United Nations Convention on Contracts

한 의미에서 보면 오퍼라기보다는 오퍼(청약)의 유인에 불과하다.

for the International Sale of Goods; CISG)이 있다. 이 협약은 국제물품매매를 규율하는 국제적 통일법으로서 일명 비엔나 협약이라 한다. 현재 미국, 러시아, 중국 등 주요 국가들이 이 협약을 채택하고 있으며 우리나라도 2005년 3월 1일부터 체약국으로서의 효력을 발휘하고 있다. 체약국이 계속 늘어남에 따라 이 협약은 국제물품매매에 관한 준거법으로서 널리 사용되고 있다

3. 오퍼의 종류

(1) 판매오퍼와 구매오퍼

오퍼는 크게 나누어서 판매오퍼(selling offer)와 구매오퍼(buying offer)로 구별할 수 있는데 수출업자가 판매조건을 제시할 경우에는 판매오퍼이며, 수입업자가 먼저 구매조건을 제시하여 수입의사를 표시할 경우 구매오퍼이다. 국제거래에서 오퍼라고 하면 대부분 판매오퍼이며, 구매오퍼는 어떤 물품을 어떤 규격, 어떤 가격에 사고 싶다는 매수인 측의 의사표시이므로 그 성질상 'Inquiry'와 비슷하여 오퍼로서는 많이 사용되지 않으며, 간혹 주문생산이라야만 가능한 특수 기계의 수입이나 건설공사의 입찰 등에서 주로 이용되고 있다.

(2) 확정오퍼

이것은 오퍼의 유효기간과 선적기일이 반드시 명시되어 있어 유효기간 내에 그 조건을 승낙하면 오퍼 발행자는 오퍼 내용대로 선적할 법적 의무를 지는 확정오퍼(firm offer)이다. 일단 이 확정오퍼를 발행하면 유효기간 내에는 다른 곳에 오퍼를 내지 못하며, 한번 승낙되면 오퍼 내용대로 선적할 의무가 생기므로 상당히 신중을 기하여 발행해야 된다.

비엔나 협약(제16조)에서는 이를 취소불능오퍼(irrevocable offer)라 한다. 보통 오퍼의 내용이 확정적 또는 취소불능이라는 표현이 오퍼장에 명시되어 있는데 그 예문을 보면 다음과 같다.

> We offer you firm subject to your acceptance reaching us by October 20, 2020 as follows.

(3) 미확정오퍼

미확정오퍼(free offer)는 보통 권유장과 함께 여러 곳에 보내어지며, 만일 수입 희망자가 이 조건을 수락하여도 오퍼발행자의 재확인이 필요한 것이다. 즉, 오퍼는 오퍼의 내용만 알려주는 것이지 유효기간이나 선적기간에 구애받지 않는다. 이 내용에 따라 승낙되면 발행자가 재검토하여 재고나 선적기한에 이상이 없으면 확인을 하며 이 때부터 법적으로 오퍼 내용대로 공급해 줄 의무가 생기는 것이다.

미확정오퍼에는 유효기간내의 승낙을 조건으로 하지 않거나 오퍼의 내용이 확정적 또는 취소불능이라는 표현이 없다. 미확정오퍼의 예문을 보면 다음과 같다.

> We offer you the following goods on the terms and conditions mentioned hereunder.

(4) 조건부 오퍼

일정한 조건을 붙여서 오퍼를 발행하고 그러한 조건이 충족되면 오퍼가 유효한 것으로 간주할 경우 조건부 오퍼라 한다.

가) 확인조건부 오퍼

이는 오퍼에 'Subject to our final confirmation' 등과 같은 단서가 붙어 있어 오퍼를 받아 볼 당사자가 거래조건을 수락하여도 오퍼 발행자가 이를 재확인해야만 법적으로 효력을 발휘하는 오퍼를 말한다. 우리 일상생활에서도 이런 오퍼를 많이 볼 수 있는데 그 대표적인 것이 항공기 표인데 꼭 확인조건부 단서가 붙는다. 따라서 항공기시간표를 사전에 작성해 놓고 그것에 의하여 표를 발매하였다 하더라도 사전통고 없이 항공기회사가 임의로 시간을 변경해도 회사 측은 법적으로 변상책임을 면하는 것이다.

나) 선착순판매조건부 오퍼

이 오퍼에는 'Subject to being unsold' 혹은 'Subject to prior sale' 등과 같은 표현이 있는 조건부 오퍼를 말하는데 이 오퍼를 구매 희망자가 승낙할 당시에 해당 물품이 아직 판매되지 않았다면 그 오퍼가 유효해지는 것이다. 이것은 미확정오퍼와 같이 공급할 수 있는 품목의 수량보다 많이 오퍼를 발행하고 먼저 승낙하는 순으로 확인해 주는 방법이다.

다) 승인조건부 오퍼

이것은 오퍼와 함께 견본을 보내면서 구매 희망자가 그 견본에 만족하면 이 오퍼가 유효해진다는 것이다. 즉 새로 개발된 품목이나 복잡한 물품은 오퍼상의 명세만 보고는 명확히 판단을 내릴 수 없으므로 견본을 보고서 결정을 지으라는 것이다.

라) Offer on Sale or Return

이 오퍼는 주로 서적 같은 것에 적용되는데 기한부로 팔다가 남는 것은 다시 돌려준다는 조건의 오퍼이다. 일반 무역거래에서는 잘 사용되지 않는다.

4. 오퍼의 기재사항

오퍼는 구두로 행하여도 무방하지만 무역거래에서는 일정한 서식을 갖춘 오퍼장(offer sheet; 청약서)을 사용한다. 그리고 오퍼는 매매조건을 구체적으로 제시하는 것이기 때문에 특정 상품의 매매와 관련되는 모든 사항이 오퍼장에 기재되는데 특히 다음과 같은 사항에 주의해야 한다.

(1) 품 명

품명에는 큰 혼돈이 안 일어나나 만일을 위해서 분명하고 완전한 표시를 해야 한다. 예를 들면 인모 같은 경우 그냥 'Hair'라고 하기보다 'Human Hair'라고 하면 'Dog Hair'나 'Goat Hair'와 구별이 되며, 'Pen'도 'Ball-pen'인지 'Fountain-pen'인지는 구별하는 것이 좋다. 즉, 해당 품목을 정확히 명시하는 명사를 사용하는 것이 상책이다.

(2) 규 격

같은 품목이라도 그 질과 규격의 차이에 따라 가격의 차이가 엄청나게 생긴다. 예를 들어 같은 금이라도 24k와 14k는 전혀 다르며, 같은 인모도 2″ 짜리와 20″짜리의 값은 10배 이상의 차이가 난다.

소맥(小麥)도 'Winter Wheat'와 'Spring Wheat'가 다르며, 보통 'Winter Wheat'와 'Hard Winter Wheat'는 또 다르며, 색깔에 따라서도 'Yellow Wheat'와 'Red Wheat'의 가격차이가 또 생긴다. 모피 계통은 겨울산이 여름

산보다 몇 배가 비싸고, 원면은 지하수로 혹은 관개(irrigated)로 자란 원면이 자연수로 자란 것보다 비싸다. 또한 10년 묵은 쌀과 금년에 바로 추수한 햅쌀은 그 값이 다르며, 디젤기관차와 전동기관차는 그 성능이 완전히 다르다. 이와 같이 규격이나 품질의 차이는 대단히 중요한 것이므로 이를 정확히 명기하여야 한다.

(3) 원산지

원산지증명을 요구하는 것은 주로 관세적용의 판단기준을 위해서 하는 것이나, 오퍼상의 원산지표시는 가격과 밀접한 관계를 갖는다. 같은 'Red Wine'이라도 스페인산과 프랑스산이 다르며, Saxony산과 Bordeaux산이 다르다. 같은 'Brandy'라도 다른 지방의 것과 꼬냑 지방의 것은 은과 금 이상의 차이가 난다. 술은 또 연도에 따라서도 값의 차이가 많이 난다. 1937년산 와인과 2016년산은 값의 차이가 산지의 차이만큼 크다.

인모(人毛)도 인도산 · 인도네시아산 및 한국산이 다르며, 토끼털도 강원도산과 지리산 토끼털이 다르다고 한다. 그러므로 품목에 따라서는 그 품목의 원산지가 가격에 중요한 영향을 미칠 수가 있다.

(4) 발행일자 및 유효기간

모든 품목의 가격은 수시로 변하고 있으며, 특히 1차산품의 가격의 진폭은 너무 심해 오퍼의 유효기간이 없이 무한정으로 유효하면 난처한 일들이 많이 생긴다.

유효기간 없이 값쌀 때 오퍼를 했는데 한 달 후에 국제시세가 2배로 등귀했다면, 구매자는 오퍼가 유효하다고 하여 한 달 전의 오퍼가격을 그대로 원하게 될 것이며, 판매자 측으로서는 현 시세를 고집하게 될 것이다. 따라서 오퍼에는 반드시 발행일자와 유효일자가 기재되어야 하며 원면 · 원맥 같은 1차산품의 오퍼의 유효기간은 발행일로부터 대개 1주일 이내가 된다.

(5) 선적일

해당 품목의 정한 양을 언제까지 선적해 줄 수 있는지의 여부, 즉 이 선적가능시일이 빠르면 빠를수록 대개 수입업자에게는 유리한 것이다.

보통 선적일은 몇 월 며칠까지 이행될 수 있다고 표시하나 경우에 따라서는 특정 월의 상순 · 중순 · 하순으로 할 수도 있으며, 또한 오퍼발행 후 1개월 또는 6개월 후 선적할 수 있다고 표기할 수도 있다. 경우에 따라서는 또한 재고가 있을 경우에는 'prompt', 'immediately' 또는 'as soon as possible' 등의 표현을 하여 즉시 선적해 줄 수 있다는 것을 나타낼 수 있으나 가급적 이런 애매모호한 표현은 삼가는 것이 좋다.

목적지에서 수입업자가 일정한 기간 내에 도매상에게 수입상품을 인도해 주기로 되어 있으면 목적항구에 언제부터 언제 사이에 해당 상품이 도착할 수 있도록 선적해 주겠다고 오퍼할 수도 있다. 또한 계절에 따라 수확되는 상품은 수확기에 잘 맞추어 선적가능일자를 택하여야 하며 계절을 타는, 즉 기후의 변화나 명절용 상품은 선적시기가 가격보다 더 중요한 역할을 하는 수가 있으니 정확한 선적가능일자를 명시해 주어야 한다.

(6) 포장방법

스웨터가 하나씩 개별적으로 포장이 되었는지 한 타스(dozen)씩 되었는지 알아야 하며, 시멘트가 10㎏ 단위로 포장이 되었는지 1ton 단위로 포장되었는지는 원가에도 상당히 영향을 미치게 되는 것이므로 정확한 포장방법, 예를 들면 'Each in a polyethylene bag, dozen per carton box, and 10 carton boxes in a wooden case strapped with iron band'와 같이 포장방법이 자세히 명시되어야 한다.

(7) 수 량

수량기준은 개수(piece), 무게(weight), 길이(length), 용적(measurement) 등이 될 수 있고, 이들의 단위도 각각 다르므로 그 수량단위의 사용에 주의하여야 한다.

(8) 단 가

상품규격과 함께 가장 중요한 것이 단가이다. 사용하는 화폐를 분명히 명시하여야 하며 애매하게 표시하면 곤란하다. 'Dollar'도 미국 달러, 호주 달러, 캐나다 달러가 다르므로 'U.S. $120 per Dozen CIF New York, Sterling Pound 2-6-5 per Kilo FOB Pusan' 등과 같이 거래단위와 가격조건을 명확히 표시해야 한다.[2)]

2) 거래조건에 대한 자세한 내용은 제1부 제3장에 자세히 설명되어 있다.

▶ **서식 9-1** 오퍼장

Messrs. Base Line Inc.
2300 Arapahoe, Boulder
CO., USA

OFFER SHEET

We are pleased to offer the under-mentioned article(s) as per conditions and details described as follows.

ORIGIN : Republic of Korea
SUPPLIER : Samsung Corporation
PACKING : Export Standard Packing
SHIPMENT : Within 45 days after receipt of Letter of Credit
INSPECTION : Ours to be final
PAYMENT : By an irrevocable Letter of Credit to our favor
VALIDITY : By end of Dec. 2020
REMARKS : Subject to our final confirmation

HS

HS	Item No.	Description	Quantity	Unit Price	Amount
	UN48H 6800AF	COVERED LED TV	1,000	FOB Pusan	

Looking forward to your valued order for the above offer, we are,

Yours faithfully,
SAMSUNG CORPORATION

Authorized Signature

(9) 대금결제방법

대금결제를 어떻게 할 것인가를 분명히 명시해야 한다. 결제방법에 따라 오퍼가 쉽게 승낙되기도 하고 수출업자에게 확실한 대금지급을 보장함으로써 가격을 좀 낮출 수도 있다.

제 2 절 무역계약의 체결

1. 무역계약의 의의

무역계약은 국가 간에 이루어지는 물품매매계약(contract of sale of goods)으로 매도인이 대금을 받고 매수인에게 물품의 소유권을 이전하거나 또는 이전하기로 약정하는 계약을 말한다.[3] 즉 무역계약이라는 것은 수출업자와 수입업자가 자기의 의사에 따라 물품을 사고팔기 위해 법적으로 구속력 있는 합의를 하는 것을 뜻한다. 무역계약을 체결하는 것은 매매당사자들이 상호 의도하는 바를 법률적으로 명확히 하고, 당사자들을 구속하는 규칙을 설정해서 불필요한 분쟁을 사전에 방지하는 목적이 있기 때문에 무역거래에서 무역계약서의 작성은 반드시 지켜져야 할 업무이다.

일반적으로 오퍼는 거래를 맺고 싶다는 상호간의 의사표시일 뿐, 당사자들을 법적으로 구속하는 것은 아니다. 오퍼의 내용대로 모든 것이 이행되기 위해서는 매매당사자간에 정식으로 무역계약이 체결되어야 한다. 무역계약은 오퍼, 반대오퍼 그리고 최종 수락과정을 거치면서 추가되거나 삭제된 것을 모두 정리하여 실제 매매거래에 필요한 모든 조건들을 기재하고 상호간에 서명함으로써 성립된다. 계약은 오퍼나 주문과는 달리 계약당사자들을 법으로 묶는 절차이므로 그만큼 신중하고 정확하게 다루어야 한다.

무역거래에서는 무역계약이 체결되는 유형을 보면 [그림 9-1]과 같이 세 가지로 구분된다.[4]

첫째, 오퍼에 이은 승낙으로 계약이 체결되는 방법인데 가장 간단한 계약체결 유형이다. 주로 단골거래처간에 이런 계약이 많이 성립된다.

---

3) 영국물품매매법(Sale of goods Act; 1979), Ⅱ-2(1).
4) Catherine Elliott and Frances Quinn, Contract Law(4th ed.), Pearson Education Limited, London, 2003, pp. 23-25.

그림 9-1 **무역계약체결의 유형**

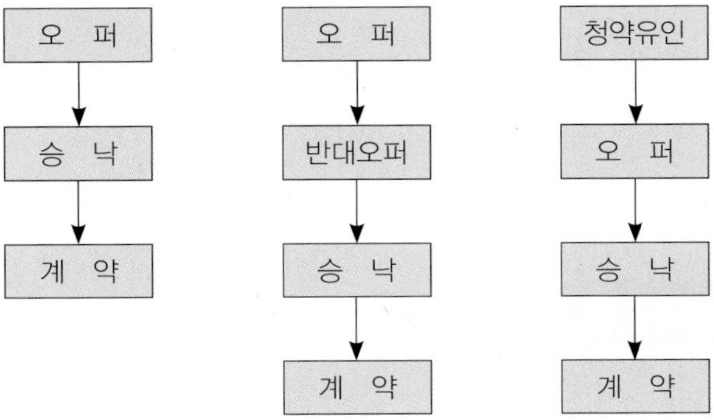

둘째, 오퍼와 반대오퍼 그리고 승낙으로 계약이 체결되는데 일반적인 계약체결형태이다.

셋째, 청약유인, 오퍼와 반대오퍼 그리고 승낙으로 계약이 체결되는 형태인데 주로 처음 거래하는 당사자들 간에 많이 이용된다.

2. 무역계약의 법적 성질

(1) 낙성계약

무역계약은 매매당사자 쌍방의 의사표시 합치만으로 성립하고 계약 성립을 위하여 당사자 간에 아무런 급여를 요하지 않는 낙성계약이다.[5] 무역계약이 성립되기 위해서는 당사자 일방의 청약(offer)과 이에 대한 상대방의 승낙(acceptance)만 있으면 된다. 매도인이 물품을 일정 조건으로 판매하고 싶다는 의사표시를 하고 매수인이 이를 승낙하게 되면 무역계약은 성립된다.

(2) 불요식계약

무역계약은 그 성립을 위하여 당사자 간의 합의 외에는 다른 특별한 방식을 필요로 하지 않는 불요식계약이다. 무역계약에서는 법률행위의 요소인 의사표시를 일정한 방식에 의해 행할 것을 필요로 하지 않는다. 따라서 무역계

5) 낙성계약과 대립되는 계약은 요물(要物)계약이다. 요물계약은 당사자 간의 합의 외에 어느 일방이 물건의 인도 혹은 기타의 급부를 해야만 성립하는 계약을 말한다. 예를 들어 현상모집광고는 응모자가 특정 행위를 완료함으로써 계약이 성립되므로 요물계약의 일종으로 볼 수 있다.

약은 문서뿐만 아니라 구두에 의해서도 성립된다.[6] 이와 같이 무역계약에서는 계약을 매매당사자의 자유의사에 맡겨 당사자 간의 합의를 최우선으로 존중하고 시인하는 계약자유의 원칙이 적용된다.

(3) 유상계약

유상계약은 계약당사자가 서로 가치 있는 대가 교환을 목적으로 하는 계약을 말한다. 무역계약은 유상계약에 해당하므로 매도인은 물품을 인도하고 매수인은 그에 따른 대금을 지급함으로써 계약이 성립된다.

(4) 쌍무계약

쌍무계약은 계약의 결과로 당사자들이 서로 채무를 부담하는 계약을 의미한다. 이에 반해 편무계약은 당사자 일방만이 급부를 하고 상대방은 이에 대응하는 반대급부를 하지 않는 계약을 말한다.[7] 무역계약에서 매도인은 물품인도의무를 부담하고 매수인은 대금지급의무를 부담하므로 무역계약은 쌍무계약에 해당된다.

3. 무역계약서의 작성방법

무역계약은 구두(口頭)로도 성립되지만 가능한 한 양 당사자가 거래조건들을 확인하고 서명한 계약서를 작성하는 것이 바람직하다. 무역거래에서는 다음과 같은 계약서가 주로 사용되고 있다.

(1) 판매서(Sales Note)

이는 수출업자가 작성하여 수입업자에게 보내는 특정 물품의 구매확인서(confirmation of order)이다. 수출업자가 최종적으로 수락된 오퍼의 내용과 동일하도록 판매서를 2통 작성하여 정식으로 서명한 후 수입업자에게 보내면, 수입업자는 그 내용을 확인한 후 이의가 없으면 역시 정식으로 서명하여 1통은 보관하고 나머지는 수출업자에게 보낸다.

---

6) 청약과 승낙은 반드시 서면으로 입증할 필요는 없고 증인에 의해 입증해도 된다. 비엔나협약(국제물품매매계약에 관한 유엔협약) 제11조.

7) 예를 들어 증여는 일방적인 의무부담만 있으므로 편무계약에 해당된다.

(2) 구매서(Purchase Note)

이는 수입업자가 특정 물품을 일정한 조건으로 구매하겠다는 주문서(order)이다. 수입업자가 일방적으로 작성하여 보내면, 수출업자는 이의가 없을 경우 자기측 서명란에 서명하여 1통은 보관하고 1통은 수입업자에게 보내게 되는데 이것이 곧 무역계약서가 된다. 자주 거래하는 당사자들은 이미 가격, 운송 등 주요 사항이 확정되어 있기 때문에 필요할 때마다 주문을 한다.

(3) 오퍼장(Offer Sheet)

오퍼장에는 주로 거래조건이 기재되어 있기 때문에 별도의 계약서를 작성하지 않고 오퍼장을 그대로 계약서로서 이용할 수 있다. 즉, 수출업자가 발행한 오퍼장에 수입업자가 수락의사표시의 서명을 하거나 또는 수입업자가 발행한 오퍼장에 수출업자가 서명함으로써 오퍼장을 무역계약서로 이용한다. 이 경우도 2통 작성하여 각각 1통씩 보관한다.

(4) 각서(Memorandum)

수출업자와 수입업자가 한 곳에 모여 모든 매매조건을 협의하여 계약서를 작성하는 경우가 있는데, 이런 형식의 계약서를 각서라 한다. 주로 고가의 기자재나 플랜트류 거래에서 이용된다.

4. 무역계약의 종류

엄격히 말하면 계약의 종류는 거래건수만큼이나 많다. 왜냐하면 어느 두 거래가 모든 면에서 똑같을 수는 없기 때문이다. 그러나 모든 계약은 크게 다음과 같이 분류할 수 있다.

(1) 개별계약

어떤 거래가 성립될 때마다 그 거래에 대해서 계약서를 작성하는 것을 말하는데, 대개가 매도인이 오퍼 내용대로 'We confirm having sold to you ….' 형식으로 작성하며 모든 조건을 하나도 빼지 않고 기재한다. 계약서에는 오퍼 때 밝히지 않은 환적 및 분할선적 여부도 기록하며, 검사는 누가 어떻게 하며 만일 클레임이 제기되면 어떻게 해야 할 것인가도 밝혀 두어야 한다.

특별히 할인해 주는 경우에는 그것도 명시해야 하며 정수(整數; even number)가 되지 못하는 경우의 단가조정문제 등 가능한 모든 조건을 명시해 두어야 한다.

(2) 포괄계약

이것은 특정품목에 대해서 일정기간 또는 연간계약을 해 놓고 필요할 때마다 선적해 주는 경우에 사용되는 계약형태인데, 매매당사자간에 서로 오랜 기간 동안 거래를 하여 잘 알고 있으며, 면포와 같이 같은 품질의 물건이 매월 정량 선적되는 경우 매월 개별계약을 하는 것이 피차간에 번거로우므로 1년에 한 번이나 두 번 포괄계약서를 작성하고 이것에 의해서 매월 선적할 수 있다. 계약서의 형식은 개별계약과 같다.

(3) 독점판매계약

이는 어떤 품목의 수출입에 있어 수출업자는 수입국의 지정 수입업자 외에는 같은 품목을 오퍼하지 않으며, 수입업자는 수출국의 다른 업자들의 해당 품목은 취급하지 않는다는 조건으로 이루어지는 계약이다. 이 계약서에는 매매당사자간에 다음과 같은 사항을 꼭 준수할 것을 명시하여야 한다.

독점판매계약에서 매도자는 ① 저렴한 가격으로 오퍼를 해 주어야 하며, ② 같은 품목을 매수인의 시장의 다른 업자에게 오퍼하지 않아야 하며, ③ 다른 명의나 제3자를 통해서도 그 시장에 침투하지 않아야 하며, ④ 해당 물품의 품질보장을 해 주어야 한다.

그리고 매수인은 ① 최대한 그 물품을 팔아야 하며, ② 가장 좋은 값을 받도록 노력해야 하며, ③ 수출국의 다른 회사의 동종 물품을 취급하지 말아야 하며, ④ 연간 최소 판매량을 보장해 주어야 한다.

상기 제 조건들은 계약서상에 반드시 명시되어야 하며, 또 계약의 유효기간 및 계약연장의 조건 등도 기재하여야 한다.

▶ **서식 9-2** 독점계약서

EXCLUSIVE CONTRACT

Regarding the manufacturing, soliciting, and selling of all kinds of wearing apparels of Korean origin to the territories of USA, be it known that between Messrs. Samho Trading Co., Ltd., Seoul, Korea hereinafter referred to as Party A and Messrs. Triangle Traders, Inc., New York, N. Y., USA hereinafter referred to as Party B, it has been agreed on this March 14th, 2020 as follows:

1. Party A grants to Party B the rights of sales agent for the above mentioned articles in the territories of USA.
2. Party B shall work to the best of their ability in order to introduce and establish the largest possible sales.
3. Party A will quote to Party B the most reasonable prices and endeavor to meet competition from other brands or markers.
4. Parth A may export to the USA through other importers for the above mentioned articles if Party B cannot place enough orders for the Party A's capacity. But Party A shall export only through Party B if all the buying terms are same and equal with the other buyer involved.
5. Party B may import the said articles to the USA through other makers or exporters from Korea if Party A cannot meet Party B's inquiry. But Party B shall buy only from Party A if Party A's terms are same and equal with the other supplier involved.
6. Party A shall grant an exclusive sales right to a commodity in the USA, if Party A has accepted to supply that commodity to Party B and Party B shall not buy the said commodity from other supplier in Korea.
7. Party B shall buy from Party A an amount of not less than US dollars two million per year from the date of contract.
8. This contract will be effective until March 31, 2020 from the date of contract, and supersedes all previous agreements.
9. This contract is made and typed in two (2) copies, being given to each party.

PARTY A. PARTY B.

5. 전자무역계약

(1) 전자무역계약의 의의

전자무역계약은 주로 전자우편 혹은 전자문서교환(EDI) 방식을 활용하여 체결된다. 기존의 우편, 팩스 등을 이용하지 않고 전자우편을 통해 오퍼를 주고받고 계약서를 작성할 수 있으며 또는 특정 당사자 간에 사전 거래약정을 체결하여 EDI 방식으로 무역계약을 체결할 수도 있다.[8)]

오늘날 전자적 수단을 이용하여 계약을 성립시키는 것 자체는 법적으로 아무런 문제가 되지 않는다. 우리나라 전자거래기본법(제5조)에서는 "전자문서는 다른 법률에 규정이 없는 한, 전자적 형태로 되어 있다는 이유로 문서로서의 효력을 부인할 수 없다"고 규정하고 있다.

그리고 주요 국가들도 이와 유사하게 규정하고 있어 정보통신기술을 이용하여 전자적으로 계약을 체결하는 것 자체에는 별문제가 없다. 그리고 전자적 대리인에 의해 자동으로 청약과 승낙이 된 계약도 유효한 것으로 보고 있다. 전자적 대리인은 컴퓨터가 스스로 의사결정과 의사표시를 할 수 있는 지능형 에이전트(intelligent agent)를 말한다. 예를 들어 상품재고가 부족할 경우 수입업자의 컴퓨터가 자동으로 주문하고 수출업자의 컴퓨터도 이를 자동으로 수령하는 경우이다.

전자무역계약도 일반적인 계약과 마찬가지로 일방 당사자의 청약과 상대방의 승낙으로 성립되는데 그 시기에 대해서는 대체로 도달주의 원칙을 지향하고 있다. 현재 주요 국가들이 무역계약의 준거법으로 사용하고 있는 국제물품매매법에서는 동의의 의사표시가 청약자에게 도달되지 않는 한 승낙의 효력은 발생되지 않는다는 도달주의를 기본원칙으로 하고 있다.

일반적으로 전화 등과 같이 대화자간의 계약에서는 도달주의를 적용하고, 우편 등과 같이 격지자간의 계약에서는 발신주의를 적용하는 것이 원칙이다. 따라서 컴퓨터에 의한 전자적 의사표시를 대화자간의 의사표시로 볼 것인가 혹은 격지자간의 의사표시로 볼 것인가에 따라 전자무역계약의 성립시기가 달라진다. 전자적 의사표시도 정보통신기술의 발달로 실시간으로 이루어지기 때문에 전화와 같이 대화자간의 계약으로 간주하고 도달주의를 적용하는 것이다.

8) 전자문서교환(EDI) 등 전자무역에 관한 것은 제1부 제2장에 자세히 설명되어 있다.

(2) 전자서명과 전자인증

일반적으로 계약에서는 사후 분쟁에 대비하여 서명이 반드시 필요하기 때문에 전자무역계약에서도 전자서명이 요구된다. 전자서명은 서명자를 확인하고 서명자가 당해 전자문서에 서명을 하였음을 나타내는데 이용하기 위하여 당해 전자문서에 첨부되거나 논리적으로 결합된 전자적 형태의 정보를 의미한다(전자서명법 제2조 제2호). 그리고 공인인증기관이 인증한 전자서명은 기존의 서명과 법적으로 동일하게 간주된다(전자서명법 제3조 제1항).

한편 전자무역에서는 당사자들이 직접 만나지 않고 계약을 체결하기 때문에 전자서명 사용자의 신원을 확인하는 전자인증이 필요하다. 전자인증은 전자서명검증 키가 자연인 또는 법인이 소요하는 전자서명생성 키에 합치한다는 사실을 확인 · 증명하는 행위를 말한다. 전자인증의 공신력을 제고하기 위해서는 신뢰성 있는 인증기관이 필요하다. 이에 따라 우리나라 전자거래기본법에서는 일정 요건을 갖춘 법인을 공인인증기관으로 지정하고 있다.

제 3 절 무역계약의 약정사항

계약은 상품매매에 따른 모든 내용을 다 포함시켜야 하므로 오퍼의 내용은 물론 그 외에 다른 모든 절차 및 클레임에 대한 해결방법까지도 상세히 명시하여 나중에 난처한 경우를 당하지 않는 것이 현명하다. 물론 계약당시 클레임이 야기될 것을 예상한다는 것은 극히 불쾌하나, 사전에 최악의 경우를 생각하여 특정한 매매거래에서 야기될 수 있는 모든 경우를 연구 검토하여 대책을 강구하는 것이 좋다.

무역계약에 포함되는 사항은 크게 계약서의 기본사항, 개별약정사항 및 무역거래일반약정으로 구분된다. 계약서의 기본사항은 계약당사자, 계약 성립 확인문언, 계약체결일, 유효기간, 서명 등이다. 개별약정사항은 품질, 수량, 가격, 포장, 선적, 보험, 대금결제, 분쟁해결방안 등으로 개개의 거래내용을 구체적으로 합의한 것이며 무역거래 일반약정은 무역거래의 일반적 기준을 약정한 것으로 보통 계약서의 뒷면에 인쇄되어 있다.

1. 품질 조건

어떤 품목을 정확히 정의하기에는 상당히 복잡한 문제들이 많으며, 거래되는 상품들이 많아서 그 품질을 규정하는 방법도 그 유형에 따라 다음과 같이 여러 가지로 나눌 수 있다.

(1) 견본매매

상품의 품질을 상대방에게 올바르게 인식시킬 수 있는 가장 좋은 방법은 견본을 상대방에게 보여주어 감정케 하는 것이다. 그러나 너무 비싼 상품이나 운반하기 곤란한 물품은 카탈로그, 청사진(blue print) 혹은 설명서로서 대신하는 수밖에 없다.

(2) 표준품 매매

농 · 수산물과 같은 1차 산품은 같은 원료로, 같은 기계를 거쳐, 같은 규격으로 생산될 수 없어서, 해당연도나 계절의 표준품을 기준으로 하는데 다음과 같은 표준이 있다.

가) 평균중등품질조건

이 조건은 곡물, 과실, 면화, 차 등 농산물 매매에서 많이 쓰이는데 선적지에서 해당 계절 출하품의 평균중등품(Fair Average Quality; FAQ)을 표준으로 하고, 선물거래일 경우 가격은 전년도 수확물의 평균중등품을 기준하여 정하고, 인도될 물품은 금년도 수확기의 평균중등품으로 한다.

나) 판매적격품질조건

이 조건은 목재나 냉동어류에 많이 적용하는 조건으로 내부가 부패되어도 외관상으로 구별하기 어려우므로 수입지에서 현물인수 때 내부의 쓰지 못할 부분이 발견되면 매도인에게 변상요구를 할 수 있는 판매적격품질(Good Merchantable Quality; GMQ)조건이다. 이 외에도 수출상품 중 인삼 · 오징어 · 해태 등은 그 품질에 따라 1등품 · 2등품 혹은 A급 · B급으로 구분되며, 이 구분은 해당 조합이나 정부지정 공공기관의 전문가가 판정을 한다.

(3) 상표매매

생산업자의 상표나 생산되는 특수 물품의 품명이 세계적으로 널리 알려져 있으면 구태여 견본을 보낼 필요 없이 알려진 상표로서 매매계약을 할 수 있다. 예를 들어 샤넬(Chanel), 구찌(Gucci), 버버리(Burberry) 등과 같은 유명 상표는 상표 자체로 품질을 인정받게 된다.

(4) 명세서 매매

섬유류나 기계류에서 그 구조나 성능에 대해서 모든 명세를 정확히 표시하여 이루어지는 매매, 예를 들어 40수 면사, 20마력짜리 모터 등이다.

(5) 점검매매

수출지에 매수인의 대리인 등이 상주하고 있을 경우 매수인 측에서 현품을 직접 살펴보고 매매계약을 체결할 수도 있다.

(6) 기 타

이 외에도 품목에 따라 선적시의 품질을 기준으로 하는 것과 양륙시의 품질을 기준으로 하는 것으로 다음과 같은 조건들이 있다.

가) TQ(Tale Quale)

이 조건은 'as it is, just as they come'이란 뜻으로 선적품질조건(shipped quality terms)을 의미하며, 수송 도중의 변질에 대해서는 매도인이 책임을 지지 않는 조건이다.

나) RT(Rye Terms)

이 조건은 원래 Rye거래에 사용되었다고 해서 RT라고 하는데 품질의 기준이 양륙품질조건(landed quality terms)이 되며 수송 도중의 변질에 대해서는 매도인이 책임을 지는 것이다. 대개의 곡식은 이 조건으로 거래되며 광산물 같은 것도 양륙해서 분석한 결과에 따라 정확한 품위가 결정되어야 가격이 확실해진다.

2. 수량 조건

무역거래 대상이 되는 품목이 너무 많아서 수량을 측정하는 단위도 여러 가지이나 크게 나누면 다음과 같이 구분할 수 있다.

(1) 중 량

철강제품, 양곡, 수산물, 양모 등 중량을 기준으로 하여 매매되는 물품이 가장 많으나, 나라마다 중량의 기준이 달라서 기준의 통일을 기하여야 한다.

English Ton(Long Ton)=2,240 lbs
American Ton(Short Ton)=2,000 lbs
Kilo Ton(Metric Ton)=2,204.6 lbs=1,000 kgs

이 외에 무게의 단위인 'Picul'과 '관'도 나라마다 다르고 'Ounce'도 액체와 고체의 측정기준이 다르다.

중량의 측정방법으로는 다음과 같은 것이 있다.

가) 총중량(Gross Weight)

상품을 포장한 채로의 중량, 즉 포장 재료를 다 합한(ware and tare) 총 무게를 말한다.

다) 순중량(Net Weight)

상품의 순중량, 즉 포장용의 무게를 공제한 순상품 중량을 말한다.[9)]

라) 법적 중량(Legal Weight)

상품의 겉포장(tare) 무게는 제하나 상품이 소매될 때 포장되어 있는 상태의 포장무게는 포함하는 것을 말한다. 즉 비누 같은 것은 개개의 비누가 기름종이에 포장되고 다시 두꺼운 외장지에 넣은 채 소매되므로 이 비누를 싼 유지나 포장지의 무게는 포함된다.

---

9) 상품에 따라서는 순중량을 좀더 상세히 구분하기 위하여 순순중량(net net weight)이라고 하여 그 상품을 구성하는 주된 원료의 순무게를 뜻한다. 예를 들어 치약에서 튜브의 무게를 뺀 순수한 치약의 무게 또는 아크릴 스웨터의 경우 단추, 실 및 테잎 등의 무게를 뺀 순 아크릴 실의 무게를 뜻한다.

(2) 길 이

생사, 직물류 등은 길이나 넓이에 기준을 두는데 'Meter', 'Yard', 'Feet', 'Inch' 등 여러 가지 단위가 있으므로 주의하여야 한다.

(3) 용 적

액체나 목재의 측정은 용적을 기준으로 하는데 목재의 용적을 표시할 때는 SF(superfoot)로 표시되며 1 SF=1평방 feet×1 inch로서 480 SF가 1용적톤이 된다. 그러나 일반적으로 선박에 선적할 때 1용적톤(measurement ton; M/T)이라면 40 cubic feet를 말한다.

그 외에 영국에서 1 Gallon(imperial gallon)은 277 cubic inch인데 미국의 1 Gallon(wine gallon)은 231 cubic inch로서 서로 다르다.

(4) 포장단위

'Bale', 'Case', 'Drum', 'Keg' 등과 같이 상품에 따라 포장단위가 무엇인지 알아야 한다.

(5) 개 수

대부분의 잡화제품의 기준이 되는 것으로서 'Piece', 'Dozen', 'Gross' 등이 있다. 양말이나 스웨터 같은 것은 Dozen으로 기준하며 조화나 핀(pin)같이 작거나 값싼 물건은 Gross로 계산되기도 한다.

1 dozen = 12 pieces
1 gross = 12 dozen(12×12)
1 small gross = 10 dozen(12×10)
1 great gross = 12 gross(12×12×12)

거래상품의 수량결정에 있어서도 품질의 경우와 마찬가지로 선적수량조건과 양륙수량조건으로 구분되어 선적지나 양륙지에서 사정기관이나 공인검량기관의 검량을 받아 중량 · 용적증명서(certificate of weight/measurement)를 발급받는다.

그러나 광산물과 곡류와 같이 감량이 예상되는 품목에는 계약시 일정비율의 과부족을 인정받는 과부족용인조건(More or Less Clause)으로 계약을 체결한다. 즉 'More or Less 5%'로 계약하면 5% 이내의 과부족이 발생해도 매도인은 면책이 되는 것이다.

3. 거래(가격) 조건

계약 중에서 가장 중요한 것이 아마 가격에 대한 조건일 것이다. 서로 언어, 관습, 법률 및 통화가 다른 수많은 나라 간에 각각 그 특징이 다른 수많은 상품을 거래하자면 고의가 아니더라도 많은 마찰과 오해로 분쟁이 생기게 마련이다. 이 때 가격조건과 관련해서는 크게 두 가지 문제가 발생하는데 하나는 매매가격을 어느 나라의 통화로 할 것인가 하는 거래통화에 대한 것이고, 다른 하나는 수출입에 따른 각종 비용 및 위험을 누가 부담하는가 하는 무역거래조건에 관한 것이다. 먼저 거래통화에 있어서는 국제적으로 널리 통용되는 안정적인 통화로 표시하여 환위험을 최소화시켜야 한다. 우리나라는 지정통화제도를 채택하고 있어 원칙적으로 대외거래에는 이들 통화만을 이용하도록 제한하고 있다.

한편, 무역거래조건에 있어서는 매매당사자 사이의 계약조건의 해석상의 차이에 따른 분쟁과 마찰을 해소하기 위해서 국제상업회의소 등에서 제정한 정형 가격들이 매매당사자간의 최소한의 의무를 밝히는 데 이용되고 있다.

4. 포장 조건

포장(packing)은 계약물품을 수송 도중 안전하게 보호하고 상품으로서의 가치를 유지할 수 있도록 하기 위해 개품운송인 경우 필수적으로 행해지며, 포장을 할 때는 값싸고 튼튼하게 또한 한눈에 계약물품임을 알아 볼 수 있도록 해야 한다. 따라서 포장조건에서는 포장의 종류와 재질, 포장단위, 하인 등이 문제가 된다.

(1) 포장방법

가) 개 장

개장(個裝; unitary packing)은 물품의 최소 소매단위를 하나하나 개별적으로 포장하는 것을 말한다.

나) 내 장

내장(interior packing)은 개장된 물품을 수송 또는 취급하기에 편리하도록 일정한 양의 개장물품을 묶어 다시 한 번 포장하는 것을 말한다.

다) 외 장

외장(outer packing)은 수송중 화물의 변질, 파손, 도난, 유실 등을 방지하고 하역에 편리하도록 몇 개의 내장을 목재나 골판지(carton) 등으로 된 상자에 다시 포장하는 것을 말한다.

(2) 하 인

운송관계자나 수입업자가 쉽게 식별할 수 있도록 포장의 외장에 기호, 번호 등으로 계약물품을 표시하는데 이를 통틀어 하인(荷印; shipping marks)이라 한다. 대부분 수입업자가 하인의 모양을 지시하며 수출업자는 지시내용대로 하인을 표시해야 한다. 그러나 수입업자의 별도 요청이 없을 경우에는 수출업자의 임의대로 하인을 하면 된다.

일반적으로 사용되는 하인은 [그림 9-2]와 같다.

주하인(main mark)은 다른 화물과 식별을 쉽게 하도록 하기 위해서 외장 면에 삼각형, 다이아몬드형, 정방형, 마름모형, 타원형 등의 표시를 하고 그 안에 상호의 약자를 기입한 것을 말한다. 부하인(counter mark)은 같은 선적분의 다른 화물과 식별할 수 있도록 표시한 것이다.[10)]

그림 9-2 하인의 방법

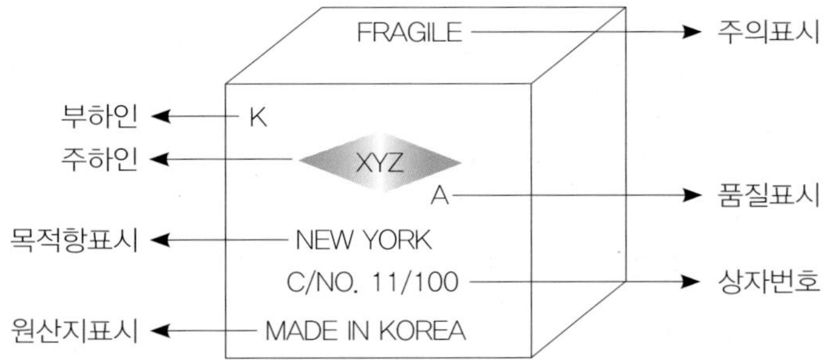

10) 주의표시는 'EXPLOSIVE', 'KEEP DRY', 'OPEN HERE', 'USE NO HOOKS', 'THIS SIDE UP', 'HANDLE WITH CARE' 등이 많이 사용된다.

표 9-2 포장의 종류

구분	포장종류	재 질	포장명	약 호	포장대상물품
용기포장	상자	나 무	wooden box; case; chest	W/B;	식료품, 손상하기쉬운잡화, 홍차
		종 이	carton	C/S; CST	가벼운 일반잡화
		금 속 지	tin-lined case	C/; CTN	통조림
		투시상자	crate; skelton case	CRT	자동차
	베일 (bale)	마	burlap; hessian cloth	–	면사, 원모
		압축베일	pressed bale	BL	원면
		가 마 니	straw mat	–	쌀
	부대 (bag)	마 대	gunny bag	BG	미곡, 잡곡
		면 대	sack	SK	소맥
		지 대	paper made bag	BT	시멘트, 석회
		폴리에틸렌	polyethylene bag	BG	소금, 사료, 분말약품
	통	나무통(대)	barrel	BRL	술, 간장
		나무통(중)	cask	CSK	염료
		나무통(소)	keg	KG	못, 볼트
	특수용기	드럼관	drum	DR	화공약품, 유지
		양철관	tin; can	–	석유, 통조림
		용기, 유리	jar; pot; carboy	–	유산, 음료수
		대나무	basket; hamper	BKT	과일
		철제원통	cylinder; iron flask	–	탄소
무용기포장	두루마리		roll; coil	BL; CL	철판, 신문지, 철사
	다발		bundle	BDL	철근
	궤		ingot	–	철강, 알루미늄

5. 선적 조건

선박은 비행기와 달라서 매일매일 일정 목적지를 향해 출항하지 않으므로 계약상에 선적일을 어느 한 날로 정하지 않고 대개는 언제까지로 지정하든지 어느 달을 지정하는 것이 상례이다.

그러나 경우에 따라서는 'Not earlier than…, not later than…'라고 해서 선적해야 할 기간을 정해 주는 수도 있다. 이는 양륙지에서 창고에 입고하지 않고 실수요자에게 직접 인도해 주기 위하여 취해지는 조처이다.

한 주문에 여러 색상이 골고루 섞인 스웨터나 규격별로 비례해서 한 'Lot'가 된 주문은 분할선적을 금하는 것이 상례이며, 부득이할 경우에는 색상이나 규격의 배합이 고르게 분할선적을 허락할 수는 있다.

귀중품이나 깨어질 염려가 많은 물품은 환적을 금하는 경우가 많으며, 부득이할 때는 환적의 비용과 환적에 따른 보험의 할증료는 매도인의 부담이 되는 것이다.

그 외에 'prompt shipment', 'immediate shipment'와 같은 표현은 그 시기가 애매하므로 이의 사용을 피하는 것이 좋다.

특히 무역거래를 하다 보면 여러 가지 사정으로 계약에서 정해진 기간보다 선적이 늦어지는 수가 있다. 이때 수출업자의 고의 · 과실 또는 태만 등에 의한 선적지연에 대해서는 물론 수출업자가 책임을 져야 하나, 천재지변 · 파업 · 전쟁 · 수출금지 · 전염병 등 불가항력에 의한 선적지연은 면책될 수 있다. 그러나 이러한 불가항력의 경우도 계약서상에 한 조항으로 다음과 같이 삽입해 두는 것이 현명하다.

> *Force Majeure* : Seller shall not be responsible for non-performance or late performance of all or part of the contract due to orders, regulations, and/or ordinance by the Government, Act of God, war, blockade, insurrection, mobilization or due to any other causes of circumstances beyond seller's control.

6. 보험 조건

국제운송에 따른 보험은 운송방식에 따라 해상보험, 육상보험, 항공보험 등으로 구분되지만 무역거래에서 주로 이용되는 것은 해상보험이다. 해상보험은 특약이나 상관습에 의해 해상운송에 수반되는 내수로 운송 혹은 육상운송에서의 위험도 담보한다. 그리고 항공화물도 관례에 따라 해상보험으로 담보하며 해상보험의 법률과 원칙을 적용한다. 따라서 사실상 해상보험이 무역거래의 모든 운송에 따른 보험으로 이용되고 있다.

해상보험계약은 가격조건에 따라 수출업자 혹은 수입업자가 체결한다. 현행 Incoterms의 운임 및 보험료 포함조건(CIF)과 운송비 및 보험료 지불인도조건(CIP)에서는 수출업자가 수입업자를 위해서 보험계약을 체결해 주는 것이기 때문에 수출업자는 관련 규정에 따라 해상보험계약을 체결해야 한다. 나머지 가격조건에서는 모두 자신들을 위해 보험계약을 체결하므로 보험에 대한 약정이 필요 없다.

7. 결제 조건

이 조건에서는 수출대금의 결제방법과 결제시기를 주로 합의하는데 무역거래에서는 수출대금회수불능의 위험이 발생할 수 있으므로 수출업자는 대금결제조건을 가장 신중히 다루어야 한다.

현재 무역거래에서 주로 이용되고 있는 결제방식은 신용장, 화환어음추심, 송금 및 기타 방식으로 구분된다. 대금결제 시기는 선불, 동시지급 및 후지급으로 구분된다. 결제와 관련해서는 제1부 제7장에서 자세히 설명했기 때문에 여기서는 생략하고자 한다.

8. 무역거래 일반조건

(1) 일반거래조건의 의의

당사자 간에 무역거래가 이루어지면 무역계약을 체결하기에 앞서 거래의 일반적 기준이 될 조건들을 협정하는데 이를 일반거래조건(general terms and conditions)이라 한다. 별도의 일반거래조건협정서를 작성할 수도 있지만 대부분의 무역거래에서는 무역계약서 전면을 개별약정사항 등을 명시한 계약서 형식으로 하고, 그 뒷면에 일반거래조건을 인쇄하여 사용한다. 뒷면에 인쇄되어 있는 일반거래조건은 전면의 개별적 계약의 조건을 보충 설명하는 것이 된다. 만약 개별거래약정사항과 일반거래조건이 상호 모순되면 개별약정사항을 우선 적용한다.

무역거래에서 사용되는 일반거래조건은 본 매매계약이 본인 대 본인 계약이라는 점과 품질, 수량, 가격, 선적 등 개별약정사항을 해석하는 기준도 마련되어 있다. 그리고 천재지변 등으로 인한 계약불이행에 따른 면책조항, 클레임조항, 중재조항, 준거법조항 등 있다.

(2) 일반거래조건의 주요 조항

가) 본인 대 본인 계약조항

본인 대 본인계약(principal to principal contract)조항은 거래당사자 모두 자신의 명의와 계산으로 직접 거래를 하고 계약을 체결하는 것을 나타내는 것이다. 무역거래는 판매 대리인이나 구매 대리인을 통해 거래가 이루어질 수 있기 때문에 계약을 체결할 때 수출업자와 수입업자 본인들이 직접 계약을 체결한 것을 협정해야만 사후 중개수수료 등의 문제가 제기되지 않는다.

나) 거래상품에 관한 조항

거래상품에 대해서는 개별계약서에 구체적으로 정해진다. 그러나 거래상품에 관한 일반적 사항에 대해서는 일반거래조건에서 정해지는데 여기에는 수량, 선적, 지급, 검사, 포장, 보험, 추가비용, 가격 등에 관한 조항들이 협정된다.

다) 클레임조항 및 중재조항

클레임조항에는 보통 클레임의 제기시기와 방법이 약정되어 있다. 클레임은 거래상품이 목적지에 도착한 후 일정 기일 이내 먼저 빠른 전신수단으로 클레임을 제기하겠다는 사실을 통지하고 그 후 일정 기간 내 공인된 감정인의 보고서(surveyor's report)를 첨부하여 정식으로 제기하도록 한다.

그리고 클레임은 당사자 간에 가능한 한 우호적으로 해결하고 이것이 실패할 경우에는 중재(arbitration)에 의해서 해결하도록 한다. 중재에 관해서는 중재지역, 중재기관, 중재법 등을 약정한 중재조항을 명시해 둔다.[11)]

라) 불가항력조항

수출업자의 고의, 과실, 태만 등으로 인한 계약불이행에 대해서는 수출업자가 책임을 져야 하나 천재지변, 전쟁 등과 같은 불가항력에 의한 계약불이행은 면책될 수 있다. 그러나 어떠한 경우가 불가항력에 해당하는가를 구체적으로 단정하기가 어렵기 때문에 이의 범위를 계약서에 명시해 두는 것이 바람직하다.

마) 준거법조항

무역계약의 당사자들은 서로 법률이 다른 국가에 속하므로 계약의 성립, 이행 및 해석을 위한 준거법(governing law)을 결정해야 한다. 그리고 무역계약의 준거법으로 활용될 수 있는 국제조약으로 1980년 비엔나회의에서 확정된 'UN 국제물품매매에 관한 조약'(United Nations Convention on Contract for the International Sale of Goods; UNCCISG, 비엔나협약)이 있다.

---

11) 클레임조항 및 중재조항의 예시는 제2부 제14장에 자세히 설명되어 있다.

▶ **서식 9-3** 계약서

Confirmation of Order
Sales Note No.

To Messrs
Seoul, Korea
Reference
Contracted through

Order No.
Commodity
Quantity
Price
Amount
Packing
Shipment
Destination
Payment
Remarks

We confirm our sales as specified herein. Subject to the terms and conditions set forth herein, this confirmation of order ("the Contract") constitutes a contract between Daewoo Corporation. ("Seller") and the addressee ("Buyer"). Other terms and conditions of the Contract are on the back hereof. If you find anything herein not in order, please let us know immediately, if necessary by telex, cable or telegram. Kindly sign and return the duplicate after confirming the above.

Read and agreed to
Name of addressee

By	By
Typed name	Typed name
Date	Date

GENERAL TERMS AND CONDITIONS

All business hereunder shall be transacted between Buyer and Seller on a principal to principal basis and both parties agree to the following terms and conditions :

(1) Quantity : Quantity shall be subject to a variation of ( )% plus or minus at seller's option.

(2) Shipment : Date of bill of lading shall be accepted as conclusive of the date of shipment. Partial shipment and/or transshipment shall be permitted. If shipment is prevented or delayed in whole or in party, by reason of Acts of God, such as fire, flood, typhoon, earthquake, wars, hostilities, governmental restrictions, trade embargoes, strikes, lockouts, labour disputes boycotting of Korean goods, unavailability of transportation or any other causes of a nature beyond Seller's control, then, Seller may, at its option perform the contract of the unfulfilled portion here of within a reasonable time from the removal of the cause preventing or delaying performance, or rescind unconditionally and without liability this contract or the unfulfilled portion here of.

(3) Payment : Irrevocable and confirmed letters of credit negotiable at sight draft shall be established through a prime bank satisfactory to Seller immediately after conclusion of contract with validity of at least 15 days after the last day of the month of shipment for negotiation of the relative draft. The amount of such letter of credit shall be sufficient to cover the contract amount and additional charges and/or expenses to be borne by the Buyer. If Buyer fails to provide such letter of credit, Seller shall have the option of reselling the contracted goods for Buyer's account, holding the goods for Buyer's account and risk, and/or cancelling the contract and claiming for damages caused by Buyer's default.

(4) Inspection : The inspection of quantity shall be done according to the export regulation of the Republic of Korea and/or by the manufacturers which shall be considered as final. Should any specific inspector be designated by the Buyer, all additional charges thereby incurred shall be borne by the Buyer and shall be added to the invoice amount, for which the letter of credit stipulates accordingly.

(5) Packing : Packing shall be at the Seller's option. In case special instructions are necessary the same should be intimated to the Seller in time so as to enable the Seller to comply with it.

(6) Insurance : In case of CIF or CIP basis, 110% of the invoice amount, will be insured unless otherwise agreed. Any additional premium for insurance coverage over 110% of the invoice amount, if so required, shall be borne by Buyer and shall be added to the invoice amount for which the letter of credit shall stipulate accordingly.

(7) Increased Costs : If Seller's costs of performance are increased after the date of this agreement by reason of increased freight rates, taxes or other governmental charges and insurance rates including war risk, or if any variation in rates of exchange increases Seller's costs or reduces Seller's return, Buyer agrees to compensate Seller of such increased cost or loss of income.

(8) Price : The price stated in the contract is subject to change and the actual price to be paid will be that of Seller's current price list ruling at the time of dispatch of the goods. Seller shall notify Buyer in writing or by telex, cable or telegram of any revised price which shall be applied to goods still to be shipped, unless Buyer cancels in writing or by cable or telex the undelivered balance within 15 days from such notification.

(9) Any Claim : Dispute, or complaint by Buyer of whatever nature arising under this contract, shall be made in cable within 10 days after arrival of the cargo in the destination port. Full particulars of such claim shall be made in writing and forwarded by airmail so as to reach Seller within 20 days after cabling. Buyer must submit with such particulars as Public Surveyor's report when the quality and quantity of merchandise is in dispute. A claim made after the said 30-day period shall have no effect and Seller shall not be obligated to honor it. Seller shall not under any circumstance be liable for indirect or consequential damages.

(10) Trade Terms : The trade terms used herein such as CIF, CIP and FOB shall be in accordance with Incoterms 2010. In all other respects, this Contract shall be governed by and construed in accordance with the laws of Korea.

(11) Arbitration : All disputes, controversies, or differences which may aris between the parties out of or in relation to or in connection with this contract or for the breach thereof, shall be finally settled by arbitration in Seoul, Korea in accordance with the Commercial Arbitration Rules of the Korean Commercial Arbitration Board and under the Laws of Korea. The award rendered by arbitrator(s) shall be final and binding upon both parties concerned.

(12) Deduction : Buyer may not deduct any amount from the price without Seller's advance written authorization.

(13) Patents, trade : Buyer is to hold Seller harmless from liability for any infringement with marks, Designs, etc. : regard to patent, trademark, copyright, design, pattern, construction, stamp, etc., originated or chosen by Buyer.

(14) Force Majeure : Seller shall not be responsible for non-delivery or delay in delivery resulting from causes beyond its control. In the event of such an occurrence, Seller may at its option either postpone delivery until removal of the causes, or cancel the balance of the order in the Contract.

(15) Governing Law : This contract shall be governed in all respects by United Nations Convention on Contracts for the International Sale of Goods, 1980.

IN WITNESS WHEREOF, the parties have caused this Agreement to be executed by their duly authorized representatives as of the date first above written :

Name of addressee	Name of addresser
By :	By :
Typed Name :	Typed Name :
Date : ______________________________	Date : ____________________

제 10 장

수출과 결제

해외시장조사를 통해 잠재 거래처가 물색되면 오퍼를 주고받아 무역계약을 체결한다. 이 때부터 수출업자는 본격적으로 수출활동에 들어가는데 먼저 관계 법령에 따라 승인을 요하는 것은 승인을 받고 수출물품을 생산 확보하여 수출통관을 준비한다. 한편에서는 운송계약을 체결하고 필요에 따라 보험계약도 체결한다. 수출통관이 완료되면 수출물품을 선적하여 선하증권을 발급받아 다른 운송서류와 함께 거래은행에 매입을 의뢰하여 수출대금을 회수한다. 이 장에서 수출이행의 주요 과정을 수출물품의 조달, 수출통관 및 선적 그리고 운송서류의 구비 등으로 구분하여 살펴보기로 한다.

제 1 절 수출이행의 준비

1. 수출의 정의

수출은 일반적으로 상품을 외국에 매각하는 행위라고 할 수 있지만 우리나라 대외무역법에서는 다음 항목 1에 해당하는 경우를 수출로 정의하고 있다(대외무역법시행령 제2조 제3호).

① 매매, 교환, 임대차, 사용대차, 증여 등을 원인으로 국내에서 외국으로의 물품을 이동하는 것(우리나라 선박에 의하여 외국에서 채취 또는 포획한 광물이나 수산물을 외국에 매도하는 것을 포함한다)
② 보세판매장에서 외국인에게 국내에서 생산된 물품을 매도하는 것
③ 유상으로 외국에서 외국으로 물품을 인도하는 것으로서 산업통상자원부장관이 정하여 고시하는 기준에 해당하는 것[1)]
④ 거주자가 비거주자에게 대통령령이 정하는 용역을 제공하는 것으로서 산업통상자원부장관이 정하여 고시하는 방법으로 제공하는 것
⑤ 거주자가 비거주자에게 대통령령이 정하는 전자적 형태의 무체물을 정보통신망을 통하여 전송하거나 그 밖에 산업통상자원부장관이 정하여 고시하는 방법으로 인도하는 것

(1) 물품의 인도

대외무역법에서는 수출을 우리나라에서 외국으로 물품이 이동하는 것으로 정의하면서 그 원인을 구체적으로 명시하였다. 특히 수출거래가 복잡 다양화되고 특수화됨에 따라 물품의 매매뿐만 아니라 사용대차, 교환, 증여 등도 수출의 범위에 포함시켰다.

또한 우리나라 선박이 공해상이나 외국의 영해에서 채취 또는 포획한 광물이나 수산물 등을 현지에서 매각하는 것도 그 물품이 우리나라에 속한 것이고 매매에 의해서 외국으로 인도되는 것이기 때문에 수출로 간주되고 있다.

그리고 유상으로 외국에서 외국으로 물품을 인도하는 것으로 산업통상자

1) 사용대차(使用貸借)는 당사자의 일방이 무상으로 사용·수익을 한 후 돌려주기로 약속하고 상대방으로부터 물품을 인도받는 계약을 말하는데, 무상이라는 점에서 임대차와 구분된다. 무상으로 그림을 빌려서 전시회를 개최한 후에 반환하는 것은 사용대차에 해당된다.

원부장관이 정하여 고시하는 기준에 해당하는 수출거래는 중계무역형태의 수출과 외국인도수출을 들 수 있다.

중계무역은 수출할 것을 목적으로 물품을 수입하여 보세구역, 타소장치의 허가를 받은 장소 혹은 자유무역지역 이외의 국내에 반입하지 않고 제3국으로 수출하는 거래를 말한다. 일반적으로 보세구역, 자유무역지역 등은 관세법상 외국의 범주에 포함될 수 있으므로 중계무역은 물품이 비록 우리나라를 경유하더라도 외국에서 외국으로 인도하는 것에 해당된다.

외국인도수출은 수출대금은 국내에서 영수하지만 국내에서 통관되지 아니한 수출물품을 외국으로 인도하는 수출이다. 따라서 해외건설사업에 사용하기 위하여 외국에서 구입한 시설, 기재 등을 현지에서 사용한 후 현지국이나 제3국으로 직접 판매할 수 있게 된다.

(2) 거주자의 비거주자에 대한 용역의 제공

수출은 물품과 같이 유체물의 이동만 의미하는 것이 아니라 거주자가 비거주자에게 서비스, 지식재산권 등 무형의 용역을 제공할 경우에도 수출로 간주된다. 대외무역법에서는 다음과 같이 두 가지 경우를 수출로 간주되는 용역으로 규정하고 있다(대외무역법시행령 제3조).[2)]

첫째, 다음에 해당하는 사업을 영위하는 자가 제공하는 용역은 수출로 인정된다.

① 경영상담업
② 법무관련 서비스업
③ 회계 및 세무관련 서비스업
④ 엔지니어링 서비스업
⑤ 디자인
⑥ 컴퓨터 시스템 설계 및 자문업
⑦ 문화산업진흥기본법에 의한 문화산업에 해당하는 업종
⑧ 운수업
⑨ 관광사업에 해당하는 업종
⑩ 그 밖에 지식기반용역 등 수출유망산업으로서 산업통상자원부장관이 정하여 고시하는 업종

2) 거주자라 함은 대한민국 안에 주소 또는 거소를 둔 개인과 대한민국 안에 주된 사무소를 둔 법인을 말하며, 비거주자라 함은 거주자 외의 개인 및 법인을 말한다. 다만, 비거주자의 대한민국 안의 지점 · 출장소 기타의 사무소는 법률상 대리권의 유무에 불구하고 거주자로 본다(외국환거래법 제3조 제1항 제14호 및 제15호).

둘째, 국내의 법령 또는 대한민국이 당사자인 조약에 의하여 보호되는 특허권 · 실용신안권 · 의장권 · 상표권 · 저작권 · 저작인접권 · 프로그램저작권 · 반도체집적회로의 배치설계권의 양도, 전용실시권의 설정 또는 통상실시권의 허락도 용역으로 간주된다.[3)]

(3) 거주자의 비거주자에 대한 전자적 무체물 전송

정보통신기술의 발달로 소프트웨어, 디지털 방식의 정보 등 전자적 형태의 무체물을 거주자가 비거주자에게 전송하는 것도 수출에 해당된다. 전자적 형태의 무체물은 다음 각 호의 1에 해당하는 것을 말한다(대외무역법시행령 제4조).

① 소프트웨어산업진흥법에 의한 소프트웨어
② 부호 · 문자 · 음성 · 음향 · 이미지 · 영상 등을 디지털방식으로 제작하거나 처리한 자료 또는 정보 등으로서 산업통상자원부장관이 정하여 고시하는 것(여기에 해당되는 것은 영화, 게임, 애니메이션, 만화, 캐릭터를 포함한 영상물, 음향 · 음성물, 전자서적 및 데이터베이스이다.)
③ 위의 ① 및 ②의 집합체 기타 이와 유사한 전자적 형태의 무체물로서 산업통상자원부장관이 정하여 고시하는 것

2. 수출요건의 확인

우리나라에서는 무역 관계 법규에 따라 수출 행위와 관련하여 행정 당국으로부터 승인, 인정 등 수출요건을 확인한다.

(1) 수출승인

물품의 수출은 원칙적으로 자유롭게 할 수 있지만 대외무역법에서 정하고 있는 특정 물품에 대해서는 개별수출에 대한 사전 승인을 받아야 하는데 이를 수출승인이라 한다. 이에 따라 수출입공고에 의해 수출이 제한되는 물품을 수출하고자 하는 경우에는 산업통상자원부장관으로부터 수출승인을 받아야 한다.

3) 의장권은 상품의 형상, 모양, 색채 등으로 미감을 일으키는 아이디어를 독점적으로 사용할 수 있는 권한을 말한다. 그리고 저작인접권은 직접적인 저작권은 아니지만 저작물의 실제 공연, 방송물 등에 대하여 저작물에 준하는 권리를 말한다.

수출승인기관의 장은 원칙적으로 산업통상자원부장관이지만 수출절차를 간소화하기 위해 이러한 권한은 현재 산업통상자원부장관이 지정하여 고시하는 관계 행정기관 또는 관계 단체의 장에 위탁되어 있다. 그리고 수출승인의 유효기간은 수출을 승인한 날로부터 1년 이내이며 필요에 따라 20년 범위 내에서 연장될 수 있다.

가) 수출승인 신청 시 구비서류

승인대상물품을 수출하고자 하는 자는 다음의 서류를 구비하여 수출승인기관의 장에게 제출하여야 한다.

① 수출승인신청서 4부(업체용, 세관용, 승인기관용 및 사본)
② 수출신용장, 수출계약서 또는 주문서
③ 수출대행계약서(공급자와 수출업자가 다른 경우)
④ 수출입공고 등에서 규정한 요건을 충족한 서류(단, 당해 승인기관에서 제한요건의 충족 여부를 확인할 수 있는 경우는 제외)

나) 수출승인의 요건

수출승인기관의 장이 수출승인을 해 주는 데 있어서 적격수출인가의 여부를 가리기 위해 검토하게 되는 요건은 다음과 같다.

① 수출하고자 하는 자가 승인을 얻을 수 있는 자격이 있어야 한다.
② 수출하고자 하는 물품이 수출입공고 등과 대외무역관리규정에 의한 제한요건을 충족하는 물품이어야 한다.
③ 수출하는 물품의 품목분류번호(HS)의 적용이 적정하여야 한다.

이상과 같은 요건들을 검토한 후 아무런 하자가 없다고 인정되면, 산업통상자원부장관(승인기관의 장)은 소정의 내부결제를 거쳐서 수출승인서를 교부해 주고, 관련기관에 승인내용을 통보해 주게 된다.

(2) 특정거래형태에 대한 수출입인정

모든 수출입거래가 동일한 성격을 지니고 있는 것이 아니고 물품의 이동, 대금의 결제 등에 따라 다양한 특성을 지니고 있기 때문에 수출입거래형태 중 특정거래형태를 지정하고 여기에 해당될 경우에는 이에 대한 별도의 인정절차를 받도록 하고 있다(대외무역법 제13조). 현재 당해 거래의 전부 또는 일

부가 다음 각 호의 1에 해당할 경우 특정거래형태로 분류된다(대외무역법시행령 제20조).[4)]

① 수출 또는 수입의 제한을 회피할 우려가 있는 거래
② 산업보호에 지장을 초래할 우려가 있는 거래
③ 외국에서 외국으로 물품 등의 이동이 있고 그 대금의 지급 또는 영수가 국내에서 이루어지는 거래로서 대금결제상황의 확인이 곤란하다고 인정되는 거래
④ 대금결제가 수반되지 아니하고 물품 등의 이동만 이루어지는 거래 중 하나에 해당되면 특정거래형태의 수출입이 된다.

이에 따라 다음과 같이 11개의 수출입형태가 그 성격상 특정거래형태에 해당된다.

① 위탁판매수출	② 수탁판매수입
③ 위탁가공무역	④ 수탁가공무역
⑤ 임대수출	⑥ 임차수입
⑦ 연계무역	⑧ 중계무역
⑨ 외국인도수출	⑩ 외국인수수입
⑪ 무환 수출입	

(3) 전략물자의 확인, 신고 및 수출허가

수출업자, 제조업자, 수입업자 및 중개업자는 반드시 전략물자관리시스템을 통해 취급 물품에 대해 전략물자 해당 여부를 확인해야 한다. 전략물자를 제조하거나 수입하여 거래하는 자는 확인결과 전략물자로 판정된 물품 등을 국내에서 거래할 경우 상대방에게 서면으로 그 품목이 전략물자임을 통보해야 한다. 전략물자 통제번호 등을 기재하여 서면 통보한다.

그리고 전략물자를 수출할 경우 매 수출 시마다 사전에 수출허가기관에 신청하여 허가를 받아야 하며 수출허가의 유효기간은 1년이다. 그러나 수입한 전략물자를 수리, 성능미달, 대체 등의 사유로 당초 수출업자에게 반송하는 경우 등은 수출허가가 면제된다.

4) 그동안 특정 거래형태에 대해서는 별도의 인정절차가 필요했지만 지금은 유명무실한 상태로 법 규정만 살아있는 실정이다.

▶ **서식 10-1** 특정거래인정(신청)서

특정거래인정(신청)서

처리기간
7 일

① 신청인(상호, 주소, 전화번호) 무역업고유번호 사업자등록번호 (서명 또는 인)	② 신청일자 ③ 신용장 또는 계약서번호

수출명세

④ 수 출 물 품			⑤ 결 제 내 용		⑥ 물 품 이 동	
품 명	HS No		결제금액		원 산 지	
	규 격		결제기간		선 적 항	
	단 위		가격조건		도 착 항	
	수 량		결제방법		송수하인	

수입명세

⑦ 수 입 물 품			⑧ 결 제 내 용		⑨ 물 품 이 동	
품 명	HS No		결제금액		원 산 지	
	규 격		결제기간		선 적 항	
	단 위		가격조건		도 착 항	
	수 량		결제방법		송수하인	

신청시 첨부서류		
1. 거래요약서	인정조건	
2. 계약서 또는 물품매도확약서 등 동 거래사실 입증서류	유효기간	
3. 대외무역법 제14조 제2항의 승인대상물품인 경우 승인서	인정번호	
4. 기타	인정내용	

위의 신청사항을 대외무역법 제22조의 규정에 의하여 인정합니다.

년 월 일

산업통상자원부장관 인

2812-281-08811민 210㎜×297㎜

1999.1.25. 승인 일반용지 60g/㎡

▶ **서식 10-2** 특정거래수출입보고서

특정거래수출입보고서

보고의무자	① 상호(법인명)	④ 주소, 전화번호
	② 대표자성명	⑤ 주민등록번호
	③ 무역업신고번호	
⑥ 보고사항 수출(수입)신고번호 거래구분 통관일 계약기간(. . . – . . .)		
대외무역관리규정 제22조의 규정에 의하여 위의 사항을 보고합니다. 년 월 일 보 고 자 (인) 산업통상자원부장관 귀하		

2812–281–09011민 210㎜×297㎜
1998.1.12. 승인 일반용지 60g/㎡

3. 수출대금의 확보

(1) 신용장 방식의 경우

가) 신용장의 수취

무역거래에서 이용되고 있는 신용장방식의 거래에서 무역계약이 체결되면 수입업자는 자신이 거래하는 은행을 통해 수출업자 앞으로 신용장을 개설해 준다. 대개 신용장은 개설은행의 요청에 따라 수출업자 주소지에 소재하는 통지은행을 통해 전달된다.[5)]

신용장 통지은행(advising bank)은 수출업자에게 신용장을 통지할 때 통지번호를 부여하고 신용장조건이 변경되는 경우에는 통지번호의 맨 끝에 변경되는 누적횟수를 표시한다. 그리고 통지은행은 상당한 주의를 가지고 신용장의 진위 여부를 검토해야 할 의무가 있다. 만약 진위 여부를 확인할 수 없을 경우에는 그러한 사실을 개설은행 및 수출업자에게 통지해야 한다.

통지은행은 우편으로 개설된 신용장에 대해서는 사전에 개설은행과 교환되어 있는 서명감(specimen signature booklet)에 의해 서명을 대조하는 방법으로 신용장의 진위 여부를 확인한다. 그리고 전신신용장이나 SWIFT 신용장은 개설은행과 통지은행 간에 설치된 Test Key 또는 Authenticator Key에 의해 신용장의 진위 여부가 쉽게 확인된다.

나) 신용장의 주요 확인사항

신용장은 개설은행의 조건부 지급확약서이기 때문에 수출업자가 수출대금을 결제받기 위해서는 신용장에서 요구하고 있는 모든 요건을 충족해야 한다. 따라서 수출업자는 신용장을 수취하면 즉시 신용장상의 제반 요건이 계약의 내용과 일치하는지, 각 조건들이 이행 가능한 것인지 등을 면밀히 검토해야 한다.

① 신용장의 진위 여부

수출업자는 먼저 통지된 신용장이 진짜인지 가짜인지를 검토해야 한다. 물론 통지은행이 신용장을 통지할 때 그 진위 여부를 확인하고 애매모호한 경우에는 그러한 사실도 통지하지만 수출업자는 신용장을 실제 사용하는 직접적인 당사자로서 그 진위 여부를 다시 한 번 검토해야 한다.

---

5) 만약 수출대금을 무신용장방식으로 결제하기로 계약을 했으면 이 과정은 필요 없고 곧바로 수출용 원자재를 확보하여 수출물품을 생산하면 된다.

우편신용장은 가짜 신용장일 경우가 많으므로 이를 신중히 다루어야 하며 특히 다음 내용의 신용장에 대해서는 주의를 기울여야 한다.

첫째, 개설은행이 환거래약정을 체결하지 않은 은행이고 잘 모르는 은행인 경우: 신용장거래에서는 개설은행의 지급확약을 토대로 모든 거래가 일어나므로 개설은행의 신용도는 매우 중요하다. 우리나라의 외국환은행들은 환거래취결을 맺고 있지 않은 은행이 개설한 신용장에 대해서는 매입에 응하지 않는다.

둘째, 신용장이 우편에 의해 수출업자에게 직접 우송된 경우: 우편신용장의 개설은행과 통지은행간에는 사전에 서명감이 교환되어 있어 통지은행을 통할 경우 신용장의 진위 여부가 쉽게 확인되지만, 우편신용장이 수출업자에게 직접 전달되면 신용장의 진위 여부를 판단할 수 없게 된다.[6)]

셋째, 선하증권 등 운송서류의 수취인이 수업업자로 되어 있는 경우: 신용장거래에서 운송서류는 매입은행을 경유하여 최종 개설은행으로 전달된다. 개설은행은 수입대금과 상환하여 운송서류를 수입업자에게 인도해야 하는데 만약 수입업자가 직접 운송서류를 수취하도록 되어 있으면 개설은행은 매입은행에 지급한 상환대금을 확보할 수 없게 된다.

② 개설은행의 신용상태

신용장거래에서 개설은행의 신용도는 아주 중요하므로 신용장 개설은행의 신용상태를 면밀히 분석해야 한다. 신용장을 받는 것에만 급급하여 개설은행의 신용을 확인하지 않고 수출함으로써 대금을 받지 못하는 경우가 종종 발생한다. 그리고 개설은행 국가의 외환사정이 악화되어 대외지급이 중지되거나 연기될 수 있으며 또한 개설은행 국가 지역의 전쟁으로 인해 운송서류를 송달할 수 없어 결제가 불가능한 경우도 있다.

따라서 수출업자는 신용장을 수취하면 개설은행의 신용상태와 더불어 개설은행 국가의 비상위험이 발생할 가능성을 항상 분석해야 한다. 만약 개설은행의 신용에 문제가 있거나 국가의 비상위험이 발생할 가능성이 높으면 확인은행을 개입시켜 확인을 추가로 받거나 무역보험에 가입한 후 수출을 이행하는 것이 안전하다.

③ 신용장 형식요건의 구비확인

신용장의 형식요건과 관련해서는 취소불능신용장인지의 여부, 지급확약

6) 우리나라의 무역금융규정에서는 외국환은행들로 하여금 신용장에 반드시 통지번호를 부여하도록 하여 은행 경유의 통지를 의무화하고 있다.

문언의 존재 여부, 신용장통일규칙 준수문언의 존재 여부 등을 검토한다.

첫째, 우리나라에서 취소가능신용장은 신용장으로서 인정되지 않으므로 무엇보다 이를 먼저 검토해야 한다. 취소가능 여부에 대해서 신용장상에 아무런 언급이 없으면 취소불능신용장으로 간주되므로 신용장상에 'revocable'이라는 문언이 있는지를 확인해야 한다.

둘째, 신용장상에는 반드시 개설은행의 지급확약문언이 있어야 한다. 신용장이라는 것은 곧 개설은행의 보증서를 의미하므로 이 문언이 있어야만 신용장으로서 효력이 발생한다. 특히 개설은행의 지급확약을 받는 당사자가 수출업자로 제한되어 있는지 여부를 검토해야 한다. 만약 수출업자 한 당사자에게만 지급이 확약되어 있으면 지급은행이 지정되어 있어야만 결제가 가능하다.

마지막으로 신용장상에는 신용장통일규칙의 준수문언이 있어야 한다. 신용장거래는 2개국 이상의 거래이므로 준거법에 대한 분명한 명시가 있어야만 사후분쟁이 발생하지 않는다.

④ 조건부문언의 검토

신용장조건을 이행하는 데 지장을 초래할 수 있는 특수조건이 있는지를 검토해야 한다. 신용장에 특수한 조건을 붙여 그 조건이 이행되어야만 신용장이 유효하게 되는 조건부신용장이 있는데 이러한 조건부신용장은 조건을 이행하는 데 많은 어려움이 있으므로 각별한 주의를 기울여야 한다.

조건부신용장의 대표적인 조건들을 보면 대개 다음과 같다.

첫째, 수출국에 주재하고 있지 않는 수입국 공관장의 확인을 요청하는 경우

둘째, 개설의뢰인이 지정하는 자의 확인서명을 받은 물품검사증명서를 매입서류에 첨부하도록 요구하는 경우.

셋째, 선적 전에 견본에 대해 수입업자의 검사를 받은 후 그 검사증을 매입서류에 첨부하도록 요구하는 경우.

넷째, FOB 거래조건인데도 수출업자에게 해상보험계약의 체결을 요구하거나, 선하증권상에 운임선불을 요청한 경우.

(2) 화환추심어음 방식 등의 경우

결제형태가 D/A, D/P 등과 같이 화환추심어음 방식일 경우 수출업자는 수입업자와 선수출계약서를 작성한 후 계약에서 합의된 일자 내 선적을 완료하고 관련 서류를 수입업자에게로 보내야 한다. 따라서 수출업자는 선수출계

약이 체결되는 즉시 수출 이행에 필요한 조치를 취해야 한다. 화환추심어음 방식의 수출거래는 본 · 지사 간이나 오랜 단골거래선 간에 이루어지지만 합의된 선적기일을 지키지 못하는 등 수출업자의 귀책사유가 발생하면 아무리 오랜 거래가 있다하더라도 클레임의 대상이 되거나 수출대금을 받지 못할 수도 있다.

그리고 송금방식으로 거래할 경우 수출업자는 수출에 필요한 모든 준비를 완료한 후 이를 수입업자에게 통보하면 수입업자는 계약에서 합의된 일정 기일 내 수출대금을 송금하게 되는데 이 경우에도 수출업자는 매매계약에서 합의된 선적기일을 확인한 후 수출물품의 확보 혹은 생산계획을 세워야 한다. 왜냐하면 수입업자는 항상 예상한 선적일자를 토대로 언제 수입이 완료되고 언제부터 국내에서 마케팅을 할 것인가 등의 계획을 세울 수 있기 때문이다.

4. 원자재의 조달

수출업자는 대개 무역계약이 확정되면 원자재를 조달하여 수출물품을 자체 생산하거나 협력업체(하청업체)를 선정하여 완제품을 발주한다. 수출물품의 생산에 필요한 원자재나 완제품을 국내에서 조달할 경우 내국신용장이나 구매확인서가 이용되고 있다.[7)]

(1) 내국신용장에 의한 구매

가) 내국신용장의 의의

내국신용장(local credit)은 수출신용장을 가진 수출업자가 국내에서 수출용 원자재나 완제품을 조달하고자 할 때 사용되는 신용장이다. 이러한 내국신용장은 외국에서 개설되어 온 원신용장(master credit)을 토대로 국내에서 다시 개설되는 방식으로 사용된다.

내국신용장의 개설의뢰인은 수출신용장을 가진 수출업자로서 국내에서 수출용 원자재 또는 완제품을 구매하는 업자이다. 내국신용장의 개설은행은 통상 수출업자의 거래은행으로서 원수출업자의 요청과 지시에 따라 내국신용장을 개설하고, 내국신용장의 수익자에 대해서는 지급을 확약한다.

따라서 내국신용장을 활용할 경우 원수출업자인 개설의뢰인은 무역금융

7) 원자재를 외국에서 조달하는 경우가 많지만 이 경우는 수입에 해당되므로 제11장 수입과 통관에서 자세히 다루기로 한다.

을 이용할 수 있고, 국내에서 수출에 필요한 원자재나 완제품을 구매하는 데 필요한 결제자금의 부담에서 벗어날 수 있다. 그리고 내국신용장 개설은행이 지급확약을 하는 관계로 국내 공급업체로부터 물품확보가 보장되어 수출품의 생산을 예측할 수 있다.

그리고 내국신용장의 수혜자도 비록 국내 업체에 물품을 판매하지만 수출실적으로 인정된다. 내국신용장에 의한 거래가 수출실적으로 인정됨에 따라 무역금융을 활용할 수 있으며 관세 환급의 대상이 된다. 또한 수출품에 해당되는 부가가치세 영세율이 적용되어 조세 부담이 없다. 그리고 내국신용장의 대금은 내국신용장 개설은행으로부터 원수출업자의 수출 여부에 상관없이 일정 요건만 갖추면 물품대금을 회수할 수 있다.

나) 내국신용장 개설대상

다음과 같은 경우 내국신용장을 개설할 수 있다.

① 일반 수출업자: 수출용 수입원자재와 국내에서 생산된 수출용 원자재 또는 수출용 완제품을 구매(임가공 위탁 포함)하고자 하는 일반 수출업자는 내국신용장을 개설할 수 있다.

② 내국신용장 수혜자: 내국신용장의 수혜자는 해당 내국신용장을 근거로 수출용 원자재 및 완제품을 구매하기 위하여 또 다른 내국신용장을 개설할 수 있다.

③ 임가공 위탁업체: 수출업자가 원자재 및 완제품을 임가공계약에 의하여 위탁생산하고자 하는 경우 해당 수탁가공업체에게 가공임을 지급하기 위하여 내국신용장을 개설할 수 있다.

④ 기타: 국내업체간의 매매계약에 따라 국외에서 어획물을 수집하여 직접 수출하는 경우라도 동 거래의 특수성에 비추어 내국신용장을 개설할 수 있다. 그리고 선수금 영수조건 수출신용장(전대신용장)을 가진 수출업자도 동 수출신용장 등을 근거로 해당 원자재 및 완제품 조달을 위하여 내국신용장을 개설할 수 있다(다만, 원자재자금 및 완제품구매자금의 융자금액은 동 선수금을 제외한 금액 범위내로 한다).

다) 내국신용장의 개설근거와 종류

내국신용장의 개설근거는 신용장기준 및 실적기준으로 구분되는데 신용장기준은 수출신용장(Master L/C), 수출계약서, 외화표시 물품공급계약서 및 다른 내국신용장이다. 그리고 실적기준은 융자대상 수출실적이다.

내국신용장의 개설한도는 원자재 내국신용장 그리고 완제품 내국신용장은 수출신용장 등의 금액 범위 내(신용장기준금융의 경우) 또는 원자재자금 및 완제품구매자금의 융자한도 범위 내(실적기준금융의 경우)이다.

그리고 내국신용장은 공급물품에 따라서 원자재 내국신용장, 완제품 내국신용장 및 임가공 내국신용장으로 구분된다. 그리고 표시통화에 따라 원화표시 외화부기 내국신용장, 외화표시 내국신용장 및 원화표시 내국신용장으로 구분된다.

(2) 구매확인서에 의한 구매

가) 구매확인서의 의의

구매확인서는 국내에서 생산된 물품 등이나 수입된 물품을 외화획득용 원료 또는 물품으로 사용하기 위하여 구매하고자 하는 경우 내국신용장 취급규정에 준하여 외국환은행의 장 혹은 전자무역촉진에 관한 법률 제6조에 따라 산업통상자원부장관이 지정한 전자무역기반사업가 내국신용장에 준하여 발급하는 증서를 말한다. 즉 구매확인서는 국내에서 물품구매자가 구매하는 원자재 또는 완제품이 수출물품을 생산하는 데 사용되는 수출용 원자재 또는 완제품이라는 사실을 외국환은행의 장 혹은 전자무역기반사업자가 증명한 확인서를 말한다.

실무적으로는 구매확인서보다 용도가 더 다양하고 혜택이 많은 내국신용장을 이용하고 있으나 내국신용장 개설한도가 부족하여 내국신용장을 개설할 수 없는 경우에 구매확인서를 주로 이용하고 있다. 내국신용장은 무역금융 관련규정에 의해 원칙적으로 원자재금융한도 내에서 무역금융 수혜자격이 있는 자만이 개설할 수 있다. 따라서 원자재금융한도가 없거나 무역금융 수혜자격이 없는 자는 내국신용장을 개설할 수 없으므로 구매확인서에 의해 수출용 원자재나 완제품을 국내에서 구매할 수 있다.

구매확인서를 이용하더라도 내국신용장의 경우와 마찬가지로 수출실적인정, 부가가치세 영세율 적용, 관세 환급 등의 혜택을 누릴 수 있다. 그러나 내국신용장은 신용장의 독립성 원칙에 따라 개설은행이 모든 책임을 지지만 구매확인서 발급은행은 공급물품의 대금결제에 대해서 책임을 지지 않는다. 그리고 구매확인서는 과거의 실적기준에 따라 발급할 수 없으므로 매번 발급할 때마다 수출신용장이나 수출계약서 등 발급근거를 제시해야 한다.

표 10-1 내국신용장과 구매확인서의 비교

구 분	내국신용장	구매확인서
관련 법규	무역금융관련규정	대외무역법
개설 기관	외국환은행	외국환은행, 전자무역기반사업자
개설 조건	원자재금융한도	제한 없이 발급
수출 실적	공급업체의 수출실적 인정	좌동
부가세	영세율 적용	좌동
발행 제한	2차까지 개설 가능(단, 1차 내국신용장이 완제품 내국신용장인 경우에 한하여 3차까지 개설 가능)	차수 제한 없이 순차적으로 발급가능

나) 구매확인서 발급절차

구매확인서는 물품 구매자(수출업자)와 공급자 간에 물품공급계약을 체결하고 구매자가 거래 외국환은행 혹은 전자무역기반사업자에게 구매확인서를 신청한다. 외국환은행은 물품공급과 대금결제를 확인한 후 구매자와 공급자에게 각각 구매확인서를 발급해 준다.

만약 물품의 제조 · 가공과정이 여러 단계인 경우에는 각 단계별로 순차적으로 차수 제한 없이 차 순위의 구매확인서를 발급할 수 있다. 그리고 구매확인서의 발급 신청 시에는 반드시 발급근거 서류가 있어야 하므로 비축용으로 발급 신청은 할 수 없다.

그리고 구매확인서에 의하여 공급된 물품 등에 대한 수출실적 증명서 발급은 대금을 결제한 외국환은행 혹은 전자무역기반사업자에게 신청하면 된다. 만약 공급자와 구매자 당사자 간에 대금을 결제한 경우에는 구매확인서를 발급한 외국환은행에 신청하면 수출실적 증명서를 발급받을 수 있다.

참고로 내국신용장과 구매확인서에 의한 원자재 공급제도를 비교해 보면 〈표 10-1〉과 같다.

5. 생산공장과 생산계약 체결

자가 생산시설이 있는 무역업자는 이 단계가 필요 없으나 순수 무역업자 기준으로 하면 하청공장들과의 생산계약은 원료가 세관 통관되기 전까지는 이루어져야 한다. 대개의 하청공장들은 직접 외국의 수입업자와 거래를 할 정도의 여건을 갖추지 못한 업자들이므로 여러 가지 면에서 무역업자의 관리

▶ **서식 10-3** 선적신청서

SHIPPING REQUEST

<table>
<tr><td colspan="2" rowspan="4">Shipper/Exporter</td><td colspan="2">No. & Date of Invoice</td></tr>
<tr><td colspan="2">No. & Date of L/C</td></tr>
<tr><td rowspan="4">Overseas
Transport</td><td>Shipping Co.</td></tr>
<tr><td>Latest shipment</td></tr>
<tr><td colspan="2" rowspan="2">Consignee</td><td>Freight pay-condition
prepaid □ collect □</td></tr>
<tr><td>Transshipment
allowed □ not allowed □</td></tr>
<tr><td colspan="2" rowspan="2">Notify</td><td rowspan="4">In Land
Transport</td><td>Shipping method
container □ bulk □</td></tr>
<tr><td>Accountee of charge
order □ maker □</td></tr>
<tr><td>Port of Loading</td><td>Final Destination</td><td>Date of ex-factory</td></tr>
<tr><td>Carrier</td><td>Sailing on or about</td><td>Factory/Tel.</td></tr>
</table>

Marks and Number	Description of goods	Quantity	Net Weight	Gross Weight	Measurement

MODEL NO :
PLT. NO :

(REMARK)
★ CREDIT NUMBER :
★ ______________________________

및 감독이 필요하다. 특히 상품제조의 기술과 재정능력에 대한 철저한 검토가 선행되어야 한다.

왜냐하면 일정한 기일 내에 선적할 상품을 기술 미숙으로 여러 번의 시행착오가 있게 해서는 안 되며, 또 공장의 자금사정이 급하다고 수탁한 원료를 매각처분하고 잠적해 버리면 정말 난처해진다. 이러한 사고를 미연에 방지하기 위하여 대개의 무역업자들은 하청공장 전담반을 두어 매일같이 이들 공장을 순회하며 독려하고 있다.

6. 운송계약 및 보험계약의 체결

(1) 운송계약의 체결

수출업자는 선적기일이 다가오면 적당한 선박을 선택하여 선박회사와 운송계약을 체결하여 수출물품의 선적을 준비해야 한다. 운송계약은 수출화물의 성질에 따라 부정기선 운송계약과 정기선 운송계약으로 구분된다. 양곡, 원유, 철광석 등의 벌크 화물은 특수 전용선을 이용하는 용선계약이 체결되고 포장단위 화물은 정기선을 이용하는 개품운송계약이 체결된다. 무역거래에서는 대부분 개품운송계약이 이용된다.

그리고 운송계약은 수출업자가 직접 선박회사와 체결할 수 있고 운송주선업자(forwarder)에게 운송 및 선적 일체를 의뢰할 수 있다. 만약 수출업자가 직접 개품운송계약을 체결하려면 먼저 선박회사 소정의 양식인 선적신청서(shipping request; S/R)에 수출품목, 중량 등 선적사항을 기재한 후 이를 선박회사에 팩스나 인터넷으로 송부하여 서명을 받는다. 선적신청서는 수출업자인 하주가 선박회사에 선박의 예약을 요청하는 일종의 청약서이고 이에 대한 승낙으로 선박회사는 선적예약서(booking note)를 발급한다.

이와 같이 운송계약이 체결되면 선박회사는 수출업자의 선적신청서에 따라 현품을 확인한 다음 운송선박의 책임자(일등항해사) 앞으로 화물을 적재하도록 선적지시서를 발급한다. 선적지시서에는 화물의 명세, 검수인이 검수한 용적 및 중량증명, 수출업자의 성명, 선적항 및 양륙항 등이 기재된다. 본선의 책임자는 선적지시서 목록을 작성하여 본선 내의 적치계획을 수립하여 화물을 적재한다. 한편 선적지시서는 수출업자에게도 교부되는데 이것은 선박회사가 하주에게 교부하는 선적승낙서가 된다.

(2) 보험계약의 체결

FOB나 CFR로 매매계약을 하였으면 수출업자가 보험을 주선할 필요가 없지만, CIF 또는 CIP조건으로 계약을 했으면 부보의 의무가 수출업자에게 있다. 우선 해상적하보험을 청약하고자 하면 보험회사 소정의 보험청약서 양식에 해당 사항을 기재하고 소요되는 보험료를 지불하여야 한다.

보통 보험청약서에 기재하는 사항은 ① 피보험자명, ② 선박명 및 출항예정일, ③ 출발항명 및 도착항명, ④ 환적이 있을 때는 환적항명, ⑤ 피보험화물의 수량 · 품명 및 명세, ⑥ 적하표시 및 번호, ⑦ 송장금액 및 보험금액, ⑧ 보험조건, ⑨ 신용장번호 등이다.

특히 선박명과 출항예정일은 선하증권의 기재사항과 일치하도록 주의해야 한다. 모든 기재사항에 계약내용과 상이한 변경사항이 생기면 이를 즉시 보험회사에 통고하고 보험회사는 변경사항을 접수하는 대로 배서로서 기재사항을 수정하며, 필요한 때에는 보험료를 반환 또는 추징한다.

보험조건의 선택은 매매당사자간에 계약 시 합의한 조건으로 해야 하는데, 가끔 수출업자는 CIF 계산에서 보험료 산출기준을 ICC(B)나 ICC(C) 정도로 생각하는데, 수입업자는 ICC(A) Clause로 생각하고 그에 따라 신용장을 개설하는 경우가 있다. 이 경우 만약 수출업자가 ICC(A)로 부보들지 않으면 후에 매입은행에서 결제가 되지 않을 수 있다. 또 수입업자의 요구대로 ICC(A) 조건으로 보험에 가입해 주면 예상보다 매출원가가 높아지므로 사전에 보험조건에 대해서 충분한 합의가 이루어져야 한다.

제 2 절 수출통관과 선적

1. 수출통관의 의의

우리나라 상품을 외국에 수출하기 위해서는 국내의 각종 법령이 정하는 바에 따라 소정의 절차를 이행하여야 하는데, 이 절차 중에서 최종적으로 거쳐야 할 단계가 수출통관절차이다.

수출통관절차라 함은 상품을 수출하고자 하는 경우 반드시 이행하여야 하는 일련의 법정 세관절차를 말한다. 따라서 광의로는 수출하려는 상품을 제조공장 또는 제품창고에 장치하고 세관에 수출신고를 한 후, 필요한 경우 검사를 거쳐 수출신고수리를 받아 물품을 외국 화물선 또는 외국 항공기에 적재하는 데까지의 절차를 말하며, 협의로는 수출신고에서부터 수출신고가 수리되기까지의 세관절차를 의미한다.

세관에서는 이러한 관세법의 규정에 의한 일련의 절차를 통해서 관세법, 대외무역법, 외국환거래법 등 각종의 수출규제에 관한 법규의 이행사항을 최종적으로 확인하게 된다.

따라서 수출하고자 하는 자는 수출물품을 적재하기 전까지 해당 물품의 소재지를 관할하는 세관장에게 수출신고를 하고 수리를 받아야 한다. 수출물품에 대해서는 원칙적으로 검사를 생략하고 있으나, 전산에 의한 발췌검사 또는 필요한 경우에는 예외적으로 검사를 실시하는 경우도 있다.

관세법에서 의미하는 수출은 내국물품을 외국으로 반출하는 것을 의미하기 때문에 내국물품은 반드시 수출통관절차를 필해야 외국물품으로 간주되고 비로소 선적이 가능하게 된다. 따라서 수출업자는 선적하기 전에 먼저 수출통관절차를 거쳐야 하며 이러한 절차를 거치지 않고 선적 · 반출하는 물품은 소위 밀수품에 해당된다.[8]

2. 수출통관의 절차

우리나라에서는 종래 일관되게 수출물품의 보세구역반입 및 장치 후 수출신고를 하도록 관세법상 규정되어 있었다. 그러나 전자문서교환(EDI) 시스템의 구축으로 관세청은 1997년부터 수출물품 통관제도를 개선하여 수출물품의 보세구역 반입의무를 폐지하여 수출업자는 세관에 가지 않고 전자문서교환 수출통관자동화시스템에 의하여 컴퓨터로 신고를 끝낸 뒤 물품을 바로 선적할 수 있다. 이 제도 개선으로 수출통관비용과 물류비용이 대폭 절감되고 있다.

8) 내국물품은 ① 우리나라에 있는 물품으로서 외국물품이 아닌 것, ② 우리나라의 선박에 의해 공해에서 포획된 수산물, ③ 입항 전 수입신고가 수리된 물품, ④ 수입신고 전 즉시 반출신고를 하고 반출된 물품, ⑤ 수입신고 전 즉시 반출신고를 하고 반출된 물품을 의미한다(관세법 제2조 5호).

(1) 수출신고

가) 수출신고인

수출신고는 하주, 관세사, 완제품공급자 등이 할 수 있다. 완제품공급자는 수출물품을 선적할 때까지 수출업무처리를 조건으로 수출업자에게 물품을 제조하여 공급하는 경우가 많기 때문에 이들도 직접 수출신고를 할 수 있다(관세법 제242조). 그러나 대부분 수출신고는 관세사, 관세사(합동) 법인, 통관취급법인에 위탁하여 처리하고 있다.[9]

그리고 EDI 방식 수출신고에 필요한 컴퓨터 등 전송설비를 갖추지 못하여 직접 수출신고를 할 수 없는 영세무역업체는 무역협회 또는 주요 세관에서 운영하는 수출신고지원 센터를 통하여 수출신고를 할 수 있다.

나) 무서류 수출신고

물품을 수출하고자 하는 자는 수출물품을 선박 또는 항공기에 적재하기 전까지 수출물품의 소재지를 관할하는 세관장에게 수출신고를 하고 수리를 받아야 한다. 수출신고는 EDI 방식 또는 인터넷에 의한 무서류(paperless; P/L) 신고를 원칙으로 한다.

따라서 수출신고인은 전자사서함을 이용하여 수출통관 EDI 시스템과 접속하거나 인터넷으로 수출신고 홈페이지에 접속해 수출신고서를 작성하여 신고를 해야 한다. 수출신고는 관세청 통관시스템에서 신고번호가 부여된 시점으로부터 효력이 발생한다. 만약 통관시스템에 기록된 내용과 종이신고서에 기록된 내용이 상이한 경우에는 통관시스템에 기록된 것을 원본으로 한다.

다만 다음에 해당하는 물품에 대하여는 신고 자료를 통관시스템에 전송한 후 수출신고서 및 승인서 등 관련 구비서류를 세관장에게 제출하여야 한다.

① 관세법 제226조 규정에 의해 세관장 확인물품 및 확인방법 지정고시 중 수출신고 수리 전에 요건구비의 증명이 필요한 물품(다만, 수출승인기관과 전산망이 연계된 품목은 제외한다)

② 계약내용과 상이한 물품의 재수출 또는 재수출조건부로 수입통관된 물품의 수출

9) 관세사는 관세사 자격시험에 합격하거나 일정기간의 관세행정경력을 갖춘 자로서 필요에 따라 하주를 대리하여 세관업무를 수행한다. 관세사(합동)법인은 3인 이상의 관세사를 사원으로 하여 설립된 법인을 말한다. 그리고 통관취급법인은 관세청장의 허가를 받은 ① 운송 · 보관 또는 하역을 업으로 하는 법인, 또는 ② 앞의 법인이 자본금의 100분의 50 이상을 출자하여 설립된 법인을 말한다.

③ 수출업자가 재수입시 관세 등의 감면, 환급 또는 사후관리 등을 위하여 서류제출로 신고하거나 세관 검사를 요청하는 물품
④ 수출통관시스템에 서류제출대상으로 통보된 물품

다) 수출신고의 시기

수출하고자 하는 자는 수출물품을 생산 완료하기 전후 어느 때라도 수출신고할 수 있다. 그리고 수출신고의 효력발생시점은 수출통관시스템에서 수출신고번호가 부여된 시점으로 한다.

(2) 수출신고심사

심사는 세번(稅番), 수출승인사항, 신고사항의 일치여부, 법령에 의한 수출요건의 충족여부 등을 검토하기 위하여 관련 서류나 분석결과를 확인하는 것을 말한다. 세관에서는 수출통관 시스템에 조회하여 c/s심사 결과 우범성 정보 등 주의를 요하는 사항이 있는지를 확인한 후 즉시수리대상, 심사대상, 물품검사대상 중 한 가지를 선택하여 신고서 처리방법을 결정한다.

신고서의 형식적 요건의 구비여부를 심사한 후 그 결과 이상이 없는 때에는 즉시 이를 수리한다. 그리고 서류제출대상물품과 c/s 조회 결과 우범성 정보에 따라 검사대상물품인 경우에는 실질적인 내용을 심사한 후 수리한다.

(3) 물품검사

수출물품이 수출신고서상에 기재된 물품과 동일품명, 동일규격의 물품인가 또는 수출 금지 물품이 아닌가 등을 확인할 필요가 있다 이에 따라 우리나라에서는 주로 수출통관 시스템의 선별기준에 의하여 선별된 물품, 무작위선별방식에 의하여 선별된 물품 등에 대하여는 수출검사를 하고 있다.

검사방법은 파출검사와 견본 검사가 있다. 파출검사는 수출물품이 장치되어 있는 장소에 세관직원이 출장하여 검사하는 방법으로 검사 시에 발췌검사를 한다. 그리고 견본검사에 의하여도 부정 수출의 우려가 없다고 인정될 때에는 파출검사를 생략하고 견본검사를 할 수 있다.

검사는 당해 물품이 장치되어 있는 장소에서 하는 것을 원칙으로 한다. 그러나 부정수출 또는 부정환급의 우범성 정보가 있거나 물품의 성질, 업체의 신용도를 감안하여 세관장이 효율적인 검사를 위하여 필요하다고 인정하는

경우에는 당해 물품을 보세구역에 반입하게 한 후 검사할 수 있다(관세법 제247조 제2항).

(4) 수출신고필증

수출신고인은 P/L신고를 하여 신고 수리된 물품에 대하여는 세관장으로부터 신고 수리된 사실을 전산으로 통보받아 통보된 내용과 일치하는 수출신고필증을 발행하여 당해 물품의 수출신고를 의뢰한 하주에게 교부한다. 그러나 서류제출로 수출 신고된 건에 대하여는 수출신고수리인과 신고서처리담당자의 인장을 날인한 후 수출신고필증을 신고인에게 교부한다. 수출업자는 이와 같이 수출신고가 수리된 물품을 신고수리일로부터 30일 이내에 선박 또는 항공기에 적재하여야 한다.

참고로 EDI 수출통관절차를 요약하면 [그림 10-1]과 같다.

그림 10-1 EDI 수출통관절차

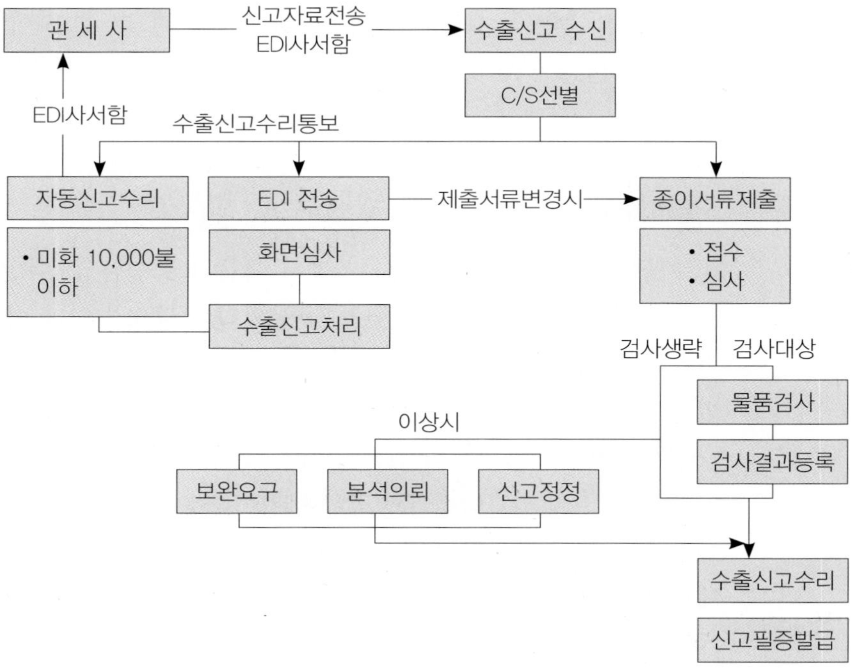

(5) 적재(출항)이후 수출신고

수출신고는 수출물품을 적재하기 전에 하여야 하나, 수출물품의 특성을 고려하여 다음 세 가지 경우에는 적재 후에 수출신고를 할 수 있다.

① 적재(출항)이후 수출신고가능물품: 선적한 후 공인검정기관의 검정서(survey report)에 의해 수출물품의 수량을 확인하는 산물 또는 광산물이나 물품의 신선도, 자동차운반 전용선박에 적재하여 수출하는 신품자동차 등 선상신고가 불가피하다고 인정되는 물품은 적재한 상태에서 수출신고가 가능하다.

② 현지수출 어패류 신고: 어패류를 외국 현지에서 수출하는 것이 부득이한 경우에는 수출 후 대금결제 전까지 선박의 출항허가를 받은 세관에 수출실적을 증명하는 서류(예: Cargo Receipt)를 첨부하여 신고 자료를 전송하면 수출신고로 간주된다.

③ 원양수산물 신고: 우리나라 선박이 공해에서 채포한 수산물을 현지 판매하는 경우 대금결제 전까지 수출사실을 증명하는 서류(예: Cargo Receipt, B/L, Final Settlement)가 첨부된 수출실적보고서를 한국원양어업협회를 경유하여 서울세관장에게 신고 자료를 전송하면 된다.

(6) 반송통관

반송은 외국으로부터 우리나라에 반입된 물품을 수입신고를 하지 아니하고 외국으로 다시 되돌려 보내는 것을 말하며 이와 관련된 절차를 반송통관이라 한다. 반송하기 위해서는 먼저 수출통관절차와 동일하게 신고서(수출신고서 양식)를 작성하여 세관에 반송 신고하여야 하며 반송물품에 대해서는 보세운송에 의하여 물품을 운송하여야 하고 반드시 적재확인을 받아야 한다.

반송통관물품은 다음과 같다.

① 외국으로부터 우리나라 보세구역에 반입된 물품으로서 다음의 사유로 수입신고를 하지 아니한 상태에서 다시 외국으로 반출되는 물품(단순반송물품)

- 주문이 취소되었거나 잘못 반입된 물품
- 수입 신고 전에 계약상이가 확인된 물품
- 수입 신고 전 수입요건 미구비가 확인된 물품
- 선사(항공사)가 외국으로 반출하는 선(기)용품 또는 선(기)내에 판매용품

• 기타 사유로 반출하는 물품

② 외국으로부터 보세구역에 반입된 물품으로서 수입하고자 수입신고를 하였으나 수입신고 수리요건 등의 불비로 통관이 보류되어 다시 외국으로 반출되는 물품

③ 해외에서 위탁가공후 보세구역에 반입된 물품으로서 수출할 목적으로 다시 외국으로 반출하는 물품

④ 외국으로부터 보세창고에 반입된 물품으로서 국내 수입화주의 결정지연등으로 수입하지 아니한 상태에서 다시 외국으로 반출되는 물품

⑤ 보세창고에 반입된 해외조립용 수출용원재료 또는 이미 수출한 물품의 사후보수, 수리를 위한 물품(장기비축 수출용원재료 및 수출품사후보수용품)

⑥ 박람회 등을 위하여 보세전시장에 반입된 후 전시 종료 후 외국으로 반출하는 물품

⑦ 보세판매장에 반입된 외국물품을 판매하지 못하여 운영인이 외국으로 반출하는 물품

3. 검사 및 검역

간혹 수출물품을 선적하기 전에 선적물품이 계약물품으로 적합한지의 여부를 확인하는 선적 전 검사가 실시되기도 한다. 선적 전 검사는 수입업자의 요청에 따라 또는 수입국정부가 수입국의 무역정책에 따라 선적지에서 실시되는데 검사비용은 일반적으로 수입업자가 부담한다.

(1) 수입업자 또는 대리인의 검사

대개 우리나라 상품을 처음으로 수입해 가는 업자들이 많이 제시하는 방법으로 정부 검사에 합격한 상품도 수입업자나 그의 대리인을 통해 검사를 하는 수가 있다. 이러한 검사에는 다음과 같은 여러 가지 문제점이 있다.

첫째는 검사를 너무 여러 번 하면 물건이 상하고 때가 묻을 위험성이 많다. 대개 공장에서 출고되기 전 자가(自家)검사를 여러 단계에 걸쳐 실시하고 정부검사 또는 수입상대리인의 검사를 거치는 동안 포장이 파손되기 쉽다. 특히 수입업자가 아닌 그의 대리인이 검사를 하면 필요 이상으로 까다롭게 하여 시간과 경비의 낭비를 초래하게 한다.

둘째로는 간혹 악질 수입업자나 그의 대리 검사인을 만나면 엉뚱한 짓을 한다. 즉, 검사를 해서 물품은 선적해 놓고 수출업자가 구비서류를 작성하여 은행에 대금을 찾으려고 하면 이 구비서류의 하나인 검사합격증에 서명을 안 해 주면서 골탕을 먹이며 금전을 요구하는 경우가 있다. 크고 경험 있는 수출업자들은 이런 일을 당하지 않지만 경험이 없는 무역업자는 수입업자가 신용장을 개설해 준다는 것에 현혹되어 이런 까다로운 검사의 조건도 무시하고 조급히 서두르면 이런 변을 당하기 쉬우니 대리인의 검사규정은 될 수 있으면 피하는 것이 좋다.

(2) 국제검사기관의 검사

후진국으로부터 처음 상품을 수입할 때 품질보장에 자신이 없고, 자기를 대신할 대리점이나 대리인이 없을 경우 세계적으로 널리 알려지고 조직망을 가진 'GESCO'나 'INTECO' 같은 국제검정기관에 품질검사를 의뢰하고 이 검사의 합격을 신용장상에 한 조건으로 삼을 수 있다. 이 검사 역시 너무 까다롭다는 평이 나서 대개의 수출업자는 이런 검정기관의 검사를 회피하고 있다. 그러나 이런 검정기관의 검사를 거치면 정부의 검사와는 달리 후에 수입업자가 클레임을 제기하지 못하는 장점도 있다.

검사도 중요하지만 산 동물이나 돈모 · 모피 등의 수출에는 선적하기 전 일정한 기간 동안의 검역기간을 거쳐야 한다. 특히 선진국들은 이 검역규칙이 까다로워 상당히 엄격히 다루어지고 있다. 우리나라도 부산 송도, 인천 등에 검역소가 있어 이곳에서 검역증을 발급해 주고 있다.

4. 수출화물의 선적

우리나라에서 수출화물의 운송 및 선적 과정은 컨테이너 화물인 경우와 재래식 화물인 경우 차이가 난다.

(1) 컨테이너 화물의 선적 과정

수출업자가 물품을 선적 의뢰할 경우에는 자체에서 직접 의뢰할 수도 있고, 운송주선업자에게 선적 일체를 맡길 수 있다. 비용에서 큰 차이가 없기 때문에 운송주선업자를 이용하는 경우가 많은 편이다. 특히 화물이 1개의 컨테이너도 채울 수 없는 소량 화물일 경우에는 다른 화물과 함께 혼재 운송해야 하므로 반드시 운송주선업자를 이용한다.

선적과정은 화물이 FCL 또는 LCL인 경우 조금 차이가 난다.[10] FCL 화물은 컨테이너 1개 이상을 완전히 채울 수 있는 화물이기 때문에 컨테이너 안에 화물을 적입하는 것은 수출업자가 자신의 창고에서 한다. 반면 LCL 화물은 소량이기 때문에 운송주선업자들이 CFS에서 다른 화물과 혼합하여 컨테이너 안에 적입한다. 우리나라에서 운송주선업자를 이용하여 FCL 화물을 선적할 경우의 과정을 개략적으로 살펴보면 [그림 10-2]와 같다.[11]

① 수출업자를 대리한 운송주선업자는 선박회사에 공 컨테이너를 수출업자의 창고에 보내줄 것을 요청한다.

② 선박회사는 트럭회사에 공 컨테이너의 인도를 지시한다. 만약 수출업자의 창고가 대전 이북이면 주로 의왕 ICD에 컨테이너를 인도하고, 대전 이남에 있으면 양산 ICD에서 조달한다.

③ 수출업자는 자신의 창고에서 수출통관을 마치고 컨테이너 안에 물품을 적입한다.[12] 그리고 수출업자는 공 컨테이너 투입 시 함께 전달된 선사 봉인(carrier's seal)을 직접 컨테이너에 장착한다.

④ 컨테이너는 철도, 도로 또는 연안 선박을 이용하여 보세운송으로 양산 ICD 등 부산항계로 반입된다. 보세운송의 허용기간은 30일 이내이며 보세운송신고 시 구비서류는 수출신고서이다.

⑤ ODCY에 반입된 화물이 컨테이너 터미널에 반입이 결정되면 ODCY에 있는 각 선사의 업무담당자(line clerk)는 컨테이너와 함께 접수된 수출면장을 확인한 후 컨테이너 터미널 게이트에 제출한 반입계를 작성하여 해당 트럭 기사 편으로 전달한다. 이 때 ODCY에서 컨테이너 터미널 마샬링 야드까지의 단거리 운송을 셔틀운송이라 하며, 보통 본선 입항 3일 전부터 출항 12시간 전까지만 가능하다.[13]

10) 무역거래에서 운송화물은 그 양에 따라 FCL 화물 혹은 LCL 화물로 구분한다. FCL(Full Container Load) 화물은 20피트 혹은 40피트 컨테이너에 가득 차는 화물인 경우를 말한다. 따라서 화물의 양을 "40피트 컨테이너 5대분"과 같이 표시한다. FCL 화물인 경우 하주가 자기의 공장이나 창고에서 내용물을 컨테이너에 직접 적입 · 봉인하여 운송인에게 인도한다. 반면 LCL(Less than Container Load) 화물은 한 컨테이너에도 가득 차지 않는 소량의 화물을 말한다. 이런 화물은 운송주선업자들이 동일한 목적지까지 가는 소량 화물을 모아 FCL 화물로 만든 다음 이를 운송인에게 인도한다.

11) 임석민, 『국제운송론』, 삼영사, 1999, pp. 291-295; 방희석, 『국제운송론』, 박영사, 1999, pp. 339-344. 수입화물의 운송과정은 별도로 설명하기로 한다.

12) 내국화물은 컨테이너에 적입될 수 없기 때문에 적입 전에 수출통관을 반드시 필해야 한다. 만약 FCL 화물인데도 자신의 창고에서 적입하지 않을 때는 양산 ICD에 반입하여 수출통관한다.

13) 마샬링 야드(marshalling yard)는 본선 입항 전에 미리 입안된 적치계획에 따라 선적 예정 컨테

그림 10-2 컨테이너 화물의 운송 및 선적 과정

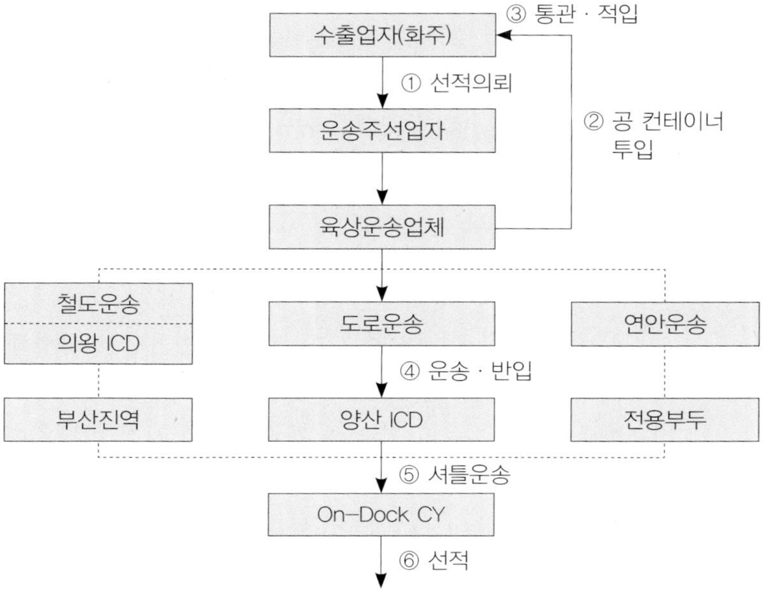

⑥ 컨테이너 터미널에 반입된 컨테이너는 작업절차를 거쳐서 운송선박에 선적된다.

(2) 재래식 화물의 선적

가) 화물의 척량 검사

화물이 보세구역에 반입되면 등록검량업자에 의해서 화물의 용적과 중량에 대한 검사를 받아 용적중량증명서를 발급받는다.

검량기관의 검량의뢰는 선박회사가 하고 척량을 검사할 때는 선박 측과 하주 측이 입회하며, 검사 후 목록을 교부받고 선박회사의 서명을 받는다.

나) 화물의 검수

화물의 용적중량증명서가 발급되고 수출신고가 수리되면 본선에 화물을 적재하기 전에 부두에서 하주와 선주대리인들의 입회하에 검수인(tallyman)에 의하여 화물의 수량을 검수받게 된다.

이너를 나란히 쌓아두기 위한 장소로 에이프론에 접해 있다. 에이프론(apron)은 컨테이너를 선박에 적재하는 갠트리 크레인이 설치되어 있는 안벽에 접한 야드 부분 약 30m의 폭을 말한다.

다) 본선적재

선적될 화물과 함께 본선에 제출되는 서류는 선박회사가 선장 앞으로 선적을 지시하는 선적지시서, 선박회사의 화물인수목록 등이다. 화물은 본선의 양하기로 적재되는 가운데 선박회사 측과 하주 측의 검수인이 입회하여 화물의 검수(tally)가 행하여지며 수량에 차이가 나면 비고란에 'Short in dispute'(부족 논의 중), 'Over in dispute'(과잉 논의 중) 등을 기재하여 도착지 선박회사 대리점에 통보한다.

라) 본선수취증(Mate's Receipt; M/R)

화물이 본선에 반입되면 선박 운항 책임자인 일등항해사(chief mate)가 선박회사에서 발급한 선적지시서와 대조해 가면서 화물을 수취하여 선창 내에 적재한다. 이때 화물을 수취한 증거로서 본선이 발행하는 수취서가 곧 본선수취증(clean M/R)이며, 선적 시 선적화물에 대하여 누손 · 손상 및 개수 등에 이상을 발견하면 비고란에 이 사실을 기재하여 사고부 본선수취증(foul M/R or dirty M/R)을 발급한다.

마) 선적 완료

본선 선적이 끝나고 본선수취증이 발급되면 하주는 본선수취증을 선박회사에 제출하여 본선수취증과 상환으로 선하증권을 발급받는다. 선하증권은 본선수취증에 근거하여 발급되는데, 사고부 본선수취증이 발급된 경우에는 선하증권 역시 사고부 선하증권(foul B/L or dirty B/L)이 발급된다.

5. 적하목록 제출

수출물품의 선적이 완료되면 선박회사는 수출화물 적하목록(Manifest)을 정해진 제출기한까지 세관에 전자문서로 제출해야 한다. 적하목록의 제출 시기는 미국행 해상화물은 적재 24시간 전까지이며 기타 화물은 출항익일 24시까지이다. 적하목록은 선박 또는 항공기에 적재된 화물의 총괄목록이며 선박회사(항공사) 또는 운송주선업자가 작성한다. 선박회사는 자신이 발행한 선하증권(Master B/L)의 자료를 입력하고 운송주선업자는 House B/L 자료를 입력한다. 각각 입력한 자료는 적하목록취합시스템에서 취합이 되고 완료된 취합자료가 적하목록으로 세관에 전송된다.

제3절 운송서류의 구비

통관과 선적이 끝나면 수출업자의 의무는 거의 모두 끝난 셈이며 남은 것은 매입은행에 가서 수출화물의 대금을 찾고 운송서류를 수입업자에게 송부해 주는 과정만 남는다.

운송서류란 수출화물의 선적을 증명하는 제 서류들로서, 수출지에서는 이들 서류의 제시로 수출상품의 대전을 받을 수 있고, 화물의 도착지에서는 이들 서류와 상환으로 화물을 인수받을 수 있는 중요한 서류들을 말한다. 그러나 운송서류라도 모든 경우에 모두 같은 것이 아니고 당해 신용장이 매입을 위하여 요구하는 서류만을 의미하므로 경우에 따라서는 선적서류가 2가지 또는 10가지가 될 수도 있다.

운송서류는 송장이나 선하증권같이 모든 경우 꼭 필요한 필수서류와 그 밖의 부속서류로 구분되며 가장 많이 이용되는 순으로 보면 대개 다음과 같다.

1. 송장(Invoice)

(1) 송장의 개념

'Invoice'라는 용어는 원래 프랑스어의 envoyer(send)라는 동사에서 유래된 것이며, 매매당사자들이 서로 먼 거리에 있을 경우 매도인이 매수인 앞으로 작성해 보내는 선적화물의 계산서 및 내용명세서이며, 매수인의 입장에서는 수입계산서의 역할을 한다.

송장의 중요 기능을 좀 더 구체적으로 살펴보면 다음과 같다.

첫째로, 국내 상거래에 이용되는 송장은 단순히 상품의 적요서나 안내장의 역할을 하지만 국제무역에 이용되는 경우에는 구매서의 역할을 하므로 매매당사자의 이름과 주소, 발행일자와 매수인의 주문참조번호, 계약상품의 정확한 규격 및 개수, 포장상태 및 하인 등이 표시되어야 한다.

둘째로, 송장은 CFR이나 CIF의 경우에는 선하증권이나 보험증권이 계약과 일치되었음을 증명하는 특정 거래계약의 존재 및 이행의 사실을 입증하는 유력한 증거자료가 된다.

셋째로, 계약상품의 순단가, 부대비용, 할인료, 지불방식, 지불시기 등을 정확히 표기한 매매계산서 및 대금청구서의 역할을 한다. 그러므로 송장을 작성하는 매도인은 FOB 계약에서는 본선 적재 시까지의 비용을, CFR에서는 상품가격과 선임선불의 비용을, 그리고 CIF에서는 보험료까지 포함하여 수입상으로부터 받아야 할 총금액의 표시가 되어야 한다. 요컨대 송장상의 금액은 환어음의 발행금액과 일치하여야 한다. 또한 신용장조건에 의해 환어음이 발행되지 않는 경우에는 송장 자체가 대금지불청구서의 기능을 발휘한다.

넷째로, 송장은 모든 무역금융의 필수서류가 된다. 오늘날 무역결제는 대부분이 환어음에 의하여 이루어지며 수출지은행에서 환어음을 매입할 때 화환어음의 담보물권(collateral security)이 되는 운송서류에는 반드시 이들 담보물의 명세서 및 계산서의 역할을 하는 송장이 포함되어야 한다. 만일 무역금융을 이용하려 할 때 송장이 없으면 담보물의 명세가 불명하여 환어음 매입이 이루어질 수 없으므로 송장은 무역금융에 적합한 일정 형식과 요건을 구비하여야 한다.

다섯째로, 송장은 수입 시에 화물 수취안내서와 수입상품의 정확성 및 진실성을 입증하기 위한 세관신고의 증명자료가 된다. 그리고 모든 송장은 과세표준액 산정에 가장 중요한 자료가 되므로 수입통관 시 수입업자에게 불필요한 불이득을 주지 않도록 작성되어져야 한다.

송장은 그 용도와 작성자에 따라서 상업송장과 공용송장으로 구별되나 일반적으로 송장이라고 하면 전자를 의미한다.

(2) 상업송장

상업송장(commercial invoice)은 수출업자가 작성 · 서명하여 환어음 및 다른 운송서류와 함께 수입업자에게 보내지는데 주요 기재사항을 보면 다음과 같다.

가) 상품명

규격(specification), 품질(quality), 등급(grade) 등 해당 상품의 정확한 정의가 기재되어 다른 어떤 상품과는 명확히 구별되어야 하며, 특히 송장상의 표현은 신용장의 표현과 완전히 일치해야 한다.

나) 수 량

송장상에 그냥 수량으로만 표시해서는 애매하므로 반드시 거래의 단위를 명시해야 한다. 예를 들어 조화(造花)나 연필 같으면 Gross로, 오징어 같은 해산물은 Picul로, 양말이나 스웨터는 Dozen으로, 어떤 것은 Sheet나 Piece로, 어떤 중량은 Kg이나 Ton으로 상품마다 국제거래의 단위가 되는 것이 있으므로 그 단위를 기준으로 한 수량이 명시되어야 한다.

다) 단 가

위에서 말한 기준단위당 가격이 얼마라고 하는 최저단위당 단가가 표시되어야 한다.

라) 인도조건

인도조건이 FOB, CFR 혹은 CIF인지 혹은 알선수수료까지 포함한 CIF & C조건인지 명확히 표시해야 한다.

마) 지불조건

이 계약화물의 대금결제에 사용되는 어음이 일람불인지 혹은 일람후 30일 · 90일인지 혹은 D/A · D/P조건인지도 명시해야 한다.

바) 총금액

물론 단위단가와 수량을 곱하면 총금액이 계산되지만 그것 외에 제 비용 등 첨가할 것은 첨가하고, 또 일람불이나 대량구입에 대한 할인이 있으면 감해서 송장상의 금액은 수입상이 꼭 부담해야 할 실제 채무액이 표시되어야 한다.

사) 매수인

신용장통일규칙 제18조는 신용장상에 별도 지시가 없는 한 상업송장은 신용장 개설의뢰인(수입업자) 앞으로 작성되어야 한다고 명시되어 있다.

아) 매도인

송장의 작성자, 즉 수출업자의 성명과 직위 등을 기재하고 서명하여야 한다.

자) 포장의 방법 및 하인

상품 포장단위가 한 개씩인지 혹은 12개를 한 단위로 포장해서 다시 10개를 큰 나무상자에 넣어서 철대를 했는지, 즉 그 포장한 방법과 운반단위 및 포장에 어떤 표시를 하는가를 명시해야 한다.

차) 기 타

그 외에 CIF조건일 경우에는 보험회사명 및 보험금액, 선박명, 선적회사,

▶ **서식 10-4** 상업송장

COMMERCIAL INVOICE

① Shipper/Exporter	⑧ No. & date of invoice ⑨ No. & date of L/C
② For Account & Risk of Messrs.	⑩ L/C issuing bank
③ Notify Party	⑪ Remarks :
④ Port of loading / ⑤ Final destination	
⑥ Carrier / ⑦ Sailing on or about	

⑫ Marks and number of PKGS	⑬ Description of goods	⑭ Quantity/Unit	⑮ Unit Price	⑯ Amount

AUTOMOTIVE ELECTRICAL COMPONENTS   EX FACTORY NONGONG

ITEM:
Q'TY:
DESTINATION:

PACKAGE NO.:
P/O NO.:

NET W/T: KGS
GROSS W/T: KGS   TOTAL:
MADE BY:

⑰ Signed by ______________________

운임, 선적항, 목적항, B/L번호 및 출항일자 그리고 신용장번호와 발행은행 등이 기재된다.

이와 같이 상업송장은 수출상이 외국의 수입상에게 인도하는 상품을 자세히 설명한 명세서이며, 가격조건이나 대금산정의 기초가 되는 계산서의 역할도 하기 때문에 수출상이 화물을 선적하고 외국환은행에 화환어음을 제시할 때에 이 상업송장은 청구서의 구실도 하게 된다.

한편, 매수인인 수입상으로 보면 상업송장은 선적화물의 명세를 자세히 기재하였으므로 화물이 수입업자에게 도착하기 전에 이 명세에 의해서 물품을 판매할 수 있으며, 물품이 도착하면 이 송장과 도착화물을 대조해 봄으로써 실제로 계약한 물품이 수입되었는가의 일치 여부를 조사하는 근거도 되며, 수입신고서와 함께 상업송장을 매입서로서 제출하여 관세를 산정하는 근거서류가 된다.

상업송장을 작성하는 데 주의할 점은 다음과 같다.

① 송장금액이 신용장 총액을 초과하지 말아야 한다.
② 계약된 선적조건에 인정되지 않은 비용은 산입하지 말아야 한다.
③ 해상운임을 표시할 때는 선하증권상의 모든 항로를 포함해야 한다.
④ 상품내용에 대한 표현은 신용장상의 표현과 완전 일치되어야 하며 기타 송장상에 요구되는 'Declaration', 'Statement', 'Certificate' 같은 것도 신용장상에 지정된 문구와 일치되어야 한다.
⑤ 선적상품에 대한 하인은 선하증권상의 것과 똑같아야 하며, Case, Carton, Box, Bag 등의 포장단위의 용어표시도 일치되어야 한다.

(3) 공용송장

공용송장(official invoice)은 특수한 목적으로 사용되고 있는데 영사송장과 세관송장이 여기에 해당된다. 공용송장은 대체로 관계 관청의 증명을 받는 특정 서식에 맞추어 작성된다.

가) 영사송장

영사송장(consular invoice)은 수출업자가 작성한 송장을 수출국에 주재하고 있는 수입국의 영사가 그 내용의 진위를 확인한 송장을 말한다. 이 송장은 수입업자의 외화유출(서류상의 가격을 실제가격보다 높게 책정한 경우)과 관세포탈(서류상의 가격을 실제가격보다 낮게 책정할 경우)을 방지하기 위해서 수입하고자 하는 물품의 가격을 수출국에 주재하는 수입국의 영사로 하여금 확인하기 위한 것이다. 몇몇 후진국에서 개설되어 오는 신용장에는 간혹 영사송장을 요구하는 경우가 있지만 점차 폐지되어 가는 추세이다.

나) 세관송장

세관송장(customs invoice)은 수입지 세관이 수입화물에 대하여 과세가격의 결정기준으로 삼기 위하여, 외국 수출상의 덤핑(dumping) 유무를 확인하기 위하여, 쿼터(quota)품목의 통관기준량의 계산을 위하여, 또는 전반적인 수입통계를 위하여 사용되는 송장이며, 나라마다 그 나라 세관이 요구하는 양식이 있는데, 우리나라에서는 무역협회나 상공회의소에서 구할 수 있다.

2. 선하증권(Bill of Lading; B/L)

이 서류는 화물을 선적했다는 가장 중요한 증거서류인 동시에 유통될 수 있는 유가증권이므로 신중히 다루어야 하며, 이 증거서류가 없으면 다른 서류가 아무리 많고 잘 되어 있다고 해도 매입이 안 되며 화물을 찾을 수도 없다.

이 선하증권에 대해서는 제1부 제4장의 국제운송과 관련된 부분에서 자세히 다루었으므로 더 상세히 언급할 필요가 없고, 다만 이 선하증권과 같은 성격을 지닌 것으로서 항공편으로 보내는 경우의 항공화물운송장(air waybill), 또 우편 소포로 보냈을 경우의 우편소포수취증(parcel post receipt) 등이 있는데, 이들을 요구하는 신용장도 가끔 볼 수 있다.

다만 Air Waybill은 국제적인 협약이 없어 선하증권과 같이 법적 한계가 분명하고 권위 있는 증권이 되지 못하고 사본 한 장으로도 화물을 찾을 정도의 무질서한 수취증에 불과하여 상당히 많은 문제점들을 내포하고 있다.

이 외에도 신용장상에 요구되며 선하증권의 구실을 할 수 있는 것 중에는 ① 철도화물상환증(railway bill of lading), ② 철도화물수탁서(railway consignment note), ③ 내수로항해증권(inland waterway bill of lading), ④ 내수로화물수탁서(inland waterway consignment note), ⑤ 운송장 부본(counterfoil waybill), ⑥ 우편증명서(certificate of mailing), ⑦ 항공우편소포수취증(air mail receipt), ⑧ 항공운송수탁서(air consignment note), ⑨ 항공화물수취증(air receipt), ⑩ 트럭회사화물수취증(trucking company bill of lading)과 같은 것들이 있다.

3. 부속서류

(1) 보험증권(Insurance Policy)

이 서류는 매매계약 조건에 따라 필수서류에 속할 수도 있는 것이나 모든 거래가 CIF 거래가 아니므로 제외했다. 거래가 CIF 혹은 CIP로 계약된 경우에는 이 보험증권은 필수 서류의 하나가 되는 것이다.

이 보험증권에 대해서도 제1부에서 자세한 설명을 하였으므로 새로이 언급할 필요는 없으나, 단지 보험증권의 기재일자는 신용장에 별도 언급이 없거나 또는 보험조건 자체가 선적일까지 소급 적용되는 약정이 되어 있지 않으면 피보험이익, 즉 선적화물의 선적일보다 앞서야 하며, 또한 신용장에 예외규정이 없으면 보험금액은 신용장상에 표시된 통화와 동일해야 하며, 부보의 조건이 '보통의 위험', '통상의 위험' 등으로 애매하지 않고 정확해야 한다(신용장통일규칙 제28조 참조).

간혹 보험증권 대신에 보험증명서(insurance certificate)와 보험승낙서(cover note)가 사용되는 경우가 있는데, 보험증명서란 동종 · 동질의 물품이 같은 지역에 되풀이되어 계속해서 나갈 경우 선적시마다 개별적인 보험을 들지 않고 사전에 포괄보험증권(open policy)을 발급받고 개별적인 선적이 될 때마다 이 포괄보험증권의 원본에 의해 개개 선적물품이 부보되어 있음을 증명하는 증명서인데, 특별히 신용장에서 금하고 있지 않는 한 보험증명서도 수리하도록 개정되었다.

또 보험승낙서란 보험중개업자(insurance broker)가 보험료와 상환으로 자기 명의로 발행하는 보험계약승낙서로서 매매당사자간에는 보험증권의 대용성을 인정한다 하더라도 은행이나 그 외 제3자에 대하여 이것을 강요할 수는 없는 단순한 보험료의 영수증에 불과하며 신용장에서 특별히 허용하고 있지 않는 한 은행은 이러한 보험승낙서를 수리하지 않는다.

(2) 포장명세서(Packing List)

포장명세서는 상업송장의 부속서류로서 주로 화물을 외관상 식별하기 위하여 사용되는 서류이다. 수출업자가 선적화물의 자세한 명세를 표시하여 수입업자가 수입화물을 일목요연하게 알아 볼 수 있도록 한다. 따라서 포장명세서에는 포장 및 포장단위별 명세, 단위별 순중량 · 총중량, 하인, 일련번호 등이 기재된다. 포장명세서는 다른 서류와 달리 보통 유색 종이, 특히 연한 푸른색의 용지를 많이 사용한다.

(3) 원산지증명서(Certificate of Origin)

무역거래에서는 종종 이용되는 원산지증명서는 산업통상자원부 고시 수출물품원산지증명발급규정에 따라 발급되는 수출물품이 우리나라에서 재배, 사육, 제도 또는 가공된 것임을 증명하는 문서를 말한다. 이 서류는 주로 통관, 물품의 적성국 판명 여부, 수입관세율 적용 등에 사용되는데[14) 수출품목의 원산지를 증명하는 일반 원산지증명서와 관세혜택 등을 받기 위한 관세양허용 원산지증명서가 있다.

교토협약(Kyoto Convention)에 따라 다음 물품에 한하여 원산지를 대한민국으로 판정한다. 수출대상국(수입국)이 별도의 원산지 판정기준이 있을 경우에는 예외로 적용될 수 있다.[15)

① 대한민국 영토 내에서 채굴한 광물
② 대한민국 영토 내에서 수확된 농산물, 임산물, 사육 생산된 축산물, 포획물
③ 대한민국 영해에서 포획 또는 채취한 수산물
④ 대한민국 영해 밖의 해상이나 지층에서 채취한 광물 및 수산물(단, 대한민국이 당해 해상이나 지층개발 전유권이 있는 경우에 해당)
⑤ 공해상에서 대한민국 국기를 달고 있는 선박이 포획한 수산물(가공물)
⑥ 대한민국에서 생산된 재료를 사용하며 가공, 제조한 물품
⑦ 외국산 원자재를 사용하여 가공, 생산된 물품으로서 가공과정에서 새로운 상품적 특성이 부여 된 물품

가) 일반 원산지증명서

① 일반(상공회의소) 원산지증명서

우리나라도 상공회의소의 규격양식으로 발행되는 일반 원산지증명서를 말한다. 현재 우리나라 상공회의소에서는 웹 인증시스템과 EDI를 이용하여 전자문서로 원산지증명서를 발급하고 있다.[16)

---

14) 대한상공회의소 무역인증서비스 센터

15) 교토협약의 공식명칭은 「세관절차의 간소화 및 조화에 관한 국제협약」인데 우리나라는 2003년 2월에 가입하였다.

16) 몇몇 국가에서는 세관 등에서 원산지증명서를 발급하지만 대부분의 국가에서는 상공회의소에서 원산지증명서를 발급한다. 우리나라에서는 관세 특혜를 받기 위한 원산지증명서로 시, 도에서 발급되던 것을 2003년 3월 1일부터 상공회의소 및 세관에서 발급하고 있다.

▶ **서식 10-5** 포장명세서

PACKING LIST

① Shipper/Exporter	⑧ No. & date of invoice
② For Account & Risk of Messrs.	⑨ Remarks
③ Notify Party	
④ Port of loading / ⑤ Final destination	
⑥ Carrier / ⑦ Sailing on or about	

⑩ Marks and number of PKGS	⑪ Description of goods	⑫ Quantity	⑬ Netweight	⑭ Grossweight	⑮ Measurement

AUTOMOTIVE ELECTRICAL COMPONENTS

D.R.

ITEM:
Q'TY:
DESTINATION:

PACKAGE NO.:
P/O NO.:

NET W/T: KGS
GROSS W/T: KGS
MADE BY:

⑰ Signed by ______________________

② 수출업자(제조업자) 원산지증명서

수입업자 요청에 의해 수출업자 또는 제조업자가 자체 양식으로 작성한 원산지증명서로서, 상공회의소 양식과 상이하게 작성하되 원산지증명서의 중요한 항목은 빠짐없이 기재한 후 수출업자(제조업자)가 서명하여 상공회의소 인증 후 수입업자에게 송부해야 한다.

③ 특정국 원산지 증명서

상공회의소의 소정양식이 아닌 특정국에서 요청하는 특정양식에 따라 발급되는 원산지증명서를 말한다.[17] 수출업자는 상공회의소 웹 인증시스템에서 지원하는 특정국 서식을 선택하여 신청할 수 있다.

④ 남북교역물품 원산지증명서

2003년 채택된 「남북 사이에 거래되는 물품의 원산지 확인절차에 관한 합의서」에 따라 북한으로 반출되는 물품에 대하여 발행하는 원산지증명서이며 한글 또는 한글과 영문을 함께 표기할 수 있고 전국 상공회의소 및 세관에서 발급된다. 반출승인을 요하는 품목에 대해서는 통일부장관의 승인을 받아야 하며, 승인받은 사항을 변경하고자 할 경우에도 마찬가지이다.

⑤ 제3국 원산지증명서

교토 협약 원산지증명서류에 관한 부속서(D2) 10조에 의거, 물품의 원산국으로부터 수입하여 제3국으로 수출하거나 중개무역일 경우, 물품 원산지에서 발행한 원산지증명서를 기초로 제3국에서 재발행하는 원산국 원산지증명서를 말한다. 제3국 원산지증명서 발급 신청은 웹 인증시스템을 이용하여 일반원산지증명서 "Country of Origin" 항에 실제 원산지 국명(중국산인 경우: The People's Republic of China)을 정확히 기재하여 발급받을 수 있다.

나) 관세양허 원산지증명서

① 일반특혜관세 원산지증명서

일반특혜관세제도(generalized system of preferences; GSP)는 개발도상국의 수출확대와 공업화의 촉진을 위해 선진국이 개발도상국을 원산지로 하는 농수산품, 공산품의 제품, 반제품 등에 대하여 일반 관세율보다 낮은 관세율을 적용하거나 무관세를 적용하는 관세 상의 특혜제도를 말한다. 이 제도는 1968년 제2차 UN무역개발회의(UNCTAD)총회에서 개발도상국들을 위해 일반

17) 예를 들어 멕시코의 ANEXO III, 남아프리카공화국의 DA59, 뉴질랜드의 FORM59A 등이다.

적이고도 비상호주의적 무차별 특혜관세를 조기 실시한다는 결의가 있은 후 1971년부터 실시되어 왔다.

GSP 혜택을 받기 위해서는 수출상품이 특혜 공여국이 요구하는 GSP 원산지기준, 직접 운송요건 등에 해당하는 지를 입증하는 서류를 제출해야 발급된다. 우리나라는 그 동안 이의 혜택을 많이 받아 왔지만 지금은 대부분 규정에서 졸업하여 뉴질랜드, 노르웨이, 우크라이나, 카자흐스탄 등 몇몇 국가와 몇몇 품목에 대해 일반특혜관세 규정이 적용되고 있다. 따라서 이들 국가로 수출하는 우리나라 수출업자들은 수출품목이 혜택 품목인지 확인할 필요가 있고 해당사항일 경우 상공회의소로부터 일반특혜관세 원산지증명서를 발급받을 수 있다.

② 개도국간특혜관세 원산지증명서

개도국간 특혜무역제도(global system of trade preferences among developing countries; GSTP)는 개발도상국가 간에 무역거래에서 상호 관세 양허를 해주는 제도이다.

제2차 세계대전이후 국제무역질서를 유지해온 GATT체제가 선진국 위주로 운영되어와 그동안 추진되어온 다자간무역협상이 결과적으로 개도국의 무역증진 효과보다는 선진국간의 국제무역질서 재편에 불과했다는 자각에 따라 개도국간의 실효성 있는 무역체제의 확립을 모색하기 시작하였다. 이에 따라 1988년 4월 베오그라드에서 개최된 각료회의에서 개도국 간 교역증진을 위해 상호간 관세, 비관세장벽 철폐 또는 완화를 통한 생산 및 고용증진을 도모하기 위한 GSTP 협정이 체결되었다.

우리나라는 1989년 6월 11일자로 GSTP가 발효되고 있으며 현재 43개국이 협정국가로 되어 있다. 따라서 GSTP 협정국으로 수출하는 상품이 특혜대상품목일 경우 관세혜택을 받기 위해서는 이 원산지증명서가 필요하다.

③ 개도국간관세양허협정(GATT)에 따른 원산지증명서

이는 관세 및 무역에 관한 일반협정(General Agreement of Tariffs and Trade)에 의해 관세양허협정을 체결한 개도국간의 관세혜택이다. 대상국은 방글라데시, 브라질, 칠레, 이집트, 이스라엘, 멕시코, 파키스탄, 페루, 터키, 튀니지, 우루과이, 루마니아, 유고슬라비아 등이며 대상품목은 GATT 개발도상국간 관세양허협정의 협정국에서 정한 국별 관세양허품목이다.

④ 아시아-태평양 무역협정(APTA)에 따른 원산지증명서

아시아-태평양 무역협정(APTA; Asia-Pacific Trade Agreement)은 회원국가 간의 무역에는 다른 나라와의 무역보다 상호 관세를 인하함으로써 교역을 활성화하기 위한 협정이다. 1976년 최초회원국은 우리나라, 방글라데시, 인도, 라오스, 스리랑카 등 5개국이었으나 2002년 중국이 가입하여 현재 협약국은 6개국이며 라오스는 자국 양허안을 통보하지 않아 현재 법적 가입국은 아니지만 회원국으로부터 관세특혜를 부여받고 있다.

⑤ FTA 원산지증명서

이는 FTA(Free Trade Agreement: 자유무역협정)에 의해 협정국간 저율관세 및 무관세 혜택을 적용받는 특혜관세 원산지증명서로 우리나라는 2004년 4월 1일 우리나라와 칠레간의 자유무역협정을 시초로 발급되고 있다. 지금은 싱가포르, 아세안, EFTA 자유무역협정에 따라 이들 국가와의 거래에서는 이 원산지증명서가 필요할 수 있다.[18)]

(4) 품질증명서(Certificate of Quality) 및 성분분석증명서 (Certificate of Analysis)

품질증명서는 주로 농수산물과 같은 자연의 소산물의 경우, 같은 종류라도 규격이나 무게, 즉 그 품질이 각각 다를 수 있으므로 이들의 등급을 매겨 A급 · B급으로 구분한다. 예를 들어 해태 특 A급 · B급, 오징어 A · B · C급, 사과도 홍옥 1등급 · 2등급 식으로 구분되며 이 구분에 의하여 매매가 될 경우, 그 계통의 공인검사관(official grader)에 의하여 판정되며 또 판정결과에 따라 품질증명서가 발급된다.

분석증명서는 주로 광산물이나 의약품 등에 사용되는데 광석은 어느 광석도 한 가지만 고립되어서 채광되는 경우가 드물다고 한다. 예를 들어 알루미늄의 원료인 보크사이트(bauxite)는 철광석과 같이 채굴되며 철광석이 있는 곳에는 소량의 금이 섞여 있다고 한다. 이런 경우 선적된 광석의 품위가 어느 정도 순도냐 하는 분석증명이 필요할 것이며, 의약품일 경우 어떤 약의 구성 원소를 분석한 분석표가 요구되는 것은 너무나 당연하다 하겠다. 이것 역시 수입업자가 납득이 가고 믿을 수 있는 사계의 권위자나 신빙성 있는 기관이

18) 관세양허를 위한 원산지증명서를 발급받기 위해서는 기준별 사실신고서가 필요한데 이는 당해 수출상품이 공여국의 원산지기준을 충족시키는가를 확인하기 위해 필요로 하는 부속서류로서 수출업자가 각국의 원산지기준을 정확히 파악하여 작성하여야 한다.

발급해야 된다.

(5) 검사증(Certificate of Inspection)

앞에서도 설명한 바와 같이 한국과 처음 거래하는 업자나 한국 수출품의 품질에 회의적이거나 특정 수출업자의 품질에 의심을 갖는 수입업자는 정부의 검사, 국제검정기관의 검사 또는 수입대리인의 품질검사증에 제시를 요구하는 경우가 있으며 신용장상에 검사인의 서명 대조까지도 요구하는 경우가 있다.

(6) 검역증(Certificate of Quarantine) 및 위생증명서(Certificate of Health or Sanitary Certificate)

검역증은 주로 동식물의 수출에 혹시 전염성 균이 묻어 들어가는 것을 막기 위하여 당해 물품을 고립된 일정한 장소에 일정기간 동안 장치하여 두어 검역을 한 후 발급해 주는 서류이며, 위생증명서란 주로 식료품 · 화장품 · 약품 등을 미국 같은 나라에 수출할 경우 FDA(Food and Drug Administration)가 정한 기준에 합치된다는 증명서이며, 육류의 수출에는 도살당시 균이 없었다는 증명서, 즉 위생증명서가 있어야 수출이 가능하다.

(7) 용적중량증명서(Certificate of Measurement and/or Weight)

수입국세관의 요청에 의하든지 또는 물품매매의 기준이 선적시의 기준이 되는 경우에는 선적지에서 공인 검량인에 의하여 발급되는 중량 혹은 용적증명서가 요구되는 경우도 있다.

(8) 대변표(Credit Note; C/N) 및 차변표(Debit Note; D/N)

같은 거래처와 계속해서 거래를 하다가 보면 서로 주고받을 계정이 많아진다. 예를 들어 지난번 선적 때 물품이 10개 덜 선적되었으나 신용장 금액을 모두 찾아 썼다면 10개에 대한 금액은 수출상이 수입상에게 지불계정이 생기는 것이요, 또 수출상이 10개의 유료 견본을 송장과 같이 보냈는데 수입상이 그 대금청산을 안했으면 수출상은 수입상에게 수취계정이 생긴다.

이외에도 클레임에 대한 지불 계정, 과다선적(over-shipment)에 대한 수취계정 등 서로 정리할 것이 많아진다. 이런 것을 그냥 지저분하게 두는 것보다는 그때그때 대변표(credit note), 즉 발행인 측으로 보면 지불계정과 차변표(debit note), 즉 수취계정의 금액을 기재하여 상대방에게 보냄으로써 서로의 계정을 정확히 하는 것이 좋다. 매월 혹은 매분기마다 이들을 합산하여 정리한 것이 계산서이며, 이 계산서에 의해 순지불 계정을 갖는 측이 지불액수만큼 어음을 발행하든지 다음 신용장 개설 시에 지불액수만큼 신용장 금액을 증액 개설함으로써 서로의 계정을 깨끗이 청산한다.

선적서류 또는 신용장상에 요구되는 서류는 거래에 따라서 또는 품목에 따라서 이상 언급한 서류들 외에도 얼마든지 있으며, 또 새로이 착상해 낼 수 있다. 어떤 신용장에는 해당 선적물품에 대한 각 색상별 견본 1점씩 별도로 송부되었다는 진술서를 요구하는 경우도 있으며, 또 중동의 아랍 국가들은 당해 상품이 이스라엘 제품도 아니며 또 이스라엘을 경유하지도 않았다는 각서를 요구하거나 심한 경우에는 세관송장은 꼭 아랍어로 기재하도록 요구하기도 한다.

제 4 절 수출대금의 회수

1. 운송서류의 매입

수출업자는 환어음과 운송서류의 매입을 거래 은행에게 의뢰하여 수출대금을 찾아 가는데 무역거래에서 매입은 수출업자가 발행한 환어음과 운송서류를 자기 자금으로 매입하는 것을 말한다. 이 과정을 수출업자의 입장에서 보면 수출대금을 지급받는 과정으로 볼 수 있지만 매입은행의 입장에서 보면 환어음과 운송서류를 다른 곳으로 보내어 대금을 상환받을 수 있다는 가정하에 자기 자금을 미리 지급해 준 것이다.

매입은행은 환어음과 운송서류를 신용장개설은행 또는 수입업자로부터 추심하여 매입자금을 찾아간다. 추심(collection)은 채권자가 채무자 앞으로 채무의 변제를 요청하는 증서(환어음)를 발행하여 채권을 회수하는 방식을 말하는데, 무역거래에서 채권자는 수출업자가 되고 채무자는 개설은행(신용장일 경우) 또는 수입업자(D/A, D/P일 경우)가 된다. 따라서 채무자인 개설은행 또는 수입업자는 운송서류와 상환으로 수입대금을 지급하면 이 대금은 매입은행으로 상환된다.

2. 운송서류 매입절차

(1) 외국환거래약정의 체결

수출업자가 처음으로 외국환은행과 매입거래를 하려면 먼저 매입은행과 외국환거래약정을 체결해야 한다. 외국환거래약정은 수출업자와 매입은행 간의 계약으로서 매입에 따른 제반 사항을 약정하는 것이지만 주로 주요 약정사항은 매입은행의 담보확보와 은행의 면책사항 등이다.

현재 우리나라에서는 전국은행연합회에서 제정한 외국환거래 약정서를 사용하고 있다. 이 약정서는 무역업자와 은행 간의 수출입거래, 내국신용장 발행, 내국신용장어음 매입(추심) 거래에서 공통으로 사용된다.

외국환거래약정 중 수출거래와 관련된 주요 사항을 다음과 같다.

① 수출업자는 수출물품 및 관련 서류를 매입과 관련된 모든 채무를 위한 담보로서 은행에 양도한다.
② 수출업자는 매입은행의 채권보전을 위해 백지로 약속어음을 연대보증인과 공동 발행하여 매입은행에 제공한다.
③ 수출업자는 매입과 관련하여 발생하는 모든 수수료, 이자, 할인료, 지연배상금, 손해배상금 등을 부담한다.
④ 수출업자는 환어음의 지급이 이루어지지 않으면 매입대금의 상환의무를 지고 곧 매입은행에 변제한다.

(2) 운송서류의 매입의뢰

매입은행과 외국환거래약정이 이루어지면 수출업자는 다음 서류를 매입은행에 제출하고 추심 전 매입을 의뢰한다. 신용장거래에서는 개설은행이 수출

그림 10-3 운송서류매입의 개념

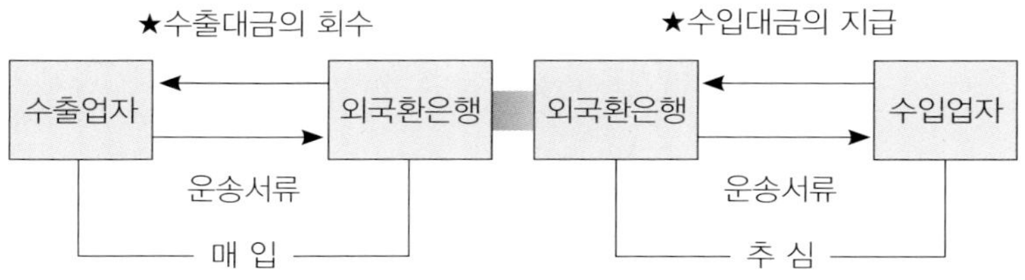

대금의 지급을 확약하고 있으므로 매입은행은 환어음에 대한 실제 지급이 이루어지기 전에 미리 수출업자의 환어음을 매입하고 수출대금을 결제하는데 이를 추심 전 매입이라 한다.[19)]

① 수출환어음매입 신청서
② 수출신용장 원본
③ 수출환어음
④ 신용장 또는 선수출계약서에서 요구하는 운송서류 전통(full set)
⑤ 수출신고필증(대금결제용) 기타

(3) 운송서류의 매입완료

매입은행은 수출업자가 제출한 환어음 및 운송서류 등이 신용장 조건과 일치하는지, 운송서류 상호간의 모순이 없는지 등의 여부를 면밀히 검토하여 매입을 결정한다. 일단 매입이 결정되면 매입은행은 신용장 뒷면에 매입일자, 매입번호, 금액, 은행명 등을 기재한 후 신용장과 함께 매입대금을 지급한다.

매입대금은 매입당일의 전신환매입률(T/T buying rate)[20)]로 환산한 원화에서 환가료, 대체료, 우편료, 전신료, 무역금융 융자액 등을 공제한 잔액이다. 만약 환어음이 기한부어음(usance bill)이면 수출대금의 지급이 유예되는 만기일까지의 이자를 차감한다.

환가료는 환어음이 개설은행으로 우송되는 기간에 해당하는 이자를 말한다. 매입은행이 수출업자에게 매입대금을 지급하면 환어음과 운송서류가 개설은행으로 송부되어야 그 대금을 상환받을 수 있기 때문에 매입시점과 개설은행의 상환시점 사이에는 환어음이 우송되는 기간만큼[21)] 이자를 수출대금에서 공제한다.

대체료는 수출대금을 외화로 인출할 때 매입은행에서 징수하는 수수료이

19) 반면 D/A, D/P 거래의 경우 은행의 지급보증 없이 수입업자의 신용을 토대로 거래가 이루어지기 때문에 수출업자로부터 추심을 의뢰받은 은행(remitting bank)은 반드시 수입업자로부터 추심이 완료되어야만 대금을 지급하게 되는데 이를 추심후 매입이라 한다.

20) 전신환매매율은 환어음을 전신으로 결제할 경우 적용되는 환율로서 환어음의 결제가 1일 이내에 완료되므로 우송기간에 대한 이자가 공제되지 않는다. 외국환은행이 일반 고객(수출업자)로부터 전신환을 매입할 때 적용되는 환율이 외국환은행 대고객전신환매입률(telegraphic transfer buying rate)이며 일반고객(수입업자)에게 전신환을 매도할 때 적용하는 환율은 외국환은행 대고객전신환매도율(telegraphic transfer selling rate)이다.

21) 환가료에 적용되는 평균 운송기간은 인근지역(일본, 홍콩, 싱가포르, 말레이시아, 중국, 태국, 인도 등)은 9일, 기타 지역은 10일이다.

다. 동종통화로 매입하면 외화매매율 차에 따른 수수료가 없기 때문에 대체료를 징수한다.

3. 운송서류의 조건부 매입

수출업자가 매입 의뢰한 운송서류상에 하자사항이 발견되면 매입은행은 원칙적으로 매입을 거절하지만 수출업자의 신용상태, 거래관계 등을 감안하여 일정 조건 하에서 매입한다.

(1) 추심 후 매입

개설은행 또는 수입업자로부터 추심이 완료된 후 수출대금을 결제한다.

(2) 조회 후 매입

매입은행이 개설은행에 전신으로 서류상의 하자 사항을 문의한 후 개설은행의 동의가 있을 경우 매입한다.

(3) 조건변경 후 매입

신용장의 조건을 준비된 서류에 맞도록 변경하여 매입한다. 이 경우의 매입은 정상적인 매입이다.

(4) 하자 조건부 매입

하자사항에 대한 모든 책임을 수출업자가 부담한다는 일종의 보증장(letter of guarantee)을 첨부하여 매입하는 방법이다. 하자 조건부 매입에 따른 모든 책임과 비용은 수출업자가 부담한다. 주로 신용장 유효기일이 얼마 남아 있지 않거나 자금이 급히 필요한 경우 이용된다.

4. 운송서류의 발송

매입절차가 끝나면 매입은행은 'Covering Letter'를 작성하여 운송서류 및 환어음과 함께 신용장 개설은행으로 신속히 송부하여 매입대금을 상환 청구한다. Covering Letter는 개설은행 앞으로 개설은행의 신용장을 자기 은행에서 매입하였다는 뜻과 발송서류의 명세, 상환에 관한 지시사항 등을 기재하여 작성한다. 그리고 운송서류는 분실에 대비하여 통상 두 세트로 나누어 송부한다.

개설은행은 운송서류가 신용장 요건과 일치하면 상환대금을 개설은행에 예치된 매입은행의 구좌로 입금시켜 준다. 만약 개설은행으로부터 지급거절 통지를 받았거나 상당한 기간이 경과되어도 상환되지 않으면 매입은행은 이번 매입거래 건을 부도 처리하게 된다. 매입은행은 부도등록과 수출업자에게 부도사실을 통지하고 해당 매입대금과 부도이자를 상환 청구한다. 수출업자가 이를 거부할 경우 매입은행은 수출화물에 대한 채권보전절차를 취하여 대출금규정에 따라 처리한다.

제 11 장

수입과 통관

수입이란 일반적으로 외국에서 생산 및 가공된 물품을 우리나라 세관을 통과하여 들여오는 과정을 말하는데 우리나라에서는 수입을 크게 일반수입과 수출용원자재수입으로 나누고 있다. 수입의 주요 과정은 동일하지만 수출 진흥을 위하여 외화획득용으로 다시 수출될 물품을 제조 · 가공하는 데 소요되는 원자재 수입에 대하여는 일반 내수용 물품의 수입과 비교하여 여러 가지 혜택을 부여하고 있고, 그에 따른 몇 가지 사후관리절차가 따른다. 이 장에서는 수입을 일반수입과 외화획득용 원자재 수입으로 구분하여 그 주요 과정을 살펴보기로 한다.

제 1 절 수입이행의 준비

수입이란 일반적으로 외국에서 생산 및 가공된 물품을 우리나라 세관을 통과하여 들여오는 과정을 말한다. 이 장에서는 수입을 크게 일반수입과 외화획득용 원료 · 기재의 수입으로 나누어서 살펴보고자 한다. 수입을 이와 같이 구분하는 이유는 우리나라에서는 수출 진흥을 위하여 외화획득용으로 다시 수출될 물품을 제조 · 가공하는 데 소요되는 원자재에 대하여는 일반 내수용 물품에 비교하여 여러 가지 혜택을 부여하고 있고, 그에 따른 몇 가지 사후관리 절차 등으로 인해 구체적인 수입절차 면에서 약간의 차이가 있기 때문이다.

1. 수입의 정의

수입은 외국에서 물품을 구매해 오는 것을 말하는데 현행 대외무역법에서는 수입에 대해서 다음과 같이 규정하고 있다(대외무역법시행령 제2조 4호).

① 매매, 교환, 임대차, 사용대차, 증여 등을 원인으로 외국으로부터 국내로 물품이 이동하는 것
② 유상으로 외국에서 외국으로 물품을 인수하는 것으로서 산업통상자원부장관이 정하여 고시하는 기준에 해당하는 것
③ 비거주자가 거주자에게 산업통상자원부장관이 정하여 고시하는 방법으로 대통령령에 따른 용역을 제공하는 것
④ 비거주자의 거주자에 대한 대통령령이 정하는 전자적 형태의 무체물을 정보통신망을 통하여 전송하거나 그 밖에 산업통상자원부장관이 정하여 고시하는 방법으로 인도하는 것

(1) 물품의 인수

오늘날의 수입은 그 범위가 종전보다 확대되어 물품의 매매나 임대차뿐만 아니라 교환, 사용대차, 증여 등도 모두 수입에 해당된다. 그리고 해외건설현장 등에서 사용하기 위해 시설, 원료, 기재 등을 외국에서 구입하여 사업현장으로 직접 송부하는 외국인수수입이나 중계무역에 의한 수입도 대외무역법상의 수입에 포함된다.

(2) 비거주자의 거주자에 대한 용역의 제공

비거주자가 거주자에게 서비스, 지식재산권 등을 제공하는 것도 수입으로 간주된다. 수입으로 인정되는 용역의 범위는 수출의 경우와 마찬가지로 대외무역법시행령(제3조)에 따라 다음의 두 가지이다.

첫째, 다음에 해당하는 사업을 영위하는 자가 제공하는 용역은 수입으로 인정된다.

① 경영상담업
② 법무관련 서비스업
③ 회계 및 세무관련 서비스업
④ 엔지니어링 서비스업
⑤ 디자인
⑥ 컴퓨터 시스템 설계 및 자문업
⑦ 문화산업진흥기본법에 의한 문화산업에 해당하는 업종
⑧ 운수업
⑨ 관광사업에 해당하는 업종
⑩ 그 밖에 지식기반용역 등 수출유망산업으로서 산업통상자원부장관이 정하여 고시하는 업종

둘째, 국내의 법령 또는 대한민국이 당사자인 조약에 의하여 보호되는 특허권 · 실용신안권 · 의장권 · 상표권 · 저작권 · 저작인접권 · 프로그램저작권 · 반도체집적회로의 배치설계권의 양도, 전용실시권의 설정 또는 통상실시권의 허락도 용역으로 간주된다.

(3) 비거주자의 거주자에 대한 전자적 무체물의 전송

정보통신기술의 발달로 소프트웨어, 디지털 방식의 정보 등 전자적 형태의 무체물을 비거주자가 거주자에게 전송하는 것도 수입에 해당된다. 전자적 형태의 무체물로 인정되는 범위는 다음 각 호의 1에 해당하는 것을 말한다(대외무역법시행령 제4조).

① 소프트웨어산업진흥법에 의한 소프트웨어
② 부호 · 문자 · 음성 · 음향 · 이미지 · 영상 등을 디지털방식으로 제작하거나 처리한 자료 또는 정보 등으로서 산업통상자원부장관이 정하여 고시하는 것(여기에 해당되는 것은 영화, 게임, 애니메이션, 만화, 캐릭터를

포함한 영상물, 음향 · 음성물, 전자서적 및 데이터베이스이다.)

③ 위의 ① 및 ②의 집합체 기타 이와 유사한 전자적 형태의 무체물로서 산업통상자원부장관이 정하여 고시하는 것

2. 수입승인

물품의 수입 역시 수출과 마찬가지로 원칙적으로 자유롭게 할 수 있지만 수출입공고 등에서 고시하는 특정 물품에 대해서는 개개의 수입거래별로 산업통상자원부장관의 승인을 얻어야 한다.[1)]

수입승인은 품목에 따라 사실상의 승인기관이나 구체적인 승인요건이 달라지지만, 해당물품관련 기관 · 단체의 장에게 승인권한이 위탁되고 있는 가장 보편적인 형태의 수입승인과 관련한 내용은 다음과 같다.

(1) 수입승인신청 시 구비서류

물품을 수입하고자 하는 자는 아래의 서류를 구비하여 수입승인기관의 장에게 제출하여야 한다.

① 수입승인신청서 4부(업체용, 세관용, 승인기관용 및 사본)

② 수입계약서 또는 물품매도확약서

③ 수입대행계약서(실수요자와 수입자가 다른 경우)

④ 수출입공고 등에서 규정한 요건을 충족한 서류(단, 당해 승인기관에서 제한요건의 충족 여부를 확인할 수 있는 경우는 제외)

(2) 수입승인의 요건

수입승인기관의 장은 수입의 승인을 하고자 할 경우에는 다음 요건에 합당한지의 여부를 확인하도록 되어 있다.

① 수입하고자 하는 자가 승인을 얻을 수 있는 자격이 있는 자일 것

② 수입하고자 하는 물품이 수출입공고 등 및 대외무역관리규정에 의한 승인요건을 충족한 물품일 것

③ 수입하는 물품의 품목분류번호(HS)의 적용이 적정할 것

1) 수출의 경우와 마찬가지로 전략물자를 수입할 경우 매 수입 시마다 사전에 수입허가기관에 신청하여 허가를 받아야 하며 수입허가의 유효기간은 1년이다.

▶ **서식 11-1** 수입승인(신청)서

수입승인(신청)서
Import License(Application)

		처리기간 : 1일 Handling Time : 1 Day		
① 수입자 (Importer) 무역업신고번호 (Notification No.) ① 상호, 주소, 성명 (Name of Firm, Address, Name of Rep.) (서명 또는 인) (Signature)		⑤ 송하인(Consignor) 상호, 주소, 성명 (Name of Firm, Address, Name of Rep.)		
② 위탁자 (Requester) 사업자등록번호 (Business No.) 상호, 주소, 성명 (Name of Firm, Address, Name of Representative) (서명 또는 인) (Signature)		⑥ 금액(Total Amount) ⑦ 결제기간(Period of Payment) ⑧ 가격조건(Terms of Payment)		
③ 원산지(Origin)		④ 선적항(Port of Loading)		
⑨ HS부호(HS Code)	⑩ 품명 및 규격 (Description/Size)	⑪ 단위 및 수량 (Unit/Quantity)	⑫ 단 가 (Unit Price)	⑬ 금 액 (Amount)
⑭ 승인기관 기재란(Remarks to be filled out by an Approval Agency)				
⑮ 유효기간(Period of Approval)				
⑯ 승인번호(Approval No.)				
⑰ 승인기관 관리번호(No. of an Approval Agency)				
⑱ 위의 신청사항을 대외무역법 제11조제2항 및 동법시행령 제18조제1항의 규정에 의하여 승인합니다. (The undersigned hereby approves the above-mentioned goods in accordance with Article 11(2) of the Foreign Trade Act and Article 18(1) of the Enforcement Decree of the said Act.) 년 월 일 승인권자 (인)				
※ 승인기관이 2 이상인 경우 ⑭~⑰의 기재사항은 이면에 기재하도록 합니다. ※ 이 서식에 의한 승인과는 별도로 대금결제에 관한 사항에 대하여는 외국환관리법령이 정하는 바에 따라야 합니다.				

2812-281-01711민 210㎜×297㎜
1998. 1. 12. 승인 일반용지 60g/㎡

(3) 수입승인의 유효기간

수입승인의 유효기간은 승인한 날로부터 1년이다. 다만 산업통상자원부장관은 국내의 물가안정, 수급조정, 물품의 인도조건 기타 거래상 특성에 따라 필요하다고 인정하는 경우에는 1년 이내 또는 20년 범위 내에서 유효기간을 단축 또는 초과하여 설정할 수 있다.

수입승인을 얻은 자는 유효기간 내에 당해 승인을 얻은 물품을 수입하여야 하며 수입이 이행되지 아니한 경우에는 그 유효기간이 만료되는 때 당초의 수입승인은 효력을 잃게 된다.

(4) 수입승인사항의 변경

수입승인을 받은 후 계약내용이 변경되거나 기타 부득이한 사유로 인하여 기 승인조건대로 수입을 이행할 수 없게 된 경우에는 원칙적으로 당초의 수입승인기관의 장으로부터 변경승인을 얻거나 변경신고를 하여야 한다. 수입승인사항 변경신청은 수입승인서 또는 수입승인사항 변경승인 · 신고신청서에 변경사실을 증명하는 서류를 첨부하여 원칙적으로 수입승인 유효기간 내에 하여야 한다.

3. 수입신용장의 개설

대금결제 방식이 신용장일 경우 수입업자는 매매계약의 내용에 따라 거래은행에 수입신용장 개설을 의뢰하여 수출업자에게 신용장을 개설해 주어야 한다. 그러나 무신용장 방식(D/A, D/P, 송금 등)일 경우 이런 단계는 필요 없고 수출업자로부터 관계 운송서류가 올 때까지 기다렸다가 수입대금을 결제하면 된다.

(1) 외국환거래의 약정

수입업자는 신용장개설에 앞서 신용장거래에 따른 약정을 개설은행과 체결해야 한다. 현재 우리나라에서는 전국은행연합회가 작성한 외국환거래 약정서가 사용되고 있는데, 인쇄된 약정서의 내용에 대해서 개설의뢰인이 서명 · 날인함으로써 동의하는 형식을 취한다.

신용장개설에 따른 약정내용은 주로 수입업자와 개설은행 간의 채권 및 채무관계이며, 수입업자의 입장에서 주의해야 할 사항은 다음과 같다.

① 수입업자는 수입물품 및 관련 운송서류를 개설은행에 부담하는 모든 채무, 수수료 등의 지급을 위한 담보로서 은행에 양도한다.
② 수입업자는 신용장개설에 따른 수수료, 이자, 할인료, 지연배당금, 손해배상금 등을 부담한다.
③ 개설은행은 채권보전을 위해 필요한 경우 신용장조건과 불일치하는 어음에 대해서 수입업자의 동의 없이 지급 또는 인수를 거절할 수 있다.
④ 개설은행은 수입업자가 취소한 경우에 한하여 신용장을 취소 또는 변경할 수 있다.

(2) 신용장개설의 신청

수입업자는 신용장개설은행과의 총괄적인 약정으로 외국환거래약정을 체결한 후 거래 시마다 신용장개설신청서(L/C Application)를 제출하여 신용장개설을 의뢰한다. 신용장개설신청서에 기재된 사항은 그대로 신용장조건이 되므로 모든 사항을 간단명료하고 정확하게 기재해야 한다.

신용장개설에 필요한 서류는 각 외국환은행마다 다를 수도 있지만 일반적으로 다음과 같다.

① 신용장개설신청서
② 물품매도확약서 또는 계약서[2)]
③ 보험서류[3)]
④ 수입승인서 : 수입제한품목을 수입할 경우
⑤ 담보제공증서 등

우리나라의 수입업자들은 은행들이 제공하는 인터넷뱅킹을 이용하여 수입신용장을 개설하거나 조건변경을 할 수 있다. 수입업자가 인터넷뱅킹을 통해 수입신용장 개설을 신청하면 개설은행은 개설신청전문을 발송하고 발신전문 사본은 수입업자에게 팩스로 전송한다. 그리고 수입업자는 인터넷뱅킹을 통해 처리결과를 조회할 수 있다.

---

2) 신용장상에 상품의 명세를 'As per our Offer Sheet(Contract) No. 123'과 같이 표시할 경우 필요하다.
3) 이는 FOB, CFR 등과 같이 수입업자가 적하보험계약을 체결할 경우이다. 신용장이 개설되면 수입화물에 대해서 개설은행이 담보권을 행사할 수도 있으므로 이에 대한 대비를 한 것이다.

인터넷뱅킹을 이용하여 수입신용장을 개설하면 수입업무가 경감되고 수작업에 따른 오류를 방지할 수 있다. 또한 개설신청서를 제출하기 위해 은행을 방문할 필요가 없으며 인터넷뱅킹 이용에 따른 추가 수수료를 부담할 필요도 없어 시간과 비용을 절약할 수 있다. 그리고 신용장의 개설, 처리결과 등을 인터넷으로 조회할 수 있고 기존의 자료를 저장하거나 복사할 수도 있기 때문에 최근 인터넷뱅킹을 이용해서 신용장이 많이 개설되고 있다.

(3) 신용장개설 담보금 및 수수료

신용장 개설은행은 수입업자를 대신하여 수출업자, 매입은행 등에게 수입대금의 지급을 확약하므로 수입업자로 하여금 신용장금액에 상응하는 담보를 제공하도록 하며 수입업자의 담보제공에 따라 수입업체별로 신용장 개설 한도액이 설정된다.

수출용 원자재와 같이 순전히 개설은행의 자금으로 수입되는 경우, 만약 개설담보가 부족하면 수입물품 자체를 양도담보로 개설은행에 제공해야 한다. 개설은행은 신용장개설수수료, 전신료 등 신용장개설에 필요한 비용을 수입업자로부터 징수한다. 현재 신용장개설수수료, 전신료 등의 외국환수수료는 은행별로 자율적으로 결정하고 있다.

(4) 신용장의 개설

신용장은 우편, 전신 및 SWIFT방식으로 개설되는데 오늘날에는 SWIFT방식이 대부분 이용되고 있다.

가) 우편신용장

우편신용장(mail credit)은 소정의 양식에 따라 신용장을 개설하여 우편으로 수출업자에게 전달해 주는 신용장이다. 개설은행과 통지은행 간에는 서로 서명감을 교환하여 신용장의 진위 여부를 확인한다. 우편신용장은 오늘날에는 잘 사용되지 않고 정보통신수단이 발달되지 않은 국가와의 거래에서 간혹 이용된다.

나) 전신신용장

전신신용장(cable credit)은 신용장의 내용 모두를 전송하는 full cable(full teletransmission) 방식과 주요 내용만 간결히 전송하는 short cable(short teletransmission) 방식이 있다.

full cable에는 'This is an operative credit.'라는 표시가 있어 전신신용장이 곧 유효한 신용장이 된다.

short cable 방식은 수출업자에게 신용장이 개설되었다는 사실과 주요 내용을 미리 알려주기 위해서 이용된다. 이러한 예비통지의 신용장에는 'full details to follow'(상세한 사항은 추후 통지함)와 같은 표현이 있어 그 자체로는 유효한 신용장으로 간주되지 않고 반드시 신용장원본(mail confirmation)이 다시 수출업자에게 통지된다.

short cable방식을 이용하면 전신 및 우편으로 신용장이 두 번 개설되는 번거로움이 있고 오늘날에는 전신료도 저렴하므로 이 방식보다는 신용장 내용의 전부를 전신으로 보내는 full cable방식이 대부분 이용되고 있다. 그리고 전신으로 개설되는 신용장은 사전에 개설은행과 통지은행 간에 Test Key가 교환되고 있어 신용장의 위조를 방지한다.

다) SWIFT 신용장

이는 EDI방식에 의한 신용장을 의미하는데 개설방식은 전신신용장을 암호로 개설하는 것과 비슷하며 신용장의 양식이 표준화되고 코드화되어 있다. SWIFT 신용장은 Authenticator Key로 신용장의 진위 여부를 확인하는데 신용장금액, 통화종류, 거래일자 등 신용장의 주요 조건들이 모두 암호화되어 있어 위조가 불가능하다.

4. 수입대금의 결제

(1) 신용장방식의 수입

가) 외국환거래 약정

신용장 결제방식으로 수입할 경우 수입업자는 개설은행(issuing bank)과 신용장거래에 따른 약정을 체결해야 한다. 현재 우리나라에서는 전국은행연합회가 작성한 외국환거래 약정서가 사용되고 있는데, 인쇄된 약정서의 내용에 대해서 수입업자(개설의뢰인)가 서명 · 날인함으로써 동의하는 형식을 취한다. 신용장거래에 따른 약정내용은 주로 수입업자와 개설은행간의 채권 및 채무 관계이다.

나) 운송서류의 심사

무역계약에 따라 신용장을 개설한 수입업자는 수입화물을 인수하기 위하여 운송서류가 도착하기를 기다린다. 운송서류는 매입은행을 거쳐서 개설은행에 도착하게 되는데, 통상적으로 매입은행은 분실, 파손 등의 우려를 염려해서 운송서류를 원본과 부본으로 구분하여 개설은행에 송부한다.

개설은행은 운송서류가 도착하면 즉시 이 사실을 수입업자에게 알리고 운송서류가 신용장상의 요건과 서류상 일치하는가의 여부를 검토하여 이를 수리할 것인지 또는 거절할 것인지를 결정한다. 이 때 개설은행은 운송서류가 문면상 신용장조건과 일치하는지 여부에 대해서 상당한 주의를 가지고 심사해야 한다(신용장통일규칙 제14조).

개설은행은 은행영업일(banking days)로 5일 이내에 수리 여부를 결정해야 하며 만약 모든 운송서류가 신용장조건과 일치하면 즉시 서류를 수리하고 매입은행에 대금을 상환해야 한다. 개설은행은 신용장의 독립 · 추상성에 따라 신용장조건과 일치하는 서류에 대해서는 무조건 신용장대금을 상환해야 할 의무가 있다(신용장통일규칙 제14조).

만약 운송서류를 심사한 결과 서류 상호간에 모순이 있거나 신용장상의 요건과 일치하지 않을 경우 개설은행은 신속한 방법으로 운송서류의 수리거절을 매입은행에 통보해야 한다. 개설은행은 독립 · 추상성에 따라 독자적 판단으로 운송서류의 수리 여부를 결정해야 하지만 일단 수입업자에게 운송서류를 서류상의 하자에도 불구하고 인수할지의 여부를 문의하는 것이 바람직하다. 왜냐하면 수입업자는 시장상황에 따라 꼭 필요한 수입인 경우 서류상의 조그만 하자에도 불구하고 운송서류를 인수할 수 있기 때문이다.

일반적으로 개설은행과 수입업자는 환어음 및 운송서류에 대해서 다음과 같은 사항을 검토한다.

① 신용장에서 요구하고 있는 운송서류가 모두 제시되었는지 여부
② 신용장에서 요구하고 있는 통수대로 운송서류가 제시되었는지 여부
③ 운송서류가 신용장의 요구사항과 일치하는지 여부
④ 운송서류 상호간에 모순이 있는지 여부
⑤ 서류 발행자의 자격이 충족되었는지 여부
⑥ 운송서류가 소정의 형식을 갖추었는지 여부
⑦ 환어음, 선하증권, 보험증권 등 유가증권의 권리가 정당하게 양도되었는지 여부

다) 수입대금의 결제

수입업자는 운송서류가 상호 모순이 없고 신용장의 내용과 일치하면 개설은행에 수입대금을 지급하고 운송서류를 인수한다. 만약 신용장조건이 일람불이면 수입업자는 대금을 지급하는 즉시 운송서류를 인수할 수 있다.

그러나 기한부조건으로 수입한 경우에는 수입대금을 당장 지급할 필요가 없기 때문에 운송서류인수증만 제출하고 운송서류를 인수할 수 있다. 수입업자는 환어음의 만기일에 이자를 추가하여 결제해야 한다.

수입업자가 운송서류를 인수하기 위해 수입대금을 지급할 때는 수입환어음결제율이 적용된다. 수입환어음결제율은 전신환매도율에 우편일수만큼의 금리를 가산한 율이다.

전신환매도율은 외국환은행이 고객에게 전신환을 매도할 때 적용하는 율이다. 개설은행이 달러표시의 수입환어음을 수입업자에게 제시하는 것은 곧 외국환(수입환어음)을 수입업자에게 매도하는 것과 마찬가지이므로 수입 시에는 전신환매도율이 적용된다. 따라서 우리나라의 수입업자는 원화를 개설은행에 지급하고 달러표시의 환어음을 찾아가는 셈이 된다.

수입의 경우 수출업자가 매입은행으로부터 수출대금을 찾아가면 매입은행은 수출국 또는 제3국에 소재하는 개설은행의 예치환거래은행에 예치되어 있는 개설은행의 구좌에서 이 대금을 즉시 인출한다.[4] 그러나 개설은행은 매입은행으로부터 운송서류가 송부되어 와야만 수입업자로부터 매입은행이 인출한 대금을 받을 수 있으므로 서류우송기간의 이자에 해당하는 환가료를 수입업자로부터 받는다.

라) 대 도

대도(貸渡; trust receipt)는 수입업자가 수입대금을 지급하지 않고 개설은행으로부터 운송서류를 인도받으면서 수입화물에 관하여 발생하는 일체의 손해에 대하여 자기가 책임을 지겠다고 개설은행에게 서약하는 증서를 말한다. 개설은행의 신용으로 물품이 수입되는 경우에는 수입화물 자체가 담보물이 된다.

그런데 수입화물이 담보로 잡혀 수입업자가 원래 목적대로 사용할 수 없으면 수입한 의미가 없어지기 때문에 개설은행은 대도와 같은 수입업자의 각서를 받고 수입화물을 처분할 수 있도록 해준다. 물론 개설은행은 대도에 의해

---

4) 이와 같이 매입은행이 개설은행의 예금계정에서 매입대금을 자동 인출할 수 있는 방식을 차기방식(debit basis) 또는 상환방식(reimbursement basis)이라 한다.

▶ **서식 11-2** 수입화물대도신청서

수입담보화물대도(선인도) 신청서

계	대리	차장	부장

귀중

◎ 본인은 아래 신용장의 수입물품을 대도신청함에 있어 따로 제출한 외국환거래약정서 및 양도담보계약서의 모든 조항에 따를 것을 확약합니다.

<table>
<tr><td colspan="2">신용장 번호</td><td colspan="9"></td></tr>
<tr><td rowspan="3">선적서류</td><td rowspan="2">종류</td><td rowspan="2">선하증권</td><td rowspan="2">항공화물운송장</td><td rowspan="2">상업송장</td><td rowspan="2">보험서류</td><td rowspan="2">포장명세서</td><td rowspan="2">검사증명서</td><td colspan="3">기 타</td></tr>
<tr><td></td><td></td><td></td></tr>
<tr><td>통 수</td><td></td><td></td><td></td><td></td><td></td><td></td><td></td><td></td><td></td></tr>
</table>

<table>
<tr><td rowspan="4">대도(T/R)</td><td>선하증권
(항공화물운송장)</td><td>번 호</td><td></td></tr>
<tr><td rowspan="2">상업송장</td><td>번 호</td><td></td></tr>
<tr><td>금 액</td><td></td></tr>
<tr><td colspan="2">대도금액</td><td></td></tr>
</table>

년 월 일

본인 : (인)

인감대조

주소 :

서 수입화물에 대한 담보권을 계속 유지할 수 있다.[5)]

우리나라의 경우 외화획득용 원료 등을 수입할 때는 신용장개설 담보 없이도 신용장이 개설될 수 있다. 이 경우는 완전히 개설은행의 자금으로 수입되는 것이지만 원료가 가공되어 곧 수출될 수 있기 때문에 개설담보 없이도 수입신용장이 개설되는 것이다. 이와 같이 특수한 경우 수출업자는 수입대금을 결제하는 대신 대도를 개설은행에 제출하고 운송서류를 인수하여 원료를 수입한다.

(2) 화환어음 추심방식의 수입

가) 외국환거래 약정

화환어음 추심방식으로 수입할 경우 수입업자는 운송서류를 제시하는 추심은행(collecting bank)과 외환거래가 발생하게 되므로 외국환거래약정을 체결하고 화환어음의 인도 및 지급에 관한 당사자 간의 권리와 의무를 명확히 한다.

나) 운송서류의 심사와 인수

만약 결제가 지급도 조건(D/P)이면 수입업자는 추심은행이 제시하는 운송서류를 면밀히 검토하여 계약의 내용과 일치하면 수입대금을 지급하고 운송서류를 찾아간다. 그런데 인수도 조건(D/A)일 경우는 수입업자는 추심은행이 제시한 화환어음 상에 만기일 지급을 약속하는 인수 서명을 하고 운송서류를 찾아간다.

(3) 송금 방식의 수입

가) 외국환거래 약정

송금 방식으로 수입할 경우 수입업자는 수출업자 계정으로 수입대금을 직접 송금하고, 수출업자는 관련 운송서류를 수입업자에게 우송하므로 수입대금의 결제와 운송서류의 입수가 매우 간단하지만 수입업자는 거래은행과 외국환거래를 하게 되므로 외국환거래약정을 체결한다.

---

5) 수입업자는 대도물품을 제3자에게 담보로 제공할 수 없으며 만약 대도물품을 매도할 경우에는 금액, 물품의 인도, 대금의 영수방법 등에 관하여 미리 은행의 동의를 받아야 한다.

나) 수입대금 송금 및 운송서류의 인수

선적 전 사전 송금 방식으로 수입계약을 체결했으면 수입업자는 약정 기일 내 수출대금을 수출업자가 선적하기 전에 송금하고 운송서류를 기다린다. 보통 수출업자가 선적 예정일을 통보하면 수입업자가 수입대금을 송금한다. 그런데 사후 송금 방식일 경우에는 수출업자가 먼저 운송서류를 수입업자에게로 보내준다. 그리고 일정 기간 후 수입업자는 수입대금을 수출업자 앞으로 송금하게 된다.

5. 수입화물의 입수

수입업자는 개설은행으로부터 인수한 운송서류 중에서 선하증권의 원본을 선박회사에 제출하여 수입화물을 찾는다.[6] 이 때 선박회사는 선하증권을 받으면서 수입업자에게 화물을 인도할 것을 지시하는 화물인도지시서(delivery order; D/O)를 교부하는데 수입업자는 이 지시서를 본선에 제출하고 화물을 입수하게 된다.

6. 화물선취보증서

수입항에 운송서류가 화물보다 먼저 도착하게 되면 별 문제가 없지만 항해일수가 짧은 한국 · 일본 간, 한국 · 중국 간 등의 무역거래에서는 운송서류보다 수입화물이 먼저 도착하게 된다. 이렇게 되면 화물은 이미 수입항에 도착해 있는데 선하증권이 도착하지 않아서 화물을 찾을 수 없게 된다. 이런 경우 화물을 빨리 찾기 위해 수입업자는 개설은행에 화물선취보증서(letter of guarantee; L/G)의 발급을 신청하여 선하증권 대신 이 보증서를 선박회사에 제출하고 화물을 찾을 수 있다.

선박회사는 원칙적으로 선하증권의 원본을 받아야 화물을 인도하지만 공신력 있는 개설은행이 보증함으로써 선하증권 대신 화물선취보증서로 수입업자에게 화물을 인도한다. 따라서 화물선취보증서에는 선하증권 원본이 도착하면 즉시 선박회사에 제출할 것과 화물인도에 따른 모든 책임을 부담한다는 개설은행의 약속이 담겨 있다.

수입업자가 화물선취보증서를 신청할 경우 일정 수수료와 필요에 따라서

6) 수입업자는 미리 수출업자로부터 선하증권의 사본을 받아 수입통관절차를 마칠 수 있다.

▶ **서식 11-3** 화물선취보증서

Letter of Guarantee

To ______________________________ L/G NO. ______________________________

[Shipping Company] Date ______________________________

Vessel Name/Voyage No.		Letter of Credit No.	Date of Issue
Port of Loading		Invoice Value	
Port of Diacharge(or Place of Delivery)		Description of Cargo	
Bill of Lading No.	Date of Issue		
Shipper		No. of Packages	Marks & Nos.
Consignee			
Party to be delivered			

Whereas you have issued a Bill of Lading covering the above shipment and the above cargo has been arrived at the above port of discharge(or the above place of delivery), we hereby request you to give delivery of the said cargo to the above mentioned party without production of the original Bill of Lading.

In consideration of your complying with our above request, we hereby agree as follows :

1. To indemnify your, your servants and agents and to hold all of you harmless in respect of liability, loss, damage or expenses which you may sustaion by reason of delivering the cargo in accordance which you may sustain by reason of delivering the cargo in accordance with our request, provided, that the undersigned Bank shall be exempt from liability for freight, demurrage or expenses in respect of the contract of carriage.

2. As soon as the original Bill of Lading corresponding to the above cargo comes into our possession, we shall surrender the same to you, whereupon our liability hereunder shall cease.

3. The liability of each and every person under this guarantee shall be joint and several and shall not be conditional upon your proceeding first againt any person, whether or not such person is party to or liable under this guarantee.

4. This guarantee shall be governed by and construed in accordance with Korean law and the jurisdiction of the competent court in Korea.

Should the Bill of Lading holder file a claim or bring a lawsuit againt you, you shall notify the undersigned Bank as soon as possible.

Yours faithfully,

For and on behalf of	For and on behalf of
[Name of Requestor]	[Name of Bank]
______________________________	______________________________
Authorized Signature	Authorized Signature

는 수입보증금을 추가로 개설은행에 납부해야 한다. 특히 수입업자의 신용이 양호하지 못하거나 담보가 불충분한 경우에는 수입대금 전액을 확보해야만 개설은행이 화물선취보증서를 발급해 준다. 왜냐하면 개설은행이 일단 화물선취보증서를 발급하면 운송서류에 하자가 있더라도 일체의 클레임을 제기할 수 없고 반드시 매입은행에 상환해 줄 의무가 있기 때문이다.[7)]

제 2 절 수입통관

1. 수입통관의 의의

우리나라로 들어오는 모든 외국물품은 관세법에서 규정하고 있는 수입통관절차를 거쳐야 한다. 외국물품은 곧 수입물품을 의미하지만 관세법에서는 우리나라에 도착된 물품으로 수입신고가 수리되지 않은 물품과 수출신고가 수리된 물품을 외국물품으로 간주하고 있다.[8)] 이러한 외국물품은 수입신고 수리를 위한 통관절차를 필해야만 내국물품이 되어 국내로 들어올 수 있다.

우리나라는 1996년부터 전자문서교환(EDI) 수입통관자동화시스템을 운영하여 수입통관절차가 매우 간소화되었다. 현행 EDI형 수입통관절차에 따라 수입물품이 국내로 반입되는 과정을 개괄적으로 살펴보면 [그림 11-1]과 같다.

수입물품을 적재한 선박이 입항한 후 부두를 배정받아 물품을 하역하고 동시에 수입업자는 해당 세관에 수입신고를 한다. 현품을 확인하거나 검사할 필요가 있으면 보세구역 등에 물품을 장치하고, 필요한 경우 수입신고서류심사와 물품검사를 거친 후 수입신고가 수리된다. 수입신고가 수리되면 수입물품에 대한 관세 및 내국세를 납부한 후 물품을 국내로 반입한다. 이 과정에서 수입신고, 수입신고서류심사 및 물품검사, 수입신고수리 등이 수입통관절차에 해당된다.

---

7) 신용이 확실하거나 담보가 충분하면 수입업자는 수입대금을 결제하지 않은 채 화물선취보증서를 이용해서 미리 수입할 수 있다. 특히 외국의 수출업자로 하여금 고의로 운송서류를 늦게 제시하도록 하고 수입업자는 빨리 화물을 찾게 되면 상당기간 수입자금 없이 국내 영업을 할 수 있다.

8) 외국으로부터 우리나라에 도착된 물품에는 외국에서 생산된 물품, 우리나라 생산품으로서 일단 수출되었다가 재수입된 물품, 외국의 선박에 의하여 공해에서 채취 또는 포획된 수산물 등이 있다. 그리고 수출신고가 수리된 물품은 수출신고가 취소되거나 수입신고가 수리되지 않은 한 국내에서 사용될 수 없으므로 외국물품으로 간주된다.

그림 11-1 수입통관절차의 개괄적 흐름

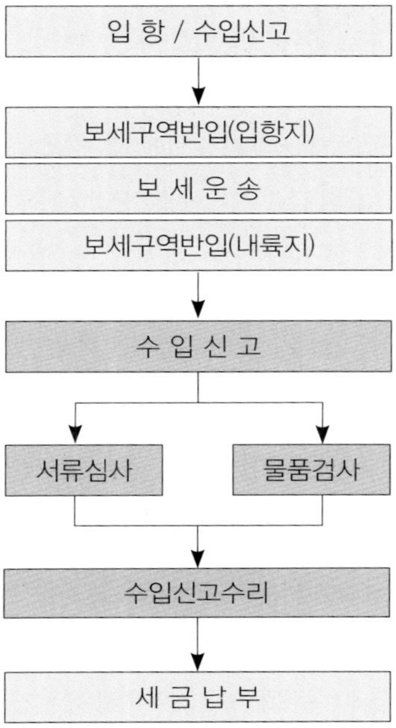

우리나라의 통관제도는 수출입신고제이므로 납세의무자는 원칙적으로 수입신고수리 후 15일 이내에 관세 및 내국세를 납부하도록 되어 있어 통관절차와 과세절차가 분리되어 있다. 그리고 수입화물 선별검사시스템(cargo selectivity system; C/S)을 도입하여 전체 수입화물 모두를 검사하지 않고 C/S를 통해 미리 등록된 기준에 따라 우범가능성이 높다고 예상되는 물품만을 골라 집중적으로 검사함으로써 검사의 효율성을 높이고 있다.

2. 수입통관의 준비

(1) 적하목록의 제출

선박회사 또는 항공사는 수입화물을 적재한 선박이 도착항에 입항하기 24시간 전까지, 항공수입인 경우에는 항공기가 착륙하기 2시간 전까지 입항예정지 세관장에게 수입화물에 대한 적하목록(manifest)을 제출해야 한다. 적하목록은 선박, 항공기 등 운송수단에 적재된 화물의 총괄목록이며 선박회사, 항공사 또는 운송주선업자가 발행한다.

세관은 적하목록 기재사항의 누락 여부, 세관의 특별감시가 필요한 우범화물에 해당하는지 등의 요건을 심사한 후 이 적하목록을 토대로 하역, 운송, 보관, 통관별로 수입화물을 총괄 관리한다.[9]

현재 EDI형 보세수입화물시스템의 시행을 위해 개정된 적하목록이 선박회사, 운송주선업자, 세관 간에 시행되고 있다. 이에 따라 선박이 입항하면 입항보고서와 적하목록을 제출하고 하역 시 배정보고, 배정적하목록 제출, 하선작업 신고, 하선작업완료 보고 등의 절차를 완료한 후 관할 내 간이보세운송과에 도착완료보고를 함으로써 부두반출 및 운송을 하게 된다.

(2) 수입화물의 하역

수입화물을 적재한 선박(항공기)이 입항하면 운항선사는 Master B/L 단위의 적하목록을 기준으로 하선장소를 정하여 세관장에게 하선신고서를 제출해야 한다. 하선장소는 컨테이너 화물인 경우는 부두 내 또는 부두 밖의 CY(container yard)이며 벌크화물(bulky cargo)이나 기타 화물인 경우는 부두 내이다. 수입물품이 하역되면 선박회사, 검수업자, 하역업자가 공동으로 물품검수를 실시하고 만약 적하목록과 상이한 것이 있으면 이를 세관장에게 보고해야 한다.

(3) 부두 직통관

수출입화물은 공항 또는 항만에서 하역과 동시에 생산 공장까지 직접 반출하는 것이 가장 효율적이기 때문에 미국, 일본, 유럽 등 선진국에서는 입항된 화물이 하역과 동시에 부두 내에서 직통관 처리되도록 물류시스템을 선진화하여 운영하고 있다. 반면 우리나라의 주요 항만은 하역기능 위주로 운영되어 통관을 부두 밖에서 하는 관행으로 수입화물은 일단 부두 밖 야적장이나 보세창고로 옮겨진 후 통관됨에 따라 시간, 비용 등이 많이 소요되어 왔다.

이에 화주가 부두직반출(직통관 및 보세운송)을 희망할 경우 물품의 하선장소를 부두내로 제한하여 즉시 처리하는 부두 직통관제도를 도입 · 시행하고 있다. 부두직반출 대상화물은 입항전 신고(수입신고, 보세운송신고)물품과 입항후에 신고하더라도 부두 내 장치 후 직반출을 희망하는 물품 모두이다.

---

9) 중국, 일본 등 근거리에서 입항하는 경우 적하목록의 제출 시기는 선박 또는 항공기가 입항할 때까지이다. 그리고 혼재화물인 경우는 운송주선업자가 적하목록을 작성한다.

(4) 보세구역 장치 및 보세운송

가) 보세제도의 의의

보세제도는 관세징수권을 확보하며 통관질서를 확립하고, 통관 업무를 효율적으로 수행하기 위해 수입신고가 수리되기 전의 외국물품을 세관장의 관리 하에 두는 제도를 말한다. 보세제도는 보세구역제도와 보세운송제도 두 가지로 구분된다.

보세구역은 보세화물을 반입, 장치, 가공, 건설, 전시 또는 판매하는 구역을 말하는데 지정보세구역, 특허보세구역 및 종합보세구역으로 구분된다(관세법 제154조).

지정보세구역은 세관에서 직접 관리하는 보세구역을 말하는데 지정장치장 및 세관검사장으로 구분된다. 지정자치장은 통관을 하고자 하는 물품을 일시 장치하기 위한 장소이며, 세관검사장은 통관을 하고자 하는 물품을 검사하기 위한 장소이다.

특허보세구역은 세관장의 특허를 받아 개인이 운영하는 보세구역을 의미한다. 특허보세구역은 보세창고, 보세공장, 보세전시장, 보세건설장 및 보세판매장으로 구분된다.

종합보세구역은 보세창고, 보세공장, 보세전시장, 보세건설장 또는 보세판매장의 기능 중 둘 이상의 기능(종합보세기능)을 종합적으로 수행할 수 있는 보세구역을 말한다. 종합보세구역은 주로 외국인투자지역, 산업단지, 외국인투자기업전용산업단지, 집배송(集配送)센터 및 공동집배송단지, 유통단지 중에서 무역진흥에의 기여정도나 외국물품의 반입 · 반출물량 등을 고려하여 관세청장이 지정한다.

보세운송은 세관장에게 신고한 후 외국물품을 국내의 보세구역 간에 이동하는 것을 말한다. 보세운송구간은 개항, 보세구역, 타소장치의 허가를 받은 장소, 세관관서, 통관역, 통관장 및 통관우체국이다. 통관역은 국외와 연결하며 국경에서 근접한 일반수송용 철도역 중에서 관세청장이 지정하는 곳을 말하고, 통관장은 관세통로에 근접한 장소 중에서 세관장이 지정한 곳이다.

만약 수입업자가 내륙에 위치한 자신의 공장에 수입화물을 장치하고 관할세관에서 통관하기를 원하면 항만에서 내륙공항까지 수입화물의 보세운송이 허용된다.[10] 보세운송을 하려면 하주, 보세운송업자, 관세사 등 보세운송신

---

10) 인천항으로 도착한 수입물품을 서울에 공장을 가진 수출업자가 인천세관에서 통관하여 서울로 운송해 오면 인천 보세장치장에의 반출입비용, 창고료 등이 소요되고 통관서류를 가지고 가서

▶ **서식 11-4** 보세운송신고서

보세운송신고서
(보관용)

1. 신고자 상호________ 신고자부호 ☐ 주소________ 성명________	2. 신고번호 (세관-신고구분-연도-일련번호)	3. 신고일자 / /
	4. 운송기간 / / 까지	5. 운송수단 ☐ (→)

6. 운송구간 (발송지보세구역 → 경유지보세구역 → 도착지보세구역)

발송지보세구역(부호) ☐	경유지보세구역(부호) ☐	도착지보세구역(부호) ☐

7. 적하목록관리 번호(MRN)	8. B/L 일련번호	9. B/L(AWB)번호 (컨테이너번호)	10. 품 명	11. 포장명세		12. 총중량 (KG)	13. 세관 기재란
				개수	단위		
합계 (TOTAL)	14. 컨테이너 총개수		15. 포장개수 합계		16. 총중량 합계		

※ 첨부서류 : 적하목록 사본 ( )	※ 수리일자 :
※ 주의 : 보세운송물품이 목적지에 도착하면, 도착지장치장에 보세운송승인서와 적하목록사본을 제출하여야 한다.	※ 비 고 세관담당자 (인)

고인은 원칙적으로 세관에 적하목록을 제출하고 당해 물품이 하역된 이후 보세운송신고서에 적하목록 사본을 첨부하여 보세운송신고를 해야 한다. 그러나 재보세운송하는 물품, 검역물품, 위험물품, 불법수출입방지를 위하여 세관장이 지정한 물품 등은 세관장으로부터 승인을 받아야 한다(관세법시행령 제226조 제2항).

나) 보세구역 장치

수입화물이 본선으로부터 하역되면 보세구역에 장치하는 것이 원칙이다.[11] 그러나 다음의 경우 보세구역이 아닌 장소에 장치할 수 있는데 이를 타소장치라 한다(관세법 제155조 제1항).

① 수입신고가 수리된 물품
② 거대중량 기타의 사유로 보세구역에 장치하기 곤란하거나 부적당한 물품
③ 재해 또는 부득이한 사유로서 임시 장치한 물품
④ 검역물품, 압수물품, 우편물품

3. 수입신고

(1) 수입신고의 서류

물품을 수입하고자 하는 당해 물품의 품명, 규격, 수량 가격 등을 세관장에게 EDI 방식으로 신고해야 한다. 수입업자는 수입신고를 함으로써 비로소 물품을 수입하려는 의사를 공식적으로 표현하게 되며 수입신고를 하는 시점에서 수입과 관련된 적용법령, 과세물건, 납세의무자 등이 확정된다.

수입신고는 하주, 관세사, 관세사법인 또는 통관취급법인의 명의로 해야 한다. 그리고 수입신고 시에는 세관이 수입물품에 대하여 적정한 관세를 부과하여 징수할 수 있도록 수입신고서에 선하증권 또는 항공화물운송장 사본, 원산지증명서(해당물품에 한함), 기타 필요한 승인서류 등을 세관에 제출해야 한다.

수입통관절차를 거쳐야 한다. 그러나 수입물품을 인천항에서 서울의 자가용 장치장인 공장까지 보세운송하여 서울세관에서 통관하면 이러한 비용이 절약될 수 있다.

11) 일반적으로 수입화물은 보세장치장이나 보세창고에 장치되는데 이는 하주 또는 하주의 위임을 받은 자가 운영인과 협의하여 결정한다. 보세장치장은 수입통관하고자 하는 물품을 일시 장치하기 위한 구역으로서 장치기간은 3개월 이내이다. 그리고 보세창고는 외국물품을 장치하여 보관하기 위한 구역으로서 장치기간이 2년 이내이다.

(2) 수입신고의 시기

현행 수입신고는 수입신고시기에 따라 [그림 11-2]에서와 같이 출항전수입신고, 입항전수입신고, 입항후 보세구역 도착전 수입신고 및 보세구역 장치후 수입신고의 네 가지 유형으로 구분된다.

가) 출항 전 수입신고

항공기로 수입되는 경우 또는 일본, 대만, 홍콩, 중국 등에서 선박으로 수입되는 경우에는 출항 후 입항하기까지 시간이 너무 짧기 때문에 출항 후 수입신고하는 것이 곤란하다. 이런 경우 선박 또는 항공기가 물품을 적재한 항구 또는 공항에서 출항하기 전에 수입신고가 가능하다. 컨테이너 화물은 한 컨테이너에 동일 하주의 화물만 적재된 FCL 화물인 경우에 한한다.

나) 입항 전 수입신고

입항 전 수입신고는 수입물품을 선(기)적한 선박 또는 항공기가 물품을 적재한 항구 또는 공항에서 출항한 후 하선신고 시점을 기준으로 도착지에 입항하기 전에 수입신고하는 것을 말한다. 컨테이너 화물은 FCL 화물인 경우에 한하여 입항 전 수입신고가 가능하다.

다) 입항 후 보세구역도착 전 수입신고

입항 후 보세구역도착 전 수입신고는 수입물품을 적재한 선박 또는 항공기가 입항하여 하역 신고한 후 해당 물품이 반입될 보세구역(타소장치장 포함)에

그림 11-2 수입신고의 시기에 의한 수입신고유형

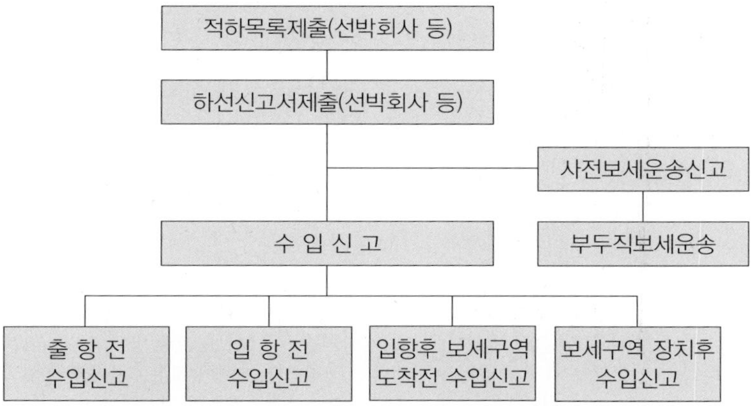

도착하기 전 수입신고하는 것을 말한다. 입항 후 보세구역 도착 전 신고대상에는 제한이 없다.

라) 보세구역장치 후 수입신고

이는 수입물품을 보세구역에 장치한 후 관할 세관에 수입신고하는 것을 말한다. 신고 대상업체 및 대상물품에는 아무런 제한이 없다.

4. 수입신고서 심사 및 물품검사

수입신고서를 접수한 세관은 통관시스템에 조회하여 C/S결과, 통관검사 및 검사에 특별한 주의를 요하는 사항이 있는지 여부를 확인하여 즉시수리, 심사대상 및 물품검사 중 한 가지를 선택하여 수입신고서 처리방법을 결정한다.

(1) 즉시수리

즉시수리는 신고서류에 대한 심사나 수입물품에 대한 검사를 생략하고 수입신고를 수리하는 것을 말한다. 이러한 즉시수리물품(심사생략물품)은 다음과 같이 수입신고서 및 제출 서류의 형식적 요건만을 확인한다.

① 수입통관사무처리에 관한 고시에서 규정한 수입신고 제출서류를 구비하였는지 여부
② 신고서의 기재사항이 제출 서류의 내용과 일치하는지 여부
③ 품명, 규격이 기재요령에 의하여 작성되었는지 여부
④ 신고서상의 수량, 중량단위가 HS별 표준수량, 중량단위와 일치하는지 여부

(2) 심사 및 현품확인

심사는 신고된 세번, 세율 및 과세가격이 적정한지 여부, 해당 물품의 수입과 관련하여 국내의 무역관련 법규의 제한사항을 충족하였는지 여부 등을 확인하기 위해 관련 수입신고서류를 검토하거나 필요한 경우 현품을 확인하는 것을 말한다.

심사대상물품은 다음과 같다.

① 수입신고수리 전에 요건을 구비하였음을 증명해야 하는 물품
② 수입신고수리 전에 세액심사를 해야 하는 물품
③ 통관시스템에 조회한 결과 심사유의사항이 있는 물품
④ 기타 통관 후 관세채권확보, 원상회복, 위법한 사실에 대한 증거확보가 곤란할 우려가 있어 심사대상으로 선별한 물품

심사과정 중 수입신고서류만으로는 수입신고 내용의 사실 여부를 확인할 수 없는 경우에는 현품확인 절차를 거친다. 현품확인은 수입물품의 각종 표시, 용도, 기능 또는 성분 등의 사실 여부를 견본을 채취하여 현품을 관찰, 시험, 분석하는 것을 말한다. 만약 물품의 부피, 중량으로 인하여 견품채취가 곤란한 경우에는 파출검사방법으로 현품을 확인한다. 그리고 현품확인은 수입신고수리 후에 하는 것이 원칙이다.

(3) 물품검사

수입신고가 완료되면 세관에서는 신고서의 형식적 요건과 법률적 수입요건, 신고 시 제출서류 여부 등만 확인하고 수입신고를 수리하는 것이 원칙이다. 그러나 세관 직원이 수입신고서와 제출 서류만으로는 각종 표시, 용도, 기능 등을 확인할 수 없거나, 신고 된 물품 이외에 은닉된 물품이 있는지 여부, 수입신고사항과 현품이 일치하는지 여부 등의 확인이 필요한 경우에는 수입물품을 직접 확인하는 경우가 있는데 이를 물품검사라 한다.

물품검사 대상은 다음과 같다.

① 서류심사만으로 신고사항을 확인하기 곤란한 물품
② 수입물품선별검사(C/S)시스템에 의해 선별된 물품
③ 통관심사과정에서 현품의 확인이 필요하다고 인정하는 물품

수입신고를 한 물품이 검사대상으로 선정되면 수입자는 수입물품을 세관에서 검사할 수 있는 장소로 반입하여야 하는데 검사장소는 선박 내, 부두 내 검사장소, 입항지 보세창고, 일반 보세창고 등인데 수입물품 및 수입신고 시기에 따라 달라진다.

출항전 신고 및 입항전 신고 물품으로서 곡물, 원유, 광물 등 선상에서 검사가 가능하다고 세관장이 인정하는 물품은 선상에 적재한 상태로 검사가 가능하고, 출항전, 입항전 신고한 컨테이너 물품으로서 부두직통관 지역으로 반입된 물품의 검사장소는 부두내이다. 그리고 출항전, 입항전 신고물품 중

검사대상으로 선정된 물품의 검사장소는 입항지 보세창고이며 수입물품이 장치된 일반 보세창고도 검사장소로 이용된다.

5. 수입신고수리

세관장은 수입신고가 관세법의 규정에 따라 적법하고 정당하게 이루어진 경우 수입신고를 지체 없이 수리하고 수입신고인에게 수입신고필증을 교부해야 한다.

즉시수리물품은 수입신고서 및 첨부서류에 대한 형식적 요건만을 확인한 후 즉시 수리하며, 심사대상물품은 심사 후에 수리하며, 검사대상물품은 물품검사 후에 수입신고를 수리한다. 그리고 세관장은 수입신고를 수리할 때에 수입신고필증을 교부해야 하며 만약 전산으로 신고된 경우에는 관세사가 신고수리 여부를 전산조회한 후에 수입신고필증을 교부한다.

수입신고인은 수입신고가 수리된 후 운송기관, 관세통로 또는 장치장소로부터 물품을 반출할 수 있다. 그러나 납부해야 할 관세 등에 상당한 담보를 제공하고 세관장으로부터 반출승인을 얻은 경우에는 수입신고 수리 전에도 수입물품을 반출할 수 있다.

현행 수입신고제 하에서는 수입신고수리 후 관세를 납부하는 사후 납부제도이므로 하주는 수입신고가 수리된 날로부터 15일 이내에 관세 등 수입세금을 국고수납은행 또는 우체국에 납부해야 한다.

사후납부는 신용담보 또는 포괄담보 업체로서 담보 면제된 경우와 각 신고건별로 개별담보를 제공한 경우에 해당된다.

참고로 수입신고시기에 따른 수입통관절차를 요약 · 구분해 보면 〈표 11-1〉과 같다.

6. 수입신고의 취하와 각하

수입신고의 취하는 신고인의 요청에 따라 수입신고사항을 취소하는 것을 말한다. 수입신고는 정당한 사유가 있는 경우에 한하여 세관장의 승인을 얻어 취하할 수 있다. 그러나 운수기관, 관세통로 또는 관세법에서 규정된 장치장소에서 물품을 반출한 후에는 취하하지 못한다(관세법 제250조 제1항).

반면 수입신고의 각하는 세관장이 직권으로 해당 수입신고를 거절하거나

표 11-1 수입신고시기에 의한 수입통관절차 구분

구 분	출항 전 신고	입항 전 신고	입항 후 보세구역 도착 전 신고	보세구역장치 후 신고
신고 시기	우리나라 입항 5일 전(항공기는 1일 전)으로 선박(항공기)이 적재항 출항 전	우리나라 입항 5일 전(항공기는 1일 전)으로 선박(항공기) 출항 후 입항신고 전	입항 후 당해물품이 반입될 보세구역 도착 전	당해물품이 보세구역에 장치 후
신고대상 제한	항공기로 수입되는 물품과 일본, 중국, 대만, 홍콩으로부터 선박으로 수입되는 물품	제한 없음	제한 없음	제한 없음
신고세관	입항 예정지세관(부산항은 부산세관)	입항지 또는 보세구역 관할세관	보세구역관할세관	
검사대상 통보시기	선박(항공기)이 출항하였음을 입증하는 자료를 제출하는 시점	수입신고일	수입신고일	수입신고일
검사생략 물품의 신고 수리시기	적하목록 제출 후		보세구역도착 보고 후	수입신고 후
검사대상 물품의 신고 수리시기	검사 후	검사 후	검사 후	검사 후

취소하는 것을 말하는데, 만약 수입신고 시 요건을 갖추지 못하였거나 사위 기타 부정한 방법으로 수입신고된 경우 세관장은 수입신고를 각하할 수 있다(관세법 제250조 제3항).

제 3 절 외화획득용 원료 · 기재 수입

우리나라는 수출상품의 국제경쟁력을 제고하고 외화획득을 도모하기 위해 수입을 일반 수입과 외화획득용 원료 · 기재의 수입으로 구분하여 이를 차등 관리하고 있다. 이에 따라 외화획득에 기여할 물품을 제조 · 가공하는 데 소요되는 원료의 수입에 대해서는 일반 수입에 비해 행정, 금융, 세제 면에서 여러 가지 혜택이 주어지고 있다.

1. 외화획득용 원료·기재의 정의

외화획득용 원료 · 기재라 함은 외화획득용 원료, 시설기재 및 외화획득용 제품, 외화획득용 용역 및 외화획득용 전자적 형태의 무체물을 말한다(대외무역법시행령 제2조 제5호).

외화획득용 원료란 외화획득에 기여하는 물품을 생산(물품의 제조 · 가공 · 조립 · 수리 · 재생 또는 개조)하는 데 필요한 원자재 · 부품 및 구성품을 말하며, 이는 그 원료에 노동, 기술, 기타 원료 등이 부가되어 새로운 형태의 생산물로 변형될 수 있는 것을 뜻한다.

외화획득용 시설기재라 함은 회화획득에 기여하는 물품을 생산하는 데 사용되는 시설 · 기계 · 장치 · 부품 및 구성품(하자 및 유지보수에 필요한 부품 및 구성품 포함)을 말한다. 시설기재는 제품으로 변형되지 않지만 이를 사용함으로써 외화획득용 물품을 생산할 수 있다.

외화획득용 제품이란 수입된 후 생산과정을 거치지 아니하는 상태로 외화획득에 기여하는 물품을 말한다. 이는 수입한 물품을 국내에서 가공하거나 변형하지 않은 상태 그대로 외화획득을 위해 사용되는 것을 뜻하며 외국인 관광객이나 국내 거주 외국인 등에게만 공급된다.

그리고 외화획득용 용역은 외화획득에 제공되는 물품 등을 생산하는데 필요한 용역을 말하고, 외화획득용 전자적 형태의 무체물은 외화획득에 제공되는 물품 등을 생산하는 데에 필요한 전자적 형태의 무체물을 말한다.

2. 외화획득용 원료·기재 수입의 혜택

이러한 외화획득용 원료 · 기재의 수입이 일반수입에 비해 받는 특혜는 다음과 같다.

첫째로, 원자재는 관세와 특별소비세를 포함한 내국세를 물지 않는다. 즉, 수출용 원재료에 대해서는 관세환급특례법에 의거하여 환급제도 또는 사후정산제도를 통해 수입 시에 부과되는 관세 등 세금의 부담을 면제시켜 주고 있다.

둘째로, 일반수입의 경우에는 수출입공고 등에 의거 수입승인대상품목으로 지정되어 수입이 제한될 수 있으나, 해당 수입승인대상품목으로 지정된 물품을 외화획득용 원료 · 기재로 수입하고자 하는 경우에는 예외적으로 별도의 제한 없이 산업통상자원부장관이 위탁한 관계행정기관 또는 단체의 장의 승인을 받을 수 있으며 따라서 수입이 가능하다. 결국 원자재는 국내에서 소비가 되지 않아 국내물가 및 물자수급에 영향을 미치지 않으므로 수출입공고 등에서 정하는 제한사항을 적용받지 않을 수 있다는 것이다.

셋째로, 수출물품의 제조 · 가공 등에 소요되는 자금 부담을 완화시켜 주기 위해 무역금융을 실시하고 있으며, 이 밖에 수입담보금의 적립, 신용장개설 수수료에 있어서도 우대조치를 하고 있다.

원자재의 수입도 기본적인 절차는 일반수입과 거의 마찬가지이므로 여기서는 중복을 피하기 위해 구체적인 설명은 생략하고 다만 사후관리 등 원자재수입이 일반수입과 차이가 나는 내용만을 중점적으로 다루기로 한다.

3. 외화획득의 범위

외화획득을 위하여 원료 · 기재를 수입한 자 및 수입을 위탁한 자는 일정기간 내에 그 수입에 대응하는 외화획득을 이행해야 한다. 그리고 외화획득용 원료 · 기재를 수입한 자가 원료 · 기재 또는 그 원료 · 기재로 제조된 물품을 부득이한 사유로 인하여 당초의 목적 외로 사용하고자 할 때에는 산업통상자원부장관의 승인을 얻어야 한다.

대외무역법상 외화획득의 범위는 다음의 방법으로 외화를 획득하는 것을 말한다(대외무역법시행령 제26조).

① 수출
② 군납에 관한 법률에 의한 주한 국제연합군 기타 외국군기관에 대한 물품 등의 매도
③ 관광
④ 용역 및 건설의 해외진출
⑤ 국내에서 물품 등을 매도하는 것으로서 산업통상자원부장관이 정하여 고시하는 기준에 해당하는 것

4. 외화획득용 원료의 수입 및 사후관리

(1) 외화획득용 원료의 수입승인

외화획득용 원료 · 기재의 수입은 외화획득용 원료의 수입, 시설기재의 수입 및 제품의 수입으로 세분될 수 있다. 그러나 외화획득용 시설기재의 수입은 부작용이 많아 그에 대한 관리제도가 폐지되었으며, 외화획득용 제품도 외국으로 다시 수출하기 위한 것이 아니라 국내에서 외국인에게 판매하기 위한 것이므로 제한적으로 운용되고 있다.

따라서 외화획득용 원료 · 기재의 수입관리에 대한 주요 내용은 대부분 외화획득용 원료의 수입에 관한 것이다. 외화획득용 원료수입의 절차는 일반수입과 동일하며 단지 대응수출을 의무화하고 꼭 필요한 양만 수입하도록 사후관리, 자율소요량계산서 작성 등의 절차가 따른다.

수입승인 기관의 장은 외화획득용 원료의 수입에 대해서 수량제한 없이 승인할 수 있다. 유통업자가 구매확인서 또는 내국신용장을 근거로 수출품 생산업자에게 직접 공급하기 위해 외화획득용 원료를 수입할 경우에도 마찬가지이다. 그러나 국산원자재의 사용을 촉진하기 위해 외화획득용 원료의 수입승인품목(소금, 생사 등) 및 농림수산물 중에서 해당 기관의 장이 정하는 품목은 수입승인요령에 따라야 한다.

(2) 외화획득용 원료의 사후관리

외화획득용 원료의 수입에는 대응수출을 전제로 여러 가지 혜택이 부여되고 있다. 따라서 외화획득용 원료를 수입한 자가 혜택을 받고 수입한 원료를 당초의 목적대로 사용하였는지를 관리할 필요가 있는데 이를 외화획득용 원료의 사후관리제도라 한다.

이에 따라 산업통상자원부장관이 수입승인대상으로 지정 고시한 물품을 외화획득용 원료 · 기재로 수입승인을 받아 수입하는 경우 외화획득 이행의무자는 해당 원료 · 기재로 제조된 물품에 대하여 외화획득의 이행 여부에 대한 사후관리를 받도록 되어 있다(대외무역법시행령 제28조).

사후관리의무자는 원료 · 기재를 수입한 자 또는 수입을 위탁한 자, 원료 · 기재를 국내에서 구매한 자, 원료 · 기재를 양수한 자 등이다. 그리고 사후관리기관은 수입신고 시 사후관리은행으로 지정한 외국환은행의 장, 농산물, 수산물 및 수 · 임산물을 관장하는 중앙행정기관의 장, 자율관리기업의 장 등이다.

수출입물량이 증가함에 따라 사후관리 업무를 사후관리기관이 직접 주도하는 데는 여러 가지 어려움이 따라 성실한 무역업체를 자율관리기업으로 지정하여 스스로 사후관리업무를 수행하도록 하고 일정 기간 단위로 사후감독만 하고 있다.

5. 자율소요량계산서

(1) 기준소요량의 고시

외화획득용 원료의 수입은 일반 내수용의 수입에 비해 여러 가지 지원 혜택이 있기 때문에 외화획득을 빙자해서 불필요한 원료가 수입될 수 있다. 이에 따라 정부는 꼭 필요한 만큼의 원료를 수입하도록 기준소요량을 고시하고 해당 업체로 하여금 이를 기준으로 자율소요량계산서를 작성하도록 한다.

기준소요량은 외화획득용 물품 등의 1단위를 생산하는 데 소요되는 원자재의 양을 말하는데 단위실량과 평균손모량을 합한 양이다. 단위실량은 외화획득용 물품 등의 1단위를 형성하고 있는 원자재의 양을 말하고 평균손모량은 외화획득용 물품 등을 생산하는 과정에서 생기는 원자재의 손모량(손실량 및 불량품 생산에 소요된 원자재의 양을 포함한다)의 평균량을 말한다.

(2) 자율소요량계산서의 작성

사후관리대상품목을 외화획득용 원료 등으로 사용하거나 공급한 업체는 자율소요량계산서를 작성해야 한다. 자율소요량계산서는 단위자율소요량 또는 기준소요량에 외화획득용 물품 등의 수량을 곱한 물량으로 표시해야 한다.

단위자율소요량은 기준소요량이 고시되지 아니한 품목에 대하여 외화획득용 물품 등 1단위를 생산하는 데 소요된 원자재의 양을 해당 기업이 자율적으로 산출한 것으로서 단위실량과 평균손모량을 합한 양을 말한다. 자율소요량계산서에는 단위자율소요량의 산출근거를 품목 및 규격별로 명확히 표시해야 한다. 그리고 기준소요량이 고시된 품목이라 하더라도 수출계약서 등의 관련서류에 소요원료의 품명, 규격, 수량 등이 표시된 경우에는 이에 따라 자율소요량계산서를 작성할 수 있다.

▶ **서식 11-5** 자율소요량계산서

자율소요량계산서

외화획득이행물품등 명세(관련서류명 및 번호 :)

① HS부호	② 품명 및 규격	③ 단위 및 수량	④ 가격조건 및 단가	⑤ 금액	⑥ 비고

자율소요량 명세

⑦ HS부호 (10단위)	⑧ 품명 및 규격	⑨ 단위당기준소요량, 단위자율소요량	⑩ 단위 및 수량	⑪ 자율소요량 (⑨×⑩)	⑫ 비고

자율소요량 계산근거 및 내역

대외무역관리규정 제56조의 규정에 의하여 위와 같이 자율소요량계산서를 작성 및 제출합니다.

년 월 일

업체명 :
주체소 :

작성업체 대표 (인)

수입승인 기관 · 단체의 장 귀하

210㎜×297㎜
일반용지 60g/㎡

제 12 장

관세와 비관세

관세는 한 나라의 관세선을 통과하는 물품에 대하여 부과되는 조세를 말하는데 수입되는 외국물품에 대하여 관세를 부과함으로써 해당 물품의 국내 생산을 증가시켜 상대적으로 국내 산업을 보호하는 기능을 갖는다. 또한 관세로 인해 특정산업이 보호되면 그 업종에 대한 투자를 유발시켜 자원을 효과적으로 분배하게 되어 생산요소가격의 균등화를 가져올 수도 있다. 한편 관세는 국가의 재정수입을 확보하는 데 큰 기능을 갖고 있어 이 지구상의 모든 국가는 관세를 부과하고 있는 실정이다. 이 장에서는 관세의 기능과 효과, 관세의 종류, 세율조정관세, 그리고 우리나라에서 현재 관세가 어떻게 확정되고 부과하는가에 대해서 살펴보고 관세환급제도와 관세 외 기타 방법으로 수출입을 통제하는 비관세장벽에 대해서도 살펴보기로 한다.

제1절 관세의 개요

1. 관세의 의의

관세(customs, customs duties, tariff)라 함은 한 나라의 관세선(customs line)을 통과하는 물품에 대하여 부과되는 조세를 말한다. 여기서 말하는 관세선이라는 것은 대개는 정치적인 국경선과 일치된다. 관세의 시초는 고대 시대에 도로 · 교량 · 항만 시설 및 창고 등의 사용수수료 및 운송물품과 통과여객에 대한 보호 · 경비 등에 대한 관습적 지불(customary payment)이었으며, 이것이 후에 'Customs', 즉 관세를 의미하는 것이 되었다고 한다.

우리나라 헌법 제59조에 '조세의 종목과 세율은 법률로 정한다'고 되어 있고, 관세도 일종의 조세이므로 법률에 의하지 않고는 부과할 수 없다는 조세법률주의에 입각하고 있다. 다만, 비준 공포된 조약은 법률과 동일한 효력을 가지므로 조약에 의하여 관세를 부과 또는 면제할 수 있다.

이에 따라 우리나라의 통상과 대외무역증진을 위하여 필요하다고 인정할 때에는 특정국가 또는 국제기구와 관세에 관한 협상을 할 수 있고 필요하다고 인정할 때는 관세를 양허할 수 있으며 해당 물품, 세율, 적용기간 등은 대통령령으로 정한다고 하였으며 당해 세율(대통령령이 정하는 세율)은 관세법 별표 관세율표의 세율에 우선하여 적용한다고 규정하여 조약에 의하여 일반 관세법의 효력을 제한할 수 있도록 하고 있다. 현재 우리나라는 다자간 무역협정인 세계무역기구(WTO) 협정을 비롯해서 여러 가지 쌍무조약을 체결하고 있어 관세의 부과 또는 면제에서 여러 가지 특혜를 부여하고 있다.

이와 같이 관세는 법률이 정한 바에 의하여 국가가 재정 권력에 의하여 강제적으로 징수하여 수량제한(quota)과 더불어 자유무역을 제한하는 데 큰 비중을 차지하고 있다.

2. 관세의 효과

관세의 부과 여부와 또 관세의 고하는 국내 물가 및 산업에 지대한 영향을 미치며, 또 국내 수요와 가격의 탄력성에도 상당한 관계가 있겠으나 일반적으로 수입 물품에 관세를 부과하면 다음과 같은 효과가 일어난다. 즉, ① 수입되는 물품의 양을 감소시킨다. ② 해당 물품의 국내 가격이 상승한다. ③ 수출업자의 수입 및 수익이 줄어든다. ④ 해당 물품의 국내 생산이 늘어난다. ⑤ 국내 생산업자의 수익이 늘어난다. ⑥ 정부의 재정수입이 늘어난다. ⑦ 가격 앙등에 의한 국내 소비가 억제된다. ⑧ 국제수지의 역조를 시정한다.

이상과 같은 관세의 효과로 말미암아 관세는 무역정책수단으로서 큰 의의를 지니고 있으며, 따라서 다음과 같은 여러 가지 기능을 가지게 된다.

첫째, 수입되는 외국물품에 대하여 관세를 부과함으로써 해당 물품의 국내 생산을 증가시켜 상대적으로 국내 산업을 보호하는 기능을 갖는다. 또한 관세로 인해 특정산업이 보호되면 그 업종에 대한 투자를 유발시켜 자원을 효과적으로 분배하게 되어 생산요소가격의 균등화를 가져올 수도 있다.

둘째, 관세는 국가의 재정수입을 확보하는 데 큰 기능을 갖고 있다. 이러한 관세의 국고수입 확보는 선진국보다 후진국 특히 개발도상국에서 더 큰 기능을 발휘하는데, 이것은 후진국일수록 국민소득이 낮을 뿐 아니라 전반적인 산업의 미개발과 행정력의 미숙으로 내국세의 비중이 작기 때문이다.

셋째, 수입물품에 대하여 관세를 부과하게 되면 수입물품의 국내 가격을 상승시킴으로써 소비를 억제하게 된다. 이러한 관세의 소비억제 정도는 관세의 전가 정도에 따라 다르며, 또 전가의 정도는 수요 · 공급의 가격탄력성과 수요자와 공급자의 세력에 따라 영향을 받는다.

넷째, 관세는 수입물품의 소비를 억제하여 수입억제효과를 가져오므로 국제수지를 개선하는 기능을 갖는다. 수입품에 대해 고율의 관세를 부과하면 해당 물품의 국내가격상승으로 국내 수요가 줄어들므로 수입이 감소되어 외환 수급계획상의 지급계정을 감소시킨다. 아울러 관세 부과는 국내 산업을 보호 · 육성시킴으로써 산업의 수출 및 국제경쟁력을 배양시켜 궁극적으로 수출증대에 기여하게 된다.

따라서 현재 거의 모든 나라가 관세를 부과하고 있으며, 자국 경제발전을 위한 하나의 정책수단으로 관세를 이용하고 있는 것이다.

3. 관세의 종류

(1) 과세의 기회에 의한 분류

관세를 언제 부과하느냐에 따라 수입관세, 수출관세 및 통과세로 구분된다.

가) 수입세

경제적 가치가 있는 모든 유체물을 수입할 때 부과되는 관세를 수입세라고 하며, 수입세(import duty)는 국회를 통과한 관세율표(tariff schedule)에 의하여 부과된다. 이 관세율표에는 국제간에 이동이 가능한 물품은 모두 다 망라하고 있으며, 물품의 분류는 1988년 1월 1일부터는 새로운 국제품목분류기준인 조화제도(harmonized system; HS)에 따르도록 되어 있다.

이 관세율표에 무세품이건 유세품이건 모두 열기하고 있는 경우를 관세포괄주의라고 하며, 무세품은 열기하지 않는 경우를 관세면제주의라고 하는데, 우리나라는 관세포괄주의를 채택하고 있다.

나) 수출세

수출세(export duty)는 국내 상품이 외국으로 수출될 때 부과되는 관세로서, 그 부과 목적은 ① 국가의 재정수입을 올리고, ② 전략물자 및 자국 공업에 필요한 원료를 국내에 확보하고, ③ 특정 물품의 대외 유출로 인한 국내 시장가격의 앙등을 억제하기 위하여 부과되는 경우가 있으나, 결국 수출세로 인한 국내 생산업자의 국제 가격 경쟁력의 약화로 자국의 경제적 약화를 초래하기 때문에 대개의 나라들은 이를 인정하지 않고 있다.

다) 통과세

일정한 관세영역을 단순히 통과하는 물품에 대해서 부과하는 관세를 통과세(transit duty)라고 한다. 시초에 통과세는 수출세와 같이 국가의 재정수입을 올리기 위해서 또는 제3국의 물품이 인접국가에서 판매되어 자국 물품의 판로의 침식을 우려하여 이를 방지하기 위하여 부과되었으며, 특히 유럽의 다뉴브 강, 라인 강같이 여러 나라를 통과하는 경우 이 수로를 이용하는 운송수단에 용이하게 부과시킬 수 있었으나, 1921년 바르셀로나 국제협정에 의하여 통과세를 부과하지 못하게 되었다.

그리고 GATT협정 제5조에도 체약국은 자국의 영역을 경유하는 통과운송에 대하여 그 세관에서 신고하도록 요구는 할 수 있으나 관세법을 위반하지 않는 한 통과운송을 불필요하게 지연 또는 제한하지 못하게 되어 있으며, 또 통과운송에 대하여서 수송요금, 통과에 수반되는 행정적 경비 또는 제공된 용역비에 상당하는 과징금을 제외하고는 관세 · 통과세 및 기타 통과에 관하여 부과되는 과징금을 면제하여야 한다고 규정하고 있다.

(2) 과세의 목적에 의한 분류

가) 재정관세

과세의 주목적이 국고수입의 확보에 있는 관세를 재정관세(revenue tariff) 또는 세입관세라고 하며, 일반적으로 국내생산이 거의 없거나 수요를 부득이 수입에 의존할 수밖에 없을 때, 또 이미 국내 산업이 확립되어 있어 더 이상 보호할 필요가 없을 때 부과되며, 관세율은 대체로 10~20%선이 된다.

원칙적으로 재정관세는 오직 재정목적만을 위하여 부과되어야 하지만 관세가 일단 부과되면 수입물가에 영향을 주어 수입수량이 줄어든다든지 또는 국내 산업보호의 효과가 발생하지만 그것들은 어디까지나 부수적인 것이고, 주된 목적이 국고수입에 있으면 재정관세라고 할 수 있다. 선진국에서는 커피, 홍차, 연초 및 향료 등과 같은 기호품에만 적용이 되나, 후진국에서는 국가재정이 소득세와 같은 직접세는 파악이 곤란하여 대개가 가장 포착하기 용이한 관세에 의존하는 수가 많다.

나) 보호관세

일찍이 산업혁명이 성공하여 다른 나라들보다 먼저 공업제품을 생산해 낼 수 있었던 영국은 자유방임주의 사상(laissez-faire)을 주창하여 국가 간에 자유로운 무역을 지지해 왔으나 그 외의 나라들은 그렇지 못해서 값싼 영국의 공업 제품과 경쟁을 하지 못했었다. 그래서 이들 나라들은 영국 제품과 경쟁하기 위해서는 자국 산업을 보호할 필요가 절실했고, 이들 소위 유치산업(infant industry)을 보호 · 육성하기 위하여 부과되기 시작한 것이 곧 보호관세(protective tariff)라 하겠다.

관세로서 자국의 산업을 보호하려는 데에는 다음과 같은 여러 가지 이유가 있다.

첫째는, 경제외적인 요인으로서 국방상의 이유로 원유 등 특별한 자원을 보존하기 위하여, 전시의 수송수단인 상선의 건조를 위하여, 국방상 필요한 정밀기술의 육성을 위하여 특별히 높은 관세를 부과시킨다.

둘째로, 자국의 특별한 분야, 즉 섬유산업과 같은 많은 사람들이 종사하고 있는 산업을 보호하고 실업자를 줄이기 위하여 해당 품목 수입에 보호관세를 부과시킬 수 있다.

셋째로, 국가의 정책적인 분야(전자, 자동차)의 육성을 위해서 육성관세가 부과될 수 있다.

특히 개발도상국인 나라들은 이 보호관세 없이는 도저히 자국의 산업을 육성할 기회가 없다. 그러나 너무 고율의 관세를 부과하여 실제적으로 금지관세(prohibitive duty)가 되어 버리면 수입 감퇴로 재정수입마저 줄어들 가능성도 생긴다.

(3) 과세의 방법에 의한 분류

가) 종가세

종가세(ad valorem duty)는 고대 및 중세로부터 일반적으로 채택되어 왔으며 물품의 가격을 세액결정의 기초로 하여 수입물품의 가격을 과세기준으로 삼는 과세제도이며, 이 제도는 상품의 실제 가격에 따라 과세하므로 상품가격에 따라 균등하고 공평하게 과세할 수 있고, 시장가격의 등락에 관계없이 과세부담의 균형을 항상 유지할 수 있는 장점이 있다.

그러나 종가세는 과세기준가격의 산출이 어렵고, 과세가격의 확정을 위하여 여러 가지 복잡한 절차와 비용이 든다. 즉 과세기준가격의 경우 어떤 나라에서는 수입상품의 CIF 가격, 또는 어떤 나라에서는 FOB 가격을 기준으로 삼고 있으며, 또 경우에 따라 관세포탈 목적으로 송장가격을 실제 가격보다 낮추어서 기재하는 데 대한 사실조사가 필요하는 등 복잡한 문제들이 많다. 또한 과세기준가격이 결정되었다고 하나 신고된 상품의 가격과 실제 가격과의 동일 여부를 확인하기 위해서는 시간 · 비용 등이 소요된다.

아울러 종가세는 수출국의 생산시설, 기술 또는 단순한 이미지나 브랜드에 따른 상품의 가격차이 때문에 동종동질의 물품이 수입국의 관세부담의 차이로 공평한 대우를 받을 수 없다는 단점이 있다.

나) 종량세

종량세(specific duty)는 상품의 수량을 기준으로 하여 부과하는 관세이며, 세관검사 직원은 수입물품의 개수 · 중량 · 길이 등을 확인하여 수입세율표상에 표시된 해당 품목의 세액을 적용하면 되는 것이다.

종량세는 수량에 의해서 과세되므로 상품상의 지식만 가지고 무슨 물품이라는 판명만 되면 세율이 자동적으로 적용되므로 가격포착을 위한 복잡한 과정을 거칠 필요가 없다. 그리고 수입업자도 사전에 과세액을 정확히 예견할 수 있어 원가계산에 도움이 되며 물품의 세번(稅番) 적용에 대한 분쟁은 야기되지 않는다.

그러나 종량세는 다음과 같은 단점을 지니고 있어 많이 사용되고 있지 않다.

첫째, 상품분류상에는 같은 세번일지라도 고급품과 저급품이 있는데 종량세에서는 이런 구분 없이 양에 따라 부과되는 일종의 역진세(regressive tar-iff)이므로, 수입국에서 해당 물품 중 고급품에 대해서는 충분한 보호를 해주지 못한다.

둘째, 상품의 가격은 시간의 흐름에 따라 항상 변하나, 종량세는 그렇게 유동적이 되지 못하여 인플레이션 하에서는 상품가격에 비해서 너무 낮은 율이 적용되어 국내 상품의 보호가 되지 못하고, 반대로 디플레이션 하에서는 너무 고관세가 되어 금지관세가 되어 버린다.

셋째, 세번 분류상 나타나지 않는 그림이나 진기품에 대해서는 과세기준이 막연하다. 예를 들어 렘브란트의 그림을 수량이나 무게로 평가할 수는 없다.

넷째, 상품거래에 사용되는 계량단위가 국가 및 상품에 따라서 일치하지 않을 수가 있다. 예를 들면 동남아에서 농수산물의 중량의 단위가 되는 피컬(picul)이 대만에서는 133.3파운드, 인도네시아에서는 136파운드, 필리핀에서는 140파운드, 일본에서는 132.275파운드로 각각 다르게 계산되고 있다.

마지막으로 과세표준인 상품의 중량을 어떻게 선정하느냐가 문제가 된다. 무게에는 총중량(gross weight), 순중량(net weight), 법적 중량(legal weight) 등이 있다.

다) 선택세

선택세(selective duty)는 한 품목에 대하여 종가세율과 종량세율을 동시에 표시하여 그 중 높은 세율을 적용하는 제도이다. 수입물품의 가격이 높거나 시세가 상승할 때는 종가세를 적용하고, 저가품이나 시세가 하락할 때는 종량세를 적용함으로써 국내 산업을 효과적으로 보호하며 동시에 관세수입의 감소를 방지할 수 있다.

이 제도는 종가세 및 종량세의 장점을 취한 제도이나 양제도의 단점도 역시 그대로 내포하고 있다. 특히 종가세의 기준가격을 결정하기 곤란할 때에 일방적으로 종량세율을 적용하는 것이 아니고, 둘 중에서 높은 세율을 적용해야 하므로 결국은 양쪽을 다 알아야 하는 번거로움은 그대로 남게 된다. 우리나라는 우루과이 라운드에서 마늘 등 63개 품목에 대한 종가 · 종량 선택세를 관철시켰다.

라) 복합세

동일 품목에 대하여 종가세와 종량세 두 가지를 결합한 관세로서 대개는 종가세+종량세로 되어 있으며, 우리나라에는 복합세(compound duty)가 없다. 또한 복합관세와 선택관세를 총칭하여 혼합관세라고 한다.

(4) 과세의 성격에 의한 분류

가) 국정관세

한 나라가 자국의 법령에 의하여 자주적으로 부과하는 관세를 국정관세(national tariff)라고 하며 이는 외국으로부터 아무런 제약을 받지 않고 관세주권에 의하여 오직 자국의 경제 · 재정상의 필요에 의하여 부과되는데 보통 기본관세라고도 한다. 대개의 국가들은 법률에 의해서 관세를 부과하고 있지만 관세는 국내의 경제사정의 변화에 즉각적으로 대처할 수 있어야 되기 때문에 법률에 의하지 않고도 일정한 범위 내에서는 행정부가 임의로 관세를 부과할 수 있게 되어 있다.

나) 협정관세

외국과의 통상조약 또는 관세조약에 의하여 부과하는 관세를 협정관세(conventional tariff)라고 하며, 일반적으로 상호주의 원칙에 의하여 서로의 교역량을 증진하기 위하여 기존 국정 관세율을 인하하거나 더 인상하지 않을 것을 양허하는 협정이기 때문에 국정 관세율보다 일반적으로 저율이다.

또 협정관세는 두 나라 사이에 맺어지는 쌍무협정에 의한 것도 있고, WTO 양허세율, ESCAP 개도국 간 무역협정에 의한 양허세율, UNCTAD 개도국 간 특혜 무역제도에 의한 양허세율과 같이 다수국 간에 맺어지는 협정도 있다. 우리나라는 그 동안 다자간 협정관세가 주류를 이루고 있었지만 최근 한국과 칠레와의 자유무역협정(free trade agreement; FTA)을 필두로 싱가포르, 미국 등과의 자유무역협정을 체결하고 있다.

협정관세제도 중 가장 많이 이용되는 것이 소위 '최혜국대우'(most favored nation treatment)인데 이는 통상조약을 체결한 국가가 통상 · 항해 · 관세 면에서 이제까지 제3국에 제공한 특혜가 있었으면 동일한 우대를 조약상대국에게 적용하는 의무를 지며 상대국은 이것을 청구할 권리를 갖는다.

다) 특혜관세(Preferential Tariff)

관세란 원칙적으로 모든 국가로부터 수입되는 동종의 물품에는 동일하게 부과되어야 하나, 경제협력 등의 목적으로 기본 관세율보다 저율의 관세를 부과하는 일종의 할인관세를 말한다. 대표적으로 현재 UNCTAD에서 실시하는 일반특혜관세(generalized system of preferences; GSP)가 있다.

일반특혜관세제도, 즉 GSP란 개발도상국의 수출확대 및 공업화의 촉진을 위하여 선진국이 개발도상국으로부터 수입하는 농수산품, 공산품의 제품 및 반제품에 대하여 비호혜적, 무차별적, 그리고 일반적으로 영세율을 적용하거나 또는 저율의 관세를 부과하는 관세상의 특혜대우를 말한다.

제 2 절 세율조정관세

1. 세율조정관세의 개념

앞에서도 설명하였듯이 세종과 세율의 책정과 변경권은 오로지 입법부에만 있고, 자본주의 사회에서 개인재산권의 침해라고 할 수 있는 조세의 부과 및 징수는 반드시 법률에 근거를 두어야 한다. 그러나 국제정세와 경제적 여건이 수시로 변하는 현여건 하에서는 우리나라의 법과 규칙에 따라 우리만의 폐쇄된 경제생활을 영위할 수는 없다.

우리가 아무리 이론적으로 빈틈없고 우리나라 현실에 알맞게 경제계획을 만들어 놓아도 대외무역의존도가 70%를 넘는 우리 경제는 외부여건에 많은 영향을 받지 않을 수 없다. 그리고 대외여건의 변화는 국내 입법부의 입법과정과는 달리 수시로 발생하고 있으므로 입법부 고유의 권한의 일부를 사전에 법률에 의해 일정한 범위 내에서 행정부에 위임하여 국내외 여건에 유동성 있게 세율을 조정할 수 있도록 한 것을 세율조정관세라 한다.[1)]

수입물품에 부과하는 관세는 국내외적 여건의 변동에 따라 민첩하고 탄력성 있게 조정되어야지, 그 시기를 잃게 되면 관세로서의 기능을 다할 수 없게 된다. 특히 우리나라와 같이 아직 국내 산업기반이 취약한 부분이 많아 국제시장의 변화가 즉각적으로 국내시장을 교란하게 할 여지가 많은 경우 사전에

1) 이와 같은 제도를 탄력관세제도(flexible tariff system)라고 한다.

일률적으로 제정된 관세율로는 무용지물이 될 수 있다. 이러한 법의 취약점을 보완하기 위하여 일정 범위 내에서 관세율의 변경권을 행정부에 위임하고 있다.

세율조정관세는 ① 기존 및 신규 산업의 보호 · 육성을 위하여 적기에 관세율을 조정하고, ② 관세율의 조작을 통하여 물가의 조절과 국내 독과점물품의 폭리를 억제하여 소비자를 보호하고, ③ 급격한 산업구조의 변동에 따른 품목간의 세율을 조정하며, ④ 개발도상국에 있어서의 관세의 무역에 대한 간접적 통제기능의 강화를 그 목적으로 하고 있다.

2. 세율조정관세의 종류

(1) 덤핑방지관세

덤핑방지관세(anti-dumping duty) 또는 부당염매방지관세란 외국에서 수입되는 물품이 국내가격보다 월등히 저렴하여 일반관세, 즉 국정관세나 협정관세로서는 도저히 국내 산업을 보호하지 못하여 시장교란이 생기게 될 때 특별히 수입국에서 정상가격과 덤핑가격의 차액정도를 관세에 가산하여 부과하는 것을 말한다.

덤핑(dumping)이란 원래 저렴한 가격으로 물품을 판매함으로써 시장 확보 또는 독점을 목적으로 하고 있으므로 그 형태에 따라서 여러 가지로 분류할 수 있다. 즉 첫째로 국제시장가격보다 싸게 판매하는 경우, 둘째는 생산원가보다 싸게 판매하는 경우, 셋째는 수출국의 국내시장 가격보다 싸게 파는 경우가 있는데, 그 방법에는 자국 노동자를 부당하게 희생시켜 가면서 수출품의 생산가격을 싸게 해서 파는 사회적 덤핑(social dumping)이 있고, 또 단기간 동안 계속적으로 또 고의적으로 싸게 판매하여 경쟁자를 도태시키려는 약탈적 덤핑(predatory dumping)으로 구분될 수 있다.

그러나 이 모든 경우를 부당한 덤핑이라고 일률적으로 규정짓기에는 상당히 어렵고 애매한 점들이 많다. 특히 각국의 산업발전도, 기술수준, 노동조건 및 기타 여건이 다르므로 그들의 대외경쟁력도 다를 것이며, 같은 품목을 생산해 낸다고 해도 실제로 똑같은 품질의 물건인가는 생각해 보아야 할 경우가 많다.

덤핑방지관세는 1904년에 캐나다에서 처음으로 채택되었는데, 그 후에 세계 여러 나라가 각기 자국의 관세법에 규정하게 되었다. GATT에서도 제6조에 이 덤핑행위를 금지하고 있으며, 우리나라 관세법 제51조에서는 "외국의 물품이 정상가격 이하로 수입되어 국내 산업이 실질적인 피해를 받거나, 받을 우려가 있거나 또는 국내 산업의 확립이 실질적으로 지연되었음이 조사를 통하여 확인되고 당해 국내 산업을 보호할 필요가 있다고 인정될 때에는 기획재정부령으로 그 물품과 공급자 또는 공급국을 지정하여 당해 물품의 별표 관세율표의 세율에 의한 관세 외에 정상가격과 덤핑가격과의 차액에 상당하는 금액 이하의 관세를 추가하여 부과할 수 있다"고 규정하고 있다.

(2) 상계관세

수출국에서 보조금이나 장려금 등 특별한 정부의 지원을 받은 물품 또는 수출국에서 복수환율제(multiple exchange rate)를 적용해서 수출업자에게 보너스 식으로 지급하는 혜택을 받은 물품이 수입되는 경우, 그 물품에 대하여 기본관세만 부과해서는 국내 산업을 제대로 보호할 수 없으므로 그 지정된 금액만큼 추가로 관세를 부과하여 지원의 효과를 상계, 상쇄시키는 관세를 상계관세(countervailing duty; compensatory duty)라고 하며, 1874년에 미국에서 처음으로 채택된 후 많은 나라들이 이 관세제도를 채택하고 있다.

GATT 규정 제6조에서도 이 상계관세가 인정되고 있고, 우리나라 관세법 제57조에도 "외국에서 제조, 생산 또는 수출에 관하여 직접 · 간접으로 보조금 또는 장려금을 받은 물품의 수입으로 국내 산업이 실질적인 피해를 받거나 받을 우려가 있을 때, 또는 국내 산업개발이 실질적으로 지연되었음이 조사를 통하여 확인되고 당해 국내 산업을 보호할 필요가 있다고 인정될 때에는 기획재정부령으로 그 물품과 수출업자 또는 수출국을 지정하여 당해 물품의 관세율표의 세율에 의한 관세 이외에 당해 보조금 등의 금액 이하의 관세를 추가하여 부과할 수 있다"고 규정하고 있다.

또한 상계관세의 부과여부를 결정하기 위하여 조사가 개시된 물품이 보조금 등을 받아 수입되어 국내 산업에 실질적인 피해 등이 발생된 사실이 있다고 추정되는 충분한 증거가 확인되는 경우로서 국내 산업을 보호하기 위하여 필요하다고 인정되는 경우에는 조사가 종결되기 전이라도 그 물품의 수출업자 또는 수출국 및 기간을 정하여 보조금 등의 추정액에 상당하는 금액 이하의 잠정상계관세를 부과하거나 담보를 제공하도록 명하는 조치를 할 수 있도록 되어 있다.

(3) 보복관세

다른 나라에서 우리나라의 수출상품에 대하여 부당하게 고율의 관세를 부과하거나, 또는 우리나라의 선박이나 항공기에 대해서 불리한 대우를 하는 경우 그런 부당하고 불리한 대우를 한 나라의 물품에 대해서 보복적으로 고율의 차별관세를 부과하는 제도를 말한다.

보복관세는 1879년 독일에서 처음으로 도입되었으며, 그 후에 많은 나라들이 이 제도를 채택하고 있다. 우리나라도 관세법 제63조에 "교역상대국이 우리나라의 수출물품 등에 대하여 관세 또는 무역에 관한 국제협정 또는 양자 간 관세 또는 무역협정 등에 규정된 우리나라의 권익을 부인하거나 제한하는 행위, 기타 우리나라에 대하여 부당 또는 차별적인 조치를 취하는 행위를 함으로써 우리나라의 무역이익이 침해되는 경우에는 그 나라로부터 수입되는 물품에 대하여 피해상당액 범위 안에서 관세를 부과할 수 있다"고 규정하고 있다.

보복관세는 어떠한 나라를 선정하여 불리한 조치에 대해서 보복적으로 관세를 부과하는 것이므로 보복을 당한 나라가 다시 보복함으로써 관세전쟁을 유발시킬 가능성이 많으므로 이 제도는 어디까지나 상대국의 편파적 조치를 반성하게 하는 정도에서 그치는 것이 현명하다 하겠다.

(4) 긴급관세

국내산업의 보호를 위하여 긴급한 조치가 필요하거나, 긴급히 어떤 물품의 수입을 억제하려 할 때 특정 수입품의 관세율을 높여서 부과하는 제도이다.

우리나라 관세법 제65조에서는 ① 특정 물품의 수입증가로 인하여 동종물품 또는 직접적인 경쟁관계에 있는 물품을 생산하는 국내 산업이 심각한 피해를 받거나 받을 우려가 있음이 조사를 통하여 확인되고 당해 국내 산업을 보호할 필요가 있다고 인정될 때에는 당해 심각한 피해 등을 방지하거나 구제하는 데 필요한 범위 안에서 관세를 추가하여 부과할 수 있으며, ② 위항에 의한 긴급관세의 부과 여부를 결정하기 위한 조사가 개시된 물품 또는 대외무역법의 규정에 의하여 잠정조치가 건의된 물품에 대하여 조사기간 중에 발생하는 심각한 피해 등을 방지하지 아니할 경우 회복하기 어려운 피해가 초래되거나 초래될 우려가 있다고 판단되는 때에는 조사가 종결되기 전에 피해의 구제(救濟)를 위하여 필요한 범위 안에서 잠정긴급관세를 추가하여 부과할 수 있도록 규정하고 있다. 긴급관세 또는 잠정긴급관세를 부과하여야 하는 대상물품, 세율, 적용기간과 수량 등에 관하여는 기획재정부령으로 정한다.

(5) 농림축산물에 대한 특별긴급관세

이 관세는 우리나라가 UR 협상에서 양허한 농림축산물의 수입물량이 급증하거나, 국제가격이 하락하는 경우 당초 양허한 세율을 초과하여 관세를 부과할 수 있는 특별긴급관세이다. 이는 저가 농림축산물의 수입이 일시적으로 급증하여 우리나라 농어가의 피해가 예상될 때 이를 방지하기 위해 외국산 농림축산물에 대해서 특별히 긴급관세를 부과하는 것이다.

관세협정에 의해서 국내외 가격차에 상당한 율로 양허한 농림축산물의 수입물량이 급증하거나 수입가격이 하락할 경우에는 대통령령이 정하는 바에 따라 양허한 세율을 초과하여 관세를 부과할 수 있다. 특별긴급관세의 적용대상, 품목, 세율, 적용시한, 수량 등은 기획재정부령으로 정한다(관세법 제68조).

(6) 조정관세

관세법 제69조에서는 산업구조의 변동 등으로 물품간의 세율이 현저히 불균형하여 이를 시정할 필요가 있거나, 국민보건 · 환경보존 · 소비자보호 등을 위해 필요한 경우, 국산 개발된 물품 중 일정기간 보호가 필요한 경우, 그리고 농림축수산물 등 국제경쟁력이 취약한 물품의 수입증가로 국내시장이 교란되거나 산업기반을 붕괴시킬 우려가 있어 이를 시정 또는 방지할 필요가 있는 경우에는 100분의 100에서 당해 물품의 기본세율을 뺀 율을 기본세율에 가산한 율의 범위 내에서 관세를 부과할 수 있도록 되어 있으며, 이러한 물품의 세율, 적용시한 등은 대통령령으로 정하도록 되어 있다. 조정관세는 수입자동승인품목으로 지정된 것을 기화로 당해 물품이 무분별하게 수입되는 것을 방지하기 위한 제도적 보완책이라 할 수 있다.

(7) 할당관세

할당관세(tariff quota)란 물자수급의 원활 또는 산업의 경쟁력 강화를 위하여 특정물품을 수입할 필요가 있는 경우에 일정한 수량까지 수입된 부분에 대하여 기본관세율에서 100분의 40에 상당한 율을 감한 율의 범위 내에서 관세를 부과할 수 있도록 하거나 또는 특정한 물품의 수입을 억제할 필요가 있는 경우 일정한 수량을 초과하여 수입되는 부분에 대하여 기본관세율에서 100분의 40에 상당한 율을 가산한 율의 범위 내에서 관세를 부과할 수 있도록 한 것으로서, 일반적인 관세에다 다음의 비관세장벽에서 설명되는 쿼터를 혼합한 성격을 지닌다.

(8) 계절관세

계절관세는 쌀 · 보리 등 국내 출하기, 비출하기, 성수기, 비수기에 따라 수급과 가격의 영향이 큰 곡물류 등을 중심으로 해당 물자의 국내 출하기 및 비수요기에는 높은 관세율을, 이와는 반대로 비출하기 · 성수기에는 낮은 관세율을 적용하여 연중 가격의 안정을 유지하기 위하여 만들어진 관세제도이다.

이에 따라 관세법 제72조에서는 “가격이 계절에 따라 현저하게 차이가 있는 물품으로서 동종물품, 유사물품 또는 대체물품의 수입으로 국내시장이 교란되거나 생산기반이 붕괴될 우려가 있는 경우에는 계절구분에 따라 당해 물품의 국내외 가격차에 상당한 율의 범위 안에서 기본세율보다 높게 관세를 부과하거나 기본세율에 100분의 40을 감한 율의 범위 안에서 기본세율보다 낮게 관세를 부과할 수 있다”고 규정하고 있다.

(9) 국제협력관세

관세는 궁극적으로 국가 간의 무역을 저해하는 요인이 될 수 있기 때문에 국가나 국제기구는 가능한 한 세율을 인하시키려고 관세협정을 체결한다. 그리고 사안에 따라서 필요할 경우에는 특정 국가들 간에 한시적으로 일정 품목에 대해 관세를 인하하는 협상을 벌이는 경우도 있다.

이와 같이 국제적인 관세협력을 위해 제정된 관세가 국제협력관세이다. 즉 국제협력관세는 우리나라 정부가 대외무역을 증진시키기 위해 특정 국가 혹은 국제기구와 관세협상을 할 경우 기존의 세율을 인하할 수 있도록 제정된 관세를 말한다. 따라서 정부는 관세협상 시 필요하다고 인정되면 국제협력관세를 발동할 수 있다. 그러나 기본관세율의 100분의 50의 범위를 초과하여 관세를 양허할 수는 없다(관세법 제73조).

(10) 편익관세

정치적 · 경제적 유대관계를 두텁게 하기 위해 지금까지 조약에 의한 관세혜택을 받지 않은 나라로부터 물품이 수입될 때 기존 타국에 대해서 조약에 의하여 부과하고 있는 관세상의 혜택범위 내에서 일방적으로 관세의 편익을 제공하면 이를 편익관세라 한다.

편익관세는 최혜국대우와 내용은 비슷하지만, 최혜국대우는 타국과의 조약에 의하여 편익을 부여하는 반면, 편익관세는 일방적으로 최혜국대우의 범위 내에서 편익을 주게 되는 것이며 상대방 국가는 편익을 달라고 요청할 권리는 없다.

우리나라의 관세법(제74조)에서도 대통령령으로 적용대상국가, 물품 등을 지정하여 기존 조약국에게 부여한 편익한도 내에서 편익관세를 부여할 수 있도록 규정하고 있다. 그러나 편익관세의 적용으로 국민경제에 중대한 영향이 초래되거나 초래될 우려가 있는 경우, 기타 편익관세의 적용을 정지시켜야 할 긴급한 사태가 있는 경우에는 편익관세의 적용은 정지된다.

(11) 일반특혜관세

일반특혜관세는 주로 선진국들이 개발도상국가나 후진국의 경제발전을 도모하기 위해 이들 국가의 제품을 수입할 때 세율을 인하해 주는 관세를 말한다. 특혜관세는 혜택을 받지 못하는 국가들한테는 차별관세가 되므로 일찍이 폐지되었지만 일반특혜관세는 특정 국가가 아니라 개발도상국가나 후진국에 특혜를 베푸는 관세이다.

그 동안 우리나라는 주요 선진국들로부터 일반특혜관세의 혜택을 받았지만 이제는 어느 정도 경제성장이 이루어져 우리나라가 개발도상국가들에게 관세혜택을 베풀어야 할 입장에 놓여 있다. 이에 따라 개발도상국가(특혜대상국)를 원산지로 하는 물품 중에서 특혜대상물품은 기본세율보다 낮은 세율을 적용하도록 한다(관세법 제76조). 특히 유엔에서 결의한 최빈 개발도상국가 중 대통령령이 정하는 국가를 원산지로 하는 물품에 대해서는 다른 특혜대상국보다 우대하여 일반특혜관세를 부과한다.

제 3 절 관세의 확정과 납부

1. 과세요건

수입물품에 대해서 관세 및 내국세를 부과하기 위해서는 과세물건, 납세의무자, 세율 및 과세표준의 4대 과세요건을 갖추어야 한다.

(1) 과세물건

관세법(제14조)에서는 수입물품에 대하여 관세를 부과한다고 규정하여 관세의 과세물건을 수입물품으로 제한하고 있다. 수입물품은 유체물과 무체물로 구분되는데 이 중 유체물로서 이동할 수 있는 것만 과세물건이 된다. 그리고 관세는 수입신고를 할 때의 물품의 성질과 수량에 의하여 부과된다(관세법 제16조). 따라서 과세물건의 확정시기는 수입신고시점으로 하는 것이 원칙이다.

(2) 납세의무자

납세의무자는 관세를 납부할 법률상의 의무를 부담하는 자, 즉 납세책임자를 말한다. 수입신고를 한 물품에 대해서는 그 물품을 수입한 하주가 원칙적으로 관세납부의무자가 된다(관세법 제19조 제1항). 따라서 통상적인 수입거래에서는 수입업자, 수입대행 시에는 수입을 위탁한 자, 수입신고가 수리되기 전 보세구역에 장치된 물품을 양도한 경우는 양수인, 기타 물품인 경우는 선하증권상의 수하인 등이 관세의 납세의무자가 된다.

(3) 세 율

세율은 세액을 결정하기 위해 과세표준에 대하여 적용되는 비율을 말하는데 종가세인 경우에는 백분율(%)로 표시하고 종량세인 경우에는 수량 단위당 금액으로 한다. 관세율은 관세법 별표의 관세율표에 따르는데 현행 우리나라의 관세율은 국정세율과 협정세율로 구분된다.

가) 국정세율

국정세율은 국정관세에 적용되는 세율로서 여기에는 기본관세율, 잠정세율, 세율조정관세율, 환특세율이 있다.

① 기본관세율: 이는 관세법의 별표인 관세율표상의 기본세율을 말한다. 기본세율은 국회의 승인을 받아 확정된다.
② 잠정세율: 이는 특정 품목에 대하여 기본세율과는 다른 세율을 잠정적으로 적용하기 위한 세율이다.
③ 세율조정관세율: 세율조정관세율은 국제경제상황에 능동적으로 대처하기 위해 일정 범위 내에서 행정부가 세율을 결정할 수 있는 탄력관세에 적용되는 세율을 말한다.
④ 환급에 갈음하는 관세 등의 세율인하(환특세율): 이는 관세의 환급과 동일한 정도로 효과를 낼 수 있도록 기본세율을 인하해 주는 것을 말한다. 우리나라는 관세환급제도에 따라 수출용 원재료를 수입할 때 부과된 관세 등은 원재료가 수출물품의 제조에 사용되어 수출된 경우에는 다시 되돌려 준다. 그러나 수출용으로만 사용될 것으로 예상되는 원재료의 수입 시에는 관세 징수 및 환급의 번거로운 절차를 거칠 필요 없이 처음부터 세율을 인하하여 적용하고 관세를 환급해 주지 않는 것이 오히려 수출업자를 효과적으로 지원할 수 있다.

나) 협정세율

협정세율은 국가 간의 관세협정에 의해서 결정되는 협정관세에 적용되는 세율이다. 우리나라에서 시행되고 있는 협정세율은 다음과 같다.

① WTO 협정 일반양허관세율: 이는 WTO 회원국에 적용하는 일반양허관세율이다. WTO 회원국으로부터 수입될 경우 원산지증명서에 의해 원산지를 확인하고 양허세율을 적용한다.
② WTO 협정 개발도상국간의 양허세율: 이는 WTO 개발도상국간의 무역협정에 관한 의정서에 가입한 국가에 적용되는 양허관세율을 말한다.
③ ESCAP 개도국 양허세율: 이는 ESCAP(아시아 · 태평양 경제사회위원회)의 개발도상국간 무역협상에 관한 1차협정(방콕협정)에 가입한 국가에 적용되는 양허관세율을 말한다.
④ GSTP 양허세율: 이는 UNCTAD 개발도상국간 특혜무역제도(GSTP)에 관한 협정에 가입한 국가에 적용되는 일반양허관세율이다.

그림 12-1 우리나라의 관세율 구조

⑤ 자유무역협정세율: 이는 우리나라가 자유무역협정을 체결한 칠레, 싱가포르, 리히텐슈타인, 미국 등과의 교역에 적용되는 협정세율을 말한다.

다) 관세율 적용순서

관세율은 여러 가지 종류가 있기 때문에 이들 관세율이 상호 경합될 경우에는 어느 관세율이 우선하여 적용되는지를 분명히 해야 한다.

관세율의 적용순서를 보면 먼저 협정세율은 국가 간의 관세협정에 따라 결정된 세율이므로 국정세율보다 우선하여 적용된다. 그리고 국정세율 중 세율조정관세율이 제일 먼저 적용되고 그 다음 잠정세율, 기본세율이 적용된다. 그러나 세율조정관세율 중 덤핑방지관세, 보복관세, 긴급관세, 농림축산물에 대한 특별 긴급관세 및 상계관세와 같이 상대방 국가의 불공정거래에 적용되는 관세율은 협정세율에 우선하여 최우선적으로 적용된다.

표 12-1 관세율의 우선적용 순위

순위	관세율의 종류	적용순위
1	덤핑방지관세, 상계관세, 보복관세, 긴급관세, 특정국물품긴급관세	가장 우선 적용(세율의 높낮이에 관계없음)
2	FTA 협정관세(칠레, 싱가포르, EFTA, 아세안, 인도, EU, 페루, 미국 FTA)	3,4,5,6,7보다 낮은 경우에 한하여 우선 적용
3	• WTO 일반양허관세(공산품, 수산물 및 단순 양허한 농림축산물에 대한 양허관세, 단순양허한 농림축산물 중 시장접근물량 설정물품에 대한 양허관세) • WTO 개발도상국가간의 양허관세 • 아태협정(APTA)양허관세(일반양허, 방글라데시에 대한 양허관세, 라오스에 대한 양허관세) • UN 개발도상국간 협정관세(GSTP) • 특정국가와의 관세협상에 따른 국제협력관세	4,5,6,7보다 낮은 경우에 한하여 우선 적용
	• WTO 일반양허관세(국내외가격차에 상당한 율로 양허하거나 국내시장 개방과 함께 기본세율보다 높은 세율로 양허한 농림축산물에 대한 양허관세) • 아태협정(APTA) 양허관세(녹차와 누에고치의 일반양허관세)	6,7보다 우선하여 적용, 4,5보다 낮은 경우에 한하여 우선 적용
4	조정관세, 계절관세	5,6,7보다 우선 적용
	할당관세	5보다 낮은 경우에 한하여 우선적용, 6,7보다 우선 적용
5	최빈 개발도상국에 대한 특혜관세(GSP)	6,7보다 우선 적용
6	잠정관세	7보다 우선 적용
7	기본관세	

(4) 과세표준

과세표준은 세액결정의 기준이 되는 과세물건의 가격 또는 수량을 말한다. 관세의 과세표준은 수입물품의 가격 또는 수량으로 하는데 현행 과세율표에는 대부분이 종가세 대상품목이고 종량세 대상품목은 몇 개 되지 않는다. 따라서 관세의 과세표준은 곧 종가세의 과세표준이 되는 과세가격을 말한다.

관세의 과세가격은 바로 수입물품의 가격을 말하는데 이 가격은 FOB 가격, CIF 가격 등처럼 여러 가지 형태가 있으며 또한 동일한 형태의 가격도 시간, 장소, 거래수량 등에 따라서 달라진다. 그러므로 관세액을 산정하기 위해서는 먼저 여러 가지 수입물품의 가격 중 어느 가격을 과세가격으로 할 것인가를 결정해야 한다.

과세가격을 결정하는 방법에는 6가지가 있으며 이 중 거래가격을 과세가

표 12-2 과세가격의 6가지 결정방법

HS	수출요령
제1방법	거래가격으로 과세가격 결정
제2방법	동종 · 동질의 수입실적 가격으로 과세가격 결정
제3방법	유사물품의 수입실적 가격으로 과세가격 결정
제4방법	당해 또는 동종 · 동질, 유사물품이 국내에 수입되어 판매되는 가격에서 수입이 후 발생되는 법정공제 요소금액(수수료, 이윤, 일반경비)을 공제한 가격으로 과세가격 결정
제5방법	당해 수입물품을 수출국에서 생산하는 데 소요된 비용을 산정하여 산출한 가격으로 과세가격 결정
제6방법	합리적 기준에 따라 세관장이 과세가격 결정

격으로 결정하는 방법을 제1방법이라 한다.[2] 제1방법은 수입업자가 실제로 지급한 실제가격을 과세가격으로 정하는데 실제거래가격은 수입업자가 실제로 지급하였거나 지급해야 할 금액에서 가산요소금액을 더하고 공제요소금액을 뺀 금액으로 한다.[3] 이 가격은 곧 수출지의 선적항에 물품의 선적을 완료하기까지의 금액에 수입항까지의 운임 및 보험료가 포함된 CIF 가격이다.

그러나 거래가격을 과세가격의 기초로 사용할 수 없는 다음과 같은 경우에는 제2방법부터 제6방법을 순차적으로 검토하여 과세가격을 결정한다.

① 판매가 아닌 경우: 무상수입물품, 임차수입물품 등
② 당해 수입물품의 처분상 어떠한 제한이 있는 경우: 수입후 전시용, 광고용 물품으로만 사용하도록 제한된 경우 등
③ 수입물품에 대한 거래의 성립 또는 가격의 결정이 다른 조건이나 사정에 의하여 영향을 받은 경우
④ 금액으로 환산할 수 없는 사후 귀속이익이 있는 경우
⑤ 판매자와 구매자가 특수한 관계인 경우

2) 과세표준 평가를 통일하기 위한 국제협약에는 1950년 관세협력이사회(CCC)에서 정한 브뤼셀평가협약(Brussel's Definition of Valuation; BDV)과 EC, 미국 등 선진국들이 주도하여 1979년에 체결한 신평가협약(New Valuation Code; NVC)이 있다. 브뤼셀평가협약에서는 과세가격을 "상호 독립한 판매자와 구매자간에 공개시장에서 자유롭게 누구에서나 판매되는 가격"이라는 가정적, 이념적 정의(notional concept)로 채택하였다. 신평가협약에서는 과세가격을 "실제 거래한 가격"이라는 실증적 가격에 원칙을 두고 평가에 대한 정의없이 과세가격을 결정하는 방법만 나열하고 있다. 우리나라는 1984년 7월부터 신평가제도를 시행하고 있다.

3) 가산요소금액으로는 중개수수료(대리점 수수료 제외), 용기 및 포장비용, 생산지원비용, 로얄티, 사후귀속이익 등이 있으며 공제요소금액은 수입물품을 국내에 반입한 후 발생하는 비용으로서 연불이자, 세금 · 공과금, 수입항 도착 후 발생하는 운임, 수입후 조립 · 정비 등을 위한 부가비용 등이 있다. 그리고 이 금액들은 객관적이고 수량화할 수 있는 자료에 근거해야 한다.

2. 관세의 산정 및 납부

(1) 관세의 산정

통상 과세가격은 수입물품의 실제거래가격인 CIF 금액이므로 이 금액에 과세환율을 곱하여 수입물품의 가격을 원화로 환산한 다음 여기에 관세율을 곱하여 관세를 산정한다.

종량세 대상물품인 영화용 필름, 비디오테이프 등은 수입물품의 수량에 관세율표상의 일정액을 곱하여 산출하며, 선택세가 적용되는 은행, 밤, 대추 등은 종가세와 종량세를 각각 산출하여 그 중 높은 것을 관세로 한다.[4]

(2) 관세의 납부

관세의 납부방식에는 신고납부방식과 부과고지방식이 있는데 원칙적으로 관세 등은 신고납부방식으로 납부한다.

가) 신고납부방식

이는 납세의무자가 수입신고를 할 때에 대통령령이 정하는 바에 의하여 과세표준, 세율 및 납부세액을 납세신고하고 수입관련 세금을 스스로 납부하는 자진신고 납부제도를 말한다.

납세신고는 수입신고 시에 납세신고사항을 추가로 기재하여 신고하는 것을 말하며 납세신고자는 수입신고가 수리된 날로부터 15일 이내에 신고세액을 납부해야 한다. 수입신고가 수리되기 전에 납부하는 것도 가능하다.

나) 부과고지방식

부과고지방식은 세관장이 처음부터 납부세액을 결정하여 납부고지서를 발부하면 납세의무자는 납세고지서를 받은 날로부터 15일 이내에 납부세액을 납부하는 방식이다.

현재 부과고지의 대상은 과세가격 결정에 관한 자료가 미비한 무환수입물품이나 심사에 신중을 요하는 탄력관세 적용물품 등 특수한 경우에 한한다. 이러한 특수물품에 대해서는 납세의무자가 세액을 결정하여 자진 신고하는 것이 어렵기 때문에 처음부터 세관에서 세액을 결정하여 고지하는 것이다.

---

4) 그리고 수입물품에는 관세외 내국세가 부과되는데 여기에는 특별소비세, 주세, 교육세, 교통세, 농어촌 특별세, 부가가치세 등이 있다.

제 4 절 관세환급제도

1. 관세환급의 의의

우리나라는 부존자원이 빈약하여 원자재를 대부분 해외에서 수입하여 이를 가공 후 다시 수출하는 가공무역이 주종을 이루고 있다. 이러한 가공무역에서 수출업자를 지원하고 수출경쟁력을 높이기 위해 수출용 원재료를 수입할 때 납부한 관세를 환급해 주는 관세환급제도를 실시하고 있다.

즉 관세환급제도는 수출용 원재료를 수입할 때 납부한 관세 및 내국세를 당해 원자재를 사용하여 만든 물품을 수출할 경우 수출업자에게 환급해 주는 제도를 말한다. 이 제도는 수출물품의 가격경쟁력을 떨어뜨릴 우려가 있는 수출용 원재료에 대한 관세부담을 덜어 줌으로써 수출을 촉진하기 위한 세제상의 지원제도라 할 수 있다.[5)]

과거에는 수출용 원재료의 수입 시 처음부터 수입관세 및 내국세를 면제해 주는 사전 면세제도가 시행되었다. 그러나 사전 면세제도 하에서는 대응수출을 위한 사후관리가 필요하고 면세 혜택으로 인해 해외원자재에 지나치게 의존하는 경향이 높았다.

이에 따라 국산원자재의 사용을 촉진하고 무분별한 원자재 수입을 막기 위해 1975년부터 원재료 수입 시에도 일반수입과 마찬가지로 관세를 납부하도록 하고 가공 수출후 이를 환급해 주는 관세환급제도가 시행되었다.

관세환급제도에서는 수출업자가 일단 납부한 관세를 되돌려 받을 수 있기 때문에 결과로 보면 면세효과가 있지만 환급 시까지 관세납부에 따른 자금 부담이 따르고 관세환급에 따른 서류절차상의 문제점이 제기되었다. 이에 따라 현재 평균세액 증명제도, 기초원재료 납세증명제도, 사후정산제도 등을 신설하여 관세환급제도의 미비점을 보완하고 있다.

5) 현행 법령상 관세환급제도는 납세의무의 형평과 징세행정의 공정을 위한 관세법상의 환급(과오납환급과 위약물품환급)과 수출지원을 위한 수출용원재료에 대한 관세 등 환급에 관한 특례법상의 환급이 있는데 일반적으로 관세환급은 후자의 경우를 말한다.

2. 관세환급제도의 내용

(1) 관세환급대상의 원재료 및 수출범위

가) 환급대상의 원재료

관세 등의 환급을 받을 수 있는 수출용 원재료는 다음의 하나에 해당하는 것이어야 한다(관세환급특례법 제3조).

① 수출물품을 생산한 경우에는 생산시의 물리적, 화학적 변화과정에서 당해 수출물품에 물리적으로 결합되거나 화학적 반응 등으로 수출물품을 형성하는 데 소요되는 원재료
② 수입한 상태 그대로 수출한 경우에는 수출물품

만약 국내에서 생산된 원재료와 수입된 원재료가 동일한 질과 특성을 가지고 있고 상호 대체사용이 가능하여 수출물품을 생산할 때 이를 구분하지 않고 사용된 경우에는 수출용 원재료가 사용된 것으로 간주된다.

나) 환급대상 수출범위

수출용 원재료에 대한 관세 등을 환급받을 수 있는 수출의 범위는 다음으로 한정된다(관세환급특례법 제4조).

① 관세법의 규정에 의하여 수출신고가 수리된 수출. 다만, 무상으로 수출하는 것에 대하여는 기획재정부령이 정하는 수출에 한한다.
② 우리나라 안에서 대가를 외화로 받는 판매 또는 공사 중 기획재정부령이 정하는 것
③ 관세법에 의한 보세구역 중 기획재정부령이 정하는 구역 또는 수출자유지역설치법에 의한 수출자유지역 안의 입주기업체에 대한 공급
④ 기타 수출로 인정되어 기획재정부령이 정하는 것

(2) 관세환급의 방법

가) 소요량계산서의 작성

환급신청자가 수출물품에 대한 원재료의 소요량을 계산한 소요량계산서를 작성하여 일일이 환급액을 산정하여 환급을 신청하는 방법이다. 소요량계산서 작성업체는 수출물품명, 소요량산정방법, 소요량 산정의 기준이 되는 기

▶ **서식 12-1** 간이정액환급(적용, 비적용)승인신청서

간이정액환급(적용, 비적용)승인신청서

				처리기간 : 즉시
① 신청인	상 호		대 표 자	
	주 소		사업자 등록번호	
	통관고유번호		대표자 주민등록번호	

② 사업장내역(사업장이 2이상인 경우 전부 기재)			
사 업 장 명	사업자 등록번호	통관고유부호	소 재 지

③ 비적용(적용)신청사유

수출용원재료에 대한 관세등 환급사무처리에 관한 고시 제2-10조의 규정에 의하여 간이정액환급(적용, 비적용)승인을 신청합니다.

년 월 일

신 청 인 (인)

□□□ 세관장 귀 하

처리내역	승 인 일	
	전산등록일	
	전산등록자	
첨부서유 : 없음 수수료 : 없음		

결재	담 당	주 무	과 장

471-02111민
1997. 7. 2. 승인

210㎜×297㎜
신문용지 54g/㎡

간 및 적용기간 등을 관할지 세관장에 신고해야 한다. 이 방식은 환급세액을 정확하게 산출할 수 있지만 환급금 산출에 많은 시간이 소용된다.

이에 따라 정부는 소요량계산 업무를 간소화하기 위해 수출물품별 평균소요량을 기준으로 한 표준소요량을 고시하고 있다. 환급신청자는 소요량계산서를 자체 작성하여 환급을 신청할 수 있고 고시된 표준소요량을 활용하여 환급액을 산정하여 신청할 수도 있다.

나) 정액환급률표의 이용

정액환급률표는 수출물품별로 환급해야 할 금액을 사전에 산정한 표를 말한다. 정부는 단일 수출용원재료에 의하여 두 가지 이상의 제품이 동시에 생산되는 등 생산공정이 특수한 수출물품과 중소기업의 수출물품에 대한 관세환급 절차를 간소화하기 위해 수출용원재료에 대한 평균환급액 또는 평균납부세액 등을 기초로 정액환급률표를 고시한다. 그리고 이 표에서 정해진 금액은 당해 물품을 생산하는 데 소요되는 수출용원재료의 수입관세로 보고 이를 환급한다.

다) 간이정액환급률표의 이용

간이정액환급률표는 중소기업의 수출물품에 적용하는 정액환급률표를 말한다. 중소기업에 대한 관세환급절차를 간소화하기 위해 수출신고수리시 간이정액환급률표에 게기되어 있는 품목에 대해서는 매건별 관세 등의 납부액을 확인하지 않고 HS 10단위 품목별로 고시된 일정 금액을 수출금액에 따라 수출업자에게 되돌려준다. 이의 적용대상은 중소기업기본법 제2조의 규정에 의한 중소기업자로서 환급신청일이 속하는 연도의 직전 2년간 매년도 환급실적이 4억 원 이하인 자이다.

그러나 간이정액환급률표를 적용하여 환급하는 것이 개별환급금액에 비하여 과소환급되는 경우에 수출업자는 간이정액환급 비적용신청서를 관할세관에 제출하여 비적용승인을 받으면 개별환급을 받을 수 있다. 다만, 간이정액환급 비적용승인을 받은 업체는 간이정액환급제도를 이용할 수 없으며, 다시 간이정액환급제도를 이용하고자 할 경우에는 동 비적용승인일로부터 2년이 경과한 후에 간이정액환급 적용신청에 의한 세관장의 승인에 따라 간이정액환급제도를 이용할 수 있다. 이와 같은 경우에 사용하는 서식이 간이정액환급(적용, 비적용) 신청서이다.

(3) 관세환급의 신청

관세 등의 환급을 신청하고자 하는 자는 대통령령이 정하는 바에 따라 물품이 수출 등에 제공된 날로부터 2년 이내에 관세청장이 지정한 세관에 환급신청을 해야 한다.

가) 환급신청인

환급신청인은 수출신고가 수리된 일반적인 수출인 경우는 수출업자, 수출위탁업자 혹은 수출물품의 생산자 중에서 수출신고필증에 환급신청인으로 기재된 자이다. 그 밖의 환급대상수출의 경우는 수출 등에 제공한 사실을 확인하기 위해 관세청장이 정하는 서류에 당해 물품을 수출, 판매 또는 공급 등을 하거나 공사를 한 자로 기재된 자이다.

나) 일괄환급신청의 원칙

동일 수출물품에 대한 관세 등의 환급신청은 당해 수출물품의 생산에 소요된 모든 원재료에 대하여 일괄하여 신청해야 한다.

다) 추가환급신청의 대상

다음의 경우는 추가환급신청의 대상이 된다(관세 등 환급사무처리에 대한 고시).

① 일괄하여 환급 신청하였으나 세관장의 착오로 일부 환급금이 부족하게 지급된 경우
② 원재료를 수입할 때 세율적용착오 등의 사유로 추징된 관세 등이 환급신청 시에 누락되었거나 환급 결정된 후에 추징된 경우
③ 환급 신청 시에 수출가격을 착오로 과소하게 기재하거나 수출신고 시에 수출가격을 착오로 과소 신고하여 간이정액환급을 과소하게 받은 경우
④ 환급신청인의 착오로 소요원재료와 규격이 상이한 원재료로 환급받아 당해 원재료에 대한 관세 등이 추징되고 정당한 원재료로 추가환급 신청하는 경우
⑤ 관세 등의 환급을 받은 당해 물품에 대한 기납증(기초원재료납세증명서) 및 분증(분할증명서)의 세액이 정정된 경우
⑥ 환급 신청한 소요원재료의 소요량 산정 시 단위실량의 과소 산정 또는 소요원재료의 수량단위를 착오로 기재하여 과소 환급된 경우
⑦ 기타 환급신청시점에 환급신청인의 귀책사유 없이 과소 환급된 경우로서 세관장이 추가 환급함이 타당하다고 인정하는 경우

라) P/L(paperless) 환급신청

환급신청인은 환급신청서 작성요령에 따라 작성된 전자문서를 관세환급시스템에 전송하여야 한다. 관할 세관장은 접수번호, 서류제출심사대상 여부 등을 기재한 접수통지서를 환급신청인에게 전자문서로 통지한다. 만약 서류제출심사대상으로 결정되면 환급신청서, 수출신고필증 등의 서류를 접수통지를 받은 날로부터 3일 이내에 제출해야 한다.

마) 환급 후 심사

환급심사는 일단 환급한 후에 환급대상물품의 특성, 업체의 성실도 등을 감안하여 선별 심사함을 원칙으로 한다. 그러나 환급전 심사대상의 경우는 환급심사사항을 정밀심사한 후 환급금을 결정 · 지급한다.

바) 환급금의 지급

환급신청인은 금융기관 또는 체신관서에 법인 또는 대표자 명의의 계좌를 개설하고 관할 세관장에게 통보하여야 한다. 세관장이 환급금을 지급하고자 하는 경우에는 한국은행에 환급금 이체 및 지급요구서를 전자문서로 송부하면 한국은행은 환급신청인의 계좌에 환급금을 입금하고 당해 세관장에게 환급금 이체 및 지급필통지서를 전자문서로 송부한다. 당해 세관장은 환급금 결정사항과 한국은행의 이체 및 지급필통지서가 일치하는지 여부를 관세환급시스템에 의해 확인한다.

3. 관세환급 보완제도

(1) 평균세액 증명제도

관세환급제도에서는 원칙적으로 수출물품을 만들 때 사용한 원자재와 수입할 때 관세 등을 납부한 원자재는 동일한 것이거나 서로 정확하게 관련을 갖는 것이어야 한다. 이러한 사항들이 관세환급과 관련된 모든 서류에 정확하게 기재되고 제시되어야 환급이 가능하다.

그러나 품명, 규격 등이 복잡하고 다양하게 표기되는 물품인 경우에는 이러한 원칙에 맞도록 서류를 작성하고 관리하는 데 여러 가지 어려움이 따른다. 이에 따라서 원자재를 HS 10단위별로만 구분토록 하고 같은 HS 10단위에 속하는 모든 원자재의 수량 및 납부세액을 통합한 후 환급에 사용할 때에는 평균세액을 적용토록 함으로써 복잡한 품명, 규격 등의 확인을 생략하고

서류를 간편하게 관리할 수 있도록 한 제도가 평균세액 증명제도이다. 이 제도는 원하는 업체에만 적용되는 임의제도이며 자신이 원하는 물품에만 한정적으로 적용할 수도 있다.

(2) 기초원재료 납세증명제도

수출업자가 수출용 원재료를 해외에서 직접 수입하여 수출물품을 가공하여 수출한 후 개별 환급을 신청하고자 할 경우 원재료를 수입할 때 납부한 관세 등을 증명하는 증빙자료로서 수입신고필증을 제출해야 한다. 그러나 수출업자가 수출용 원재료를 항상 해외에서 조달하는 것은 아니며 국내 타 업체가 기초원재료를 수입하여 가공한 중간원재료를 공급받아 이를 제조 · 가공하여 완제품을 수출하는 경우가 있다. 이 경우 최종 수출업자가 완제품을 수출한 후 관세환급을 받을 수 있도록 원재료 수입 시 납부한 관세 등을 증명해 주는 것이 기초원재료 납세증명제도이다.

기초원재료 납세증명서는 환급신청 시 수입신고필증에 갈음하여 사용될 수 있다. 만약 국내제조과정이 여러 단계일 경우에는 그 제조단계에 따라 전단계 기초원재료 납세증명서를 근거로 2차, 3차 기초원재료 납세증명서를 발급받을 수 있는데 수입신고수리일 또는 전 단계 거래일로부터 1년 내에 거래되어야 한다.

(3) 사후정산제도

관세환급제도 하에서는 수출용 원재료의 수입 시에도 일단 관세를 납부해야 하므로 환급받을 때까지 수출업자의 관세부담이 가중되어 왔다. 이를 완화하기 위해 관세를 징수하지 않고 일정 기간 후 환급액으로 상쇄시키는 사후정산제도가 시행되고 있다.

즉 사후정산제도는 일괄납부업체로 지정받은 자가 수출용 원재료를 수입할 때에 일정 기간 이내에 수출 등에 제공할 것을 조건으로 관세 등을 부과는 하되 징수를 하지 아니한 상태에서 통관하여 물품을 생산하도록 하고 그 물품이 수출된 후 환급받아야 할 금액과 관세 등을 상계 처리하도록 함으로써 관세부담을 완전히 면제시켜 주기 위한 제도이다.

일괄납부업체로 지정받고자 하는 자는 일정한 자격요건을 갖추어 해당지역의 세관장에게 지정신청서를 제출해야 하며 담보를 제공하거나 신용담보업체로 지정받아야 한다.

일괄납부업체는 수출용 원재료에 대한 관세 등을 6개월의 범위 내에서 대통령이 정하는 기간별로 일괄 납부할 수 있다. 이 경우 일괄납부업체는 수출용 원재료의 수입신고 수리일이 속하는 분기가 종료되는 달의 다음 달 15일까지 해당지역의 세관장에게 일괄 납부해야 할 관세 등과 지급이 보류된 환급금을 정산하고 그 내역을 기재한 신고서를 세관장에게 제출해야 한다.[6)]

제5절 비관세장벽

1. 비관세장벽의 의의

우리가 번거로운 수속과 절차를 거쳐 가면서도 국제무역을 하는 것은 앞에서도 언급한 바와 같이 수입을 하면 자국에서 직접 생산·제조하는 것보다 유리하기 때문이다. 그런데 외국 물자를 수입하려면 그 나라의 돈이 필요하고 그 외화를 벌기 위해서 수출을 하는 것이다. 그러나 어떤 나라는 수입보다 수출을 많이 하여 외환이 남아돌아가나, 대개의 나라들은 수출보다 수입이 월등히 많아 언제나 무역수지에서 적자를 나타내고 있다.

문제는 모든 나라가 수출하는 액수만큼 수입을 해오면 되나, 그렇지 않고 많은 외환을 보유하고 쓰지 않는 나라 때문에 많은 나라들이 외환 고갈로 인해 골탕을 먹는 것이다.

세계의 많은 나라들이 이러한 무역역조현상을 개선하기 위하여 여러 가지 교묘한 방법으로 수입을 억제하고 있는데, 실제로 무역수지에서 매년 적자를 계속하고 있는 개발도상국에서 시행하고 있는 비관세장벽은 그다지 큰 문제가 되지 않는다. 왜냐하면 어떤 물품의 수입을 제약하는 것은 그만큼 외화를 한 곳에서 절약하여 더 급하고 필요한 다른 물품을 구입하기 위하여 결국은 쓰여지기 때문이다.

가장 문제가 되는 것은 외화보유고가 많은 부국, 즉 선진국들에 의한 여러 가지 비관세장벽(non-tariff barrier; NTB)이다. 현재 IMF나 WTO에서도 원칙적으로는 비관세장벽을 허용하고 있지 않으나, 지금 세계의 모든 나라들이

6) 관세를 납부했다가 다시 돌려주는 번거로움을 피해 관세환급과 동일한 효과를 낼 수 있도록 기본세율을 인하해 주는 환급에 갈음하는 관세 등의 세율인하(환특세율)도 관세환급제도와 관련된다.

어떤 명목으로나 자국의 이익을 위하여 비관세장벽을 다 적용하고 있는 실정이다.

관세를 제외한 모든 인위적인 규제를 뜻하는 비관세장벽 중 가장 많이 이용되는 것에는 다음과 같은 제도가 있다.

2. 비관세장벽의 종류

(1) 쿼 터

지금 국제교역을 하는 국가 중에 어떤 명목으로라도 이 쿼터(quota)를 실시하고 있지 않는 나라가 없는데, 그렇다고 쿼터가 모든 물품에 다 적용되는 것은 아니다. 우선 쿼터의 적용을 받는 물품은 그 나라에서 그 업종에 종사하는 자가 상당히 많고 국제경쟁에서 비교우위성의 결여로 사양길에 접어든 업종들이 많다. 워낙 관계 업종의 존폐와 생계를 연관하고 있는 사람들이 많으므로 정치적으로 큰 압력단체의 구실을 하기 때문에 쿼터가 적용된다. 쿼터는 우선 수출입을 일정량으로 정하고 그 초과분에 대해서는 일체의 수출입을 허용하지 않으므로 수출입 억제 면에서는 가장 효율적인 수단이라 하겠다.

가) 수입 쿼터

① 글로벌 쿼터(global quota): 이는 해당 물품을 생산하는 세계의 모든 국가에 대하여 균등한 기회를 주는 제도인데, 생산국은 동등한 자격으로 한도가 소진될 때까지 그 나라에 수출할 수 있는 것이다. 그러나 이 제도 하에서는 다음과 같은 단점들이 있다.

첫째, 쿼터가 발표되면 모든 수출업자가 먼저 수출하기 위해서 과당경쟁을 하게 되며, 수입국에서 먼 거리에 위치한 나라는 상대적으로 분리하게 된다.

둘째, 자금이 풍족한 큰 수입상은 영세 수입상보다 단시일 내에 많은 양의 수입을 주문할 수 있어 쿼터량을 독점할 우려가 생긴다.

셋째, 쿼터품목이 쿼터발표 후 갑자기 많이 수입되므로 일시적으로 과잉공급으로 인한 시세변동이 심하게 나타나며, 부패성 물품의 저장문제가 수반되게 된다.

마지막으로 모든 수출업자가 경쟁적으로 선적하여 쿼터량을 초과하게 되면 금수조치를 당하기 쉽다.

② 선별적 쿼터(selective quota, allocated quota): 나라별로 해당 품목의 기

존실적 혹은 과거 일정기간 동안의 수출실적에 비례해서 할당하는 제도로서 해당 품목의 수출업자에게 수출 쿼터를 배정하는 방식과 해당 품목의 수입업자에게 수입 쿼터를 배정하는 제도가 있다.

③ 특별 쿼터: 일본의 해태 수입 쿼터와 같이 일정기간에는(보통 3 · 4월) 쿼터를 적용하고, 나머지 기간에는 수입금지가 되는 제도가 있는데, 이는 특별한 방식의 쿼터라고 할 수 있다.

나) 수출 쿼터

① 생산 쿼터: 고무, 주석, 설탕 커피와 같이 몇 나라의 생산이 세계 총생산의 대부분을 차지하는 경우 국제가격을 조절하기 위해서 생산국별로 생산 및 수출 쿼터를 배정하는 제도를 말한다.

② 쌍무 쿼터(bilateral quota): 일본과 인도와 같이 쌍무협정으로 인도의 일본에 대한 원면수출과 일본의 인도에 대한 직물수출을 쿼터로 조절하는 제도와 같이 상호 책정하는 쿼터이다.

(2) 수출자율규제

수출자율규제(voluntary export restraint)란 미리 예상되는 수입 쿼터 적용을 피하기 위하여 수출국과 수입국 업계의 자율규제를 통해서 수출량을 제한하는 제도이다. 과거 우리나라의 대미 수출품 중 컬러TV와 VTR 등에 대해서는 이 자율규제를 실시한 바가 있다.

관세에 비해 쿼터의 불공정성과 부조리 때문에 GATT규정 제11조는 원칙적으로 쿼터와 같은 수량제한 조치를 배제하고 있으나 ① 표준 이하의 물품(저질물품), ② 양곡 도입의 원활을 기하기 위하여, ③ 정부에서 추진하고 있는 농수산물정책을 원활히 수행하기 위하여, ④ 농수산물의 잠정적인 과잉생산을 처분하기 위하여, ⑤ 국제수지개선을 위하여, ⑥ 국내 산업이 극한 위기에 처해 불가피하게 동 산업을 보호하기 위하여, ⑦ 개발도상국이 국민 생활수준 향상을 위한 국내 산업개발을 적극 촉진하기 위하여, ⑧ 국방 및 사회윤리 보호, 보건규정에 의한 수입제한을 할 경우는 예외조치로서 양해되고 있다.

(3) 외환배정

외국 물품이 아무리 싸고 또 관세가 낮게 규정되어 있어도 외국 물품을 수입할 자금, 곧 외환의 배정이 없으면 수입을 하지 못한다. 많은 아시아 개발도상국가에서는 수입 외환배정을 수출과 결부(link)시켜 수출한 액수에 비례해서 수입 외환의 배정을 하고 있다.

(4) 복수환율제도

주요 외환과 자국 화폐와의 교환율을 한 가지 율로만 적용하지 않고 여러 가지 환율로 구분하여 수출할 때와 수입할 때의 환율적용에 차별을 두어 수출은 권장하고 수입은 억제하는 방법인데, 남미의 많은 나라들이 이 제도를 실시하고 있으며 아시아에서도 인도네시아가 유사한 제도를 적용하고 있다. 인도네시아에서는 BE System(bonus export system)이라고 해서 모든 수출입 품목을 필요한 것, 덜 필요한 것, 필요하지 않은 것 등으로 구분하여 차별 환율을 적용하여 수출은 돕고 수입은 억제하고 있다.

(5) Escrow 계정

수입하는 나라에서는 수입품이 필요해서 일단 외상으로 수입을 했으나 외환 부족으로 도저히 현금 지불 여력이 없으면 수입 결제대금을 동결시키고 수출국에다가 결제 대금액만큼 수입국의 물품을 구매하게 한다.

(6) 수입허가

아무리 쿼터의 적용을 안 받고 외화배정을 받는다 해도 수입허가가 안 나면 수입이 되지 않는다. 이 제도하의 단점은 역시 허가를 해 주는 기준이 애매할 때가 많고 정실이 개입되기 쉬운 것이다.

(7) 복잡한 통관절차

수입을 억제하기 위하여 부득이 필요한 것 아니면 가급적 수입을 좌절시키기 위한 방법으로 수입통관규정을 수시로 변경시켜 외국 수출업자를 골탕 먹이거나 물품검사에 과다한 수수료를 징수하거나, 멀리 떨어져 있는 세관에서 통관하도록 지시한다든지 여러 가지 행정적인 방법으로 통관을 지연시키거나 포기시키는 수도 있다.

(8) 검 역

필요 이상으로 긴 검역기간을 두어 골탕을 먹이거나 동물의 내장 같으면 특별한 상태 하에서만 수입을 허용하고 있다. 예를 들어 하와이 세관의 동식물에 대한 검역이 상상외로 까다로워 동식물은 가져갈 생각을 못하게 된다. 그들의 해명은 세계에서 뱀이 없는 곳은 하와이 섬뿐인데 혹시 이들 동식물에 뱀 새끼나 알이 묻어 들어오는 것을 막기 위해서 그렇게 철저히 한다고 한다.

(9) 차별운임

내륙의 인접한 나라에서 수입품을 싣고 오는 기차운임을 비싸게 부과하여 더 불편한 다른 운송방법을 이용하게 하여 수입의욕을 좌절시킨다.

(10) 국영무역

많은 사회주의 국가들이 이용하는 제도로서 국가기관 또는 정부가 독점적으로 무역의 주체가 되어, 수입행위 과정에서 독점적인 국가 기관이 전 품목 또는 일부 품목에 대한 수입 대상지역이나 국가를 정책적으로 지정함으로써 여타 지역에 대해 공정한 기회를 주지 않는다.

이들은 ① 수입품의 인상권 또는 독점판매가격 결정에 대한 결정권을 갖는다. ② 외국 수출업자에 대한 거래상의 임의 차별수입을 할 수 있다. ③ 수입량의 축소와 수입가격의 인상조정을 통하여 동종 원자재 및 중간자재의 국내생산업체를 보호할 수 있다. ④ 철저한 정책적인 배려와 최대의 이익보장조치에 의거하여 판매조작을 할 수 있다.

(11) 시장개척활동 제한

특정국 또는 특정상품의 광고 · 선전을 봉쇄함으로써 해당상품의 구매를 방해할 수 있다. 특히 영화용 필름이나 비디오테이프 같은 광고 선전용품의 수입은 철저히 제한을 하고 있으며, 수입국의 독특한 미풍양속 등 문화적인 견지에서 가해지는 제한이 국내 영화산업의 개발 촉진을 위한 보호적 역할을 하게 된다. 또한 라디오, TV 등 광고 선전매체에 적용되는 비관세 제한조치는 술과 담배 등의 소비억제에도 영향을 준다. 또한 수입상품견본에 높은 율의 견본세나 수출품 판매원에 대해서 엄청난 세금을 물게 하여 사전에 수입수요를 발생하지 못하게 하기도 한다.

(12) 포장 · 상표의 규정

포장 · 상표에 관한 수입국의 엄한 규정은 일차적으로 수출업자에게 추가비용의 부담을 준다. 소비자보호를 구실로 수입국 정부는 상품의 '내용 및 수량' 등을 수입국의 언어나 2개 이상의 언어로 정확하게 명기하도록 요구하고 있으며, 규격의 표시도 수입국의 특수한 길이 · 무게 · 부피로 표시될 것을 요구하는 수가 있다. 또한 많은 선진국들은 상품포장의 규격 · 형태 · 포장용기의 재료 등의 명시를 요구한다. 즉, 상자 포장, 병 및 용기에 관한 포장조항에는 일정한 규격 · 형태를 유지케 함으로써 국내 시장에 판매하려는 외국 수출업자나 국내 수입취급업자에게 상당한 판매 부대비용의 지출을 강요하고 있다.

(13) 원산지 규정

모든 수입상품에 명확한 원산지를 표시하도록 요구하는 것은 이해가 가지만 단순한 인쇄로 표시가 곤란한 양식기 · 금속물 등의 인각을 요구하는 것은 추가비용의 부담으로 수출의 제한적 요인이 될 수 있다. 많은 아랍 국가에서는 선적서류를 꼭 아랍어로 작성하라고 요구할 뿐만 아니라 이스라엘, 남아연방, 로디지아, 포르투갈 등의 원산이 아니며, 또 이들을 경유하지도 않았다는 각서를 요구하기도 한다. 심지어 쿠웨이트 같은 나라에서는 모든 선적서류에 쿠웨이트 다음에 'Arabian Gulf'란 표시가 표기되지 못하게 요구하기도 한다.

(14) 안전 및 공업표준 규정

각국에서 요구하는 안전 및 공업표준 규정이 다양 · 복잡하여 수입제한의 큰 요인이 되고 있다. 특히 건축자재, 전기부품, 연관 및 냉 · 난방 장치에 대한 각국의 건축법규, 전기제품 표준화제도, 내연장치에 대한 규정이 매우 다양하기 때문에 많은 장애가 되고 있다.

(15) 함유성분에 관한 규제

특정 식품에 관하여 일정량 이상의 약품이 포함되어 있는 경우 이를 수입하지 않는다는 것을 말한다. 얼마 전에 참치류의 대미 수출에 수은함유량이 표준 PPM량을 넘어서 수입이 정지되었고, 일본에서는 일정률 이상의 유황을 포함한 원유는 수입하지 않거나 고관세를 적용한다.

(16) 국산품 구매조장

정부의 각 구매기관이 값싼 외국 물품은 사지 않고 값비싼 국산품을 사서 수입을 막으며, 심지어는 싸구려 외제를 구매하는 회사의 물품은 'Black List'에 올려 구매하지 않는다든지, 정부에서 'Buy Korean'식으로 선전을 하여 국산품을 사용하는 것이 애국하는 것이라는 인상을 심어 준다.

(17) Mixing Quota

수입할 수밖에 없을 경우에는 수입을 허가하되 그 수입품과 일정비율로 국산품을 사용하게 하는 방법도 있다. 대개의 유럽 나라들은 싸구려 마아가린(margarine)을 수입하면 이것과 일정비율의 비싼 국산 버터(butter)를 혼합해서 판매하도록 하고 있다.

(18) 국산품 생산보조금

정부가 국내 산업을 보호 · 육성하기 위하여 여러 가지 제도적인 지원 및 보조금을 지급하여 외국 물품의 수입을 막는다. 우리나라에서도 무역금융, 중소기업자금, 어업자금 등 갖가지 수출장려제를 실시하여 수입을 막고 수출을 장려하고 있다.

이상과 같은 비관세장벽은 일반적으로 비공개적이고 또 위장된 형태를 띠기 때문에 정확한 실태를 파악하기는 어렵지만 GATT보고서에 따르면 그 유형이 무려 560여종에 달하는 것으로 알려지고 있을 만큼 다양한 방법들이 동원되어 원활한 국제교역을 저해하고 있다. 무역을 제한하는 수단으로서 관세의 역할이 GATT의 여러 차례에 걸친 노력과 WTO체제의 출범으로 상당히 축소됨에 따라 비관세장벽의 중요성을 상대적으로 더욱 부각되고 있고, 앞으로도 비관세장벽은 수입제한의 수단으로서 널리 활용되리라고 보여진다.

제 13 장

무역금융과 무역보험

무역금융은 정부가 정책적으로 무역거래에 필요한 각종 자금을 지원해 주는 것을 말하는데 현재 우리나라 정부는 수출경쟁력을 향상시키기 위해 무역거래나 이와 관련된 국내거래 및 해외 현지거래의 각종 단계에 필요한 자금을 일반금융에 비해 유리한 조건으로 지원하는 무역금융제도를 실시하고 있다. 또한 우리나라는 무역거래상에 수반되는 수입국에서의 내란, 환거래의 제한 등의 비상위험과 상대방의 파산 등의 신용위험으로 인하여 수출업자, 생산업자 또는 금융기관이 입는 손실을 보상해 주는 무역보험제도를 운영하고 있다. 이 장에서는 현재 우리나라에서 운영하고 있는 무역금융과 무역보험제도의 주요 내용을 살펴보기로 한다.

제1절 무역금융의 개요

1. 무역금융의 의의

무역금융은 넓은 뜻에서 보면 무역거래에서 일어나는 모든 금융을 말하지만 일반적으로 의미하는 무역금융은 정부가 정책적으로 무역거래에 필요한 각종 자금을 지원해 주는 것을 말한다. 현재 우리나라 정부는 수출경쟁력을 향상시키기 위해 무역거래나 이와 관련된 국내거래 및 해외 현지거래의 각종 단계에 필요한 자금을 일반금융에 비해 유리한 조건으로 지원하는 무역금융 제도를 실시하고 있다.

우리나라의 무역구조는 해외에서 원자재를 수입 · 가공하여 이를 수출하는 가공무역이 많은 비중을 차지하고 있어 우리나라 수출업자들은 구조적으로 원자재 수입을 위한 상당한 자금이 필요하다. 그리고 우리나라의 금융시장도 선진국에 비해 자금력이 약하여 일반 시중은행의 자금만으로는 수출업자들에 대한 충분한 지원이 불가능하며 또한 여신금리가 높아 수출업자들의 이자부담도 매우 큰 편이다. 이에 따라 정부는 수출업자를 비롯한 관련 당사자들에 대한 금융지원을 통해 수출경쟁력을 강화하고 수출을 증대시키는 정책을 시행해 왔다.

그러나 우리나라의 대외교역량이 늘어남에 따라 정책적 무역금융은 통화량 팽창의 한 요인이 되어 왔고, 투기성 자금으로 활용되는 등 그 동안 많은 부작용이 제기되었다. 그리고 WTO는 이러한 무역금융을 정부의 보조금으로 규정하여 그 사용을 규제하고 있으며 나라마다 상대국의 특정 수출품에 대한 정부의 지원을 상쇄시키기 위해 상계관세(countervailing duties), 덤핑방지관세(anti-dumping duties) 등을 규정하고 있어서 수출업자들을 무한정 지원할 수 없게 되었다.

이에 따라 오늘날의 무역금융은 정부의 특혜적인 금융지원보다는 무역거래에 필요한 각종 자금을 융자해 주는 상업적 차원에서의 금융으로 그 성격이 점차 바뀌고 있다.

현재 우리나라 무역금융이 지니고 있는 특성을 살펴보면 다음과 같다.

첫째, 무역금융은 중앙은행의 자금지원으로 이루어지는 정책금융이다. 한국은행은 금융통화운영위원회가 정한 총액 범위 내에서 한국은행차입한도를 사전에 포괄적으로 배정하여 금융기관별로 자금을 지원하고 있으며, 금리 면에서도 우대금리를 적용하고 있다. 따라서 개별기업에게 무역금융을 제공한 시중의 융자취급은행은 한국은행으로부터 취급액의 일정 금액을 차입할 수 있다.

둘째, 무역금융의 융자대상은 포괄적이다. 물품, 건설, 기타 용역의 수출에 직접 · 간접으로 참여하는 모든 업체들은 무역금융의 수혜대상이 될 수 있다. 따라서 국내의 수출용원자재 공급업자, 수출용완제품 공급업자 등 내국신용장(local credit)을 받은 국내업체들도 무역금융을 활용할 수 있다.

셋째, 무역금융은 용도별, 시기별로 지원된다. 무역금융은 생산자금, 원자재 수입자금, 원자재 구매자금, 완제품 구매자금으로 구분하여 각 자금의 소요시기에 맞추어 지원하고 있다.

넷째, 무역금융은 신용장기준 또는 실적기준으로 지원된다. 무역금융은 수출증대를 목적으로 수출신용장, 선수출계약서(D/A, D/P), 외화표시 물품공급계약서 등에 의해 지원되며 과거 수출실적을 기준으로 지원되기도 한다. 특히 실적기준 금융은 과거 수출실적이 있는 업체가 앞으로도 동일한 정도로 수출할 것이라는 전제 하에 과거 일정 기간의 수출실적을 융자대상으로 하기 때문에 융자절차가 간편하고 원자재 사전 비축이 가능하다.

마지막으로 무역금융은 수출이행을 의무화한다. 무역금융은 용도별로 지원되는 정책금융이므로 용도 외의 다른 목적에 사용되어서는 안 되며, 또한 금융만 수혜하고 대응수출을 이행하지 않은 경우 해당업체는 불이행 이자를 추징당하며 수혜자격도 정지될 수 있다.

2. 무역금융의 범위

넓은 의미에서 무역금융은 무역거래 과정에서 일어나는 모든 금융을 의미하는데 그 종류가 〈표 13-1〉에서처럼 매우 다양하다. 무역금융은 국내에서 이용되는 금융과 해외로부터의 금융으로 구분될 수 있다. 국내 무역금융은 수출지원정책의 일환으로 각종 금융기관이 수출업자를 비롯한 대외거래자에게 제공하는 금융혜택을 의미하고 해외금융은 해외에서 제공되는 여신을 의미한다.

표 13-1 무역금융의 종류

구 분	종 류
무역금융	• 신용장기준금융(용도별) • 실적기준금융(용도별) • 포괄금융
기타 무역금융	• 무역어음제도 • 내국신용장제도 • 수출환어음담보대출 • 기한부 원화 수출환어음담보대출 • 내국수입 Usance • 연불수출금융 • 외화대출 중 외화획득용 시설재 수입자금
해외금융	• 수출선수금 • D/A조건 수입 • 연지급조건 수입신용장 개설 • 현지금융

국내 무역금융 중 핵심은 한국은행의 무역금융 취급세칙에 의해 시행되고 있는 금융중개지원대출관련 무역금융이다. 이는 주로 물품, 용역 등의 수출에 직접 · 간접으로 참여하는 업체를 대상으로 선적 전에 지원되는 단기성 무역금융으로서 수출지원 본래의 취지를 가장 잘 나타내고 있다.

그 밖에 수출업자를 지원하기 위해 무역어음제도, 내국신용장제도 등이 시행되고 있는데 무역어음제도는 민간 자본을 이용하여 수출업자들을 지원한다는 점에서 기존의 무역금융제도와 근본적으로 다른 성격을 지니고 있다. 내국신용장은 외국환은행이 발급하는 지급확약서이기 때문에 국내 물품공급업자는 외국환은행을 믿고 수출업자에게 물품을 공급하는데 이는 곧 수출업자에게 간접적으로 금융을 제공하는 결과가 된다.

또한 한국은행은 수출환어음담보대출 등과 같은 수출지원금융을 통해 일반 금융기관으로 하여금 수출업자를 지원하도록 유도하고 있다. 우리나라 수출업자들이 중장기조건으로 수출할 경우 자금지원을 하기 위한 연불수출금융, 외화대출 등도 주요 무역금융의 일종이다.

해외금융은 해외에서 제공되는 단기성 금융이다. 수출업자가 해외 수입업자로부터 수출대금을 먼저 받는 경우, 우리나라 수입업자가 기한부조건으로 수입하는 경우, 현지에서 금융을 일으키는 경우 등은 그 성격상 모두 해외금융에 해당된다. 그러나 해외금융은 무역거래 과정에서 필요한 금융으로 넓은 의미에서 보면 무역금융에 해당되지만 정책적 차원의 지원금융은 아니다.

제2절 무역금융의 종류

1. 금융중개지원대출관련 무역금융

금융중개지원대출관련 무역금융은 우리나라 기업의 수출경쟁력 향상을 위해 정책적으로 지원되고 있는 무역금융을 말한다. 이는 현재 금융통화운영위원회가 제정한 「한국은행의 금융기관에 대한 대출규정」에 따라 한국은행총재가 제정한 「한국은행의 금융중개지원대출관련 무역금융 취급세칙」 및 동 취급절차에 의해 시행되고 있다.

따라서 한국은행은 총액한도를 설정해 두고 무역금융 등과 같은 정책금융을 취급한 금융기관을 지원하게 된다. 우리나라 무역규모가 커짐에 따라 일반 금융기관의 자금만으로는 충분한 지원이 어렵기 때문에 금융기관들은 한국은행으로부터의 대출을 통해 무역금융을 지원하고 있는 것이다.

총액한도 무역금융은 [그림 13-1]과 같이 신용장 등의 기준과 실적기준으로 구분되고 자금의 용도도 생산자금, 원자재자금 및 완제품구매자금으로 구분된다. 그리고 중소 수출업자들이 편리하게 이용할 수 있도록 자금의 용도를 구분하지 않는 포괄금융제도가 있다.

무역금융은 대외거래와 직접 연결되는 대출제도이므로 무역금융의 취급기관은 외국환은행으로 한정되어 있다. 따라서 무역금융을 받고자 하는 자는

그림 13-1 무역금융 취급세칙에 의한 금융중개지원대출관련 무역금융의 구분

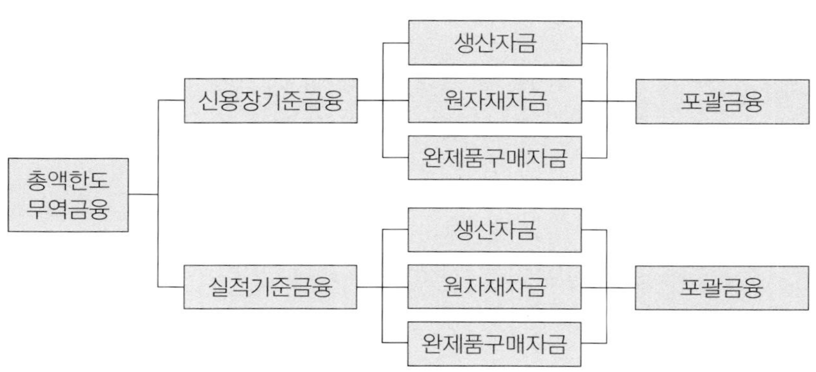

거래외국환은행을 지정해야 하며 필요한 경우 여러 외국환은행을 거래은행으로 지정할 수 있다. 거래외국환은행은 해당 업체의 수출실적관리카드를 비치하고 관리해야 하며 관리카드상의 수출실적에 의해 해당 업체의 무역금융 한도를 결정해야 한다.

2. 무역어음제도

(1) 무역어음제도의 개요

무역어음제도는 수출업자가 수출신용장을 근거로 선적 전에 발행한 기한부어음(무역어음)을 금융기관이 인수하고 이를 중개기관을 통해 할인 · 매각하여 그 대금으로 수출자금을 지원하려는 취지에서 1989년 8월 1일부터 시행된 무역금융의 일종이다.

이 제도는 수출업자가 수출에 필요한 자금을 선적 전에 조달한다는 점에서는 일반수출입금융과 비슷하지만 일반수출입금융에 비해 자금조달방식에 있어서 무역어음을 발행한다는 점이 다르다. 또한 일반수출입금융은 재원의 일부가 한국은행의 재원으로 뒷받침되는 반면 무역어음제도는 금융기관의 자체 자금 또는 할인 · 매입한 무역어음을 일반 투자가에게 재매각하여 조달한 자금을 재원으로 한다는 점에서 차이가 있다.

무역어음에 의한 수출자금의 조달은 [그림 13-2]에서처럼 이루어진다.

먼저 수출업자는 수출에 필요한 자금을 조달하기 위해 융자대상 증빙서류인 수출신용장 등을 근거로 기한부 무역어음을 발행하고, 이 어음의 지급을 보증하기 위해 금융기관의 인수를 받는다.

다음으로 수출업자는 금융기관이 인수한 무역어음을 중개기관(할인기관)에 매각하여 수출자금을 조달하고, 이 자금으로 수출물품을 제조 · 가공하여 선적한다. 무역어음의 대금은 수출물품을 선적한 후 매입은행(negotiating bank)으로부터 받은 수출대금으로 결제한다.

무역어음을 매입한 할인기관은 어음을 만기까지 그대로 보유하거나 일반 투자가들에게 다시 매각한다. 일반 투자가들은 만기일에 무역어음의 인수기관으로부터 대금을 지급받는다.

그림 13-2 무역어음의 유통과정

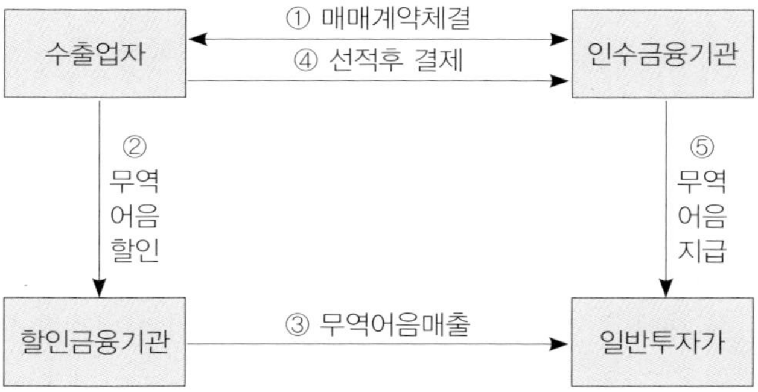

(2) 무역어음의 유통과정

가) 무역어음의 발행

무역어음을 발행할 수 있는 자는 수출신용장, 선수출계약서(D/A, D/P), 외화표시 물품공급계약서, 수출신용장결제조건부 수출계약서 등을 보유하고 있는 자, 혹은 국내에서 생산된 수출용완제품을 내국신용장으로 구매하여 수출하고자 하는 자이다. 그러나 수출용원자재를 국내 공급하는 내국신용장 수혜자는 무역어음을 발행할 수 없다.

무역어음 발행 수출업자는 무역금융 취급세칙상의 융자대상증빙서류를 첨부하여 매건별로 무역어음을 발행할 수 있다. 그리고 과거 수출실적 등을 기준으로 거래은행이 업체별 무역어음 발행한도를 설정하고 동 한도 내에서 무역어음을 수시로 발행할 수도 있다.

수출업자는 무역어음 인수기관을 지급장소(지급지)로 하여 인수기관 소정의 환어음 용지를 사용하여 환어음 형태로 무역어음을 발행한다. 무역어음의 금액은 신용장 등의 금액(FOB)의 90% 이내에서 인수당일 대고객전신환매입률로 환산한 원화금액 범위 내로 하되 최저 500만 원 이상이어야 한다. 그리고 무역어음은 통합 또는 분할 발행이 가능하므로 수출신용장 등의 1건이 500만 원 이하일 경우 몇개의 어음을 통합하여 발행하면 된다.

무역어음의 지급기일은 신용장 등의 유효기일 범위 내에서 최종 선적기일(내국신용장의 경우 물품의 인도기일)에 10일을 가산한 기간 이내로 하되 최장 180일을 초과할 수 없다.

나) 무역어음의 인수

무역어음의 인수는 수출업자 등이 발행한 기한부환어음에 대해 인수기관이 지급기일에 지급의무를 부담하는 것으로 인수기관 입장에서는 수출업자 등에게 지급보증을 하는 것과 동일하다. 신용도가 양호한 금융기관이 무역어음을 인수함으로써 어음발행인은 무역어음 중개기관으로부터 용이하게 자금을 융통할 수 있다.

무역어음의 인수기관은 은행 및 종합금융회사이며 인수금액은 일정 산식에 의해 산출된 한도액 이내에서 수출업자의 수출실적, 생산능력 등을 감안하여 금융기관이 자율적으로 산정한다. 그리고 인수기관은 연 1.5% 이내의 인수수수료를 미리 받을 수 있다.[1)]

다) 인수대상 신용장 등의 요건

무역어음 인수대상은 수출신용장, 수출계약서(D/A, D/P, 기타 수출계약서 등), 외화표시 물품공급계약서, 내국신용장 또는 수출신용장결제조건부 수출계약서를 근거로 발행된 환어음이다. 다만, 금융기관이 수출신용장결제조건부 수출계약서를 근거로 발행된 무역어음을 인수한 경우에는 무역어음 발행업자로 하여금 수출신용장이 도착하면 이를 수출계약서와 대체하도록 한다. 무역금융을 이미 사용한 부분에 대해서는 무역어음을 인수할 수 없다.

라) 무역어음의 할인 및 매출

무역어음의 할인은 인수기관이 인수한 무역어음을 수출업자의 요청에 의해 할인 매입하는 것을 말한다. 할인의뢰인은 당해 무역어음의 발행인으로 한정하고, 할인대상어음은 어음법상 요건을 구비한 환어음으로서 인수기관이 인수한 무역어음이다. 취급기관은 은행, 종합금융회사, 보험회사 등이다.

무역어음의 할인은 한도거래로 운영함이 원칙이며, 할인한도는 할인기관이 거래실적, 자금사정, 매출전망 등을 고려하여 적정한도를 설정한다. 할인기간은 할인취급일에서 어음지급일까지이다. 할인요율은 각 취급기관에서 자율적으로 결정한다.

무역어음의 매출은 취급기관이 할인 매입한 무역어음을 일반투자가에게 매출하는 것을 말한다. 매출대상어음은 은행 혹은 종합금융이 인수하고 취급기관이 할인 매입한 무역어음이 된다.

---

1) 인수금액의 산정방식은 '과거 1년간 자사제품 수출실적(FOB)×1/3×대고객전신환매입률'이다.

마) 무역어음의 결제

무역어음은 만기 시에 수출대금으로 상환해야 하므로 수출업자는 무역어음 발행의 근거가 되는 신용장 등으로 수출대금을 받을 경우 무역어음금액을 상환하고 인수기관은 동 상환금액으로 무역어음을 매출자에게 결제한다. 만약 어음의 만기일 이전이라도 당해 수출신용장 등의 수출대금을 영수하였을 경우에는 우선 융자금액 이상을 예치한 후 이를 인수어음의 결제자금으로 충당한다.

사) 무역어음과 무역금융의 중복이용 금지

무역금융규정 및 동 세칙에 의거 무역금융을 융자받은 부분에 대하여는 무역어음을 인수할 수 없으며, 무역어음이 발행된 신용장으로 무역금융을 이용할 수 없다. 그러나 동일 신용장으로 무역어음을 발행하더라도 원자재 조달을 위한 내국신용장 개설은 신용장금액에서 어음발행분을 제외한 범위 내에서 가능하다.

3. 수출환어음의 매입

수출환어음의 매입은 수출신용장, 선수출계약서(D/A, D/P) 등에 따라 수출업자가 발행한 기한부어음을 은행이 추심 전에 매입해 줌으로써 수출업자에게 선적과 동시에 수출대금을 찾을 수 있도록 해주는 선적 후 금융이다. 이 제도로 인해 수출업자는 기한부 조건으로 수출하더라도 수출대금을 일람 수출과 마찬가지로 선적 후 즉시 찾을 수 있게 된다.

만약 수출업자가 기한부 조건으로 수출계약을 체결하면 원칙적으로 환어음의 만기일이 되어야만 수출대금을 찾을 수 있다. 이러한 수출업자의 자금부담을 덜어주기 위해 매입은행이 이 기간 동안의 이자를 할인해서 미리 수출대금을 지급하고, 매입은행은 일정 기간 후 수입업자 및 개설은행을 통해 매입대금을 돌려받는다.

그러나 매입은행은 추심완료 전에 기한부어음을 매입해 줌으로써 자금 부담이 따르기 때문에 한국은행은 외국환은행이 매입한 수출환어음을 담보로 환어음에 해당하는 외화를 대출해 주는 수출환어음 담보대출제도를 운영하고 있다. 이에 따라 외국환은행들은 한국은행의 담보대출조건에 적합한 환어음을 매입하여 추심 전 매입에 따른 은행의 자금 부담을 완화하고 있다.

▶ **서식 13-1** 무역어음(인수 · 할인)신청서

무역어음(인수 · 할인)신청서

계	대 리	차 장	지점장

은행 앞 년 월 일

본인이 따로 제출한 무역어음거래약정서에 터잡아 본인이 발행한 다음 무역어음(인수 · 할인)을 신청합니다.

① 신 청 인	성 명				② 업 종		
	주 소				전 화		
③ 신청금액	금					원정	
무역어음 내 용	④ 인수번호	⑤ 어음번호	⑥ 어음금액	⑦ 발 행 일	⑧ 지급기일	⑨ 인수기관	인수확인
근거신용장 내 용	⑩ 신용장	⑩ 번용호	⑪ 금 액 (원화환산액)	⑫ 선적기일	⑬ 유효기일	⑭ 품 목	⑮ 수출승인서 번 호

주 1. 환어음(무역어음)과 근거가 되는 신용장 원본을 같이 제출하여 주십시오.
주 2. 아래 란은 기재하지 마십시오.

구 분	승인기간	승인한도	사용잔액	본 건	한도이용액
인 수					
할 인					

8B-242

수출환어음 담보대출의 융자대상은 국내에 본점을 둔 외국환은행이 매입한 수출환어음으로서 만기일이 한국은행의 대출일로부터 6개월 이내이면서 다음의 하나에 해당하는 경우[2)]이다.

① 화환신용장에 의하여 국내의 수출업자가 발행한 수출환어음
② 선박수리와 관련한 무화환신용장에 의하여 국내의 선박수리업체가 발행한 수출환어음
③ 국내의 수출업자가 발행한 무신용장방식의 인수도조건(D/A) 또는 지급도조건(D/P)의 수출환어음

4. 내국수입 Usance 제도

내국수입 Usance제도는 우리나라의 개설은행이 원자재 또는 연지급 수입대상품목을 수입하고자 하는 수입업자의 신청에 의해 기한부 수입신용장을 개설하지만 해외의 수출업자에게는 일람출급조건으로 대금전액을 지급해 줌으로써 연지급기간 중의 여신을 국내 외국환은행이 수입업자에게 제공하는 제도를 말한다.

우리나라의 수입업자가 연지급조건으로 수입할 경우 해외의 수출업자는 일정 기간 후 수출대금을 회수할 수 있으므로 이 기간 동안의 이자를 물품의 가격에 포함시킬 수 있다. 다시 말해서 수입업자가 수입대금을 즉시 결제할 능력이 없어 좀 비싸게 수입한다는 것이다.[3)] 이와 같은 연지급수입은 우리나라의 입장에서 보면 불필요한 외화(연지급기간만큼의 이자)가 해외로 유출되는 것과 같기 때문에 은행이 연지급 수입액에 해당하는 자금을 지원하여 해외의 수출업자에게 일람조건으로 결제하도록 하여 정상가격으로 수입할 수 있도록 한다.[4)]

내국수입 Usance 방식에 의한 수입은 외상수입으로 간주되어 수입품목 및 수입기간은 외환관리규정에 의해 허용된 범위 내이다.

연지급수입 대상품목은 종량세 대상품목이 아닌 품목으로 실행관세율이

2) 한국산업은행이 매입한 어음과 한국수출입은행법에 의한 융자대상어음은 제외된다.
3) 연지급수입은 기한부신용장(usance credit)에 의한 수입과 인수도조건(D/A)에 의한 수입으로 구분되고, 신용공여자가 수출국의 금융기관인가 수출업자인가에 따라 Banker's Usance와 Shipper's Usance로 구분된다.
4) 내국수입 Usance를 취급한 외국환은행은 수출업자가 발행한 환어음을 수출지의 매입은행을 경유해서 이를 인수한 다음 다른 외국환은행, 비거주자 및 외화예금계정의 개설이 인정된 거주자에게 매각할 수 있다.

그림 13-3 **내국수입 Usance 방식에 의한 수입거래절차**

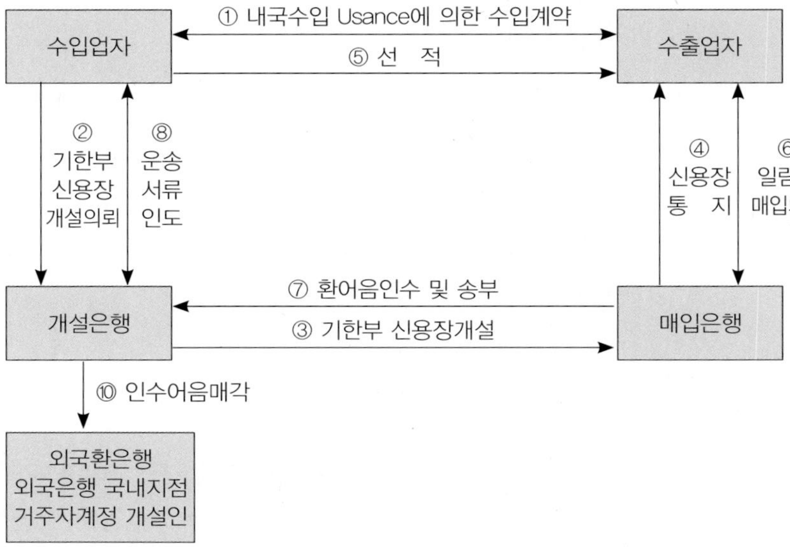

100분의 10을 초과하지 않는 품목, 원유 또는 액화천연가스 등이다. 연지급 수입기간은 용도별(수출용, 내수용)로 대기업 및 중소기업별로 차등 적용되지만 180일을 초과할 수 없다.

참고로 내국수입 Usance 방식에 의한 수입거래절차를 요약해 보면 [그림 13-3]과 같다.

5. 기한부 원화수출환어음 담보대출

우리나라 수출업자들이 기한부수출신용장 베이스나 인수도조건(D/A) 등과 같이 연지급 조건으로 수출할 경우 만기일 후에야 비로소 수출대금을 회수하게 된다. 만기일 동안 상당한 자금압박을 받게 되어 수출업자들은 기한부수출환어음을 담보로 은행으로부터 금융지원을 요청하지만 은행들은 수입업자의 신용상태가 확실하지 않으면 이를 거절한다.

특히 외환위기 이후 은행들은 기한부조건의 수출환어음매입을 기피하여 우리나라 수출업자들은 자금조달에 상당한 어려움을 겪게 되었다. 이런 수출업자들에 대해 금융지원을 늘리기 위해 일반 금융기관이 Usance, D/A 등 기한부 수출환어음을 담보로 취급한 원화대출금에 대해 한국은행이 원화자금을 지원하는 기한부 원화수출환어음 담보대출제도가 시행되고 있다.

외국환은행이 기한부 수출환어음을 담보로 취급한 원화대출에 대해 한국은행이 대출취급잔액 순증가액 범위 내에서 통화안정증권 중도환매방식으로 자금을 지원한다. 현재 국내은행 및 한국산업은행이 기한부 원화수출환어음 담보대출제도를 시행하고 있으며 여기에 적용되는 금리는 각 외국환은행이 자율적으로 결정한다.

6. 외화대출

외화대출은 국제수지개선과 국민경제생활의 발전에 기여하는 주요 물자를 수입하는 데 필요한 자금을 지원하기 위한 융자제도이다. 이 제도는 주로 수입지원을 위한 금융제도란 측면에서 수입수요를 유발시켜 국제수지를 오히려 악화시킬 수도 있으며, 다른 한편 여신의 측면에서는 국내 통화정책의 제약요인으로 작용할 수도 있다. 따라서 이의 운영에 대해서는 신중한 정책적 배려가 있어야 한다.

외화대출의 융자비율은 소요자금의 범위 이내로 하며 융자기간은 외국환은행이 자금용도 등을 감안하여 자율적으로 결정한다. 융자 금리는 외국환은행이 조달비용 등을 감안하여 결정한다. 그리고 융자 시기는 차주의 실제자금 소요시기(결제시점 또는 대외송금시점)에 맞춘다. 한국수출입은행을 제외한 모든 외국환은행이 외화대출을 취급하는데 그 융자대상은 다음과 같다.

① 물품의 수입 또는 기술도입대가 및 용역비 지급과 관련된 대외 외화결제자금
② 대외 외화차입금 원리금상환자금
③ 해외직접투자자금(단, '해외직접투자지침'상 금융지원금지 대상사업부문은 제외)
④ 국산기계구입자금
⑤ 한국수출입은행과의 협조융자자금

융자금액은 소요자금의 70% 내지 80% 이내로 하되, 별도로 인정하는 자금의 경우에는 소요자금 범위내로 할 수 있다. 융자기간은 자금별로 다양하게 운영되고 있어 외화대출은 단기금융의 성격과 장기금융의 성격을 동시에 가진다. 그리고 외화대출자금의 융자는 외화어음대출 또는 외화증서대출의

형식으로 외국환은행이 취급하며 융자 원리금은 외화로 회수하게 되고 융자 기간이 1년을 초과하는 경우 융자금의 회수는 연 2회 이상 정기분할상환방법에 의한다.

7. 연불수출금융

(1) 연불수출금융의 의의

이는 중장기 연불방식의 수출입을 지원하기 위한 금융인데 수출입은행의 자금으로 운영된다. 수출입은행은 산업설비, 선박, 기계류 등의 품목 수출을 촉진하기 위해 수출에 소요되는 장기 자금을 수출업자 또는 국내 생산자에게 지원한다. 따라서 수출업자는 기계, 설비류 등을 장기간의 연불조건으로 수출하더라도 수출입은행으로부터 자금 대출을 받을 수 있다.

수출자금은 수출 품목의 제작에 필요한 자금을 지원하는 제작금융과 수출품목을 수입업자에게 인도 완료한 후 수출대금을 회수할 때까지 필요한 자금을 지원하는 연불금융으로 구분된다. 그리고 수출입은행자금은 차주가 누구냐에 따라 공급자신용(supplier's credit)과 구매자신용(buyer's credit), 그리고 구매자신용은 다시 직접대출과 전대차관으로 구분되기도 한다.

공급자신용이란 수출입은행이 국내의 수출업자에 대하여 자금을 공여하는 방식으로 이루어지며, 수출업자는 이러한 자금지원을 바탕으로 수입업자에게 연지급 조건으로 수출하게 된다. 공급자신용방식의 수출자금대출의 지원대상품목은 국제시장에서 경쟁이 치열하거나, 그 밖의 이유로 연불거래가 불가피한 자본재로서 수출입은행법 시행령에 따르면 산업설비(plant), 선박, 철도차량과 이를 위한 원료 · 예비품 · 부분품 및 부속품 등이 이러한 품목에 해당된다.

구매자신용은 외국의 수입업자 혹은 수입국가에 융자하여 우리나라 산업설비 등을 수입해 가도록 하는 방식이다. 현재 수출입은행이 취급하고 있는 구매자신용방식의 금융제도에는 우리나라로부터 자본재 또는 기술의 수입에 필요한 자금을 수입자에 직접 대출하는 이른바 직접대출(direct loan)과 외국의 실수입업자에게 전대를 목적으로 수입국의 금융기관에 공여하는 전대자금대출(relending facility) 내지 전대차관이 있다.

(2) 연불수출대상품목

다음과 같이 국제협약이나 국내법상 수출이 금지된 품목을 제외한 모든 품목은 수출자금을 대출받을 수 있다. 그리고 선박은 계약금액의 20% 이상, 그 밖의 품목은 계약금액의 15%까지 선수금으로 융자가능하다.

① 대외무역법에서 정한 전략물자 규제품목 중 수출허가를 받지 못한 품목
② 앵속, 아편, 코카인, 대마 등 마약류(의료 목적용 제외)
③ 마취제 및 유독성 화학물질(의료 목적용 및 산업용 제외)
④ 국가기밀이 누설되거나 국가안전에 위해를 줄 수 있는 품목
⑤ 골동품 등 보호문화재
⑥ 국제협약에서 보호하고 있는 동 · 식물 및 이들을 사용하여 만든 품목
⑦ 음란물 등 공안 · 풍속을 저해할 수 있는 품목
⑧ 타인의 특허권 등을 위반하여 제조된 품목
⑨ 국제협약 또는 국내 법규에서 수출을 금지하거나 제한하는 품목
⑩ 기타 은행장이 수출자금지원이 부적합하다고 인정하여 따로 정하는 품목

(3) 지원금지기술

연불수출금융의 주요 대상들은 시설 · 기자재 등이기 때문에 이들과 함께 핵심 기술이 유출될 수 있다. 따라서 다음에 해당되는 기술은 지원이 금지된다.

① 기술의 해외이전으로 국가안전에 위해를 줄 수 있는 기술
② 인터넷 등 정보통신망을 통하여 타인의 정보를 파괴, 유출할 수 있는 프로그램 및 관련기술
③ 전략물자 중 기술만을 수출하고자 하는 경우 수출허가를 받지 못한 기술
④ 음란물 등 공안 · 풍속을 저해하는 제품을 생산 · 유통하는 기술
⑤ 국제협약 또는 국내 법규에서 해외이전을 금지하거나 제한하는 기술
⑥ 기타 은행장이 기술제공자금지원이 부적합하다고 인정하여 따로 정하는 기술

(4) 연불금리 · 기간 · 상환

연불수출계약에 따라 수입업자가 부담하는 연불금리는 핵 발전설비, 대형항공기 이외의 품목은 CIRR(commercial interest reference rate: 참고상업금리) 이

상이어야 한다.[5)] 그리고 연불기간은 품목 및 수입국가에 따라 다르지만 10년~15년 이내이며 현재 핵 발전설비의 연불수출기간은 15년 이내이다.

그리고 연불수출계약상 다음과 같은 방식 중 하나에 의해 수출대금의 회수가 보장되어야 한다.

① 수입업자가 발행한 약속어음 또는 채권
② 신용이 양호한 금융기관, 수입국 정부 또는 중앙은행이 발행(또는 확인)한 지급보증서 또는 신용장

한편 연불수출금융을 신청하고자 하는 자는 국내담보를 제시해야 하며 경우에 따라 연대보증인의 보증도 필요하다. 그러나 수출업자의 신용이 양호하고 채권회수의 가능성이 인정될 때에는 신용대출이 가능하다. 그리고 연불수출금융은 원화 또는 외화로 대출될 수 있으며 상환방식은 선박의 경우는 연 1회 이상 정기균등분할 상환이며 기타 품목은 연 2회 이상 정기균등분할 상환이다.

제3절 무역보험의 개요

무역보험은 무역거래에서 발생하는 여러 가지 위험을 담보하는 보험인데 크게 수출보험과 수입보험으로 구분된다. 하지만 무역보험 중에서 수출보험이 주류를 이루고 있기 때문에 여기에서는 수출보험의 원리를 중심으로 설명하고자 한다.

1. 무역보험의 의의

무역보험은 수출거래에서 발생하는 각종 위험에 대비하여 1920년대부터 각국에서 산업정책의 일환으로 실시하고 있는 일종의 정책보험(public insurance)이다. 해상보험이 일찍이 14세기부터 지중해를 중심으로 발달한 것에 비해 무역보험은 제1차 세계대전 이후, 즉 20세기 초에 들어와서 비로소 사용되기 시작한 것이므로 보험제도로서의 역사가 해상보험에 비해 매우 짧다.

5) CIRR은 표시통화국가의 국채 수익률에 1%를 가산한 수준으로 OECD 사무국이 매월 15일 기준으로 고시한다.

언어, 관습 및 가치관이 서로 다른 국가 간에 이루어지는 국제거래에서는 국내거래와는 달리 많은 위험이 따르기 마련이다. 이러한 위험들은 크게 수출상품을 인도하는 과정에서 발생하는 위험과, 수출상품의 대금을 결제하는 과정에서 발생하는 위험으로 대별된다. 전자의 경우는 상품을 운송하는 도중 선박이 침몰하거나 화재를 입어 수출상품 그 자체가 멸실되거나 훼손되는 경우를 말하는 것으로서 이는 해상보험에서 담보하고 있으며 후자의 경우는 수출계약 상대방, 즉 수입업자가 일방적으로 계약을 파기하여 수출을 이행할 수 없게 되거나, 또는 수입업자의 갑작스러운 파산으로 인해 이미 수출된 상품의 대금을 회수할 수 없는 위험 등을 말하는 것으로서 무역보험이 이와 같은 위험을 담보하고 있다.

다시 말해서 수출업자가 애써 수출계약을 체결하였다 할지라도 계약 상대방(수입업자)이 바다를 사이에 두고 멀리 떨어져 있기 때문에 계약 성립 후에도 수입업자가 일방적으로 계약을 파기하지 않을는지, 또는 약정된 기일 내에 대금결제를 이행해 줄 것인지, 또는 수출계약서에 정한 제반 약정사항을 성실히 이행할 것인지 등 수출업자는 항상 불안한 처지에 놓이게 된다.

뿐만 아니라 언제 수입국에서 전쟁이 일어날는지 또는 수입제한, 환거래제한 등의 조치가 취하여지게 될는지 전혀 예측이 불가능하므로 수출업자의 불안은 더욱 가중된다. 따라서 이와 같은 여러 가지 위험을 무릅쓰고 상거래를 하는 경우 어떠한 보호조치가 없이는 수출업자나 수출상품을 생산하는 생산업자가 그들이 당하게 될지도 모르는 불의의 손실을 도저히 견디어 내기가 어렵고, 동시에 수출업자나 수출상품 생산업자에게 수출자금 및 생산 · 집하 · 가공 자금을 융자해 준 금융기관으로서도 과감한 융자를 할 수 없게 된다.

이와 같이 무역거래상에 수반되는 위험 가운데서 해상보험 등 통상의 보험제도로서 담보될 수 없는 위험, 즉 수입국에서의 전쟁, 내란, 환거래의 제한 및 금지 등의 비상위험과 수출계약 상대방의 파산 또는 대금지급의 지연 및 거절 등의 신용위험으로 인하여 수출업자, 생산업자 또는 수출자금을 융자해 준 금융기관이 입는 손실을 보상해 줌으로써 수출 진흥을 도모하도록 만들어진 비영리 정책보험이 바로 무역보험제도이다.[6]

6) 우리나라는 2010년부터 수입거래에서 발생하는 위험을 담보하는 수입보험을 운영하면서 수출보험을 무역보험으로 변경하였고 이를 담당하는 기관도 수출보험공사에서 무역보험공사로 명칭을 변경하였다.

2. 무역보험의 기능

위에서 논의한 무역보험의 취지와 관련하여 무역보험은 다음과 같은 기능을 수행한다.

(1) 불안제거 기능

무역보험은 수입국에서 발생하는 비상위험 또는 신용위험 등으로 인한 수출불능 또는 대금회수 불능으로부터 수출업자나 생산업자가 입은 손실을 보상해줌으로써 수출거래에 따르는 불안을 해소하여 주기 때문에 국제무역거래의 환경조건을 국내거래의 환경조건과 동일한 정도로 유리하게 만든다.

(2) 금융 기능

무역보험은 수출대금의 미회수 위험을 담보하므로 금융기관으로 하여금 수출지원 금융을 용이하게 해 줄 수 있도록 하며, 또한 보험사고가 발생하였을 때에는 기업이 입는 손실을 보상하여 사업을 계속할 수 있게 함으로써 신용수단을 공여한다.

(3) 무역관리제도로서의 기능

무역보험은 보험의 인수조건, 즉 담보하는 위험의 범위, 보상률, 보험료 등을 조정함으로써 수출업자의 활동을 촉진할 수도 있고, 제한할 수도 있다.

(4) 수출 진흥의 기능

무역보험은 정부의 수출 진흥 정책으로 실시하게 되므로 수출업자는 저렴한 보험료 부담으로 손실을 보상받을 수 있게 되어 대외적으로 수출경쟁력을 강화시킨다.

(5) 신용조사 기능

보험사고를 사전에 방지하기 위해서 해외 수입업자의 신용상태를 파악하는 등 신용조사의 기능을 수행하게 된다.

3. 무역보험의 담보위험

현행 우리나라의 무역보험은 그 종목에 따라 다음과 같은 위험을 담보하고 있다. 그리고 이러한 위험의 발생으로 인하여 수출업자나 수출품 생산업자가 대금결제과정에서 입는 손실과 수출업자나 생산업자에게 수출금융을 제공한 금융기관이 융자금 회수불능으로 인하여 입는 손실도 보상해 주고 있다.

(1) 비상위험

비상위험(political risk)이란 수입국에서의 수입 금지나 제한조치, 환거래의 제한 또는 금지조치, 외국에서의 전쟁 · 내란 · 파업(strike)과 같은 비상사태 등 수출계약 당사자에게 책임지울 수 없는 사유로 인한 수출불능 또는 대금회수불능의 위험을 말한다.

(2) 신용위험

신용위험(commercial risk)은 수입업자의 일방적인 계약파기 또는 수입업자의 파산 등으로 인한 수출불능 및 대금회수불능의 위험이나 수입업자의 재정상태 악화로 인한 대금 지불 지연의 위험 등 수입업자가 당연히 이행하여야 할 채무를 이행하지 않거나 태만히 함으로써 발생되는 위험을 말한다.

(3) 기업위험

기업위험(management risk)이란 기업의 활동과정에서 발생하는 위험으로서 주로 기업가의 판매예측이 맞지 않았거나 또는 기업가의 경영예측이 어긋남으로 인하여 발생하는 위험을 말한다.

4. 무역보험의 운영방법

(1) 포괄보험과 개별보험

무역보험의 운영형태는 각 국가마다 상이하지만 각국 공히 정부가 최종적인 보상책임을 지는 정책 사업으로 운영되고 있다. 우리나라도 무역보험사업에서 대규모 보험금 지급 등으로 손실이 발생한 경우에는 정부에서 이를 보전하도록 되어 있다. 현재 무역보험업무는 한국무역보험공사를 통해 이루어지고 있고 주무부처인 산업통상자원부가 감독권을 행사하고 있다.

무역보험은 개별보험 인수방식과 포괄보험 인수방식의 두 가지 방법으로 운영되고 있다. 개별보험은 보험계약자가 보험청약을 할 때마다 보험자가 그 내용을 심사하여 인수여부를 결정하는 방식이며, 포괄보험은 보험계약자가 보험자와 특약을 맺고 특정상품 및 결제조건의 전량을 자동적으로 보험에 부보하고 보험자는 이를 의무적으로 인수하는 제도로서 시행방법상 조합별, 상사별, 상품별로 구분하여 운영하는 것이 통례이다.

포괄보험제도가 개별보험보다 유리한 점은 다음과 같다.

첫째, 포괄보험은 개별보험의 경우보다 보험료율이 50% 할인되어 보험계약자인 수출자 등의 부담이 경감되어 수출경쟁력이 강화된다.

둘째, 저율의 보험료로 수출대금의 미회수위험을 담보받을 수 있어 수출금융의 혜택을 받기가 쉬워지며, 과감하게 시장개척에 나설 수 있다.

셋째, 대상물품의 전부를 보험에 부보하도록 함으로써 특정 위험만을 집중적으로 부보하는, 이른바 보험의 역선택을 방지할 수 있어 위험의 평준화를 기할 수 있다.

마지막으로 매 건마다 보험계약을 개별적으로 체결할 필요 없이 보험계약관계가 자동적으로 성립되므로 부보절차에 따른 업무가 간소화되고 보험이용한도의 우대혜택도 받을 수 있다.

(2) 보험계약의 체결한도

무역보험의 종류별 계약체결한도, 즉 정부가 체결할 수 있는 보험계약에 의한 보험금액의 총액은 산업통상자원부장관이 미리 국회의 의결을 얻어 정하도록 되어 있다. 특히 무역보험계약의 체결한도에 있어서 종전에는 무역보험기금의 30배까지로 한정되어 있었으나, 이러한 한도를 철폐하고 매년 산업통상자원부장관이 국회의 동의를 얻어 정할 수 있게 함으로써 무역보험을 활성화하고 보험인수한도에 탄력성을 부여하는 동시에 재정의 효율화를 기할 수 있게 되었다.

(3) 보험료율

우리나라의 보험료율은 무역보험기금의 수지균형이라는 관점에서보다는 오히려 수출경쟁력 강화를 통한 수출 진흥이라는 안목에 중점을 두어 다른 나라의 보험료율에 비해 비교적 저율로 책정되어 있다.

보험료율 산정에 있어서는 보상비율, 신용기간, 담보범위, 위험도 및 부보방식 등에 의한 위험분산 등을 고려하여 기본료율을 책정하고 다시 부보기간의 장단에 따라 체감률을 적용하며 거래조건 및 부보조건, 즉 지급보증의 유무, 포괄부보의 유무, 국별 정세안정도 등에 따라 할인율을 적용토록 하고 있다.

(4) 보상방법

특히 무역보험은 손실액에 대하여 전액 보상을 하는 것이 아니고, 보험가액(수출금액)의 90%(중소기업은 95%) 범위 내에서만 보상된다. 이와 같이 100% 보상을 하지 않는 이유는, 손실 발생 시 수출금액 전부를 완전히 보상해 줄 경우 보험가입자는 무역보험제도를 악이용할 수도 있고, 또는 수출계약 상대방(수입업자)의 신용파악을 소홀히 하거나 수출계약 체결 시 거래조건을 신중하게 고려하지 않을 수도 있기 때문이다. 따라서 정부는 손해발생시 그 손실액의 90%를 보상해 주고 나머지 10%를 수출업자에게 부담시키므로 무역보험제도의 악이용을 사전에 방지하고 또한 보험금을 지급받은 후에도 계속 수출계약 상대방으로부터 대금회수에 노력하도록 하고 있다.

제 4 절 무역보험의 종류

1. 단기성 보험

(1) 수출신용보증(선적 전)

이는 수출업자가 외국환은행, 수출유관기관 등으로부터 수출물품의 제조, 가공, 조달 등에 필요한 자금을 대출받을 때 수출보험공사가 수출신용보증서를 발행하여 연대 보증하는 제도이다. 보통 수출업자는 수출계약 체결 후 원자재를 조달하거나 물품을 생산하는데 소요되는 자금을 시중은행에서 무역금융 등을 통하여 조달하고 있는데 이 때 대부분의 은행은 담보를 요구하여 실제 중소기업들은 대출 받기가 어려운 실정이다. 이런 점을 해결하기 위해 수출보험공사가 수출신용보증서(선적 전)를 발행하여 이를 담보로 대출을 받을 수 있도록 한 것이다. 만약 수출업자가 대출금을 상환하지 않을 경우에는 수출보험공사가 변제하게 된다.

선적 전 수출신용보증을 이용할 수 있는 대상은 「독점규제 및 공정거래에 관한 법률」에 의한 출자총액제한기업 집단에 속하지 않는 기업으로 신용 상 문제점이 없는 모든 수출기업이다.

보증방식은 회전보증과 개별보증이 있는데 회전보증은 신용보증한도와 보증기간 범위 내에서 계속 반복하여 발생하는 채무를 보증하는 방법으로 이미 수출보험공사가 보증한 대출금을 상환하면 그 금액만큼 한도가 되살아난다. 일정 규모의 수출실적을 보유한 수출업자가 이용하기에 적합한 방식이다. 개별보증은 신용보증서에 기재된 특정 수출계약에 한해서만 보증하는 방식으로 수출실적이 소규모이거나 일시적으로 자금수요가 발생한 수출업자들이 이용하기에 적합한 방식이다.[7)]

(2) 단기수출보험(선적 후)

단기수출보험은 결제기간 2년 이하의 수출계약을 체결하고 수출물품을 선적한 후 수입업자 혹은 개설은행(신용장 거래인 경우)으로부터 수출대금을 받을 수 없게 된 때 입게 되는 손실을 보상하는 종목이다. 담보위험은 수입업자 혹은 신용장개설은행의 지급불능, 지급지체, 수입화물에 대한 인수거절 등의 신용위험과 전쟁, 송금 중지, 환거래제한 등의 비상위험이다.

가입대상거래는 〈표 13-2〉와 같이 일반수출, 위탁가공무역, 중계무역 및 재판매이다. 계약방식은 개별보험과 포괄보험방식이 있으므로 수출업자는 수출구조 및 특성에 따라 자율적으로 선택할 수 있다. 개별보험은 수출업자의 판단으로 수출대금 미회수의 위험이 크다고 생각되는 거래만 선택해서 개별

표 13-2 단기수출보험(선적 후) 거래대상

구 분	종 류
일반수출	국내에서 외국으로의 수출을 말하며 국내에서 자체 생산하거나 국내 제조업체로부터 구매한 물품을 수출하는 방식
위탁가공무역	해외에 진출한 국내기업의 현지법인이 생산 · 가공한 물품 또는 제3국기업에 위탁하여 동 국가에서 가공한 물품을 제3국에서 수입국으로 직접 선적하는 거래
중계무역	제3국에서 생산된 물품을 구매하여 제3국에서 수입국으로 직접 선적하는 방식
재판매	수출업자가 해외지사(해외법인 포함)에 물품을 수출하고 동 해외지사가 당해 물품을 현지 또는 제3국에 재판매하는 거래

7) 포괄보험 가입요건을 갖추지 못한 소규모 중소기업들은 단기수출보험 준포괄보험제도를 이용할 수 있는데 포괄보험과 마찬가지로 보험료 인하효과를 누릴 수 있다.

적으로 가입하는 방식이다. 수출업자의 입장에서는 고위험거래만 선택적으로 가입할 수 있는 장점이 있지만 보험자가 거절할 가능성도 그 만큼 크다. 반면 포괄보험은 사전 특약에 의해 합의된 범위 내에서 의무적으로 수출보험에 가입하도록 방식이다. 개별보험에 비해 보험료가 저렴한 편이지만 일정한 요건을 갖추어야 하기 때문에 대기업이나 상당한 규모의 중소기업에 적합하다.

(3) 단기수출보험(포페이팅)

포페이팅(forfaiting)은 수출업자가 발행한 기한부어음을 포페이터(forfaiter)가 할인 · 매입해 주는 금융기법을 말한다. 수출업자가 가액이 큰 물품을 중장기 연불조건으로 수출할 경우 신용장 개설은행이 수출업자가 발행한 기한부어음에 대해 보증을 해주는데 수출업자는 이 보증 어음을 포페이터에 할인 매각하여 수출대금을 일람조건의 수출과 같이 회수할 수 있다. 반면 포페이트는 만기에 보증은행으로부터 대금을 지급받아야 하는데 수입국의 비상위험이나 개설은행(보증은행)의 파산 등으로 수출대금 미상환 위험이 발생할 수 있다.[8)]

단기수출보험(포페이팅)은 포페이팅 수출금융을 취급한 은행 즉 포페이트가 신용장 개설은행으로부터 만기에 수출대금을 회수하지 못하여 입게 되는 손실을 보상해주는 종목이다. 따라서 이 종목의 보험계약자는 은행이 되고 대상거래는 기한부신용장이 사용되는 거래인데 결제기간은 720일 이내이다.[9)]

(4) 중소기업 플러스 보험

중소기업 플러스 보험은 수출기업의 전체 수출거래를 대상으로 위험별로 책임금액을 설정하여 운영되는 종목이며 담보위험은 기본위험으로 수입업자 신용위험이 있고, 그 밖에 신용장 위험, 수입국 위험 등이 있다. 단기수출보험은 개별 수출거래 건별로 보험계약이 체결되는 반면 중소기업 플러스 보험은 마치 수출기업이 화재보험, 자동차보험에 가입하는 것과 마찬가지로 전체 수출거래를 보험에 가입하고 보험계약자가 선택한 담보위험으로부터 손실이

8) 포페이팅 혹은 포피팅 결제방식에 대한 자세한 것은 제1부 제7장에 설명되어 있다.
9) 이 외 단기수출보험(EFF)가 있는데 이는 일정규모 이상의 매출액을 보유한 수출기업이 우량수입자 앞 수출채권을 비소구 조건으로 은행에 매각하고 자금을 조달 시 무역보험공사가 매입은행에 수출채권의 대금미회수 위험을 담보하는 제도인데 대상거래는 결제기간이 180일 이내의 무신용장거래 및 360일 이내의 신용장 거래이다.

발생하면 약정된 책임 범위 내에서 보상이 이루어진다.

보험계약기간은 1년이며 수출업자 신용등급이 F급 이상이고 전년도(최근 1년간) 수출실적이 백만 달러 이하의 중소수출기업을 대상으로 한다.

(5) 농수산물수출보험

농수산물수출보험은 국내에서 생산, 가공 또는 집하된 농산물, 수산물, 축산물, 임산물 등의 수출거래에 이용되는 종목인데 수출계약이 체결된 후 수출이 불가능하게 되거나 수출대금을 받지 못하게 된 경우 또는 국내가격 상승으로 수출계약을 이행함으로써 입게 되는 손실을 보상하는 보험이다. 이 보험에서는 수출품목의 국내가격이 상승하여 실제 국내조달비용이 사전에 계약된 금액을 초과함으로써 발생하는 손실을 보상한다.

농수산물 등의 수출거래는 특성상 수출물량을 사전에 확보해야 하고 외국인의 기호에 맞는 품종을 농가와 계약재배해야 하는데 만일 수출을 할 수 없게 되면 국내 판매가 곤란하게 된다. 또한 작황에 따라 생산량 변동이 심하고 이에 따라 국내가격이 급등하는 사태가 발생하여 계약에 따라 수출을 이행함으로써 오히려 손실이 발생하는 경우가 있어 수출농어가를 지원하기 위해 이 종목이 운영되고 있다.

(6) 농수산물 패키지 보험

농수산물 패키지보험은 대금미회수위험을 기본계약으로 하고 그 밖에 가격상승위험, 수입국 검역위험, 수입업자 계약파기위험 등을 선택계약으로 활용할 수 있는 종목이다. 대금미회수위험의 내용은 농수산물 수출보험과 유사하다.

보험계약자가 선택할 수 있는 가격상승위험은 만약 수출품목의 국내가격이 상승할 경우 수출하는 것이 오히려 손해이기 때문에 국내가격이 보험공사가 정한 기준가격보다 높을 경우 책임금액 범위 내에서 수출실적에 비례하여 일정 금액을 보상하는 위험이다.

수입국 검역위험은 수출업자가 수입국 검역과정에서 소독, 폐기명령을 받아 소독비용, 폐기비용을 지출한 경우 책임금액 범위 내에서 비용 전액을 보상하는 위험이다. 농산물은 사전 병충해 검사가 힘들기 때문에 검역 불합격 처분으로 인한 비용부담 가능성이 많고, 일부 국가에서는 검역이 비관세장벽으로 이용되기도 하여 이에 대비한 것이다.

수입업자 계약파기 위험은 수입업자가 자국 내에서 가격하락으로 일방적으로 계약을 파기할 경우 책임금액의 범위 내에서 잔여 수출금액의 10%를 보상하는 위험이다. 기존의 농수산물 수출보험 손실액 산정방식이 복잡하여 활용도가 낮았던 점을 보완하는 것이다.

(7) 수출신용보증(선적 후)

선적 후 수출신용보증은 수출업자가 선적 후 발행한 기한부환어음을 외국환은행이 매입할 수 있도록 수출보험공사가 수출신용보증서를 발행하는 것을 말한다. 수출업자가 기한부조건으로 수출할 경우 선적을 하더라도 일정기간 후 수출대금을 회수할 수 있게 되는데 수출보험공사가 발행한 수출신용보증서를 담보로 하여 수출과 동시에 수출대금을 받을 수 있게 된다. 만약 외국환은행이 만기에 수입업자로부터 수출대금이 결제되지 않으면 수출보상을 받을 수 있다.

담보위험은 수입업자 혹은 신용장개설은행의 지급불능, 지급지체, 수입화물에 대한 인수거절 등 신용위험과 전쟁, 송금 중단, 환거래 제한 등의 비상위험이며 대상거래는 일반 수출거래와 위탁가공무역이다.

(8) 해외 마케팅보험

해외 마케팅보험은 수출업자가 해외시장 개척을 위해 해외 마케팅 비용을 지출하였으나 마케팅 효과가 미미하여 지출한 비용을 회수하지 못하는 경우 이를 보상하는 종목이다. 담보대상은 고유브랜드(디자인)개발비용, 해외 마케팅기획비용(시장조사, 마케팅 전략수립 등), 해외 마케팅 실행비용(해외광고, 전시회 참가 등)이다. 부보율은 지출비용 또는 보험가액한도의 70%이고 해외 마케팅 활동기간은 2년 이내이고 비용회수기간은 3년이다.

2. 중장기성 보험

(1) 중장기수출보험

중장기수출보험은 결제기간이 2년을 초과하는 중장기 수출계약에서 수출불능으로 인한 수출업자가 입는 손실을 담보하는 종목이다. 선박, 산업설비, 플랜트 등과 같은 자본재의 수출은 통상 수출가액이 거액이고 제작기간이나 결제기간이 장기간이며 대상국도 정치적으로나 경제적으로 불안정한 개발도상국이 대부분이기 때문에 신용위험이나 비상위험이 발생할 가능성이 높다. 중장기 수출보험은 선적 전, 자금공여방식에 따른 공급자신용 및 구매자신용으로 구분된다.

가) 중장기수출보험 – 선적 전

이는 자본재상품 수출계약을 체결한 후 상품의 제작기간 중 발생하는 신용위험 및 비상위험으로 인하여 수출 자체가 불가능하게 되어 수출업자가 입는 손실을 보상하는 보험이다. 이 보험에서 담보하는 신용위험은 수입업자의 파산, 수입국 법원의 채무동결 혹은 채권단과의 채무조약 협약으로 인한 수입업자의 지급불능 등이며, 비상위험은 전쟁, 혁명, 수입국의 모라토리움 선언, 송금지연조치, 공공수입업자의 일방적인 계약파기 혹은 특별한 사유로 이한 계약의 해제, 해지 등이다.

나) 중장기수출보험 – 공급자신용

자본재 등의 중장기 수출에서 공급자신용은 수출업자가 수입업자에 대해 직접 신용을 공여하는 것, 다시 말해서 수출업자가 거액의 자본재를 장기의 연불조건으로 수출하는 것을 말한다. 중장기수출보험(공급자신용)은 수출업자가 결제기간 2년을 초과하는 중장기 연불조건으로 자본재상품을 수출하고 수입국의 비상위험이나 수입업자의 신용위험으로 인해 수출업자가 수출대금을 받지 못할 경우 손실을 보상해주는 보험이다.

다) 중장기수출보험 – 구매자신용

구매자신용은 수입업자가 금융기관으로부터 대출을 받아 자본재 등을 연불조건으로 수입하는 경우를 말한다. 즉 자본재 상품 등 중장기수출과 관련하여 국내외 금융기관이 수입업자 혹은 수입국 은행 앞으로 결제기간 2년을 초과하는 연불금융을 제공하는 방식이다.[10] 따라서 구매자신용에서 수출업자는 금융기관으로부터 수출대금을 받는 결과이므로 수출대금 미회수의 위험은 발생하지 않지만 금융기관이 대출금 미회수의 위험에 직면하게 된다. 중장기수출보험(구매자신용)은 구매자신용을 제공한 금융기관이 수입국의 비상위험이나 수입업자의 신용위험으로 인해 대출금을 회수하지 못함으로써

10) 1개의 국내외 금융기관이 신용을 제공하는 Single Loan과 다수의 국내외 금융기관들이 대주은행단을 구성하는 경우 전체 자금공여금액을 담보대상으로 1개 은행을 보험계약자로 지정하는 Syndicated Loan으로 구분된다.

입는 손실을 보상해주는 종목이며 보험계약자는 금융기관이다.

(2) 해외사업금융보험

이는 국내외 금융기관이 외국인에게 수출증진이나 외화획득의 효과가 있을 것으로 예상되는 해외사업에 필요한 자금을 2년 초과 조건으로 공여하는 금융계약을 체결한 후 대출 원리금을 상환 받을 수 없게 됨으로써 입게 되는 손실을 보상하는 제도이다. 최근 해외사업 추진방식은 과거와 같은 단순 발주형이 아니라 사업기획에서 금융까지 포함하는 투자 개발형으로 변화하고 있어, 이런 방식의 해외 사업에 필요한 소요자금에 대한 금융계약을 지원할 수 있는 제도를 마련함으로써 해외사업 참여 가능성을 높일 수 있다.

이 보험에서 적용대상 해외사업은 ① 해외사업을 영위하는 외국법인의 주식 등의 지분취득 계약(필수), ② 해외사업관련 원재료 공급계약, ③ 해외사업관련 생산물 구매계약, ④ 해외사업관련 운영 및 관리계약, ⑤ 기타 수출증진이나 외화획득 효과가 예상되는 해외사업관련 계약 등이다. 그리고 적용대상 금융거래는 해외사업에 필요한 자금을 공여하기 위해 국내외 금융기관이 외국인을 상대로 체결한 상환기간 25년 이내의 금융계약이다.[11]

(3) 해외투자보험

일반적으로 해외투자에는 투자국 내에서의 전쟁, 혁명, 내란 등으로 해외사업을 계속 수행하는 것이 불가능하거나 투자국 정부에 의한 투자자산의 몰수, 수용 등과 같은 여러 가지 위험이 발생한다. 이러한 위험은 당사자에게 있어서 불가항력일 뿐만 아니라 손실을 보상받는 것이 어렵다. 비상위험으로부터 해외투자자를 보호하고 해외투자를 장려하기 위해 해외투자보험이 운영되고 있는데 여기에는 해외투자자를 보호하는 종목과 해외투자에 필요한 자금을 대출한 금융기관을 보호하는 종목 두 가지가 있다.

① 해외투자보험(주식, 대출금, 보증, 부동산): 우리나라 국민이 해외투자를 행한 후 투자상대국의 수용, 전쟁, 송금불능, 약정불이행, 불가항력의 비상위험 등으로 인하여 투자원금, 배당금 혹은 이자 등을 회수할 수

11) 중장기수출보험(구매자신용)과 해외사업금융보험은 국내외 금융기관이 외국인에게 연불금융을 제공한 후 차입국의 비상위험과 차주의 신용위험으로 인해 대출 원리금을 회수하지 못하여 입게 되는 손실을 보상해 주는 점에서는 유사한데 지원 대상 금융계약, 보험요율 등에서 차이가 있다.

없게 되거나 보증채무의 이행으로 입게 되는 손실을 보상하는 제도이다. 해외투자 대상은 주식 등에 대한 투자, 대출금에 대한 투자, 보증채무에 대한 투자,[12] 부동산에 대한 권리 등에 대한 투자 등이다.

② 해외투자보험(투자금융): 해외사업과 관련하여 금융기관이 국내 개발사업자의 해외사업에 필요한 소요자금을 대출하는 경우 투자국의 비상위험 또는 신용위험으로 인해 금융기관이 대출금을 회수하지 못할 경우 입는 손실을 보상해주는 보험이다. 국내 기업이 자원개발, 부동산개발 등 해외사업 및 해외투자를 수행하기 위해서는 장기간 대규모 자금이 필요로 한데 이에 소요되는 자금을 금융기관이 원활히 지원해주도록 정부가 정책적으로 만든 보험종목이다.

(4) 해외자원개발펀드보험

해외자원개발펀드가 해외자원 개발사업에 투자하여 피투자국의 전쟁, 수용, 송금제한 등의 비상위험과 투자상대방의 파산, 해당 자원의 가격변동 등의 신용위험으로 손실이 발생하는 경우 손실액의 일부를 보상하는 제도이다. 우리나라와 같이 경제발전에 필요한 에너지원을 대부분 해외에 의존하고 있는 경우에는 석유 등 에너지 자원의 안정적인 공급원의 확보가 필요하며 이를 위해서는 자원개발을 위한 투자가 필요한데 자원개발사업에는 위험도가 높고, 미래 수익이 불확실하며 대규모 투자가 이루어져야 하기 때문에 펀드 조성이 어려운 실정이다.

해외자원개발펀드보험은 해외자원개발 투자거래의 안정성을 제고함으로써 펀드에 대한 민간 자금의 유입을 촉진하고 주요 전략 자원의 장기 안정적인 확보를 도모하기 위해 만든 보험이다. 세부대상은 융자, 주식, 수익권 등이며 보상하는 손실은 융자 등의 원리금 미회수 손실, 주식 등의 투자원금 미회수 손실, 수익권 등의 투자원금 미회수 손실 등이다.

(5) 해외공사보험

이 보험은 해외공사계약 상대방의 신용위험 발생, 해외공사 발주국 또는 지급국에서의 비상위험 발생에 따른 손실을 보상해주는 보험이다. 해외공사시에는 발주자의 채무불이행, 파산 등 신용위험만 발생하는 것이 아니라 발

12) 이는 대한민국 국민이 외국인(외국 법인 및 외국 정부 포함)의 2년을 초과하는 장기차입금 또는 회사채 발행에 대해 보증채무를 부담하는 것을 말한다.

주국 또는 지급국에서의 전쟁, 내란, 정변이나 환거래의 제한, 금지 등 해외공사 계약당사자간에는 불가항력적인 비상위험이 발생할 가능성이 있어 이런 위험으로부터 해외공사를 수주한 국내업체를 보험하기 위한 제도이다.

해외공사보험은 건설 및 기술용역 거래와 동 수출이행을 위해 반입된 관련 장비의 손실을 대상으로 한다. 건설 및 기술용역의 거래에서 담보하는 손실은 수출불능, 공사대가의 회수불능, 공사비용의 회수불능이며 건설장비의 경우는 장비에 대한 권리박탈, 권리의 상실로 취득한 금액의 국내 송금불능, 전쟁, 혁명 등의 사유로 인한 장비에 관한 권리의 손해 등이다.

(6) 수출보증보험

플랜트 수출이나 해외 건설 수출 등은 단순한 상품 수출과는 달리 일시에 거액이 필요하거나, 많은 시일이 요하게 되므로 해외의 발주자는 과연 수주자가 약속한 대로 공사를 완공할 것인지 또는 약속한 대로 성능을 갖춘 기계를 납품할 것인지 등 여러 가지 불안을 느끼기 때문에 공신력이 있고, 자금이 튼튼한 은행이나 보험회사가 발행하는 보증서를 요구하는데 이러한 보증서를 본드(bond)라고 한다. 만약 수주자가 계약에서 정한 채무를 이행하지 않으면 본드를 발행한 은행이 보증인으로서 발주자의 청구에 따라 보증금을 지급하게 되며 은행은 본드에 의한 보증의무를 이행한 후 그 손해를 본드발행 의뢰자인 수주자에게 구상하게 된다.

그리고 거액의 본드나 무조건부 보증을 발행하는 은행의 입장으로서는 항상 불안을 느끼게 되며, 만약 수주자의 담보능력이 부족한 경우에는 구상에도 응할 수 없게 되는 경우가 왕왕 발생하여 자연히 은행은 본드를 발행하는 것을 꺼리게 된다.

그러나 국제입찰에 참가하기 위해서나, 수출계약 또는 기술제공계약을 체결하기 위해서는 반드시 본드의 제출이 필수적으로 따르게 되므로, 본드를 조달하지 못하면 플랜트 수출이나 해외 건설공사의 입찰에 참여할 수 없는 실정이다. 이러한 상황 하에서 본드를 발행한 은행이 해외 발주자로부터 부당한 청구를 받아 입게 되는 손실을 보상하여 줌으로써 수출업자나 해외 건설업자의 본드조달을 용이하게 하고, 간접적으로는 이러한 수출을 지원하기 위하여 제정된 것이 수출보증보험제도이다.

플랜트 수출이나 해외 건설공사에 수반하여 발행되는 본드에는 여러 가지 종류가 있지만 중요한 것은 다음과 같다.

가) 입찰보증(Bid Bond)

입찰보증은 낙찰이 되었음에도 불구하고 계약을 하지 않는 경우에 대비하여 응찰시 요구하는 보증서이다. 해외 건설공사 계약, 해외 건설용역 계약 또는 수출계약의 조건에 포함된 보증조항에 따라 입찰로 인한 채무에 관하여 당해 입찰의 상대방에게 하는 보증을 입찰보증이라고 한다.

나) 계약이행 보증(Performance Bond)

이행보증은 계약체결 시에 제출하는 것으로서 약정된 계약을 이행하지 않을 경우에 지급하며 본드금액은 보통 계약금액의 10% 전후이다.

다) 선수금 환급 보증(Advance Payment Bond)

이것은 해외 발주자가 수주자에게 일정한 금액을 미리 지급한 경우에 수주자가 계약을 불이행하게 될 경우 이미 지급된 선수금에 상당한 금액을 보상받을 수 있도록 한 것이다.

라) 유보금 환급 보증(Retention Payment Bond)

이것은 유보금 적립 후 공사 완료시까지 공사의 하자가 발생하였을 경우 지급하도록 되어 있는 것이다.

마) 하자 보증(Maintenance Bond)

하자보증도 이행보증과 마찬가지로 계약체결 시에 제출하는 것으로서 공사가 완공된 후 일정기간 내에 어떠한 하자가 발생했을 경우 발주자가 보상받을 수 있도록 한 것이며, 본드금액은 보통 계약금액의 5% 이내이다.

(7) 이자율변동보험

이 보험제도는 결제기간이 2년을 초과하는 수출계약에 대해 수출대금금융계약을 체결하고 무역보험공사와 구매자신용으로 중장기무역보험에 가입한 금융기관이 이자율 변동에 따라 입게 되는 손실을 보전하기 위한 것이다. 이자율변동보험제도에서도 이자율변동에 따라 손실이 발생하면 보험자가 보상하지만 반대로 이익이 발생하면 이를 환수하게 된다.

선박, 산업설비 등과 같은 자본재의 거래에는 많은 자본이 필요하여 수출업자가 금융을 이용하여 자본재를 수출하기도 하고 반대로 금융기관이 자본재 수입대금을 수입업자에게 제공하는 경우도 있다. 후자와 같이 구매자신용으로 자본재를 연불수출할 경우 금융기관은 중장기무역보험에 가입하여 금융대금 미회수에 따른 위험에 대비한다.

그러나 중장기무역보험은 장기간의 대출에 따라 발생할 수 있는 이자율 변동에 의한 손실은 보상하지 않기 때문에 이를 보완하기 위해 이자율변동보험제도가 제정되었다. 이에 따라 구매자신용을 제공한 금융기관은 이자율변동보험에 가입하여 장기간의 대출에 따른 이자율변동에 의한 손실을 보상받을 수 있게 되며 또한 고정금리의 대출이 가능하여 자본재수출의 경쟁력을 높일 수 있다.

3. 환변동보험

환변동보험은 환율변동에 따라 수출업체들이 입는 환차손을 보전하기 위해 도입된 제도인데 3가지 종류가 있다.

(1) 환변동보험(선물환방식)

이는 수출업자가 수출활동을 통해 외화를 획득하는 과정에서 발생할 수 있는 환차손익을 제거하기 위해 사전에 수출금액을 원화로 확정시키는 제도이다. 즉 수출계약을 체결할 때 계약 시점에서 수출보험공사가 보장하는 환율과 실제 결제시점에서의 환율이 변동할 경우 수출업체들이 입는 환차손은 보험자가 보상하고 만약 환차익이 발생하게 되면 이를 보험자가 환수하는 것으로 한다([그림 13-4] 참조). 환위험 관리 여건이 취약한 중소 수출업자들이 손

그림 13-4 환변동보험의 운용원리

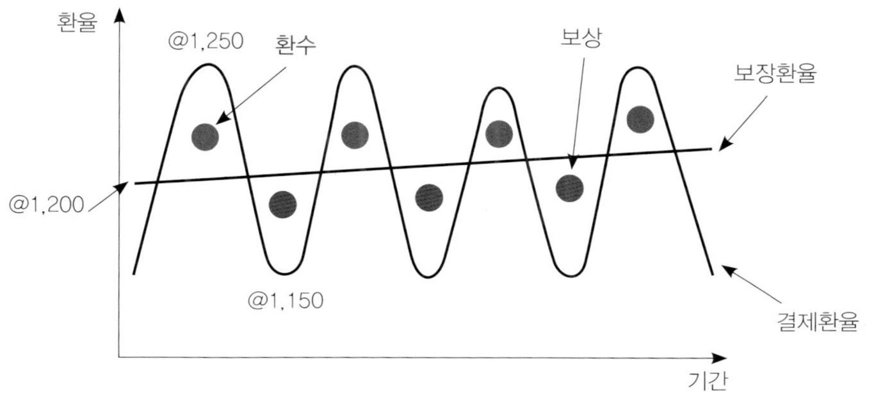

쉽게 이용할 수 있도록 만든 종목이며 대상 통화는 미화, 엔화, 유로화 등 3개 통화이고 신용상 문제점이 없는 기업은 모두 이용할 수 있다.

(2) 환변동보험(입찰방식)

수출업자가 플랜트, 선박 등에 대한 국제입찰에 참가할 시 입찰단계에서는 아직 수출계약 체결여부가 불확실한 상태이기 때문에 외환시장을 통한 헤징이 사실상 곤란하거나 가능하더라도 헤징비용이 높다. 환변동보험(입찰방식)은 수출업자의 이런 부담을 줄이기 위해 국제입찰에 참가하는 수출기업이 저렴한 비용으로 입찰기간 환위험을 효과적으로 헤징할 수 있도록 도입한 제도이다. 대상통화는 미화, 엔화, 유로화 등 3개 통화이고 적용대상거래는 다음 3가지 요건을 모두 충족하는 거래이어야 한다. 첫째, 청약일로부터 9개월 이내에 수출계약 체결이 예상되는 거래, 둘째 수출계약체결 예정일로부터 최종 수출대금지급 예정일까지의 기간이 6개월 이상인 거래, 셋째 청약일 최초 고시 매매기준율로 환산하여 부보대상 금액이 20억원 이상인 거래이다.

(3) 환변동보험(롤오버방식)

수출대금이 장기 분할 결제되고 대금결제시기가 유동적인 거래를 많이 하는 해외건설, 플랜트, 조선업체들이 활용하는 환변동보험이다. 보험청약 시 정한 결제월까지 미입금된 부보금액의 결제월은 익월로 자동 연장 즉 롤오버(rollover)된다.

4. 기타 보험종목 및 서비스

(1) 신뢰성보험

신뢰성보험은 국산 부품 및 소재의 신뢰성을 보장하는 보험이다. 즉 국산 부품이나 소재를 사용하는 기업이 이들 제품의 결함으로 인해 대내외적으로 입을 수 있는 재산 피해를 담보하는 보험이다. 신뢰성보험으로 우리나라 기업들은 국산부품이나 소재를 안정적으로 사용할 수 있고 이로 인해 국산부품이나 소재들은 지속적으로 개발될 수 있다.

신뢰성보험에서 담보하는 주요 위험은 〈표 13-3〉과 같이 제조물보증책임, 제조물회수비용, 제조물배상책임, 기업휴지(休止)위험 등이다. 이 중에서

표 13-3 신뢰성보험의 담보위험

제조물보증책임	부품 · 소재업체가 제조 · 판매한 제조물이 양도된 후, 부품 · 소재의 결함으로 법률상 배상해야 할 손해 중 수리비용 또는 대체가격
제조물회수비용	부품 · 소재업체가 제조 · 판매한 부품이 회수가 불가피하게 된 경우 회수에 따른 제반비용 보상
제조물배상책임	부품업체가 제조 · 판매한 부품이 양도된 후 그 제조물로 생긴 제3자의 신체상해 또는 재물손해로 부품업체가 부담하여야 할 법률상 손해배상금액
기업휴지위험	부품업체가 제조 · 판매한 부품이 제3자 양도된 후 그 제조물의 결함으로 인해 제3자에 기업휴지손해가 발생한 경우 그 상실이익

제조물보증책임 및 제조물회수비용은 기본담보이며 제조물배상책임과 기업휴지위험은 보험계약자의 선택담보이다.

(2) 지식서비스보험

지식서비스보험은 국내 수출업체가 정보통신, 문화 콘텐츠, 기술, 엔지니어링 등의 지식서비스를 수출하고, 이에 따른 지출비용 또는 확인대가(running royalty)를 회수하지 못함으로써 입게 되는 손실을 보상하는 제도이다. 이 보험에서 담보하는 위험은 비상위험 및 신용위험이며, 신용위험은 수입업자 채무불이행에 대해서는 3개월 이상 지체에 한한다. 그리고 보상하는 손실은 첫째, 단계별 또는 수출완료 후 대가로 확정된 금액을 받지 못하게 되는 경우에 입게 되는 손실(확인대가), 둘째 '시스템 통합'의 경우, 수출계약이행을 위해 지출하였으나 계약의 상대방이 대가의 지급을 정하지 않은 지출비용 포함(지출비용)이다.

(3) 문화수출보험(영화)

개별 영화에 대한 투자, 대출거래 또는 영화펀드에 대한 투자거래에 수반되는 위험을 담보하는 종목인데 거래의 특성을 반영하여 투자형, 대출형 및 펀드형 3개의 세부종목으로 운영된다. 담보위험은 투자형의 경우에는 개별 영화 투자거래에 내재된 위험, 투자금 회수불능과 관련된 모든 위험이다. 대출형의 담보위험은 신용보증과 동일한 차주(제작사)의 파산, 상환채무 불이행 등 신용위험이며, 펀드형의 경우는 영화펀드가 투자대상영화로부터 투자원금을 회수하지 못해 손실을 기록하여 발생하므로 투자형 보험사고 발생원인과 동일하다.

(4) 수입업자 신용조사 서비스

수출보험의 주요 보상 중 하나는 상대방 수입업자의 신용위험으로 인한 우리나라 수출업자가 대금을 회수하지 못함으로써 입는 손실이기 때문에 수출보험 가입 시 수입업자의 신용평가는 절대적으로 필요하다. 수출업자의 의뢰가 있을 경우 유료로 수출보험공사는 해외지사나 유명 신용조사기관과 연계하여 해외 수입업자의 회사 개요, 재무제표 등의 신용조사를 실시하여 의뢰인에게 정보를 제공한다.

(5) 해외미회수채권 추심대행 서비스

수출 또는 기타 대외거래와 관련하여 발생한 해외미회수채권에 대하여 수출보험공사가 해외 네트워크를 통해 채권회수를 대행하는 서비스이다. 주로 미수채권을 보유하고 있는 수출업체나 은행 등이 이용하고 있다.[13)]

5. 수입보험

수입보험은 수입거래에서 우리나라 수입업자가 입는 손실을 보상하는 제도로서 2011년부터 시행되고 있다. 수입업자가 해외 수출업자의 계약불이행으로 적기에 화물을 인도받지 못하거나 수입에 따른 선불금을 회수하지 못하는 경우 등 수입과정에서 입는 손실을 보상해 준다. 수입보험의 주요 내용은 수출보험과 동일하고 현재 수입업자용 및 금융기관용으로 운영되고 있다.

수입보험의 수입업자용은 국내수입업자가 선급금 지급조건의 수입거래에서 비상위험 또는 신용위험으로 인해 선급금을 회수할 수 없게 된 경우에 발생하는 손실을 보상하는 종목이다.

그리고 수입보험의 금융기관용은 금융기관이 주요 자원 등의 수입에 필요한 자금을 수입업자에게 대출(지급보증)한 후 대출금을 회수할 수 없게 된 경우에 발생하는 손실을 보상한다.

---

13) 이 밖에도 교토의정서(기후변화협약에 따른 온실가스 감축목표에 관한 의정서)에서 정하고 있는 탄소배출권 획득사업을 위한 투자, 금융, 보증 과정에서 발생할 수 있는 손실을 종합적으로 담보하는 탄소종합보험, 그리고 녹색산업에 해당되는 경우 기존이용 보험약관에 수출기업이 선택한 특약을 추가하여 우대하는 녹색산업종합보험 등이 있다.

제 14 장

클레임과 중재

국제무역에서 마케팅을 잘하여 자기 상품에 대하여 좋은 가격을 받고, 또 생산관리를 잘하여 훌륭한 제품을 만들어 선적을 하였어도 마지막 마무리 단계가 잘 되지 않아 상품의 대금을 제대로 받지 못한다든지, 또 받은 상품대금을 클레임으로 다시 변제해야 한다면 이제까지 쌓아올린 공든 탑이 허사가 되어 버린다. 그러므로 모든 상거래에서는 마지막 마무리 단계가 제일 중요하다. 상품을 선적하고도 혹시 클레임이 제기되지나 않을까 염려하는 상인들은 장기적으로 건전한 상거래를 영위할 수 없다. 이 장에서는 무역거래에서 제기되는 클레임의 발생 원인과 해결 방법에 대해서 살펴보기로 한다.

제1절 클레임

1. 클레임(Claim)의 의의

국제무역에서 마케팅을 잘하여 자기 상품에 대하여 좋은 가격을 받고, 또 생산관리를 잘하여 훌륭한 제품을 만들어 선적을 하였어도 마지막 마무리 단계가 잘 되지 않아 상품의 대금을 제대로 받지 못한다든지, 또 받은 상품대금을 클레임으로 다시 변제해야 한다면 이제까지 쌓아올린 공든 탑이 허사가 되어 버린다. 그러므로 모든 상거래에서는 마지막 마무리 단계가 제일 중요하다. 상품을 선적하고도 혹시 클레임이 제기되지나 않을까 염려하는 상인들은 장기적으로 건전한 상거래를 영위할 수 없다.

우리나라 무역거래가 아직 질서를 잡지 못했던 1960년대에 많은 수출업자들은 수출거래에서는 적자를 냈어도 수입거래에서 수익을 올렸기 때문에 수출 자체에는 너무 등한시한 경우가 많았다.

무역 클레임에 대한 상식과 경험이 전혀 없는 수출업자들은 흔히 생각하기를 미화 십만 달러를 수출했을 때 아무리 잘못되어 클레임당한다고 해도 그 상품 전액인 미화 십만 달러만 변상하면 될 것으로 착각하기 쉽다. 그러나 실제로 미화 십만 달러를 수출해서 그 이상의 클레임을 당한 예가 한둘이 아니다.

그 이유는 간단하다. 수입업자의 입장에서 보면 상품의 가격은 미화 십만 달러에 불과하나 그것에다 운임 · 보험료 · 통관비용 · 관세 및 내륙운송비 등을 합하면 상품의 FOB 가격의 곱절이 넘을 수도 있는 것이고, 또 수입업자로서는 실제로 당해 상품을 수입하는 데는 그만한 경비가 들었으며, 또한 수출업자의 잘못으로 그만한 손해가 났으니 그 전액에 대해서 변제를 요구하는 것은 당연한 일이다. 그러므로 내가 판매한 상품의 대금이 클레임 금액의 상한선이라고 생각하는 것은 너무나 순진하고 무식한 소치이며, 국제무역에서의 클레임의 개념 자체를 정확히 모르기 때문이다.

또한 우리나라 무역의 여명기였던 1960년대 초반에는 클레임의 내용이 우리 상품에 대한 품질로부터 무역법규 및 무역관습의 미비에 대한 것과 우리나라 수출업자의 대정부 관계의 약점을 이용한 고의적이고도 악질적인 클레임이 많았다. 그러나 근래에 와서는 무역법규나 관습에 대한 클레임 및 한국 상인을 얕보고 제기하는 고의적인 클레임은 거의 사라졌으나 무역량의 팽창과 더불어 순수한 상사분쟁인 계약 불이행 및 하자발생 등에 의한 클레임 건수는 매년 증가일로에 있으므로 이러한 클레임이 제기되었을 때 어떠한 방법으로 신속히, 또 가장 적은 비용으로 해결하여야 하는가에 대한 일반적인 지식이 절실히 요구된다.

무역거래에서 클레임이라 하면, 매매계약의 한 당사자가 그 계약을 위반함으로써 계약의 다른 당사자가 그것으로 인하여 입는 손해에 대한 배상을 청구하는 것을 말한다. 무역클레임을 광의로 해석하면 단순한 불평이나 경고도 포함될 수 있으나, 대개는 협의로 해석해서 물품 및 기회비용 등을 구체적으로 요구하는 것을 뜻한다.

클레임은 계약당사자 중 어느 일방이 상대방에게 제기할 수 있으나, 수출업자가 수입업자에게 클레임을 제기하는 경우는 대개 결제와 관계되는 것 외에는 거의 없으며, 클레임의 거의 90% 이상은 수입업자가 수출업자에 대하여 제기하는데, 때때로 어느 일방이 고의적으로 클레임을 야기시키는 경우도 있으나 대개는 무지와 부주의로 생기게 된다. 특히 국제거래에서는 언어, 관습, 법률 및 문화적 배경의 차이에서 야기되는 불명확한 의사소통에 기인하는 것이 많다.

2. 클레임의 원인

(1) 상품에 대한 클레임

가) 품질 불량

클레임 중에 제일 많이 일어나는 것으로 계약상품과 다른, 즉 저질의 상품이 도착했을 경우 제기되는 클레임으로 대개 계약 시에 견본을 교환하여 계약서에도 'as per sample'과 같은 단서를 삽입하나 대량생산을 하다 보면 원료도 꼭 같은 것을 못 구할 수 있고, 또 운송 도중에 퇴색, 변질 및 파손되는 경우도 있다. 또한 기술자의 부주의로 저질품이 생산될 수도 있으며, 아니면 수입업자의 단순한 주관적인 판단으로 이루어질 수도 있는 것으로 무역에서 가장 빈번히 일어나고 또 제일 해결하기 까다로운 클레임이다.

나) 규격 상위

계약 시에 상품의 규격에 대해서 정확히 명시를 하지만 실제로 많은 양의 상품을 다루다 보면 계약규격과 조금씩 다른 규격이 선적되어 클레임당하는 수가 있다. 공산품의 경우에는 규격의 차이가 별로 나지 않지만 1차산품인 농수산품의 경우는 모든 수확물이 일정하지 못하여 규격을 정확히 규정짓기 어려우므로 앞서 계약에서 설명한 평균중등품질조건(FAQ) 또는 판매적격품질조건(GMQ) 등의 방법이 사용된다.

다) 수량 과부족

계약된 상품의 수량과 실제로 도착한 수량과의 차이로 야기되는 클레임 건수도 상당히 된다. 상품에 따라서는 수송 도중에 감량이 되는 것이 있고, 또 증량되는 것도 있어 문제를 더욱 복잡하게 한다. 산 동물이나 인모 등은 습도나 온도에 따라 중량의 증감이 심하고 지렁이는 수송 도중 세포분열에 의한 증량이 된다.

그러므로 이와 같은 상품은 계약 시 선적수량조건이나 양륙수량조건으로 정해서 선적 · 양륙 둘 중 어느 한 시점을 기준으로 중량의 기준을 삼는다. 또 생선의 거래에서는 수확물을 양륙하면서 수량을 확인하여 거래량을 확정하는 'Cargo Receipt Base' 조건의 거래도 있다. 특히 선적서류에 상품의 수량이나 중량의 표시는 정확해야 한다. 왜냐하면 수입국에서 관세를 종량세로 부과시킬 경우 실수에 의한 감량신고는 고의적인 탈세로 의심받을 수도 있다. 상품의 단위는 매우 적으나 그 총수량이 워낙 많은 것들(조화, 핀 등)은 계약 시 '과부족용인조건'(more or less) 조건으로 ±5% 정도의 수량의 차이는 인정받을 수도 있다.

라) 내용 상이

사과를 계약했는데 배가 도착한다든지, 원면을 계약했는데 양모가 선적되면 이는 분명한 계약위반이 되어 클레임의 대상이 된다. 그러나 양파나 감자와 같은 상품은 수송 도중에 싹이 나서 순이 나게 되면 상품 자체가 달라진다. 즉, 순이 난 감자나 양파는 순이 나지 않은 감자나 양파와는 상품가치가 전혀 다르다. 그러므로 기온이나 습도에 민감한 상품의 운송에는 특별히 주의를 기울여야 하며, 또 사실상 계약내용과 다른 상품이 인도되었을 때의 해결방안 등도 사전에 고려해야 한다.

(2) 포장에 관한 클레임

국제무역에서는 상품의 장거리 수송이 반드시 뒤따르기 때문에 방수되고 견고한 자재로 상품을 포장하여야 한다. 또한 중간에 환적이 되거나 여러 형태의 운송수단이 이용되는 경우에는 상품이 손상되지 않도록 특별히 견고한 포장을 하여야 한다. 포장에 대한 클레임으로는 불량 포장, 부정 포장, 포장 결함 등을 들 수 있다.

(3) 선적에 의한 클레임

가) 선적 지연

계약상이나 신용장상에 명시된 선적일 내에 선적을 하지 못하고 지연되어, 즉 명시된 선적일이 경과한 후에 선적된 것에 대한 클레임으로 상품에 따라서 클레임의 정도가 다르다. 계절을 타지 않는 상품에 대해서는 다소 지연되어도 계약상품이 도착하면 별 문제가 없으나 계절적인 상품, 즉 여름용 수영복, 겨울용 잠바, 크리스마스용 장식 전구 등은 일정한 기간 내에 도착하지 않으면 판매기회를 상실하게 되어 1년간 재고로 남게 되며, 또 1년 후에 유행이 바뀌면 완전히 상품의 가치를 상실하게 되므로 상품대금과 기회비용 등을 따져 큼직한 클레임이 제기된다.

나) 선적 불이행

선적 불이행은 대개 계약 당시보다 상품의 시세가 올랐거나, 또 원자재의 가격이 폭등하여 채산이 맞지 않을 경우에 야기되며, 이는 클레임당할 것을 예측하고 고의적으로 하는 행위이다. 또 경우에 따라서는 공급이 제한되어 있는 상품을 다른 고객에게 팔기 위해서도 소위 'non-delivery'를 낸다. 그러나 선적이 불가항력에 의해서 못 이루어지는 경우가 있는데 대개의 계약서에는 불가항력의 경우에 대한 면책조항들을 두고 있다.

(4) Market Claim

이는 매수인이 계약 당시에 비해서 당해 상품의 국제가격의 폭락으로 상품을 팔 수 없을 때 여러 가지 이유를 들어 계약 상품의 인수를 거부하는 행위로 악질 수입업자들이 제일 많이 이용하는 수법이다. 아무리 견본과 일치하는 훌륭한 상품을 선적해도 시황이 불리하면 무슨 트집을 잡아서라도 클레임을 제기하므로 시황이 불경기(bear market)로 접어들 때는 특히 주의하여야 한다.

(5) 운송에 관한 클레임

상품의 운송 도중에 발생하는 하자에 대한 클레임은 우리가 생각하는 것보다도 많다. 수만 가지의 상품이 수만 척의 다양한 선박에 의해 수만 항구로 운송되는 가운데 특히 자연조건인 풍랑, 기온의 변화가 상품에 상당한 피해를 주는 경우가 많다. 무역거래에서는 운송중에 기후의 급격한 변화가 없는 동서간의 무역이 한대－온대－열대－온대의 급격한 변화를 가져오는 남북무역보다는 훨씬 용이하다. 또 태풍이나 회오리바람이 항상 몰아치는 해역을 통과하여야 하는 경우는 위험도가 더 높다. 항해중에 일어날 수 있는 위험 중에는 다음과 같은 것들이 있다.

① 누손의 위험
② 증발의 위험
③ 혼합의 위험
④ 기름의 위험
⑤ 빗물 및 담수의 위험
⑥ 땀과 열의 위험
⑦ 곰팡이의 위험

이들 외에도 투하(jettison), 굴곡(bending) 등 그 위험도는 실로 다양하다. 이 모든 위험을 매도인이나 선박회사가 다 부담한다는 것은 파산을 자초하는 것과 마찬가지이므로 이런 경우는 대개 해상보험에 가입하여 해결하고 있다.

(6) 결제에 관한 클레임

대개의 무역거래에서는 신용장으로 대금결제를 하고 있는데 신용장은 서류에 의한 거래이므로 상품에 대한 클레임 외에도 선적서류상에 조그마한 하자가 발견되어도 그것을 트집잡아 대금결제를 해주지 않는다. 즉, 무역계약상의 상품은 제대로 도착하였으나 그 상품에 대한 서류상의 조그마한 잘못이 발견되면 결제상의 클레임, 즉 대금 지불을 거절할 수 있으므로 각별히 주의하여야 한다. 특히 신용장 중에서 선적과 동시에 80%를 결제하고 상품이 목적지에 도착 후 수입업자가 만족하면 나머지 20%를 결제받을 수 있게 되어 있는 조건부신용장이 있는데, 이러한 경우 잔액은 거의 다 클레임에 결부되어 결제가 되지 않으므로 이런 종류의 신용장은 받지 않는 것이 상책이다.

3. 클레임의 청구내용

전항에서 설명한 바와 같이 클레임은 국제무역거래에서 피해자가 가해자에게 피해의 보상을 요구하는 것으로 그 내용에는 다음과 같은 것이 있다.

(1) 계약의 해약

이것은 대개 계약된 선적기일이 경과하여도 선적이 이행되지 않으면 선적중지요청과 함께 계약 자체를 해약하고 그 동안의 경비 등을 변제해 줄 것을 요구하게 된다.

(2) 물품의 대체

도착된 물품 중 일부가 불량품이거나 규격 미달일 때는 단순히 그 불량품에 대해서만 대체상품을 요구하게 되는데, 이런 경우에는 'seller's market'이 되어 상품에 대한 수요가 왕성할 경우이므로 피해자는 상품의 대체만 이루어지면 그 이상의 요구는 하지 않는다.

(3) 대금의 변제

불량품이나 규격 미달의 상품에 대해서 상품의 대체를 요구하지 않고 당해 상품을 수입 · 통관하는 데 든 실제 비용의 변상을 요구하게 되는데, 이는 당해 상품이 수입지에서 시황이 좋지 않아 새로 들여와도 전망이 흐릴 때 취해진다.

(4) 기회비용의 보상

이것은 보통 예상수익(expected profit)이라고도 하며, 당해 수입품이 정상적으로 수입되어 판매되었더라면 얻을 수 있었을 이익을 못 얻었으니 그러한 상실된 기회에 대한 보상도 해주어야 한다는 것이다. 대개 그 동안의 신용장 개설 비용, 통신료, 하역비용 등 제반 지출에 대한 이자까지도 계산하여 요구할 수도 있다.

4. 클레임의 제기

(1) 클레임 상대방(가해자)의 확정

클레임을 제기하려면 먼저 누구에게 제기해야 하는가를 확정해야 한다. 만약 상대방을 잘못 선정하면 클레임을 제기하더라도 아무런 효력이 없기 때문에 클레임의 주요 원인을 분석하여 그에 따른 책임소재가 누구에게 있는가를 파악해야 한다. 무역거래에서 클레임의 상대방은 계약 당사자이므로 대부분 수출업자 또는 수입업자가 된다. 그러나 선박회사, 보험회사, 관련 은행 등 제3자도 클레임의 당사자가 될 수 있다.

(2) 클레임의 제기 기한

클레임은 합의된 기간 내에 적절한 절차에 따라 제기되어야만 법률적인 보장을 받을 수 있다. 무역계약을 체결할 때 클레임의 해결에 관한 사항을 약정했을 경우에는 약정된 사항에 따르지만 그렇지 않은 경우 클레임은 국제상관습, 국제규칙, 국내법 등에 따른다.

일반적으로 계약서의 이면에는 클레임에 관한 조항이 인쇄되어 있어 정식 무역계약을 체결하고 거래를 할 경우에는 이 조항에 따라 클레임이 처리된다.[1)]

클레임은 그 제기시기를 놓치면 시효에 걸릴 뿐 아니라 증거를 상실하게 되어 해결에 많은 어려움이 따르므로 반드시 약정된 기간 내에 제기되어야 한다. 앞에서 예시된 클레임처리조항에 의하면 화물이 목적지에 도착한 후 10일 이내에 전신으로 제기하도록 되어 있다.

만약 클레임 제기기간에 대한 약정사항이 없으면 국제관습, 국제규칙 또는 각국의 법률에 따르지만 이에 대한 규정이 모두 다르기 때문에 클레임처리조항에 제기시기를 명확히 규정해 두는 것이 바람직하다.

참고로 클레임 제기기간에 대한 각국의 입법 예를 살펴보면 〈표 14-1〉과 같다.

---

1) "Any claim or complaint by buyer of whatever nature arising under this contract, shall be made in cable within ten days after arrival of the cargo in the destination port. Full particulars of such claim shall be made in writing and forwarded by air mail to seller within 15 days after cabling."

표 14-1 클레임 제기기간에 관한 입법 예시

구 분	클레임 제기기간
한국 상법	발견즉시 통지(발견이 곤란한 경우 6개월의 기간 인정)
일본 상법	즉시검사, 하자발견 즉시 통지
미국 통일상법전	합리적 기간 내 물품검사 및 하자통지
영국 물품매매법	합리적 기간 내 물품검사 및 하자통지
Warsaw-Oxford Rules	합리적 검사 후 3일 이내 통보
비엔나 협약	단기 내 검사, 합리적 기간 내에 통지 (최대소멸시효기간 2년)

(3) 클레임의 통지

클레임 사유가 확정되면 클레임제기 의사표시, 클레임의 주요 내용 등을 요약한 클레임 통지서를 전신으로 보낸 후 곧 이어 클레임 제기서류를 작성해서 우편으로 보내야 한다. 앞에서 예시된 클레임처리조항에서는 전신으로 클레임을 통지한 후 15일 이내 우편으로 클레임에 관한 상세한 내용을 보내도록 되어 있다.

클레임을 제기할 때 보통 클레임진술서, 손실명세서, 검사보고서, 기타 청구서나 증빙서류가 필요하다. 클레임진술서에는 클레임의 대상이 되는 거래내용, 클레임의 원인, 클레임의 해결방법 등을 명시한다. 그리고 손해배상을 청구할 경우에는 손실명세서를 작성하여 상대방에게 송장가격과 배상금액을 표시하고 실제 손실의 내역과 부대비용도 명시한다. 더 나아가 클레임의 정당성을 주장하려면 국제적으로 권위 있는 검정기관에서 발급한 검사보고서와 같은 증빙자료를 첨부하는 것이 효과적이다.

5. 클레임의 접수

무역거래 당사자로부터 클레임이 제기되면 클레임의 제기내용을 검토하고 상대방에게 자신의 입장과 해결방안을 통보한다.

(1) 클레임 제기시기의 검토

클레임의 통지를 받으면 클레임이 약정된 기간 내에 제기되었는가를 검토한다. 만약 클레임처리조항에서 약정된 기간이 지난 뒤 제기된 클레임은 법적인 시효를 상실한 것이므로 클레임을 거절해도 상관없다.

(2) 클레임 내용 조사

클레임 진술서에 기재된 내용을 면밀히 확인하여 클레임의 정당성 여부를 검토하며 보통 다음과 같은 사항을 우선적으로 조사한다.

① 본인이 클레임의 책임당사자인지의 여부
② 클레임이 적법한 기간 내에 제기되었는지 여부
③ 클레임이 계약조건의 미비에 인한 것인지 여부
④ 하자를 입증하는 객관적인 증빙자료의 제시 여부
⑤ 공인검정기관이 인정한 물품검사인지 여부
⑥ 하자의 정도가 계약상 또는 관습상 허용되는지 여부
⑦ 손해배상청구액은 합리적인 산출근거에 의한 것인지 여부
⑧ 해당 계약의 특성을 충분히 감안했는지 여부

(3) 해결방안 통보

클레임의 내용을 면밀히 조사한 후 이에 대한 자신의 입장을 빠른 시일 내에 전달해야 한다. 무역클레임의 해결과정에서 첫 응답은 향후 분쟁해결의 방향을 설정하는 것이기 때문에 매우 중요하므로 자신의 입장을 명확히 해야 한다. 모든 클레임은 당사자 간의 합의에 의해서 해결한다는 원칙 하에 각 개별거래의 특성을 감안하여 대응한다. 만약 클레임 제기자가 지속적으로 거래할 당사자일 경우나 거래관계를 계속 유지하고 싶은 상대라면 가능한 우호적 해결자세를 지니는 것이 바람직하다.

그러나 상대방의 의도가 불분명하거나, Market Claim과 같이 사소한 하자를 이유로 클레임을 제기할 경우에는 여기에 따른 반대 자료를 첨부해서 항변해야 한다. 특히 배상할 용의가 있다든지, 계속 거래를 통하여 해결하겠다는 등의 애매모호한 표시는 상대방에게 클레임을 인정한다는 의사표시가 될 수 있으므로 삼가야 한다.

6. 클레임 해결방법

클레임의 해결에 관하여 흔히 “중재는 재판보다 낫고, 조정은 중재보다 나으며 분쟁의 예방은 조정보다 낫다”고 하지만 분쟁의 예방에는 한계가 있기 때문에 여러 가지 클레임 해결방법을 사전에 분석해 두는 것이 필요하다. 클

레임은 당사자 간의 타협에 의해서 우호적으로 해결하는 것이 바람직하지만 그렇지 못할 경우에는 제3자를 개입시켜 해결한다.

클레임 액수가 적을 경우나 가해자가 즉시 손해배상을 해 올 경우에는 굳이 클레임을 제기할 필요가 없으므로 피해자가 손해배상의 청구권을 포기한다. 이 방법은 분쟁해결을 위한 가장 바람직한 방법이며 분쟁 이후에도 당사자들은 거래관계를 계속 유지할 수 있다. 당사자들이 타협을 통해서 클레임의 청구내용을 합의하면 타협계약서를 작성하여 클레임을 종결한다.

이와 같이 우호적으로 클레임을 해결하면 별 문제가 없지만 그렇지 못할 경우에는 알선, 조정, 중재, 소송 등의 방법을 이용한다. 소송(litigation)은 당사자의 일방이 국가기관인 법원에 제소하여 이의 판결에 의해 분쟁을 강제적으로 해결하는 방법인데 그 국가의 재판권이 상대국까지 미치지 못하므로 소송에 의한 판결은 외국에서의 승인 및 집행이 보장되지 않는다. 따라서 국가간에 이루어지는 무역거래에서는 소송을 통해 분쟁을 해결하는 경우는 없으며 대부분 알선, 조정 및 중재에 의해 최종적으로 해결되고 있다.

제 2 절 ADR과 중재

1. ADR

(1) ADR의 개념

ADR(alternative dispute resolution)은 재판 외의 대체적 분쟁해결제도를 말한다. 무역거래를 비롯한 사적 거래에서 발생하는 분쟁을 재판에 의하지 않고 다른 방법으로 해결하는 제도인데 여기에는 대표적으로 알선, 조정, 중재 등이 있다.

일반적으로 분쟁을 사법적 절차에 의해 해결할 경우에는 시간, 비용 등이 많이 소요되고 재판과정에서 개인의 비밀이 누설된다. 따라서 개인들 간의 분쟁은 가능한 법정 밖에서 당사자들 간에 우호적으로 해결하는 것이 시간과 비용을 절약할 수 있으며 특히 기업들 간의 분쟁에서는 기업비밀을 유지할 수 있다.

ADR이 지니고 있는 장점을 일반 소송제도와 비교해 살펴보면 다음과 같다.

첫째, 시간과 비용을 절약할 수 있다. 소송과 달리 ADR에서는 변호사를 반드시 대리해야 할 필요도 없으며, 또한 1심으로 해결되는 경우가 많기 때문에 시간과 비용을 절약할 수 있다.

둘째, 개인의 비밀이 보장된다. ADR에서는 절차가 공개되지 않기 때문에 개인의 비밀, 영업상의 비밀 등이 유지된다.

셋째, 분쟁당사자 간의 합의를 존중한다. ADR은 재판권을 인정하지 않고 당사자 간의 합의에 의해 절차를 개시하고 합의를 유도한다.

마지막으로, 전문성이 보장된다. 법관에 의한 일률적인 판정이 아니라 분쟁의 내용에 따라 해당 분야의 전문가들이 판정을 함으로써 분쟁의 전문성이 보장된다.

(2) 온라인 ADR

온라인 ADR은 분쟁의 신청, 절차진행 등 모든 과정에서 인터넷, EDI와 같은 정보통신기술을 이용하여 신속히 분쟁을 해결하는 제도이다. ADR 그 자체로서도 소송에 비해 시간과 비용을 절약할 수 있지만 이를 온라인으로 처리함으로써 더욱더 신속히 효율적으로 분쟁을 해결할 수 있게 된다.

기존의 ADR 업무처리는 분쟁당사자들이 서면으로 신청서를 작성하여 이를 관련 기관에 우송하면 관련 기관은 그 내용에 따라 적합한 대응조치를 취하게 됨으로써 다소 시간이 소요되는 경향이 있다. 그러나 온라인으로 업무를 처리하게 되면 분쟁당사자들은 자신의 컴퓨터로 인터넷을 이용해 분쟁을 신청하고 답변서를 제출함으로써 분쟁해결이 신속히 진행될 수 있다.

그 동안 온라인 ADR은 그 성격상 소규모의 전자상거래분쟁 등에서 이용되었는데 오늘날에는 지식재산권의 분쟁, 명예훼손, 프라이버시분쟁, 국제상사분쟁 등에서 많이 이용되고 있다. 특히 인터넷에 의해 시간과 국경을 초월하여 분쟁을 해결할 수 있어 무역거래에서 유용하게 활용되고 있다.

현재 많은 기관에서 구속력 있는 온라인 ADR 분쟁해결서비스를 제공하고 있다. 우리나라의 대한상사중재원에서도 기존의 업무처리를 온라인으로 가능하도록 사이버분쟁서비스체제를 구축하여 활용하고 있다. 현재 사이버 알선, 상담의 신청, 사이버 조정, 사이버 중재 등 온라인 ADR 서비스를 제공하고 있다.

2. 알 선

(1) 알선의 개념

알선은 공정한 제3자가 클레임에 개입하여 당사자 간에 원만한 타협이 이루어지도록 조언함으로써 분쟁을 해결하는 방법이다. 제3자는 당사자의 일방 또는 쌍방의 의뢰에 의해 클레임에 개입하지만 어떠한 형식절차를 거치지 않는다. 따라서 알선은 쌍방이 협력하지 않으면 실패할 가능성이 크다.

알선이 성공할 경우에는 당사자 간에 비밀이 보장되고 거래관계를 계속 유지할 수 있다. 그러나 알선은 어디까지나 양 당사자의 자발적인 합의를 통한 해결이기 때문에 그 효력은 법률적인 구속력을 가지지 못한다. 만약 당사자 간 합의가 이루어지지 않으면 중재로 해결해야 한다.

알선은 대개 중재 합의가 없는 경우에 이용되고 있는데 우리나라에서는 분쟁해결의 경험과 지식이 풍부한 대한상사중재원의 직원이 개입하여 양 당사자의 의견을 듣고 해결합의를 위한 조언을 하거나 타협을 권유한다. 알선절차에 소요되는 모든 경비는 무료이다.

알선은 국내기업간의 클레임을 해결하는 국내알선, 국내기업이 외국기업에 대하여 신청하는 대외알선 및 외국기업이 국내기업에 대하여 신청하는 대내알선으로 구분된다.

(2) 온라인 알선

알선은 일반 알선과 온라인 알선으로 구분되는데 일반 알선은 알선의 접수만 온라인으로 가능하고 진행은 오프라인으로 이루어진다. 일반 알선은 국내, 국제 사건 모두 신청이 가능하다.

반면 온라인 알선은 기존의 알선과는 달리 알선의 신청 및 답변과 같은 일련의 알선절차 전부 혹은 일부를 온라인상에서 수행하는 사이버 알선을 말한다. 신청인은 대한상사중재원 홈페이지에 등재되어 있는 사이버 알선신청하기 프로그램을 통하여 사이버 알선을 신청하게 되며 이를 이메일을 통하여 피제기자에게 통지하여 피제기자가 사이버 알선에 동의하면 알선이 개시된다. 만약 피제기자가 사이버 알선을 원하지 않는 경우에는 일반적인 알선 절차로 전환되어 진행된다. 현재 사이버 알선은 국내건(국내기업간의 클레임)에 한하여 신청이 가능하다.

3. 조 정

(1) 조정의 개념

조정은 당사자 일방 또는 쌍방의 요청에 의해 공정하고 중립적인 제3자를 조정인으로 선정하고 조정인이 제시하는 조정안을 양 당사자가 합의함으로써 클레임을 해결하는 방법이다. 알선은 형식적 절차를 거치지 않지만 조정은 반드시 조정인을 선정해야 하는 절차를 거쳐야 한다.

조정인은 해당 분야에 대해 경험이 풍부하고, 전문적 지식을 갖춘 전문가로 구성되는 것이 보통이다. 조정인은 전문적 지식을 바탕으로 거래관행, 상관습을 반영하여 상호 만족할 만한 조정안을 제시하여 당사자들 스스로 분쟁을 해결하도록 한다.

조정인이 제시한 조정안은 반드시 양 당사자가 합의해야만 효력이 있으며 어떠한 구속력도 가지고 있지 않다. 그러나 조정안은 대체로 당사자의 입장을 수용한 것이기 때문에 이에 따른 자발적 이행률은 상당히 높은 편이다.

조정이 지니고 있는 장점을 살펴보면 다음과 같다.

첫째, 조정은 절차가 간결하다. 조정의 신청 및 절차진행이 간결하여 분쟁 당사자들이 쉽게 이용할 수 있다.

둘째, 조정은 신속히 끝난다. 조정은 분쟁을 신속하게 해결하기 위하여 절차를 신속하게 진행된다. 통상 조정인이 선정된 날로부터 일정 기일 내에 조정이 끝나도록 되어 있다.

셋째, 비용이 저렴하다. 청구금액에 상관없이 최소비용으로 절차를 진행하고, 신속한 분쟁해결로 인해 정신적 · 금전적 비용 및 추가손해를 방지하는 효과가 있다.

넷째, 비공개이다. 조정은 분쟁 당사자의 영업비밀, 사생활보호를 위해 절차가 비공개로 진행된다. 아울러, 조정중에 당사자의 진술 또는 제출한 자료는 소송절차 등에서 원용하지 못하도록 되어 있다.

다섯째, 전문가의 조력을 받을 수 있다. 무역 분야의 전문가로 구성된 조정위원회가 거래관행 및 전문적 지식에 근거하여 적절한 조정안을 제시한다.

여섯째, 거래관계를 유지할 수 있다. 조정은 당사자가 조정인의 조력을 받아 우호적으로 분쟁을 해결하는 제도이므로 분쟁 해결 후에도 계속적인 거래관계를 유지할 수 있다.

마지막으로 분쟁당사자의 의견을 존중한다. 당사자가 분쟁해결 전문가인

조정인의 도움을 받아 스스로 분쟁해결책에 대하여 결정을 내릴 수 있도록 하고 있고, 아울러 절차진행에 있어서도 당사자의 의견을 충분히 반영한다.

현재 대한상사중재원에서는 무역분쟁조정과 신뢰성분쟁조정을 시행하고 있다.

(2) 무역분쟁조정

무역분쟁조정은 우리나라 대외무역법에 따라 다음과 같은 분쟁이 발생한 경우 대한상사중재원에서 조정위원회를 구성하고, 이 조정위원회에서 분쟁에 관한 적절한 조정안을 제시함으로써 분쟁을 신속하고, 공정하게 처리하는 절차를 말한다.

① 무역거래자 상호간 또는 무역거래자와 외국업체 간에 물품 등의 수출, 수입과 관련하여 분쟁이 발생한 경우(대외무역법 제44조 제4항)

② 선적 전 검사와 관련하여 수출업자와 선적 전 검사기관 간에 분쟁이 발생한 경우(대외무역법 제45조 제2항)

무역 관련 분쟁으로서는 대표적으로 물품대금 미지급, 선적불이행, 지연, 품질불량, 물품 상이, 계약과 관련한 분쟁 등이 있다. 그리고 선적 전 검사와 관련된 분쟁으로서는 가격산정, 품질, 수량, 통관관련 분쟁 등이 있다.

(3) 신뢰성분쟁조정

신뢰성분쟁은 신뢰성보장사업과 관련하여 발생하는 분쟁을 뜻한다. 즉 신뢰성인증을 받은 부품 · 소재를 이용하여 제품을 생산하거나 생산된 제품을 사용한 자가 그 부품 · 소재의 하자로 인하여 손해를 입은 경우, 신뢰성보장사업자, 피보험자, 지정인증기관, 지정평가기관 혹은 그 밖의 이해관계자간에 발생하는 분쟁을 뜻한다.

신뢰성보장사업과 관련된 분쟁은 전문성을 요하므로 가급적 조정에 의해 신속히 해결하도록 유도하고 있다. 우리나라 '부품 · 소재전문기업 등의 육성에 관한 특별조치법'에 따라 신뢰성보장사업과 관련한 분쟁은 대한상사중재원에서 조정에 의해 해결하도록 규정하고 있다. 이에 따라 신뢰성분쟁이 발생한 경우, 전문적 지식을 갖춘 공정한 조정인이 분쟁에 대한 의견, 조언, 대안모색, 조정안제시 등 조정절차를 통해 해결되고 있다.

4. 중 재

(1) 중재의 개념

중재(arbitration)도 조정의 경우와 같이 당사자가 공정한 제3자를 중재인(arbitrator)으로 선정하여 그의 판정에 복종함으로써 최종적으로 분쟁을 해결하는 민간인에 의한 자주적 분쟁 해결방법이다.

중재의 요건은 ① 당사자의 계약에 의하여 성립하고, ② 재판을 받을 수 있는 권리를 포기하여야 하며, ③ 제3자의 판정은 최종적인 것이고 당사자는 그 판정에 복종해야 하는 것이다. 그러므로 중재판정은 당사자 간에 확정적인 것이며 그 효력은 법원의 판결과 동일한 효력을 인정받게 된다.

중재는 일반적으로 중재절차를 관리하는 중재기관에 의하여 수행하게 되는데 이러한 중재기관으로는 상설기관과 임시기관이 있다. 이러한 두 가지의 중재기관이 중재판정을 행한 경우에 그 집행에 관한 효과 면에서는 차이가 없다.[2)]

(2) 중재의 장점

중재는 소송에 비해 다음과 같은 장점을 지니고 있다.

첫째, 중재는 분쟁을 신속히 해결한다.

우리나라 중재법은 중재의 단심제를 규정하고 있다. 따라서 3심제를 운영하고 있는 법원에 비하여 매우 짧은 단계를 거쳐서 최종 판정에 도달하게 된다. 또한 당사자들은 그들 자신의 합의로써 판정기간을 정할 수 있기 때문에 당사자들의 긴급성에 따라서 중재계약으로 그 기간을 명시하여 단축시킬 수 있다.

이에 따라 대한상사중재원의 상사중재규칙에서도 당사자에 의한 지연작전을 쓰지 못하도록 예방조치를 규정하고 있다.

둘째, 중재는 비용이 적게 든다.

신속한 분쟁의 해결은 그만큼 비용을 절약하게 하며 그 남은 시간을 새로운 사업의 개척과 기존사업의 발전에 사용할 수 있게 한다. 법원에서 소송에 의한 경우에는 변호사 보수를 비롯하여 매 심마다 인지대가 배가 되기 때문에 중재보다 비용이 많이 든다. 또한 상사에 관한 전문적인 지식과 경험을 가진 중재인에 의한 심문은 새로운 설명이나 지식의 보완이 그다지 필요치 않

---

2) 외국 중재판정의 승인 및 집행에 관한 유엔 협약(뉴욕 협약) 제1조 제2항.

음으로써 분쟁해결을 위한 증인심문 등의 진술서 작성에 소요되는 시간이나 경비가 절약되게 된다.

셋째, 중재는 법관(중재인)을 실정에 맞게 선정할 수 있다.

현재 대한상사중재원이 유지하고 있는 중재인단은 실업계, 각종 업계별 단체, 법조계, 학계, 공공단체 및 기타 단체의 조사기구의 대표자, 개업중인 공인회계사, 주한외국인상사의 대표자들로부터 엄선된 인사들로 구성되어 있다. 따라서 분쟁 당사자들은 중재절차에 참가하는 중재인을 이 중재인 명부에서 선정할 수 있다. 그렇지 않은 경우에는 따로 자신의 경험에 의하여 매매조건, 시장성, 가격의 변동, 무역관습 등 거래 사정에 밝은 다른 전문가를 중재인으로 선정할 수도 있다.

넷째, 중재는 비공개리에 진행된다.

법원의 소송절차는 공개주의에 의하여 진행하므로 자체 회사의 조업방식, 운영비용, 손익에 관한 것 등 거래비밀이 자연히 대외에 알려지게 마련이며, 이러한 것들이 대외적으로 누설될 경우에는 회사의 신용하락은 물론 국제경쟁력이 약화되어 예기치 못한 손실이 발생하게 된다.

이에 비하여 중재는 공개되지 않기 때문에 모든 사업상의 기밀이나 회사의 명성을 그대로 유지할 수 있다.

(3) 중재계약(중재합의)의 개념

중재계약이라 함은 민사나 상사의 분쟁을 민사소송법에 의하지 않고 제3자인 사인(私人)의 판정에 일임하여 그 판정을 최종적인 것으로 승인하고 이에 복종함으로써 분쟁을 해결하자는 당사자 간의 합의를 말한다.

그러므로 중재계약은 첫째로, 민사나 상사분쟁에 국한된다. 그러므로 형사사건이나 행정 및 가사사건에는 적용될 수 없다.

둘째로, 그 분쟁은 통상적인 소송의 판결 수속으로 해결할 수 있는 분쟁이어야 한다. 그러므로 비송사건, 집행사건, 보전소송사건 등은 제외된다.

셋째로, 민사소송은 배제되어야 한다. 그러므로 중재계약에서 법원에 다시 제소할 수 있다고 합의하면 무효이다.

넷째로, 제3자의 판정에 일임하여야 한다. 이때의 제3자를 중재인이라 하며 이 제3자의 개입이 필요치 않은 타협이나 화해와는 다르다. 이 경우 제3자는 사인이어야 한다.

다섯째로, 중재인의 판정은 최종적인 것으로 이에 따라서 승복할 것을 합의해야 한다. 따라서 불복할 수 있다는 합의는 무효이다.

중재계약의 성립요건은 사법상의 계약법의 성립요건과 같으므로 민법의 계약통칙규정이 적용된다. 특히 당사자는 분쟁대상물품에 대해서 화해할 수 있는 권리가 있어야 한다. 다시 말해서, 당사자에게 자유로이 처분할 수 있는 권리가 있어야 한다.

중재계약의 방식은 계약자유의 원칙이 적용된다. 그러나 중재계약은 그 형태 여하를 막론하고 서면으로 한다. 따라서 중재계약은 중재조항이 기재되어 있거나 교환된 서신 또는 전보(telex 포함) 등에 중재합의의 의사가 명시되어 있어야 한다(중재법 제8조).

(4) 표준중재조항

중재계약에 필요한 법적 요건을 충족시키기 위해서 우리나라에서 작성되는 모든 매매계약서는 만일 상사분쟁이 발생하면 대한상사중재원의 중재에 회부할 것을 골자로 하는 표준중재조항(standard arbitration clause)의 삽입을 권고하고 있다.

가) 국내 중재조항

국내 매매거래 등에서 다음과 같은 표준중재조항을 삽입함으로써 분쟁을 중재에 의해 신속히 해결할 수 있다.

> 국내중재조항
>
> 이 계약으로부터 발생되는 모든 분쟁은 대한상사중재원에서 상사중재규칙에 따라 중재로써 최종 해결한다.

나) 국제 중재조항

대한상사중재원이 무역거래의 계약서에 삽입하기를 권고하는 국제 표준중재조항은 계약당사자들이 상호 중재합의를 무난히 하여 중재인을 직접 선정할 경우에는 중재인의 수, 중재지역, 중재규칙 등이 언급된다.

국제표준중재조항: 단독중재인의 경우

All disputes which may arise between the parties, in relation to this contract, shall be finally settled by arbitration in Seoul, Korea in accordance with the Domestic(International) Arbitration Rules of the Korean Commercial Arbitration Board and under the Law of Korea. The dispute shall be decided by a sole arbitrator appointed by agreement of both parties.

이 계약과 관련하여 당사자 간에 발생하는 모든 분쟁은 대한민국 서울에서 대한상사중재원의 국내(국제)중재규칙과 대한민국 법에 따라 중재에 의하여 최종적으로 해결한다. 중재판정부는 양당사자들의 합의에 따라 1인으로 구성한다.

국제표준중재조항: 3인 판정부의 경우

All disputes which may arise between the parties, in relation to this contract, shall be finally settled by arbitration in Seoul, Korea in accordance with the Domestic(International) Arbitration Rules of the Korean Commercial Arbitration Board and under the Law of Korea. The arbitral tribunal consists of three arbitrators, each party shall appoint one arbitrator and two arbitrators chosen by them shall appoint a third arbitrator, as a presiding arbitrator.

이 계약과 관련하여 당사자 간에 발생하는 모든 분쟁은 대한민국 서울에서 대한상사중재원의 국내(국제)중재규칙과 대한민국 법에 따라 중재에 의하여 최종적으로 해결한다. 중재판정부는 3인으로 구성하되 각 당사자는 각자 1인의 중재인을 선정하고, 이에 따라 선정된 2인의 중재인들이 합의하여 의장중재인을 선정한다.

그리고 무역거래에 있어서 계약당사자 간에 중재를 할 장소, 담당 기관 등에 관하여 원활한 합의가 이루어지지 못하여 계약체결이 지연되거나 계약자체가 이루어지지 못하는 경우가 있을 수 있다. 대부분의 외국무역업자는 자국의 중재기관에서 중재할 것을 주장하는 반면 우리나라 무역업자는 대한상사중재원에서 중재받기를 원하기 때문인데 이런 경우에 대비하여 대한상사중재원에서는 신청인 또는 피신청인 국가의 중재기관을 이용하여 분쟁을 해결할 수 있도록 한다.

표준국제중재조항: 신청인 국가에서 중재하기를 원하는 경우(한 · 중 기업 간의 예)

All disputes in relation to this contract shall be finally settled by arbitration in the country of the claimant. In case the claimant is (a Korean enterprise), the arbitration shall be held at the Korean Commercial Arbitration Board. In case the claimant is (a Chinese enterprise), the arbitration shall be held at the China International Economic and Trade Arbitration Commission.

이 계약과 관련하여 발생하는 모든 분쟁은 신청인의 국가에서 중재로 최종 해결한다. 만일 신청인이 (한국기업)일 경우 대한상사중재원에서, 만일 신청인이 (중국기업)일 경우 중국국제경제무역중재위원회에서 진행한다.

표준국제중재조항: 피신청인 국가에서 중재를 하기로 하는 경우(한 · 일 기업 간의 예)

All disputes in relation to this contract shall be finally settled by arbitration in the country of the respondent. In case the respondent is (a Korean enterprise), the arbitration shall be held at the Korean Commercial Arbitration Board. In case the respondent is (a Japanese enterprise), the arbitration shall be held at the Japan Commercial Arbitration Association.

이 계약과 관련하여 발생하는 모든 분쟁은 피신청인의 국가에서 중재로 최종 해결한다. 만일 피신청인이 (한국기업)일 경우 대한상사중재원에서, 만일 피신청인이 (일본기업)일 경우 일본상사중재협회에서 진행한다.

(5) 중재절차

중재절차는 중재계약으로 정할 수 있으나 당사자 간의 합의가 없거나 당사자의 의사가 분명하지 아니한 경우에는 상사중재규칙에 의한다. 우리나라에서의 중재는 [그림 14-1]과 같은 절차를 거친다.

① 중재신청 : 클레임을 제기하는 당사자(신청인)는 중재계약에서 정하는 바에 따라 대한상사중재원(사무국)에 중재를 신청한다. 중재신청 구비서류는

그림 14-1 중재절차

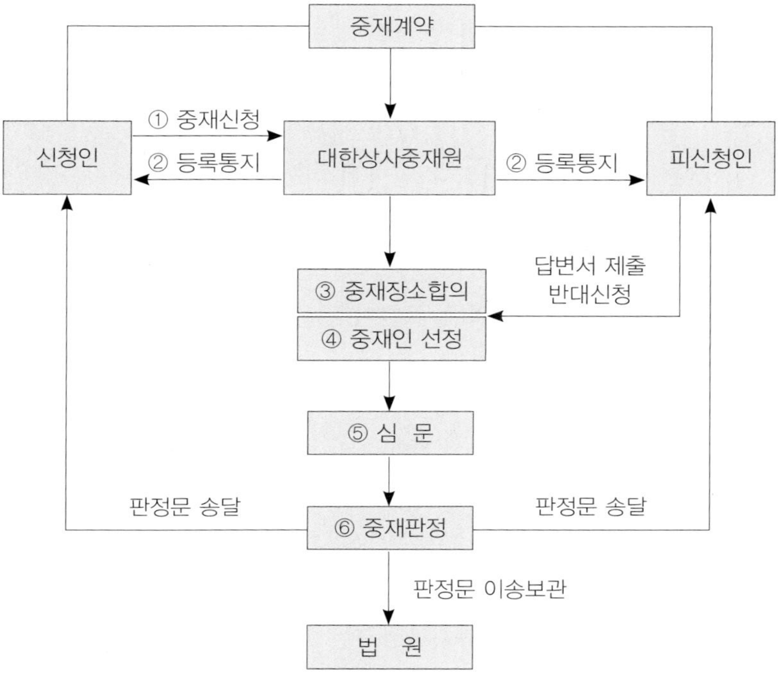

중재신청서에 중재합의서 또는 중재조항이 포함되어 있는 계약서, 청구의 근거를 입증하는 서류, 중재비용 예납영수증 등이다.

② 중재신청의 접수 통지 : 사무국은 일방당사자가 중재신청서를 제출하는 경우 당해 신청이 중재규칙 제10조의 규정에 적합한 것인지의 여부를 확인하고 적합한 경우에는 이를 접수한다. 중재신청서가 접수되고 중재비용이 예납되면 중재사건의 사무를 처리하기 위하여 사무국 직원 중에서 중재서기가 지명된다. 그리고 사무국은 양 당사자에게 중재신청이 접수되었음을 통지함과 동시에 중재인 선정을 의뢰함으로써 중재절차는 개시된다. 이때 피신청인 측에 중재신청서 1부를 보낸다.

③ 답변서 제출 및 반대신청 : 피신청인은 신청인의 중재신청서를 검토한 후 중재신청 접수통지의 수령일(기준일)로부터 국제중재의 경우 30일(국내중재의 경우 15일) 이내에 사무국에 답변서를 제출하여 답변할 수 있다. 사무국은 답변서를 제출받음과 동시에 그 답변이 적합한 것인지의 여부를 확인하고 적합한 경우에는 이를 접수하고 양 당사자에게 접수사실을 통지하며, 신청인

에게는 답변서 1부를 보낸다.

그리고 피신청인은 신청인의 중재신청에 대하여 반대의 중재신청을 할 수 있다. 중재판정부가 답변의 취지나 이유가 반대 신청의 내용을 포함하고 있다고 판단할 경우 중재판정부는 피신청인에게 반대신청의 여부를 명확히 요구할 수 있다. 그러나 중재판정부는 반대신청이 늦어 상대방의 이익을 해하거나 절차의 완결을 지연하게 하는 것으로 인정하는 경우에는 직권 또는 상대방의 신청에 의하여 이를 불허할 수 있다.

반대신청의 접수 및 통지와 반대신청에 대한 답변 등 반대신청의 절차는 중재신청의 절차와 동일하다. 그리고 피신청인의 반대신청은 신청인의 중재신청과 병합심리한다.

④ 중재인 선정 : 중재판정부는 사무국에 접수된 중재사건을 심리하고 판정을 내리는 업무를 수행하며, 1인 혹은 복수의 중재인으로 구성된다. 중재판정부는 당사자의 중재합의로 정해질 수 있지만 사무국에 의해 선정될 때에는 당사자가 반송한 중재인후보자 선정명단의 당사자 선정희망순위에 따라 선정된다.

⑤ 심리절차 : 중재판정부는 심리의 일시, 장소와 방식을 결정하고, 사무국은 당사자에게 국내중재의 경우 10일, 국제중재의 경우 심리개시 20일전까지 이를 통지한다. 심리절차는 비공개를 원칙으로 하고 당사자 이외의 사람은 중재판정부의 허가를 받아야 심문에 출석할 수 있다. 중재판정부는 증인의 증언 중에 다른 증인의 퇴석을 요구할 수 있다. 중재판정부는 당사자를 직접 심문하지만 당사자의 서면합의가 있으면 서면심리에 의한 중재 심리로 대체할 수 있다.

⑥ 중재판정 : 중재판정은 신속히 하여야 하며, 당사자의 합의 또는 법률의 규정 중 다른 정함이 없는 한 심리종결일로부터 30일 이내에 판정을 내린다. 그리고 판정의 범위는 중재계약의 범위 내에서 계약의 현실 이행뿐만 아니라 공정하고 정당한 배상이나 기타의 구제를 명할 수 있다.

당사자 간의 합의가 있으면 중재판정의 일부 또는 특정쟁점의 해석에 대하여 당사자는 중재판정의 정본을 받은 날로부터 30일 이내에 신청하면 신청을 받은 날로부터 30일 이내에 이에 대하여 판단해야 하며, 중재절차 시 주장되었으나 중재판정에 포함되지 아니한 청구에 대한 추가 판정은 당사자의 신청을 받은 날로부터 60일 이내에 추가판정을 한다. 사무국은 판정의 정본을 당사자 또는 대리인에게 송부하고, 원본은 송부사실을 증명하는 서면을 첨부하여 관할법원에 송부한다.

> 신속절차
>
> 신속절차는 중재제도의 강점을 최대로 살려 국내외 상사분쟁을 신속 · 저렴하게 해결함으로써 중재 이용자들에게 편익을 제공하는 제도이다.
>
> 당사자 간에 신속절차에 따르기로 하는 별도의 합의가 있는 중재사건 또는 신청금액이 2천만 원 이하인 국내중재의 경우에는 신속절차를 적용할 수 있다.
>
> 중재인의 선정에 대해 당사자 간에 별도의 합의가 없는 경우에는 사무국이 중재인명부 중에서 1인의 중재인을 선정한다. 중재판정부는 심리일시와 장소를 결정하며, 사무국은 심리개시 3일전까지 구술, 인편이나 전화 또는 서면 등 적합한 방법으로 당사자에게 통지한다.
>
> 심리는 1회로 종결함을 원칙으로 한다. 다만 중재판정부는 상당한 이유가 있다고 인정하는 경우에는 심리를 재개할 수 있다. 중재판정부는 심리 종결일로부터 10일 이내에 판정하며 당사자가 합의하면 판정이유의 기재를 생략할 수 있다.

(6) 중재판정

중재판정은 분쟁의 해결과정에서 중재인이 내린 최종적인 결정이다. 따라서 중재계약에 의한 당사자들은 이 판정에 구속받게 되는 것이다.

그러나 중재인은 판정을 함에 있어서 중재계약의 범위 내에서 하여야 하므로 그 범위를 벗어난 판정은 효력이 인정되지 아니한다. 그러나 그 범위 안에서는 계약의 현실 이행뿐만 아니라 공정하고 정당한 배상이나 기타의 구제 등에 관하여 명할 수 있다. 한편 중재인은 판정에서 책임 있는 당사자에게 중재에 필요한 비용의 부담을 명하여야 한다.

중재판정은 중재계약이 따로 정함이 있는 경우를 제외하고는 중재인이 여러 명인 경우에는 그 과반수의 찬성으로써 판정하게 되는데, 이때 중재인들의 결정이 가부동수인 때에는 당해 중재판정은 그 효력을 상실하게 된다. 판정에 대한 이의를 가진 소수 중재인의 의견을 소수 의견으로서 중재판정문에 첨기할 수 있는가에 대하여는 중재법상에 이를 금지하는 명문의 규정이 없으므로 첨기가 허용되는 것으로 볼 수가 있다.[3)]

3) 중재판정이 법원의 확정판결과 동일한 효력을 인정받고 있지만 집행을 위하여서는 법원의 집행판결을 받아야 한다(중재법 제37조 제2항).

(7) 뉴욕협약(New York Convention)

중재판정의 효력, 즉 중재판정의 집행력에 관하여는 세계 각국 간에는 현실적인 사정 때문에 집행의 보장은 사실상 어려웠던 형편이었으나 20세기 후반에 들어서면서 확대되는 무역거래량에 수반되는 여러 가지 국제 상사분쟁의 효율적 해결을 도모하기 위해서는 각국 간에 외국중재판정에 대한 보장이 필요하게 되었다. 이러한 시대적 요청에 응하여 설립된 국제상업회의소와 UN의 경제사회이사회는 '외국중재판정의 승인 및 집행에 관한 협약'(United Nations Convention on the Recognition and Enforcement of Foreign Arbitral Awards)의 체결을 주도하여 결국은 1958년 6월 UN에서 자유 · 공산국 등 48개국 대표가 참석한 가운데 외국 중재판정의 승인과 집행을 보장하는 국제협약으로서 이를 채택하였으며, 1959년 7월 7일 정식으로 그 효력이 발생하였다. 동 협약은 뉴욕에서 채택되었기 때문에 약칭으로 뉴욕협약이라고 부르기도 한다. 이 협약에 의해 상사중재계약의 효력은 뉴욕협약의 회원국 간에 상호주의에 의해 보장받게 되었다.

우리나라는 1968년 3월 뉴욕협약에 가입 서명한 후 1973년 1월 비상 국무회의의 비준을 얻음으로써 가입문서를 1973년 2월 8일자로 UN사무총장에게 기탁하고 90일 후인 1973년 5월 9일자로 42번째 회원국이 되었다.

뉴욕협약은 전문 16조로 되어 있는데 중재판정의 승인 및 집행뿐만 아니라 중재계약의 승인 및 집행도 규정하고 있다.

▶ **서식 14-1** 중재신청서

중재신청서

1. 당사자의 성명 및 주소

(가) 신 청 인

법 인	법인명칭		법인주소 전화번호	
	대 표 자 성 명		대 표 자 주 소	
개 인	성 명		주 소 전화번호	
대리인	성 명		주 소 전화번호	

(나) 피신청인

법 인	법인명칭		법인주소 전화번호	
	대 표 자 성 명		대 표 자 주 소	
개 인	성 명		주 소 전화번호	

2. 중재신청의 취지

3. 중재신청의 이유 및 입증방법(별지기재)

년 월 일

위 신청인 ________________ 인

(구비서류) 가. 중재신청서 ………………………………………………………… 5부
나. 중재합의를 인증하는 서면의 원본 또는 사본 …………………………… 5부
다. 중재신청에 주장하는 청구의 근거를 증명하는 서증의 원본 또는 사본 …… 5부
라. 법인등기등본(개인인 경우 주민등록등본) ……………………………… 1부
마. 대리인 신청시는 위임장 ……………………………………………… 1부
바. 소정의 중재비용

사단법인 대한상사중재원 귀 중

▶ **서식 14-2** 중재합의서

중재합의서

여기 당사자들은 아래 내용의 분쟁을 대한상사중재원의 중재규칙 및 대한민국 법에 따라 대한상사중재원에서 중재에 의하여 해결하기로 하며, 본 분쟁에 대하여 내려지는 중재판정은 최종적인 것으로 모든 당사자에 대하여 구속력을 가지는 것에 합의한다.

(1) 분쟁내용 요지:

(2) 부가사항(중재인수나 위 규칙 제8장에 따른 신속절차 등에 관하여 합의할 수 있음):

	당 사 자(갑)	당 사 자(을)
상 사 명:		
위대표자:		
주 소:		
전화번호:		
서명 또는 기명날인:		
일 자:		

사단법인 대한상사중재원 귀 중

부록

Incoterms 2010

EXW EX WORKS
FCA FREE CARRIER
CPT CARRIAGE PAID TO
CIP CARRIAGE AND INSURANCE PAID TO
DAT DELIVERED AT TERMINAL
DAP DELIVERED AT PLACE
DDP DELIVERED DUTY PAID
FAS FREE ALONGSIDE SHIP
FOB FREE ON BOARD
CFR COST AND FREIGHT
CIF COST INSURANCE AND FREIGHT

Incoterms® 2010

ICC rules for the use of domestic and international trade terms

INTRODUCTION

The Incoterms®[1)] rules explain a set of three-letter trade terms reflecting business-to-business practice in contracts for the sale of goods. The Incoterms rules describe mainly the tasks, costs and risks involved in the delivery of goods from sellers to buyers.

How to use the Incoterms® 2010 rules

1. Incorporate the Incoterms® 2010 rules Into your contract of sale

If you want the Incoterms® 2010 rules to apply to your contract, you should make this clear in the contract, through such words as, "[the chosen. Incoterms rule including the named. place, followed by] Incoterms® 2010".

2. Choose the appropriate Incoterms rule

The chosen Incoterms rule needs to be appropriate to the goods, to the means of their transport, and above all to whether the parties intend to put additional obligations, for example such as the obligation to organize carriage or insurance, on the seller or on the buyer. The Guidance Note to each Incoterms rule contains information that is particularly helpful when making this choice. Whichever Incoterms rule is chosen, the parties should be aware that the interpretation of their contract may well be influenced by customs particular to the port or place being used.

3. Specify your place or port as precisely as possible

The chosen Incoterms rule can work only if the parties name a place or port, and will work best if the parties specify the place or port as precisely as possible.

A good example of such precision would be:

1) "Incoterms" is registered trademark of the International Chamber of Commerce.

"FCA 38 Cours Albert 1er, Paris, France Incoterms® 2010".

Under the Incoterms rules Ex Works (EXW), Free Carrier (FCA), Delivered at Terminal (DAT), Delivered at Place (DAP), Delivered Duty Paid (DDP), Free Alongside Ship (FAS), and Free on Board (FOB), the named place is the place where delivery takes place and where risk passes from the seller to the buyer. Under the Incoterms rules Carriage Paid To (CPT), Carriage and Insurance Paid To (CIP), Cost and Freight (CFR) and Cost, Insurance and Freight (CIF), the named place differs from the place of delivery. Under these four Incoterms rules, the named place is the place of destination to which carriage is paid. Indications as to place or destination can helpfully be further specified by stating a precise point in that place or destination in order to avoid doubt or argument.

4. Remember that Incoterms rules do not give you a complete contract of sale

Incoterms rules do say which party to the sale contract has the obligation to make carriage or insurance arrangements, when the seller delivers the goods to the buyer, and which costs each party is responsible for. Incoterms rules, however, say nothing about the price to be paid or the method of its payment. Neither do they deal with the transfer of ownership of the goods, or the consequences of a breach of contract. These matters are normally dealt with through express terms in the contract of sale or in the law governing that contract. The parties should be aware that mandatory local law may override any aspect of the sale contract, including the chosen Incoterms rule.

Main features of the Incoterms® 2010 rules

1. Two new Incoterms rules - DAT and DAP - have replaced the Incoterms 2000 rules DAF, DES, DEQ and DDU

The number of Incoterms rules has been reduced from 13 to 11. This has been achieved by substituting two new rules that may be used irrespective of the agreed mode of transport - DAT, Delivered at Terminal, and DAP, Delivered at Place - for the Incoterms 2000 rules DAF, DES, DEQ and DDU.

Under both new rules, delivery occurs at a named destination: in DAT, at the buyer's disposal unloaded from the arriving vehicle (as under the former DEQ rule); in DAP likewise at the buyer's disposal, but ready for unloading (as under the former DAF, DES and DDU rules).

The new rules make the Incoterms 2000 rules DES and DEQ superfluous. The named terminal in DAT may well be in a port, and DAT can therefore safely be used in cases where the Incoterms 2000 rule DEQ once was. Likewise, the arriving "vehicle" under DAP may well be a ship and the named place of destination may well be a port: consequently, DAP can safely be used in cases where the Incoterms 2000 rule DES once was. These new rules, like their predecessors, are "delivered", with the seller bearing all the costs (other than those related to import clearance, where applicable) and risks involved in bringing the goods to the named place of destination.

2. Classification of the 11 Incoterms® 2010 rules

The 11 Incoterms® 2010 rules are presented in two distinct classes:

RULES FOR ANY MODE OR MODES OF TRANSPORT

EXW	EX WORKS
FCA	FREE CARRIER
CPT	CARRIAGE PAID TO
CIP	CARRIAGE AND INSURANCE PAID TO
DAT	DELIVERED AT TERMINAL
DAP	DELIVERED AT PLACE
DDP	DELIVERED DUTY PAID

RULES FOR SEA AND INLAND WATERWAY TRANSPORT

FAS	FREE ALONGSIDE SHIP
FOB	FREE ON BOARD
CFR	COST AND FREIGHT
CIF	COST INSURANCE AND FREIGHT

The First class includes the seven Incoterms® 2010 rules that can be used irrespective of the mode of transport selected and irrespective of whether one or than one mode of transport is employed. EXW, FCA, CPT, CIP, DAT, DAP and DDP belong to this class. They can be used even when there is no maritime transport at all. It is important to remember, however, that these rules can be used in cases where a ship is used for part of the carriage.

In the second class of Incoterms® 2010 rules, the point of delivery and the place to which the goods are carried to the buyer are both ports, hence the label "sea and inland waterway" rules. FAS, FOB, CFR and CIF belong to this class. Under the last three Incoterms rules, all mention of the ship's rail as the point of delivery has been omitted in preference for the goods being delivered when they are "on board" the vessel. This more closely reflects modern commercial reality and avoids the rather dated image of the risk swinging to and fro across an imaginary perpen-dicular line.

3. Rules for domestic and international trade

Incoterms rules have traditionally been used in international sale contracts where goods pass across national borders. In various areas of the world, however, trade blocs, like the European Union, have made border formalities between different countries less significant.

Consequently, the subtitle of the Incoterms® 2010 rules formally recognizes that they are available for application to both international and domestic sale contracts. As a result, the Incoterms® 2010 rules clearly state in a number of places that the obligation to comply with export/import formalities exists only where applicable.

Two developments have persuaded ICC that a movement in this direction is timely. Firstly, traders commonly use Incoterms rules for purely domestic sale contracts. The second reason is the greater willingness in the United States to use Incoterms rules in domestic trade rather than the former Uniform Commercial Code shipment and delivery terms.

4. Guidance Notes

Before each Incoterms® 2010 rule you will find a Guidance Note. The Guidance Notes explain the fundamentals of each Incoterms rule, such as when it should be used, when risk passes, and how costs are allocated between seller and buyer. The Guidance Notes are not part of the actual Incoterms® 2010 rules, but are intended to help the user accurately and efficiently steer towards the appropriate Incoterms rule for a particular transaction.

5. Electronic communication

Previous versions of Incoterms rules have specified those documents that could be replaced by EDI messages. Articles A1/B1 of the Incoterms® 2010 rules, however, now give electronic means of communication the same effect as paper communication, as long as the parties so agree or where customary. This formul–ation facilitates the evolution of new electronic procedures throughout the lifetime of the Incoterms® 2010 rules.

6. Insurance cover

The Incoterms® 2010 rules are the first version of the Incoterms rules since the revision of the Institute Cargo Clauses and take account of alterations made to those clauses. The Incoterms® 2010 rules place information duties relating to insurance in articles A3/B3, which deal with contracts of carriage and insurance. These provisions have been moved from the more generic articles found in articles A10/B10 of the Incoterms 2000 rules. The language in articles A3/B3 relating to insurance has also been altered with a view to clarifying the parties' obligations in this regard.

7. Security-related clearances and information required for such clearances

There is heightened concern nowadays about security in the movement of goods, requiring verification that the goods do not pose a threat to life or property for reasons other than their inherent nature. Therefore, the Incoterms® 2010 rules have allocated obligations between the buyer and seller to obtain or to render assistance in obtaining security-related clearances, such as chain-of-custody information, in articles A2/B2 and A10/B10 of various Incoterms rules.

8. Terminal handling charges

Under Incoterms rules CPT, CIP, CFR, CIF, DAT, DAP, and DDP, the seller must make arrangements for the carriage of the goods to the agreed destination. While the freight is paid by the seller, it is actually paid for by the buyer as freight costs are normally included by the seller in the total selling price. The carriage costs will sometimes include the costs of handling and moving the goods within port or container terminal facilities and the carrier or terminal operator may well charge these costs to the buyer who receives the goods. In these circumstances, the buyer will want to avoid paying for the same service twice: once to the seller as part of the total selling price and once independently to the carrier or the terminal operator. The Incoterms® 2010 rules seek to avoid this happening by clearly allocating such costs in articles A6/B6 of the relevant Incoterms rules.

9. String sales

In the sale of commodities, as opposed to the sale of manufactured goods, cargo is frequently sold several times during transit "down a string". When this happens, a seller in the middle of the string does not "ship" the goods because these have already been shipped by the first seller in the string. The seller in the middle of the string therefore performs its obligations towards its buyer not by shipping the goods, but by "procuring" goods that have been shipped. For clarification purposes, Incoterms® 2010 rules include the obligation to "procure goods shipped" as an alternative to the obligation to ship goods in the relevant Incoterms rules.

Variants of Incoterms rules

Sometimes the parties want to alter an Incoterms rule. The Incoterms® 2010 rules do not prohibit such alteration, but there are dangers in so doing. In order to avoid any unwelcome surprises, the parties would need to make the intended effect of such alterations extremely clear iii their contract. Thus, for example, if the allocation of costs in the Incoterms® 2010 rules is altered in the contract, the parties should also clearly state whether they intend to vary the point at which the risk passes from seller to buyer.

Status of this introduction

This introduction gives general information on the use and interpretation of the Incoterms® 2010 rules, but does not form part of those rules.

Explanation of terms used. in the Incoterms® 2010 rules

As in the Incoterms 2000 rules, the seller's and buyer's obligations are presented in mirror fashion, reflecting under column A the seller's obligations and under column B the buyer's obligations. These obligations can be carried out personally by the seller or the buyer or sometimes, subject to terms in the contract or the applicable law, through intermediaries such as carriers, freight forwarders or other persons nominated by the seller or the buyer for a specific purpose.

The text of the Incoterms® 2010 rules is meant to be self-explanatory. However, in order to assist users the following text sets out guidance as to the sense in which selected terms are used throughout the document.

Carrier: For the purposes of the Incoterms® 2010 rules, the carrier is the party with whom carriage is contracted.

Customs formalities: These are requirements to be met in order to comply with any applicable customs regulations and may include documentary, security, or physical inspection obligations.

Delivery: This concept has multiple meanings in trade law and practice, but in the Incoterms® 2010 rules, it is used to indicate where the risk of loss of or damage the goods passes from the seller to the buyer.

Delivery document: This phrase is now used as the heading to article A8. It means a document used to prove that delivery has occurred. For many of the Incoterms® 2010 rules, the delivery document is a transport document or corresponding electronic record. However, with EXW, FCA, FAS and FOB, the delivery document may simply be a receipt. A delivery document may also have other functions, for example as part of the mechanism for payment.

Electronic record or procedure: A set of information constituted of one or more electronic messages and, where applicable, being functionally equivalent with the corresponding paper document.

Packaging: This word is used for different purposes:
1. The packaging of the goods to comply with any requirements under the contract of sale.
2. The packaging of the goods so that they are fit for transportation.
3. The stowage of the packaged goods within a container or other means of transport.

In the Incoterms® 2010 rules, packaging means both the first and second of the above. The Incoterms® 2010 rules do not deal with the parties' obligations for stowage within a container and therefore, where relevant, the parties should deal with this in the sale contract.

EXW

EX WORKS

EXW (insert named place of delivery) Incoterms® 2010

GUIDANCE NOTE

This rule may be used irrespective of the mode of transport selected and may also be used where more than one mode of transport is employed. It is suitable for domestic trade, while FCA is usually more appropriate for international trade.

"Ex Works" means that the seller delivers when it places the goods at the disposal of the buyer at the seller's premises or at another named place(i.e., works, factory, warehouse, etc.). The seller does not need to load the goods on any collecting vehicle, nor does it need to clear the goods for export, where such clearance is applicable.

The parties are well advised to specify as clearly as possible the point within the named place of delivery, as the costs and risks to that point are for the account of the seller. The buyer bears all costs and risks involved in taking the goods from the agreed point, if any, at the named place of delivery.

EXW represents the minimum obligation for the seller. The rule should be used with care as:

a) The seller has no obligation to the buyer to load the goods, even though in practice the seller may be in a better position to do so. If the seller does load the goods, it does so at the buyer's risk and expense. In cases where the seller is in a better position to load the goods, FCA, which obliges the seller to do so at its own risk and expense, is usually more appropriate.
b) A buyer who buys from a seller on an EXW basis for export needs to be aware that the seller has an obligation to provide only such assistance as the buyer may require to effect that export: the seller is not bound to organize the export clearance. Buyers are therefore well advised not to use EXW if they cannot directly or indirectly obtain export clearance.
c) The buyer has limited obligations to provide to the seller any information regarding the export of the goods. However, the seller may need this information for, e.g., taxation or reporting purposes.

A. THE SELLER'S OBLIGATIONS

A1. General obligations of the seller

The seller must provide the goods and the commercial invoice in conformity with the contract of sale and any other evidence of conformity that may be required by the contract.
Any document referred to in A1-A10 may be an equivalent electronic record or procedure if agreed between the parties or customary.

A2. Licences, authorizations, security clearances and other formalities

Where applicable, the seller must provide the buyer, at the buyer's request, risk and expense, assistance in obtaining any export licence, or other official authorization necessary for the export of the goods.
Where applicable, the seller must provide, at the buyer's request, risk and expense, any information in the possession of the seller that is required for the security clearance of the goods.

A3. Contracts of carriage and insurance

a) Contract of carriage
The seller has no obligation to the buyer to make a contract of carriage.
b) Contract of insurance
The seller has no obligation to the buyer to make a contract of insurance. However, the seller must provide the buyer, at the buyer's request, risk and expense (if any), with information that the buyer needs for obtaining insurance.

A4. Delivery

The seller must deliver the goods by placing them at the disposal of the buyer at the agreed point, if any, at the named place ofdelivery, not loaded on any collecting vehicle. If no specific point has been agreed within the named place of delivery, and if there are several points available, the seller may select the point that best suits its purpose. The seller must deliver the goods on the agreed date or within the agreed period.

A5. Transfer of risks

The seller bears all risks of loss of or damage to the goods until they have been delivered in accordance with A4 with the exception of loss or damage in the circumstances described in B5.

A6. Allocation of costs

The seller must pay all costs relating to the goods until they have been delivered in accordance with A4, other than those payable by the buyer as envisaged in B6.

A7. Notices to the buyer

The seller must give the buyer any notice needed to enable the buyer to take delivery of the goods.

A8. Delivery document

The seller has no obligation to the buyer.

A9. Checking - packaging - marking

The seller must pay the costs of those checking operations (such as checking quality, measuring, weighing, counting) that are necessary for the purpose of delivering the goods in accordance with A4.
The seller must, at its own expense, package the goods, unless it is usual for the particular trade to transport the type of goods sold unpackaged. The seller may package the goods in the manner appropriate for their transport, unless the buyer has notified the seller of specific packaging requirements before the contract of sale is concluded. Packaging is to be marked appropriately.

A10. Assistance with information and related costs

The seller must, where applicable, in a timely manner, provide to or render assistance in obtaining for the buyer, at the buyer's request, risk and expense, any documents and information, including security-related information, that the buyer needs for the export and/or import of the goods and/or for their transport to the final destination.

B. THE BUYER'S OBLIGATIONS

B1. General obligations of the buyer

The buyer must pay the price of the goods as provided in the contract of sale.
Any document referred to in B1-B10 may be an equivalent electronic record or procedure if agreed between the parties or customary.

B2. Licences, authorizations, security clearances and other formalities

Where applicable, it is up to the buyer to obtain, at its own risk and expense, any export and import licence or other official authorization and carry out all customs formalities for the export of the goods.

B3. Contracts of carriage and insurance

a) Contract of carriage
The buyer has no obligation to the seller to make a contract of carriage.
b) Contract of insurance
The buyer has no obligation to the seller to make a contract of insurance.

B4. Taking delivery

The buyer must take delivery of the goods when A4 and A7 have been complied with.

B5. Transfer of risks

The buyer bears all risks of loss of or damage to the goods from the time they have been delivered as envisaged in A4.
If the buyer fails to give notice in accordance with B7, then the buyer bears all risks of loss of or damage to the goods from the agreed date or the expiry date of the agreed period for delivery, provided that the goods have been clearly identified as the contract goods.

B6. Allocation of costs

The buyer must:
a) pay all costs relating to the goods from the time they have been delivered as envisaged in A4;
b) pay any additional costs incurred by failing either to take delivery of the goods when they have been placed at its disposal or to give appropriate notice in accordance with B7, provided that the goods have been clearly identified as the contract goods;
c) pay, where applicable, all duties, taxes and other charges, as well as the costs of carrying out customs formalities payable upon export; and
d) reimburse all costs and charges incurred by the seller in providing assistance as envisaged in A2.

B7. Notices to the seller

The buyer must, whenever it is entitled to determine the time within an agreed period and/or the point of taking delivery within the named place, give the seller sufficient notice thereof.

B8. Proof of delivery

The buyer must provide the seller with appropriate evidence of having taken delivery.

B9. Inspection of goods

The buyer must pay the costs of any mandatory pre-shipment inspection, including inspection mandated by the authorities of the country of export.

B10. Assistance with information and related costs

The buyer must, in a timely manner, advise the seller of any security information requirements so that the seller may comply with A10.
The buyer must reimburse the seller for all costs and charges incurred by the seller in providing or rendering assistance in obtaining documents and information as envisaged in A10.

FCA

FREE CARRIER

FCA (insert named place of delivery) Incoterms® 2010

GUIDANCE NOTE

This rule may be used irrespective of the mode of transport selected and may also be used where more than one mode of transport is employed.

"Free Carrier" means that the seller delivers the goods to the carrier or another person nominated by the buyer at the seller's premises or another named place. The parties are well advised to specify as clearly as possible the point within the named place of delivery, as the risk passes to the buyer at that point.

If the parties intend to deliver the goods at the seller's premises, they should identify the address of those premises as the named place of delivery. If, on the other hand, the parties intend the goods to be delivered at another place, they must identify a different specific place of delivery.

FCA requires the seller to clear the goods for export, where applicable. However, the seller has no obligation to clear the goods for import, pay any import duty or carry out any import customs formalities.

A. THE SELLER'S OBLIGATIONS

A1. General obligations of the seller

The seller must provide the goods and the commercial invoice in conformity with the contract of sale and any other evidence of conformity that may be required by the contract.
Any document referred to in A1-A10 may be an equivalent electronic record or procedure if agreed between the parties or customary.

A2. Licences, authorizations, security clearances and other formalities

Where applicable, the seller must obtain, at its own risk and expense, any export licence or other official authorization and carry out all customs formalities necessary for the export of the goods.

A3. Contracts of carriage and insurance

a) Contract of carriage
The seller has no obligation to the buyer to make a contract of carriage. However, if requested by the buyer or if it is commercial practice and the buyer does not give an instruction to the contrary in due time, the seller may contract for carriage on usual terms at the buyer's risk and expense. In either case, the seller may decline to make the contract of carriage and, if it does, shall promptly notify the buyer.

b) Contract of insurance
The seller has no obligation to the buyer to make a contract of insurance. However, the seller must provide the buyer, at the buyer's request, risk, and expense (if any), with information that the buyer needs for obtaining insurance.

A4. Delivery

The seller must deliver the goods to the carrier or another person nominated by the buyer at the agreed point, if any, at the named place on the agreed date or within the agreed period.

Delivery is completed:

a) If the named place is the seller's premises, when the goods have been loaded on the means of transport provided by the buyer.

b) In any other case, when the goods are placed at the disposal of the carrier or another person nominated by the buyer on the seller's means of transport ready for unloading.

If no specific point has been notified by the buyer under B7 d) within the named place of delivery, and if there are several points available, the seller may select the point that best suits its purpose.
Unless the buyer notifies the seller otherwise, the seller may deliver the goods for carriage in such a manner as the quantity and/or nature of the goods may require.

A5. Transfer of risks

The seller bears all risks of loss of or damage to the goods until they have been delivered in accordance with A4, with the exception of loss or damage in the circumstances described in B5.

A6. Allocation of costs

The seller must pay

a) all costs relating to the goods until they have been delivered in accordance

with A4, other than those payable by the buyer as envisaged in B6; and
b) where applicable, the costs of customs formalities necessary for export, as well as all duties, taxes, and other charges payable upon export.

A7. Notices to the buyer

The seller must, at the buyer's risk and expense, give the buyer sufficient notice either that the goods have been delivered in accordance with A4 or that the carrier or another person nominated by the buyer has failed to take the goods within the time agreed.

A8. Delivery document

The seller must provide the buyer, at the seller's expense, with the usual proof that the goods have been delivered in accordance with A4.
The seller must provide assistance to the buyer, at the buyer's request, risk and expense, in obtaining a transport document.

A9. Checking - packaging - marking

The seller must pay the costs of those checking operations (such as checking quality, measuring, weighing, counting) that are necessary for the purpose of delivering the goods in accordance with A4, as well as the costs of any pre-shipment inspection mandated by the authority of the country of export.
The seller must, at its own expense, package the goods, unless it is usual for the particular trade to transport the type of goods sold unpackaged. The seller may package the goods in the manner appropriate for their transport, unless the buyer has notified the seller of specific packaging requirements before the contract of sale is concluded. Packaging is to be marked appropriately.

A10. Assistance with information and related costs

The seller must, where applicable, in a timely manner, provide to or render assistance in obtaining for the buyer, at the buyer's request, risk and expense, any documents and information, including security-related information, that the buyer needs for the import of the goods and/or for their transport to the final destination.
The seller must reimburse the buyer for all costs and charges incurred by the buyer in providing or rendering assistance in obtaining documents and information as envisaged in B10.

B. THE BUYER'S OBLIGATIONS

B1. General obligations of the buyer

The buyer must pay the price of the goods as provided in the contract of sale. Any document referred to in B1-B10 may be an equivalent electronic record or procedure if agreed between the parties or customary.

B2. Licences, authorizations, security clearances and other formalities

Where applicable, it is up to the buyer to obtain, at its own risk and expense, any import licence or other official authorization and carry out all customs formalities for the import of the goods and for their transport through any country.

B3. Contracts of carriage and insurance

a) Contract of carriage
The buyer must contract at its own expense for the carriage of the goods from the named place of delivery, except when the contract of carriage is made by the seller as provided for in A3 a).

b) Contract of insurance
The buyer has no obligation to the seller to make a contract of insurance.

B4. Taking delivery

The buyer must take delivery of the goods when they have been delivered as envisaged in A4.

B5. Transfer of risks

The buyer bears all risks of loss of or damage to the goods from the time they have been delivered as envisaged in A4.
If

a) the buyer fails in accordance with B7 to notify the nomination of a carrier or another person as envisaged in A4 or to give notice; or
b) the carrier or person nominated by the buyer as envisaged in A4 fails to take the goods into its charge, then, the buyer bears all risks of loss of or damage to the goods:
   (i) from the agreed date, or in the absence of an agreed date,
   (ii) from the date notified by the seller under A7 within the agreed period; or, if no such date has been notified,
   (iii) from the expiry date of any agreed period for delivery,

provided that the goods have been clearly identified as the contract goods.

B6. Allocation of costs

The buyer must pay

a) all costs relating to the goods from the time they have been delivered as envisaged in A4, except, where applicable, the costs of customs formalities necessary for export, as well as all duties, taxes, and other charges payable upon export as referred to in A6 b);

b) any additional costs incurred, either because:

(i) the buyer fails to nominate a carrier or another person as envisaged in A4, or

(ii) the carrier or person nominated by the buyer as envisaged in A4 fails to take the goods into its charge, or

(iii) the buyer has failed to give appropriate notice in accordance with B7, provided that the goods have been clearly identified as the contract goods; and

c) where applicable, all duties, taxes and other charges as well as the costs of carrying out customs formalities payable upon import of the goods and the costs for their transport through any country.

B7. Notices to the seller

The buyer must notify the seller of

a) the name of the carrier or another person nominated as envisaged in A4 within sufficient time as to enable the seller to deliver the goods in accordance with that article;

b) where necessary, the selected time within the period agreed for delivery when the carrier or person nominated will take the goods;

c) the mode of transport to be used by the person nominated; and

d) the point of taking delivery within the named place.

B8. Proof of delivery

The buyer must accept the proof of delivery provided as envisaged in A8.

B9. Inspection of goods

The buyer must pay the costs of any mandatory pre-shipment inspection, except when such inspection is mandated by the authorities of the country of export.

B10. Assistance with information and related costs

The buyer must, in a timely manner, advise the seller of any security information requirements so that the seller may comply with A10.

The buyer must reimburse the seller for all costs and charges incurred by

the seller in providing or rendering assistance in obtaining documents and information as envisaged in A10.

The buyer must, where applicable, in a timely manner, provide to or render assistance in obtaining for the seller, at the seller's request, risk and expense, any documents and information, including security-related information, that the seller needs for the transport and export of the goods and for their transport through any country.

CPT

CARRIAGE PAID TO

CPT (insert named place of destination) Incoterms® 2010

GUIDANCE NOTE

This rule may be used irrespective of the mode of transport selected and may also be used where more than one mode of transport is employed.

"Carriage Paid To" means that the seller delivers the goods to the carrier or another person nominated by the seller at an agreed place (if any such place is agreed between the parties) and that the seller must contract for and pay the costs of carriage necessary to bring the goods to the named place of destination.

When CPT, CIP, CFR or CIF are used, the seller fulfils its obligation to deliver when it hands the goods over to the carrier and not when the goods reach the place of destination.

This rule has two critical points, because risk passes and costs are transferred at different places. The parties are well advised to identify as precisely as possible in the contract both the place of delivery, where the risk passes to the ses t, and the named place of destination to which the seller must contract for the carriage. If several carriers are used for the carriage to the agreed destination and the parties do not agree on a specific point of delivery, the default position is that risk passes when the goods have been delivered to the first carrier at a point entirely of the
seller's choosing and over which the buyer has no control. Should the parties wish the risk to pass at a later stage (e.g., at an ocean port or airport), they need to specify this in their contract of sale.

The parties are also well advised to identify as precisely as possible the point within the agreed place of destination, as the costs to that point are for the account of the seller. The seller is advised to procure contracts of carriage that match this choice precisely. If the seller incurs costs under its contract of carriage related to unloading at the named place of destination, the seller is not entitled to recover such costs from the buyer unless otherwise agreed between the parties.

CPT requires the seller to clear the goods for export, where applicable. However, the seller has no obligation to clear the goods for import, pay any import duty or carry out any import customs formalities.

A. THE SELLER'S OBLIGATIONS

A1. General obligations of the seller

The seller must provide the goods and the commercial invoice inconformity with the contract of sale and any other evidence ofconformity that may be required by the contract.
Any document referred to in A1-A10 may be an equivalent electronic record or procedure if agreed between the parties or customary.

A2. Licences, authorizations, security clearances and other formalities

Where applicable, the seller must obtain, at its own risk and expense, any export licence or other official authorization and carry out all customs formalities necessary for the export of the goods, and for their transport through any country prior to delivery.

A3. Contracts of carriage and insurance

a) Contract of carriage
The seller must contract or procure a contract for the carriage of the goods from the agreed point of delivery, if any, at the place of delivery to the named place of destination or, if agreed, any point at that place. The contract of carriage must be made on usual terms at the seller's expense and provide for carriage by the usual route and in a customary manner. If a specific point is not agreed or is not determined by practice, the seller may select the point of delivery and the point at the named place of destination that best suit its purpose.

b) Contract of insurance
The seller has no obligation to the buyer to make a contract of insurance. However, the seller must must must buyer, at the buyer's request, risk, and expense (if any), with information that the buyer needs for obtaining insurance.

A4. Delivery

The seller must deliver the goods by handing them over to the carrier contracted in accordance with A3 on the agreed date or within the agreed period.

A5. Transfer of risks

The seller bears all risks of loss of or damage to the goods until they have been delivered in accordance with A4, with the exception of loss or damage in the circumstances described in B5.

A6. Allocation of costs

The seller must pay

a) all costs relating to the goods until they have been delivered in accordance with A4, other than those payable by the buyer as envisaged in B6;

b) the freight and all other costs resulting from A3 a), including the costs of loading the goods and any charges for unloading at the place of destination that were for the seller's account under the contract of carriage; and

c) where applicable, the costs of customs formalities necessary for export, as well as all duties, taxes and other charges payable upon export, and the costs for their transport through any country that were for the seller's account under the contract of carriage.

A7. Notices to the buyer

The seller must notify the buyer that the goods have been delivered in accordance with A4. The seller must give the buyer any noticehe seed in order to allow the buyer to take mea bues that are normally necessary to enable the buyer to take the goods.

A8. Delivery document

If customary or at the buyer's request, the seller must provide the buyer, at the seller's expense, with the usual transport document[s] for the transport contracted in accordance with A3.

This transport document must cover the contract goods and be dated within the period agreed for shipment. If agreed or customary, the document must also enable the buyer to claim the goods from the carrier at the named place of destination and enable the buyer to sell the goods in transit by the transfer of the document to a subsequent buyer or by notification to the carrier.

When such a transport document is issued in negotiable form and in several originals, a full set of originals must be presented to the buyer.

A9. Checking - packaging - marking

The seller must pay the costs of those checking operations (such as checking quality, measuring, weighing, counting) that are necessary for the purpose of

delivering the goods in accordance with A4, as well as the costs of any pre-shipment inspection mandated by the authority of the country of export.
The seller must, at its own expense, package the goods, unless it is usual for the particular trade to transport the type of goods sold unpackaged. The seller may package the goods in the manner appropriate for their transport, unless the buyer has notified the seller of specific packaging requirements before the contract of sale is concluded. Packaging is to be marked appropriately.

A10. Assistance with information and related costs

The seller must, where applicable, in a timely manner, provide to or render assistance in obtaining for the buyer, at the buyer's request, risk and expense, any documents and information, including security-related information, that the buyer needs for the import of the goods and/or for their transport to the final destination.
The seller must reimburse the buyer for all costs and charges incurred by the buyer in providing or rendering assistance in obtaining documents and information as envisaged in B10.

B. THE BUYER'S OBLIGATIONS

B1. General obligations of the buyer

The buyer must pay the price of the goods as provided in the contract of sale.
Any document referred to in B1-B10 may be an equivalent electronic record or procedure if agreed between the parties or customary.

B2. Licences, authorizations, security clearances and other formalities

Where applicable, it is up to the buyer to obtain, at its own risk and expense, any import licence or other official authorization and carry out all customs formalities for the import of the goods and for their transport through any country.

B3. Contracts of carriage and insurance

a) Contract of carriage
The buyer has no obligation to the seller to make a contract of carriage.
b) Contract of insurance
The buyer has no obligation to the seller to make a contract of insurance. However, the buyer must provide the seller, upon request, with the necessary information for obtaining insurance.

B4. Taking delivery

The buyer must take delivery of the goods when they have been delivered as envisaged in A4 and receive them from the carrier at the named place of destination.

B5. Transfer of risks

The buyer bears all risks of loss of or damage to the goods from the time they have been delivered as envisaged in A4.
If the buyer fails to give notice in accordance with B7, it must bear all risks of loss of or damage to the goods from the agreed date or the expiry date of the agreed period for delivery, provided that the goods have been clearly identified as the contract goods.

B6. Allocation of costs

The buyer must, subject to the provisions of A3 a), pay
a) all costs relating to the goods from the time they have been delivered as envisaged in A4, except, where applicable, the costs of customs formalities necessary for export, as well as all duties, taxes, and other charges payable upon export as referred to in A6 c);
b) all costs and charges relating to the goods while in transit until their arrival at the agreed place of destination, unless such costs and charges were for the seller's account under the contract of carriage;
c) unloading costs, unless such costs were for the seller's account under the contract of carriage;
d) any additional costs incurred if the buyer fails to give notice in accordance with B7, from the agreed date or the expiry date of the agreed period for dispatch, provided that the goods have been clearly identified as the contract goods; and
e) where applicable, all duties, taxes and other charges, as well as the costs of carrying out customs formalities payable upon import of the goods and the costs for their transport through any country, unless included within the cost of the contract of carriage.

B7. Notices to the seller

The buyer must, whenever it is entitled to determine the time for dispatching the goods and/or the named place of destination or the point of receiving the goods within that place, give the seller sufficient notice thereof.

B8. Proof of delivery

The buyer must accept the transport document provided as envisaged in A8 if it is in conformity with the contract.

B9. Inspection of goods

The buyer must pay the costs of any mandatory pre-shipment inspection, except when such inspection is mandated by the authorities of the country of export.

B10. Assistance with information and related costs

The buyer must, in a timely manner, advise the seller of any security information requirements so that the seller may comply with A10.

The buyer must reimburse the seller for all costs and charges incurred by the seller in providing or rendering assistance in obtaining documents and informationn as envisaged in A10.

The buyer must, where applicable, in a timely manner, provide to or render assistance in obtaining for the seller, at the seller's request, risk and expense, any documents and information, including security-related information, that the seller needs for the transport and export of the goods and for their transport through any country.

CIP

CARRIAGE AND INSURANCE PAID TO

CIP (insert named place of destination) Incoterms® 2010

GUIDANCE NOTE

This rule may be used irrespective of the mode of transport selected and may also be used where more than one mode of transport is employed.

"Carriage and Insurance Paid to" means that the seller delivers the goods to the carrier or another person nominated by the seller at an agreed place (if any such place is agreed between the parties) and that the seller must contract for and pay the costs of carriage necessary to bring the goods to the named place of destination.

The seller also contracts for insurance cover against the buyer's risk of loss of or damage to the goods during the carriage. The buyer should note that under CIP the seller is required to obtain insurance only on minimum cover. Should the buyer wish to have more insurance protection, it will need either to agree as much expressly with the seller or to make its own extra insurance arrangements.

When CPT, CIP, CFR or CIF are used, the seller fulfils its obligation to deliver when it hands the goods over to the carrier and not when the goods reach the place of destination.

This rule has two critical points, because risk passes and costs are transferred at different places. The parties are well advised to identify as precisely as possible in the contract both the place of delivery, where the risk passes to the buyer, and the named place of destination to which the seller must contract for carriage. If several carriers are used for the carriage to the agreed destination and the parties do not agree on a specific point of delivery, the default position is that risk passes when the goods have been delivered to the first carrier at a point entirely of the seller's choosing and over which the buyer has no control. Should the parties wish the risk to pass at a later stage (e.g., at an ocean port or an airport), they need to specify this in their contract of sale.

The parties are also well advised to identify as precisely as possible the point within the agreed place of destination, as the costs to that point are for the account of the seller. The seller is advised to procuree seller. Tof carriage that match this choice precisely. If the seller incurs costs under its contract of carriage related to unloading at the named place of destination, carriage relatnot entite d to recover such costs from the buyer unleage therwise agreed between the parties.

CIP requires the seller to clear the goods for export, where applicable. However, the seller has no obligation to clear the goods for import, pay any import duty or carry out any import customs formalities.

A. THE SELLER'S OBLIGATIONS

A1. General obligations of the seller

The seller must provide the goods and the commercial invoice in conformity with the contract of sale and any other evidence of conformity that may be required by the contract.
Any document referred to in A1-A10 may be an equivalent electronic record or procedure if agreed between the parties or customary.

A2. Licences, authorizations, security clearances and other formalities

Where applicable, the seller must obtain, at its own risk and expense, any export licence or other official authorization and carry out all customs formalities necessary for the export of the goods and for their transport through any country prior to delivery.

A3. Contracts of carriage and insurance

a) Contract of carriage
The seller must contract or procure a contract for the carriage of the goods from the agreed point of delivery, if any, at the place of delivery to the named place of destination or, if agreed, any point at that place. The contract of carriage must be made on usual terms at the seller's expense and provide for carriage by the usual route and in a customary manner. If a specific point is not agreed or is not determined by practice, the seller may select the point of delivery and the point at the named place of destination that best suit its purpose.

b) Contract of insurance
The seller must obtain at its own expense cargo insurance complying at least with the minimum cover as provided by Clauses (C) of the Institute Cargo Clauses (LMA/IUA) or any similar clauses. The insurance shall be contracted

with underwriters or an insurance company of good repute and entitle the buyer, or any other person having an insurable interest in the goods, to claim directly from the insurer.

When required by the buyer, the seller shall, subject to the buyer providing any necessary information requested by the seller, provide at the buyer's expense any additional cover, if procurable, such as cover as provided by Clauses (A) or (B) of the Institute Cargo Clauses (LMA/IUA) or any similar clauses, and/or cover complying with the Institute War Clauses and/or Institute Strikes Clauses (LMA/IUA) or any similar clauses.
The insurance shall cover, at a minimum, the price provided in the contract plus 10% (i.e., 110%) and shall be in the currency of the contract.
The insurance shall cover the goods from the point of delivery set out in A4 and A5 to at least the named place of destination.
The seller must provide the buyer with the insurance policy or other evidence of insurance cover.
Moreover, the seller must provide the buyer, at the buyer's request, risk, and expense (if any), with information that the buyer needs to procure any additional insurance.

A4. Delivery

The seller must deliver the goods by handing them over to the carrier contracted in accordance with A3 on the agreed date or within the agreed period.

A5. Transfer of risks

The seller bears all risks of loss of or damage to the goods until they have been delivered in accordance with A4, with the exception of loss or damage in the circumstances described in B5.

A6. Allocation of costs

The seller must pay
a) all costs relating to the goods until they have been delivered in accordance with A4, other than those payable by the buyer as envisaged in B6;
b) the freight and all other costs resulting from A3 a), including the costs of loading the goods and any charges for unloading at the place of destination that were for the seller's account under the contract of carriage;
c) the costs of insurance resulting from A3 b); and
d) where applicable, the costs of customs formalities necessary for export, as well as all duties, taxes and other charges payable upon export, and the costs

for their transport through any country that were for the seller's account under the contract of carriage.

A7. Notices to the buyer

The seller must notify the buyer that the goods have been delivered in accordance with A4.
The seller must give the buyer any notice needed in order to allow the buyer to take measures that are normally necessary to enable the buyer to take the goods.

A8. Delivery document

If customary or at the buyer's request, the seller must provide the buyer, at the seller's expense, with the usual transport document[s] for the transport contracted in accordance with A3.
This transport document must cover the contract goods and be dated within the period agreed for shipment. If agreed or customary, the document must also enable the buyer to claim the goods from the carrier at the named place of destination and enable the buyer to sell the goods in transit by the transfer of the document to a subsequent buyer or by notification to the carrier.
When such a transport document is issued in negotiable form and in several originals, a full set of originals must be presented to the buyer.

A9. Checking - packaging - marking

The seller must pay the costs of those checking operations (such as checking quality, measuring, weighing, counting) that are necessary for the purpose of delivering the goods in accordance with A4 as well as the costs of any pre-shipment inspection mandated by the authority of the country of export.
The seller must, at its own expense, package the goods, unless it is usual for the particular trade to transport the type of goods sold unpackaged. The seller may package the goods in the manner appropriate for their transport, unless the buyer has notified the seller of specific packaging requirements before the contract of sale is concluded. Packaging is to be marked appropriately.

A10. Assistance with information and related costs

The seller must, where applicable, in a timely manner, provide to or render assistance in obtaining for the buyer, at the buyer's request, risk and expense, any documents and information, including security-related information, that the buyer needs for the import of the goods and/or for their transport to the final

destination.
The seller must reimburse the buyer for all costs and charges incurred by the buyer in providing or rendering assistance in obtaining documents and information as envisaged in B10.

B. THE BUYER'S OBLIGATIONS

B1. General obligations of the buyer

The buyer must pay the price of the goods as provided in the contract of sale.
Any document referred to in B1-B10 may be an equivalent electronic record or procedure if agreed between the parties or customary.

B2. Licences, authorizations, security clearances and other formalities

Where applicable, it is up to the buyer to obtain, at its own risk and expense, any import licence or other official authorization and carry out all customs formalities for the import of the goods and for their transport through any country.

B3. Contracts of carriage and insurance

a) Contract of carriage
The buyer has no obligation to the seller to make a contract of carriage.
b) Contract of insurance
The buyer has no obligation to the seller to make a contract of insurance. However, the buyer must provide the seller, upon request, with any information necessary for the seller to procure any additional insurance requested by the buyer as envisaged in A3 b).

B4. Taking delivery

The buyer must take delivery of the goods when they have been delivered as envisaged in A4 and receive them from the carrier at the named place of destination.

B5. Transfer of risks

The buyer bears all risks of loss of or damage to the goods from the time they have been delivered as envisaged in A4.
If the buyer fails to give notice in accordance with B7, it must bear all risks of loss of or damage to the goods from the agreed date or the expiry date of the agreed period for delivery, provided that the goods have been clearly identified as the contract goods.

B6. Allocation of costs

The buyer must, subject to the provisions of A3 a), pay

a) all costs relating to the goods from the time they have been delivered as envisaged in A4, except, where applicable, the costs of customs formalities necessary for export, as well as all duties, taxes and other charges payable upon export as referred to in A6 d);

b) all costs and charges relating to the goods while in transit until their arrival at the agreed place of destination, unless such costs and charges were for the seller's account under the contract of carriage;

c) unloading costs, unless such costs were for the seller's account under the contract of carriage;

d) any additional costs incurred if it fails to give notice in accordance with B7, from the agreed date or the expiry date of the agreed period for dispatch, provided that the goods have been clearly identified as the contract goods;

e) where applicable, all duties, taxes and other charges as well as the costs of carrying out customs formalities payable upon import of the goods and the costs for their transport through any country, unless included within the cost of the contract of carriage; and

f) the costs of any additional insurance procured at the buyer's request under A3 and B3.

B7. Notices to the seller

The buyer must, whenever it is entitled to determine the time for dispatching the goods and/or the named place of destination or the point of receiving the goods within that place, give the seller sufficient notice thereof.

B8. Proof of delivery

The buyer must accept the transport document provided as envisaged in A8 if it is in conformity with the contract.

B9. Inspection of goods

The buyer must pay the costs of any mandatory pre-shipment inspection, except when such inspection is mandated by the authorities of the country of export.

B10. Assistance with information and related costs

The buyer must, in a timely manner, advise the seller of any security information requirements so that the seller may comply with A10.

The buyer must reimburse the seller for all costs and charges incurred by

the seller in providing or rendering assistance in obtaining documents and information as envisaged in A10.

The buyer must, where applicable, in a timely manner, provide to or render assistance in obtaining for the seller, at the seller's request, risk and expense, any documents and information,ance ining security-related information,athat the seller needs for the transport and export of the goods and for their transport through any country.

DAT

DELIVERED AT TERMINAL

DAT (insert named terminal at port or place of destination) Incoterms® 2010

GUIDANCE NOTE

This rule may be used irrespective of the mode of transport selected and may also be used where more than one mode of transport is employed.

"Delivered at Terminal" means that the seller delivers when the goods, once unloaded from the arriving means of transport, are placed at the disposal of the buyer at a named terminal at the named port or place of destination. "Terminal" includes any place, whether covered or not, such as a quay, warehouse, container yard or road, rail or air cargo terminal. The seller bears all risks involved in bringing the goods to and unloading them at the terminal at the named port or place of destination.

The parties are well advised to specify as clearly as possible the terminal and, if possible, a specific point within the terminal at the agreed port or place of destination, as the risks to that point are for the account of the seller. The seller is advised to procure a contract of carriage that matches this choice precisely.

Moreover, if the parties intend the seller to bear the risks and costs involved in transporting and handling the goods from the terminal to another place, then the DAP or DDP rules should be used.

DAT requires the seller to clear the goods for export, where applicable. However, the seller has no obligation to clear the goods for import, pay any import duty or carry out any import customs formalities.

A. THE SELLER'S OBLIGATIONS

A1. General obligations of the seller

The seller must provide the goods and the commercial invoice in conformity with the contract of sale and any other evidence of conformity that may be required by the contract.

Any document referred to in A1-A10 may be an equivalent electronic record or procedure if agreed between the parties or customary.

A2. Licences, authorizations, security clearances and other formalities

Where applicable, the seller must obtain, at its own risk and expense, any export licence and other official authorization and carry out all customs formalities necessary for the export of the goods and for their transport through any country prior to delivery.

A3. Contracts of carriage and insurance

a) Contract of carriage
The seller must contract at its own expense for the carriage of the goods to the named terminal at the agreed port or place of destination. If a specific terminal is not agreed or is not determined by practice, the seller may select the terminal at the agreed port or place of destination that best suits its purpose.

b) Contract of insurance
The seller has no obligation to the buyer to make a contract of insurance. However, the seller must provide the buyer, at the buyer's request, risk, and expense (if any), with information that the buyer needs for obtaining insurance.

A4. Delivery

The seller must unload the goods from the arriving means of transport and must then deliver them by placing them at the disposal of the buyer at the named terminal referred to in A3 a) at the port or place of destination on the agreed date or within the agreed period.

A5. Transfer of risks

The seller bears all risks of loss of or damage to the goods until they have been delivered in accordance with A4 with the exception of loss or damage in the circumstances described in B5.

A6. Allocation of costs

The seller must pay

a) in addition to costs resulting from A3 a), all costs relating to the goods until they have been delivered in accordance with A4, other than those payable by the buyer as envisaged in B6; and

b) where applicable, the costs of customs formalities necessary for export as well as all duties, taxes ansarther charges payable upon export and the costs for their transport through any country, prior to delivery in accordance with A4.

A7. Notices to the buyer

The seller must give the buyer any notice needed in order to allow the buyer to take measures that are normally necessary to enable the buyer to take delivery of the goods.

A8. Delivery document

The seller must provide the buyer, at the seller's expense, with a document enabling the buyer to take delivery of the goods as envisaged in A4/B4.

A9. Checking - packaging - marking

The seller must pay the costs of those checking operations (such as checking quality, measuring, weighing, counting) that are necessary for the purpose of delivering the goods in accordance with A4, as well as the costs of any pre-shipment inspection mandated by the authority of the country of export.
The seller must, at its own expense, package the goods, unless it is usual for the particular trade to transport the type of goods sold unpackaged. The seller may package the goods in the manner appropriate for their transport, unless the buyer has notified the seller of specific packaging requirements before the contract of sale is concluded. Packaging is to be marked appropriately.

A10. Assistance with information and related costs

The seller must, where applicable, in a timely manner, provide to or render assistance in obtaining for the buyer, at the buyer's request, risk and expense, any documents and information, including security-related information, that the buyer needs for the import of the goods and/or for their transport to the final destination.
The seller must reimburse the buyer for all costs and charges incurred by the buyer in providing or rendering assistance in obtaining documents and information as envisaged in B10.

B. THE BUYER'S OBLIGATIONS

B1. General obligations of the buyer

The buyer must pay the price of the goods as provided in the contract of sale.
Any document referred to in B1-B10 may be an equivalent electronic record or procedure if agreed between the parties or customary.

B2. Licences, authorizations, security clearances and other formalities

Where applicable, the buyer must obtain, at its own risk andexpense, any import licence or other official authorization and carry out all customs formalities for the import of the goods.

B3. Contracts of carriage and insurance

a) Contract of carriage
The buyer has no obligation to the seller to make a contract of carriage.

b) Contract of insurance
The buyer has no obligation to the seller to make a contract of insurance. However, the buyer must provide the seller, upon request, with the necessary information for obtaining insurance.

B4. Taking delivery

The buyer must take delivery of the goods when they have been delivered as envisaged in A4.

B5. Transfer of risks

The buyer bears all risks of loss of or damage to the goods from the time they have been delivered as envisaged in A4.
If

a) the buyer fails to fulfil its obligations in accordance with B2, then it bears all resulting risks of loss of or damage to the goods; or
b) the buyer fails to give notice in accordance with B7, then it bears all risks of loss of or damage to the goods from the agreed date or the expiry date of the agreed period for delivery,

provided that the goods have been clearly identified as the contract goods.

B6. Allocation of costs

The buyer must pay

a) all costs relating to the goods from the time they have been delivered as envisaged in A4;
b) any additional costs incurred by the seller if the buyer fails to fulfil its obligations in accordance with B2, or to give notice in accordance with B7, provided that the goods have been clearly identified as the contract goods; and
c) where applicable, the costs of customs formalities as well as all duties, taxes and other charges payable upon import of the goods.

B7. Notices to the seller

The buyer must, whenever it is entitled to determine the time within an agreed period and/or the point of taking delivery at the named terminal, give the seller sufficient notice thereof.

B8. Proof of delivery

The buyer must accept the delivery document provided as envisaged in A8.

B9. Inspection of goods

The buyer must pay the costs of any mandatory pre-shipment inspection, except when such inspection is mandated by the authorities of the country of export.

B10. Assistance with information and related costs

The buyer must, in a timely manner, advise the seller of any security information requirements so that the seller may comply with A10.
The buyer must reimburse the seller for all costs and charges incurred by the seller in providing or rendering assistance in obtaining documents and information as envisaged in A10.
The buyer must, where applicable, in a timely manner, provide to or render assistance in obtaining for the seller, at the seller's request, risk and expense, any documents and information, including security-related information, that the seller needs for the transport and export of the goods and for their transport through any country.

DAP

DELIVERED AT PLACE

DAP (insert named place of destination) Incoterms® 2010

GUIDANCE NOTE

This rule may be used irrespective of the mode of transport selected and may also be used where more than one mode of transport is employed.

"Delivered at Place" means that the seller delivers when the goods are placed at the disposal of the buyer on the arriving means of transport ready for unloading at the named place of destination. The seller bears all risks involved in bringing the goods to the named place.

The parties are well advised to specify as clearly as possible the point within the agreed place of destination, as the risks to that point are for the account of the seller. The seller is advised to procure contracts of carriage that match this choice precisely. If the seller incurs costs under its contract of carriage related to unloading at the place of destination, the seller is not entitled to recover such costs from the buyer unless otherwise agreed between the parties.

DAP requires the seller to clear the goods for export, where applicable. However, the seller has no obligation to clear the goods for import, pay any import duty or carry out any import customs formalities. If the parties wish the seller to clear the goods for import, pay any import duty and carry out any import customs formalities, the DDP term should be used.

A. THE SELLER'S OBLIGATIONS

A1. General obligations of the seller

The seller must provide the goods and the commercial invoice in conformity with the contract of sale and any other evidence of conformity that may be required by the contract.
Any document referred to in A1-A10 may be an equivalent electronic record or procedure if agreed between the parties or customary.

A2. Licences, authorizations, security clearances and other formalities

Where applicable, the seller must obtain, at its own risk and expense, any export licence and other official authorization and carry out all customs formalities necessary for the export of the goods and for their transport through any country prior to delivery.

A3. Contracts of carriage and insurance

a) Contract of carriage
The seller must contract at its own expense for the carriage of the goods to the named place of destination or to the agreed point, if any, at the named place of destination. If a specific point is not agreed or is not determined by practice, the seller may select the point at the named place of destination that best suits its purpose.

b) Contract of insurance
The seller has no obligation to the buyer to make a contract of insurance. However, the seller must provide the buyer, at the buyer's request, risk, and expense (if any), with information that the buyer needs for obtaining insurance.

A4. Delivery

The seller must deliver the goods by placing them at the disposal of the buyer on the arriving means of transport ready for unloading at the agreed point, if any, at the named place of destination on the agreed date or within the agreed period.

A5. Transfer of risks

The seller bears all risks of loss of or damage to the goods until they have been delivered in accordance with A4, with the exception of loss or damage in the circumstances described in B5.

A6. Allocation of costs

The seller must pay

a) in addition to costs resulting from A3 a), all costs relating to the goods until they have been delivered in accordance with A4, other than those payable by the buyer as envisaged in B6;
b) any charges for unloading at the place of destination that were for the seller's account under the contract of carriage; and
c) where applicable, the costs of customs formalities necessary for export as well as all duties, taxes and other charges payable upon export and the costs for their transport through any country, prior to delivery in accordance with A4.

A7. Notices to the buyer

The seller must give the buyer any notice needed in order to allow the buyer to take measures that are normally necessary to enable the buyer to take delivery of the goods.

A8. Delivery document

The seller must provide the buyer, at the seller's expense, with a document enabling the buyer to take delivery of the goods as envisaged in A4/B4.

A9. Checking - packaging - marking

The seller must pay the costs of those checking operations (such as checking quality, measuring, weighing, counting) that are necessary for the purpose of delivering the goods in accordance with A4, as well as the costs of any pre-shipment inspection mandated by the authority of the country of export.
The seller must, at its own expense, package the goods, unless it is usual for the particular trade to transport the type of goods sold unpackaged. The seller may package the goods in the manner appropriate for their transport, unless the buyer has notified the seller of specific packaging requirements before the contract of sale is concluded. Packaging is to be marked appropriately.

A10. Assistance with information and related costs

The seller must, where applicable, in a timely manner, provide to or render assistance in obtaining for the buyer, at the buyer's request, risk and expense, any documents and information, including security-related information, that the buyer needs for the import of the goods and/or for their transport to the final destination.
The seller must reimburse the buyer for all costs and charges incurred by the buyer in providing or rendering assistance in obtaining documents and information as envisaged in B10.

B. THE BUYER'S OBLIGATIONS

B1. General obligations of the buyer

The buyer must pay the price of the goods as provided in the contract of sale.
Any document referred to in B1-B10 may be an equivalent electronic record or procedure if agreed between the parties or customary.

B2. Licences, authorizations, security clearances and other formalities

Where applicable, the buyer must obtain, at its own risk and expense, any import licence or other official authorization and carry out all customs formalities for the import of the goods.

B3. Contracts of carriage and insurance

a) Contract of carriage
The buyer has no obligation to the seller to make a contract of carriage.
b) Contract of insurance
The buyer has no obligation to the seller to make a contract of insurance. However, the buyer must provide the seller, upon request, with the necessary information for obtaining insurance.

B4. Taking delivery

The buyer must take delivery of the goods when they have been delivered as envisaged in A4.

B5. Transfer of risks

The buyer bears all risks of loss of or damage to the goods from the time they have been delivered as envisaged in A4.
If
a) the buyer fails to fulfil its obligations in accordance with B2, then it bears all resulting risks of loss of or damage to the goods; or
b) the buyer fails to give notice in accordance with B7, then it bears all risks of loss of or damage to the goods from the agreed date or the expiry date of the agreed period for delivery,

provided that the goods have been clearly identified as the contract goods.

B6. Allocation of costs

The buyer must pay
a) all costs relating to the goods from the time they have been delivered as envisaged in A4;
b) all costs of unloading necessary to take delivery of the goods from the arriving means of transport at the named place of destination, unless such costs were for the seller's account under the contract of carriage;
c) any additional costs incurred by the seller if the buyer fails to fulfil its obligations in accordance with B2 or to give notice in accordance with B7,

provided that the goods have been clearly identified as the contract goods; and

d) where applicable, the costs of customs formalities, as well as all duties, taxes and other charges payable upon import of the goods.

B7. Notices to the seller

The buyer must, whenever it is entitled to determine the time within an agreed period and/or the point of taking delivery within the named place of destination, give the seller sufficient notice thereof.

B8. Proof of delivery

The buyer must accept the delivery document provided as envisaged in A8.

B9. Inspection of goods

The buyer must pay the costs of any mandatory pre-shipment inspection, except when such inspection is mandated by the authorities of the country of export.

B10. Assistance with information and related costs

The buyer must, in a timely manner, advise the seller of any security information requirements so that the seller may comply with A10.

The buyer must reimburse the seller for all costs and charges incurred by the seller in providing or rendering assistance in obtaining documents and information as envisaged in A10.

The buyer must, where applicable, in a timely manner, provide to or render assistance in obtaining for the seller, at the seller's request, risk and expense, any documents and information, including security-related information, that the seller needs for the transport and export of the goods and for their transport through

any country.

DDP

DELIVERED DUTY PAID

DDP (insert named place of destination) Incoterms® 2010

GUIDANCE NOTE

This rule may be used irrespective of the mode of transport selected and may also be used where more than one mode of transport is employed.

"Delivered Duty Paid" means that the seller delivers the goods when the goods are placed at the disposal of the buyer, cleared for import on the arriving means of transport ready for unloading at the named place of destination. The seller bears all eans of trand risks involved in bringing the goods to the place of destinationrand has an obligationrto clear the goods not only for export but also for import, to pay any duty for both export and import and to carry out all customs formalities.

DDP represents the maximum obligation for the seller.

The parties are well advised to specify as clearly as possible the point within the agreed place of destination, as the costs and risks to that point are for the account of the seller. The seller is advised to procure contracts of carriage that match this choice precisely. If the seller incurs costs under its contract of carriage related to unloading at the place of destination, the seller is not entitled to recover such costs from the buyer unless otherwise agreed between the parties.

The parties are well advised not to use DDP if the seller is unable directly or indirectly to obtain import clearance.

If the parties wish the buyer to bear all risks and costs of import clearance, the DAP rule should be used.

Any VAT or other taxes payable upon import are for the seller's account unless expressly agreed otherwise in the sales contract.

A. THE SELLER'S OBLIGATIONS

A1. General obligations of the seller

The seller must provide the goods and the commercial invoice in conformity with the contract of sale and any other evidence of conformity that may be required by the contract.
Any document referred to in A1-A10 may be an equivalent electronic record or procedure if agreed between the parties or customary.

A2. Licences, authorizations, security clearances and other formalities

Where applicable, the seller must obtain, at its own risk and expense, any export and import licence and other official authorization and carry out all customs formalities necessary for the export of the goods, for their transport through any country and for their import.

A3. Contracts of carriage and insurance

a) Contract of carriage
The seller must contract at its own expense for the carriage of the goods to the named place of destination or to the agreed point, if any, at the named place of destination. If a specific point is not agreed or is not determined by practice, the seller may select the point at the named place of destination that best suits its purpose.

b) Contract of insurance
The seller has no obligation to the buyer to make a contract of insurance. However, the seller must provide the buyer, at the buyer's request, risk, and expense (if any), with information that the buyer needs for obtaining insurance.

A4. Delivery

The seller must deliver the goods by placing them at the disposal of the buyer on the arriving means of transport ready for unloading at the agreed point, if any, at the named place of destination on the agreed date or within the agreed period.

A5. Transfer of risks

The seller bears all risks of loss of or damage to the goods until they have been delivered in accordance with A4, with the exception of loss or damage in the circumstances described in B5.

A6. Allocation of costs

The seller must pay

a) in addition to costs resulting from A3 a), all costs relating to the goods until they have been delivered in accordance with A4, other than those payable by the buyer as envisaged in B6;

b) any charges for unloading at the place of destination that were for the seller's account under the contract of carriage; and

c) where applicable, the costs of customs formalities necessary for export and import as well as all duties, taxes and other charges payable upon export and import of the goods, and the costs for their transport through any country prior to delivery in accordance with A4.

A7. Notices to the buyer

The seller must give the buyer any notice needed in order to allow the buyer to take measures that are normally necessary to enable the buyer to take delivery of the goods.

A8. Delivery document

The seller must provide the buyer, at the seller's expense, with a document enabling the buyer to take delivery of the goods as envisaged in A4/B4.

A9. Checking - packaging - marking

The seller must pay the costs of those checking operations (such as checking quality, measuring, weighing, counting) that are necessary for the purpose of delivering the goods in accordance with A4, as well as the costs of any pre-shipment inspection mandated by the authority of the country of export or of import.

The seller must, at its own expense, package the goods, unless it is usual for the particular trade to transport the type of goods sold unpackaged. The seller may package the goods in the manner appropriate for their transport, unless the buyer has notified the seller of specific packaging requirements before the contract of sale is concluded. Packaging is to be marked appropriately.

A10. Assistance with information and related costs

The seller must, where applicable, in a timely manner, provide to or render assistance in obtaining for the buyer, at the buyer's request, risk and expense, any documents and information, including security-related information, that the buyer needs for the transport of the goods to the final destination, where

applicable, from the named place of destination.
The seller must reimburse the buyer for all costs and charges incurred by the buyer in providing or rendering assistance in obtaining documents and information as envisaged in B10.

B. THE BUYER'S OBLIGATIONS

B1. General obligations of the buyer

The buyer must pay the price of the goods as provided in the contract of sale.
Any document referred to in B1-B10 may be an equivalent electronic record or procedure if agreed between the parties or customary.

B2. Licences, authorizations, security clearances and other formalities

Where applicable, the buyer must provide assistance to the seller, at the seller's request, risk and expense, in obtaining any import licence or other official authorization for the import of the goods.

B3. Contracts of carriage and insurance

a) Contract of carriage
The buyer has no obligation to the seller to make a contract of carriage.

b) Contract of insurance
The buyer has no obligation to the seller to make a contract of insurance. However, the buyer must provide the seller, upon request, with the necessary information for obtaining insurance.

B4. Taking delivery

The buyer must take delivery of the goods when they have been delivered as envisaged in A4.

B5. Transfer of risks

The buyer bears all risks of loss of or damage to the goods from the time they have been delivered as envisaged in A4.
If

a) the buyer fails to fulfil its obligations in accordance with B2, then it bears all resulting risks of loss of or damage to the goods; or

b) the buyer fails to give notice in accordance with B7, then it bears all risks of loss of or damage to the goods from the agreed date or the expiry date of the agreed period for delivery, provided that the goods have been clearly identified as the contract goods.

B6. Allocation of costs

The buyer must pay

a) all costs relating to the goods from the time they have been delivered as envisaged in A4;

b) all costs of unloading necessary to take delivery of the goods from the arriving means of transport at the named place of destination, unless such costs were for the seller's account under the contract of carriage; and

c) any additional costs incurred if it fails to fulfil its obligations in accordance with B2 or to give notice in accordance with B7, provided that the goods have been clearly identified as the contract goods.

B7. Notices to the seller

The buyer must, whenever it is entitled to determine the time within an agreed period and/or the point of taking delivery within the named place of destination, give the seller sufficient notice thereof.

B8. Proof of delivery

The buyer must accept the proof of delivery provided as envisaged in A8.

B9. Inspection of goods

The buyer has no obligation to the seller to pay the costs of any mandatory pre-shipment inspection mandated by the authority of the country of export or of import.

B10. Assistance with information and related costs

The buyer must, in a timely manner, advise the seller of any security information requirements so that the seller may comply with A10.

The buyer must reimburse the seller for all costs and charges incurred by the seller in providing or rendering assistance in obtaining documents and information as envisaged in A10.

The buyer must, where applicable, in a timely manner, provide to or render assistance in obtaining for the seller, at the seller's request, risk and expense, any documents and information, including security-related information, that the seller needs for the transport, export and import of the goods and for their transport through any country.

FAS

FREE ALONGSIDE SHIP

FAS (insert named port of shipment) Incoterms® 2010

GUIDANCE NOTE

This rule is to be used only for sea or inland waterway transport.

"Free Alongside Ship" means that the seller delivers when the goods are placed alongside the vessel (e.g., on a quay or a barge) nominated by the buyer at the named port of shipment. The risk of loss of or damage to the goods passes when the goods are alongside the ship, and the buyer bears all costs from that moment onwards.

The parties are well advised to specify as clearly as possible the loading point at the named port of shipment, as the costs and risks to that point are for the account of the seller and these costs and associated handling charges may vary according to the practice of the port.

The seller is required either to deliver the goods alongside the ship or to procure goods already so delivered for shipment. The reference to "procure" here caters for multiple sales down a chain ('string sales'), particularly common in the commodity trades.

Where the goods are in containers, it is typical for the seller to hand the goods over to the carrier at a terminal and not alongside the vessel. In such situations, the FAS rule would be inappropriate, and the FCA rule should be used.

FAS requires the seller to clear the goods for export, where applicable. However, the seller has no obligation to clear the goods for import, pay any import duty or carry out any import customs formalities.

A. THE SELLER'S OBLIGATIONS

A1. General obligations of the seller

The seller must provide the goods and the commercial invoice in conformity

with the contract of sale and any other evidence of conformity that may be required by the contract.
Any document referred to in A1-A10 may be an equivalent electronic record or procedure if agreed between the parties or customary.

A2. Licences, authorizations, security clearances and other formalities

Where applicable, the seller must obtain, at its own risk and expense, any export licence or other official authorization and carry out all customs formalities necessary for the export of the goods.

A3. Contracts of carriage and insurance

a) Contract of carriage
The seller has no obligation to the buyer to make a contract of carriage. However, if requested by the buyer or if it is commercial practice and the buyer does not give an instruction to the contrary in due time, the seller may contract for carriage on usual terms at the buyer's risk and expense. In either case, the seller may decline to make the contract of carriage and, if it does, shall promptly notify the buyer.

b) Contract of insurance
The seller has no obligation to the buyer to make a contract of insurance. However, the seller must provide the buyer, at the buyer's request, risk, and expense (if any), with information that the buyer needs for obtaining insurance.

A4. Delivery

The seller must deliver the goods either by placing them alongside the ship nominated by the buyer at the loading point, if any, indicated by the buyer at the named port of shipment or by procuring the goods so delivered. In either case, the seller must deliver the goods on the agreed date or within the agreed period and in the manner customary at the port.
If no specific loading point has been indicated by the buyer, the seller may select the point within the named port of shipment that best suits its purpose. If the parties have agreed that delivery should take place within a period, the buyer has the option to choose the date within that period.

A5. Transfer of risks

The seller bears all risks of loss of or damage to the goods until they have been delivered in accordance with A4 with the exception of loss or damage in the circumstances described in B5.

A6. Allocation of costs

The seller must pay

a) all costs relating to the goods until they have been delivered in accordance with A4, other than those payable by the buyer as envisaged in B6; and

b) where applicable, the costs of customs formalities necessary for export as well as all duties, taxes and other charges payable upon export.

A7. Notices to the buyer

The seller must, at the buyer's risk and expense, give the buyer sufficient notice either that the goods have been delivered in accordance with A4 or that the vessel has failed to take the goods within the time agreed.

A8. Delivery document

The seller must provide the buyer, at the seller's expense, with the usual proof that the goods have been delivered in accordance with A4.
Unless such proof is a transport document, the seller must provide assistance to the buyer, at the buyer's request, risk and expense, in obtaining a transport document.

A9. Checking - packaging - marking

The seller must pay the costs of those checking operations (such as checking quality, measuring, weighing, counting) that are necessary for the purpose of delivering the goods in accordance with A4, as well as the costs of any pre-shipment inspection mandated by the authority of the country of export.
The seller must, at its own expense, package the goods, unless it is usual for the particular trade to transport the type of goods sold unpackaged. The seller may package the goods in the manner appropriate for their transport, unless the buyer has notified the seller of specific packaging requirements before the contract of sale is concluded. Packaging is to be marked appropriately.

A10. Assistance with information and related costs

The seller must, where applicable, in a timely manner, provide to or render assistance in obtaining for the buyer, at the buyer's request, risk and expense, any documents and information, including security-related information, that the buyer needs for the import of the goods and/or for their transport to the final destination.
The seller must reimburse the buyer for all costs and charges incurred by the buyer in providing or rendering assistance in obtaining documents and information as envisaged in B10.

B. THE BUYER'S OBLIGATIONS

B1. General obligations of the buyer

The buyer must pay the price of the goods as provided in the contract of sale. Any document referred to in B1-B10 may be an equivalent electronic record or procedure if agreed between the parties or customary.

B2. Licences, authorizations, security clearances and other formalities

Where applicable, it is up to the buyer to obtain, at its own risk and expense, any import licence or other official authorization and carry out all customs formalities for the import of the goods and for their transport through any country.

B3. Contracts of carriage and insurance

a) Contract of carriage
The buyer must contract, at its own expense for the carriage of the goods from the named port of shipment, except where the contract of carriage is made by the seller as provided for in A3 a).

b) Contract of insurance
The buyer has no obligation to the seller to make a contract of insurance.

B4. Taking delivery

The buyer must take delivery of the goods when they have been delivered as envisaged in A4.

B5. Transfer of risks

The buyer bears all risks of loss of or damage to the goods from the time they have been delivered as envisaged in A4.
If

a) the buyer fails to give notice in accordance with B7; or
b) the vessel nominated by the buyer fails to arrive on time, or fails to take the goods or closes for cargo earlier than the time notified in accordance with B7;

then the buyer bears all risks of loss of or damage to the goods from the agreed date or the expiry date of the agreed period for delivery, provided that the goods have been clearly identified as the contract goods.

B6. Allocation of costs

The buyer must pay

a) all costs relating to the goods from the time they have been delivered as envisaged in A4, except, where applicable, the costs of customs formalities necessary for export as well as all duties, taxes, and other charges payable upon export as referred to in A6 b);
b) any additional costs incurred, either because:
  (i) the buyer has failed to give appropriate notice in accordance with B7, or
  (ii) the vessel nominated by the buyer fails to arrive on time, is unable to take the goods, or closes for cargo earlier than the time notified in accordance with B7,

provided that the goods have been clearly identified as the contract goods; and

c) where applicable, all duties, taxes and other charges, as well as the costs of carrying out customs formalities payable upon import of the goods and the costs for their transport through any country.

B7. Notices to the seller

The buyer must give the seller sufficient notice of the vessel name, loading point and, where necessary, the selected delivery time within the agreed period.

B8. Proof of delivery

The buyer must accept the proof of delivery provided as envisaged in A8.

B9. Inspection of goods

The buyer must pay the costs of any mandatory pre-shipment inspection, except when such inspection is mandated by the authorities of the country of export.

B10. Assistance with information and related costs

The buyer must, in a timely manner, advise the seller of any security information requirements so that the seller may comply with A10.
The buyer must reimburse the seller for all costs and charges incurred by the seller in providing or rendering assistance in obtaining documents and information as envisaged in A10.
The buyer must, where applicable, in a timely manner, provide to or render assistance in obtaining for the seller, at the seller's request, risk and expense, any documents and information, including security-related information, that the seller needs for the transport and export of the goods and for their transport through any country.

FOB

FREE ON BOARD

FOB (insert named port of shipment) Incoterms® 2010

GUIDANCE NOTE

This rule is to be used only for sea or inland waterway transport.

"Free on Board" means that the seller delivers the goods on board the vessel nominated by the buyer at the named port of shipment or procures the goods already so delivered. The risk of loss of or damage to the goods passes when the goods are on board the vessel, and the buyer bears all costs from that moment onwards.

The seller is required either to deliver the goods on board the vessel or to procure goods already so delivered for shipment. The reference to "procure" here caters for multiple sales down a chain ('string sales'), particularly common in the commodity trades.

FOB may not be appropriate where goods are handed over to the carrier before they are on board the vessel, for example goods in containers, which are typically delivered at a terminal. In such situations, the FCA rule should be used.

FOB requires the seller to clear the goods for export, where applicable. However, the seller has no obligation to clear the goods for import, pay any import duty or carry out any import customs formalities.

A. THE SELLER'S OBLIGATIONS

A1. General obligations of the seller

The seller must provide the goods and the commercial invoice in conformity with the contract of sale and any other evidence of conformity that may be required by the contract.
Any document referred to in A1-A10 may be an equivalent electronic record or procedure if agreed between the parties or customary.

A2. Licences, authorizations, security clearances and other formalities

Where applicable, the seller must obtain, at its own risk and expense, any export licence or other official authorization and carry out all customs formalities necessary for the export of the goods.

A3. Contracts of carriage and insurance

a) Contract of carriage
The seller has no obligation to the buyer to make a contract of carriage. However, if requested by the buyer or if it is commercial practice and the buyer does not give an instruction to the contrary in due time, the seller may contract for carriage on usual terms at the buyer's risk and expense. In either case, the seller may decline to make the contract of carriage and, if it does, shall promptly notify the buyer.

b) Contract of insurance
The seller has no obligation to the buyer to make a contract of insurance. However, the seller must provide the buyer, at the buyer's request, risk, and expense (if any), with information that the buyer needs for obtaining insurance.

A4. Delivery

The seller must deliver the goods either by placing them on board the vessel nominated by the buyer at the loading point, if any, indicated by the buyer at the named port of shipment or by procuring the goods so delivered. In either case, the seller must deliver the goods on the agreed date or within the agreed period and in the manner customary at the port.
If no specific loading point has been indicated by the buyer, the seller may select the point within the named port of shipment that best suits its purpose.
FOB

A5. Transfer of risks

The seller bears all risks of loss of or damage to the goods until they have been delivered in accordance with A4 with the exception of loss or damage in the circumstances described in B5.

A6. Allocation of costs

The seller must pay

a) all costs relating to the goods until they have been delivered in accordance with A4, other than those payable by the buyer as envisaged in B6; and
b) where applicable, the costs of customs formalities necessary for export, as

well as all duties, taxes and other charges payable upon export.

A7. Notices to the buyer

The seller must, at the buyer's risk and expense, give the buyer sufficient notice either that the goods have been delivered in accordance with A4 or that the vessel has failed to take the goods within the time agreed.

A8. Delivery document

The seller must provide the buyer, at the seller's expense, with the usual proof that the goods have been delivered in accordance with A4.
Unless such proof is a transport document, the seller must provide assistance to the buyer, at the buyer's request, risk and expense, in obtaining a transport document.

A9. Checking - packaging - marking

The seller must pay the costs of those checking operations (such as checking quality, measuring, weighing, counting) that are necessary for the purpose of delivering the goods in accordance with A4, as well as the costs of any pre-shipment inspection mandated by the authority of the country of export.
The seller must, at its own expense, package the goods, unless it is usual for the particular trade to transport the type of goods sold unpackaged. The seller may package the goods in the manner appropriate for their transport, unless the buyer has notified the seller of specific packaging requirements before the contract of sale is concluded. Packaging is to be marked appropriately.

A10. Assistance with information and related costs

The seller must, where applicable, in a timely manner, provide to or render assistance in obtaining for the buyer, at the buyer's request, risk and expense, any documents and information, including security-related information, that the buyer needs for the import of the goods and/or for their transport to the final destination.
The seller must reimburse the buyer for all costs and charges incurred by the buyer in providing or rendering assistance in obtaining documents and information as envisaged in B10.

B. THE BUYER'S OBLIGATIONS

B1. General obligations of the buyer

The buyer must pay the price of the goods as provided in the contract of sale.
Any document referred to in B1-B10 may be an equivalent electronic record or

procedure if agreed between the parties or customary.

B2. Licences, authorizations, security clearances and other formalities

Where applicable, it is up to the buyer to obtain, at its own risk and expense, any import licence or other official authorization and carry out all customs formalities for the import of the goods and for their transport through any country.

B3. Contracts of carriage and insurance

a) Contract of carriage
The buyer must contract, at its own expense for the carriage ofthe goods from the named port of shipment, except where the contract of carriage is made by the seller as provided for in A3 a).

b) Contract of insurance
The buyer has no obligation to the seller to make a contract of insurance.

B4. Taking delivery

The buyer must take delivery of the goods when they have been delivered as envisaged in A4.

B5. Transfer of risks

The buyer bears all risks of loss of or damage to the goods from the time they have been delivered as envisaged in A4.

If

a) the buyer fails to notify the nomination of a vessel in accordance with B7; or

b) the vessel nominated by the buyer fails to arrive on time to enable the seller to comply with A4, is unable to take the goods, or closes for cargo earlier than the time notified in accordance with B7;

then, the buyer bears all risks of loss of or damage to the goods:

(i) from the agreed date, or in the absence of an agreed date,

(ii) from the date notified by the seller under A7 within the agreed period, or, if no such date has been notified,

(iii) from the expiry date of any agreed period for delivery,

provided that the goods have been clearly identified as the contract goods.

B6. Allocation of costs

The buyer must pay

a) all costs relating to the goods from the time they have been delivered as envisaged in A4, except, where applicable, the costs of customs formalities necessary for export, as well as all duties, taxes and other charges payable upon export as referred to in A6 b);

b) any additional costs incurred, either because:
   (i) the buyer has failed to give appropriate notice in accordance with B7, or
   (ii) the vessel nominated by the buyer fails to arrive on time, is unable to take the goods, or closes for cargo earlier than the time notified in accordance with B7,

provided that the goods have been clearly identified as the contract goods; and

c) where applicable, all duties, taxes and other charges, as well as the costs of carrying out customs formalities payable upon import of the goods and the costs for their transport through any country.

B7. Notices to the seller

The buyer must give the seller sufficient notice of the vessel name, loading point and, where necessary, the selected delivery time within the agreed period.

B8. Proof of delivery

The buyer must accept the proof of delivery provided as envisaged in A8.

B9. Inspection of goods

The buyer must pay the costs of any mandatory pre-shipment inspection, except when such inspection is mandated by the authorities of the country of export.

B10. Assistance with information and related costs

The buyer must, in a timely manner, advise the seller of any security information requirements so that the seller may comply with A10.

The buyer must reimburse the seller for all costs and charges incurred by the seller in providing or rendering assistance in obtaining documents and information as envisaged in A10.

The buyer must, where applicable, in a timely manner, provide to or render assistance in obtaining for the seller, at the seller's request, risk and expense, any documents and information, including security-related information, that the seller needs for the transport and export of the goods and for their transport through any country.

CFR

COST AND FREIGHT

CFR (insert named port of destination) Incoterms® 2010

GUIDANCE NOTE

This rule is to be used only for sea or inland waterway transport.

"Cost and Freight" means that the seller delivers the goods on board the vessel or procures the goods already so delivered. The risk of loss of or damage to the goods passes when the goods are on board the vessel. The seller must contract for and pay the costs and freight necessary to bring the goods to the named port of destination.

When CPT, CIP, CFR or CIF are used, the seller fulfils its obligation to deliver when it hands the goods over to the carrier in the manner specified in the chosen rule and not when the goods reach the place of destination.

This rule has two critical points, because risk passes and costs are transferred at different places. While the contract will always specify a destination port, it might not specify the port of shipment, which is where risk passes to the buyer. If the shipment port is of particular interest to the buyer, the parties are well advised to identify it as precisely as possible in the contract.

The parties are well advised to identify as precisely as possible the point at the agreed port of destination, as the costs to that point are for the account of the seller. The seller is advised to procure contracts of carriage that match this choice precisely. If the seller incurs costs under its contract of carriage related to unloading at the specified point at the port of destination, the seller is not entitled to recover such costs from the buyer unless otherwise agreed between the parties.

The seller is required either to deliver the goods on board the vessel or to procure goods already so delivered for shipment to the destination. In addition, the seller is required either to make a contract of carriage or to procure such a contract. The reference to "procure" here caters for multiple sales down a chain ('string sales'), particularly common in the commodity trades.

CFR may not be appropriate where goods are handed over to the carrier before they are on board the vessel, for example goods in containers, which are typically delivered at a terminal. In such circumstances, the CPT rule should be used.
CFR requires the seller to clear the goods for export, where applicable. However, the seller has no obligation to clear the goods for import, pay any import duty or carry out any import customs formalities.

A. THE SELLER'S OBLIGATIONS

A1. General obligations of the seller

The seller must provide the goods and the commercial invoice in conformity with the contract of sale and any other evidence of conformity that may be required by the contract.
Any document referred to in A1-A10 may be an equivalent electronic record or procedure if agreed between the parties or customary.

A2. Licences, authorizations, security clearances and other formalities

Where applicable, the seller must obtain, at its own risk and expense, any export licence or other official authorization and carry out all customs formalities necessary for the export of the goods.

A3. Contracts of carriage and insurance

a) Contract of carriage
   The seller must contract or procure a contract for the carriage of the goods from the agreed point of delivery, if any, at the place of delivery to the named port of destination or, if agreed, any point at that port. The contract of carriage must be made on usual terms at the seller's expense and provide for carriage by the usual route in a vessel of the type normally used for the transport of he type of goods sold.
b) Contract of insurance
   The seller has no obligation to the buyer to make a contract of insurance. However, the seller must provide the buyer, at the buyer's request, risk, and expense (if any), with information that the buyer needs for obtaining insurance.

A4. Delivery

The seller must deliver the goods either by placing them on board the vessel or by procuring the goods so delivered. In either case, the seller must deliver the goods on the agreed date or within the agreed period and in the manner customary at the port.

A5. Transfer of risks

The seller bears all risks of loss of or damage to the goods until they have been delivered in accordance with A4, with the exception of loss or damage in the circumstances described in B5.

A6. Allocation of costs

The seller must pay
a) all costs relating to the goods until they have been delivered in accordance with A4, other than those payable by the buyer as envisaged in B6;
b) the freight and all other costs resulting from A3 a), including the costs of loading the goods on board and any charges for unloading at the agreed port of discharge that were for the seller's account under the contract of carriage; and
c) where applicable, the costs of customs formalities necessary for export as well as all duties, taxes and other charges payable upon export, and the costs for their transport through any country that were for the seller's account under the contract of carriage.

A7. Notices to the buyer

The seller must give the buyer any notice needed in order to allow the buyer to take measures that are normally necessary to enable the buyer to take the goods.

A8. Delivery document

The seller must, at its own expense, provide the buyer without delay with the usual transport document for the agreed port of destination.
This transport document must cover the contract goods, be dated within the period agreed for shipment, enable the buyer to claim the goods from the carrier at the port of destination and, unless otherwise agreed, enable the buyer to sell the goods in transit by the transfer of the document to a subsequent buyer or by notification to the carrier.
When such a transport document is issued in negotiable form and in several originals, a full set of originals must be presented to the buyer.

A9. Checking - packaging - marking

The seller must pay the costs of those checking operations (such as checking quality, measuring, weighing, counting) that are necessary for the purpose of delivering the goods in accordance with A4, as well as the costs of any pre-

shipment inspection mandated by the authority of the country of export.
The seller must, at its own expense, package the goods, unless it is usual for the particular trade to transport the type of goods sold unpackaged. The seller may package the goods in the manner appropriate for their transport, unless the buyer has notified the seller of specific packaging requirements before the contract of sale is concluded. Packaging is to be marked appropriately.

A10. Assistance with information and related costs

The seller must, where applicable, in a timely manner, provide to or render assistance in obtaining for the buyer, at the buyer's request, risk and expense, any documents and information, including security-related information, that the buyer needs for the import of the goods and/or for their transport to the final destination.
The seller must reimburse the buyer for all costs and charges incurred by the buyer in providing or rendering assistance in obtaining documents and information as envisaged in B10.

B. THE BUYER'S OBLIGATIONS

B1. General obligations of the buyer

The buyer must pay the price of the goods as provided in the contract of sale.
Any document referred to in B1-B10 may be an equivalent electronic record or procedure if agreed between the parties or customary.

B2. Licences, authorizations, security clearances and other formalities

Where applicable, it is up to the buyer to obtain, at its own risk and expense, any import licence or other official authorization and carry out all customs formalities for the import of the goods and for their transport through any country.

B3. Contracts of carriage and insurance

a) Contract of carriage
   The buyer has no obligation to the seller to make a contract of carriage.
b) Contract of insurance
   The buyer has no obligation to the seller to make a contract of insurance. However, the buyer must provide the seller, upon request, with the necessary information for obtaining insurance.

B4. Taking delivery

The buyer must take delivery of the goods when they have been delivered as envisaged in A4 and receive them from the carrier at the named port of destination.

B5. Transfer of risks

The buyer bears all risks of loss of or damage to the goods from the time they have been delivered as envisaged in A4.
If the buyer fails to give notice in accordance with B7, then it bears all risks of loss of or damage to the goods from the agreed date or the expiry date of the agreed period for shipment, provided that the goods have been clearly identified as the contract goods.

B6. Allocation of costs

The buyer must, subject to the provisions of A3 a), pay

a) all costs relating to the goods from the time they have been delivered as envisaged in A4, except, where applicable, the costs of customs formalities necessary for export as well as all duties, taxes, and other charges payable upon export as referred to in A6 c);
b) all costs and charges relating to the goods while in transit until their arrival at the port of destination, unless such costs and charges were for the seller's account under the contract of carriage;
c) unloading costs including lighterage and wharfage charges, unless such costs and charges were for the seller's account under the contract of carriage;
d) any additional costs incurred if it fails to give notice in accordance with B7, from the agreed date or the expiry date of the agreed period for shipment, provided that the goods have been clearly identified as the contract goods; and
e) where applicable, all duties, taxes and other charges, as well as the costs of carrying out customs formalities payable upon import of the goods and the costs for their transport through any country unless included within the cost of the contract of carriage.

B7. Notices to the seller

The buyer must, whenever it is entitled to determine the time for shipping the goods and/or the point of receiving the goods within the named port of destination, give the seller sufficient notice thereof.

B8. Proof of delivery

The buyer must accept the transport document provided as envisaged in A8 if it is in conformity with the contract.

B9. Inspection of goods

The buyer must pay the costs of any mandatory pre-shipment inspection, except when such inspection is mandated by the authorities of the country of export.

B10. Assistance with information and related costs

The buyer must, in a timely manner, advise the seller of any security information requirements so that the seller may comply with A10.

The buyer must reimburse the seller for all costs and charges incurred by the seller in providing or rendering assistance in obtaining documents and information as envisaged in A10.

The buyer must, where applicable, in a timely manner, provide to or render assistance in obtaining for the seller, at the seller's request, risk and expense, any documents and information, including security-related information, that the seller needs for the transport and export of the goods and for their transport through any country.

CIF

COST INSURANCE AND FREIGHT

CIF (insert named port of destination) Incoterms® 2010

GUIDANCE NOTE

This rule is to be used only for sea or inland waterway transport.

"Cost, Insurance and Freight" means that the seller delivers the goods on board the vessel or procures the goods already so delivered. The risk of loss of or damage to the goods passes when the goods are on board the vessel. The seller must contract for and pay the costs and freight necessary to bring the goods to the named port of destination.

The seller also contracts for insurance cover against the buyer's risk of loss of or damage to the goods during the carriage. The buyer should note that under CIF the seller is required to obtain insurance only on minimum cover. Should the buyer wish to have more insurance protection, it will need either to agree as much expressly with the seller or to make its own extra insurance arrangements.

When CPT, CIP, CFR, or CIF are used, the seller fulfils its obligation to deliver when it hands the goods over to the carrier in the manner specified in the chosen rule and not when the goods reach the place of destination.

This rule has two critical points, because risk passes and costs are transferred at different places. While the contract will always specify a destination port, it might not specify the port of shipment, which is where risk passes to the buyer. If the shipment port is of particular interest to the buyer, the parties are well advised to identify it as precisely as possible in the contract.

The parties are well advised to identify as precisely as possible the point at the agreed port of destination, as the costs to that point are for the account of the seller. The seller is advised to procure contracts of carriage that match this choice precisely. If the seller incurs costs under its contract of carriage related to unloading at the specified point at the port of destination, the seller is not entitled to recover such costs from the buyer unless otherwise agreed between the parties.

The seller is required either to deliver the goods on board the vessel or to procure goods already so delivered for shipment to the destination. In addition the seller is required either to make a contract of carriage or to procure such a contract. The reference to "procure" here caters for multiple sales down a chain ('string sales'), particularly common in the commodity trades.

CIF may not be appropriate where goods are handed over to the carrier before they are on board the vessel, for example goods in containers, which are typically delivered at a terminal. In such circumstances, the CIP rule should be used.

CIF requires the seller to clear the goods for export, where applicable. However, the seller has no obligation to clear the goods for import, pay any import duty or carry out any import customs formalities.

A. THE SELLER'S OBLIGATIONS

A1. General obligations of the seller

The seller must provide the goods and the commercial invoice in conformity with the contract of sale and any other evidence of conformity that may be required by the contract.
Any document referred to in A1-A10 may be an equivalent electronic record or procedure if agreed between the parties or customary.

A2. Licences, authorizations, security clearances and other formalities

Where applicable, the seller must obtain, at its own risk and expense, any export licence or other official authorization and carry out all customs formalities necessary for the export of the goods.

A3. Contracts of carriage and insurance

a) Contract of carriage
The seller must contract or procure a contract for the carriage of the goods from the agreed point of delivery, if any, at the place of delivery to the named port of destination or, if agreed, any point at that port. The contract of carriage must be made on usual terms at the seller's expense and provide for carriage by the usual route in a vessel of the type normally used for the transport of the type of goods sold.

b) Contract of insurance
The seller must obtain, at its own expense, cargo insurance complying at least with the minimum cover provided by Clauses (C) of the Institute Cargo

Clauses (LMA/IUA) or any similar clauses. The insurance shall be contracted with underwriters or an insurance company of good repute and entitle the buyer, or any other person having an insurable interest in the goods, to claim directly from the insurer.

When required by the buyer, the seller shall, subject to the buyer providing any necessary information requested by the seller, provide at the buyer's expense any additional cover, if procurable, such as cover as provided by Clauses (A) or (B) of the Institute Cargo Clauses (LMA/IUA) or any similar clauses and/or cover complying with the Institute War Clauses and/or Institute Strikes Clauses (LMA/IUA) or any similar clauses.
The insurance shall cover, at a minimum, the price provided in the contract plus 10% (i.e., 110%) and shall be in the currency of the contract.
The insurance shall cover the goods from the point of delivery set out in A4 and A5 to at least the named port of destination.
The seller must provide the buyer with the insurance policy or other evidence of insurance cover.
Moreover, the seller must provide the buyer, at the buyer's request, risk, and expense (if any), with information that the buyer needs to procure any additional insurance.

A4. Delivery

The seller must deliver the goods either by placing them on board the vessel or by procuring the goods so delivered. In either case, the seller must deliver the goods on the agreed date or within the agreed period and in the manner customary at the port.

A5. Transfer of risks

The seller bears all risks of loss of or damage to the goods until they have been delivered in accordance with A4, with the exception of loss or damage in the circumstances described in B5.

A6. Allocation of costs

The seller must pay
a) all costs relating to the goods until they have been delivered in accordance with A4, other than those payable by the buyer as envisaged in B6;
b) the freight and all other costs resulting from A3 a), including the costs of loading the goods on board and any charges for unloading at the agreed port of discharge that were for the seller's account under the contract of carriage;

c) the costs of insurance resulting from A3 b); and

d) where applicable, the costs of customs formalities necessary for export, as well as all duties, taxes and other charges payable upon export, and the costs for their transport through any country that were for the seller's account under the contract of carriage.

A7. Notices to the buyer

The seller must give the buyer any notice needed in order to allow the buyer to take measures that are normally necessary to enable the buyer to take the goods.

A8. Delivery document

The seller must, at its own expense provide the buyer without delay with the usual transport document for the agreed port of destination.

This transport document must cover the contract goods, be dated within the period agreed for shipment, enable the buyer to claim the goods from the carrier at the port of destination and, unless otherwise agreed, enable the buyer to sell the goods in transit by the transfer of the document to a subsequent buyer or by notification to the carrier.

When such a transport document is issued in negotiable form and in several originals, a full set of originals must be presented to the buyer.

A9. Checking - packaging - marking

The seller must pay the costs of those checking operations (such as checking quality, measuring, weighing, counting) that are necessary for the purpose of delivering the goods in accordance with A4, as well as the costs of any pre-shipment inspection mandated by the authority of the country of export.

The seller must, at its own expense, package the goods, unless it is usual for the particular trade to transport the type of goods sold unpackaged. The seller may package the goods in the manner appropriate for their transport, unless the buyer has notified the seller of specific packaging requirements before the contract of sale is concluded. Packaging is to be marked appropriately.

A10. Assistance with information and related costs

The seller must, where applicable, in a timely manner, provide to or render assistance in obtaining for the buyer, at the buyer's request, risk and expense, any documents and information, including security-related information, that the buyer needs for the import of the goods and/or for their transport to the final destination.

The seller must reimburse the buyer for all costs and charges incurred by the buyer in providing or rendering assistance in obtaining documents and information as envisaged in B10.

B. THE BUYER'S OBLIGATIONS

B1. General obligations of the buyer

The buyer must pay the price of the goods as provided in the contract of sale. Any document referred to in B1-B10 may be an equivalent electronic record or procedure if agreed between the parties or customary.

B2. Licences, authorizations, security clearances and formalities

Where applicable, it is up to the buyer to obtain, at its own risk and expense, any import licence or other official authorization and carry out all customs formalities for the import of the goods and for their transport through any country.

B3. Contracts of carriage and insurance

a) Contract of carriage
The buyer has no obligation to the seller to make a contract of carriage.

b) Contract of insurance
The buyer has no obligation to the seller to make a contract of insurance. However, the buyer must provide the seller, upon request, with any information necessary for the seller to procure any additional insurance requested by the buyer as envisaged in A3 b).

B4. Taking delivery

The buyer must take delivery of the goods when they have been delivered as envisaged in A4 and receive them from the carrier at the named port of destination.

B5. Transfer of risks

The buyer bears all risks of loss of or damage to the goods from the time they have been delivered as envisaged in A4.
If the buyer fails to give notice in accordance with B7, then it bears all risks of loss of or damage to the goods from the agreed date or the expiry date of the agreed period for shipment, provided that the goods have been clearly identified as the contract goods.

B6. Allocation of costs

The buyer must, subject to the provisions of A3 a), pay

a) all costs relating to the goods from the time they have been delivered as envisaged in A4, except, where applicable, the costs of customs formalities necessary for export, as well as all duties, taxes and other charges payable upon export as referred to in A6 d);

b) all costs and charges relating to the goods while in transit until their arrival at the port of destination, unless such costs and charges were for the seller's account under the contract of carriage;

c) unloading costs including lighterage and wharfage charges, unless such costs and charges were for the seller's account under the contract of carriage;

d) any additional costs incurred if it fails to give notice in accordance with B7, from the agreed date or the expiry date of the agreed period for shipment, provided that the goods have been clearly identified as the contract goods;

e) where applicable, all duties, taxes and other charges, as well as the costs of carrying out customs formalities payable upon import of the goods and the costs for their transport through any country, unless included within the cost of the contract of carriage; and

f) the costs of any additional insurance procured at the buyer's request under A3 b) and B3 b).

B7. Notices to the seller

The buyer must, whenever it is entitled to determine the time for shipping the goods and/or the point of receiving the goods within the named port of destination, give the seller sufficient notice thereof.

B8. Proof of delivery

The buyer must accept the transport document provided as envisaged in A8 if it is in conformity with the contract.

B9. Inspection of goods

The buyer must pay the costs of any mandatory pre-shipment inspection, except when such inspection is mandated by the authorities of the country of export.

B10. Assistance with information and related costs

The buyer must, in a timely manner, advise the seller of any security information requirements so that the seller may comply with A10.

The buyer must reimburse the seller for all costs and charges incurred by

the seller in providing or rendering assistance in obtaining documents and information as envisaged in A10.

The buyer must, where applicable, in a timely manner, provide to or render assistance in obtaining for the seller, at the seller's request, risk and expense, any documents and information, including security-related information, that the seller needs for the transport and export of the goods and for their transport through any country.

[국내문헌]

강원진, 「무역결제론」(제3판), 박영사, 2015.
———, 「전자결제시스템」, 삼영사, 2000.
구종순, 「무역실무」(제6판), 박영사, 2015.
———, 「해상보험」(제5판), 유원북스, 2012.
구종순 · 허은숙, 「무역대금결제론」, 박영사, 2014.
공신영, 「한중무역결제론」, 대명, 2007.
권신오, 「무역대금결제론」, 청목출판사, 2005.
김기인, 「한국관세법」, 한국관세무역연구원, 2005.
김영래 외, 「전자무역의 이해와 전개」, 브레인 코리아, 2002.
남풍우, 「무역결제론」(개정8판), 두남, 2015.
류수현, 「관세판례 해설」, 한국관세무역연구원, 2005.
문창권, 「외환관리(실무와 이론)」, 두남, 2000.
박대위, 「신용장」(제3개정판), 법문사, 1998.
박용섭, 「해상법론」(전정판), 형설출판사, 1998.
박세운, 「신용장통일규칙해설(UCP500)」, 한국금융연수원, 2005.
방희석, 「국제운송론」(개정3판), 박영사, 2013.
———, 「무역실무」(제3판), 박영사, 2015.
배정한, 「국제무역대금결제」, 삼영사, 2004.
서정두, 「국제무역계약」, 삼영사, 2001.
심재두, 「해상보험법」, 길안사, 1995.
송상현 · 김현, 「해상법원론」(제5판), 박영사, 2015.
오세창 · 박성호, 「무역계약론」, 박영사, 2014.
오원석, 「무역계약과 결제」, 삼영사, 2002.
———, 「국제운송론」(제3개정판), 박영사, 2004.
오원석 · 하강원, 「국제물품매매법」, 박영사, 2004.
이기수, 「보험법 · 해상법」(제9판), 박영사, 2015.
이대우, 「신용장론」(개정8판), 두남, 2014.
이신규, 「국제물류론」, 형설출판사, 2005.

이은섭, 「해상보험론」(제3판), 신영사, 1996.
이용근, 「무역계약론」(제2판), 법문사, 2003.
이제현, 「전자무역」, 두남, 2006.
이재찬 · 허재창, 「최신 신용장론」, 동성출판사, 2001.
이철송, 「어음 · 수표법」(제8판), 박영사, 2006.
임석민, 「국제운송론」(제2판), 삼영사, 1999.
———, 「선하증권론」(개정판), 두남, 2010.
전순환, 「신용장통일규칙」, 한올출판사, 2007.
정찬형, 「어음 · 수표법」, 박영사, 2004.
조현정, 「무역결제론」(개정판), 박영사, 2005.
최경주 · 류건우, 「전자무역의 이해와 활용」, 두남, 2015.
최두수, 「무역대금결제론」(개정2판), 두남, 2003.
한낙현 외, 「관세 · 통관의 이해」, 형설출판사, 2004.

[외국문헌]

Albaum, G. et al., *International Marketing and Export Management*, New York : Addison-Wesley, 1989.

Alexandrides, C., *Export Marketing Management*, New York : Praeger, 1997.

Baum, M. S. and M. Peritt, Jr., *Electronic Contracting, Publishing and EDI Law*, New York : John Wiley & Sons, Inc., 1991.

Bennett, Howard N., *The Law of Marine Insurance*, Oxford : Clarendon Press, 1996.

Boyd, S. C., *Scrutton on Charterparties and Bills of Lading*, London : Sweet & Maxwell, 1996.

Branch, Allen E., *Elements of Shipping*, 5th ed., London : Chapman & Hall, 1983.

———, *Elements of Export Marketing and Management*, London : Chapman & Hall, 1984.

Bridge, Michael, *The International Sale of Goods*, Oxford : University Press, 1999.

Brown, Robert H., *Marine Insurance vol.1 Principles & Basic Practice*, 6th ed., London : Witherby & Co., Ltd., 1998.

Byglass, Leslie J., *Marine Insurance and General Average in the United States*, 3rd ed., Cambridge : Cornell Maritime Press, 1991.

Carr, Indira, *Principles of International Trade Law*, 2nd ed., London : Cavendish Publishing Limited, 1999.

Chissick, Michael, *Electronic Commerce: Law and Practice*, London : Sweet & Maxwell, 1999.

Coyle, John J., et al., *Transportation*, 3rd ed., St. Paul : West Publishing Company, 1990.

D'arcy, Leo, Murray Carole, and Cleave Barbara, *Schmitthoff's Export Trade*, 10th ed., London : Sweet & Maxwell, 2000.

Day, Michael, *International Trade*, London : Sweet & Maxwell, 1980.

Debattista, Charles, *The Sale of Goods Carried by Sea*, 2nd ed., London : Butterworths, 1998.

Dolan, John F., *The Law of Letters of Credit: Commercial and Standby Credit*, Washington, D.C. : A.S. Pratt & Sons Group, 1998.

Elliott, Catherine and Quinn Frances, *Contract Law*, Pearson Education, 2003.

Emmelhairy, Margaret A., *Electronic Data Interchange: A Total Management Guide*, New York : Van Nostrand Reinhold, 1993.

Gardiner, Robert and Alastair Couper, *The Shipping Revolution: The Modern Merchant Ship*, London : Conway Maritime Press Ltd., 1992.

Gilman, Jonathan C.B., *Arnould's Law of Marine Insurance and Average(Volume Ⅲ)*, London : Sweet & Maxwell, 1997.

Gozlan, Audi Y., *International Letters of Credit: Resolving Conflict of Law Dispute*, 2nd ed., London : Kluwer Law International Ltd., 1999.

Hedley, William, *Bills of Exchange and Bankers's Documentary Credits*, 2nd ed., London : Lloyd's of London Press, 1994.

Heinz, Riehl, *Managing Risk in the Foreign Exchange, Money and Derivative Markets*, New York : McGraw-Hill, 1998.

Hinkelman, Edward G., *International Payments*, San Rafael : World Trade Press, 2000.

Homaifar, Ghassem A., *Managing Global Financial and Foreign Exchange Rate Risk*, New York : John Wiley & Sons, 2004.

Honnold, J. O., *Uniform Law for International Sales Under The 1980 United Nations Convention*, 3rd ed., The Hague : Kluwer Law International, 1999.

Hughes, A. D., *Carriage of Goods by Sea*, London : Blackstore, 1994.

Johnson, Thomas E., *Export/Import Procedures and Documentation (Export/Import Procedures & Documentation)*, 4th ed., New York : AMACOM/American Management Association, 2002.

Katsman, Jacob, *How to Make Money Without Money: The Art of Transferable Letters of Credit and Assignments of Proceeds*, Toronto: Continental Publishing (Canada), 1999.

Mayer, Martin, *The Bankers: The Next Generation The New Worlds Money Credit Banking Electronic Age*, New York : Truman Talley Books/Plume, 1998.

Melvin, Michael, *International Money & Finance*, 7th ed., Boston : Pearson Addison-Wesley, 2004.

Moffett, Michael H., Arthur I. Stonehill, and David K. Eiteman, *Fundamentals of Multinational Finance*, Boston : Pearson Addison-Wesley, 2003.

Mugasha, Agasha, *The Law of Letters of Credit and Bank Guarantees*, Annandale

NSW(Australia) : Federation Press, 2003.

Onkvisit, Sak and John J. Shaw, *International Marketing*, 3rd ed., New Jersey : Prentice Hall, 1997.

Ramberg, Jan, *ICC Guide to Incoterms 2000*, International Chamber of Commerce, 2000. *A guide to the Hague and Hague-Visby Rules*,

Sellman, Pamela and Evans Judith, *Law of International Trade*, London : Old Bailey Press, 2000.

Shapiro, Alan C., *Foundations of Multinational Financial Management*, 5th ed., New York : John Wiley & Sons, 2005.

Smith, J.C., *The Law of Contract*, 4th ed., Sweet & Maxwell, 2002.

Stone, Bradford, *Commercial Transactions: Documents of Title Letters of Credit (West's legal forms)*, 3rd ed., N. Dixie Dr., Dayton : West Group, 2000.

Tracy, Walter, *Letters of Credit: A View of Type Design*, Boston : David R. Godine Publisher, 2003.

Tritel, G.H., *The Law of Contract*, 11th ed., Thomson, Sweet & Maxwell, 2003.

Turner, Chris, *Unlocking Contract Law*, Hodder & Stoughton, 2004.

Weiss, Kenneth D., *Building an Import/Export Business*, 3rd ed., New York : John Wiley & Sons Inc., 2002.

Xiang, Gao, *The Fraud Rule in the Law of Letters of Credit: A Comparative Study (Global Trade & Finance Series, Vol. 2)*, The Hague: Kluwer Law International, 2002.

영문색인

저자약력

● **박대위**(朴大衛) david@sogang.ac.kr

- 미국 Amherst College, B.A.
- 미국 Harvard University, M.A.
- 독일 Heidelberg 대학교에서 수학
- 영남대학교 경제학박사
- 미국 U.C. Berkeley 객원교수
- 네덜란드 Dienst Marktwesen에서 무역업무연수
- 행정고시(외무직) 출제위원
- 무역사, 관세사, 무역영어검정시험 출제위원
- 해운정책 심의위원, 상공부 정책자문위원
- 대한상사중재원 중재위원 겸 중재인
- 미국상사중재협회(A. A. A.) 중재인
- 서강대학교 경상대학장
- 서강대학교 경영대학원장
- 한국무역학회장
- 중국 연변과학기술대학 교수
- 현 서강대학교 경영대학 명예교수

– 저 서 –

- 무역실무, 국제거래와 국제법규, 무역영어, 무역사례 Ⅰ · Ⅱ · Ⅲ, 신용장, 선하증권, 무역학연습, 무역영어연습, 국제무역법규, 무역학소사전, 무역학원서강독, International Trade Management, 무역학실무대전(전7권)

● **구종순**(具鍾淳) jskoo@cnu.ac.kr

- 서강대학교 경상대학 졸업
- 서강대학교 대학원 무역학과 졸업(경영학석사)
- 고려대학교 대학원 무역학과 졸업(경영학박사)
- 한남대학교 무역학과 조교수 역임
- 행정고시(국제통상직) 출제 · 선정위원 역임
- 관세사 출제 · 선정위원 역임
- University of Colorado 방문교수 역임
- Fulbright Senior Research Scholar
- 대한상사중재원 중재인 역임
- 한국해운물류학회 회장 역임
- 현 충남대학교 무역학과 명예교수

– 저 서 –

- 해상보험(유원북스), 무역실무(박영사), 무역개론(박영사), 무역결제(박영사), 무역학연습(박영사)

무역실무 [제14판]

1972년 4월 21일 초판 발행
2019년 7월 5일 제14판 인쇄
2019년 7월 10일 제14판 1쇄발행

저 자 박 대 위 · 구 종 순
발행인 배 효 선
발행처 도서출판 法 文 社
주 소 10881 경기도 파주시 회동길 37-29
등 록 1957년 12월 12일 / 제2-76호(윤)
TEL (031) 955-6500~6 FAX (031) 955-6525
e-mail (영업) bms@bobmunsa.co.kr
(편집) edit66@bobmunsa.co.kr
홈페이지 http://www.bobmunsa.co.kr
조 판 (주) 성 지 이 디 피

정가 36,000원 ISBN 978-89-18-10258-0